INHALTSVERZEICHNIS

WILLKOMMEN IN SCHOTTLAND 10

1. LAND UND LEUTE 14

Schottland auf einen Blick 15

Geschichtlicher Überblick 17

Zeittafel: Schnell-Überblick 17
Zeittafel der Thronfolge in Schottland 22
Frühes Mittelalter: Einigung und Christianisierung 22
Vom späten Mittelalter bis zur Reformation 23
Union der Kronen – Union der Parlamente 26
Industrialisierung und 20. Jahrhundert 28
Unabhängigkeit 29

Kunst- und Kulturgeschichte 30

Malerei 30
Architektur 32
Literatur 34
Die Scottish Literary Renaissance 35

Landschaftlicher Überblick 37

Geographie und Geologie 37
Klima 38
Fauna 39
Flora 42

Wirtschaftlicher Überblick 42

Industrie 42
Agrarwirtschaft 43
Schafe 44 · Rinder 44 · Getreideanbau 44
Fischerei 45
Forstwirtschaft 45
Energieversorgung 46
Tourismus 46
Umweltschutz 46

Gesellschaftlicher Überblick 48

Verwaltung / Politik 48
Religion 50
Sprache 50
Scots 51 · Gälisch 51
Sport 52
Fußball 52 · Rugby 53 · Shinty 53 · Curling 54 · Snooker 54

Das Leben in Schottland 54

Traditionen und Folklore 54
Feste und Feiern 56
Musik 59
Die gute Küche 61
Porridge 62 · Getränke 63

2. SCHOTTLAND ALS REISELAND 81

Allgemeine Reisetipps A-Z 81
Entfernungstabelle 120

Die Grünen Seiten: Das kostet Sie Schottland

REISEN IN SCHOTTLAND 121

Programmvorschläge für eine 2-wöchige, 3-wöchige und 4- bis 6-wöchige Reise in Stichworten: 122

3. DER SÜDEN 126

Allgemeiner Überblick 127
Redaktionstipps Südwesten 130

Der Südwesten: Dumfries, Galloway und Ayrshire 130

Dumfries und Galloway 130
Von Gretna Green nach Dumfries 130 · Dumfries und Umgebung 131 · Nördlich von Dumfries 133 · Südlich von Dumfries 134 · Von Dumfries entlang der Solway Coast nach Castle Douglas 135 · Kirkcudbright 138 · Gatehouse of Fleet und Umgebung 140 · New Galloway und Umgebung 140 · Newton Stewart 141 · The Machars 142 · Stranraer und Umgebung 143 · Rhinns of Galloway 144

Ayrshire 146
Von Stranraer nach Ayr 146 · Ayr 148 · Der Burns National Heritage Park 149 · Von Ayr nach Glasgow 152

Die Inseln Arran und Bute 154

Arran 154
Im Süden der Insel 155 · Im Norden der Insel 156

Bute 157
Rothesay 157

Der Südosten: Borders und Lothian 160
Redaktionstipps Südosten 160

Die Region Borders 160
Von Carlisle nach Selkirk 162 · Langholm 162 · Jedburgh 163 · Melrose 165 · Rund um Melrose 167

Die westliche Route: von Selkirk über Peebles und Penicuik nach Edinburgh 170
Selkirk 170 · Rund um Selkirk 171 · Bowhill 171 · Yarrow Water und Errick Water 172 · Peebles und Umgebung 174

Alternativroute: 177

von Peebles über Biggar und New Lanark nach Glasgow 177
Biggar 177 · New Lanark 178

Die östliche Route: von Jedburgh über Kelso, Dunbar, Haddington nach Edinburgh 179
Kelso 179 · Rund um Kelso 181 · Duns 182 · Dunbar 183

Reiserouten

4. **EDINBURGH** 188

Redaktionstipps Edinburgh 189

Allgemeiner Überblick 189

Geschichte und Stadtstruktur 189

Stadtstruktur 191

Das alte Edinburgh 191 · Das neue Edinburgh 192 · Das moderne Edinburgh 193

Sehenswertes in der Innenstadt 193

Edinburgh Castle 193 · Royal Mile 197 · Outlook Tower & Camera Obscura 197 · Scotch Whisky Heritage Centre 198 · Gladstone's Land 198 · Brodie's Close und der Deacon Brodie's Pub 199 · Mary King's Close 199 · St. Giles 199 · Parliament House 201 · City Chambers 201 · Palace of Holyrood 203 · Südlich der Royal Mile 205 · Der Grassmarket und das Universitätsviertel 205 · Die New Town 208 · Princes Street 208 · Calton Hill 211 · Das West End und Dean Village und Stockbridge 212

Sehenswertes in der Umgebung 213

Nördlich des Stadtzentrums 214

Südlich des Stadtzentrums 215

Lauriston Castle, Cramond und Dalmeny 216 · South Queensferry 217 · Linlithgow 218

5. **GLASGOW** 228

Redaktionstipps Glasgow 229

Allgemeiner Überblick 229

Geschichtlicher Überblick 229

Stadtputz 232

Sehenswertes in der Innenstadt 233

Rund um den George Square 233

Die Merchant City 236

Von Trongate zum East End 237

Rund um die Kathedrale 238

Glasgow Cathedral 238 · Nekropolis 238

Buchanan Street 239

Sauchiehall Street 240

The Willow Tea Room 240 · Glasgow School of Art 240

Das West End 244

Universität Glasgow/Hunterian Art Gallery and Museum und Mackintosh House 244

Am Clyde 246

South Side 247

House for an Art Lover 247 · Museum of Education / Scotland Street School Museum 248

Sehenswertes in der Umgebung 249

The Hill House 249

Reiserouten

6. DER WESTEN 260

Redaktionstipps Westen 262

Allgemeiner Überblick 262

Geschichtlicher Überblick: die Highlander und das Clansystem 264

Loch Lomond, Loch Katrine und die Trossachs 265

Loch Lomond 265

Balloch 266 · Zwischen Aberfoyle und Callander 267

Loch Katrine und die „Trossachs" 268

Von Callander nach Crianlarich 269

Die Region Argyll 271

Loch Awe und Loch Etive 273

Von Inveraray nach Knapdale und Kintyre 274

Knapdale und Kintyre 275

Knapdale 275 · Kintyre 276 · Die Ostküste Kintyres 278

Isle of Gigha 279

Von Lochgilphead nach Oban 279

Von Oban nach Fort William 283

Isle of Lismore 284

Glen Coe 285

Von Glen Coe nach Fort William 288

Fort William 288

Glen Nevis 292

Südwestlich von Fort William: Ardgour, Ardnamurchan und Morvern 293

Ardgour 293

Morvern 293

Ardnamurchan 293

Von Fort William zur Isle of Skye 295

Die A830 nach Mallaig 295

Die Knoydart-Halbinsel 296

Die A82 und A87 (bzw. A887) nach Kyle of Lochalsh 297

Spean Bridge 297

Von Fort William entlang Loch Ness nach Inverness 302

Loch Ness 303

Inverness 305

Geschichtlicher Überblick 305 · Sehenswertes 306 · Sehenswertes in der Umgebung 306

Westlich von Inverness 310

Glen Strathfarrar 311 · Glen Affric 311

7. DIE INNEREN UND ÄUSSEREN HEBRIDEN 312

Allgemeiner Überblick 313

Die Inneren Hebriden 314

Redaktionstipps Innere Hebriden 314

Isle of Islay 314

Von Bridgend nach Port Askaig 319

Isle of Jura 322
Corryvreckan Whirlpool 323
Isle of Mull 324
Der Ross of Mull 327
Isle of Iona 330
Staffa 332
Die Treshnish Isles 332
Isle of Coll 333
Isle of Tiree 334
Isle of Colonsay 335
Isle of Oronsay 336
Isle of Skye 337
Kyleakin und Kylerhea 338 · Broadford 338 · Isle of Raasay 339 · Portree 339 · Die Trotternish-Halbinsel 340 · Dunvegan, Waternish und Duirinish 342 · Die Cuillins und Minginish 344 · Die Sleat Peninsula 345
The Small Isles 350
Eigg 350 · Rum 351 · Muck 352 · Canna 352

Die Äußeren Hebriden 353
Redaktionstipps Äußere Hebriden 353
Allgemeiner Überblick 353
Lewis und Harris 357
Lewis 357 · Die Westküste 358 · Uig 362 · Nördlich von Stornoway nach Ness 362 · Harris 364
St. Kilda 368
North Uist und South Uist 368
North Uist 368 · Lochmaddy 368 · Berneray 369 · Benbecula 370 · South Uist 371 · Lochboisdale 372 · Eriskay 372
Barra und Vatersay 373
Barra 373 · Vatersay 374

8. DER NORDEN 376

Allgemeiner Überblick 377
Redaktionstipps Norden 378
Die Nordwestküste: von Kyle of Lochalsh zum Cape of Wrath 378
Die Applecross-Halbinsel 378
Loch Maree und das Beinn Eighe National Nature Reserve 381
Von der Gruinard Bay zum Loch Broom 384
Ullapool 384
Nördlich von Ullapool: Knockan Crag 386
Die West Sutherland Coastal Road 387
Scourie und Handa Island 390
Cape Wrath 391
Die Nordküste: von Durness nach John O'Groats 392
Durness und Umgebung 392
Tongue 394

Die Nordostküste: von John O'Groats nach Inverness 397
- Tain 402
- Dingwall und der Cromarty Firth 403
- Black Isle 404

9. DER OSTEN 406

Allgemeiner Überblick 407
- Redaktionstipps Osten 408

Entlang der A 9: Aviemore, Pitlochry, Perth 409
- Strathspey und die Cairngorms 409
- Aviemore 411
- Pitlochry 415
- Loch Tummel und Loch Rannoch 416
- Aberfeldy und der Loch Tay 417
- Perth 420

Entlang der Küste: von Nairn nach Aberdeen 426
- Der Moray Firth 426

Der Malt Whisky-Trail und der Castle-Trail: Speyside und das Don-Valley 438
- Speyside und der Whisky-Trail 438
- Das Don Valley und der Castle-Trail 444

Aberdeen 448
- Allgemeiner Überblick 448
- Geschichtlicher Überblick 448
- Sehenswürdigkeiten 449

Entlang der Küste: von Aberdeen nach Dundee 456
- Stonehaven 456
- Kirriemuir und die Angus Glens 460
- Montrose 462
- Arbroath 463
- Dundee 464
- Geschichte 465 · Sehenswürdigkeiten 465

Von Aberdeen durch das Dee-Tal über Banchory, Braemar und Blairgowrie nach Perth 471

10. IM HERZEN SCHOTTLANDS 476

Allgemeiner Überblick 477
- Redaktionstipps Herz Schottlands 478

Von Perth nach St. Andrews 479
- Abernethy 479

St. Andrews 481
- Die Kathedrale 482 · „The Castle" 483 · Universität 483 · Andere Sehenswürdigkeiten 484 · St. Andrews – die Heimat des Golfsports 484

Entlang der Küste: von St. Andrews nach North Queensferry 487
- Kirkcaldy 490

Von Kirkcaldy über Dunfermline nach Sterling 492
Stirling und Umgebung 497
Allgemeiner Überblick 497
Sehenswertes 497
Stirling Castle 497
Die Umgebung von Stirling 502

11. DIE NÖRDLICHE INSELWELT 504

Die Orkney-Inseln 505
Allgemeiner Überblick 505
Geschichtlicher Überblick 505
Redaktionstipps Orkney-Inseln 507
Mainland 507
Kirkwall 507 · West Mainland 510 · Skara Brae und Skaill House 511 · East Mainland 515
South Ronaldsay 516
Hoy 517
Rousay, Egilsay und Wyre 519
Rousay 519 · Egilsay und Wyre 520
Shapinsay 520
Eday 520
Sanday 521
Stronsay 522
Westray 522
Papa Westray 523
North Ronaldsay 524
Die Shetland-Inseln 527
Redaktionstipps Shetland-Inseln 527
Allgemeiner Überblick 527
Geschichtlicher Überblick 529
Mainland 531
Lerwick 531 · Rund um Lerwick: Bressay und Noss 532 · Central Mainland 532 · Die Westside 533 · Papa Stour 534 · South Mainland 534 · St. Ninian's Isle 535 · North Mainland 537
Whalsay 539
Out Skerries 540
Die North Isles: Yell, Fetlar und Unst 540
Yell 540 · Fetlar 541 · Unst 542
Foula 543
Fair Isle 543

12. ANHANG 547

Glossar 547
Literaturverzeichnis 548
Stichwortverzeichnis 552

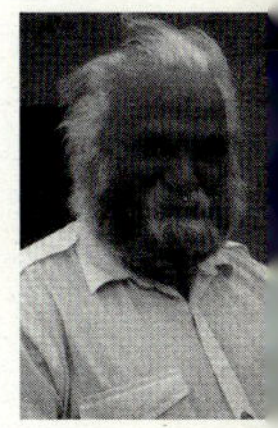

Außerdem weiterführende Informationen ...

zu Kilts und Tartans 55
zu den Highland Games 56
zu Theodor Fontanes Reise in die Highlands: „Jenseit des Tweed" 125
zu Robert Adam 147
zu Robert Burns 150
zu Sir Walter Scott 168
zum Edinburgher Festival 190
zu den Forth Bridges 217
zu Charles Rennie Mackintosh 242
zum Glen Coe 285
zum Caledonian Canal 291
zu Nessiterras Rhombopteryx, – auch „Nessie" genannt 303
zur Schlacht bei Culloden 308
zum Islay Whisky 317
zur Iona Community 331
zu Flora MacDonald und Bonnie Prince Charlie 341
zum Dudelsack 343
zum „Crofting" 355
zu den „Black Houses" 358
zum Torfstechen 363
zum Harris-Tweed 365
zu den *clearances* 392
zum Stone of Scone oder Stone of Destiny 422
zum Whisky und zur Whiskyherstellung 439
zum Scottish Baronial Stil 444
zum Golfsport 485
zu Scapa Flow 518
zu den Shetland-Ponys 530
zu den Brochs 535

Karten und Grafiken:

Aberdeen 449
Auf gelenkten Spuren 438
Äußere Hebriden 354
Black House Grundriss 359
Dundee 466/467
Edinburgh: Edinburgh Castle Grundriss 196
Edinburgh: Stadtplan 194/195
Edinburgh: Umgebungskarte 214
Eisenbahnlinien in Schottland 93
Glasgow: Stadtplan 234/235
Glasgow: Verkehrsverbindungen 254/255
Grafschaften 49
Great Glen Fahrrad Tour 292
Herz Schottlands 478
Innere Hebriden 315
Inverness 307
Islay 316
Isle of Arran 155
Isle of Isle of Bute 158
Isle of Skye 337
Jarlshof Grundriss 536
Jura 322
Mull 325
Norden 379
Orkney-Inseln 506
Osten 408/409
Regionen in Schottland 47
Schottland: Gesamtüberblick 16
Shetland-Inseln 528
Skara Brae: Grundriss 512
St. Andrews 482
Süden 128/129
Südosten 161
Südwesten 131
Westen 263

Umschlagkarten:

vordere Umschlagklappe: Schottland Highlights
hintere Umschlagklappe : Stadtplan Glasgow

Interessantes

So geht's:
*Das Buch ist so aufgebaut, dass dem Reiseteil ein Einblick in **Geschichte und Kultur** sowie andere Aspekte des Reisezieles (Kap. 1) vorausgehen. Diesem Einblick folgen **allgemeine Tipps** zur Planung und Ausführung einer Reise nach Schottland (Allgemeine Reisetipps, Kap. 2).*
*Im Anschluss folgt der **Reiseteil** (ab Kap. 3), in dem auf alle wichtigen und wesentlichen Sehenswürdigkeiten eingegangen wird. Reisepraktische Hinweise finden Sie jeweils im Anschluss an die Beschreibung der Sehenswürdigkeiten.*
*Ein ausführliches **Register** im Anhang (Kap. 12) gibt Ihnen die Möglichkeit, schnell und präzise den gesuchten Begriff zu finden.*

Legende

Autobahn	Information
Hauptstraße	Busbahnhof
Nebenstraße	Bahnhof
beschr. Route /Autobahn	Post
beschr. Route/Hauptstraße	Museum
beschr. Route/Nebenstraße	Theater
Ortschaften	wichtige Gebäude
Sehenswürdigkeiten	Einkaufszentrum
Berge	Picknick
Kirche	Hotel
Kloster	Fahrradtour
Schloss/Castle	Denkmal/Monument
Turm/Broch	Bibliothek
Ausgrabungsstätte	Fähre
Aussichtspunkt	Intern. Flughafen
Höhle	Nation. Flughafen
Golfplatz	Leuchtturm

WILLKOMMEN IN SCHOTTLAND

Schottland – der Name erweckt Erwartungen an Dudelsäcke, an Männer, die karierte Schottenröcke tragen, an trutzige Burgen, an Whisky und an Nessie, das legendäre Monster von Loch Ness. Die Klischees halten sich, und sicherlich gehört dies alles zu Schottland. Die Faszination, die Schottland auf seine Besucher ausübt, liegt jedoch hauptsächlich in seiner grandiosen Landschaft: Romantische Lochs, steil aufragende Berge, endlose unberührte Weiten und eine faszinierende Inselwelt – kaum ein Reisender wird von dem großen Reichtum an Naturschönheiten und der Fülle an Sehenswürdigkeiten enttäuscht sein.

Schottland kann in verschiedene Gebiete unterteilt werden:
Der hügelige Süden, die weite Tiefebene in der Landesmitte und die imposanten Highlands im Norden. Die vielen vorgelagerten Inseln im Westen und Norden haben einen ganz eigenen Charakter. So liegen die Shetland-Inseln beispielsweise dichter an Norwegen als am britischen Festland und sind dementsprechend stark nordisch geprägt. Auf den Hebriden hingegen spiegelt sich die keltische Kultur wider. Schätzungen zufolge sprechen noch rund 80.000 Schotten die gälische Sprache, vor allem in den Highlands und auf den Inseln.

Schottland ist ein traditions- und geschichtsreiches Land, und neben der atemberaubenden Natur wird der Reisende einzigartige Kulturdenkmäler entdecken, die von einer langen und wechselvollen Geschichte zeugen: Steinkreise und Gräber aus der Steinzeit, Burgen und Schlösser ebenso wie schlichte Bauernhäuser.

Die Einsamkeit und Abgeschiedenheit der Bergwelt, die manchem Besucher wie das letzte Paradies auf Erden erscheinen mag, lassen allerdings vergessen, dass Schottland eines der urbanisiertesten Länder der Welt ist. 86 % der Bevölkerung leben in den Städten der Central Lowlands und an der Ostküste.

Der Süden des Landes wird von den beiden Städten Glasgow und Edinburgh bestimmt. **Glasgow** ist die drittgrößte Stadt in Großbritannien. Durch den Niedergang der Stahl-, Eisen- und Kohleindustrie hat die Industriemetropole schlimme Schäden erlitten, doch haben in der Zwischenzeit neue Industriezweige die alten ersetzt, und seitdem Glasgow 1990 zur Kulturhauptstadt gewählt wurde, hat sich das Image der Stadt gewandelt. Heute ist Glasgow zu einem beliebten Städteziel geworden.

Edinburgh ist die Hauptstadt Schottlands und wird gerne als etwas snobistisch dargestellt. Die sogenannte „New Town" wurde im 18. Jh. erbaut, als eine Phase des Wohlstandes aus Edinburgh ein Zentrum von Wissenschaft und Bildung machte. Die alljährlich im August stattfindenden „Edinburgher International Festival" und das „Fringe Festival" sind wichtige Treffpunkte der internationalen Kunstszene.

St. Andrews an der Ostküste gilt als die Heimat des Golfes, denn das Spiel ist dort seit 1457 urkundlich zu belegen. Die St. Andrews-Universität ist eine der ältesten und ehrwürdigsten in Großbritannien. In **Aberdeen** hingegen, der „Granite City", befindet sich der größte Ölhafen Großbritanniens.

Vieles hat sich im vergangenen Jahrzehnt in Schottland getan. Seit 1999 hat das Land wieder ein **eigenes Parlament** und ist ein selbstbewusster und aufstrebender Teil Großbritanniens.

Alten Sprichwörtern zufolge gelten die Schotten als ein wenig geizig. Das hat wohl allerdings eher mit der früheren Armut des Landes zu tun, denn sehr bald wird der Reisende feststellen, dass die Schotten außerordentlich herzlich, gemütlich und gastfreundlich sind.

Das Ziel des vorliegenden Reisebuches ist es, dem Reisenden einen Einblick in die Kultur und Geschichte des Landes zu geben und bei der Planung und Durchführung einer Schottland-Reise behilflich zu sein.

Das Reisehandbuch Schottland ist in einen landeskundlichen und einen reisepraktischen Teil gegliedert:

- Der landeskundliche Teil informiert über die Geschichte, Landschaft, Wirtschaft und Gesellschaft Schottlands.
- Der reisepraktische Teil gibt nützliche Anregungen zur Reiseplanung und durchführung. Besuchenswerte Ziele, wie Städte, Landschaften, historisch und kulturell bedeutsame Stätten, werden gründlich beschrieben. Die genannten Unterkünfte wurden sorgfältig ausgewählt und geprüft. Bed & Breakfast-Unterkünfte werden aufgrund der Fülle und der im Allgemeinen sehr guten Qualität nicht genannt, es sei denn, es handelt sich um besonders ansprechende Unterkünfte, die aus eigener Erfahrung zu empfehlen sind.

Annette Kossow

I. LAND UND LEUTE

Schottland auf einen Blick

Fläche	78.789 qkm
- Festland (einschließlich der Inseln)	77.097 qkm
- Binnengewässer	1.692 qkm
- Küstenlinie	3.700 km
- Inseln	790, davon 130 bewohnt
- Waldanteil	11 %
- Größter See	Loch Lomond, 85 qkm
- Tiefster See	Loch Ness, 230 Meter
- Höchster Berg	Ben Nevis, 1.343 Meter
- Höchster Wasserfall	Eas a'Chual Aluinn, 200 Meter
Einwohner	5.062.011 (2001)
Bevölkerungsdichte	68 Einwohner pro qkm
Sprachen	Die Amtssprache Englisch wird von der gesamten Bevölkerung gesprochen. Etwa 80.000 Schotten beherrschen die gälische Sprache.
Hauptstadt	Edinburgh (420.200 Einwohner)
Weitere große Städte	Glasgow (577.869 Einwohner), Aberdeen (202.370 Einwohner), Dundee (145.663 Einwohner)
Staats- und Regierungsform	Seit 1707 gehört Schottland als Landesteil zum Vereinigten Königreich von Großbritannien (parlamentarische Monarchie). Seit 1999 eigenes Parlament.
Religion	Die größte Kirche in Schottland ist die Church of Scotland mit protestantisch-presbyterianischer Ausrichtung.
Wichtigste Erwerbszweige	Fischerei, Fischfarmen, Nordseeöl und Tourismus
Außenhandel	Wichtigster Exportartikel ist Whisky
Bodenschätze	Erdöl, Erdgas
Landwirtschaft	Ein Viertel der Gesamtfläche wird für die intensive Landwirtschaft genutzt. Dabei nimmt Gras 65 % der bebauten Fläche ein, Getreide 25 %, der Rest entfällt auf Zuckerrüben, Kartoffeln usw.
Klima	In Schottland herrscht ozeanisches Klima, das sich durch mäßig warme Sommer und vor allem an der Westküste durch milde Winter auszeichnet.
Währung	1 Britisches Pfund (GBP) = 1,35 €

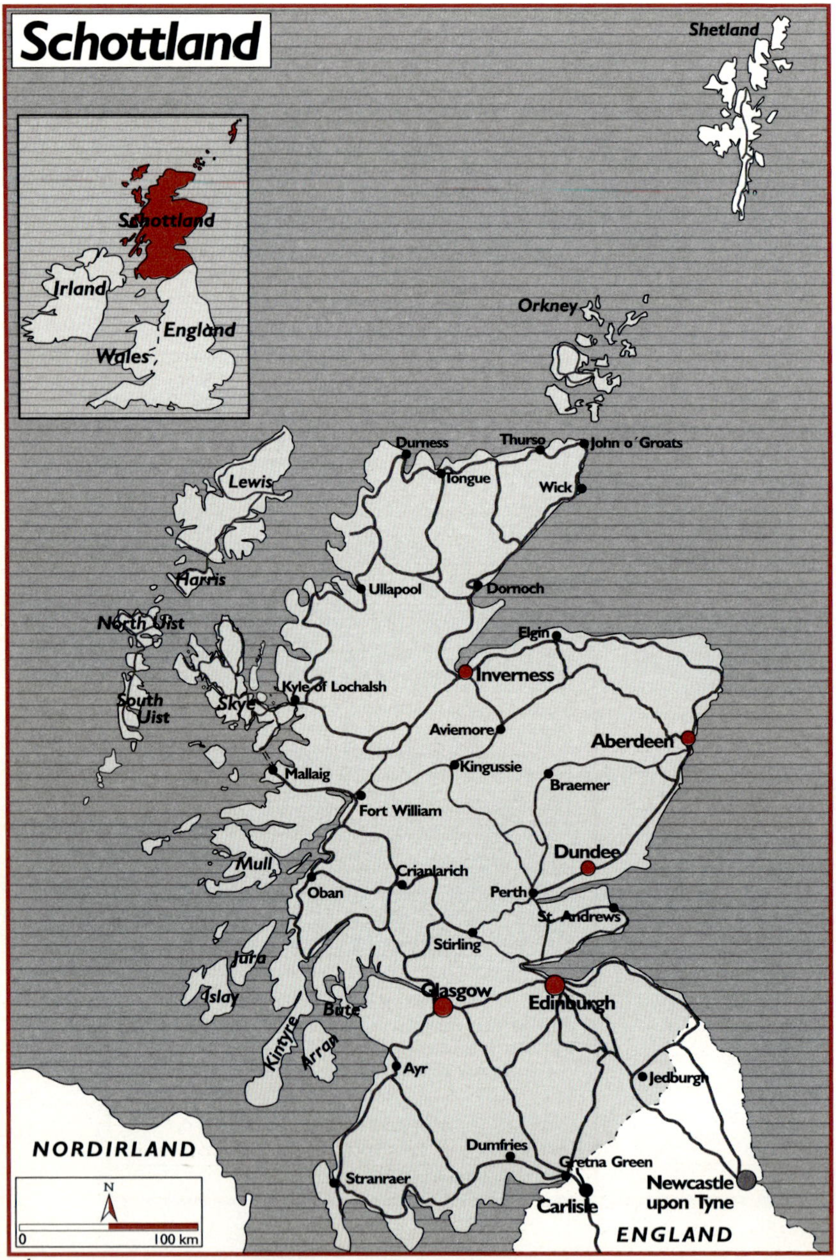
Schottland
Shetland
Schottland
Irland
England
Wales
Orkney
Durness
Thurso
John o´Groats
Tongue
Wick
Lewis
Harris
Ullapool
Dornoch
North Uist
Elgin
Inverness
Kyle of Lochalsh
South Uist
Skye
Aviemore
Aberdeen
Kingussie
Mallaig
Braemer
Fort William
Dundee
Mull
Crianlarich
Oban
Perth
St. Andrews
Stirling
Jura
Islay
Glasgow
Edinburgh
Bute
Kintyre
Arran
Ayr
Jedburgh
NORDIRLAND
Dumfries
Gretna Green
Stranraer
Newcastle upon Tyne
Carlisle
ENGLAND
N
0
100 km

© igraphic

Geschichtlicher Überblick

Die historische Entwicklung Schottlands steht in engem Zusammenhang mit der geographischen Lage und Struktur des Landes. Im äußersten Nordwesten gelegen, war das Land über Jahrhunderte von den kulturellen Zentren Europas entfernt. Die Römer, die zwischen 81 und 83 n. Chr. Schottland beherrschten, übten keinen prägenden Einfluss aus. Auch das Christentum und später die Renaissance kamen später als auf dem Kontinent hier an.

Auf der anderen Seite war Schottland – auf drei Seiten von Meer eingeschlossen – stets Zielpunkt für Angriffe der Wikinger und der Engländer. Verantwortlich für die historische Entwicklung des Landes war die Geographie, insbesondere das Nord-Süd-Gefälle zwischen den Highlands und den Lowlands. Die beiden größten Städte, Edinburgh und Glasgow, liegen im fruchtbaren Süden, die Highlands hingegen im unzugänglichen Norden. Auch für die Entwicklung des Clan-Systems spielte die Geographie eine wesentliche Rolle. Die Täler der Highlands waren so abgeschieden, dass sich dort Clans fast unbemerkt vom schottischen Königshaus entwickeln konnten.

Geographie verantwortlich für Geschichte

Zeittafel: Schnell-Überblick

5. Jh. v.Chr.:	Im Mesolithikum leben Nomaden von Jagd und Fischfang.
Ab 4. Jh. v.Chr.:	Besiedlung der Hebriden, später der Orkney- und Shetland-Inseln.
4. Jh. v.Chr.:	Keltische Pikten wandern von Irland aus auf die Hebriden und ins westliche Hochland ein.
1. Jh. v. Chr.-5. Jh. n.Chr.:	Die Römer herrschen in Britannien.
122-126:	Kaiser Hadrian schlägt einen Aufstand im Norden Britanniens nieder. Bau des 120 km langen „Hadrians Wall", der sich vom Solway Firth im Westen bis zur Mündung des Tyne im Osten erstreckt.
Um 143:	Weiter nördlich, vom Firth of Forth bis zum Clyde, wird von den Römern der „Antonius Wall" gebaut.
4. Jh.:	Keltische Skoten wandern ein.
um 400:	Als erster christlicher Missionar kommt der heilige Ninian nach Schottland.
bis 461:	Christianisierung Irlands durch den heiligen Patrick.
5. Jh.:	Es entstehen vier separate Königreiche: die Pikten im Norden, die Skoten im Westen, die Britonen und Angeln im Süden.
563:	Der heilige Columba kommt von Irland auf die Insel Iona, errichtet das erste Kloster und beginnt von dort aus mit der Christianisierung des Landes.
um 800:	Beginn der Wikingereinfälle.

843/844:	Der Skote Kenneth McAlpine besiegt die Pikten und vereinigt die vier Reiche zum schottischen Königreich. Hauptstadt wird Scone bei Perth.
Ende 9. Jh.:	Der Einflussbereich der Wikinger dehnt sich von den Shetland- und Orkney-Inseln nach Schottland aus.
11./12. Jh.:	Schottland wandelt sich in einen Feudalstaat nach normannischem Vorbild. In den abgelegenen Highlands gelingt es nicht, das Feudalwesen einzuführen. Zunahme des Einflusses Englands.
1066:	Schlacht bei Hastings. William the Conqueror bringt England unter französischen Einfluss.
1057-1093:	Malcolm III. schottischer König. 1073 erkennt dieser die Obrigkeit des englischen Königs William the Conqueror (1066-87) an.
12./13. Jh.:	Ständige militärische Auseinandersetzungen zwischen Engländern und Schotten.
1124-53:	David I. ruft römisch-katholische Orden ins Land.
1174:	Beim Vertrag von Falaise wird der englische König als Lehnsherr von Schottland anerkannt (gelöst 1189).
1263:	Schotten siegen bei Largs über die Norweger, die Hebriden fallen an Schottland.
1290:	Nach dem Tod der Königin Margarete kommt es zum Streit um die schottische Krone.
1292:	Edward I. von England bestimmt unter verschiedenen Thronanwärtern John Balliol zum Thronfolger. Dieser erhebt sich gegen England und schließt in der „Auld Alliance" einen Pakt mit Frankreich.
1296:	Edward I. besetzt Schottland, Widerstand unter Führung von William Wallace.
1297:	Sieg über die Engländer bei Stirling.
1298:	In der Schlacht bei Falkirk Sieg der Engländer über die Schotten. Die Städte Perth und St. Andrews werden niedergebrannt.
1306:	Robert the Bruce wird schottischer König und vertreibt Edward I.
1314:	Robert I. (the Bruce) besiegt die Engländer bei Bannockburn. Auf einige Zeit ist damit die schottische Unabhängigkeit gesichert.
1328:	Obwohl im Vertrag von Northampton die schottische Souveränität anerkannt wird, kommt es weiterhin zu Grenzkriegen. Edward III. von England erhebt Anspruch auf die französische Krone.
1339-1453:	Krieg zwischen England und Frankreich.
1371:	Robert Stewart, Schwiegersohn von Robert the Bruce, wird schottischer König. Bis zum Jahre 1714 regieren – bis auf 2 Ausnahmen – nun die Stewarts (spätere Schreibweise: Stuart).
1410:	Gründung der Universität von St. Andrews
1437:	Edinburgh wird schottische Hauptstadt.
1472:	Norwegen verpfändet die Orkney- und Shetland-Inseln an Schottland.
Ende 15. Jh.:	Beginn einer kurzen wirtschaftlichen und kulturellen Blüte in Schottland. Hervorgerufen durch die Krönung James IV. zum König, der das Land eint und die schottischen-französischen Beziehungen stärkt, vor allem aber durch die Heirat zwischen der Tochter James IV. mit dem englischen König Henry VII.

1504:	Die Renaissance erreicht Schottland.
1513:	Krieg zwischen England und Frankreich. England erwartet eine eindeutige Stellung der Schotten. James IV. schlägt sich zu Frankreich. Bei der Schlacht bei Flodden verlieren Tausende von Schotten, einschließlich James IV., ihr Leben.
1534:	Einführung der anglikanischen Staatskirche in England.
1538:	James V. heiratet Marie de Guise aus Lothringen.
1542:	Tod James V., Geburt Maria Stuarts.
16. Jh.:	Reformation. Leitfigur ist der Calvinist John Knox, 1513-1572.
1542-67:	Mary Stuart Königin von Schottland. 1558 heiratet sie den französischen Thronfolger. In England wird Elizabeth I. Königin. 1567 muss Mary Stuart zugunsten ihres Sohnes James VI. abdanken. 1587 wird sie in England hingerichtet.
1560:	Gründung der Church of Scotland. Die Zwistigkeiten zwischen Protestanten und Katholiken spalten das Land.
1603:	Nach dem Tod von Elizabeth I. zieht James VI. von Schottland als James I. in London ein (Personalunion). Schottland behält ein eigenes Parlament.
1638:	Das „First National Covenant" richtet sich gegen die Anglikaner und Charles I.
1644:	Streit zwischen Presbyterianern und Anglikanern führt zu blutigen Auseinandersetzungen.
1649:	Charles I. enthauptet. Oliver Cromwell wird Lord Protector von England, Schottland und Irland.
1660:	Mit Charles II. erneute Herrschaft der Stuarts.
1685:	Unter Charles VII/II. Förderung der römisch-katholischen Kirche.
1688/89:	Glorious Revolution. Sturz der Stuarts, James VII. flieht nach Frankreich. William III. of Orange, Protestant, wird König. Widerstand der Jakobiten. Im Kampf gegen die Engländer siegen sie am Pass von Killiecrankie, unterliegen jedoch wenig später bei Dunkeld.
1691:	William erlässt Amnestie für alle Jakobiten, die sich ihm bis zum Jahresende unterstellen.
1692:	Massaker bei Glencoe.
1707:	Realunion zwischen England und Schottland, erstes Parlament des Vereinigten Königreiches Großbritannien. Ende der schottischen parlamentarischen Unabhängigkeit. Schottland erhält eigene Gerichtsbarkeit sowie das Recht auf einen eigenen Überseehandel.
1713:	Aufgrund repressiver englischer Politik bleiben die seitens Schottlands erhofften wirtschaftlichen Erfolge jedoch aus. Ein Antrag auf Rückgängigmachung wird abgelehnt.
1714:	Nach dem Tod Annas, der letzten Stuart-Königin, geht die Thronfolge mit Georg I. an das Haus Hannover.
1715:	Der Aufstand der stuarttreuen Jakobiten, um den Stuart Prätendenten auf den Thron zu bringen, misslingt.
1724:	Unter dem Oberkommando von General Wade wird in den Highlands die Infrastruktur ausgebaut.
1725:	Erhebung einer Malzsteuer. In den Highlands entstehen zahlreiche Schwarzbrennereien.

1745/46:	Der letzte Aufstand der Jakobiten unter Prinz Charles Edward Stuart, „Bonnie Prince Charlie“, scheitert in der Schlacht bei Culloden.
1767:	Pläne für den Bau der „New Town“ in Edinburgh
18./19. Jh.:	Vertreibung der Kleinbauern aus den Highlands („clearances“). Beginn der Industrialisierung.
1804-47:	Bau des Caledonian Canal. Infrastrukturelle Erschließung der Highlands.
1836:	Eisenbahnverbindung nach Edinburgh fertiggestellt.
1842:	Besuch von Königin Victoria und Prinzgemahl Albert von Sachsen-Coburg in den schottischen Highlands. Beginn des Highland-Tourismus. Bahnlinie nach Glasgow fertiggestellt, weitere Bahnlinien in den 50er und 60er Jahren. Die Industrialisierung Schottlands schreitet während der viktorianischen Regierungszeit fort.
1890:	Eröffnung der Eisenbahnbrücke über den Firth of Forth.
1919:	Selbstversenkung der deutschen Flotte in der Bucht von Scapa Flow.
1935:	Gründung der SNP, der Scottish National Party, die die Unabhängigkeit Schottlands von England herbeiführen will.
1945:	Die SNP entsendet zum ersten Mal einen Parlamentsabgeordneten nach London.
1947:	Eröffnung des Edinburgh International Festival.
ab 1950:	Stetiger wirtschaftlicher Niedergang in Schottland. Damit einhergehend ein Abnehmen der Wählerstimmen für die konservative Partei.
1955:	„Schneller Brüter“ in Dounreay eröffnet
1965:	Das Highland and Island Development Board wird mit dem Ziel ins Leben gerufen, die wirtschaftliche und soziale Lage der Bewohner des Nordens zu verbessern.
1968:	Erste Erdöl- und Erdgasfunde in der Nordsee. Schottland hofft auf wirtschaftlichen Aufschwung.
1975:	In einer Verwaltungsreform werden die einzelnen Grafschaften zu Regionen zusammengefasst.
1979:	Durch Volksabstimmung wird die Teilautonomie für Schottland und Wales abgelehnt.
1987:	Trotz des Wahlsieges der konservativen Partei in Großbritannien ist die Labour Party in Schottland der große Gewinner. Von 71 Unterhausmandaten stellt die Labour-Partei 50.
1988	Am 21. Dezember 1988 explodiert über Lockerbie in Südschottland ein Pan-Am Jumbo Jet auf dem Weg von Frankfurt nach New York durch ein Bombenattentat.
1990:	Glasgow wird Kulturhauptstadt Europas.
1992:	Die Konservativen gewinnen die Wahl erneut. Bei den Unterhauswahlen erhält die SNP drei Sitze. Der Ruf nach Autonomie und Unabhängigkeit wird lauter.
1992:	EG-Gipfel in Edinburgh.

1993:	Tanker-Unglück vor den Shetland-Inseln. Ein unter liberianischer Flagge fahrender Öltanker bricht auseinander, und etwa 85.000 Tonnen Leichtöl gelangen ins Meer.
1996:	Massaker in Dunblane, bei dem 16 Kinder und eine Lehrerin ums Leben kommen.
1997:	Die Labour Party gewinnt die Wahlen. Tony Blair wird Ministerpräsident. Für Schottland bedeutet der Wahlsieg den Anfang einer neuen Zeit. In einem Referendum stimmen 75 % der Wahlberechtigten für ein schottisches Parlament.
1999:	Im Mai finden die ersten schottischen Wahlen (proportional representation) statt. Von den 129 Sitzen gewinnt die Liberal Party 56 Sitze und bildet nun zusammen mit den Liberal Democrats (17 Sitze) die Regierungsmehrheit. Donald Dewar wird Schottlands erster Minister, Jim Wallace (Scottish Liberal Democrats) sein Stellvertreter. Die SNP erhält 35 Sitze, die Konservativen 18 Sitze.
1999:	Am 1. Juli eröffnet die Queen offiziell das schottische Parlament.
2000:	Im Oktober stirbt Donald Dewar (geboren in Glasgow 1937), 30 Jahre lang Parlamentsmitglied, Kabinettsmitglied und Schottlands erster Minister. Sein Nachfolger wird Henry McLeish (Scottish Labour Party).
2001:	Im Februar bricht in Großbritannien die Maul- und Klauen-Seuche aus. Die Situation endet in einer verheerenden Katastrophe. Abertausende Tiere werden geschlachtet, für Wochen sind ganze Landstriche nicht betretbar, und die längerfristigen Schäden bewegen sich in Millionenhöhe.
2001:	Bei den Parlamentswahlen in Großbritannien im Mai gewinnt die Labour Party erneut unter Tony Blair. Die Wahlbeteiligung in Schottland ist die geringste in Großbritannien. Wahlausgang in Schottland: Labour Party 42, Conservatives 33, Liberal Democrats 19, andere 6. Jack McConnell wird Schottlands erster Minister.
2003:	Jack McConnell als erster Minister wieder gewählt
2004:	In Edinburgh wird das neue Parlamentsgebäude feierlich eingeweiht.
2005:	G8 Gipfeltreffen im Gleneagles Hotel in Auchterarder. Zeitgleich Kampagne „Make Poverty History“ und weltweite Life 8 Konzerte. Abschlusskonzert in Edinburgh mit dem „Edinburgh 50,000 – The Final Push“.
2007:	Bei den Parlamentswahlen erreicht die nationale SNP (Scottish National Party) 47 Sitze, Scottish Labour 46 (Liberal Democrats 16, Conservatives 17, Scottish Greens 2). Im Mai wird mit *Alex Salmond* zum ersten Mal ein Kandidat der SNP als erster Minister von Schottland gewählt
2009:	Zum 250. Geburtstag des schottischen Nationaldichters Robert Burns findet 2009 das Year of Homecoming Scotland mit zahlreichen Veranstaltung zu Burns und der schottischen Kultur statt. Mehr Infos unter www.homecomingscotland.com.

Zeittafel der Thronfolge in Schottland

843-860	Kenneth McAlpine	1371-1390	Robert II.
863-879	Constantine I.	1390-1406	Robert III.
892-900	Donald I.	1406-1437	James I.
900-943	Constantine II., III. und Donald II.	1437-1460	James II.
		1460-1488	James III.
943-954	Malcolm I.	1488-1513	James IV.
954-994	Kenneth II.	1513-1542	James V.
1005-1034	Malcolm II.	1562-1567	Maria Stuart
1034-1040	Duncan I.	1567-1625	James VI./I.
1040-1057	Macbeth	1625-1649	Charles I.
1057-1093	Malcolm III., Canmore	1649-1651	Charles II.
		1651-1660	Commonwealth
1093-1094	Donald Bane	1660-1685	Charles II. wieder eingesetzt
1094	Duncan II.		
1094-1097	Donald Bane und Edmund	1685-1688	James VII./II.
		1688-1694	William III. of Orange and Mary
1097-1107	Edgar		
1107-1124	Alexander I.	1694-1702	William III.
1124-1153	David I.	1702-1714	Anne
1153-1165	Malcolm IV.	1714-1727	George I.
1165-1214	William I., the Lion	1727-1760	George II.
1214-1249	Alexander II.	1760-1820	George III.
1249-1286	Alexander III.	1820-1830	Georg IV.
1286-1290	Margarete von Norwegen	1830-1837	William IV.
		1837-1901	Victoria
1290-1292	Interregnum	1901-1910	Edward VII.
1292-1296	John Balliol	1910-1936	Georg V.
1296-1306	Interregnum	1936	Edward VIII.
1306-1329	Robert I., the Bruce	1936-1952	Georg VI.
1329-1371	David II.	seit 1952	Elizabeth I./II.

Frühes Mittelalter: Einigung und Christianisierung

vier Königreiche

Um etwa 450 n.Chr. gab es in Schottland vier einzelne Königreiche. Im Tiefland lebten die germanischen Angelsachsen, im Westen die keltischen Skoten, im Nordosten die keltischen Pikten und auf den Hebriden die römisch-keltischen Britonen. Unter dem Skoten *Kenneth MacAlpine* wurden die vier Königreiche 843 zum Königreich Alba vereint. Alba (das gälische Wort für Schottland) dehnte sich im Laufe der Zeit nach Süden aus. *Malcolm II.* (1005-1034) schloss ein Bündnis mit den Sachsen und besiegte die Briten. Von dieser Zeit an wurde das Königreich Scotia = Schottland genannt.

Stärkend für das Zusammengehörigkeitsgefühl des jungen Königreiches war neben den gemeinsamen keltischen Wurzeln auch das Christentum. Bereits im 4. Jh.

hatte die Mission des heiligen Ninian die erste Berührung mit dem Christentum gebracht. Im 6. Jh. gründete der irische heilige Columba auf der Insel Iona ein Kloster und begann von dort aus mit der Christianisierung des ganzen Landes. Bis gegen das Ende des 7. Jh. war schließlich ganz Schottland christianisiert.

hl. Columba

Unter König *Malcolm III. Canmore* (1057-93) und seiner Frau, der heiligen Margaret, gelangten anglo-normannische Einflüsse und der Katholizismus nach Schottland. Königin Margaret und ihrem Sohn David I. (1124-53) gelang es, die junge keltische Kirche zu erneuern, indem sie neue Bischofssitze und zahlreiche Abteien und Klöster errichten ließen. Ein eindrucksvolles Zeugnis dieser reichen kulturellen Blüte sind die vier großen Abteien im Grenzland zu England. Die Gründung der Klöster bedeutete aber auch eine Verbesserung der wirtschaftlichen Infrastruktur, denn im Mittelalter waren Klöster eine wichtige Basis der Wirtschaft.

Grenzland-abteien

Das Kennzeichen der schottischen Kirche war schon damals ihre Eigenständigkeit. 1192 wurde sie vom englischen Supremat gelöst und direkt Rom unterstellt.

In der Folgezeit entwickelten sich die Lowlands und die Highlands in unterschiedliche Richtungen. In den Lowlands wurde das normannische Feudalsystem eingeführt. Dies bedeutete, dass alles Land Eigentum des Königs war, der es als Lehen an seine Untertanen verteilte. Später wurden die Lowlander parlamentarisch und presbyterianisch. In den abgelegenen Highlands gelang es hingegen nicht, das Feudalsystem einzuführen. Hier „herrschten" die Stammesverbände der Clans. Sie konnten sich weitgehend der Autorität des Königs entziehen. Aus den Highlands stammten später auch die royalistischen katholischen Jakobiter. 1175 schloss *William the Lion* einen Pakt mit Frankreich, **The Auld Alliance**. William the Lion fiel in England ein, scheiterte jedoch. Daraufhin zwang ihn England zum Lehnseid, und Schottland verlor seine Unabhängigkeit.

Vom späten Mittelalter bis zur Reformation

Im ausgehenden Mittelalter wurde das Land durch Thronstreitigkeiten erschüttert. Die streitenden Parteien der Bruces, Balliols und Comyns riefen *Edward I.* als Schiedsrichter herbei. Dieser wollte jedoch mehr Macht in Schottland und verlangte als Gegenleistung die wichtigsten Festungen. Balliol wurde sein Vasall (1292-1296). Blutige Auseinandersetzungen, die fast ein Jahrhundert andauerten, folgten. 1306 ließ sich **Robert the Bruce** (1274-1329) in Scone zum König krönen.

Robert the Bruce (1274-1329)

Der Sieg der Schotten über die Engländer (Bannockburn, 1314) markierte ein wichtiges Datum in der schottischen Geschichte. Für einige Zeit waren die englischen Machtbestrebungen vereitelt. 1327 musste *Edward III.* die Unabhängigkeit Schottlands im Vertrag von York anerkennen. Bruce wurde zu einem der

Unabhängigkeit

volkstümlichsten schottischen Helden. Er rief ein Parlament mit Vertretern der Städte ein und gründete einen gut organisierten Staat. Als Roberts Sohn *David II.* kinderlos starb, begann die Epoche der berühmten und unglücklichen Stewarts mit *Robert II.*, dem Schwiegersohn von Robert the Bruce. Stewart ist die Bezeichnung für einen Hofmarschall, und als solche hatten es die Stewarts zu so großem Ansehen gebracht, dass Robert the Bruce seine Tochter mit seinem High Stewart verheiratete. Nicht von ursprünglich königlichem Geblüt, hatten es die Stewarts in der Folgezeit allerdings schwer, sich gegen den mächtigen Adel durchzusetzen, der sie nicht als Gleichberechtigte betrachtete.

Im 15. Jh. kam es wieder und wieder zu Auseinandersetzungen zwischen dem jungen Königtum und der Aristokratie des Landes. Die starke Stellung des Adels wurde durch die häufige Minderjährigkeit der Könige begünstigt – fast alle schottischen Könige kamen als Kinder auf den Thron – und ihrer frühen Tode. Der Adel konnte sich dadurch fast königsgleiche Privilegien sichern, und die zentrale Regierung wurde erheblich geschwächt. Den Adel in Zaum zu halten war eines der wichtigsten Anliegen der Stewart-Könige. England und Frankreich nutzten die innenpolitischen Schwierigkeiten in fortwährenden Interventionsversuchen aus.

kulturelle Blüte

James IV. (1488-1513) galt als der geschickteste der Stewart-Könige. Unter seiner Herrschaft erreichte die **Renaissance** Schottland. Eine Periode kultureller Blüte und wirtschaftlichen Aufschwunges folgte. Neue Universitäten wurden gegründet (zu den beiden bereits existierenden Universitäten in St. Andrews und Glasgow kam Aberdeen 1495 hinzu) und stattliche Kirchen und Paläste gebaut. James gelang es, durch geschicktes Handeln das Gleichgewicht in Europa zu stabilisieren. Er bekräftigte die „Auld Alliance" (den alten schottischen Bündnisvertrag mit Frankreich, 1491/92) und heiratete die Tochter des englischen Königs Henry VII. Während des Krieges zwischen England und Frankreich forderte Henry VIII. jedoch von Schottland eine eindeutige Position. James hielt Frankreich die Treue und marschierte in England ein. 1513 endete der Feldzug vernichtend für die Schotten in der Niederlage von Flodden.

John Knox (ca. 1513-1572)

James V. (1513-1542) gelang es, die Macht des schottischen Adels zu brechen. Mit Hilfe der Kirche baute er einen zentral gelenkten, absolutistischen Staat auf. Aber auch James V. musste im Bündnis mit Frankreich nach England ziehen und erlitt, wie sein Vater, eine Niederlage. 1542 starb er in Linlithgow und hinterließ nur eine Tochter, Mary **Stewart**. Da im Französischen kein „w" existiert, nannte sie sich später **Stuart**. Unter James V. begann auch in Schottland die **Reformation**. Das Mittelalter sollte damit endgültig beendet werden. Wie überall, litt auch in Schottland die Kirche am Niedergang der Moral und der Sitten. In St. Andrews, dem geistlichen Zentrum des Landes, befand sich das Zentrum der Gegenreformation. Sie orientierte sich an Deutschland und an der Schweiz. Als wichtigste Figur der schottischen Reformation kristallisierte sich *John Knox* (ca. 1513-

1572) heraus. In fanatischen Reden ereiferte er sich gegen die Katholiken. Angeheizt durch die Predigten John Knox' wurde ein Bildersturm ausgelöst, der den Thron in arge Bedrängnis brachte. 1555 gründete Knox die calvinistische **Church of Scotland**, die 1560 zur Staatskirche wurde. Die katholische Königin befand sich im französischen Exil, die alte Verbindung mit Frankreich war beendet und Schottland protestantisch. Im *First Book of Discipline* legte John Knox die Konstitution der schottischen Kirche, die sich zu einer eigenen Autorität entwickelt hatte, nieder.

Die Reformation war keinesfalls nur eine religiöse Bewegung. Im Zuge von kulturellen und wirtschaftlichen Veränderungen wurde auch das Erziehungswesen erneuert. John Knox bemühte sich um ein Erziehungssystem, das auch den sozial Schwachen das Recht auf Bildung zusicherte.

Intrigen

Jeder spielte und intrigierte gegen jeden im Schottland des 16. Jh., und es bildeten sich zwei Parteien heraus:

- Die eine Partei blieb katholisch und Frankreich treu. Die Königinmutter Marie von Guise, Witwe von James V., war 1554 offiziell als Königin anerkannt worden. Mary Stuart (1542-67), ihre Tochter, galt als rechtmäßige Erbin auf den englischen Thron, und nicht Elizabeth, die uneheliche Tochter Henry VIII. 1558 wurde Mary mit Franz II., dem französischen König, verheiratet.
- Die andere Partei, die Protestanten, hingegen war für eine Annäherung an England. Durch eine Verbindung zwischen Mary und dem französischen Dauphin befürchtete sie eine französisch-katholische Vorherrschaft.

Nach dem frühen Tod ihres Gatten kehrte Mary Stuart 1561 nach Schottland zurück, um die Thronfolge anzutreten. Ihre Mutter Marie von Guise war 1560 gestorben. Mary war damals gerade 18 Jahre alt, katholisch, lebenslustig und zudem eine Frau – für John Knox ein Feindbild par excellence.

Da Mary Stuart nicht bereit war, auf ihre englischen Thronansprüche zu verzichten, die sie aus katholischer Sicht zur legitimen Königin Englands machten, geriet sie in scharfen Gegensatz zu Elizabeth I. von England. Vier Jahre später heiratete sie ihren Vetter Henry Darnley, der, von Eifersucht getrieben, ihren Sekretär David Rizzio ermorden ließ. Ein Jahr später wurde Darnley ermordet, aber schon wenige Wochen danach heiratete die junge Frau James Hepburn, den Earl of Bothwell. Da Bothwell als vermeintlicher Mörder von Darnley galt, verscherzte es sich Mary sowohl mit den jakobitischen Katholiken als auch mit den Protestanten.

Sie wurde gezwungen abzudanken, und sofort wurde ihr Sohn als James VI. gekrönt (1567). Mary gelang die Flucht nach England. Unter Vorwänden Elizabeths I. wurde sie 19 Jahre lang gefangengehalten, bis sie schließlich enthauptet wurde. Ihr Tod wurde mit einem geplanten Attentat auf Elizabeth begründet.

Buchtipp

Ein informativer und zugleich äußerst unterhaltsamer Roman ist Stefan Zweigs Biographie „Mary Stuart", Frankfurt.

Union der Kronen – Union der Parlamente

Elizabeth I. von England starb 1603. *James VI.* wurde ihr Thronerbe. Als James VI. von Schottland und James I. von England brachte er den Hof von Edinburgh nach London. In der **Union of the Crowns**, waren nun die Länder vereint, behielten jedoch ihr eigenes Parlament. Die Union mit dem wirtschaftlich mächtigeren England brachte der Königsmacht in Schottland eine ungeahnte Stellung. Als James VI./I. und sein Nachfolger Charles I. die anglikanische Kirchenordnung einzuführen versuchten, kam es zu heftigen Protesten. Die Führer der schottischen Gesellschaft schlossen sich im Bündnis der *Covenanter* zusammen, um gemeinsam die Errungenschaften der Reformation zu schützen.

Charles I. enthauptet

1649 befahl **Oliver Cromwell**, Charles I. zu enthaupten. Als rechtmäßigen Nachfolger proklamierten die Schotten daraufhin Charles II. zum König. Cromwell reagierte sofort, schlug die schottische Armee vernichtend und ernannte sich zum Lordprotektor über England, Schottland und Irland. Der König floh nach Frankreich, und Schottland blieb für die nächsten neun Jahre unter der Herrschaft Cromwells. Nach dem Tode Cromwells wurde das Königtum wieder eingeführt, und der Stuart-König Charles II. kehrte 1660 aus französischem Exil zurück. Wenig später kam es zur – unblutigen – Revolution von 1688 (**Glorious Revolution**): *James VII.* (der Nachfolger von Charles II.) hatte das Land nämlich wieder katholisch machen wollen und wurde abgesetzt. Als *William of Orange* 1689 zum englischen König ernannt wurde, schlossen sich die meisten Schotten dem Protestanten an, abgesehen von den stuarttreuen katholischen Highlandern. Die **Jakobiten** (nach James = Jakob, dem letzten Stuart-König, genannt) sorgten fortan für ständige Konflikte im neuen Königtum.

Zusammenlegung der Parlamente

Nach dem Tode Williams of Orange 1702 folgte ihm seine Schwägerin Anne (1702-14) auf den Thron. Während ihrer Regierungszeit kam es 1707 zu der Vereinigung des schottischen und englischen Parlaments und somit zum Ende der schottischen Unabhängigkeit. Im Grunde war die Zusammenlegung der Parlamente eine weise Entscheidung. Schottland erkannte das Thronrecht der den Oraniern nachgefolgten Hannoveraner an. Im Gegenzug erhielten sie wirtschaftliche Unterstützung und Seerechte, die den Ausbau des schottischen Überseehandels ermöglichten. Das Recht- und Erziehungssystem blieb ihre eigene Domäne, ebenso die Kirche. Für England (derzeit gerade im Krieg mit Frankreich) bedeutete die Union eine Stabilisierung der Dynastie.

Schottland war nun Mitglied im „Vereinten Britischen Königreich“. Obwohl Schottland durch die Union gewisse Identitätsverluste hinnehmen musste, brachte die Zusammenlegung der Kronen wirtschaftliche und kulturelle Vorteile.

Im Jahre 1745 scheiterte der letzte Versuch des jungen Stuart-Prinzen **Bonnie Prince Charlie**, der die schottische Krone „zurückerobern“ wollte. Rückhalt fand der Prinz nur bei den royalistischen Hochländern. Das Tiefland hatte durch die Union mit England große wirtschaftliche Vorteile erfahren und war kaum an einer Restauration der Stuarts interessiert. 1745 marschierte Charles Edward Stuart in England ein. Sein Gegner, der Duke of Cumberland, war weitaus stärker, so dass Bonnie Prince Charlie wieder umkehren musste. Im April 1746 wurde er im Moor von **Culloden** vernichtend geschlagen.

Prince Charles Edward Stuart

Die große Hoffnung auf eine Restauration der Stuarts war damit zerschlagen. Dem Prinz gelang es, über verschiedene Umwege nach Frankreich zu fliehen. Für die Highlander bedeutete die Niederlage ein Desaster. Die Engländer verfolgten das Ziel, die traditionelle gälische Kultur des Hochlandes zu ruinieren. Beispielsweise wurde das Tragen von Kilts verboten. Die Häuser der Jakobiten wurden an Engländer verteilt, wodurch man die althergebrachte Bindung der Clan-Chiefs an ihre Gefolgsleute zerstören wollte. Politisch betrachtet, hatten die Jakobitenaufstände jedoch keine Wirkung. Im südlichen Tiefland ging das Leben weiter wie bisher. Besonders der Handel mit den amerikanischen Kolonien brachte große Gewinne. Aber nicht nur Handel und Industrie nahmen in Schottland einen großen Aufschwung, auch in kultureller Hinsicht erlebte Schottland von der Mitte des 18. Jh. bis etwa 1850 eine **Blütezeit**. Wissenschaft und Künste entwickelten sich in immensem Ausmaß.

Aufschwung

Im 19. Jh. stiegen die meisten Großgrundbesitzer von Viehzucht und Landwirtschaft auf die rentablere Schafzucht um. Schafzucht erforderte weniger Arbeitskräfte. Tausende von schottischen Kleinpächtern wurden brutal vertrieben und viele Dörfer einfach verbrannt. Tausende von Bauern wurden während dieser sogenannten **clearances** in die Emigration (vor allem in die USA und nach Kanada) gezwungen. Das für den englischen Schiffbau abgeholzte Hochland (das *man made desert*) verödete durch die Überweidung noch mehr. Als durch das Überangebot auch der Wollpreis fiel, vertrieben die Grundbesitzer auch noch die letzten Schafhirten und ließen Rotwild ansiedeln. Erst 1886 erließ das Londoner Parlament die *Crofter Charter*, die den Pächtern ein Bleiberecht auf ihrem angestammten Land verbriefte.

Buchtipps

Wer sich ausführlicher mit dem Thema ***„Scottish Devolution"*** *beschäftigen möchte, dem seien folgende Publikationen zu empfehlen:*

- *Hugh Atkinson und Stuart Wilks-Heeg: Local Government from Thatcher to Blair, The Politics of Creative Autonomy, Cambridge 2000*
- *Christopher Harvie and Peter Jones: The Road to Home Rule. Images of Scotland´s Cause, Edinburgh 2000*

Als ***grundlegende Werke zur schottischen Geschichte*** *empfehle ich:*

- *David Howarth: Images of Rule. Art and Politics in the English Renaissance 1485 - 1649, London 1997.*
- *Magnus Magnussen: Scotland. The Story of a Nation, London 2000. 700 Seiten illustrierter Wälzer.*
- *Collins Encyclopaedia of Scotland. Hrsg. von John Keay and Julia Keay, London, 2000.*

Industrialisierung und 20. Jahrhundert

Während des **Viktorianischen Zeitalters** (benannt nach der Regierungszeit Königin Victorias, 1837-1901) wurde das ehemals rein agrarische Schottland industrialisiert. Die Wirtschaft, insbesondere die Schwerindustrie, sowie die Infrastruktur wurden ausgebaut und wichtige Sozialreformen durchgeführt.

Schiffbau

Im Süden hatte sich am Fluss Clyde eine enorme Schiffbauindustrie entwickelt. Viele verarmte Iren und vertriebene Hochländer siedelten sich in den slumartigen Armenvierteln Glasgows an. Im Schiffbau und in der Leinenproduktion stieg Schottland an die Weltspitze auf. In den abgeschiedenen Highlands herrschte jedoch durch die Profitgier der Grundbesitzer große wirtschaftliche Not.

Die wirtschaftliche Entwicklung bedeutete innere Stabilisierung im Vereinigten Königreich. Allmählich verringerten sich die Vorbehalte gegenüber England. Ebenso begannen die Engländer, den hohen Norden ernst zu nehmen. Schottland hatte nicht nur Anteil an dem expandierenden Handel und der Industrie, sondern auch an der Gründung und Verwaltung der Kolonien. Königin Victoria war geradezu begeistert von der Schönheit des Landes, und auch die Romane von Sir Walter Scott trugen zum Beliebtheitsgrad des Landes im Norden bei.

Erfindungen

Schottischer Erfindungsreichtum wurde in dieser Zeit sprichwörtlich. Heute ist es allerdings kaum mehr bekannt, dass viele der heute gebräuchlichsten Gegenstände schottische Erfindungen sind. Im Museum of Scotland kann man sich über viele schottische Erfindungen informieren: die Dampfmaschine (James Watt); Teer als Straßenbelag (John MacAdam), gummierte Regenmäntel (Mackintosh), das Fahrrad (Kirkpatrick MacMillan), der Kugelschreiber (R.W. Thomson), das Telefon (Alexander Bell), der pneumatische Fahrradreifen (John Boyd Dunlop), das Fernsehen (John Baird) und der Radar (Sir Robert Robson Watt). Schottische Ärzte haben ebenfalls wichtige Errungenschaften geleistet: Das Karbolspray (Joseph Lister), Chlorophorm (Sir James Young Simpson), Penicillin (Sir Alexander Fleming), Betablocker und Tagamet (Sir James Black).

Im Ersten Weltkrieg erreichte Schottland die Spitze seiner Produktion. Großbritannien benötigte jedes Schiff, das die Werften am Clyde hergaben. Nach dem Krieg verdienten die Werfen noch einige Zeit am Wiederaufbau, dann brach die Weltwirtschaftskrise aus, und der Abstieg begann.

Die brachliegende Schwerindustrie, die einen Großteil der Gesamtwirtschaft Schottlands ausgemacht hatte, kam nie wieder auf die Beine. Schiffbau wurde zu teuer und konnte der Konkurrenz aus Fernost nicht mehr standhalten. Die Arbeitslosenrate lag in Schottland weit über der in England. Erst in der letzten Dekade des 20. Jh. zeigten die Bemühungen, die Wirtschaft durch die Entwicklung neuer Industriezweige anzukurbeln, langsam eine Wirkung.

Unabhängigkeit

Nach dem 2. Weltkrieg entwickelten sich in Schottland verstärkt nationalistische Bewegungen. Die National Party of Scotland war bereits 1928 gegründet worden, 1934 schloss sie sich mit der Scottish Party zur Scottish National Party (SNP) zusammen. **„Home Rule"** war ihre Forderung, d.h. Schottland solle von Schottland aus regiert werden. Zunächst war dieser politische Nationalismus nicht sehr erfolgreich, doch die wachsende wirtschaftliche Misere brachte ihm immer mehr Zulauf.

Home Rule

Mit den **Ölfunden** vor der schottischen Nordseeküste Ende der 60er Jahre bekam die SNP neue Argumente für ihre Forderung nach Unabhängigkeit. Das Öl solle ja nicht an Schottlands Wirtschaft vorbeifließen!

Öl in der Nordsee

Bei den Unterhauswahlen 1974 erreichte die SNP über 30 % der Stimmen, und „Devolution" wurde wieder ernsthaft diskutiert. Unter der Labour-Regierung entstand ein Gesetzesentwurf zu einer **Dezentralisierung** des Unterhauses. 1979 wurde schließlich ein Referendum festgesetzt, in dem die Schotten über größere Autonomie entscheiden sollten. Die Auszählung ergab aber nur 33 % Ja-Stimmen der Wahlberechtigten.

1979 kamen die Konservativen in London an die Macht. In Schottland hatten sie nur einen ganz kleinen Rückhalt, trotzdem wurde das Land von ihnen regiert. Die Regierungsgewalt lag in den Händen eines vom Premierminister eingesetzten Ministers. Als 1992 die Konservativen zum vierten Male hintereinander die Parlamentswahlen gewannen, kam es in vielen Orten Schottlands zu spontanen Demonstrationen. Bei näherer Betrachtung allerdings waren die meisten Schotten aus ökonomischen Gründen weiterhin an einer Union mit England interessiert. Der Wendepunkt kam 1997, als Labour an die Regierung kam. Die Tories verloren jeden ihrer schottischen Sitze. Unter der Führung von *Donald Dewar* (er verstarb im Oktober 2000) wurden verstärkte Anstrengungen in Hinsicht „Devolution" unternommen. In einem Referendum stimmten 75 % der Wahlberechtigten für ein schottisches Parlament. Im Mai 1999 fanden die ersten schottischen Wahlen statt. Die Labour Party (56 Sitze) bildete zusammen mit den Liberal Democrats (17 Sitze) die Regierungsmehrheit. *Donald Dewar* wurde Schottlands erster Minister. Am 1. Juli 1999 eröffnete die Queen offiziell das schottische Parlament. Das neue Parlamentsgebäude (ein Bau Enric Miralles) wurde allerdings erst 2004 eingeweiht.

Bei den Parlamentswahlen 2007 erreichte die nationale SNP (Scottish National Party) 47 Sitze, Scottish Labour 46 (Liberal Democrats 16 Sitze, Conservatives 17, Scottish Greens 2).

schottisches Parlament

Im Mai wurde dann mit *Alex Salmond* zum ersten Mal ein Kandidat der SNP als erster Minister von Schottland gewählt (49 zu 46 Stimmen). Seine Partei regiert als Minderheitenregierung. Eines ihrer Hauptziele ist ein Referendum zur Unabhängigkeit Schottlands.

Das schottische Parlament ist für folgende Bereiche zuständig: Erziehung, Gesundheitswesen, Rechtsprechung, Soziales, Kommunalpolitik, Umweltschutz, Städteplanung, Landwirtschaft, Fischereiwesen, Sport, Kunst. Westminster hingegen behält weiterhin die Kontrolle über die Bereiche Verteidigung, Auslandspolitik sowie bei größeren wirtschaftlichen und steuerlichen Fragen.

Kunst- und Kulturgeschichte

Malerei

Kunstfeindlichkeit

Vor etwa 1750 gab es keine eigene Maltradition in Schottland. Dieses resultierte zum einen aus der materiellen Armut Schottlands im 16. und 17. Jh., zum anderen aus der Kunstfeindlichkeit der Kirche und schließlich aus der auf die Vereinigung des englischen und schottischen Parlaments 1707 folgende Abwanderung des Adels nach London.

Nur wenige einheimische Maler erlangten vor 1750 Bedeutung. Zu nennen sind beispielsweise **Georg Jameson** (1587-1644), ein Schüler Rubens, und **William Aikmann** (1682-1731). Von einer freien Entwicklung der schottischen Malerei (bedingt durch zunehmenden Wohlstand und einem Rückgang des Einflusses der puritanischen Kirche) kann erst ab der 2. Hälfte des 18. Jh. die Rede sein. 1729 wurde die Malschule von St. Luke in Edinburgh gegründet, 1753 die Foulis Academy in Glasgow. 1760 folgten die Trustee's Academy und 1826 die Gründung der Royal Scottish Academy. Letztere bewirkte, dass weniger Künstler nach London abwanderten und dass jene, die blieben, eine Ausbildung erhielten und regelmäßig ausstellen konnten.

Allan Ramsey

In der **Portraitmalerei** erlangten **Allan Ramsay** (1713-1784) und **Sir Henry Raeburn** (1756-1823) internationale Bedeutung. Allan Ramsay, Sohn eines Perückenmachers aus Edinburgh, studierte bei William Hogarth in London, dann an der französischen Akademie. Zunächst in Edinburgh tätig, zog es ihn später nach London, wo er als Hofmaler und Portraitist der Londoner Gesellschaft tätig war. Seine Portraits sind von einer Frische und Natürlichkeit gekennzeichnet, die im starken Gegensatz zu dem verstaubten Stil seiner Zeit stand. Vor allem seine eleganten und graziösen Frauenportraits brachten ihm Bedeutung ein.

Auch Henry Raeburn war Portraitmaler, hatte sich allerdings das Malen mehr oder weniger selbst beigebracht. Seine Darstellungen sind klar und auf das Wesentliche konzentriert, und im Gegensatz zu Ramsay bevorzugte Raeburn den kräftigen Pinselstrich.

Im 19. Jh. lag die Stärke der schottischen Malerei in der **Genre-** und **Landschaftsmalerei**. Die historischen Romane Sir Walter Scotts, in denen er die edle schottische Vergangenheit darstellt, setzten entscheidende Impulse für eine romantische Verehrung der Highlands. Im 18. Jh. noch hatten die abgeschiedenen Highlands als rückständig gegolten, die Romantik hingegen rühmte ihre pittoreske Schönheit. Auch die **Historienmalerei** erhielt durch Scotts Romane Anregungen, allerdings häufig sentimental verklärt.

In der **Genremalerei** ist **David Allan** (1744-96) zu nennen, der in Zeichnungen und Aquarellen die schottischen Menschen, ihr Leben und ihre Naturverbundenheit darzustellen versuchte. Die feinen Zeichnungen eines **David Wilkie** (1785-1841) zeigen den Einfluss der holländischen Genremalerei.

Mit **Alexander Nasmyth** (1758-1840), einem Schüler Ramsays, begann die Tradition der schottischen **Landschaftsmalerei**. Landschaft wird nicht nur als Dekoration aufgefasst, sondern um ihrer selbst willen dargestellt. Zu nennen ist auch **John Thomson** (1787-1840), der – fasziniert von der wilden Schönheit der Highlands – die Landschaft in ausdrucksstarken Gemälden festhielt.

Mit **Horatio McCulloch** (1805-67) entwickelte sich die Freiluftmalerei. Viele Maler gingen hinaus ins Freie und fertigten ihre Skizzen oder Aquarelle direkt vor Ort an. Der Impressionist **William McTaggart** (1855-1910) ist nicht nur an der statischen Natur interessiert, sondern an den stets wechselnden Effekten von Licht und Wetter.

gegen traditionelle Malweise

Die **Glasgow Boys** waren ein lockerer Zusammenschluss von 5 Malern (Sir James Guthrie, Sir John Lavery, George Henry, E.A.Hornel und Joseph Crawhall), die sich gegen die althergebrachte Dominanz Edinburghs im künstlerischen Leben zu wehren versuchten. Die Gruppe, von zeitgenössischer europäischer Malerei, insbesondere den Impressionisten, beeinflusst, lehnte die traditionelle und konservative Malweise, die sie als sentimental und melodramatisch empfand, ab. Zunächst von der Royal Scottish Academy und dem Edinburgher Establishment abgelehnt, erlangte sie jedoch bald (auch europäische) Bedeutung und dementsprechend kommerziellen Erfolg. Obwohl die Gruppe den 1. Weltkrieg nicht überstand, kann ihr Einfluss nicht unterschätzt werden. Sie inspirierte die nächste Generation der Edinburgher Maler, die als **Colourists** bekannt wurde und stark vom französischen Postimpressionismus beeinflusst war. Nach dem 2. Weltkrieg erlangten Künstler wie Alan Davie und Eduardo Paolozzi mit abstraktem Expressionismus und Pop Art internationale Anerkennung, doch können ihre Werke nicht unbedingt als „schottisch" bezeichnet werden. In den 1980er Jahren schlossen sich die **New Glasgow Boys** zusammen, deren Werke ein starkes Bemühen um soziale Anliegen aufweisen.

Architektur

Die ersten, heute noch sichtbaren Zeugnisse schottischer Baukunst stammen aus der **Steinzeit** (ca. 2500-2000 v.Chr.), wie beispielsweise die Kammergräber von Maes Howe und Skara Brae, ein vollständiges neolithisches Dorf auf Orkney.

massive Doppelmauern

Eine auf Schottland beschränkte architektonische Besonderheit sind die großen Rundtürme, **Brochs** genannt, die ab ca. 100 v.Chr. gebaut wurden. Diese Türme bestehen aus massiven Doppelmauern ohne Fenster und sind völlig ohne Mörtel, d.h. in der Trockenbauweise, zusammengefügt. Kammern, Gänge und Treppen sind in die Mauern eingefügt. Es wird vermutet, dass diese Brochs als Zufluchtsstätten und zur Verteidigung dienten. Der Mousa Broch (Shetland) gilt als der besterhaltene in Schottland.

Römer

Auf die Römer geht der Antonius Wall zurück, der 140 n.Chr. unter Kaiser Antonius Pius begonnen wurde. Mit einer Länge von fast 60 km verband der Wall den Forth mit dem Clyde. Im Gegensatz zu dem zehn Jahre früher entstandenen Hadrians Wall handelt es sich beim Antonius Wall um einen Erdwall, der auf einem Fundament aus Stein ruht. (Der Hadrians Wall ist aus Stein geschichtet.) Außerdem legten die Römer im Süden Schottlands die Grundstrukturen für das Straßennetz, wie es sich auch heute noch darstellt.

Abernethy – Round Tower

Der irische Mönch Columba brachte neben dem Christentum auch die irische Bauweise mit nach Schottland, allerdings sind die Zeugnisse aus dieser frühchristlichen Zeit recht spärlich. Deutlich wird der irische Einfluss in den beiden Rundtürme in Brechin und Abernethy, hohe schlanke Türme mit einer konischen Spitze und einem erhöhten Eingang. In Gefahrenzeiten dienten sie Mönchen als Zufluchtsstätte.

Im späten 11. Jh. wurde unter dem Einfluss der Königin Margaret der **normannische Baustil** (auf dem europäischen Festland romanisch genannt) in Schottland eingeführt. Die Kapelle der heiligen Margaret im Edinburgh Castle ist ein gutes Beispiel dieser frühen Architektur. Im 12. Jh. entstand eine Reihe von stattlichen Abteien und Kathedralen, die heute nur noch als eindrucksvolle Ruinen erhalten sind. Typische Kennzeichen sind die schlichten Formen, die massigen Rundbögen, dicke Wände, flache Holzdecken und solide Säulen. Einen guten Eindruck von der normannischen Bauweise erhält man in den Pfarrkirchen Leuchars und Dalmeny. Beide Kirchen sind gut erhalten.

Die Burg des normannischen Stils wird als **motte and bailey**-Burg bezeichnet. Auf der *motte*, einem künstlichen Erdhügel, stand ein meist hölzerner Turm, der von einer Palisade umgeben war. In dem *bailey*, einem Innenhof, der von einem Wall umgeben war, befanden sich weitere Gebäude. Ein gutes Beispiel ist Duffus Castle. Ab dem 13. Jh. verwendete man für die Burgen fast nur noch Stein.

Im 13. Jh. erreichte die **Gotik** Schottland. Vielfach kamen die Handwerker aus dem Ausland, so dass der gotische Stil zunächst kontinentale Merkmale aufweist. Erst allmählich kann man von typisch schottischen Merkmalen sprechen. Durch die häufigen Kriege ständig zerstört und wieder neu aufgebaut, zeigt der Sakralbau des 12.-14. Jh. eine funktionale Schlichtheit. Ornamente werden nur sparsam eingesetzt. Gute Beispiele sind Melrose Abbey, Sweetheart Abbey oder Dunblane Cathedral. Während sich im 15. Jh. in Frankreich die Gotik zum Flamboyant, in England zum Perpendicular steigerte, behielt Schottland die eigene schlichte Bautradition bei. *funktionale Schlichtheit*

Bis ins 16. Jh. hinein wurden keine neuen großen Kathedralen mehr gebaut. Die kleinen Pfarr- und Stiftskirchen zeigen in dieser Zeit eine Kombination von normannischen und gotischen Zügen. Typisch sind jedoch auch Architekturelemente des **Scottish Baronial** (s.u.) mit einem deutlichen Wehr- und Verteidigungscharakter.

Im 14. Jh. bildete sich als Bauform des niederen Adels das sogenannte **Tower House** heraus. Anfänglich handelte es sich um massive Wehrtürme mit reiner Verteidigungsfunktion. Der Turm hatte schlichte, massive Mauern. Pro Stockwerk gab es nur einen Raum, und auch die Fenster waren knapp bemessen. Ein gutes Beispiel dafür ist Drum Castle. *Wehrtürme*

Die Grundrissstruktur der Tower Houses wurde im Laufe des 16. Jh. komplizierter. Aus dem rein funktionalen Wehrturm entwickelte sich der Wohnturm. Die Grundeigenschaften, wie leichte Verteidigung und beeindruckendes Aussehen, blieben, jedoch verlagerte sich die Bauweise während des relativ friedlichen 16. und 17. Jh. auf mehr Wohnkomfort und auf äußere Ästhetik. Es entwickelte sich schließlich der Baustil des **Scottish Baronial**. Kennzeichnend sind pittoreske Effekte, wie vorspringende Türmchen und Erker, Giebel und Balustraden.

Zwischen dem Wohnturm und den bürgerlichen **Wohnhäusern** des 16. Jh. lag kein weiter Weg. Viele Elemente des Burgenbaus, z.B. kleine Türmchen oder verstrebte Fenster, leben in den Wohnhäusern fort. Das älteste Wohngebäude Schottlands (1471) steht in Glasgow, Provand's Lordship.

Die **Renaissance** machte sich zunächst nur in einzelnen dekorativen Elementen (Fensteraufsätze, Stuckornamente und Kamine) bemerkbar. Nach 1660 wurde jedoch auch nach den architektonischen Grundprinzipien der Renaissance gebaut. Die Epoche war allerdings nur von kurzer Dauer, denn das georgianischen Zeitalter (1700-1830) war vom **Klassizismus** geprägt. Herausragende Architekten dieser Zeit sind **Sir William Bruce, William Adam** und später vor allem dessen Sohn **Robert Adam** (1728-1792).

Einfluss Palladios

William Adam war stark von den Bauten des italienischen Architekten Andrea Palladio (1508-1580) beeinflusst sowie von den englischen Architekten Inigo Jones und Christopher Wren. Kennzeichnend für den klassizistischen Baustil sind der symmetrische Grundriss und die gleichmäßige Einteilung der Fassade mit einem mittigen Eingang. Robert Adam war einer der vier Söhne William Adams. Unter ihm entstanden die meisten klassizistischen Bauten in Schottland.

Nicht nur Herrenhäuser und Schlösser, auch städtische Bauwerke wurden nach klassizistischen Prinzipien erbaut. Besonders deutlich wird dies bei der „New Town" in Edinburgh, wo ein ganzes Stadtviertel als geschlossene, symmetrische Einheit entworfen wurde. Ab etwa der Mitte des 18. Jh. entwickelte sich durch ein wiedererwachtes Interesse am Mittelalter die **Neo-Gotik**. Kennzeichnend ist, wie beispielsweise bei Inveraray Castle und Culzean Castle, eine Fassadengestaltung, die an mittelalterlichen Burgen und Kirchen erinnert. In der Spätphase der georgianischen Zeit (bis 1830) wich die Architektur immer mehr von der Symmetrie und Regelmäßigkeit, die noch die Anfangsphase bestimmt hatten, ab. Pittoreske und spielerische Elemente wurden wahllos aneinander gehäuft.

Der sich zeitgleich entwickelnde **Neo-Klassizismus** lehnte sich nicht mehr an die Renaissance an, sondern an die Antike. **William Playfairs** Gebäude auf dem Calton Hill in Edinburgh sowie seine National Gallery sind typische Beispiele dafür.

Stilmischung

Die Architektur des 19. Jh. hat nichts mehr von der strengen Bauweise, die noch das vorherige Jh. bestimmt hatte. Typisch ist ein buntes Durcheinander verschiedener Stile. Im Kirchenbau griff man auf die Gotik zurück, für den Schlossbau wurde mit dem Erwachen der Industriellen Revolution erneut eine Vorliebe für die Burgenarchitektur des 16. und 17. Jh. entdeckt. Ein gutes Beispiel für den **Neo-Baronialstil** ist Balmoral Castle.

Schottlands Beitrag zum **Jugendstil** kam mit dem Glasgower Architekten *Charles Rennie Mackintosh* (1868-1828), dessen Genialität in England und Schottland erst lange nach seinem Tode erkannt wurde. In seinem wohl wichtigsten Bau, der Glasgow School of Art, verzichtete er zwar auf althergebrachte Traditionen, blieb jedoch dennoch dem kargen schottischen Funktionalismus treu.

Literatur

Bis zum 18. Jh. wurden die schottischen Volkslieder und -gedichte ausschließlich mündlich überliefert. Erst mit den Werken der drei großen Romanciers *Robert Burns* (1759-1796), *Sir Walter Scott* (1771-1832) und *Robert Louis Stevenson* (1850-1894) entstand die schottische Literaturtradition, die auch auf internationales Interesse stieß.

Die Scottish Literary Renaissance

In den 1920er Jahren erlebte die schottische Literatur während der sogenannten *Scottish Literary Renaissance* eine weitere Blüte. Die Erfahrungen des 1. Weltkrieges erweckten in Schottland, wie auch in vielen anderen Staaten, ein neues oder wiederentdecktes nationales Bewusstsein, das sich in der Literatur widerspiegelte.

Nationalbewusstsein

Die schottische Literatur dieser Zeit steht im Gegensatz zu den sentimentalen Anklängen des vorangegangenen Jahrhunderts und bemüht sich um eine Anpassung an die modernen europäischen Strömungen. Andererseits schrieben viele Autoren der schottischen Literatur-Renaissance im schottischen Dialekt, dem Scots. In der englischen Sprachtradition sah man eine Beschränkung der ursprünglichen Sprachformen, die den modernen literarischen Bedürfnissen nicht mehr angepasst war. Der schottische Dialekt wurde als literarische Sprache verwendet, um internationale, politische und soziale Themen zu behandeln und um Klassenkonflikte auszudrücken. Die Scottish Literary Renaissance ist demnach von zwei Faktoren geprägt: zum einen die internationalen Öffnung und die Anpassung an modernes europäisches Denken, zum anderen durch den Rückgriff auf eine traditionelle Sprachform.

Scots als Literatursprache

Das wohl am meisten behandelte Thema jener Zeit war die Suche nach einer eigenen nationalen Identität. **Hugh MacDiarmid** (1892-1978), vielleicht der wichtigste Vertreter der Scottish Literary Renaissance, gilt als Erneuerer des „Scots" als gesprochener und vor allem geschriebener Sprache. Bekannt wurde er vor allem durch sein langes Gedicht „A Drunk Man looks at the Thistle" (1926).

George Mackay Brown

Die sogenannte **kailyard** (Kohlbett)-Schule ist eine literarische Strömung, deren Werke sich vor allem durch eine idealisierte und idyllisierte Schilderung des Dorflebens auszeichnen. Besonders bei den im Ausland lebenden Schotten waren diese Werke beliebt. Zu nennen ist der aus Kirriemuir stammende **James Matthew Barrie** (1860-1937), dessen „Peter Pan" (1904) Weltberühmtheit erlangte.

Edwin Muir (1887-1959) zählt zu den großen modernen Autoren des Landes, und seine Werke sind typisch für die Heimatverbundenheit der schottischen Literatur. Von den Orkney-Inseln stammend, bietet seine Lyrik und Prosa einen guten Zugang zu Schottland: „Scott and Scotland" (1936), „Scottish Journey" (1935) sowie seine Lebenserinnerungen „An Autobiographie" (1954) und die seiner Frau Willa sind lesenswert. „Imagined Corners" (1931) von Willa Muir spielt in ihrer Heimatstadt Montrose. Auch **Eric Linklater** (1899-1974), dessen „Magnus Merriman" (1934) stark autobiographische Züge trägt, und **George Mackay Brown** (1921-1996) stammen von den Orkney-Inseln. Brown ist vor allem für Kurzgeschichten über seine Heimat bekannt.

Neben **Lewis Grassic Gibbon** (eigentlich James Leslie Mitchell, 1901-1935, u.a. „A Scot's Quair", eine Trilogie, die zu den wichtigsten Werken schottischer Literatur zählt sowie „Sunset Song") ist als weiterer großer schottischer Romanschriftsteller des 20. Jh. **Neil M. Gunn** (1891-1973) zu nennen. In einzigartiger Weise ist es ihm gelungen, die Landschaft und die Menschen der Highlands zu beschreiben, wobei er mit großer Vorstellungskraft eine Verbindung zwischen Mythos und Realität herstellt. „The Morning Tide", 1930, ist sein erster Roman. Anhand seiner Kindheitserfahrungen als Fischerjunge beschreibt Gunn in diesem Roman das Verhältnis zwischen Mensch und Meer. „Sun Circle" (1933) handelt von der Geschichte der Wikinger in Schottland, wobei die Zeit der Pikten als das Goldene Zeitalter in Schottland dargestellt wird.

Mensch und Meer

Die *clearances* der Highlands und deren Konsequenzen für Land und Menschen stellt ein wichtiges Thema im Werk Neil M. Gunns dar, wie beispielsweise in seinem Roman „Butcher's Broom" von 1934. „The Silver Darling", das von der Heringsfischerei handelt, stellt einen Rückgriff auf das bereits in „The Morning Tide" behandelte Thema Mensch und Meer dar. „The Green Isle of the Great Deep", 1944, wurde oft mit Aldous Huxleys „Brave New World" verglichen. In diesem Roman legt Gunn seine Anti-Utopie-Gedanken dar.

Mit den schottischen Mythen und Sagen beschäftigt sich **Naomi Mitchison** (geb. 1897). Ihr wohl bekanntester Roman ist „The Corn King and the Spring Queen" von 1931. **Iain Crichton Smith** (geb. 1928) befasst sich mit dem Thema der Landvertreibungen. In seinem Roman „Consider the Lilies" (1968) stellt er das Geschehen aus der Sicht einer alten Frau dar.

Schauplatz Glasgow

Jackie Kessons (geb. 1916) „Another Place, another Time" (1983) handelt von der Liebe zwischen einer schottischen Landarbeiterin und einem italienischen Kriegsgefangenen. „Another Place, another Time" wurde auch verfilmt. Das Schaffen **Muriel Spark**, 1918 in Edinburgh geboren, wird heute allgemein zur englischen Literatur gezählt. „The Prime of Miss Jean Brodie" (1961) ist Sparks einziger Roman, der in Schottland spielt. Trotzdem weist die Autorin immer wieder auf die wichtige Bedeutung ihrer schottischen Herkunft und Erziehung hin. Ab den 1970er Jahren wird das Thema „Glasgow" zunehmend wichtiger Bestandteil der Literatur. Anschaulich und lebensnah beschreibt **William McIlvanney** (geb. 1936) die Alltagsrealität in Glasgow („Docherty", 1975). **Robin Jenkins**, geb. 1912 („Fergus Lamont", 1979), und **Alasdair Grays**, geb. 1934, beschäftigen sich in ihren Romanen und Kurzgeschichten mit den sozialen Problemen Glasgows. **Alan Spencers** erster Roman „The Magic Flute" (1990) beschreibt das Aufwachsen von vier Jungen im Glasgow der 60er, 70er und 80er Jahre. Spannend geschrieben, verknüpft dieser Roman die Musikszene aus drei Jahrzehnten, stellt aber gleichzeitig auch ein soziales Portrait der Stadt dar.

Viele der zeitgenössischen schottischen Schriftsteller suchen Inspiration in ihrer schottischen Heimat. **Iain Banks**, Autor von „The Wasp Factory" und „The Crow Road", um nur einige seiner Werke zu nennen (als Autor von Science Fiction veröffentlicht er unter dem Namen Iain M. Banks), basiert seinen Roman „The Bridge" auf der Struktur der Forth Railway Bridge. **Irvine Welsh** („Trainspotting") beschäftigt sich mit der Drogenszene im heutigen Schottland, und auch **Ian Rankins** Romane sind in den Lokalen Edinburghs angesiedelt. Weitere bemerkenswerte zeitgenössische Werke sind „Lanark" von **Alisdair Gray** und **James Kelmans** im Glasgower Dialekt geschriebenes „How late it was, how late". Kelman wurde für dieses Buch mit dem Booker Prize ausgezeichnet.

Buchtipp
Übersichtlich und für die „schnelle" Information ideal ist das 95 Seiten umfassende und illustrierte Buch von David Gray: „A Wheen O'Blethers. The Changing face of Scottish Literature", Glasgow 2000. Jeweils eine Seite wird den Autoren von Burns bis heute gewidmet.

Landschaftlicher Überblick

Geographie und Geologie

Schottland liegt zwischen dem 55. und 66. Breitengrad. Obwohl auf gleicher Höhe mit Moskau, herrscht in Schottland aufgrund der Einwirkungen des **Golfstroms** wärmeres Klima. Die Cheviot Hills und der Fluss Tweed, der entlang der ca. 100 km langen Grenze verläuft, bilden die Grenze zwischen Schottland und England. Schottland hat eine Fläche von rund 78.800 qkm, ist somit also in etwa so groß wie Österreich oder Bayern. Das Festland ist von Nord nach Süd 440 km lang und von Ost nach West rund 248 km. Neben dem Festland (*mainland*) gehören zu Schottland die westlich vorgelagerten Inneren und Äußeren Hebriden sowie die Orkney- und Shetland-Inseln im Norden. Aufgrund der vielen Buchten und Fjorde ergibt sich eine Küstenlinie – einschließlich der Inseln – von 10.140 km. Insgesamt gibt es 790 schottische Inseln, von denen 130 bewohnt sind.

130 bewohnte Inseln

Drei große geographische Gebiete lassen sich unterscheiden:

- Die **Southern Uplands**: Sie erstrecken sich im Süden über die Regionen Borders, Dumfries und Galloway bis über die Grenze nach England.
- Die **Central Lowlands**: Sie erstrecken sich zwischen dem Firth of Forth an der Nordsee und dem Firth of Clyde am Atlantik.
- Die **Highlands**: Zu den Highlands gehören sowohl der Nordwesten, die Grampian Highlands als auch die Hebriden und die Orkney- und Shetland-Inseln.

Bergiges Hochland ist typisch für den überwiegenden Teil Schottlands. Das sich jenseits des **Kaledonischen Grabens** erhebende Hochland im Nordwesten besteht aus Gneisen. Zur Westküste hin lagern sich Sandstein, zum Kaledonischen Graben hin Glimmerschiefer an. Heftige Winde aus West führten zu einer starken Erosion, weshalb viele Täler an der Westküste in Ost-West-Richtung verlaufen, um dann in die langgestreckten Meeresbuchten (*firths*) überzugehen. Die Ostküste von Caithness, der Moray Firth und die Orkney-Inseln liegen auf einer dünnen Sandsteinschicht, die **Grampian Highlands** im Osten auf einem geschlossenen Sockel aus Glimmerschiefer und Granit. Vergleichbare Formationen sind in Deutschland der Harz und der Schwarzwald.

Meeresbuchten

Von der Ostküste bei Stonehaven bis zum Firth of Clyde verläuft die sogenannte **Highland Boundary Fault**. Sie bildet die natürliche Grenze zwischen dem nördlichen Hochland und der mittelschottischen Senke. In der Landesmitte ermöglicht das aus Lehm und Braunerde bestehende **Flachland** fruchtbaren Ackerbau.

Die Southern Uplands ruhen auf einem Sockel von Tonschiefer und Sandstein. Dieser Sockel wird von verschiedenen anderen Gesteinen überlagert. Der Boden ist sehr fruchtbar und kann landwirtschaftlich intensiv genutzt werden.

Munros

Die Schotten nennen ihre Berge, die über 3.000 Fuß (914 Meter) hoch sind, Munros. Dieser Name geht auf **Sir Hugh Munro** zurück, der im 19. Jh. von der schottischen Bergwelt so begeistert war, dass er ein dreißigbändiges Werk verfasste, in dem sämtliche Berge Schottlands aufgelistet sind. Ausgestattet mit einem einfachen Höhenmesser, machte er sich auf, um zu prüfen, wie viele Berge tatsächlich über 3.000 Fuß hoch sind, denn selbst der 1889 gegründete schottische Bergsteigerverein konnte ihm keine genauen Zahlen bieten. Heutige Messungen haben ergeben, dass es genau 277 Munros gibt. Der höchste ist der Ben Nevis, mit 1.344 Metern auch der höchste Berg der britischen Inseln. Zwar nicht sonderlich hoch, stellen die Munros aufgrund des oft kalten und windigen Wetters keine leichten Bergsteigerbedingungen dar.

Munroisten

Die Besteigung aller Munros ist mittlerweile zu einem Hobby geworden, und jene, die sämtliche Munros erklommen haben, dürfen sich „Munroisten" nennen. Die Liste der Munroisten umfasst mittlerweile weit über 1.000. Siehe auch www.smc.org.uk, die Webseite des Scottish Mountaineering Clubs.

Klima

In Schottland herrscht ein ozeanisches Klima. Es zeichnet sich durch mäßig warme Sommer und vor allem an der Westküste – bedingt durch den Golfstrom – durch milde Winter aus. Selten steigt das Thermometer über 21 Grad Celsius, sinkt jedoch auch selten unter 0 Grad Celsius.

geringe Temperaturschwankungen

An der schottischen Nordwestküste macht sich das ozeanische Klima am meisten bemerkbar. An zwei von drei Tagen fällt Niederschlag, und die Sonne verbirgt sich oft hinter dicken Wolken. Die Temperaturschwankungen sind allerdings relativ gering.

Der Wind weht in Schottland fast ganzjährig aus westlicher Richtung. Die Wolken bleiben in den Bergen der Highlands hängen und regnen sich dort aus. In den Bergen des Hochlands regnet es daher am meisten. Oberhalb von 300 Metern regnet es über 2.000 mm im Jahr. Auf dem Ben Nevis erreichen die Niederschläge sogar über 4.000 mm. Im mittelschottischen Tiefland und an der Ostküste regnet es weniger, und auch das Klima ist im Osten beständiger. Die Regenmengen an der Ostküste betragen zwischen 600 und 900 mm im Jahresdurchschnitt. Aberdeen ist statistisch gesehen die Stadt mit dem meisten Sonnenschein in Schottland. Dafür ist es dort im Winter kühler als im Westen, da sich hier der Einfluss des Golfstroms weniger auswirkt. Auch im Süden regnet es im Westen mehr als im Osten. In den Southern Uplands fallen, je nach Höhenlage, zwischen 600 und 2.000 mm Niederschläge pro Jahr.

	Durchschnittliche Temperaturen in °C		Sonnenstunden pro Tag	Regentage	Wassertemperatur in °C
	Tag	Nacht			
Januar	5,5	1,1	1,8	17	6
Februar	6,0	1,1	2,6	15	6
März	8,0	2,3	3,3	15	5
April	10,8	4,0	5,3	14	6
Mai	13,5	6,3	6,1	14	8
Juni	16,7	9,2	6,0	15	11
Juli	18,4	11,2	5,4	17	13
August	17,8	11,1	4,5	16	13
September	15,6	9,4	4,3	16	12
Oktober	12,1	6,7	3,3	17	11
November	8,7	4,1	1,8	17	9
Dezember	6,8	2,4	1,5	18	8

Fauna

Auch in Schottland hat sich die einst artenreiche Tierwelt in den letzten Jahrhunderten beträchtlich verringert, und Wölfe und Elche sind beispielsweise völlig ausgerottet.

Der Dachs (Badger) ist ein Allesfresser. Er ernährt sich vor allem von Regenwürmern und Schnecken, aber auch von Pflanzen wie Wurzeln, Beeren und Getreide. Hasen (Hare) und Kaninchen (Rabbit) kann er nur erbeuten, wenn diese krank sind oder er durch Zufall Junge findet. Weasels (Mauswiesel) haben eine Länge von 13-19 cm und sind somit die kleinsten Raubtiere der Welt. Sie erbeuten Mäuse und andere Kleinnager, gelegentlich auch Kaninchen. Der Ermine (Hermelin) ist hingegen ein Hühnerdieb. An Flüssen und an felsigen Küsten sieht man zuweilen Otter (Otter), die sowohl im Süßwasser als auch im Salzwasser zu Hause sind. In den schottischen Wäldern lebt der Pine Marten, der auch bei uns heimisch ist (Baum- oder Edelmarder).

Robben (Seals) können sich an Land lediglich durch „robben" fortbewegen. Zwischen den fünf Zehen ihrer Flossenfüße ist im Laufe der Evolution eine Schwimmhaut gewachsen. Robben (hierzu gehören sowohl unser Seehund (Common Seal) als auch die Kegelrobbe) ernähren sich ausschließlich von Fisch. Die größte Robbenart ist das Walross (Walrus) mit über 1.000 kg Körpergewicht.

Vögel

In Schottland gibt es eine beeindruckend reiche Vogelwelt. Etliche der über 300 Vogelarten sind auf dem Kontinent bereits ausgestorben.

Paradies für Ornithologen

Der Golden Eagle (Steinadler) lebt in den bergigen Regionen des Hochlandes und auf den Hebriden. Der Name leitet sich von der goldgelben Färbung an Nacken und Kopf ab. In Mitteleuropa steht der Steinadler auf der Liste der gefährdeten Tierarten. Auch der Peregrine Falcon, der **Wanderfalke**, lebt in den Highlands. Buzzards (**Bussard**) und Hen Harrier (**Kornweihe**) kommen im ganzen Land vor. Woher die englische Bezeichnung Hen Harrier stammt, ist zweifelhaft, denn die Kornweihe ist lediglich in der Lage, Küken zu erbeuten. Der Goshawk (**Habicht**) kann allerdings Vögel bis zur Größe eines Graureihers erbeuten.

Das **Schottische Moorschneehuhn** (Red Grouse) ist ein Verwandter des Alpenschneehuhns und der übrigen Raufußhühner (Birkhuhn, Auerhuhn), die ebenfalls in Schottland vorkommen. Das Schottische Moorschneehuhn wird gerne gejagt. Das **Birkhuhn** (Black Grouse) ist in Schottland so wie bei uns auf dem Kontinent heimisch. Raufußhühner ernähren sich vor allem von Pflanzen. Für die Jungenaufzucht werden Würmer und Insekten benötigt. Die sogenannten Sumpfhühner (Zwergsumpfhuhn, Tüpfelsumpfhuhn) sind Rallen, wie auch das bekanntere Teich"huhn".

lustige Puffins

Oyster Catcher (Austernfischer) leben vorwiegend in den Fjorden der Highlands. Zu erkennen sind sie an ihrem Gefieder: Kopf und Federkleid sind schwarz, der Bauch weiß gefärbt. Dieser Vogel lebt hauptsächlich von Muscheln und Krebsen. Möwen ernähren sich hauptsächlich von Fisch, und man sieht sie überall in Schottland. An den Steilküsten, beispielsweise auf den Orkney-Inseln, brüten große **Möwenkolonien**. Die Lachmöwe hat einen schwarzen Kopf. Schwarze Flügel hingegen sind das Kennzeichen der Mantelmöwe und der Heringsmöwe. **Puffins** (Papageientaucher) – mit ihrem typischen rot-gelb-schwarz gestreiften Federkleid und gedrungenen Körper lustig anzuschauen – bevölkern zu Tausenden die Felsenküsten.

An **Wildgänsen** gibt es mehrere Arten. Sie kommen im Herbst, um dem arktischen Winter zu entfliehen. Im März und April fliegen sie wieder gen Norden.

Ein typischer Vogel des offenen Geländes ist der **Mornellregenpfeifer** (Dotterel), der nur selten durch deutsche Lande zieht. Er ist von gedrungener Statur und hat ein auffälliges Gefieder. **Regenpfeifer** sind in Schottland vor allem an der Küste reichlich vorhanden, z.B. der Sandregenpfeifer (Ringed Plover), Goldregenpfeifer (Golden Plover) oder Kiebitzregenpfeifer (Grey Plover). Die meisten Regenpfeifer an der Küste sind Wintergäste aus Skandinavien, einige sind aber in Schottland ganzjährig zu finden.

Wann kann man was sehen?

	Jan	Feb	März	April	Mai	Juni	Juli	Aug	Sep	Okt	Nov	Dez
Pflanzen												
arktische / alpine Pflanzen												
Glockenheide												
Heidekraut												
Heidelbeere												
Glockenblume												
Waldanemone												
schott. Schlüsselblume												
Orchidee												
Distel												
Tiere / Fische												
Rotwild												
Rotes Eichhörnchen												
Seehund												
Wale, Tümmler, Delphine												
Lachs												
Hase												
Dachs												
Fuchs												
Otter												
Vögel												
brütende Seevögel												
Große Raubmöwe												
Zugvögel												
Wildgänse												
Watvogel												
Seeschwalben												
Wachtelkönig												
Raubvögel												
Eissturmvogel												
Sturmschwalbe												
Tölpel												
Dreizehenmöwe												

Interessant sind auch die mit Rauchschwalben nicht verwandten **Seeschwalben** (Terns), von denen es in Schottland bis zu 13 Arten in den Küstengebieten gibt.

Flora

Die schottische Pflanzenwelt ist weniger artenreich als die des europäischen Festlandes. Der Grund dafür ist die Insellage Großbritanniens. Während Schottland einst vollständig von Wald bedeckt war, gibt es heute nur noch wenige Baumarten. *Abholzung* Jahrhundertelang wurde Wald abgeholzt, um Weidefläche für Schaf- und Rinderzucht zu gewinnen. Die heutigen Wälder sind fast alle aufgeforstet.

Morastige Heidelandschaft ist das Kennzeichen des Hochlandes. Auf dem nährstoffarmen Boden kann lediglich das Heidekraut gedeihen. Im Herbst färbt es die Landschaft purpurrot. Das zum Teil mannshohe Farnkraut kann nur auf nährstoffreicheren Böden wachsen, Schilfgras hingegen nur auf sehr feuchtem Boden. In den Highlands findet man alpine Pflanzen wie Flechten und Moose.

Während sich die Vegetation der schottischen Ostküste und des Südens mit ihrer Wiesen- und Weidelandschaft kaum von der Mitteleuropas unterscheidet, kann die durch den Golfstrom begünstigte Westküste mit einer reicheren Pflanzenwelt aufwarten. In wunderschönen Garten- und Parkanlagen gedeihen hier beispielsweise Hortensien, Azaleen und Fuchsien. Die immergrünen Rhododendron-Sträucher werden bis zu einem Meter hoch und tauchen die Landschaft zur Blütezeit in eine purpur- bis hellrote Pracht.

Die Tabelle auf der vorhergehenden Seite zeigt, wann man eine spezielle Tier- oder Pflanzenart am besten sehen kann.

Wirtschaftlicher Überblick

Einhergehend mit dem wirtschaftlichen Wohlstand in Großbritannien insgesamt, hat auch die Wirtschaftslage in Schottland einen großen Aufschwung erfahren. Einige Regionen sind nach wie vor instabil, z.B. abgelegene Gegenden innerhalb der Highlands & Islands. Die Regierung bemüht sich jedoch verstärkt, gerade diese Gebiete mit speziellen Maßnahmen zu fördern, z.B. den Tourismus weiter auszubauen oder qualitätsvolle Nahrungsmittelbetriebe anzusiedeln. Eine neue Entwicklung ist weiterhin, dass Crofter (Kleinbauern) im Rahmen kommunaler Projekte Land erwerben können, wie dies bereits in Teilen von Assynt und Knoydart und auf der Hebrideninsel Eigg geschehen ist.

Industrie

Seit jeher spielt die Landwirtschaft einen wesentlichen Teil der schottischen Wirtschaft. Andererseits wurden in Schottland aber auch einige der wichtigsten technischen Erfindungen gemacht. James Watt verbesserte die Möglichkeiten der Dampfmaschine (1765), wodurch die **Industrielle Revolution** eingeleitet wurde. Mit Hilfe dieser Maschine konnte die Kohle in den mittleren Landesteilen Schottlands abgebaut werden. Im 19. Jh. entwickelte sich die Schwerindustrie, insbesondere in Glasgow. Aber auch die Leinenindustrie und der Schiffbau boomten. Tausende von Arbeitssuchenden kamen aus dem Norden Schottlands und aus Irland nach Glasgow. *Dampfmaschine*

Die Weltwirtschaftskrise nach dem Ersten Weltkrieg bedeutete einen immensen Einbruch für die wirtschaftliche Entwicklung des Landes. Insbesondere der Schiffbau war davon betroffen, denn die Werften am Clyde verloren durch Konkurrenz aus anderen Ländern mehr und mehr an Bedeutung.

1969 wurde das erste Ölfeld in der schottischen Nordsee entdeckt. Die Schaffung von Arbeitsplätzen und die Erschließung neuer Wirtschaftszweige führten zu einer Gesundung der Wirtschaft. Weitere Industriezweige, die mittel- oder unmittelbar mit der Ausbeutung der Ölfelder verbunden sind, entstanden. Das Öl brachte einen finanziellen Segen mit sich. Der fast brachliegende Schiffbau wurde durch staatliche Investitionen modernisiert, denn zur Ölförderung benötigte man spezielle Schiffe.

Neue Industriezweige wurden entwickelt, wie beispielsweise mit großem Erfolg die Computerbranche. Das Zentrum der devisenträchtigen High Technology befindet sich in Livingston, 24 km westlich von Edinburgh. Studien zeigen, dass Schottland neben Irland und Deutschland zu den zukunftsträchtigen Standorten für die Mikro-Elektronikindustrie gehört. *High Tech*

Agrarwirtschaft

Von ca. 7,7 Millionen ha Gesamtfläche ist nur ein Viertel für die intensive Landwirtschaft (Acker- oder Grasland) nutzbar. Gras nimmt 65 % der bebauten Fläche ein, Getreide 25 %, der Rest dient der Kultivierung von Nutzpflanzen, wie Kartoffeln oder Zuckerrüben. Auf weit über der Hälfte des schottischen Landes wird nichts angebaut. Der unfruchtbare Boden eignet sich höchstens als Weideland für Schafe. Überwiegend besteht Schottland aus naturbelassenem Land (der sogenannte Naturweide), auf dem Farne, Heidekraut und Zwergsträucher wachsen, sowie aus Moorgebieten oder Forst, in dem oft Rotwild gehalten wird. *überwiegend Weideland*

Überall zu sehen: Schafe

Bei den landwirtschaftlichen Betrieben handelt es sich meist um

Klein-bauern Kleinbauernbetriebe (sogenannte *crofts*), d.h. neben der Landwirtschaft gibt es ein Zusatzeinkommen, beispielsweise durch die Vermietung von Zimmern an Touristen.

Schafe

Schafe sieht man überall, ob nun auf den kargen Böden in den Highlands oder auf den saftigen Weiden im fruchtbaren Süden.

Während das Cheviot Sheep im Süden anzutreffen ist, leben die gegen Wind und Wetter unempfindlichen Blackface Sheep im Norden (zum Teil aber auch im südschottischen Bergland). Das Shetland Sheep ist ein kleines, aber robustes Schaf. Seine besonders weiche Wolle hat im Laufe der Jahrhunderte zur Ausbildung einer Wollindustrie auf den Shetland-Inseln geführt. Durch die Konkurrenz von billigen ausländischen Wollimporteuren spielt die Wollproduktion in Schottland allerdings nur noch eine untergeordnete Rolle. Heutzutage konzentrieren sich die Schafzüchter überwiegend auf Mastlammerzeugung.

Rinder

Typische Mastrinder sind die Galloway- oder Aberdeen-Angus-Rinder. Vor allem im Nordwesten und im Süden befinden sich die großen Mastbetriebe. Das Fleisch dieser Rinder hat einen hervorragenden Ruf und wird in alle Welt exportiert. Milchkühe, im Gegensatz zu den einheimischen Mastrindern, werden (abgesehen vom Ayrshire-Rind, das an der Westküste von Ayrshire zuhause ist) importiert, vor allem die schwarzbunten Frieslandrinder.

Highland Cattle

Das **Highland Cattle**, das einst die gesamten Highlands bevölkerte, ist im Vergleich mit anderen Rassen zum Mästen nicht geeignet. Die langhaarigen Rinder mit ihren gebogenen Hörnern stellen heute eher eine Touristenattraktion dar. *langhaarige Rinder* Aus dem Highland Cattle wurde in den vergangenen Jahren das ausgestorbene Urrind und der Auerochse zurückgezüchtet.

Getreideanbau

Weizen und Gerste werden vor allem im Süden und in den mittleren Landesteilen angebaut. Die Erträge auf dem lehmigen Boden der Solway-Küste sind äußerst ergiebig und gehören zu den höchsten der Welt. Das milde Klima im Süden macht den Anbau von Winterweizen möglich. Dunkles kräftiges Brot wird man in Schottland allerdings nicht finden, denn nur der sogenannte *soft wheat*, eine Weizenart, *soft wheat* die viel Feuchtigkeit verträgt, gedeiht hier. Aus dem Korn von Gerste wird Malz gewonnen, das man für die Herstellung von Whisky und Bier benötigt. Hafer wächst im Gegensatz zu Weizen und Gerste auch auf weniger fruchtbaren Böden, wird aber heutzutage nur noch wenig angebaut.

Fischerei

Hochseefischerei

Die wichtigsten Fischereihäfen sind Aberdeen, Peterhead und Ullapool sowie Lerwick. Auch die Fischzucht, insbesondere von Lachs und Forelle, spielt eine große Rolle. Durch die große Nachfrage an diesen Fischen entstanden auch in entlegenen Gebieten, wie beispielsweise auf den Äußeren Hebriden und im Nordwesten, etliche Fischfarmen.

Forstwirtschaft

Aufforstung

Einst bedeckten riesige Kiefernwälder das Land bis auf 400-500 Meter Höhe. Der Wald, den man heute sieht, ist zum größten Teil aufgeforstet. Die **scots pine** ist ein äußerst widerstandsfähiger Baum und der einzige verbreitete einheimische Baum, der auch noch auf 600 Metern Höhe wächst. Lärchen und die Norwegische Fichte sind nach Schottland zwecks Aufforstung importiert worden. Bereits in der Bronzezeit begann die Abholzung der Wälder, da man für die zunehmende Bevölkerung mehr Land benötigte. Immer wiederkehrende Kriege und seit dem 16. Jh. der Schiffbau trugen weiterhin zur Ausbeutung der Holzreserven bei. Mindestens 1.000 Eichen brauchte man für den Bau eines Kriegsschiffes. Das 18. und 19. Jh. benötigten Platz, um die Schafzucht zu fördern, und die aufkommende Industrie benötigte Holz für das Betreiben der Dampfmaschinen, und außerdem wurde es als Brennmaterial verwendet. Am Anfang des 20. Jh. hatte sich der Waldanteil in Schottland auf 5 % der Gesamtfläche verringert.

Langzeitprogramm

Große Aufforstungsmaßnahmen begannen nach dem 1. Weltkrieg. Eine staatliche Forstbehörde, die **Forest Commission**, wurde 1919 mit dem Ziel gegründet, eine angemessene Holzreserve aufzubauen. Allerdings durften nur jene Gebiete aufgeforstet werden, die landwirtschaftlich nicht genutzt wurden. Zunächst forstete man schnellwüchsige Nadelhölzer auf, was allerdings den Nachteil hat, dass diese durch zu hohe Baumdichte und häufige Anpflanzung dem Boden sehr viele Nährstoffe entziehen. Als Ergebnis bleibt nicht nur toter Wald, sondern auch tote Erde zurück. 1950 wurde von der Forest Commission und der Nature Conservancy ein Langzeitprogramm aufgestellt, mit dessen Hilfe die ursprüngliche Bewaldung wiederhergestellt werden soll.

Die Wiederaufforstung ist eine der dringendsten Aufgaben des Naturschutzes, und die Forstwirtschaft ist mittlerweile ein wichtiger Wirtschaftszweig. Heute hat das bereits fast kahle Land wieder rund 10.000 qkm Wald. Das Forstamt bemüht sich, neben dem Aufforstungsprogramm, auch um den Aufbau kleinerer, örtlicher Weiterverarbeitungsfabriken, um dadurch in den strukturschwachen Regionen Arbeitsplätze zu schaffen. Weiterhin kümmert sich die Forest Commission um die

Anlage von Wanderwegen, Hütten, Picknick- und Campingplätzen, um die Wälder auch für den Tourismus attraktiv zu machen.

Eine große Bedrohung für die mühsam aufgeforsteten Wälder stellt die hohe Anzahl von Rot- und Rehwild dar. Das Wild frisst die jungen Bäume ab und zerstört das Gras und die Heide in den baumlosen Gebieten.

Energieversorgung

Kernenergie

Neben Kernenergie, gefolgt von Kohle und Gas, werden in Schottland auch alternative Methoden der Energieerzeugung genutzt, z.B. Windgeneratoren. Der größte Windkraftgenerator (mit einer Kapazität von 3 MW und einem Rotorflügel mit 60 Metern Durchmesser) steht auf den Orkney-Inseln. Bei einer Windstärke von 17 m/sek. liefert er genügend Energie, um 2.000 Haushalte zu versorgen. In vielen Tälern der Highlands sieht man Talsperren. Die Stromerzeugung durch Wasserkraft ist eine weitere umweltfreundliche Alternative.

Tourismus

wichtigster Arbeitgeber

Nach London ist Schottland das beliebteste Reiseziel der Deutschen in Großbritannien. Das schottische Touristenamt ist sehr um die ausländischen Urlauber bemüht, und es werden erhebliche Anstrengungen unternommen, den Tourismus auch in strukturschwachen Gebieten anzukurbeln. Die Tourismusbranche ist einer der wichtigsten Arbeitgeber im Land, 9 % aller Arbeitsplätze fallen in diesen Bereich. Die meisten Besucher kommen aus den USA (14 % aller Urlauber), gefolgt von Deutschland (12 % aller Urlauber), Australien, Kanada und Irland. Alle Altersstufen sind gleichermaßen vertreten. Bei der Bewertung, was den Urlaubern am besten in Schottland gefällt, wird als oberstes die Landschaft genannt (83 %), gefolgt von den „freundlichen Menschen" (73 %) und den historischen Stätten (70 %). Die Städte Edinburgh und Glasgow sowie die Highlands stehen ganz oben in der Besuchergunst.

Ein besonderer Schwerpunkt wird mittlerweile auf sanften und Öko-Tourismus gesetzt. Es gibt beispielsweise ein „Green Tourism Scheme" *(💻 www.green-business.com)*, wobei besonders umweltfreundliche Unternehmen ausgezeichnet werden. Es gibt weiterhin zahlreiche Natur- und Umweltorganisationen (siehe Stichwort „Organisationen" im A-Z), die sich um sanften Tourismus bemühen. Wild Scotland ist ein anderer Zusammenschluss von Reiseveranstaltern, der sich auf „wildlife" und „outdoors" spezialisiert hat *(💻 www.wild-scotland.co.uk)*.

Umweltschutz

Sieht man von den Ölraffinerien vor Schottlands Küste und dem Industriegebiet zwischen Edinburgh und Glasgow ab, gibt es in Schottland kaum umweltzerstörende Industrien.

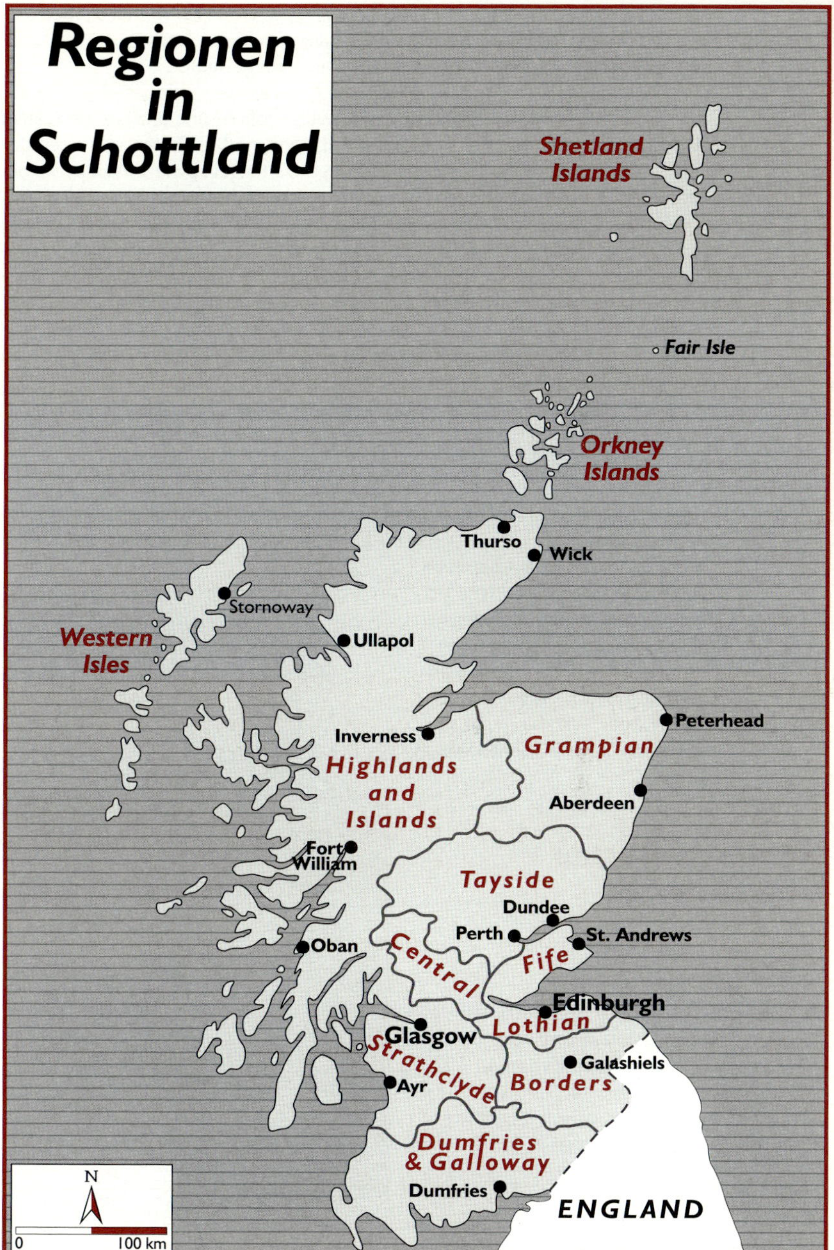
Regionen in Schottland
Shetland Islands
Fair Isle
Orkney Islands
Thurso
Wick
Stornoway
Western Isles
Ullapol
Peterhead
Inverness
Grampian
Highlands and Islands
Aberdeen
Fort William
Tayside
Dundee
Perth
St. Andrews
Oban
Central
Fife
Edinburgh
Lothian
Glasgow
Strathclyde
Galashiels
Ayr
Borders
Dumfries & Galloway
Dumfries
ENGLAND
N
0
100 km

Im Vergleich mit dem Kontinent sind schottische Flüsse rein: Immerhin besitzen 95 % der Flüsse Trinkwasserqualität. Anders sieht es in den Lochs aus: Hier erreichen nur 70 % die europäischen Vorgaben als Badegewässer.

Schottlands erster **Nationalpark** wurde 2002 eröffnet und umfasst ein Gebiet von 1.000 qkm rund um den Loch Lomond, dem größten Frischwassersee der Britischen Inseln, und die Trossachs. 21 Berge, 33 Hügel sowie 2 Waldparks befinden sich im Nationalpark. Ein Jahr später wurde der zweite Nationalpark eingeweiht: der Cairngorm National Park. Er erstreckt sich von Grantown-on-Spey zu den Angus Glens und von Ballater nach Dalwhinnie. Daneben gibt es 70 sogenannte **National Nature Reserves**, 40 **National Scenic Areas**, 1.400 **„Sites of Special Scientific Interest"** sowie 6 **Forest Parks**. Die National Scenic Areas decken 13 % der schottischen Gesamtoberfläche ab. Sie stehen unter der Obhut der Countryside Commission, die vom National Trust of Scotland, den Woodland Trust und der „Royal Society for the Protection of the Birds" unterstützt wird. National Scenic Areas sind beispielsweise Teile der Hebriden, der Nordosten Sutherlands, Western Ross, die Cuillins auf Skye, die Cairngorms, Ben Nevis und Glencoe.

Tourismus gefährdet Umwelt

Ein großer Umweltverschmutzer ist der Fremdenverkehr. Einerseits freut man sich über die Devisen, die die Besucher ins Land bringen, andererseits wird das Ökosystem durch die Heerscharen an Besuchern stark angegriffen: Wohnmobile, deren Fahrer achtlos in Gehölze fahren und dabei Lichtungen zerstören, die Zunahme des motorisierten Wassersportes oder Wanderer, die sich nicht an die ausgewiesenen Wege halten.

Das neue schottische Parlament

Gesellschaftlicher Überblick

Verwaltung / Politik

Volksabstimmung

Schottland ist seit 1707 Teil des Vereinigten Königreichs von Großbritannien. Zwischen 1979 und 1997 wurde Schottland von einer konservativen Regierung in Westminster regiert, für die die Mehrheit der Schotten allerdings nicht gestimmt hatte. In einer Volksabstimmung spricht sich die Mehrzahl der Wahlbeteiligten jedoch gegen ein eigenes Parlament aus. Nach dem Wahlsieg der Labour Party 1997 ergab eine erneute Volksabstimmung ein ganz anderes Bild: Die überwiegende Mehrheit wünschte größere Selbstverwaltung, und seit 1999 hat das Land wieder ein eigenes Parlament. Das **schottische Parlament** ist für folgende Bereiche zuständig: Erziehung, Gesundheitswesen, Rechtsprechung, Soziales, Kommunalpolitik, Umweltschutz, Städteplanung, Landwirtschaft, Fischereiwesen, Sport, Kunst. Westminster hingegen behält weiterhin die Kontrolle über die Bereiche

Verteidigung, Auslandspolitik sowie bei größeren wirtschaftlichen und steuerlichen Fragen.

Das neue schottische Parlamentsgebäude, schräg gegenüber von Holyrood Palace, wurde im Jahre 2004 feierlich eingeweiht. Der Architekt des originellen, jedoch auch kontroversen Gebäudes (die Baukosten übertrafen 10x die geschätzten Kosten) war der Spanier Enric Miralles, der allerdings die Fertigstellung seines Hauptwerkes nicht mehr erlebte. Er verstarb 2000, 45jährig, an einem Hirntumor.

Bis 1975 war Schottland in 33 historisch gewachsene Grafschaften unterteilt, die dann von zwölf Verwaltungsbezirken (engl.: regions) abgelöst wurden: Borders, Central, Dumfries and Galloway, Fife, Grampian, Highland, Lothian, Orkney Island Area, Shetland Island Area, Strathclyde, Tayside und Western Isles.

Religion

überwiegend protestantisch

Seit dem 16. Jh. überwiegend protestantisch und mit stark puritanisch-calvinistischer Ausrichtung, unterscheidet sich Schottland von der anglikanischen Kirche Englands. Innerhalb der schottischen Kirche gibt es verschiedene Ausrichtungen, wobei die **Church of Scotland** die meisten Mitglieder hat. Laut Presbyterialverfassung gibt es nur das kirchliche Amt eines Geistlichen (Presbyter), aber keine übergeordneten Instanzen.

Free Church

Daneben gibt es die Episcopalian Church, die Baptist Church und die Free Church. Die aus der englischen Reformation hervorgegangene Episcopalian Church hat eine bischöfliche Verfassung. Die Free Church of Scotland hingegen ist frei konstituiert, und die Mitglieder werden nur nach ausdrücklich erklärtem eigenen Willen aufgenommen. Katholiken finden sich – bedingt durch irische Einwanderer – vor allem auf den Äußeren Hebriden, an der Westküste und in Glasgow.

Die meisten Schotten sind recht religiös und gehen nach wie vor regelmäßig in die Kirche. Auf den Äußeren Hebriden wird auch die Sonntagsruhe noch sehr ernst genommen. Der Einfluss der Free Church ist vor allem auf Lewis und Harris sehr stark, und ein Verstoß gegen die sonntägliche Ruhe wird seitens der dortigen Bewohner nicht gerne gesehen

Sprache

Die Amtssprache in Schottland ist Englisch. Daneben gibt das Scots und Gälisch, das auf den Hebriden zum Teil noch als Muttersprache gesprochen wird. Scots und Gälisch waren bereits fast ausgestorben, konnten jedoch durch verstärkte Bemühungen seitens der Regierung und Lokalverwaltungen wieder belebt werden.

Scots

Scots entwickelte sich aus einem nordenglischen Dialekt, wobei aber auch französische, germanische und nordische Elemente eingeflossen sind. Grammatikalisch dem Englischen fast gleich, unterscheidet sich Scots vor allem durch das Vokabular. Bis zum 17. Jh. war Scots die Sprache des schottischen Hofes. Als aber James VI. 1603 zum englischen König gekrönt wurde und Schottland verließ, verlor die Sprache an Bedeutung und erhielt auch niemals eine Schreibform. In den letzten Jahren erlebt Scots eine kleine Wiederbelebung. Es gibt sogar ein „Concise Scots Dictionary“.

einst Sprache des Hofes

Gälisch

Die indogermanischen Sprachen werden in Gruppen eingeteilt: Deutsch und Englisch gehören z.B. zur germanischen Gruppe, während das Gälische zur keltischen Gruppe gehört. Das Keltische wird wiederum in zwei Untergruppen eingeteilt: das Q-Keltisch und das P-Keltisch. Zum Q-Keltisch gehören das schottische und irische Gälisch sowie Manx (die Sprache der Isle of Man), zur P-Gruppe gehören das Walisische, das Cornische und das Bretonische.

Bis zur Reformation war Gälisch die wichtigste Sprache im ganzen Nordwesten Schottlands und auf den Hebriden. Die überlieferte Literatur, Balladen und Lieder zeugen von der poetischen Qualität einer hochentwickelten Sprache. Durch irische Mönche gelangten die gälische Sprache und Kultur bis nach Mitteleuropa. Die Chroniken der Klöster irischer Missionare im 10. Jh. (z.B. Wien, Regensburg)

hochentwickelt

Gälisch	Englisch	Gälisch	Englisch
Ard/Aird	Height	Dubh	Black
Allt	Stream	Dun	Fort
Abheinn	River	Eaglais	Church
An/na/nam	of the	Eilean	Island
Beag	Little	Fada	Long
Ben/Beinn	Mountain	Gearr	Short
Camus	Bay	Glas	Grey
Clach	Stone	Mor	Big, great
Cnoc	Hill	Struan	Stream
Creag	Rock	Tobar	Well
Dearg	Red		
Norwegisch	**Englisch**	**Norwegisch**	**Englisch**
Ay	Island	Ness/nish	Point
Bost	Township	Ob	Bay
Burg	Town	Stain	Stone
Dale	Glen	Uig/Vaig	Bay

Unterdrückung

geben ein gutes Zeugnis davon ab. Während und nach der Reformation erfuhr die gälische Sprache eine gewaltsame Unterdrückung. In der gälischen Kultur sah man einen Ausdruck der katholischen Bevölkerung, die es zu zerstören galt. Im Zuge des flächendeckenden Anglisierungsprogrammes im 18. Jh. setzte sich diese Zerstörung von Kunst, Kultur, Traditionen und eben auch der Sprache fort. Gälisch war die Sprache der von den Engländern verhassten Highländer, wurde außerdem von einer überwiegend bäuerlichen Gesellschaft gesprochen und galt daher als ungehobelt.

Im 19. Jh. bemühte sich Königin Victoria in ihrer romantischen Hochlandbegeisterung für den Erhalt des Gälischen, doch konnte der Rückgang nicht mehr aufgehalten werden. Englisch setzte sich als Umgangssprache durch, und 1872 wurde Gälisch als Unterrichtssprache verboten.

Wiederbelebung

Gälisch wird heute nur noch auf den Hebriden gesprochen. Intensive Wiederbelebungsmaßnahmen, wie gälische Sprachkurse, gälische Zeitungen sowie gälische Musik- und Volksfeste haben die Sprache vor dem Aussterben geschützt. In den Schulen wird wieder Gälisch unterrichtet, und die BBC unterhält in Stornoway einen gälischen Sender. Untersuchungen ergaben, dass heute noch 80.000 Menschen die gälische Sprache beherrschen.

Auf den Hebriden sind die meisten Ortsnamen in Gälisch. Sie beschreiben entweder physikalische Merkmale oder beziehen sich auf eine Person oder ein Geschehen. Es gibt aber auch Ortsnamen mit norwegischem Ursprung.

Sport

Fußball

Fußball (soccer) ist Schottlands beliebtester Zuschauersport. Im Fußball waren und sind die Schotten seit jeher völlig unabhängig von England.

Old Firm

Hinter Schottlands Fußball-Erfolg befindet sich das schottische Nationalteam (gegründet 1874), das von Anfang an von zwei Glasgower Teams, den Rangers und Celtic (zusammengenommen auch als „Old Firm" bekannt), dominiert wird. **Celtic** (1873 gegründet, im grün-weißen Trikot) war der Club der irischen, katholischen Einwanderer, bei den **Rangers** (1888 gegründet, blau-weiß-rotes Trikot) spielten die Schotten, die Protestanten.

Die unterschwellige Feindschaft zwischen beiden Mannschaften und zwischen Katholiken und Protestanten wurde geradezu mystifiziert und wird auch heute noch gepflegt. In beiden Clubs spielen jedoch längst Mitglieder beider Konfessionen. Die obsessive und teilweise auch brutale Rivalität zwischen den beiden Teams ist einer der unangenehmsten Aspekte des schottischen Fußballs. Um Krawalle zu vermeiden, werden die Spiele zwischen Rangers und Celtic schon morgens um 11 Uhr angepfiffen, wenn die Pubs noch nicht geöffnet sind. Eine weitere Maßnahme war, die Stadien mit Sitzplätzen anstelle von Stehplätzen auszustaffieren.

Berühmte Fußballstadien sind:

- **Celtic Football Club Visitor Centre**, Celtic Park, Glasgow G40 3RE, ✆ 0141 551 4308. Während einer 2-stündigen Tour des Besucherzentrums und Fußballstadions erhält man einen interessanten Einblick hinter die Kulissen. Touren Mo-So an Tagen, an denen kein Fußballspiel stattfindet, jeweils um 11, 12, 13.45 und 14.30 Uhr.
- **Ibrox Stadium**, Rangers Football Club, Ibrox Stadium, Edmiston Drive, Glasgow G51 2XD, Auskunft fur Besichtigungen erhalten Sie unter ✆ 0870 6001972, 💻 www.rangers.co.uk.
- **Hampden, Scotland's National Stadium**, Scottish Museum of Football and Tours, Hampden Park, Glasgow G42 9BA, ✆ 0141 616 6139, 💻 www.scottishfootballmuseum.com, 🕐 (Museum) Mo-Sa 10-17 Uhr, So 11-17 Uhr. Regelmäßige Zugverbindungen von Central Station nach Mount Florida oder Bus Nr. 12, 12A, 19 oder 74 von Stockwell Street. Das Hampden Stadion beherbergt das Scottish Fußball Museum, wo man sich über jegliche Aspekte des Sportes informieren kann. *Fußball-Museum*

Rugby

Rugby ist heute fest in den Schulsport integriert und vielleicht ebenso beliebt wie Fußball, vor allem, wenn es um die Nationalmannschaft geht. Länderspiele werden in Edinburgh, Murrayfield Rugby Ground, ausgetragen. Jährlich ringen die Schotten mit den Mannschaften aus England, Wales, Irland, Italien und Frankreich um den „Six Nations Cup". Obwohl es nicht so aussieht, hat das Spiel ein festes Regelwerk, ist also keinesfalls bloßes Gerangel. *Siehe auch* 💻 *www.scottishrugby.org.uk.*

Rugby-Fan

Shinty

Shinty wird in ganz Schottland gespielt, vorwiegend jedoch in den westlichen Highlands und in Speyside. Das Spiel (shinty leitet sich vom gälischen sinteag ab – auf Englisch leap –, was in etwa mit „Sprung" übersetzt werden kann) wurde vor ungefähr 1.500 Jahren von Irland kommend in Schottland eingeführt. Bis in die zweite Hälfte des 19. Jh. hatte das Spiel keine festgelegten Regeln, und die Mannschaften aus benachbarten Dörfern mussten sich vor jedem Spiel zunächst darüber einigen. 1893 wurde die „Camanachd Association" (abgeleitet vom gälischen Wort für shinty „camanachd") beauftragt, ein Regelwerk aufzustellen. 1896 fand der erste Camanachd Cup Final in Inverness statt. Jedes Team hat 12 Spieler, einschließlich eines Torwarts, gespielt wird mit Stöcken (genannt Camans oder Cammocks), und jedes Tor zählt einen Punkt. *Spiel mit Stöcken*

Das Spiel, manchmal auch als „Hockey mit Verletzungen" beschrieben, ist recht brutal, und das Anfeuern der Zuschauer ist laut und enthusiastisch. Sportfreunde sollten sich das Spektakel nicht entgehen lassen, falls Sie zufälligerweise im Sommer in der Gegend sein sollten. Auskunft erteilen die örtlichen Touristeninformationen. *Siehe auch* 💻 *www.shinty.com.*

Curling

Granit auf Eis

Curling ist ein Wintersport und in Schottland sehr beliebt. Manchmal wird es sogar noch auf einem zugefrorenen Teich oder See gespielt, überwiegend jedoch in künstlichen Eishallen. Beim Spiel werden 18 kg schwere Granitscheiben (genannt *stones*) über das Eis zu einem Ziel geschoben. Man sagt, dass das Spiel in Schottland erfunden wurde, obwohl es aber schon in einem flämischen Bild aus dem 16. Jh. auftaucht. Gespielt von zwei Mannschaften von je vier Spielern, ist Curling ein sehr taktisches Spiel, das viel Geschick erfordert. *Siehe auch* *www.curling.com.*

Snooker

Snooker ist eine in ganz Großbritannien beliebte Billard-Variante, die ursprünglich von englischen Offizieren aus Indien mitgebracht wurde. Ein Snooker-Tisch ist wesentlich größer als ein normaler Pool-Billard-Tisch. Man benötigt also eine größere Treffsicherheit als beim normalen Pool.

Das Leben in Schottland

Traditionen und Folklore

ausgeprägter Sinn

Die meisten Schotten haben einen ausgeprägten Sinn für ihr kulturelles Erbe. Dies hat sicherlich mit der Jahrhundertelangen Unterdrückung durch die Engländer zu tun. Folklore wirkt in Schottland lebendig und keinesfalls nur als eine Touristenattraktion. Zwar wird beispielsweise der Schottenrock nicht im normalen Alltagsleben getragen, aber bei festlichen Anlässen wie Hochzeiten (oder bei wichtigen Fußballspielen) trägt der Schotte zum schwarzen Jackett seinen Kilt.

Festlich im Kilt

Auf einer Reise durch Schottland sieht man manchmal Straßenmusikanten, die in vollständiger „Tracht" ihr Geld mit Dudelsackspielen verdienen. Die Tatsache, dass sie vermutlich vom Touristenamt engagiert wurden, um so den Besuchern ein möglichst authentisches Bild von dem „wahren" Schottland zu geben, lässt vergessen, dass der Dudelsack auch heute noch ein fester Bestandteil schottischen Lebens ist (siehe auch S. 59f).

Die zahlreichen Piperbands spielen keinesfalls nur für Touristen, sondern anlässlich offizieller Anlässe, auf Musik-Festivals und bei den Highland Games. Auch letztere sind, abgesehen von vielleicht wenigen Ausnahmen, keine reinen Touristenspektakel, sondern richtige Volksfeste von Schotten für Schotten, bei denen aber natürlich auch Besucher gerne gesehen sind.

INFO

Informationen zu Kilts und Tartans

Der heutige Kilt entwickelte sich aus einem langen, aus zwei Stoffbahnen bestehenden Umhang aus rauem, gewebtem Stoff, der auch als Bettdecke diente. Die eine Stoffbahn wurde in Falten gelegt und mit einem Gürtel rund um die Hüfte befestigt, wobei der untere Teil wie ein Rock auseinanderfiel. Das zweite „Plaid" – abgeleitet von dem gälischen Wort „plaide" für Decke – bedeckte den Rücken. Um den rechten Arm für das Schwert frei zu haben, lag es über der linken Schulter und wurde mit einer Brosche festgesteckt. Bei Kämpfen war die den Oberkörper bedeckende Stoffbahn allerdings nicht sehr praktisch, und so wurde sie schließlich weggelassen, und nur der Rock blieb. Der sogenannte Sporran, eine wie ein Pinsel aussehende Vorrichtung, diente dem Schutz der empfindlichen Körperteile.

Das Muster des Kilts wird Tartan genannt. Jeder Clan besaß sein typisches Muster aus Karos und Streifen. Die Farbmuster ergaben sich durch die Einfärbungen mit Pflanzen, die in der jeweiligen Region der Clans gefunden wurden. Somit waren die Farben zunächst ein lokales Kennzeichen, aber schließlich entstanden daraus die Clanfarben. Der Tartan gehörte zu den Highlands und gelangte erst später in die Lowlands.

Nach den Jakobineraufständen und der verlorenen Schlacht bei Culloden 1745 verbot das britische Parlament das Tragen von Kilts, um damit das schottische Nationalbewusstsein zu schwächen. Die „Order zur Erhaltung des Friedens in den Highlands", erlassen am 1.8.1747, besagt, „dass kein Mann in demjenigen Teil Großbritanniens, der Schottland genannt wird, unter welchem Vorwand auch immer, jene Kleidung tragen darf, die allgemein als Highland-Kleidung bekannt ist". Erst 1782 wurde das Gesetz wieder aufgehoben. Die neu aufgestellten Regimenter aus den Highlands kämpften für die britische Krone im Highland-Dress. Schließlich entwickelte sich daraus eine Mode für die „upper class".

1820 gründete Sir Walter Scott die „Celtic Society of Edinburgh". Eines der Ziele der Vereinigung war die Bewahrung von Kilts und Tartans. Anlässlich des Besuches von König Georg IV. wurden die Clan-Chefs aufgefordert, in ihren speziellen Tartans zu erscheinen. Während des Verbotes der „Highland-Kleidung" waren viele alte Tartan-Muster in Vergessenheit geraten. Die Firma Wilson & Son fand eine Lösung, indem sie einfach neue Muster entwickelte und diese dann mit Clannamen versah.

Der königliche Besuch war der Anfang der karierten Mode, und auch Queen Victoria war in ihrer romantischen Verklärung des Highland-Lebens so von dem Karo angetan, dass die Muster fortan überall verwendet wurden, ob nun auf Regenschirmen, Teetassen, Keksdosen oder Decken.

Durch Kinohits wie Rob Roy und Braveheart ist heutzutage die Nachfrage nach Kilts wieder gestiegen. Es ist allerdings kein billiger Spaß, sich „schottisch" zu kleiden. In Edinburgh zahlt man für das gute Stück rund 400 Pfund. An der Keith Kilt School in Moray im Nordosten Schottlands *(💻 www.kiltschool.moray.org)* kann man in einem einjährigen Kurs ein Diplom in der Kiltherstellung erwerben.

INFO

Informationen zu den Highland Games

Highland Games haben eine Jahrhundertealte Tradition, die bis ins 9. Jh. zurückreicht. Teilweise religiös, ging es bei den Spielen jedoch hauptsächlich um das Kräftemessen untereinander. Dafür wurden verschiedene „Geräte“ wie beispielsweise Steine oder Baumstämme (was das Land eben zu bieten hatte) verwendet. Der König oder Clanchef war bei diesen Veranstaltungen anwesend.

Wer ist die Schönste…

Die Wettkämpfe boten ihm die Möglichkeit, neue Gefolgsleute (Kämpfer, Kuriere oder Wachmänner) auszuwählen. Natürlich waren auch sämtliche Dorfbewohner bei dem Spektakel anwesend, denn die Feste hatten auch eine wichtige soziale Funktion im dörflichen Leben und waren stets mit Musik und Tanz verbunden – ein Faktor, der auch heute sicherlich noch zutrifft.

…und wer ist der Stärkste?

Als Queen Victoria 1848 zum ersten Mal an einem Highland Game teilnahm, forderte sie die Anwesenden zum Tragen ihrer Kilts auf.

Unzählige Gemeinden veranstalten heutzutage in den Sommermonaten ihre eigenen Highland Games, und wenn Sie die Gelegenheit haben, sollten Sie unbedingt daran teilnehmen. Die Hauptattraktion ist nach wie vor das Kräftemessen untereinander, insbesondere das sogenannte „Tossing the Caber“. Dabei soll ein hoher, schwerer Baumstamm zwar nicht weit fliegen, sich jedoch überschlagen und in der 12-Uhr-Stellung liegenbleiben. Dudelsackkapellen und Tanzgruppen tragen zur Unterhaltung bei.

Feste und Feiern

Land der Feiern

Schottland ist das Land der Feste und Feiern. Landauf, landab werden das ganze Jahr hindurch verschiedene Festivitäten veranstaltet, zum Beispiel zum Gedenken an eine historische Begebenheit oder zu Ehren einer historischen Persönlichkeit. Im Laufe des Sommers finden die sogenannten Border Fairs, die Grenzlandfeste, statt. Hier werden Pferde-Shows, Schäfer- und Jagdhundprüfungen sowie verschiedene Sportveranstaltungen geboten. Golfturniere werden den ganzen Sommer über ausgetragen. Darüber hinaus laden über das ganze Jahr verteilt diverse Folk-Festivals zu einem Besuch ein. Sie bieten die Möglichkeit, die schottische Volksmusik oder die traditionellen Tänze kennenzulernen.

Die wichtigsten Feste

Januar

- „Up Helly Aa“: Das Fest der Shetland-Inseln findet alljährlich in Lerwick am letzten Dienstag des Januars statt. Nach alter nordischer Tradition wird dabei ein Wikingerschiff verbrannt. *www.visitshetland.com*
- Celtic Connections: Glasgows alljährliches Fest der keltischen Musik mit internationalen Künstlern. *www.celticconnections.co.uk*
- „Burns' Supper“: Am 25.1. wird der Geburtstag des Dichters Robert Burns mit den Klängen des Dudelsacks, mit Haggis und reichlich Whisky gefeiert. *www.burnsfestival.com*

Februar

- Scottish Curling Championships: Die Meisterschaften werden jedes Jahr in einem anderen Ort ausgetragen.

März

- St. Andrew's: Scotland's Poetry Festival, ein Festival der Dichtkunst. *www.stanzapoetry.org*

April

- Melrose Seven: Melrose ist der Austragungsort für das traditionelle Rugby Match. *www.melrose7s.com*

Mai

- Shetland Folk Festival, *www.sffs.shetland.co.uk*
- Isle of Bute Jazz Festival, *www.butejazz.com*
- Dumfries & Galloway Arts Festival: Das Kunstfestival wird an verschiedenen Orten in Dumfries and Galloway abgehalten. *www.dgartsfestival.org.uk*

Juni

- Guid Nychburris: Stadtfest mit Straßenunterhaltung, dem Grenzritt und Krönung der Queen in Dumfries.
- Selkirk Common Riding: Fahnenzeremonie auf dem Marktplatz und traditioneller Grenzritt „Riding of the Marches“, der an die Schlacht von Flodden von 1513 erinnert.
- Royal Highland Show: Für drei Tage am Monatsende gibt es in Edinburgh im Royal Highland Centre die „Royal Highland Show“, eine Landwirtschaftsmesse. *www.royalhighlandshow.org*

- St. Magnus Festival: Das „St. Magnus Festival“ wird auf den Orkney-Inseln mit viel Musik, Tanz, Speis und Trank begangen. 💻 *www.stmagnusfestival.com*

Juli

- Loch Lomond Highland Games, zweitgrößtes Ereignis dieser Art in Schottland. 💻 *www.loch-lomond-highland-games.com*
- Hebriden Celtic Festival: keltisches Musikfestival auf den Inseln Harris und Lewis, 💻 *www.hebcelbfest.com*
- World Highland Games, Callander, 💻 *www.incallender.co.uk*

August

- Edinburgh Military Tattoo, Edinburgh Castle. 💻 *www.edintattoo.co.uk*
- Edinburgh International Film Festival, 💻 *www.edfilmfest.co.uk*
- Edinburgh International Festival of Music and Drama, Edinburgh. Das berühmte Festival findet in den letzten beiden Augustwochen und der ersten Septemberwoche statt und bietet Theater und Musik aller Art. 💻 *www.eif.co.uk*
- Edinburgh Festival Fringe, Theaterfestival „am Rande“ des offiziellen Festivals. 💻 *www.edfringe.com*
- Edinburgh International Book Festival, Edinburgh, Buchfestival. 💻 *edbookfest.co.uk*
- Aberdeen International Youth Festival: An verschiedenen Orten in Aberdeen und Grampian wird ein internationales Festival der Künste mit einigen der besten jungen Orchester, Bands, Chören, Tanz- und Theatergruppen der Welt abgehalten. 💻 *www.aiyf.org*
- Speyfest: In Fochabers findet ein keltisches Festival der traditionellen Musik und des Kunstgewerbes statt. 💻 *www.speyfest.com*
- Skye Highland Games, Portree, Isle of Skye. 💻 *www.skye-highland-games.co.uk*
- World Pipe Band Championships, Glasgow. Weltmeisterschaft im Dudelsackspielen. 💻 *www.rspba.org*
- Arbroath Sea Fest: Wochenendfestival im Hafen von Arbroath, das die Meeresgeschichte und die Kultur der Seefahrt und des Fischens in Arbroath feiert. 💻 *www.angusahead.com*
- Pittenweem Arts Festival. Seit mehr als 20 Jahren findet dieses Kunst- und Kulturfestival statt. 💻 *www.pittenweemartsfestival.co.uk*
- Cowal Highland Gathering, Dunoon, Highland Games. 💻 *wwwcowalgathering.com*

September

- Braemer Highland Gathering: Am 1. Samstag im Monat findet das berühmteste der Hochlandfestspiele, das „Braemer Royal Highland Gathering“, statt. Unter den Gästen befinden sich selbstverständlich auch Mitglieder der Königsfamilie. 💻 *www.braemargathering.org*
- Hawick Festival of Jazz and Blues, 💻 *www.bfjab.co.uk*
- Borders Walking Festival, West Linton, langetabliertes einwöchiges Wanderfestival. 💻 *www.walking.visitscotland.com*
- Kirriemuir Traditional Music Festival, Kirriemuir. 💻 *www.tmsa.org.uk*
- Walk Shetland: Wanderfestival auf den Shetland-Inseln, 💻 *www.visitshetland.com*
- Das „Ben Nevis Race“ ist ein Wettlauf auf den höchsten Berg Schottlands, den Ben Nevis, und wieder herunter. Der Wettlauf beginnt in Fort William. 💻 *www.bennevisrace.co.uk*

Oktober

- Royal National Mod, Stornoway, Isle of Lewis, Schottlands wichtigstes Festival mit gälischer Musik: Instrumentalisten, Gesang, Theater, Tanz und Literatur. *www.the-mod.co.uk*
- Glenfiddich World Piping & Fiddling Championships, Blair Castle, Blair Atholl, Dudelsack- und Fidelmeisterschaften. *www.glenfiddich.com*

November

- „Guy Fawkes Day“: Am 5. November wird mit Feuerwerken und Knallkörpern an den Tag im Jahre 1607 erinnert, an dem Guy Fawkes das englische Parlament als Protest gegen die antikatholischen Gesetze James VI./I. in die Luft sprengen wollte. Der Plan wurde jedoch aufgedeckt und Guy Fawkes hingerichtet.
- Fiddle Festival. Fiddlerfestival in Edinburgh
- St. Andrews Week: Festwoche zum Gedenken an Schottlands Schutzpatron Andrew in St. Andrews.
- 30. November: Der St. Andrews Day wird an verschiedenen Orten in ganz Schottland begangen.

Dezember

- Winter Wonderland: Im Stadtzentrum von Edinburgh findet ein Winterfestival mit Eisbahn, Buden mit Kunsthandwerk und Kindervergnügen statt. *www.capitalchristmas.com*
- 31.12.: Hogmanay, Neujahrsfeiern in ganz Schottland, *www.edinburghshogmanay.org*

Eine vollständige Veranstaltungsliste finden Sie auf der Internetseite www.visitscotland.com.

Musik

Schottland hat eine reiche musikalische Tradition, und eine neue Generation von Bands und Musikern bietet mittlerweile die schottische Folklore mit ebenso großem Selbstbewusstsein dar wie ihre irischen Kollegen. Während des Jahres gibt es verschiedene Festivals, und die „Traditional Music and Song Association of Scotland“ (TMSA) gibt einen jährlichen Festivalkalender heraus, in dem die verschiedenen Festivals, die traditionelle Musik und Lieder präsentieren, aufgelistet sind.

viele Festivals…

Große Veranstaltungen, wie beispielsweise das 3-wöchige Celtic Connection Festival in Glasgow im Januar, das Edinburgh Fiddlerfestival im November sind besonders beliebt, aber daneben lohnen auch kleinere Feste, wie beispielsweise die Wochenendfestivals in Keith (Juni), Auchtermuchty (August) oder in Kirriemuir (September) einen Besuch. Zusätzlich zu den Veranstaltungen, in denen die Gesangs- und Musiktradition in Scots gepflegt wird, gibt es auch eine Reihe von gälischen Festivals, darunter den National Mod, der jedes Jahr im Oktober abgehalten wird, sowie zahlreiche „feisan“ (ausgesprochen: fee-schan). Feisan sind lokale gälische Veranstaltungen.

Viele Festivals bieten Workshops an, wo Sie die Gelegenheit haben, zu singen, ein Instrument zu erlernen und etwas mehr über die schottische und gälische Kul-

…auch mit Workshops

tur zu lernen. Die Fiddle Summer-Schule an der Universität von Stirling oder Sabhal Mòr Ostaig auf der Isle of Skye sind bekannte etablierte Schulen.

ungezwungene Sessions

Während es sich bei den Festivals und Konzerten um förmliche Ereignisse handelt, lässt sich die Folk-Musik am besten bei ungezwungenen Sessions oder sogenannten **Ceilidhs** (ausgesprochen „Kehlie") in den örtlichen Pubs genießen. Diese Veranstaltungen sind in der Regel kostenlos. Instrumentalisten und Sänger treffen sich dort, musizieren und genießen die gute Atmosphäre. Um herauszufinden, wann solche Sessions stattfinden, fragen Sie bei der Touristeninformation nach oder beachten Sie auch die Aushänge in den Pubs. In ganz Schottland treffen sich etwa 30 Folk-Clubs regelmäßig, und auch Nicht-Mitglieder sind dort willkommen. Der Besuch einer solchen Session im Dorfpub verspricht auf jeden Fall einen interessanten und erfreulichen Abend, und wenn man es einrichten kann, sollte man die Gelegenheit nicht verpassen.

Weitere Informationen
zum Thema Musik erhalten Sie von:

- ***The TMSA**, 95-97 St. Leonard's Street, Edinburgh EH8 9QY, ✆ 0131 667 5587, 💻 www.tsma.org.uk. Die Webseite bietet Informationen über Veranstaltungen, Festivals und Folk Clubs.*
- ***The National Mod**, An Commun Gaidhealach, Church Street, Inverness, ✆ 01463 231 226, 💻 www.the-mod.co.uk.*
- ***Stirling Summer School**, Summer School Office (FM), Airthrey Castle, University of Stirling, Stirling FK9 4LA, ✆ 01786 467951, 💻 www.daice.stir.ac.uk.*
- ***Sabhal Mòr Ostaig**, Isle of Skye IV44 8RQ, ✆ 01471 844 373, 💻 www.smo.uhi.ac.uk.*
- ***Feisean nan Gaisheal**, Nicolson House, Portree, Isle of Skye IV51 9EJ, ✆ 01478 612990, 💻 www.feisean.org.*
- ***The Royal Scottish Pipe Band Association**, 45 Washington Street, Glasgow G3 8AZ, ✆ 0141 221 5414, 💻 www.rspba.org.uk.*
- ***The Piping Centre**, 30-34 McPhater Street, Glasgow G4 0HW, ✆ 0141 353 0220, 🖷 0141 353 1570, 💻 www.thepipingcentre.co.uk. Der Platz für alle, die sich für den Dudelsack interessieren. Das Zentrum bemüht sich um den Erhalt des schottischen Nationalinstrumentes. Ausstellungen zum Thema „Dudelsack", Unterrichtsprogramme, regelmäßige Konzerte, ein Café und sogar Übernachtungsmöglichkeiten gehören zum Piping Centre.*
- *Siehe auch Internetseiten, z.B. www.netreal.co.uk oder www.musicscotland.com.*

Tipp
*In Deutschland sind rund 300 Personen im deutschen Dudelsackverband organisiert. Auskunft von der **Bagpipe Association of Germany**, 💻 www.bagev.de.*

Die gute Küche

Der traditionell schlechte Ruf der britischen Küche ist längst zu einem veralteten Klischee geworden. Viele schottische Speisen sind berühmt für ihre Qualität. Es gibt **hervorragenden Fisch**, zum Beispiel Lachs und die einheimische Braunforelle aus den Seen und Flüssen des Landes. Andere Seefische und Meeresfrüchte gedeihen in den Küstengewässern. Das Fleisch der Aberdeen-Angus- und Galloway-Rinder ist erstklassig; ebenso köstlich das **Scotch Lamb** und **Rotwildspezialitäten**.

erstklassiges Rindfleisch

Geschmacklich umstritten ist das schottische Nationalgericht **Haggis**. Es besteht aus gehacktem Schafsmagen sowie weiteren zerkleinerten Innereien, Hafermehl, Kräutern und Gewürzen. Traditionell wird Haggis in einem Schafmagen gekocht, heute jedoch meistens im Plastikdarm. Haggis ist das am meisten gefeierte Gericht, da es alljährlich anlässlich der Feierlichkeiten zum Gedenken an Schottlands Nationalpoeten Robert Burns serviert wird. Das Gericht, von Burns als „the great chieftain o' the puddin-race" genannt (= großer König der Würste), ist in Schlachtereien erhältlich und wird auch in Pubs serviert. Das Essen in Pubs variiert von einfachen Gerichten bis zu ausgefallener Kost, meistens ist es im Vergleich mit dem Essen in Restaurants recht preisgünstig.

nicht Jedermanns Geschmack

Zum Lunch servieren viele Pubs **Scottish Broth**, eine Graupensuppe mit Fleisch, oder **Cock-a-Leekie**, eine Hühnersuppe mit Lauch.

Das traditionelle „fastfood" ist **fish & chips**, eine hinsichtlich Qualität und Wohlgeschmack stark variierende Speise. Die chips (Pommes Frites) werden mit einem Schuss vinegar (Essig) beträufelt. Bei dem Fisch handelt es sich meist um Haddock (Schellfisch).

Schottisches Gebäck, insbesondere Kekse und Plätzchen, sind ausgezeichnet. **Scones** sind kleine weiche Kuchen aus Gersten- oder Weizenmehl, die mit viel Butter und Rosinen gebacken werden. **Shortbread** sind ebenfalls sehr gehaltvolle Kekse. Oatcakes, Haferplätzchen, werden mit Butter oder Marmelade oder auch mit Käse gegessen. Gebäck wird in Schottland zum Tee gereicht, den man hier mit Milch trinkt. Die althergebrachte Verwendung von Haferschrot ist im Zuge einer bewussteren Ernährung wieder aufgetaucht.

Das Thema Brot ist für deutsche Reisende in Großbritannien ein heikles Thema. Zwar ein wenig besser als in England, ist es jedoch nahezu

Rezept für Shortbread

50 g Zucker
100 g Butter
125 g Mehl
50 g Stärke
Milch und brauner Zucker
Zucker und Butter cremig rühren und anschließend Mehl und Stärke hinzugeben. Formen Sie den Teig zu einer Wurst, bestreichen diese mit Milch und rollen Sie sie in dem braunen Zucker. Danach wird die Rolle in Scheiben geschnitten, auf ein mit Backpapier ausgelegtes Blech gelegt und im vorgeheizten Backofen gebacken, 200 °C ca. 15 Minuten.

Rezept für Scones

200 g Mehl
50 g Butter
1 gestrichener Teelöffel Natron
1 gestrichener Teelöffel Backpulver
Zucker und Rosinen nach Geschmack
Dazu wird so viel Milch gegeben, bis der Teig knetbar ist.
Kleine Brötchen formen und diese bei 220 °C 15 Minuten backen.

Scottish Cooked Breakfast

unmöglich, etwas anderes als Weiß- oder weiches Graubrot zu finden.

Der Essrhythmus der Schotten unterscheidet sich etwas von dem des Kontinentaleuropäers. Das Frühstück ist opulent und bis in den späten Nachmittag hinein sättigend, das Mittagessen (Lunch) weniger reichhaltig, und die Hauptmahlzeit ist das Dinner am Abend.

Ein typisch **schottisches Frühstück** beginnt mit einem *cereal* (z.B. Cornflakes) oder mit *porridge* (Haferbrei), dann folgt das *cooked breakfast*: gebratener Speck mit Eiern, eine gegrillte Tomate, Bohnen in Tomatensoße, *black pudding* (eine Art Grützwurst), warme Leberwurst und *sausages*, die für Kenner deutscher Würstchen allerdings etwas gewöhnungsbedürftig sind. Auch gegrillter Fisch steht häufig auf der Frühstückskarte. Toast und Marmelade und natürlich Tee (Kaffee auf Wunsch) sind obligatorisch.

„Schwarzer Pudding“ zum Frühstück

Porridge

Für ein richtiges Porridge müssen die Haferflocken über einem Torffeuer erhitzt werden, und am besten neben einem Paar getragener Wollsocken (für ein kräftigeres Aroma) – sagen die Traditionellen. Strikt ablehnen würden sie es, der gräulichen Masse Zucker, Zimt oder womöglich Fruchtstücke hinzuzufügen. Die Modernisten hingegen schlagen Porridge aus der Mikrowelle vor. Über die Herstellung von Porridge streiten sich die Hausfrauen und in letzter Zeit sogar die Gelehrten der internationalen Gourmetführer. Über die Herstellungsweise, die Zutaten, die

Wollsockenaroma

Porridge-Varianten

Variante 1
250 ml Vollmilch
120 g Haferflocken
1 Teelöffel Sahne
5 g Zucker
Milch und Sahne zum Kochen bringen. Haferflocken einstreuen und 3-4 Minuten kräftig rühren, bis eine cremige Konsistenz entsteht. Zucker einstreuen. Eine in Scheiben geschnittene Banane oder einen Löffel Erdbeermarmelade hinzufügen.

Variante 2
1 Tasse Haferflocken
Brauner Zucker
Sahne oder Milch
Haferflocken in einen Topf geben, 3 Tassen kaltes Wasser hinzugeben und über Nacht einweichen. Am Morgen eine Prise Salz hinzufügen und langsam zum Kochen bringen. Unter ständigem Umrühren 10-15 Minuten auf mittlerer Hitze kochen, bis die Masse dick und cremig ist. Zucker und Milch nach Bedarf.

Variante 3
Eine Tasse Haferflocken
Zwei Tassen kaltes Wasser
Eine Prise Salz
Ein Teelöffel Zucker
Kalte Milch
Haferflocken, Wasser und Salz in einen Topf geben. Für 4-5 Minuten köcheln lassen. Fertig.

Konsistenz (dick oder eher zähflüssig), ob nun heiß oder kalt genossen, scheint man sich nicht einigen zu können, obwohl die Grundzutat, Haferflocken, stets die gleiche bleibt. „Porridge-making is an art, not a science" heißt es. Dass die unansehnliche Pampe für manch einen gar traumatische Kindheitserinnerungen hervorruft, ist ein anderes Kapitel.

Getränke

Das schottische **Wasser** ist kalkarm, sehr weich und schmeckt ausgezeichnet. Im Hochland hat das Wasser aus den Leitungen oft eine bräunliche Färbung, das die Herkunft aus dem Moor anzeigt. Das Trinken von Mineralwasser ist nicht so üblich wie in Deutschland.

Das Bier wird dem deutschen Biertrinker zunächst etwas lasch erscheinen. **Lager** ist mit dem deutschen Pils vergleichbar, jedoch leichter. Das sogenannte **Bitter** ist ein vollmundiges, obergäriges Bier. Vereinzelt wird auch das dunkle **Stout** gereicht.

Kollege beim Whisky-Testen

Schottisches Nationalgetränk und gleichzeitig ein führender Exportartikel ist der **Whisky**. Dabei werden zwei Arten unterschieden, der sogenannte **Blended Whisky**, eine Mischung aus verschiedenen Destillationen, und der Malt Whisky, der sehr viel edlere, reine Malzwhisky. Bei den **Malt Whiskies** gibt es beträchtliche Geschmacksunterschiede von den milden und fast süßen Arten (vor allem aus Speyside im Osten) bis zu den strengeren, torfigen Aromen einiger Malt Whiskies von der Insel Islay. Schottischer Whisky (im Gegensatz zum Whiskey in Irland wird Whisky in Schottland ohne „e" geschrieben) wird nicht auf Eis getrunken, sondern allenfalls mit Wasser aus einem separaten Glas. Entlang des Malt Whisky Trail (s. S. 438ff) kann man etliche Destillerien besichtigen.

Whisky, Whisky, Whisky!

Weitere Infos von der **Scotch Malt Whisky Society**, 💻 *www.smws.com*, oder beim **Whisky Festival** in Speyside, 💻 *www.spiritofspeyside.com*, oder bei einer Whisky Tour, 💻 *www.whisky-tours.com*.

Einige Destillen entlang des Whisky-Trails (siehe auch S. 438ff)

• **Strathisla Distillery**, Seafield Avenue, Keith, Banffshire AB55 5BS , ✆ 01542 783 044, ⓘ Ende März bis Ende Oktober Mo-Sa 10-16 Uhr, So 12.30-16 Uhr, ✉ *strathisla.admin@chivas.com*, 💻 *www.maltwhiskydistilleries.com*, An der A96 gelegen, nur 300 m von der Keith Train Station entfernt. Eine der ältesten Destillen der Highlands, es werden auch geführte Touren angeboten.

Strathisla

• **Dallas Dhu Distillery**, Mannachie Road, Forres, ✆ 01309 676548, 💻 *www.historicscotland.gov.uk*, ⓘ April bis September tgl. 9.30-18.30, Oktober bis März Mo-Mi, Sa und So 9.30-16.30 Uhr. Dallas Dhu liegt ein wenig abseits der A940, 1 ½ km S Forres. Hier wird kein Whisky mehr hergestellt, aber es handelt sich um ein schön erhaltenes viktorianisches Gebäude unter dem Schutz von Historic Scotland, das man ohne Führung besichtigen kann.

• **Cardhu**, Knockando, ✆ 01340 872555, ⓘ Ostern bis Juni Mo-Fr 10-17 Uhr, Juli bis September Mo-Sa 10-17 Uhr, So 12-16 Uhr, Oktober bis Ostern Mo-Fr 11-15 Uhr. Diese nette, kleine Destille gehört jetzt den United Distillers, und ihr feiner Malt wird für die Herstellung des bekannten Johnny Walker verwendet. An der B9102, 11 km W Craigellachie.

• **Glen Grant**, Rothes, ✆ 01340 832118, ⓘ April bis November Mo-Sa 9.30-16 Uhr, So 12-16 Uhr. Die Destille ist von einem schönen viktorianischen Garten umgeben. An der A941, 15 km S Elgin.

• **Glenfarclas**, Ballindalloch, Banffshire, ✆ 01807 500245, 💻 *www.glenfarclas.co.uk*, ⓘ April bis September 10-17 Uhr, Juli bis September auch Sa 10-16 Uhr, Oktober bis März Mo-Fr 10-16 Uhr. 1836 gegründet, konnte Glenfarclas bislang ihre Unabhängigkeit bewahren.

• **Glenfiddich**, Dufftown, ✆ 01340 820373, 💻 *www.glenfiddich.com*, ⓘ Januar bis Mitte Dezember Mo-Fr 9.30-16.30 Uhr sowie Ostern bis Mitte Oktober Sa 9.30-16.30 Uhr, So 12-16.30 Uhr. Glenfiddich gehört nach wie vor der Gründerfamilie Grant. Der hier hergestellte Whisky gilt als der beliebteste Single Malt weltweit.

• **The Glenlivet Distillery**, Glenlivet, ✆ 01340 821720, 💻 *www.theglenlivet.com*, ⓘ April bis November Mo-Sa 9.30-16 Uhr, So 12-16 Uhr. Sehr einsam, aber wunderschön 15 km N Tomintoul gelegen.

Die **Callanish Standing Stones** sind eine prähistorische Kultstätte. Sie sind in Form eines keltischen Kreuzes angelegt und dadurch einzigartig.

Die **unberührte Natur** wirkt wie Balsam für die Belastungen des modernen Lebens.

Die Landwirtschaft bestimmt das Bild im **Südosten** des Landes.

Auf der **Insel Jura** geht das Leben einen langsamen Gang. Auch die Kühe haben es mit der Ruhe.

Die spektakulären **Highlands** bestehen aus massiven Felsen, einsamen Torfmooren und kahlen Hügeln.

Der Ort **Culross** steht unter Denkmalschutz, und die niedlichen "little houses" geben einen guten Eindruck vom Leben im 16. und 17. Jh.

Schottland ist bekannt für seinen guten Whisky, der in der **Ardbeg Destillerie** auf Islay und vielen anderen Brennereien im ganzen Land verkostet werden kann.

Bei den alljährlich abgehaltenen **Highland Games** geht es ums Kräftemessen.

Der **Dudelsack** ist, wie der Kilt, ein fester Bestandteil der schottischen Kultur. Der Musikant ist allerdings eine reine Touristenattraktion.

"The great chieftain o´the pudding-race", **Haggis**, besteht aus gehacktem Schafsmagen und ist das schottische Nationalgericht.

Seit 1894 werden in Lairg **Schafsauktionen** abgehalten. Heute findet hier der größte Schafsmarkt des Landes statt - ein tolles Spektakel.

"The last Drop", gegenüber vom ehemaligen Richtplatz, bezeichnet nicht nur 'den letzten Schluck', sondern auch den 'rollenden Kopf'.

St. Andrews ist der Geburtstort des Golfspiels.

Die **Isle of Skye** gilt als Wanderparadies, und dank der Nähe zum Golfstrom ist das Klima stets milde.

Wunderschöne Aussichten und Sandstrände bietet die schottische Inselwelt, z.B. die **Isle of Arran**.

Am Südende des Loch Ness liegt **Fort Augustus**. An der Schleuse werden die Freizeitsegler vom Loch Ness auf das Niveau des Caledonian Canal herabgesenkt.

Mit seinen Flüssen, Seen und der Küste ist Schottland ein Paradies für Angler. Hier im **Royal Deeside** werden Forellen und Lachs geangelt.

Traquair House ist einer der ältesten bewohnten Herrensitze Schottlands. Auch Mary Stuart hat hier genächtigt.

Die **Black Houses**, strohgedeckte, ehemals kaminlose Häuser mit Wänden aus geschichteten Natursteinen, waren vor allem in den Highlands und auf den Inseln üblich.

Originell ist die Architektur des 2004 eröffneten **Scottish Parliament** in Edinburgh.

Das Tal des **Glen Affric** im Westen Schottlands ist ein fantastisches Wandergebiet.

Das 1225 errichtete **Dirleton Castle** ist eine der ältesten Steinburgen Schottlands. Besonders der schöne Garten lohnt den Besuch.

In den "**doocots**" genannten Taubenschlägen des 17. Jh. lebten Tauben, die im Winter als Frischfleischlieferanten dienten.

Der lebhafte Ort **Tobermory** im Norden der Isle of Mull wurde im späten 18. Jh. durch die British Fisheries Society gegründet.

Die Burgen des **Scottish Baronial** wurden nicht nur zur Verteidigung gebaut. Typisch sind die vielen verspielten Türme und Erker.

Die **Hebriden** umfassen ca. 50 Inseln - die **Isle of Islay** im Süden ist besonders Whisky-Liebhabern ein Begriff.

Die Kelvingrove Gallery in **Glasgow** ist nur eines der zahlreichen hochklassigen Museen der schottischen Metropole.

Die **Royal Mile** in **Edinburgh** ist eine der ältesten Straßen der Stadt und verbindet das Schloss mit dem Holyrood Palace.

2. SCHOTTLAND ALS REISELAND

Allgemeine Reisetipps A-Z

Hinweis

In den Allgemeinen Reisetipps finden Sie – alphabetisch geordnet – reisepraktische Hinweise für die Vorbereitung Ihrer Reise und für Ihren Aufenthalt in Schottland.

Arzt siehe *„Gesundheit"*
Abkürzungen 82
Angeln 82
Apotheke 83
Auskunft 83
Auto fahren 85
Automobilklub 85
Autoverleih 86
Banken s. *„Öffnungszeiten" und „Währung/Devisen"*
Behinderte 88
Bekleidung s. *„Reisegepäck"*
Benzin 88
Busse 88
Camping/Caravan 89
Diebstahl, Betrug, Gewaltdelikte 90
Diplomatische Vertretungen 90
Einkaufen s. *„Öffnungszeiten" und „Souvenirs"*
Einreise 91
Eisenbahn 91
Ermäßigungen s. *„Busse", „Eisenbahn", „Organisationen"*
Fähren 95
Fahrrad fahren 98
Ferien/Feiertage 98
Feste/Feiern s. *S. 56ff*
Flugverbindungen 99
Fotografieren 100
Fremdenverkehrsämter 100
Geld s. *„Währung/Devisen"*
Gesundheit 101
Getränke s. *S. 63*
Golf 102
Hotels s. *„Unterkunft"*
Internet s. *„Auskunft"*
Jugendherbergen s. *„Unterkunft"*
Kinder 103
Kreditkarten s. *„Währung/Devisen"*
Maßeinheiten 103
Mehrwertsteuerrückerstattung 103
Mietwagen s. *„Autoverleih"*
Mücken 104
Netzspannung 104
Notfall 104
Öffentliche Verkehrsmittel s. *„Busse", „Eisenbahn", „Fähren", „Flugverbindungen"*
Öffnungszeiten 104
Organisationen/Verbände 105
Post/Porto 107
Rauchen 107
Reisegepäck 107
Reiseveranstalter 108
Reisezeit 108
Reiten 109
Restaurants 109
Schecks s. *„Währung/Devisen"*
Souvenirs 109
Sport 110
Sprachkurse 110
Telefonieren 110
Trinkgeld 111
Unterkunft 111
Veranstaltungen s. *S. 56ff*
Verkehrsregeln s. *„Auto fahren"*
Versicherungen 115
Währung/Devisen 115
Wandern 116
Wassersport 118
Wetter 118
Zeit 118
Zeitungen 118
Zoll- und Devisenbestimmungen 119

A

Ärzte

siehe Stichwort „Gesundheit“

Abkürzungen

NTS = National Trust of Scotland, B&B = Bed & Breakfast, HS = Historic Scotland, Calmac = Caledonian MacBrayne (Fährgesellschaft), GB = Großbritannien, UK = United Kingdom, SYMA = Scottish Youth Hostel Association, RSPB = Royal Society for the Protection of the Birds

Angeln

Schottland ist bekannt für seinen Fischreichtum. Begehrtester Fisch ist der Lachs, der zwischen Februar bzw. Mitte März bis Oktober zu seinen Laichplätzen wandert. Geangelt wird in den Flüssen, in Lochs und in der See. Außer auf den Orkney-Inseln ist es nirgends möglich, ohne Genehmigung zu angeln. An Gemeindegewässern oder an Flussstrecken eines Vereins ist eine Tageslizenz schon ab 1 £ erhältlich. An den berühmten Flüssen Tweed, Tay, Dee und Spey wird es erheblich teurer. Auskünfte erteilen die lokalen Touristenbüros oder die Scottish Anglers National Association, www.sana.org.uk. Fangsaison für Forelle (trout) und Lachs (salmon) ist im Allgemeinen Februar bzw. Mitte März bis Oktober. Hochseeangler haben das ganze Jahr über Saison. Von den meisten größeren Häfen starten Hochseeangeltouren für Touristen. Die notwendigen Ausrüstungen können meist gemietet werden.

Nützliche Begriffe rund ums Angeln			
Angel	*rod*	Köder	*bait*
Angler-ausrüstung	*tackle*	Maden	*maggots*
Blinker	*lure, spinner*	Rolle	*reel*
Fliegenfischen	*fly-fishing*	Schwimmer	*float*
Haken	*hook*	Schnur	*line*
Kescher	*landing net*	Würmer	*worms*

Siehe auch 💻 www.fishscotland.com. Hier gibt es ausführliche Informationen zu Angelurlauben, -kursen, -scheinen und -gebühren, Anmieten von Booten und Angelzeug, Angelclubs, Schonzeiten, Angelrekorden und Bestimmungen. Ebenfalls enthalten sind Einzelheiten über Unterkunftsmöglichkeiten mit speziellen Angeboten für Angler.

Apotheke

Die Bezeichnungen „Dispensing Chemist" oder „Pharmacy" weisen auf Apotheken hin. Viele Apotheken gehören zur Ladenkette „Boots". Verschreibungspflichtige Medikamente werden nur gegen Rezept (prescription) ausgegeben.

Auskunft

▶ Auskunft vor Reiseantritt in Ihrem Heimatland:

- **Deutschland:** British Tourist Authority, Westendstraße 16-22, 60325 Frankfurt/Main 1, ✆ 069 97 112 3 (oder 01801 468 642), 📠 069 97 112 444, 💻 www.visitbritain.com/de
- **Österreich:** Britain Visitor Centre, c/o The British Council, Schenkenstrasse 4, 1010 Wien, ✆ 0043 1 99 477 477 (oder 0800 007 007 007), 📠 0043 1 533 26 1685, 💻 www.visitbritain.com
- **Schweiz:** British Tourist Authority, Badenerstrasse 21, 8004 Zürich, ✆ 0043 322 2000 (oder 0844 007 007), 📠 0041 322 2001, 💻 www.visitbritain.com
- In **Schottland**: Visit Scotland, Ocean Point 1, 94 Ocean Drive, Leith, Edinburgh EH6 6JH, ✆ 0131 472 2222, 💻 www.visitscotland.com
- In **England:**
  - The Scottish Tourist Board, 19 Cockspur Street, London SW1Y 5BL (falls Sie in London sind: U-Bahn Piccadilly Circus oder Charing Cross)
  - Scotland Desk, Britain Visitor Centre, 1 Regent Street, London SW1Y 4XT (falls Sie in London sind: U-Bahn Piccadilly Circus)

siehe auch Stichwort „Fremdenverkehrsämter"

▶ Interessante Webseiten

Allgemeine Auskünfte:

- www.visitiscotland.com (diese Informationsquelle bietet alles, was Sie über Schottland wissen wollen)
- www.edinburgh.org (sämtliche Informationen rund um Edinburgh)
- www.seeglasgow.com (Informationen rund um Glasgow
- www.o-s.co.uk (die Internetseite der Landesvermessungsanstalt Ordnance Survey informiert über das aktuelle Kartenmaterial)
- www.greentourism.org.uk (Informationen über „sanften Tourismus" in Schottland)
- www.snh.org.uk (Scottish Natural Heritage ist der Verband zur Erhaltung der Flora und Fauna)
- www.defra.gov.uk-animal-quarantine (Informationen über die Einreise mit Tieren)
- www.capability-scotland.org.uk (Beratung und Informationsservice für Reisende mit Behinderung)
- www.scotland.gov.uk (Informationen über schottische Regierungsangelegenheiten)

Unterkunft:

- www.syha.org.uk (Webseite des schottischen Jugendherbergenverbandes)
- www.visitscotland.com./accommodation/ (auf der offiziellen Webseite des STB können Sie sich über sämtliche Übernachtungsarten informieren und auch Buchungen vornehmen)

Besichtigungen/Veranstaltungen/Attraktionen:
- www.nts.org.uk (Webseite des National Trust Scotland)
- www.historic-scotland.gov.uk (70 historische Stätten sind im Verbund „Historic Scotland“ zusammengefasst)
- www.edinburghfestivals.co.uk (die offizielle Webseite zu allen Veranstaltungen des Edinburgher Festival)

Transport:
- www.calmac.co.uk (Informationen über Fährverbindungen auf die Hebriden und die Clyde-Fähren)
- www.eurostar.com (Anreise per Hochgeschwindigkeitszug nach London)
- www.eurotunnel.com (Informationen über den Eurotunnel)
- www.nationalexpress.co.uk (Busverbindungen in ganz Großbritannien)
- www.traveline.org.uk (Informationen über Bus und Bahn in ganz Großbritannien)
- www.britrail.net (Informationen über Bahnfahrten in Großbritannien)
- www.firstgroup.com-scotrail (Informationen über Zugverbindungen innerhalb Schottlands)
- www.citylink.co.uk (Busse in alle Landesteile Schottlands)
- www.britishairways.com (Internetseite von British Airways)
- www.scotairways.co.uk. (Informationen über Flüge mit ScotAirways)
- www.flybmi.com (Informationen über Flüge mit BritishMidlands)
- www.dfds.de (Fährverbindungen Esbjerg nach Harwich und Amsterdam/Ijmuiden – Newcastle)
- www.northlinkferries.co.uk (Fährverbindungen zu den Shetland- und Orkney-Inseln)

Aktivitäten:
- www.adventure.visitscotland.com (Abenteuer-Urlaub in Schottland)
- www.scottishgolf.com (sämtliche Informationen rund um den Golfsport)
- www.fishscotland.com (Informationen rund um den Angelsport)
- www.sailscotland.co.uk (Informationen über Segeln in Schottland)
- www.walking.visitscotland.com (detaillierte Informationen über Wandermöglichkeiten, Wanderfestivals, Wanderkarten und Wanderferien)
- www.ridinginscotland.com (Informationen rund um den Reitsport)
- www.cyclingscotland.org (Fahrradfahren in Schottland)
- www.ski.visitscotland.com (rund um den Ski-Sport)
- www.eventfuledinburgh.com (listet die wichtigsten Veranstaltungen in Edinburgh während des ganzes Jahres auf)
- www.escapetotheedge.com (Informationen über Urlaub für zivilisationsmüde Menschen)
- www.wild-scotland.co.uk (Zusammenschluss verschiedener Anbieter von Wildlife-Touren)

Gastronomie:
- www.taste-of-scotland.com (Taste of Scotland ist ein Qualitätskontrollsystem. Die Mitglieder werden einer regelmäßigen Kontrolle hinsichtlich Qualität und Zubereitung der Speisen unterzogen)
- www.organicholidays.com (Adressen von B&Bs und kleinen Hotels, die sich auf organisch wertvolle Küche spezialisiert haben)

Wetter:
- www.meto.gov.uk (Wettervorhersage)

Auto fahren

Die Schotten sind eher ruhige und gelassene Autofahrer. Außer in den Städten und während der Hochsaison herrscht meist wenig Verkehr auf den Straßen. Autofahrer müssen mindestens 18 Jahre alt sein. Um ein Auto zu mieten, ist allerdings ein Mindestalter von 21 Jahren (teilweise auch von 23 Jahren) erforderlich. Wie in ganz Großbritannien, wird auch in Schottland links gefahren und rechts überholt. Kreisverkehr hat Vorfahrt. In Schottland besteht Anschnallpflicht. Die Höchstgeschwindigkeit beträgt in geschlossenen Ortschaften 30 Meilen (48 km/h), auf Autobahnen und Fernstraßen mit mindestens 2 Fahrspuren 70 Meilen (112 km/h), auf den übrigen Straßen 60 Meilen (96 km/h).

Besondere Vorsicht ist auf Landstraßen und auf den Inseln geboten. Oft sind hier die Straßen einspurig („single road tracks") mit Ausweichstellen und sogenannten „cattle grids" (für Rinder oder Schafe nicht begehbare Übergänge). Schafe haben in Schottland Vorrecht auf den Straßen, d.h. man muss anhalten und warten. Die meisten Straßen sind für Wohnwagen geeignet, doch sollte man die Hinweisschilder an den Straßen oder die Hinweise der Touristeninformationen beachten. Manche einspurigen Straßen in den abgelegenen Gebieten sind nicht für Wohnwagen oder Wohnmobile geeignet.

Radio Scotland (UKW 92,4-94,7/MW 810 KHz) und lokale Radiostationen senden den ganzen Tag über Straßenzustandsberichte.

! ***Warnung***

Autofahrer sollten Folgendes beachten:

- *Nicht zu schnell fahren, um die Möglichkeit zu haben, an den Ausweichstellen anzuhalten. Die Straßen sind oft sehr kurvig und unübersichtlich. Oftmals suchen sich auch Schafe auf dem Asphalt ein Ruheplätzchen. Die Ausweichstellen benutzen, um Fahrzeuge, die es eilig haben, vorbeizulassen.*
- *Immer an der linken Seite parken. Wenn die Ausweichstelle rechts ist, am linken Fahrbahnrand halten. Entgegenkommende Fahrzeuge können dann rechts durch die Ausweichstelle an Ihnen vorbeifahren.*
- *Falls erforderlich, z.B. wenn Ihnen ein Wagen entgegenkommt, setzen Sie zu einer Ausweichstelle zurück.*
- *Auf allen Straßen sollte man vorsichtig fahren. Schafe und Rinder sind vor allem nachts schwer zu erkennen. Falls unglücklicherweise ein Tier überfahren wurde, sollte man es an die Seite legen und, falls es noch lebt, Hilfe suchen. Auf jeden Fall der Polizei (auch über Notruf 999) den Unfall melden.*
- *Auf vielen Straßen müssen Sie langsamer fahren, als Sie vielleicht möchten. Unterschätzen Sie weder die Entfernungen noch die z.T. kurvigen und langsam zu befahrenden Straßen. Dies ist wichtig, wenn Sie beispielsweise eine bestimmte Fähre bekommen möchten.*

Automobilklub

Mitglieder deutscher Automobilclubs erhalten bei Pannen kostenlose Pannenhilfe rund um die Uhr von der Automobile Association (AA), ✆ 0800 887766, und vom Royal Automobile Club (RAC), ✆ 0800 828282.

Autoverleih

Die meisten internationalen Firmen (Avis, Budget, National Car Rental, Europcar, Hertz und Thrifty) sind in Schottland vertreten. Sie haben Vertretungen an den Flughäfen und können Ihnen gleich bei der Ankunft einen Wagen zur Verfügung stellen. Günstiger sind meist lokale Unternehmen, die Ihnen ebenfalls nach vorheriger Absprache ein Auto zum Flughafen (oder Bahnhof) anliefern können. Informationen zu den Autovermietungsfirmen erhalten Sie von Visit Scotland, www.visitscotland.com/os.

Wie wäre es damit?

Die Adressen der örtlichen Mietwagenfirmen sind bei den einzelnen Städten im jeweiligen Kapitel aufgeführt.

Nützliche Begriffe rund ums Auto			
abschleppen	*to tow*	Motor	*motor*
Abschleppseil	*tow rope*	Öl	*oil*
Anhänger	*trailer*	Ölwechsel	*oil change*
Anlasser	*starter*	Panne	*breakdown*
Auspuff	*exhaust pipe*	Rad	*wheel*
Batterie	*battery*	Radarkontrolle	*speed control*
Benzin	*petrol*	Reifendruck	*tyre pressure*
Benzinpumpe	*fuel pump*	Reifenpanne	*puncture*
bleifrei	*unleaded*	Rückleuchte	*rear lights*
bremsen	*breaks*	Schaltung	*gear shift*
Bremslicht	*brake light*	Scheinwerfer	*headlight*
Dichtung	*gasket*	Schraube	*screw*
Ersatzrad	*spare wheel*	Schraubenzieher	*screwdriver*
Ersatzteile	*spare parts*	Sicherheitsgurt	*safety belt*
Fernlicht	*main beam*	Standlicht	*parking lights*
Gas	*accelerator*	Tank	*tank*
Getriebe	*gear box*	Tankstelle	*petrol station*
Handbremse	*handbreak*	Türgriff	*door handle*
Hupe	*horn*	Unfall	*accident*
Kanister	*can*	Vergaser	*carburetor*
Keilriemen	*fan belt*	Wagenheber	*jack*
Kühler	*radiator*	Werkstatt	*garage*
Kupplung	*clutch*	Zündkerze	*sparking plug*
Lenkung	*steering*	Zylinder	*cylinder*

Einige Verkehrsbezeichnungen			
Ampel	*traffic light*	Kreisverkehr	*round about*
Ausweichbucht	*passing place*	Kühe	*cattle*
Bauarbeiten	*road work*	Kurve	*bend*
Einfahrt freihalten	*keep access free*	langsam	*slow*
Eisenbahnübergang	*level crossing*	links halten	*keep left*
Fähre	*ferry*	Parkplatz	*car park*
Geschwindigkeitsbegrenzung	*speed limit*	rechts halten	*keep right*
keine Durchfahrt	*no through road*	Schafe	*sheep*
keine Einfahrt	*no entry*	Schleudergefahr	*slippery*

Hier die bekanntesten Anbieter:

- Hertz UK, www.hertz.co.uk
- Europcar, www.europcarscotland.co.uk
- Avis, www.avis.co.uk
- Budget, www.budget.co.uk
- National Car Rental, www.nationalcar.com
- easyCar, www.easyCar.com (Vertretung in Aberdeen, Dundee und Edinburgh

Gute Erfahrungen wurden mit der schottischen Firma Arnold Clark gemacht: www.arnoldclark.co.uk, ✆ 0845 607 4500. Ein Kleinwagen (Ford KA) kostet 19 £ pro Tag, für 7 Tage 99 £. Vertretungen in verschiedenen Städten. Einen Versuch wert ist auch die Firma Bluewheels: Bluewheels haben über 200 nationale und internationale Autovermieter in ihrer Datenbank mit Vermietern und können Autotypen aller Art vermitteln. www.bluewheels.com.

Um einen Wagen zu mieten, muss man einen gültigen Führerschein besitzen. Die meisten Autovermietungsfirmen verlangen, dass der Fahrer oder die Fahrerin über 21 Jahre (teilweise auch 23 Jahre) und nicht älter als 75 Jahre alt ist. Wenn man einen Wagen in einer Stadt mieten und ihn in einer anderen Stadt wieder abgeben möchte, muss manchmal eine zusätzliche Gebühr bezahlt werden. Bezahlt wird mit einer Kreditkarte. Es ist darauf zu achten, dass Sie je nach Mietvertrag den Tank wieder auffüllen, bevor Sie den Wagen wieder abliefern, weil Sie sonst eine Tankgebühr zu entrichten haben.

Banken

siehe Stichwort „Öffnungszeiten" und „Währung/Devisen"

Behinderte

Visit Scotland gibt die Broschüre „Accessible Scotland" heraus, die nützliche Informationen bezüglich Anreise, Transport innerhalb des Landes und Unterkunft für Behinderte enthält. Bestellbar unter ✆ 01506 832 121 oder 🖳 www.visitscotland.com/library/accessiblescotland. Auch in dem „Touring Guide to Scotland" und in den Unterkunftsführern von Visit Scotland sind die Sehenswürdigkeiten bzw. die Unterkünfte im Hinblick auf ihre Eignung für Rollstuhlfahrer besonders gekennzeichnet. Zahlreiche Einrichtungen sind in der Lage, für Personen mit Einschränkungen des Hör- oder Sehvermögens zu sorgen. Man sollte sich jedoch vor der Buchung nach Einzelheiten erkundigen.

i ***Weitere Auskunft***

- ***Capability Scotland*** *ist die größte Behindertenorganisation in Schottland. Advice Service Capability Scotland (ASCS), 11 Ellersly Road, Edinburgh EH12 6HY, ✆ 0044 131 3135510, 🖷 0044 131 3461681, 🖳 www.capability-scotland.org.uk.*
- ***Holiday Care*** *ist eine nationale Wohltätigkeitseinrichtung und bietet Urlaubs- und Reiseinformationen und Unterstützung für Behinderte und deren Betreuer. ✆ 0208 760 0072, 🖳 www.holidaycare.org.uk.*

Rollstuhlverleih: Das Rote Kreuz in Glasgow verleiht Rollstühle und hilft bei der Suche nach Rollstuhlverleihern in den einzelnen Regionen. Red Cross, 2 Swan Street, Glasgow G4 0AX, ✆ 0044 141 332 1607, 🖳 www.redcross.org.uk

Bekleidung

siehe Stichwort „Reisegepäck"

Benzin

Bleifreies Benzin (unleaded, 95 Oktan) ist überall in Schottland erhältlich. Super gibt es nur in den größeren Städten und an einigen größeren Tankstellen des Landes. Vor allem in den Highlands ist das Tankstellennetz nicht in gewohnter Dichte vorhanden. Einen Ersatzkanister sollte man vorsichtshalber stets dabei haben.

Busse

▸ Per Bus nach Schottland

Von allen größeren deutschen Städten fahren mehrmals wöchentlich Busse nach London (Eurolines). Auskunft erteilt jedes Reisebüro, 🖳 www.eurolines.com. Die lange Busfahrt ist allerdings nur begrenzt zu empfehlen. Von London (Victoria Coach Station, am Victoria Bahnhof) gibt es Direktverbindungen des National Express nach Edinburgh (9 Std.), Glasgow (8 Std.) und Aberdeen (12 Std.) Je früher man buchen kann, umso günstiger. Für Reisende im Alter von 16-25 Jahren, Studenten und Personen über 50 Jahre gibt es verschiedene, lohnende Ermäßigungen, 🖳 www.nationalexpress.com.

▶ Busreisen in Schottland

Innerhalb Schottlands gibt es ein gut ausgebautes Busnetz. Der größte Anbieter ist Scottish Citylinks. Buchungen sind bei längeren Reisen zu empfehlen. Es gibt verschiedene Ermäßigungen, wie zum Beispiel den Citylink Explorer Pass, der unbegrenztes Fahren auf allen Verbindungen von Scottish Citylink erlaubt sowie 50 % Ermäßigung auf den Fähren von CalMac. Die Tickets gelten 3, 5, 8 oder 15 Tage. Ein 3-Tage-Ticket kostet 39 £. 🖳 www.citylink.co.uk.

In den einsameren Regionen der **Highlands** erweist sich das Fahren mit öffentlichen Verkehrsmitteln als etwas schwieriger. Mit einigem Zeitaufwand muss gerechnet werden. The Highland Council (🖳 www.highland.gov.uk/links/transport.htm, ✉ public.transport@highland.gov.uk) gibt die sehr detaillierte „Public Transport Map. The Highlands, Orkney, Shetland and Western Isles" heraus, auf der sämtliche öffentlichen Verkehrsmitteln eingezeichnet sind. Eine gute Möglichkeit ist der **Scottish Postbus**, der auch in die entlegensten Gebiete fährt. Da der Bus an jedem Briefkasten hält, dauert die Fahrt entsprechend lange. Die Busse halten auch auf Handzeichen und nehmen Rucksackreisende mit.

Es ist zu beachten, dass nur beschränkter Transportraum vorhanden ist, und Sie sollten daher vermeiden, sich bei Ihren Reiseplanungen komplett auf den Postbus zu verlassen. Informationen und Fahrpläne sind in Postämtern und Informationsbüros erhältlich, 🖳 www.royalmail.com/postbus.

Verschiedene Unternehmen bieten Rundstrecken zwischen verschiedenen Jugendherbergen und Unterkünften in ganz Schottland, mit Zu- und Ausstieg je nach Bedarf, wie beispielsweise das etablierte Unternehmen Haggis Backpackers, das Bustouren in die Highlands und an die Westküste für junge Leute und Backpackers organisiert: Haggis Backpackers Ltd., ✆ 0131 557 9393, 🖳 www.haggis-backpackers.com.

Ein anderes Unternehmen ist MacBackpackers, ein Hostel-Busdienst, der im „Jump on Jump Off"-Verfahren 3-, 5- oder 7tägige Touren von Hostel zu Hostel anbietet. In Minibussen führen die Touren zu den besonderen Sehenswürdigkeiten, fahren aber auch zu abgelegenen Zielen. MacBackpackers, ✆ 0131 558 9900, 🖳 www.macbackpackers.com.

Informationen über Busfahrten in Edinburgh finden Sie auf S. 223, für Glasgow auf S. 256.

Camping/Caravan

C

Schottland ist mit einem dichten Netz an Camping- und Caravanplätzen überzogen. An vielen Plätzen kann man stationäre Wohnwagen für einen gewissen Zeitraum mieten (meistens allerdings erst ab zwei Tagen). Die größten von diesen haben Platz für sechs Personen und kosten 100-500 £ pro Woche.

Ähnlich dem Qualitätsbewertungssystem von Visit Scotland (siehe Stichwort „Unterkunft"), werden auch die Camping- und Caravanplätze einer jährlichen Kontrolle unterzogen. Jeder Platz innerhalb dieser Vereinigung wird hinsichtlich seiner Lage und Einrichtung (Läden, Empfang, Restaurants, Waschmaschinen, Waschräume etc.) geprüft und nach einem Bewertungssystem mit Sternchen versehen. Je nach Qualität und Ausstattung werden bis zu fünf Sternchen vergeben. Mit dem sogenannten „Thistle Award" werden besonders gute Camping- oder Caravanplätze ausgezeichnet.

Buchtipp

Das von Visit Scotland veröffentlichte Buch ***Scotland Caravan and Camping. The Official Where To Stay Guide*** *listet rund 150 Campingplätze und Caravan-Parks auf und gibt Einzelheiten über Preise, verfügbare Einrichtungen, wie den Verleih von Wohnwagen-Ferienhäusern, und andere nützliche Informationen. Alle im Buch aufgeführten Parks wurden im Rahmen des „British Holiday Parks Grading Scheme" geprüft. Das Buch wird jedes Jahr völlig neu bearbeitet und die Eintragungen mit den jeweiligen Graduierungen versehen. Zu beziehen von Visit Scotland und in den meisten Touristeninformationen und Buchhandlungen, 6,50 £.*

Wildes Campen

In der Regel wird man nicht vertrieben, wenn man sein Zelt abseits der offiziellen Campingplätze aufschlägt. Wenn möglich, erkundigen Sie sich jedoch zunächst, falls Sie in der Nähe von Häusern oder Bauernhöfen campieren möchten. Es versteht sich von selbst, den Platz sauber zu hinterlassen. Es ist untersagt, seinen Campingbus oder Wohnwagen an den Parkbuchten am Straßenrand über Nacht zu parken.

D

Diebstahl, Betrug, Gewaltdelikte

Schottland ist ein sehr sicheres Reiseland. Abgesehen von den beiden Metropolen Edinburgh und Glasgow, in denen die üblichen Gefahren einer Großstadt herrschen, kann man sich im restlichen Land durchaus sicher fühlen. Auch alleinreisende Frauen brauchen keine Bedenken bei einer Schottlandreise zu haben.

Diplomatische Vertretungen

Diplomatische Vertretungen in Großbritannien

- **Deutsche Botschaft**, 23 Belgrave Square, London SW 1X 8PZ, ✆ 0044 207 824 1300
- **Österreichische Botschaft**, 18 Belgrave Mews West, London SW1 X8HU, ✆ 0044 207 235 3731
- **Schweizer Botschaft**, 16-18 Montague Place, London W1 H 2BQ, ✆ 0044 207 1616 6000

Diplomatische Vertretungen in Schottland

- **Deutsches Konsulat** (Edinburgh): ✆ 0044 131 337 2323
- **Österreichisches Konsulat** (Edinburgh): ✆ 0044 131 332 3344
- **Konsulat der Schweiz** (Edinburgh): ✆ 0044 131 226 5660

▶ **Diplomatische Vertretungen in Deutschland**
- **Britische Botschaft**, Wilhelmstraße 70, 10117 Berlin, ✆ 030/204570, 💻 www.britischebotschaft.de
- **Britisches Generalkonsulat** (für Visa-Angelegenheiten), Visa-Abteilung, Yorkstr. 19, 40476 Düsseldorf, Call Centre: 0900 1700 611, 💻 www.britischebotschaft.de

▶ **Diplomatische Vertretung in Österreich**
- **Britische Botschaft**, Consular Section, Jauresgasse 10, 1030 Wien, ✆ 01 716130

▶ **Diplomatische Vertretung in der Schweiz**
- **Britische Botschaft**, Thunstraße 50, 3005 Bern, ✆ 31 359 7700

Einkaufen

siehe Stichwörter „Öffnungszeiten" und „Souvenirs"

Einreise

Besucher aus Deutschland, Österreich und der Schweiz brauchen für die Einreise lediglich einen Personalausweis.

Wer mit dem Auto einreist, braucht einen nationalen Führerschein, Zulassungspapiere, das Nationalitätskennzeichen und sollte die grüne Versicherungskarte dabei haben.

Eisenbahn

- **Eurostar**: Der Eurostar ist ein Hochgeschwindigkeitszug, der zwischen Paris, Brüssel, Lille, Calais und London Waterloo verkehrt. Die Fahrzeit von Paris beträgt 3 Stunden, von Brüssel nach London 2 Stunden 40 Minuten. In Waterloo bestehen Verbindungen zu den Bahnhöfen King's Cross und nach Euston, von wo die Züge nach Schottland abfahren. 💻 www.eurostar.com.
- **Eurotunnel**: Der Eurotunnel kann ganzjährig und rund um die Uhr von Pkw, Motorrädern, Wohnmobilen und Reisebussen genutzt werden. Die Fahrt zwischen Calais/Coquelles und Folkstone beträgt 35 Minuten. 💻 www.eurotunnel.com.

▶ **Reisen per Eisenbahn in Großbritannien**

Es gibt verschiedene **Ermäßigungen**:
- Der **BritRail Pass** gewährt uneingeschränkte Benutzung des gesamten Bahnnetzes in England, Schottland und Wales, wobei man so oft umsteigen kann, wie man möchte. Achtung: Dieser Pass ist nicht in Großbritannien erhältlich, muss also **vor der Abfahrt** im Heimatland gekauft werden. Wenn Sie nur eine bestimmt Strecke planen, können Sie auch ein Britrail Point-to-Point Ticket erwerben, mit dem Sie ihre Fahrt unterwegs auch unterbrechen dürfen. Auskunft bei BritainDirect, ✆ 06222 678050 💻 www.britrail.net oder www.britaindirect.com.

- **National Railcards**: Mit diesen Bahnkarten spart man ein Drittel des regulären Fahrpreises. Die Young Persons Railcard gibt es für junge Leute zwischen 16 und 25 Jahren sowie für Studenten über 26 Jahre. Sie kostet 20 £ und ist ein Jahr lang gültig. Die Senior Railcard gilt für Personen über 60 Jahre. Auch diese Karte kostet für ein Jahr 20 £. Die Family Railcard (ebenfalls 20 £ für ein Jahr) gewährt ein Drittel Ermäßigung des regulären Fahrpreises für Erwachsene und 60 % Ermäßigung für Kinder auf Freizeitfahrpreise. Die Gruppe muss mindestens aus einem Erwachsenen und einem Kind bestehen. Die Railcards sind an allen Bahnhöfen sowie in Reisebüros mit Bahnreisevermittlung erhältlich.

▶ Bahnverbindungen von London nach Schottland

GNER und Virgin fahren von London King's Cross Station im Stundentakt nach Edinburgh, die Züge nach Glasgow fahren von der Euston Station ab. Beide Unternehmen bieten verschiedene Vergünstigungen an, diese hängen davon ab, wann man fährt und wie lange man sich im voraus auf einen Reisetermin festlegen kann. Ein sogenanntes „Bargain Return Ticket" von GNER London – Edinburgh kostet beispielsweise 36 £, Virgin bietet das „Virgin Value Return" nach Glasgow für 45 £. Diese günstigen Angebote müssen aber mindestens eine Woche im Voraus gebucht werden, und auch ist ihre Anzahl begrenzt (man sollte zwar nicht unbedingt darauf spekulieren, ein Schnäppchen ergattern zu können – einen Versuch ist es aber durchaus wert!). Auskunft: Nationale Bahninformation, ✆ 08457 484950, GNER, ✆ 08457 225225, 💻 www.gner.co.uk, Virgin: ✆ 0044 8457 222333, 💻 www.virgintrains.co.uk, Scotrail, ✆ 08457 550033, 💻 www.firstgroup.com/scotrail.

Caledonian Sleeper (Schlafwagen nach Schottland): Schlafwagen (Einzel- und Zweibettabteile) sind verfügbar auf den Strecken von London nach Aberdeen, Edinburgh, Glasgow, Inverness und Fort William (Mo-Fr). Günstiger sind die Reisewagen mit verstellbaren Sitzen und Fußstützen. Schlafwagenreservierungen für den Caledonian Sleeper können über alle Reisebüros mit Bahnreisevermittlung oder bei den Niederlassungen von BritRail vorgenommen werden. Auskunft: ScotRail, ✆ 08457 550033, 💻 www.firstgroup.com/scotrail.

Die Fahrzeit per Intercity von London nach Edinburgh oder Glasgow beträgt 5-6 Stunden. Die Züge sind komfortabel ausgestattet, bieten einen Speisewagen und einen Buffetservice. Von London King's Cross gibt es auch Direktverbindungen nach Aberdeen und Inverness.

▶ Bahnverbindungen innerhalb Schottlands

Das schottische Bahnnetz bedient fast alle schottischen Städte und größeren Orte. Zwischen Edinburgh und Glasgow bestehen alle 15 Minuten Zugverbindungen. Die Fahrt dauert 50 Minuten.

Es gibt verschiedene **Touristentickets**:

- Der 4 oder 8 Tage gültige **„Freedom of Scotland Travelpass"** ist ein Spezialticket von ScotRail und anderen Veranstaltern und bietet uneingeschränktes Reisen auf den Strecken von ScotRail und den meisten Fähren von Caledonian MacBrayne sowie

Eisenbahnlinien in Schottland

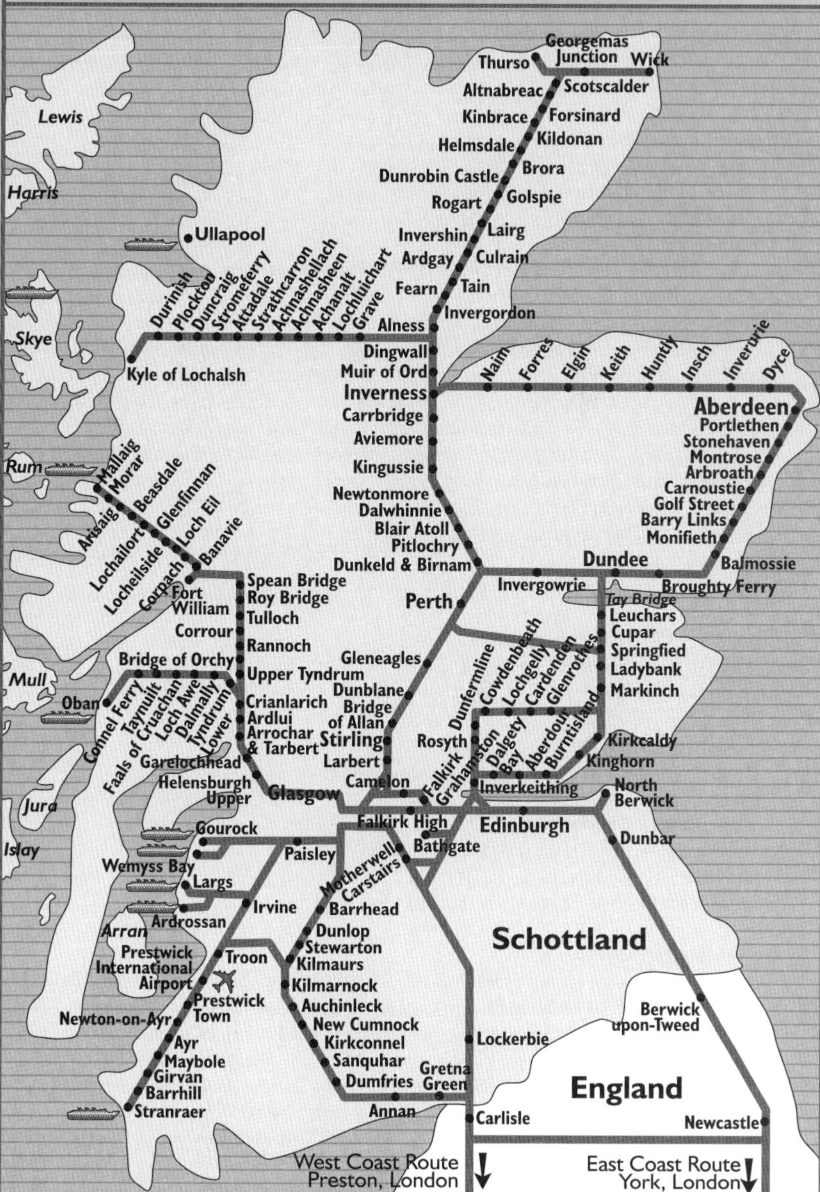

Rabatte für einige Buslinien. Der „Freedom of Scotland Travelpass" ist an Bahnhöfen, in Reisebüros und Vertretungen von British Rail und auch im Ausland erhältlich. Im Allgemeinen ist es billiger, den Pass im Heimatland vor der Abreise zu kaufen. Auskunft: Reisebüros mit Bahnvermittlung oder bei ScotRail Telesales: ✆ 08457 550033, 💻 www.firstgroup.com/scotrail. Mit dem Ticket erhält man ein ausführliches Informationspaket mit Landkarten sowie einige Restaurant-Gutscheine.

Preise (Hochsaison Mai bis September):

Für 4 Tage (in einem Zeitraum von 8 Tagen):	96 £
Für 8 Tage (in einem Zeitraum von 15 Tagen):	130 £

Kinder zahlen die Hälfte.

- Die „**Area Rovers**" kann man nur in Großbritannien kaufen. Es gibt den „Highland Rover" und den „Central Scotland Rover". Sie gelten auf den meisten Zügen, außer bei Sonderfahrten, privaten Strecken, der Dampflinie Fort William – Mallaig, Fährdiensten und U-Bahnen. Sie sind auch nicht gültig für InterCity-Schlafwagen zwischen Fort William, Aberdeen, Inverness und London. Mit dem „West Highland Rover" kann man an 4 beliebigen Tagen innerhalb eines Zeitraumes von 8 Tagen fahren. Der Pass kostet 62,50 £ und ist gültig für Fahrten von Glasgow nach Oban und Glasgow nach Fort William/Mallaig und allen dazwischenliegenden Stationen sowie für Fahrten mit dem Scottish Citylink Bus zwischen Oban/Fort William und Inverness und Bahnfahrten zwischen Inverness und Wick, Thurso und Kyle of Lochalsh, Aberdeen und Aviemore. Der Central Scotland Rover bietet unbegrenztes Fahren zwischen Edinburgh, Glasgow, North Berwick, Bathgate, Stirling, Fife and Falkirk. Das Ticket gilt an 3 (von 7 Tagen) und kostet 31 £.

Durchschnittliche **Fahrzeiten**:

Glasgow – Inverness:	3 Stunden 20 Minuten
Stranraer – Glasgow:	2 Stunden 45 Minuten
Glasgow – Oban:	3 Stunden
Glasgow – Aberdeen:	2 Stunden 45 Minuten
Aberdeen – Inverness:	2 Stunden 10 Minuten
Edinburgh – Glasgow:	50 Minuten
Edinburgh – Aberdeen:	2 Stunden 30 Minuten
Edinburgh – Inverness:	3 Stunden 30 Minuten
Edinburgh – Dundee:	1 Stunde 30 Minuten
Inverness – Wick/Thurso:	4 Stunden 10 Minuten

Royal Scotsman

Der Royal Scotsman ist ein Luxuszug, der zwischen April bis Ende Oktober Bahnfahrten mit 1, 2, 3 oder 4 Übernachtungen anbietet. Die Reise mit dem Orient-Express des Nordens beginnt in Edinburgh. Der Zug kann maximal 30 Personen mitnehmen, und jede der holzgetäfelten Kabinen hat ein eigenes Bad. Es gibt hervorragendes Essen, und der Zug hält an den schönsten Stellen, so dass man Zeit für Besichtigungen hat. Nachts bleibt der Zug auf den Nebengleisen eines Bahnhofs stehen. Auskunft von Visit Scotland oder direkt von: The Royal Scotsman, ✆ 0044 207 960 0500, 📠 0044 207 805 5908, 💻 www.royalscotsman.com. Eine Fahrt mit dem Royal Scotsman kostet mit 4 Übernachtungen rund 3.000 £.

The Jacobite

The Jacobite ist eine alte Dampfeisenbahn, die zwischen Mai und September auf der Strecke Fort William und Mallaig verkehrt. Auskunft: ✆ 01524 737751, Erwachsene hin und zurück 27 £, Kinder 15.50 £.

Ermäßigungen

siehe Stichwörter „Busse", „Eisenbahn", „Organisationen"

Fähren

Vom europäischen Festland bestehen regelmäßige Fährverbindungen nach Nordengland (Hull oder Newcastle) sowie die „Superfast Ferries" von Zeebrugge direkt nach Rosyth (Edinburgh). Von Newcastle fährt man in ca. 2 ½ Stunden nach Edinburgh, von Hull dauert es etwa 5 Stunden. Im Sommer gibt es Fährverbindungen zwischen Skandinavien und Schottland.

▸ **Fähren vom europäischen Festland**

- **Von Belgien:**
  - P&O North Sea Ferries: Zeebrügge – Hull (1 x pro Tag, 14 Stunden)
  - Superfast Ferries: Zeebrugge – Rosyth (Edinburgh) 17 Stunden 30 Minuten, Service-Telefon in Deutschland 0451 8800 6166, 💻 www.superfast.com
- **Von Dänemark:**
  - DFDS Seaways: Esbjerg – Harwich (alle 2 Tage, 19 Stunden), ✆ 01805 304 350, 💻 www.dfds.de
- **Von den Faröer-Inseln:**
  - Smyril Line: Torshavn – Lerwick, Shetland, 💻 www.smyril-line.com
- **Von den Niederlanden:**
  - P&O North Sea Ferries: Rotterdam – Hull (1 x pro Tag, 11 bis 14 Stunden), ✆ 0180 500 9437, 💻 www.poferries.com
  - DFDS Seaways: Ijmuiden (Amsterdam) – Newcastle (ganzjährig, täglich, 16 Stunden), ✆ 01805 304 350, 💻 www.dfds.de
  - Stena Line: Hoek van Holland – Harwich (2 x täglich, 3 Stunden 40 Minuten), 💻 www.stenaline.com
- **Von Norwegen:**
  - Fjord Line: Bergen – Haugesund – Stavanger – Newcastle (3 x pro Woche, Mai bis September, 2 x pro Woche im Winter, 24 Stunden), 💻 www.fjordline.com
  - Smyril Line: Bergen – Lerwick, Shetland (Mitte Mai bis Anfang September, 1 x pro Woche, 13 Stunden), 💻 www.smyril-line.com
  - DFDS Seaways: Bergen – Haugesund – Stavanger – Newcastle (ganzjährig, Juni bis August 3 x pro Woche, September bis Mai 2 x pro Woche, 24 Stunden), ✆ 01805 304 350, 💻 www.dfds.de
- **Von Frankreich:**
  Verschiedene Fährgesellschaften fahren über den Ärmelkanal. Jedes Reisebüro hält Informationen über die jeweils günstigsten Angebote bereit.

▶ Fähren von Nordirland

- Stena Line: Belfast – Stranraer (Schnellfähre, bis zu 8 x pro Tag, 1 Stunde 45 Minuten), 💻 www.stenaline.com
- P&O Irish Sea: im Sommer Larne – Cairnryan: (8 x pro Tag, 1 Stunde mit dem SuperStar Express oder 1 Stunde 45 Minuten mit dem European Causeway) oder Larne – Troon, 💻 www.poirishsea.com

▶ Fährverbindungen innerhalb Schottlands

Schottland, von drei Seiten von Meer umgeben, hat über 130 bewohnte Inseln. Die drei Inselgruppen sind die Orkney und Shetland Inseln im Norden, die Inneren Hebriden und die Äußeren Hebriden (auch Western Isles genannt).

- **Fährverbindungen zu den Inseln an der Westküste**

Fährunternehmen Caledonian MacBrayne (Calmac) bedient 22 Inseln an der schottischen Westküse sowie im Firth of Clyde. Auf einigen Strecken sind Reservierungen für Fahrzeuge obligatorisch, insbesondere zur Hauptreisezeit im Sommer. Da die Einzel- oder Rückfahrkarten recht teuer sind, bietet Calmac 5-Tage-Rückfahrkarten an sowie zwei flexible Tickets, den **„Island Hopscotch"** und den **„Island Rover"**. „Island Hopscotch" bietet Vorzugspreise für Passagiere mit oder ohne Auto auf einer Auswahl vorausgeplanter Fährstrecken. Das Ticket ist ab Antritt der ersten Fahrt einen Monat lang gültig. Der „Island Rover" ist für Passagiere mit oder ohne Auto, Wohnwagen oder Motorrad gültig, und zwar entweder für 8 oder für 15 aufeinanderfolgende Tage. Der Island Rover ist eine Rundreisekarte und erlaubt Ihnen unbegrenzte Fahrten auf den Fähren von Calmac. Sie können selbst entscheiden, welche Inseln Sie besuchen möchten. Alle Überfahrten mit Autos sollten Sie jedoch im Voraus buchen.
Eine Neuerung im Calmac Programm ist der **Scottish Island Whisky Hopscotch**. Dieses Ticket für Autofähren erlaubt Passagieren zu bleiben, so lange sie wollen – bis zu einem Monat. Folgene Passagen können in Anspruch genommen werden: Ardrossan – Brodick, Lochranza – Claonaig, Kennacraig – Islay, Islay – Kennacraig (via Oban, mit kleinem Aufpreis, nur mittwochs) sowie Oban – Craignure, Tobermory – Kilchoan, Mallaig – Armadale. Man kann auch alle Routen kombinieren. Fahrpreise erfragen Sie bitte unter oben angegebener Adresse. Für weitere Auskunft und Informationen über Tagesausflüge und Pauschalangebote wende man sich an Caledonian MacBrayne Ltd., Head Office, The Ferry Terminal, Gourock PA19 1QP, ✆ 0044 1475 650100, 🖷 0044 1475 637607, 💻 www.calmac.co.uk.

Preisbeipiele:
- Island Hopscotch (Arran & Kintyre): Fahrer/Beifahrer 8.65 £ pro Person, Fahrzeug 46 £.
- Island Hopscotch (Skye, Harris und Lewis): Fahrer/Beifahrer 24.25 £ pro Person, Fahrzeug 118 £.
- Island Rover 8 Tage: Fahrer/Beifahrer: 48.50 £ pro Person, Fahrzeug 234 £.
- Island Rover 15 Tage: Fahrer/Beifahrer: 71 £ pro Person, Fahrzeug 350 £.

- Western Ferries: Western Ferries bedient die Strecke zwischen McInroy's Point (Nähe Gourock) und Hunter's Quay (Nähe Dunoon) im Firth of Clyde. Auskunft: Western Ferries Ltd, Hunter's Quay, Dunoon PA23 8HJ, ✆ 0044 1369 704452, 🖷 0044 1369 706020, 💻 www.western-ferries.co.uk.

- Serco Denholm: Bedient die Fähre zwischen Port Askaig (Islay) und Feolin (Jura). Reservierungen sind für Autos nicht notwendig. Auskunft: ✆/🖷 0044 1496 840681, 💻 www.juradevelopment.co.uk/ferry
- Corran Ferry: Bedient die tägliche Verbindung zwischen Ardgour und Nether Lochaber. Fußpassagiere sind kostenlos, Reservierungen für Autos sind nicht notwendig. Auskunft: ✆ 0044 1397 703701 oder 709011, 💻 www.lochabertransport.org.uk/corranferry.html.
- Macleod Vehicle Ferry: Fährbetrieb zwischen Glenelg und Kylerhea (Skye) von Ostern bis Oktober. Auskunft: ✆ 0044 1599 511302, 🖷 0044 1599 511477, 💻 www.skyeferry.co.uk.

• **Inselfahrten:**

- Die Hebriden Princess bietet 6- oder 7-tägige Luxusfahrten durch die Highlands und Inseln vor der Westküste an. Auskunft: ✆ 0044 1756 704704, 🖷 0044 1756 704794, 💻 www.hebridean.co.uk.
- Calmac bietet verschiedene Nachmittags- und Abendfahrten um die Inseln vor der Westküste an, Einzelheiten in den Reisepraktischen Informationen der Kap. 6 u. 7.

• **Fährverbindungen nach Orkney und Shetland**

- Den Norden bedient Northlink Orkney and Shetland Ferries Ltd, 💻 www.northlinkferries.co.uk, Reservierung: ✆ 0845 600 449. Fähren zwischen Aberdeen und Lerwick, Shetland (täglich, 12-14 Stunden), zwischen Aberdeen und Kirkwall, Orkney (3 x pro Woche, 6 Stunden) und zwischen Kirkwall und Lerwick (3 x pro Woche, 7-8 Stunden) sowie zwischen Scrabster und Stromness, Orkney (täglich). Northlink bietet auch Kreuzfahrten unterschiedlicher Länge zu den Orkney- und Shetland-Inseln an.
- John O'Groats Ferries bedient zwischen Mai und September eine Passagierfähre (Achtung: keine Autofähre) von John O'Groats nach Burwick auf Orkney. Die Überfahrt dauert 40 Minuten. Das Unternehmen betreibt außerdem Tagesausflüge im Sommer von John O'Groats und von Inverness. Auskunft: ✆ 0044 1955 611353, 🖷 0044 1955 611301, 💻 www.jogferry.co.uk.
- Pentland Ferries, ✆ 01856 831226, 💻www.pentlandferries.co.uk. Autofähre von Gill's Bay in Caithness nach St. Margaret's Hope in Orkney. Die Überfahrt dauert eine Stunde, 3-mal täglich.
- Smyril Line (Holmsgarth Terminal, Lerwick Shetland ZE1 0PR, ✆ 01595 690845, 🖷 01595 692287, 💻 www.smyril-line.com, verbindet Lerwick mit Bergen in Norwegen sowie mit Torshavn (Faroe Islands) und mit Island.

• **Fährverbindungen zwischen Orkney und Shetland**

Es bestehen regelmäßige und häufige Fährverbindungen zwischen Orkney und Shetland. In der Hochsaison ist eine Vorausbuchung empfehlenswert. Die Touristenämter auf Orkney und Shetland informieren über die besten Angebote.

- Orkney Ferries Ltd. betreibt eine Reihe von Fährdiensten zwischen den verschiedenen Orkney-Inseln. 💻 www.visitorkney.com
- Shetland Isles Council betreibt die Fährdienste innerhalb von Shetland. Die Touristeninformation von Shetland (💻 www.visitshetland.com) hält einen umfangreichen Fahrplan bereit, der sämtliche Fährverbindungen auflistet.

Fahrrad fahren

Schottland ist ein beliebtes Fahrradland. Wer sein eigenes Fahrrad mitnehmen möchte, erkundige sich vorher bei der jeweiligen Fluggesellschaft. Die meisten Fluggesellschaften nehmen ein Fahrrad gegen eine kleine Gebühr mit. Wer nur ab und zu Rad fahren möchte, kann bei etlichen Verleihern ein Rad ausleihen (**rent-a-bike**). Die Ausleihgebühr liegt zwischen 5 und 20 £ pro Tag. Die beste Zeit für einen Fahrradurlaub in Schottland ist das Frühjahr oder der Herbst, Mai und Juni oder September und Oktober. Juli und August sind die Hauptreisezeiten, so dass es zuweilen etwas voll auf den Straßen ist. Fahrradverleiher in den einzelnen Regionen sind jeweils in den Reisepraktischen Informationen aufgelistet. Siehe auch: 💻 www.cyclingscotland.org.uk. Visit Scotland hat in Zusammenarbeit mit dem für das gesamte Großbritannien zuständigen **Cyclists' Touring Club** (💻 www.ctc.org.uk) die Broschüre „Cycling in Scotland" entwickelt, in der verschiedene Radwanderrouten detailliert beschrieben werden. Das Heft enthält weiterhin nützliche Hinweise allgemeiner Art zum Radfahren in Schottland, Fahrradliteratur sowie Adressen von Veranstaltern organisierter Fahrradtouren.

Fahrradkarten: Die besten Karten sind die „Ordnance Survey Maps", erhältlich als „Ordnance Survey Travelmaster Map" im Maßstab 1:250.000 und als „Ordnance Survey Landranger Map" im Maßstab 1:50.000. Die Karten sind beim CTC erhältlich sowie von allen größeren Buchläden und Touristinformationen. 💻 www.o-s.co.uk.

Der „**Bike Bus**", ✆ 0131 229 6274, 💻 www.freespace.virgin.net/bike.bus verkehrt regelmäßig durch ganz Schottland und nimmt Fahrräder mit. Man kann den Bus auch für Gruppen mieten.

Nützliche Begriffe rund ums Fahrrad			
Felge	*rim*	Sattel	*saddle*
Gangschaltung	*gear shift*	Schlauch	*inner tube*
Kettenblatt	*chain ring*	Schutzblech	*mudguard*
Lenker	*handlebar*	Tretlager	*bottom bracket*
Reifen	*tyre*		

Hinweis
Etliche Reiseveranstalter aus Deutschland, Österreich und der Schweiz bieten Radlerferien für Gruppen oder Individualreisende an. Eine Liste der Veranstalter erhalten Sie von Visit Scotland.

Ferien/Feiertage

Landesweit gesetzliche Feiertage (bank holidays) sind der 1. Januar (New Year), 2. Januar (Bank Holiday), Karfreitag (Good Friday), 25. Dezember (Christmas Day), 26. Dezember (Boxing Day). Oster- und Pfingstmontag sind in Schottland keine Feiertage, es sei denn, an diesen Tagen wird gerade „Spring Holiday" (kein festgelegtes Datum) oder „May Day" (1. Montag im Mai) gefeiert.

Der 1. Montag im August ist „Summer Bank Holiday". In den einzelnen Regionen gibt es darüber hinaus zusätzliche lokale Feiertage, beispielsweise zu Ehren eines Heiligen. Diese Tage fallen dann auf einen Montag.

Feste/Feiern

Siehe S. 56ff

Flugverbindungen

Flugverbindungen bestehen täglich von allen größeren Flughäfen in Deutschland, Österreich und der Schweiz nach Glasgow, Dundee, Edinburgh, Aberdeen und Inverness. Lufthansa bietet Direktflüge nach Edinburgh und Glasgow (💻 www.lufthansa.com). British Airways bietet 3 x pro Woche einen Direktflug Hamburg nach Edinburgh. Über die jeweils aktuellen Angebote informiert Sie jedes Reisebüro.

Es lohnt sich, die Angebote der Billiganbieter (Ryanair, EasyJet, Tuifly, Germanwings) zu prüfen. Ryanair (www.ryanair.de) fliegt von Düsseldorf (Weeze) und von Lübeck nach Prestwick und EasyJet hat eine tgl. Verbindung von Berlin nach Glasgow, Germanwings fliegt von Köln nach Edinburgh. Von den Londoner Flughäfen Heathrow, Gatwick, City, Luton und Stanstead gibt es zahlreiche **Direktflüge** nach Schottland.

- British Airways, 💻 www.britishairways.com
- British Midland, 💻 www.flybmi.com
- EasyJet, 💻 www.easyjet.com
- Tui Fly, 💻 www.tuifly.com
- Germanwings, 💻 www.germanwings.de
- Ryanair, 💻 www.ryanair.com
- Flybe, 💻 www.flybe.com
- ScotAirways, 💻 www.scotairways.co.uk

Innerhalb Schottlands gibt es ein gut ausgebautes Flugnetz, das die Inseln und viele kleine Regionalflughäfen mit den größeren Flughäfen verbindet. Die meisten Flüge werden von British Airways und Loganair durchgeführt, die auch bei frühzeitigem Buchen verschiedene Sonderangebote und Kombinationstickets (sogenannte „inter-island-flights") anbieten. Der Flughafen in Tingwall wird für die interinsularen Flüge genutzt. Von hier geht es nach Foula, zur Fair Isle, nach Papa Stour, Unst und Out Skerries. Die Fair Isle und Unst werden auch von Sumburgh angeflogen. Loganair, ✆ 01595 840246, 💻 www.loganair.co.uk.

Loganair bietet einen „Airpass" an (169 £ plus Steuern), mit dem man 5 Flüge innerhalb der Highlands und Inseln (einschließlich der Äußeren Hebriden, Orkney und Shetland) wahrnehmen kann.

Fotografieren

Bei den schnell wechselnden Wetterlagen ist das Fotografieren auch für Profis eine Herausforderung. An trüben Tagen reicht selbst ein 200 ASA-Film nicht aus, um die richtige Belichtung zu finden. Minuten später, wenn die Sonne plötzlich durchbricht, kann ein empfindlicher Film bei automatisch messenden Kameras schnell überbelichtet sein.

Wer noch nicht digital fotografiert: Die Läden in allen größeren und kleineren Städten sowie die Touristenbüros sind mit Filmen gut bestückt, allerdings sind sie teurer als in Deutschland. Man sollte sich daher einen kleinen Vorrat mitnehmen. Auch das Entwickeln von Filmen ist in Schottland teurer als auf dem Kontinent. Warten Sie damit, bis Sie wieder zu Hause sind.

Fremdenverkehrsämter

siehe auch Stichwort „Auskunft"

Über ganz Schottland verteilt, gibt es etwa 150 regionale Informationszentren (**Tourist Information Centres** = T.I.C.), die teilweise ganzjährig geöffnet sind. Sie erkennen die TICs an dem Schild mit dem „i" an der Tür. Man erhält dort ausführliche Informationen über die einzelnen Gebiete und Regionen, eine Vielzahl an Broschüren sowie Publikationen von Visit Scotland. Außerdem betreiben die Büros eine kostenlose Zimmervermittlung für örtliche Unterkünfte und gegen eine Gebühr ein „Book-A-Bed-Ahead-System" für Hotels, Gasthöfe und B&Bs in ganz Schottland. Größere Touristenbüros haben oft auch eine Wechselstube und einen Buchladen.
Die Adressen der lokalen Touristenbüros finden Sie in den Reisepraktischen Informationen der jeweiligen Orte.

Hier die **Adressen der Area Tourist Boards**:

1. Aberdeen and Grampian Tourist Board, Exchange House, 26/28 Exchange Street, Aberdeen AB11 6PM, ✆ 01224 288828, 🖷 01224 288838, 💻 www.aberdeen-grampian.com.
2. Angus and City of Dundee Tourist Board, 21 Castle Street, Dundee DD1 3AA, ✆ 01382 527527, 🖷 01382 527551, 💻 www.angusanddundee.co.uk
3. Argyll, the Isles, Loch Lomond, Stirling and the Trossachs Tourist Board, Dept. SOS, 7 Alexandra Parade, Dunoon, Argyll PA23 8AB, ✆ 01369 701000, 🖷 01369 706085, 💻 www.visitscottishheartlands.com.
4. Ayrshire and Arran Tourist Board, Block 2, 15 Skye Road, Prestwick KA9 2TA, ✆ 01292 678100, 🖷 01292 471832, 💻 www.ayrshire-arran.com.
5. Dumfries and Galloway Tourist Board, 64 Whitesands, Dumfries DG1 2RS, ✆ 01387 253862, 🖷 01387 245551, 💻 www.visitdumfriesandgalloway.co.uk
6. Edinburgh and Lothian Tourist Board (Edinburgh + Scotland Information Centre), 3 Princes Street, Edinburgh EH2 2QP, ✆ 0131 473 3600, 🖷 0131 473 3881, 💻 www.edinburgh.org.
7. Greater Glasgow and Clyde Valley Tourist Board, 11 George Square, Glasgow G2 1DY, ✆ 0141 204 4480, 🖷 0141 566 4073, 💻 seeglasgow.com.

8. Highlands of Scotland Tourist Board, Peffrey House, Strathpeffer IV14 9HA, ✆ 01997 421160, 🖷 01997 421168, 💻 www.visithighlands.com
9. Kingdom of Fife Tourist Board, 70 Market Street, St Andrews KY16 9NU, ✆ 01334 472021, 🖷 01334 478422, 💻 www.standrews.com/fife.
10. Orkney Tourist Board, 6 Broad Street, Kirkwall, Orkney KW15 1NX, ✆ 01856 872856, 🖷 01856 875056, 💻 www.visitorkney.com.
11. Perthshire Tourist Board, Lower City Mills, West Mill Street, Perth PH1 5QP, ✆ 01738 450600, 🖷 01738 630416, 💻 www.perthshire.co.uk
12. Scottish Borders Tourist Board, Shepard's Mill, Whinfield Road, Selkirk TD7 5DT, ✆ 0870 608 0404 🖷 01750 21886, 💻 www.scot-borders.co.uk
13. Shetland Island Tourism, Market Cross, Lerwick, Shetland ZE1 0LU, ✆ 01595 693434, 🖷 01595 695807, 💻 www.visitshetland. com
14. Western Isles Tourist Board, 26 Cromwell Street, Stornoway, Isle of Lewis HS1 2DD, ✆ 01851 703088, 🖷 01851 705244, 💻 www.visithebrides.com

Geld

G

siehe Stichwort „Währung/Devisen"

Gesundheit

EU-Staatsangehörige sowie Besucher aus Ländern, die mit Großbritannien ein entsprechendes Abkommen vereinbart haben, werden im Rahmen des staatlichen Gesundheitsdienstes (National Health Service) kostenlos behandelt, allerdings nicht bei allen Erkrankungen. Für stationäre Behandlungen müssen Sie selbst aufkommen. Ein Rücktransport wird nicht gestellt.

Es ist daher, wie bei jeder Auslandsreise, anzuraten, vor Reiseantritt für einen ausreichenden Versicherungsschutz zu sorgen. Dies gilt sowohl für Reisende aus Mitgliedsländern der EU als auch für andere Nationalitäten. Zahnärzte sind dem Gesundheitsabkommen nicht angeschlossen und müssen bezahlt werden. Im Falle einer Zahnarztbehandlung sollte man sich eine genaue Liste über Krankheit, Behandlungsart, Zeitpunkt der Behandlung und -dauer, eine Rechnung und eine Quittung über den bezahlten Betrag ausstellen lassen.

Siehe auch Stichwort „Versicherung"

Getränke

s. *S. 63*

Golf

Golf ist ein Teil des „british way of life" und der Nationalsport Nr. 1 in Schottland. In ganz Großbritannien gibt es etwa 2.000 Golfplätze und etwa 500 in Schottland – dies sind über das ganze Land verteilt mehr Plätze pro Kopf als anderswo. Viele Golfclubs blicken auf eine lange Geschichte zurück und haben ebenso lange Traditionen. In den traditionellen Clubs tragen die Männer Schlips und Kragen, Jeans sind meist nicht gerne gesehen. Frauen sind in manchen Clubs nur begrenzt zugelassen.

Unter den verschiedenen Arten von Golfplätzen sind die „**Links**", entlang der Seeseite, besonders beliebt. Der Boden ist dort trockener und härter, und der Seewind stellt eine besondere Herausforderung dar.

Auf den meisten Golfplätzen können Nicht-Mitglieder gegen eine Gebühr spielen, wobei die Preise von Platz zu Platz variieren. Verschiedene Golfclubs und die einzelnen regionalen Tourist Boards bieten Tages- oder Wochentickets an. Es gibt verschiedene Golfpässe, wie den beliebten „Scottish Borders Freedom of the Fairways Golf Pass". Ein fünftägiges Ticket kostet hier 99 £, ein dreitägiges Ticket 72 £. Beim „First in Fife Golfpass" kosten 3 Runden 55 £, 5 Runden 85 £. Viele Hotels bieten spezielle Golfurlaube an. Golfunterricht kostet von 10 £ aufwärts für eine halbe Stunde. Etliche Reiseveranstalter aus Deutschland, Österreich und der Schweiz bieten Golfferien in Schottland an. Eine vollständige Liste erhalten Sie von Visit Scotland. Einige Reiseveranstalter bieten auch eine Kombination von Golf- und Englischunterricht.

Auskunft rund um „Golf in Schottland" erhalten Sie von Visit Scotland oder direkt von der Scottish Golf Union, 💻 www.scottishgolf.com.

Siehe auch:
- www.eastofscotlandgolf.com
- www.scottishgolfsouthwest.com
- www.golfgirl-standrews.com
- www.golf-grampian.com
- www.golfeastlothian.com
- www.perthshire.co.uk/golfweek
- www.fifegolf.com
- www.ericgrandison-golfschool.com (Eric Grandison ist professioneller Golflehrer und spricht fließend Deutsch)

H

Hotels

siehe Stichwort „Unterkunft"

I

Internet

siehe Stichwort „Auskunft"

J

Jugendherbergen

siehe Stichwort „Unterkunft“

K

Kinder

Wenn Sie mit einem Baby oder Kleinkind reisen, überprüfen Sie bitte im Voraus, ob es in der von Ihnen gewählten Unterkunft Kinderbetten oder Babystühle gibt. Viele Unterkünfte bieten Ermäßigungen für Kinder unter einem bestimmten Alter. Visit Scotland hält Informationsmaterial zum Thema „Reisen in Schottland mit Kindern“ bereit.

Kreditkarten

siehe Stichwort „Währung/Devisen“

M

Maßeinheiten

1 mile (m) = 1,609 km	1 pint (pt) = 0,568 l
1 inch (in) = 2,54 cm	1 gallon (gal) = 4,55 l
1 foot (ft) = 12 inches = 30,48 cm	1 ounce (oz) = 28,35 g
1 yard (yd) = 3 feet = 91,4 cm	1 pound (lb) 16 ounces = 453,6 g
1 acre = 0,405 ha	1 stone (st) 14 pounds = 6,35 kg
1 square mile = 2,59 qkm	

Die Temperatur wird meist in Fahrenheit angegeben: 0 °C = 32 °F. Für die Umrechnung muss man von der jeweiligen Fahrenheit-Temperatur die Zahl 32 abziehen, mit 5 multiplizieren und durch 9 dividieren. 0 °C = 32 °F, 25 °C = 77 °F, 100 °C = 212 °F.

Mehrwertsteuerrückerstattung

Die britische Mehrwertsteuer (value added tax = VAT) ist auf alle Preise aufgeschlagen. Manche größere, entsprechend gekennzeichnete Geschäfte betreiben ein Mehrwertsteuer-Rückerstattungssystem (Retail Export Scheme), d.h. Besucher aus Ländern, die nicht Mitglied der EU sind, erhalten beim Einkauf eines bestimmten Wertes nachträglich die Mehrwertsteuer zurück. Nach Vorlage des Personalausweises lässt man sich die Rechnung ausstellen und füllt das sogenannte VAT-Formular aus. Dieses wird vor der Rückreise von der Zollverwaltung abgestempelt. Anschließend schickt man das Formular an das Geschäft zurück, wo man die Ware gekauft hat, welches daraufhin das Geld zurückerstattet. Die VAT beträgt derzeit 17,5 %.

Mietwagen

siehe Stichwort „Autoverleih"

Mücken

Die schottischen Mücken („midges") sind winzig klein (Flügelspannweite 1,4 mm), treten zumeist in großen Schwärmen auf und sind äußerst lästig. Zwischen Mai und September brüten sie in feuchten Moor- und Sumpfgebieten in der Umgebung von Seen, Bächen und Wäldern. Decken Sie sich mit Abwehrmitteln (z.B. Autan) ein!

N

Netzspannung

Die schottischen Steckdosen haben in der Regel 220 bis 240 Volt Wechselstrom. Da die kontinentalen Schukostecker nicht in die schottischen (dreistiftigen) Steckdosen passen, ist ein dreiseitiger Zwischenstecker erforderlich. Dieser kann schon in Deutschland erworben werden.

Notfall

Unter der Notrufnummer 999 erreichen Sie Polizei, Feuerwehr und medizinische Hilfe.

O

Öffnungszeiten

▸ Schlösser und Museen:
Bei Schlössern und Museen haben sich folgende Standardöffnungszeiten durchgesetzt: April-September: Mo-Sa 9.30-18 Uhr, So 14-18 Uhr, Oktober-März Mo-Sa 9.30-16 Uhr, So 14-16 Uhr. Bei einigen Besucherattraktionen ist der letzte Einlass bereits eine Stunde vor Schließung. Abweichende Öffnungszeiten sind bei den jeweiligen Adressen im Reiseteil aufgeführt. Die lokalen Touristenbüros führen die aktuellen Listen mit den Öffnungszeiten aller Sehenswürdigkeiten, im Zweifelsfall sollte man dort vorher anfragen. Siehe auch Stichwort „Organisationen/Verbände"

▸ Banken:
Banken sind gewöhnlich Mo-Fr von 9 Uhr bis 16 Uhr oder 17 Uhr geöffnet. Am Donnerstag sind einige Banken bis 17.30 Uhr geöffnet, die Trustee Savings Bank (TSB) hat auch am Samstagvormittag zwischen 9.30 und 12.30 Uhr geöffnet.

▸ Postämter:
Postämter haben in der Regel folgende Öffnungszeiten: Mo-Fr 9-17.30 Uhr und Sa 9-12.30 Uhr. Kleinere Postämter schließen meist in der Mittagszeit.

▶ **Geschäfte:**

Geschäfte sind werktags von 9-17.30 Uhr, donnerstags (in größeren Orten) bis 20 Uhr und samstags bis 13 Uhr (teilweise auch länger) geöffnet. In den großen Städten haben manche Läden auch am Sonntag geöffnet. In ländlichen Gebieten sind die Geschäfte oft an einem Nachmittag der Woche, meist Mittwoch, geschlossen. Viele kleine Läden und Zeitschriftenhändler sind im Gegensatz zu Deutschland auch bis spät am Abend noch geöffnet, einige Supermärkte und Kaufhäuser sogar am Wochenende.

▶ **Restaurants und Pubs:**

In den Städten sind die Restaurants normalerweise mittags von 12 bis 14.30 Uhr geöffnet und abends von 18 Uhr bis Mitternacht. Auf dem Land schließen die Restaurants meist früher (je nach Besucheraufkommen). Die letzten Bestellungen müssen meist 45 Minuten vor Schließung aufgegeben werden. In den Städten sind die meisten Restaurants, Pubs, Bistros und Cafés ganztägig geöffnet. Die üblichen Öffnungszeiten für Pubs sind Mo-Sa ab 11 Uhr und So ab 12.30 Uhr. Geschlossen wird in der Regel zwischen 23 Uhr und Mitternacht, wobei 15 Minuten vorher die Glocke zum „last order please" erklingt. Manche Pubs, vor allem in den Städten, haben längere Schanklizenzen. Laut Gesetzesbeschluss können Restaurationsbetriebe, falls sie eine entsprechende Lizenz erhalten, so lange aufbleiben, wie sie wollen.

Öffentliche Verkehrsmittel

siehe Stichwörter „Busse", „Eisenbahn", „Fähren", „Flugverbindungen"

Organisationen/Verbände

▶ **Besichtigungen**

• Der **National Trust for Scotland** (28 Charlotte Square, Edinburgh EH2 4ET, ✆ 0044 131 243 9300, 🖷 0044 131 243 9301, 💻 www.nts.org.uk) wurde 1931 als Ableger des englischen, seit 1895 bestehenden National Trust gegründet. Das erklärte Ziel des NTS ist „die Erhaltung von Orten historischen Interesses oder natürlicher Schönheit". Schlösser, interessante Häuser, Gedenksteine, Gärten oder ganze Inseln gehören zum Besitz des NTS. Als größter Landbesitzer in Großbritannien verwaltet der Verband außerdem einige der schönsten und interessantesten Landgebiete, die er entweder mit Hilfe von Spendengeldern erwerben konnte oder als Hinterlassenschaft bekam. Der NTS bietet ein „Discovery Ticket" an, das für 7 oder 14 Tage gültig ist und freien Eintritt zu allen Besitzungen gewährt. Das Ticket kostet für Erwachsene 12 £ für 3 Tage, 17 £ für 7 Tage und 22 £ für 14 Tage. Für Familien (2 Erwachsene und 6 Kinder) kostet das Ticket für 3 Tage 25 £, für 7 Tage 35 £ und für 14 Tage 42 £.

Es ist aber auch möglich, eine Mitgliedschaft beim National Trust zu erlangen. Der Jahresbeitrag berechtigt zum freien Eintritt aller NTS-Besitzungen, aber auch zu denen des National Trust in England, Wales und Nordirland. Die jährlichen Beiträge betragen 35 £ für Erwachsene, 57 £ für Familien (2 Erwachsene und alle Kinder unter 18 Jahren), 26 £ für Senioren, 42 £ für eine Seniorenfamilie und 12 £ für Junioren unter 25 Jahren. Dis-

covery-Tickets und Jahrestickets sind an allen Kassen der vom NTS betreuten Objekte erhältlich.
Bei mehreren Besichtigungen ist, je nach Art und Größe der Sehenswürdigkeit, rasch eine Summe erreicht, die über einem Wochen- oder Jahresticket liegt, so dass sich die Mitgliedschaft eigentlich auf jeden Fall lohnt. Der NTS bietet weiterhin die Möglichkeit, als „Conservation Volunteer" bei Projekten zur Instandsetzung von alten Gebäuden oder Gärten mitzuarbeiten. Vorkenntnisse sind nicht erforderlich, jedoch sollte man Spaß am Leben in der Gemeinschaft und im Freien haben. Meist finden diese Einsätze am Wochenende statt. Verpflegung und Unterkunft werden gestellt. Auskunft unter oben genannter Adresse.

- **Historic Scotland** (Longmore House, Salisbury Place, Edinburgh EH9 1SH, ✆ 0044 131 668 8800, 🖷 0131 668 8888, 💻 www.historic-scotland.gov.uk) hat es sich zur Aufgabe gemacht, das architektonische Erbe des Landes zu schützen und dessen Verständnis zu fördern. HS ist landesweit der größte Betreiber von Besucher-Attraktionen. Das Explorer Ticket (für 3 von 5, 7 von 14 oder 10 von 30 Tagen, die aber nicht aufeinander zu folgen brauchen) ermöglicht den freien Eintritt zu den 69 Besitzungen des HS. Ein 3-Tage-Ticket kostet für Erwachsene 18 £, für Familien 36 £, für Studenten/Senioren 13.50 £, ein 7-Tage-Ticket kostet für Erwachsene 25.50 £, für Familien 51 £, für Studenten/Senioren 19 £, ein 10-Tage-Ticket kostet für Erwachsene 30 £, für Familien 60 £ und für Studenten/Senioren 22.50 £. Auch eine Jahresmitgliedschaft ist möglich und kann bereits von Deutschland aus erworben werden.

In allen vom HS verwalteten Besichtigungsstätten kann man mit Euro bezahlen. Die üblichen Öffnungszeiten der von HS verwalteten Stätten (Abweichungen sind bei den einzelnen Orten speziell aufgeführt) sind: April bis September: täglich 9.30-17.30 Uhr, Oktober bis März: täglich 9.30-16.30 Uhr. Einige Stätten sind allerdings während der Wintermonate geschlossen. Sämtliche von HS verwalteten Besucherattraktionen sind am 25. und 26.12. geschlossen.

- **Association Scottish Visitor Attractions** (ASVA, Argyll´s Lodging, Castle Wynd, Stirling FK8 1EG, ✆ 0044 1786 / 475152, 🖷 0044 1786 474288, 💻 www.asva.co.uk) kümmert sich um über 500 schottische Besucherattraktionen. Die Sehenswürdigkeiten werden einer genauen Untersuchung hinsichtlich ihrer Zugänglichkeit, Sauberkeit, Eintrittspreise usw. unterzogen.

▶ Städteführungen

Scottish Tourist Guides Association ist eine Vereinigung von ausgebildeten Reiseführern, die sich an Individualreisende oder an Gruppen wendet. Führungen sind in vielen Städten oder interessanten Plätzen und in vielen Sprachen möglich. Auskunft von STGA, Old Town Jail, Stirling FK8 1EA, ✆ 01786 447784, 💻 www.stga.co.uk.

▶ Organisationen für die Erhaltung von Flora und Fauna:

- Scottish Natural Heritage, 12 Hope Terrace, Edinburgh EH9 2AS, ✆ 0044 131 447 4784, 🖷 0044 131 446 2277, 💻 www.snh.org.uk
- Royal Society for the Protection of the Birds, Dunedin House, 25 Ravelston Terrace, Edinburgh EH4 3TP, ✆ 0044 131 311 6500, 💻 www.rspb.org.uk
- The Scottish Wildlife Trust, Cramond House, Cramond Glebe Road, Edinburgh EH4 6NS, ✆ 0044 131 312 7765, 🖷 0044 131 312 8705, 💻 www.swt.org.uk

- Forestry Commission, Silvan House, 231 Corstorphine Road, Edinburgh EH 12 7AT, ✆ 0131 334 0303, 0131 314 6152, www.forestry.gov.uk
- Scotland's Garden Scheme, www.gardensofscotland.org. Scotland's Garden Scheme wurde 1931 als Dachverband aller Gärten in Schottland – sowohl privat als auch öffentlich – gegründet. Gärten, die dem Garden Scheme angehören, sind der Öffentlichkeit zu festgelegten Zeiten zugänglich. Eine sechstägige Garten-Tour führt zu ausgewählten Gärten unter fachkundiger Führung. Ein Handbuch zu allen Gärten kann man im Internet bestellen.

Post/Porto

P

Die Briefkästen sind rot und tragen das königliche Wappen

Die Hauptpostämter in den Städten bieten neben Brief- und Paketversand und Briefmarkenverkauf auch andere Dienstleistungen, wie beispielsweise internationale Geldüberweisungen, Geldwechsel und Postanweisungen, an. In kleineren Ortschaften befindet sich das Postamt zumeist in dem Lebensmittelgeschäft und ist fester Bestandteil der örtlichen Gemeinschaft. Zu erkennen sind die Postämter an dem gelben Symbol auf rotem Hintergrund. Postkarten und Briefe können in alle roten Postkästen eingeworfen werden.

Die Postbeförderung 1. Klasse innerhalb Großbritanniens kostet 30 Pence und die Beförderung 2. Klasse 21 Pence. Eine Postkarte oder ein Brief in Länder innerhalb Europas kostet 42 Pence.

Siehe auch Stichwort „Öffnungszeiten"

Rauchen

R

Das Rauchen in geschlossenen, öffentlichen Gebäuden ist seit 2006 verboten. Auch in Restaurants und Pubs darf nicht mehr geraucht werden.

Reisegepäck

Aufgrund des wechselhaften Wetters sollte vor allem wind- und wasserfeste Kleidung eingepackt werden. Ebenso wichtig ist ein warmer Pullover.

Wer bereits im Frühjahr reist, sollte sich mit Schal und Mütze gegen Schnee- und Graupelschauer wappnen. Bei dem oft regendurchweichten Boden empfiehlt sich kräftiges, gut imprägniertes Schuhwerk mit rutschfester Sohle. Im Sommer ist das „Zwiebelsystem" unschlagbar: Hemd/T-Shirt, Sweatshirt oder leichter Pulli, dickerer Pullover, Windjacke, bequeme Hosen, Shorts. Naturfreunde sollten ein Fernglas mitnehmen. Für Besichtigungen der Schlösser und Burgruinen hat sich die Mitnahme einer Taschenlampe bewährt.

Reiseveranstalter

Rund 100 Reiseveranstalter in Deutschland, Österreich und der Schweiz bieten ein reiches Angebot an Urlaubsmöglichkeiten in Schottland: Wanderferien, Ferienhäuser, Busreisen für Gruppen, Sprachreisen, Golfferien, Gartenreisen, kombinierte „Fly & Ride"-Reisen, Studienaufenthalte und kunsthandwerkliche Seminare – um nur einige Möglichkeiten zu nennen.

In der von Visit Scotland herausgegebenen Broschüre „Wildlife Scotland" finden Naturliebhaber zahlreiche Adressen und Informationen über Wildlife- und Outdoor-Urlaube in Schottland. 💻 www.wild-scotland.co.uk.

Reisezeit

Jede Reisezeit hat in Schottland ihre Vor- und Nachteile: Im Frühjahr blühen die Blumen, die Bäume werden grün, noch wenige Touristen sind im Land. Die Monate Mai und Juni haben, statistisch gesehen, am wenigsten Niederschlag. Während der Sommermonate und Hauptferienzeit kommen die meisten Besucher, und manche Gegenden sind recht überlaufen. Wer den Rummel nicht mag, sollte auf die Äußeren Hebriden oder auf abgelegene Gebiete in den Highlands ausweichen.

Für Naturfreunde sind die Monate September und Oktober am geeignetsten. Das Heidekraut blüht, und die Touristenströme verebben langsam. Im Herbst kommen die Wildgänse und aus dem Norden die Zugvögel, um der arktischen Kälte zu entfliehen. Auf den Hebriden und im Süden in der Region Dumfries und Galloway brüten sie zu Tausenden.

Der wärmende Golfstrom verhindert einen strengen Winter, Frost ist selten. Nur in den Highlands und in den anderen höher gelegenen Gebieten gibt es im Winter Schnee und Frost. Englische Touristen verbringen ihren Winterurlaub gerne in den Skigebieten der Highlands. Viele Sehenswürdigkeiten sind während der Wintermonate geschlossen.

Im Allgemeinen ist das Wetter in Schottland recht unberechenbar, was den Reisenden jedoch nicht davon abhalten sollte, seinen Urlaub zu genießen: „If you don't like the weather, just wait a minute!"

Reiten

Reiten oder Ponytrekking ist eine beliebte Freizeitbeschäftigung in Schottland. Man kann in verschiedenen Gegenden auch Reiterferien in einer von Ihnen gewünschten Länge buchen. Die meisten Reitställe sind von der Trekking and Riding Society of Scotland und von der British Horse Riding Society Scotland empfohlene Zentren. Informationen siehe www.bhs.org.uk oder www.ridinginscotland.com. Auch der Reitrennsport ist in Schottland sehr beliebt. Bekannte Rennbahnen befinden sich in Edinburgh, in Ayr und in Kelso. Siehe auch www.scottishracing.co.uk.

Restaurants

In vielen Restaurants sowie in den von den Touristenbehörden herausgegebenen Urlaubsführern fällt immer wieder das blau-weiße Zeichen „Taste of Scotland" in Form einer Suppenterrine auf.

Die Vereinigung „Taste of Scotland" ist ein Kontrollmaßstab für ausgewählte Restaurants. Bewertungskriterien sind neben einem ausgezeichneten Service vor allem die Qualität der Speisen. Besondere Betonung liegt auf der Verwendung von frischen, „typisch" schottischen Nahrungsgütern, wie Lamm, Rind und Fisch. Viele der Lokale, die dem „Taste of Scotland"-Verband angehören, bieten regionale Spezialitäten an.

> **Hinweis**
>
> ***Restaurant-Kategorien im Reiseteil***
> *günstig: unter 10 £*
> *mittlere Preisklasse: 10-20 £*
> *gehobene Preisklasse 20-30 £*
> *Luxus: über 30 £*

Vergessen Sie nicht, dass man sich in Großbritannien in Pubs (nicht in Restaurants) das Getränk selbst am Tresen holt und dort auch gleich bezahlt. Wenn man in Gesellschaft ist, ist es üblich, sich gegenseitig Runden auszugeben.

Siehe auch S. 61ff

Schecks

S

siehe Stichwort „Währung/Devisen"

Souvenirs

Gute Textilwaren – ein Stück Tweed (www.harristweed.org) oder Tartan – sowie Strickwaren sind beliebte Mitbringsel, ebenso wie Gold- und Silberschmuck (meist mit keltischen Ornamenten) und Töpfer- und Glaswaren.

Produkte aller Art sind meist etwas teurer als in Deutschland. Erstaunlicherweise ist selbst der gute Whisky in seinem Heimatland nicht günstiger zu erstehen. Dafür ist in Schottland die Auswahl wesentlich größer, viele Whiskysorten sind in Deutschland gar nicht erhältlich. Wenn man es vermeiden kann, sollte man Whisky nicht direkt in den Brennereien kaufen. Die Preise sind dort überhöht.

Sport

siehe auch „Angeln", „Fahrradfahren", „Golf", „Reiten", „Wassersport" und S. 52ff

In Schottland wird nahezu jede übliche Sportart betrieben, von denen Golf und Angeln die bekanntesten schottischen Aktivitäten sind.

Sprachkurse

Wer seine Englischkenntnisse in Schottland auffrischen möchte, dem bietet sich eine reiche Auswahl an Sprachkursen in verschiedenen Regionen Schottlands. Die Kurse dauern von einer Woche bis zu einem Jahr. Visit Scotland hilft bei der Suche nach einem geeigneten Kurs.

T

Telefonieren

Für Auslandsgespräche nach Schottland wählt man die 0044, dann die Ortsnetzkennzahl ohne die 0 und die Rufnummer des Teilnehmers. Die Vorwahl von Schottland lautet nach Deutschland 0049, in die Schweiz 0041, nach Österreich 0043. Danach wird die Ortsnetzkennzahl ohne 0 und die Rufnummer des Teilnehmers gewählt.

In Schottland bieten viele Telefonzellen sowohl Münzeinwurf als auch die Benutzung einer Telefonkarte. Wie überall, ist es auch in Schottland teuer, vom Hotelzimmer aus anzurufen. Günstiger ist es in öffentlichen Telefonzellen. Telefonkarten kann man in Postämtern, Zeitungsgeschäften oder bei den Touristeninformationen kaufen. In jeder Telefonzelle kann man sich auch anrufen lassen. Die Nummern sind gut sichtbar am Gerät angebracht.

Falls Sie auf Ihr Handy nicht verzichten können, erkundigen Sie sich bei Ihrem Anbieter nach dem Roaming-Partner. Innerhalb Europas sind die Tarife seit 2007 deutlich gesunken.

Ruf doch mal an…

Achtung
Im vorliegenden Reiseführer habe ich die Auslandsvorwahl für Großbritannien weggelassen. Falls Sie also von Deutschland, Österreich, der Schweiz oder aus jedem anderen Land anrufen, müssen Sie zunächst die 0044 wählen und dann ohne die 0 die angegebene Telefonnummer.

Trinkgeld

10-15 Prozent Trinkgeld (englisch: tip) in Restaurants sind üblich. Falls das Trinkgeld schon im Preis inbegriffen ist, steht auf der Rechnung ein Vermerk „service charge included". Sollte dies der Fall sein, liegt das Trinkgeld in Ihrem eigenen Ermessen. Auch in Hotels ist das Geben von Trinkgeld keine Verpflichtung, die Entscheidung liegt bei Ihnen. Barpersonal hinter dem Tresen erwartet normalerweise kein Trinkgeld, falls Sie aber nett ins Plaudern gekommen sind, könnten Sie dem Barkeeper jedoch einen Drink anbieten. Taxifahrer bekommen meistens ein Trinkgeld (ca. 1 £ oder Preis aufrunden), insbesondere bei längeren Fahrten.

Unterkunft

U

Preise pro Person mit Übernachtung im DZ und Frühstück	
günstig €: bis 30 £	gehobene Preisklasse €€€: ab 60 £
mittlere Preisklasse €€: bis 60 £	Luxus €€€€: ab 90 £

▶ Wie bucht man?

Im Juli und August ist es ratsam, die Unterkünfte im Voraus zu buchen, insbesondere wenn Sie sich auf einen bestimmten Ort festgelegt haben. Während des Edinburgh Festivals im August ist es fast zwingend, vorher die Unterkunft sicherzustellen.

Sie können Übernachtungen bereits von Ihrem Heimatland aus buchen:
- Online über www.visitscotland.com
- Wenden Sie sich direkt an eine Unterkunft Ihrer Wahl. Hilfreich sind die Publikationen von Visit Scotland, siehe Literaturangaben weiter unten.
- Buchen Sie über eines der regionalen Touristenämter (Adressen siehe Stichwort „Fremdenverkehrsämter").
- Die meisten Reisebüros in Ihrem Heimatland können auch Unterkünfte vermitteln.

Die zentrale Buchungsrufnummer in Schottland lautet 0845 2255121.

Hinweis

Unterkunfts-Kategorien im Reiseteil
** = angemessen*
*** = gut*
**** = sehr gut*
***** = ausgezeichnet*
****** = hervorragend, Weltklasse*

In Schottland ist es möglich und üblich, Übernachtungen in den Touristenbüros zu buchen. Es gibt eine geringe Vermittlungsgebühr für ein „**Book-a-Bed-Ahead**", also die Reservierung für Unterkunft in einem anderen Ort oder in einem ganz anderen Gebiet. Für örtliche Unterkünfte ist die Vermittlung gebührenfrei.

▶ Welche Art der Unterkunft?

Das schottische Touristenamt ist sehr stolz auf die Entwicklung seines Qualitätsbewertungssystems für die Einstufung der Hotels, B&B-Unterkünfte, Gästehäuser, Unterkünfte für Selbstversorger und für Campingplätze. Dieses System macht Angaben über die Qualität (also nicht nur die Ausstattung) der Unterkunft, und zwar mit Hilfe von einem bis fünf Sternen (1 Stern = Angemessen, 2 Sterne = Gut, 3 Sterne = Sehr gut, 4 Sterne = Ausgezeichnet, 5 Sterne = Hervorragend, Weltklasse). Dieses System ist relativ leicht verständlich und lässt auf den ersten Blick erkennen, mit welchem Standard Sie bei einer Unterkunft rechnen können, ob es sich nun um ein kleines B&B, ein Cottage für Selbstversorger, ein Landhotel, oder ein großes Stadthotel handelt. Die blauen Schilder mit den Sternen sind gut sichtbar an den Hausern angebracht. Zur Überprüfung der Übernachtungsstätten erfolgt eine jährliche Inspektion. Allerdings geben die Sterne natürlich keinerlei Auskunft darüber, wie wohl Sie sich in der entsprechenden Unterkunft fühlen! Manchmal schläft es sich halt besser in einem einfachen Gasthof als in einem noblen 5-Sterne-Hotel.

Hotels:
Das Angebot reicht vom 5-Sterne-Hotel bis hin zum kleinen Dorfgasthof. Die Hotels haben meist ein hauseigenes Restaurant oder zumindest einen Pub, in dem auch hausfremde Gäste bedient werden. Die Preise variieren je nach Standard und Jahreszeit. Die in den Veröffentlichungen angegebenen Preise verstehen sich normalerweise pro Person und Übernachtung und schließen in der Regel ein typisches „schottisches Frühstück" mit ein. Für Einzelzimmer wird in der Regel ein Aufpreis verlangt. In der Nebensaison bieten viele Hotels Ermäßigungen.

Es gibt in Schottland verschiedene Vereinigungen besonders guter Hotels. Ich nenne an dieser Stelle nur einige, mit denen ich gute Erfahrungen gemacht habe:

- „Scotland's Hotels of Distinction" ist eine Gemeinschaft von derzeit 67 Hotels, die sich durch einen besonders hohen Anspruch hinsichtlich Atmosphäre, Ambiente und Qualität der Speisen auszeichnen. 💻 www.hotels-of-distinction.com.
- Wolsey Lodges sind Privathäuser, in denen die Gäste wie Familienmitglieder oder als Freunde willkommen sind. Meist werden nur zwei oder drei Schlafzimmer vermietet, die mit eigenem Bad ausgestattet sind. In der Regel essen Gastgeber und Gäste zusammen in den Privaträumen der Familie, so dass sich Gastgeber und Gäste kennenlernen können. Dabei ergeben sich oft interessante Gespräche. Die Häuser der Wolsey Lodges sind oft historisch interessant, sei es ein Fachwerkhaus aus elisabethanischer Zeit, ein georgianisches Herrenhaus oder ein liebevoll restauriertes Cottage, und sind oft mit antiken Möbeln, Gemälden und feinem Porzellan ausgestattet. Der Unterschied zwischen den einzelnen Häusern spiegelt sich in dem Übernachtungspreis wider. Bei allen Mitgliedern ist es jedoch wichtig, die Gastgeber und Mitgäste kennenzulernen. 💻 www.wolsey-lodges.co.uk
- Scotland's Heritage Hotels, 💻 www.scotlandsheritagehotels.co.uk. 9 der feinsten schottischen Hotels in Privatbesitz, die also nicht zu einer Hotelkette gehören. Wie der

Name bereits sagt, handelt es sich um Häuser von architektonischem oder historischem Interesse. Alle Hotels haben einen hohen Standard (mindestens 4 Sterne), und die Übernachtung dort ist nicht gerade billig. Viele dieser Hotels haben preisgekrönte Restaurants.

Buchtipp

Scotland Hotels and Guest Houses *ist das von Visit Scotland herausgegebene Verzeichnis, welches rund 1.500 Unterkünfte vom Luxushotel bis zum preiswerten Gästehaus auflistet sowie Einzelheiten über Preise und Einrichtung und Lagedarstellungen gibt. Das Buch wird jedes Jahr völlig neu bearbeitet. 10.50 £.*

Bed & Breakfast:

Bed & Breakfast ist die klassische Übernachtungsart in Großbritannien und eine gute Möglichkeit, die Bewohner Schottlands zu Hause kennenzulernen. Man wohnt in einem Privathaus, in dem je nach Größe einige Zimmer für Besucher zur Verfügung stehen. Morgens wird in einem familieneigenen Esszimmer das Frühstück serviert. B&Bs zu finden stößt auf keinerlei Schwierigkeiten. Große Schilder machen den Vorüberfahrenden auf diese Übernachtungsstätten aufmerksam. Häufig zeigt ein Schild, ob das Haus belegt ist oder noch freie Zimmer hat: Vacancies = Zimmer frei oder No Vacancies = Zimmer belegt. Viele „landladies" offerieren auch ein Dinner, man muss jedoch vorher Bescheid sagen, ob man zu Abend essen möchte oder nicht.

Stilvolle Unterkunft

Die meisten B&B-Unterkünfte haben keine Lizenz zum Ausschenken von Alkoholika, aber es ist üblich, eine Flasche Wein oder Bier selbst mitzubringen. In jeder Touristinformation erhält man ein Verzeichnis über die B&B-Anbieter des Ortes und kann dort auch Reservierungen vornehmen lassen. Generell sind die Preise auf dem Lande niedriger als in den Städten, im Durchschnitt sollte man mit 16-20 £ rechnen.

Buchtipp

Das von Visit Scotland herausgegebene und jährlich neu aufgelegte ***Scotland Bed & Breakfast*** *listet etwa 1.700 B&B-Unterkünfte in ganz Schottland auf und gibt Einzelheiten über Preise und Einrichtung sowie Lagedarstellungen. Die B&Bs sind dem Qualitätsbewertungssystem von Visit Scotland angeschlossen, das heißt, sie werden jährlich überprüft. 8.50 £.*

Urlaub auf dem Lande:

Wer „Urlaub auf dem Lande" machen möchte, kann sich beim Veranstalter „Scottish Farmhouse Holidays" informieren und dort auch Buchungen vornehmen. Die Vereinigung betreut ca. 90 Farmen, die Ferienzimmer vermieten. Falls gewünscht, werden auch

Mietwagen und Fährpassagen organisiert. Die Preise für Übernachtungen rangieren von B&B zwischen 15 und 18 £ und B&B plus Abendessen zwischen 19 und 25 £. Oft werden Kinderermäßigungen angeboten. 🖳 www.scotfarmhols.co.uk.

Unterkunft in Studentenwohnheimen:
In Edinburgh, Glasgow, Stirling, Aberdeen, Dundee und St. Andrews bestehen Übernachtungsmöglichkeiten in Studentenwohnheimen. Adressen sind in den in den Reisepraktischen Informationen der jeweiligen Orte angegeben.

Jugendherbergen:
Jugendherbergen stellen – abgesehen von Camping – die günstigste Übernachtungsart in Schottland dar. Die Scottish Youth Hostel Association (SYHA) verfügt über ein ausgedehntes Netz von über 70 Jugendherbergen auf dem schottischen Festland und auf den Inseln mit zum Teil sehr unterschiedlichem Standard. Die Herbergen sind entsprechend ihrer Ausstattung ebenfalls in drei verschiedene Stufen unterteilt. Die Preise für eine Übernachtung variieren erheblich. Jugendherbergen sind keinesfalls nur für Jugendliche geöffnet, viele Herbergen haben sogar Familienzimmer und manche auch Einzelzimmer. Verwirrenderweise gelten Personen ab 18 Jahren für das Jugendherbergswerk als Senioren. Auskunft erteilt die **SYHA**, National Office, 7 Glebe Crescent, Stirling FK8 2JA, ✆ 01786 891400, 🖷 01786 891333, 🖳 www.syha.org.uk. Reservierungen für alle Jugendherbergen können in Großbritannien über den Central Reservation Service vorgenommen werden: ✆ 08701 553255 oder per ✉ reservations@syha.org.uk.

Daneben gibt es die sogenannten **unabhängigen Hostels**, die nicht dem Jugendherbergswerk angeschlossen, jedoch bezüglich Standard und Ausstattung vergleichbar sind. 🖳 www.hostel-scotland.co.uk.

MacBackpackers, ist ein Hostel-Busdienst, der im „Jump on Jump Off"-Verfahren 3-, 5- oder 7-tägige Touren von Hostel zu Hostel anbietet. Auskunft: MacBackpackers, 105 High Street, Edinburgh EH1 1SG, ✆ 0131 558 9900, 🖳 www.macbackpackers.com.

Unterkunft für Selbstversorger:
Darüber hinaus stehen etliche Unterkünfte für Selbstversorger, oft in landschaftlich besonders schöner Lage, zur Verfügung. Hier die Adressen dreier Anbieter:

- **The Landmark Trust**, 🖳 www.landmarktrust.org.uk. Der Landmark Trust ist ein Wohltätigkeitsverband, der sich um den Erhalt historischer Gebäude kümmert, indem er Unterkünfte für Selbstversorger in Argyll, Dumfries & Galloway, Lothian, Perthshire, Stirlingshire, Strathclyde und Tayside anbietet. In der Nebensaison gibt es erhebliche Vergünstigungen.
- **Scotts Castle Holidays**, ✆ 01828 633 383, 🖳 www.scottscastles.com. Scotts Castle gibt eine Broschüre heraus, in der Country Häuser und Landschlösser aufgelistet sind, die für private und berufliche Zwecke gemietet werden können.
- **Scottish Country Cottages**, 🖳 www.scottishcountrycottages.com. Drei besonders nette und herrlich gelegene Cottages in verschiedenen Gebieten Schottlands.

Buchtipp
*Eine gute Hilfestellung bei der Auswahl bietet das Buch **Scotland Self-Catering**, in dem rund 700 Cottages, Hütten, Apartments, selbst luxuriöse Herrenhäuser vorgestellt*

werden. Die genannten Unterkünfte fallen ebenfalls unter das Qualitätsbewertungssystem von Visit Scotland, d.h. sie werden jährlich geprüft und neu bewertet. 7.50 £.

Tipp

***Green Business Tourism Scheme** (GTBS), www.green-business.co.uk, kümmert sich um rund 420 Unterkünfte und Besucherattraktionen, deren Ziel es ist, besonders umweltfreundlich und umweltschonend zu arbeiten.*

Veranstaltungen

siehe S. 56ff

Verkehrsregeln

siehe Stichwort „Auto fahren“

Versicherungen

Reiseversicherungen kann man in jedem Reisebüro abschließen, wobei sogenannte Versicherungspakete durchaus empfehlenswert sind. Sie sind meist billiger als einzelne Versicherungen (z.B. Reisekrankheits-, Reiseunfall- und Reisegepäckversicherung) zusammengenommen. Der Preis richtet sich nach der Anzahl der Urlaubstage und dem Wert des Gepäcks. Bei Diebstahl oder Verlust muss eine entsprechende Meldung an die Polizei gemacht und bestätigt werden, denn sonst zahlt die Versicherung nicht.

Währung/Devisen

Währungseinheit ist das £, das in 100 Pence unterteilt wird. Schottland hat das Recht, eigene Banknoten herauszugeben, die auch in ganz Großbritannien gültig sind. Umgekehrt sind die Banknoten der Bank of England auch in Schottland gültig. Es gibt Münzen zu 2, 5, 10, 20 und 50 Pence sowie Scheine zu 1, 5, 10, 20 und 50 £. Großbritannien wird übrigens den Euro vorerst nicht einführen, da es nicht Teil der Europäischen Währungsunion ist.

Geld wechseln kann man in allen Banken, vielen Postämtern und in den größeren Touristinformationen. Die schottischen Banken bieten meistens den günstigsten Wechselkurs für ausländische Zahlungsmittel. Geldwechsel ist aber auch an Flughäfen, in größeren Bahnhöfen, in Reisebüros und in den größeren Hotels möglich. Normalerweise wird eine Provision erhoben. In den meisten Städten und Ortschaften gibt es Bankautomaten, an denen Sie britische Währung mit Ihrer Scheckkarte oder Kreditkarte abheben können.

Kreditkarten werden im Allgemeinen akzeptiert. Etwas **Bargeld** sollte man allerdings stets bei sich haben, insbesondere in den abgelegenen Gegenden ist die bargeldlose Zahlungsweise nicht üblich.

Wandern

Schottland ist **das** ideale Wanderland und Wandern eine der beliebtesten Aktivitäten eines Schottlandurlaubes. Die Palette reicht vom gemütlichen, längeren Spaziergang über interessante Küstenwanderungen bis hin zum anspruchsvollen Bergsteigen. Die Touristinformationen und größere Buchhandlungen halten Karten, Informationsmaterial und Wanderführer für alle Gebiete und in großer Auswahl bereit.

▸ **Spaziergänge**:

Es gibt etliche gut ausgeschilderte Waldwege und Naturlehrpfade. Der Queen Elizabeth Forest Park beispielsweise erstreckt sich östlich von Loch Lomond und umfasst Wanderstrecken, die am Seeufer entlang und durch Wälder verläuft. Der Abernethy Forest Park ist etwas weiter nördlich. Der Galloway Forest Park im Süden (Schottlands zweitgrößtes Waldgebiet) bietet eine herrliche Vielfalt an sanften Hügeln, Laubwäldern sowie Nadelwald und schroffen Berghängen. Die örtlichen Touristeninformationen halten vielfältige Informationen und Kartenmaterial bereit.

▸ **Fernwanderwege**:

Es gibt verschiedene lange Wanderwege, die sogenannten Long Distance Paths, die nur in mehrtägigen Etappen zu bewältigen sind, z.B.: Der Southern Upland Way (341 km) beginnt im Südwesten bei Port Patrick und endet an der Ostküste in Cockburnspath. Der Southern Upland Way war Großbritanniens erste Wanderroute, die Ost- und Westküste miteinander verbindet. Der Weg führt teilweise durch höher gelegene Gebiete und erfordert entsprechende Ausrüstung. Der West Highland Way (153 km) beginnt am Rande Glasgows in Milngavie und führt am Loch Lomond vorbei, durch Teile des Glen Coe und endet in Fort William. Streckenweise ist der Weg, der besonders im Norden durch traumhaft schöne Gebiete verläuft, recht anstrengend. Der Speyside Way umfasst 135 km. Er beginnt in Tugnet an der Mündung des Spey, verläuft in zwei Routen entlang des Flusses und endet in Tomitoul bzw. Dufftown. Der St. Cuthbert's Way, ebenfalls im Süden Schottlands, ist 100 km lang und verbindet eine Reihe von Orten, die alle mit St. Cuthbert in Verbindung gebracht werden können. Der Fife Coastal Path verläuft zwischen der Forth Bridge (North Queensferry) und der Brücke über den Tay in Dundee. Der Cateran Trail ist rund 100 km lang und führt durch Perthshire und die Angus Glens. Der Clyde Walkway verläuf von Glasgow nach New Lanark und ist 65 km lang. Ein weiterer Langstreckenweg ist der Rob Roy Way, der von Drymen entlang Loch Lubnaig, Lochearnhead, am Südufer des Loch Tay, Aberfeldy und Pitlochry nach Perthshire verläuft. Der Weg umfasst 77 Meilen.

Wer nicht gleich mehrere Tage unterwegs sein möchte, kann sich natürlich auch bestimmte Teilabschnitte der Langstreckenwege für eine mehrstündige oder Tageswanderung aussuchen. Unterkunftsmöglichkeiten sind von den Wanderwegen aus leicht erreichbar, allerdings ist es im Sommer ratsam, die Unterkunft im Voraus sicherzustellen.

▶ **Bergwandern**:

Die Highlands im Norden und Osten Schottlands bieten hervorragende Wandermöglichkeiten. Obwohl manche schottische Berge nur wie Hügel aussehen, stellen sie durch das schnell wechselnde Wetter auch für geübte Bergsteiger eine Herausforderung dar. Voraussetzung für eine Bergwanderung sind feste, das Fußgelenk stützende Wanderstiefel, wasserfeste Kleidung und eine gute Wanderkarte. Beachten Sie die Wettervorhersage, bevor sie sich aufmachen und wenn möglich, informieren Sie jemanden über Ihre geplante Strecke.

Der höchste Berg Großbritanniens ist der Ben Nevis mit 1.343 Metern. Der Aufstieg beginnt fast auf Meereshöhe. Aufgrund des ozeanisch geprägten Wetters kommt es allerdings rasch zu gefährlichen Wetterumschwüngen, die für leichtsinnig ausgerüstete Wanderer lebensgefährlich sein können. Man sollte daher immer zu zweit wandern, die eigene Kondition nicht überschätzen, vollständige Bergsteigerausrüstung haben und sich bei längeren Touren bei der Unterkunft abmelden.

Visit Scotland bietet zahlreiche und detaillierte Informationen bezüglich Wanderrouten, Adressen, Unterkunftsmöglichkeiten und Transport. Weitere **Auskunft über einzelne Wanderwege und Wanderfestivals** siehe auch:

- www.walkingfestival.net
- www.walking.visitscotland.com
- West Highland Way, www.west-highland-way.co.uk
- Southern Upland Way, www.southernuplandway.com
- Fife Coastal Path, www.fifecoastalpath.co.uk
- The Great Glen Way, www.greatglenway.com
- Royal Deeside Walking Week, www.royal-deeside.org.uk
- Speyside, www.speysideway.org

▶ **Wanderkarten**:

Es gibt unzählige Wanderkarten und Wanderbücher. Zu empfehlen sind auf jeden Fall die Karten der amtlichen Landesvermessungsanstalt Ordnance Survey. Sie sind in den meisten Buchläden (auch in Deutschland) und in Touristeninformationen erhältlich. Die beiden gängigsten sind die Landranger Map (1:50.000) und die Explorer Map (1:25.000). Siehe auch Internetseite: www.o-s.co.uk.

Tipp

North West Frontier, www.nwfrontiers.com, ist eine lang etablierte Vereinigung von Wanderführern, die geführte Wanderungen unterschiedlicher Länge und Schwierigkeitsgraden in die Highlands und auf den Inseln anbieten. Ausgangspunkt ist meistens Fort William oder Inverness. Die Gruppenstärke beträgt max. 8 Personen. Unterkunft erfolgt in Hotels oder B&Bs.

Wassersport

Windsurfing, Wasserski, Kanufahrten und Tauchen werden vor allem auf den Binnenseen (z.B. auf dem Loch Earn und auf dem Loch Tay), wo große Wassersportzentren angesiedelt sind, betrieben. Wenn auch kälter als im Mittelmeer, finden sich in und um Schottland attraktive Segelgewässer. Zahlreiche Zentren sind auch auf Familien und Gruppen eingestellt.

Auskunft

- **Scottish Sports Council**, 🖳 www.sportscotland.org.uk
- **Associated Scottish Yacht Charters** (ASYC), 🖳 www.asyc.co.uk
- **Scottish Aqua Club**, 🖳 www.scotsac.com
- **Sail Scotland**, Information Centre, 🖳 www.sailscotland.co.uk

Wetter

Das Thermometer steigt selten über 20 Grad und sinkt, außer in höheren Berglagen, selten unter 0 Grad. Im Westen ist es durch den Einfluss des Golfstroms wärmer als im Osten. Im Hochsommer ist das Wetter oft unbeständig. Die besten Reisemonate sind Mai und Juni oder September und Oktober. Während dieser Zeit ist es relativ trocken. Aktuelle Auskünfte zum Wetter finden Sie auf der Internetseite: www.meto.gov.uk. Siehe auch S. 38f und unter Stichwort „Reisezeit“.

Zeit

Zwischen der Mitteleuropäischen Zeit (MEZ) und der Greenwich Mean Time besteht eine Stunde Unterschied. Bei der Einreise in Großbritannien muss die Uhr um eine Stunde zurückgestellt werden. Die Umstellung auf die Sommerzeit erfolgt in Großbritannien zum selben Zeitpunkt wie in Deutschland, so dass die Zeitdifferenz auch dann erhalten bleibt.

Zeitungen

„**The Glasgow Herald**“ und „**The Scotsman**“ (Edinburgh) sind landesweit vertriebene, seriöse Blätter. Einen guten Ruf hat auch „**The Press and Journal**“ in Aberdeen. Dundee hat seinen „**Dundee Courier**“. Hinzu kommen verschiedene Lokalzeitschriften mit kleineren Auflagen. Am Sonntag wird

„**Scotland on Sunday**" gelesen. Natürlich kann man auch überregionale Zeitungen erwerben. Deutsche Magazine findet man, abgesehen von wenigen Ausnahmen, nur in den großen Städten.

Zoll- und Devisenbestimmungen

Streng verboten ist die Einfuhr von Fleisch- und Wurstwaren und von Molkereiprodukten. Auch dürfen keine Waffen nach Großbritannien einführt werden, es sei denn, es handelt sich nachweislich um Jagdflinten. Geldbeträge dürfen in sämtlichen Währungen in unbeschränkter Höhe mitgebracht werden. Das im Jahre 2000 eingeführte „Pet Travel Scheme" (PETS, Reiseprogramm für Tiere) ermöglicht es Ihnen, Ihren Hund oder Ihre Katze aus bestimmten Ländern oder Gegenden in Europa nach Großbritannien mitzubringen, ohne dass das Tier vorher in Quarantäne muss. PETS besteht allerdings nur für bestimmte Luft-, Land- oder Seerouten. Auskunft erteilt das Department for Environment, Food and Rural Affairs, 💻 www. defra.gov.uk.

Entfernungstabelle

Aberdeen																																		
Carlisle	221	354																																
Dundee	70	112	152	243																														
Edinburgh	125	201	95	152	58	93																												
Fort William	165	265	204	326	121	193	146	235																										
Glasgow	145	233	99	158	82	131	42	68	104	167																								
Hull	346	557	161	258	291	466	216	347	354	570	254	409																						
Inverness	105	169	254	406	131	210	158	254	66	106	166	267	374	602																				
Kyle of Lochalsh	188	301	280	448	177	283	206	330	76	122	181	290	439	702	82	131																		
Mallaig	189	302	248	397	161	258	180	288	44	70	150	240	409	654	106	170	34	54																
Manchester	340	547	199	196	271	434	215	346	315	507	215	346	95	154	373	602	400	640	367	587														
Newcastle	325	378	62	99	167	267	110	177	253	407	148	238	121	195	268	431	321	514	288	461	132	213												
Oban	180	288	193	309	118	189	125	200	49	78	94	150	354	566	116	186	125	200	90	144	312	499	233	373										
Scrabster	228	365	373	597	250	400	279	446	185	296	286	458	512	819	119	190	214	342	238	381	495	792	388	621	235	376								
Stranraer	228	367	105	168	171	273	124	200	184	296	84	135	251	404	250	492	265	424	232	371	220	354	132	213	178	285	374	598						
Ullapool	150	241	312	499	189	302	203	327	90	145	194	312	419	675	45	72	88	141	166	266	418	673	220	254	166	266	125	200	158	254				
London	503	810	306	490	456	730	378	609	597	800	397	693	168	270	536	863	588	941	554	886	185	298	274	441	499	798	669	107	402	647	571	935		

Meilen

km

IWANOWSKI'S

Das kostet Sie das Reisen in Schottland

– Stand März 2008 –

Anhand der Preisbeispiele auf den Grünen Seiten können Sie sich ein realistisches Bild von den Kosten Ihrer Schottland-Reise und Ihres Aufenthaltes im Land machen. Seien Sie darauf gefasst, dass Schottland kein „billiges" Reiseland ist. Sowohl Lebensmittel, Unterkünfte, Benzinpreise als auch die Eintrittspreise zu den Sehenswürdigkeiten sind in der Regel teurer als auf dem Kontinent. Die angegebenen Preise sind als Richtschnur zu verstehen.

Währung

1 Britisches Pfund (GBP, £) = 1,35 Euro (€)

Beförderungskosten

Anreise per Flugzeug

Am preiswertesten geht es mit den Billig-Fluggesellschaften, wie Ryan-Air, EasyJet oder Germanwings. Die Preise hängen davon ab, wie früh man im Voraus bucht: je früher, desto günstiger.

Fähren

Die Fährverbindungen zu den Inneren und Äußeren Hebriden und auf die Orkney- und Shetland-Inseln sind nicht ganz billig. Wenn Sie vorhaben, mehrere Hebriden-Inseln aufzusuchen, lohnt sich von Caledonian MacBrayne (Calmac) der „Island Rover": Der „Rover" für 8 Tage kostet 48.50 £ für Fahrer / Beifahrer und 234 £ für das Fahrzeug, der „Rover" für 15 Tage kostet 71 £ für Fahrer / Beifahrer und 350 £ für das Fahrzeug).

Auch Northlink bietet spezielle Angebote für die Fährverbindungen zwischen Aberdeen und Lerwick und Aberdeen nach Kirkwall.

Bahn

Beabsichtigt man, Schottland per Bahn zu erobern, empfiehlt sich die Anschaffung eines „Freedom of Scotland Travelpass". In der Hochsaison (Mai bis September) kostet dieser für 4 (von 8 Tagen) 96 £ und für 8 (von 15 Tagen) 130 £.

Bus

Citylink bietet einen Explorer Pass mit dem man alle Scottish Citylink Verbindungen benutzen kann. Der Pass kostet für 3 Tage 39 £.

Mietwagen

Einen kleinen Mietwagen kann man bereits ab 19 £ pro Tag haben.

Tanken

Benzin/Diesel sind teurer als auf dem Kontinent und variieren von Ort zu Ort.

Aufenthaltskosten

Übernachten

- Jugendherbergen/Hostels: ab 9-10 £ für Erwachsene, teurer je nach Ausstattung der Herberge.
- Studentenwohnheim: zwischen 20 und 35 £
- B&B: zwischen 18 und 35 £ p.P.
- Hotels: In der Regel kostet ein „Standardhotel" zwischen 30 und 50 £ p.P. Nach oben hin ist allerdings keine Grenze gesetzt. Viele Hotels bieten am Wochenende „special rates" an.

Die im vorliegenden Reiseführer verwendeten Angaben (günstig, mittlere Preisklasse, gehobene Preisklasse, Luxus) dienen als Richtwert und beziehen sich auf Übernachtung und Frühstück pro Person.

günstig:	bis 30 £
mittlere Preisklasse:	bis 60 £
gehobene Preisklasse:	ab 60 £
Luxus:	ab 90 £

Lebensmittel

Essen

Die Preise für Essen und Trinken variieren erheblich. Ein Gericht in einem Imbiss (z.B. Fish und Chips oder Haggis und Chips) kostet ca. 4.50 £. Eine Mahlzeit in einem Pub ist für 4 bis 6 £ zu haben, in einem Restaurant ab 8 £ (Mittagstisch). Chinesische und indische Restaurants sind oft eine gute, bezahlbare Alternative. Für ein Dinner (Abendessen) müssen Sie in einem guten Lokal mit 15 £ und mehr rechnen. Die Preise der Spitzenrestaurants liegen weit darüber. Die schottische Restaurantszene wandelt sich derzeit rapide, und eine Empfehlung vor Ort und von den lokalen Touristenbüros kann von Nutzen sein.

Die Preise beziehen sich auf ein Menü ohne Getränk:

günstig:	unter 10 £
mittlere Preisklasse:	10-20 £
gehobene Preisklasse:	20-30 £
Luxus:	über 30 £

Getränke

Bei alkoholischen Getränken sind Pubs günstiger als Hotel Lounges. Ein Malt Whisky (¼ gill = ca. 3,5 cl) kostet ca. 2-2.50 £, wobei nach oben hin keine Grenzen gesetzt sind. Die Bierpreise liegen zwischen 2 und 2.50 £ pro Pint. Für einen Kaffee/Tee zahlt man in der Regel zwischen 1.20 und 1.80 £.

Sonstiges

Porto

Ein Brief oder eine Postkarte nach Deutschland kostet 42 Pence (Euro-Marke). Ein Brief oder eine Postkarte innerhalb Großbritanniens kostet 30 Pence (1. Klasse) oder 21 Pence (2. Klasse).

Eintrittspreise

Das hängt natürlich sehr davon ab, was und wie viel Sie besichtigen möchten, aber bei einer 14-tägigen Reise würde ich durchaus mit 100 € rechnen.

Tabak/Zigaretten

Raucher haben es schwer in Schottland, es sei denn, sie decken sich vor ihrer Abfahrt reichlich ein. Eine Schachtel Zigaretten (Benson & Hedges) kostet ca. 4.80 £.

Kostenkalkulation

Schottland bietet verschiedene Möglichkeiten, seinen Geldbeutel nicht allzu sehr zu strapazieren. Sparen können Sie zum Beispiel, wenn Sie auf die Angebote der Bahn-, Bus- oder Fährunternehmen zurückgreifen oder beim Mietwagen. Es muss ja nicht immer die weltweit bekannte Autofirma sein, und für 2 Personen tut es ein Fiat oder Polo auch. Wenn Sie beabsichtigen, sich mehrere historische Stätten oder Gebäude oder Parks anzuschauen, beachten Sie die Angebote des National Trust of Scotland (NTS) oder von Historic Scotland (HS) – sowohl HS als auch NTS bieten Saison- oder Jahreskarten, die unbegrenzten Einlass zu allen von ihnen betreuten Stätten gewähren. Bei der Unterkunft und bei den Mahlzeiten hingegen hängt es sehr stark davon ab, ob Sie auf gute Qualität, Komfort und Luxus Wert legen oder nur ein Dach über dem Kopf haben möchten. Wie oft hat sich schon herausgestellt, dass gerade die bescheideneren Unterkünfte und die lokalen Pubs sehr gemütlich sind und man dort im Gespräch mit den Einheimischen viel über Land und Leute erfährt.

Ich habe Ihnen eine grobe Richtlinie zusammengestellt, wie viel Ihre individuelle Reise durch Schottland in etwa kosten würde. Die folgenden Angaben beziehen sich auf Übernachtung sowie Essen und Trinken unter Zugrundelegung von zwei Wochen. Die Anreise sowie Transportkosten innerhalb des Landes sind bei dieser Kalkulation nicht berücksichtigt, da die Art des Reisens stark variiert.

billig:	ca. 600 € (Übernachtung in Jugendherbergen/Hostels und weitgehend Selbstversorgung)
mittel:	ca. 1.000 € (Übernachtung in B&Bs, Selbstversorgung, Pub-Lunch oder Mittelklasse-Restaurant)
gehoben:	ca. 2.000 € (Übernachtung in Hotels, Lunch und Dinner im Restaurant)

REISEN IN SCHOTTLAND

„Es ist eine Unsitte, die, wie überall, so auch in Schottland herrscht, dem Reisenden gleichsam eine bestimmte Reiseroute, eine bestimmte Reihenfolge von Sehenswürdigkeiten aufzudrängen." Theodor Fontane

Schottland ist zwar ein relativ überschaubares Land, es birgt aber so viele landschaftliche und kulturelle Sehenswürdigkeiten, dass man sich genügend Zeit nehmen sollte, um das Land wirklich kennenzulernen. Wer über diese Zeit nicht verfügt, sollte selektiv vorgehen und sich wenige Dinge intensiv vornehmen, anstatt alles sehen zu wollen. Die Routenplanung sollte sich also an der zur Verfügung stehenden Zeit sowie an den individuellen Interessensschwerpunkten orientieren.

Grundlage der folgenden Routenvorschläge ist die von mir abgefahrene Gesamtroute von gut 15.000 Kilometern, die in den Kapiteln 3-11 dieses Reisehandbuchs beschrieben wird. Reisende, die mit dem Flugzeug in Edinburgh oder Glasgow ankommen, sind oft versucht, sofort in den Norden aufzubrechen. Das ist schade, denn auch der Süden Schottlands hat sehr reizvolle und interessante Seiten, wenn auch sicherlich nicht ganz so spektakulär wie die Highlands. Wenn man genügend Zeit hat, sollte man durchaus 2-3 Tage für den Süden reservieren.

Programmvorschläge für eine 2-wöchige, 3-wöchige und 4- bis 6-wöchige Reise in Stichworten:

Vorschlag für zwei Wochen
(evt. Südosten) – Edinburgh – Pitlochry – über Inverness hinauf in den Norden – Lairg – Tongue – Durness – entlang der Nordwestküste nach Ullapool – Kyle of Lochalsh – Isle of Skye – Mallaig – Fort William – Oban – Callender – Glasgow – (evt. Südwesten).

Vorschlag für 3 Wochen
(evt. Südwesten) – Glasgow – Loch Lomond – Loch Katrine – über Crianlarich und Inveraray nach Oban – über Fort William und Mallaig zur Isle of Skye – entlang der Nordwestküste über Ullapool nach Durness – entlang der Nordküste nach Thurso – Tagesausflug auf die Orkney-Inseln – die Nordostküste nach Inverness – durch die Grampian Highlands nach Aberdeen – durch das Dee-Tal nach Pitlochry – die Halbinsel Fife – über Stirling nach Edinburgh – (evtl. Südosten).

Vorschlag für 4-6 Wochen (Anfahrt von England aus)
Der Südwesten – die Insel Arran – Glasgow – Loch Lomond – Loch Katrine – Crianlarich – Inveraray – die Region Argyll – Knapdale und Kintyre – Oban – eine Drei-Inseln-Tour machen (besser: einige Tage auf einer der Inseln verbringen) – über Fort William und Mallaig oder Kyle of Lochalsh zur Isle of Skye – Fahrt auf die Äußeren Hebriden (Lewis, Harris, von dort nach North und South Uist) – entlang der Nordwestküste über Ulla pool zum Cape of Wrath – entlang der Nordküste nach Thurso – Orkney (wenn möglich einige Tage dafür Zeit nehmen) – ent-

lang der Nordostküste nach Inverness – entlang der Ostküste nach Elgin – durch die Grampian Highlands nach Aberdeen – durch das Dee-Tal nach Pitlochry – die Halbinsel Fife – über Stirling nach Edinburgh – der Südosten.

Für die **Shetland-Inseln** empfehle ich einen Aufenthalt von mindestens 3-4 Tagen, um einen richtigen Einblick in das Inselleben zu erhalten. Wenn man bereits auf den Orkney-Inseln ist, kann man von dort übersetzen. Die Fähren zwischen Orkney und Shetland verkehren häufig. In der Hochsaison sind Vorausbuchungen für Autos zu empfehlen. Schön und geruhsam ist aber auch die Fahrt mit der Fähre von Aberdeen aus (14 Stunden über Nacht).

Ungefähre Fahrzeiten)
(80 km/Stunde)
Edinburgh – Glasgow: 1 ¼ Stunden
Edinburgh – Aberdeen: 2 ½ Stunden
Edinburgh – Inverness: 3 Stunden
Edinburgh – Ullapool: 4 ¼ Stunden
Edinburgh – Fort William: 3 Stunden
Edinburgh – Jedburgh: 1 ½ Stunden
Edinburgh – Oban: 3 Stunden
Edinburgh – Scrabster: 6 Stunden

Buchtipp
Das von Visit Scotland herausgegebene ***Enjoy Scotland Pack*** *hat sich als nützlicher Reisebegleiter erwiesen. Die Klarsichtmappe enthält die „Touring Map of Scotland", in der sämtliche Sehenswürdigkeiten eingezeichnet sind, sowie begleitend den „Touring Guide to Scotland". Das Handbuch gibt in alphabetischer Reihenfolge kurze Beschreibungen und Lagedarstellungen von rund 1.500 Sehenswürdigkeiten sowie Informationen über Eintrittspreise, Öffnungszeiten und Zugangsmöglichkeiten für Behinderte. Das „Enjoy Scotland Pack" wird jährlich neu bearbeitet. Erhältlich in guten Buchhandlungen und in den Touristeninformationen in Schottland sowie im Online-Bookshop auf www.visitscotland.com.*

Hinweis
Nationale Touristenstrecken
Als Alternative zu belebten Straßen gibt es in Schottland 12 nationale Touristenstrecken, die weniger befahrene und landschaftlich reizvolle Strecken anbieten. Jede Straße ist ausgeschildert, und in den Touristeninformationszentren sind Broschüren in verschiedenen Sprachen erhältlich. Die Straßenschilder haben weiße Schrift auf braunem Hintergrund sowie ein blaues Distel-Logo. Alle braunen Schilder mit weißer Schrift beziehen sich auf Besucherinformationen, und zwar nicht nur auf nationale Touristenstrecken, sondern auch auf Attraktionen.

Zeiteinteilung und touristische Interessen

Gebiet	*Kap.*	*Unternehmungen/Ausflugsziele*	*Tage*	*ca. km*	*touristische Interessen*
Südwesten	S. 130 S. 154	Region Dumfries und Galloway Arran und Bute	4-5	350	Wandern, Landschaft, Architektur
Südosten	S. 160	Region Borders und Lothian	2-3	250-300	Architektur: Abteien, Schlösser und Burgen
Edinburgh	4	Stadt und Umgebung	3-4	—	Kunst, Kultur und Unterhaltung
Glasgow	5	Stadt und Umgebung	2-3	—	Kunst, Kultur und Unterhaltung
Westen	6	Loch Lomond, Loch Katrine, The Trossachs, Region Argyll, Knapdale + Kintyre, Oban, Fort William, Mallaig, Kyle of Lochalsh, Fort Augustus	4-5	700	Landschaft, 3-Inseln-Tour von Oban aus, Wandern
Hebriden	7	westliche Inselwelt	1 Woche	—	Wandern, Strandspaziergänge, Vogelbeobachtung, prähistorische Architektur
Norden	8	Nordwestküste, Nordküste, Nordostküste	4-5	660	Wandern, Berg- und Küstenlandschaft
Osten	9	Inverness, Grampian Highlands, Ostküste, Aberdeen, Dee-Tal, Loch Tay-Region	5-6	330	Besichtigung der Städte Inverness und Aberdeen, Wandern in den Grampian Highlands, Whisky Trail, Castle Trail
Im Herzen Schottlands	10	Region Fife, St. Andrews, Stirling und Umgebung	2-3	200	Küstenlandschaft, Golf, Besichtigung von St. Andrews und Stirling
Orkneys/ Shetlands	11	nördliche Inselwelt	1 Woche	—	prähistorische Architektur, Vogelbeobachtung, einsame Landschaft

INFO

Informationen zu Theodor Fontanes Reise in die Highlands: „Jenseit des Tweed“

„Jenseit (sic) des Tweed“ – ist Fontanes Beschreibung seiner Reise durch Schottland. Gemeinsam mit seinem Freund Bernhard von Lepel hatte sich Theodor Fontane 1858 von London aus aufgemacht, um zwei Wochen in Schottland zu reisen. Schon lange war es sein sehnlichster Wunsch gewesen, das Hochland zu bereisen, eine Begeisterung, die sich sein Leben lang nicht legen sollte. Nach der Lektüre von Romanen des Walter Scott fühlte sich Fontane dem Land besonders verbunden.

Es war in jenen Tagen nichts Ungewöhnliches, nach Schottland zu reisen. Schon Anfang des 18. Jahrhunderts hatte Daniel Defoe das Hochland ausgiebig erkundet, und wenige Jahre später war Dr. Samuel Johnson mit seinem späteren Biographen James Bothwell durch Schottland bis zu den Äußeren Hebriden gereist. Fontane und Lepel konnten bereits auf die 5. Auflage des schottischen Reiseführers „Black's Picturesque Tours of Scotland“ zurückgreifen. Die erste Station der Reise war Edinburgh. Fast die Hälfte seines Buches widmet Fontane der Beschreibung dieser Stadt. Von dort aus ging es nach Stirling und Perth, weiter durch das schottische Hochland bis Inverness, anschließend per Schiff durch den Caledonian Canal und schließlich nach Oban. Hier hatten die beiden Reisenden mit einem auch heute noch bekannten Problem zu kämpfen – es gab kein freies Bett mehr! Von Oban besuchten sie die Inseln Staffa und Iona und kehrten unter Besichtigung des Loch Lomond nach Edinburgh zurück.

„Es war eine der schönsten Reisen in meinem Leben, jedenfalls die poetischste. Ich habe nie Einsameres durchschritten!“ (Theodor Fontane)

Buchtipp
*Theodor Fontane: **Jenseit des Tweed**, Frankfurt 1989.*

3. DER SÜDEN

Zeitvorschlag
Südschottland empfiehlt sich für den Beginn oder den Abschluss einer Schottland-Reise. Je nachdem, ob man bei einer großen Rundtour zunächst die Westküste hinauffährt oder aber die Ostküste, wird man sich entweder für den Südwesten (Dumfries, Galloway und Ayrshire) oder aber für den Südosten (Borders und Lothian) entscheiden. Sowohl für den Südosten als auch für den Südwesten empfehle ich 2-3 Tage. Aber auch im Zuge eines Städtetrips (Edinburgh, Glasgow) lohnt sich ein Abstecher in den Süden Schottlands allemal.

Einige Entfernungsangaben in Kilometern
Glasgow – Edinburgh: 64
Gretna Green – Edinburgh: 122
Gretna Green – Glasgow: 128
Gretna Green – Dumfries: 42
Dumfries – Stranraer: 122
Newcastle – Edinburgh: 161
Stranraer – Glasgow: 132

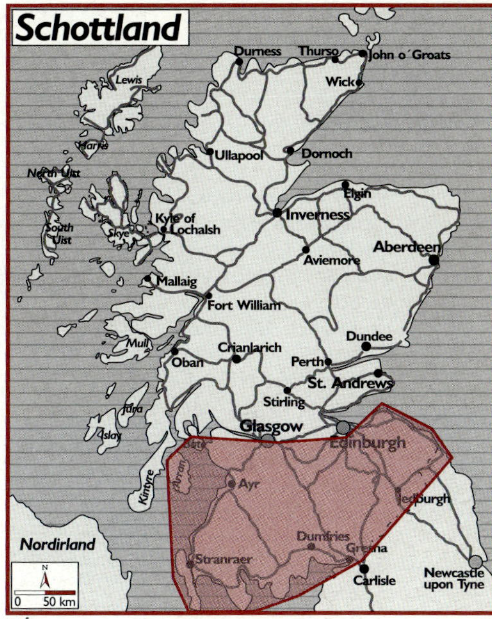

© igraphic

Allgemeiner Überblick

Willkommen in Schottland

nur ein schlichter Stein

Die Landesgrenze zwischen England und Schottland wird lediglich durch einen schlichten Stein markiert. Die Landschaft der Lowlands besteht aus Mooren und Hügeln, durch die sich der Fluss Tweed schlängelt. Das Gebiet wird von den Cheviot- und Tweedsmuir Hills im Süden und von den Lammermuir- und Pentland Hills im Norden eingefasst. Die Haupterwerbsquellen sind hier die Textilindustrie sowie Land- und Viehwirtschaft. Wesentliche Merkmale Südschottlands sind die Schlösser und Burgen, die vier großen Klosterruinen Jedburgh, Dryburgh, Melrose und Kelso sowie etliche prähistorische Stätten.

Aus Südschottland stammen zwei große Literaten: **Sir Walter Scott** (1771-1832) und **Robert Burns** (1759-1796). In Anlehnung an ihre Wirkungsstätten wird der Südosten als „Scott's Country" bezeichnet, im Gegensatz zum „Burns' Country" im Westen.

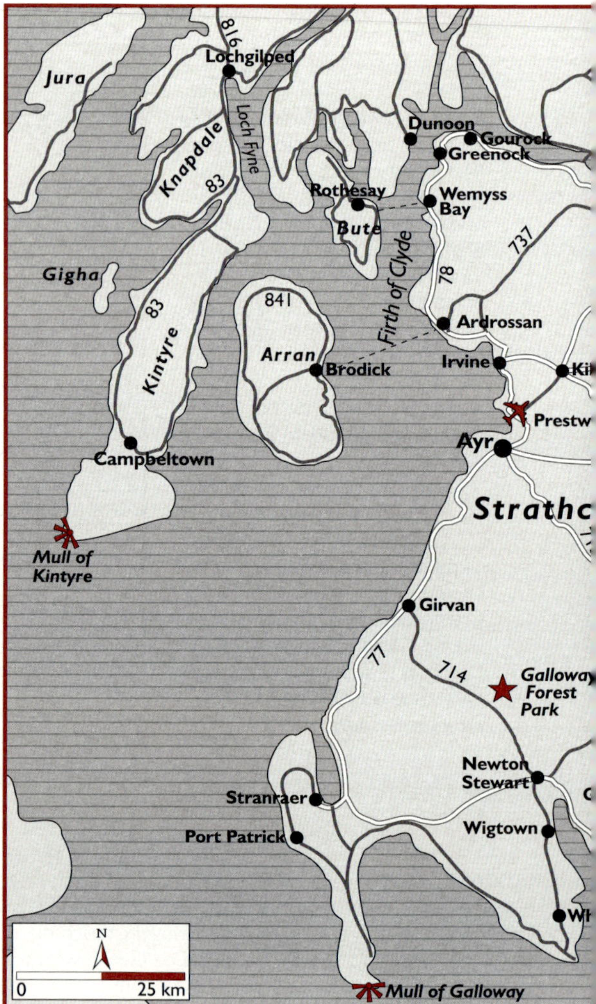

© igraphic

Touristisch wurde der Süden erst wesentlich später als die Highlands erschlossen, die bereits seit der Romantik viel besucht wurden. Auch heute noch liegen der Südwesten und der Südosten in der Besucherskala hinter den Highlands.

oft nur Durchgangsstation

Oft wird der Süden Schottlands nur als Durchgangsstation auf dem Weg in die Highlands betrachtet. Sicherlich zu Unrecht:

- Zwar finden wir hier nicht die wildromantischen Naturschönheiten wie in den Highlands, doch ist die Landschaft mit ihren kleinen Fischerorten und der dazwischen liegenden hügeligen Wiesen- und Weidenlandschaft sehr ansprechend.
- Besonders im Südosten gibt es eine Fülle an Kunstdenkmälern, die in dieser Dichte sonst kaum in Schottland zu finden ist.

Wandern und Rad fahren

- Es gibt hervorragende Wander- und Radwandermöglichkeiten, lange Strände und viele Besichtigungsmöglichkeiten.
- Durch eine vollständig ausgebaute touristische Infrastruktur eignet sich dieser Landstrich insbesondere auch für Familien mit Kindern oder Erholungssuchende.
- Golfliebhabern stehen etliche Golfplätze zur Verfügung.

Wandern

Südschottland ist ein Mekka der Wanderfreunde. So kann man beispielsweise einer historischen Route an der Solway-Küste folgen, auf den Spuren von Robert Burns wandeln, die wilde Schönheit des Galloway Forest Park erkunden oder in mehreren Tagesetappen auf dem Southern Upland Way von Port Patrick im äußersten Südwesten an die Ostküste nach Cockspurnspath wandern. Dieser Langstreckenweg ist Großbritanniens einziger Wanderweg, der von Küste zu Küste führt. Die örtlichen Touristenbüros halten vielfältige Informationen und Kartenmaterial bereit.

Der Südwesten: Dumfries, Galloway und Ayrshire

Öffentliche Verkehrsmittel

Es gibt ein gut ausgebautes Bussystem (Stagecoach Western, ✆ 01292 613500, 💻 www.stagecoachbus.com/western) National Express (✆ 08705 808080, 💻 nationalexpress.com) bietet Busse von London, Glasgow und Edinburgh nach Stranraer für die Fähren nach Belfast und Larne in Nordirland. Daneben gibt es die Zugverbindungen von Carlisle nach Glasgow (über Dumfries und Moffat) sowie von Stranraer nach Glasgow.

Dumfries und Galloway

Von Gretna Green nach Dumfries

Von Carlisle kommend, stößt man direkt an der Grenze auf einen wohl weltweit bekannten Besuchermagneten: **Gretna Green**.

Legendär: der „Marriage Room" in Gretna Green

Da ab 1713 in England Eheschließungen nur mit Lizenz und in der Kirche möglich waren, flohen viele junge Leute in den ersten Ort hinter der englisch-schottischen Grenze, nach Gretna Green. Nach 1865 sah das Gesetz vor, dass wenigstens ein Partner mindestens für drei Wochen in Schottland gelebt haben musste. Endgültig illegal wurde die Hochzeit aber erst 1940. Als Touristenattraktion kann man im Old Blacksmith's Shop Scheinehen vornehmen, lassen, aber auch „richtige" Eheschließungen sind in Gretna Green möglich. Zahlreiche Anbieter werben per Internet für ihre Dienste. Zum Old Blacksmith's Shop gehören ein großer Souvenirladen sowie ein Restaurant (💻 *www.gretnagreen.com,* 🕦 *ganzjährig).*

Touristenattraktion Scheinehe

Redaktionstipps Südwesten

- Die Stadt **Dumfries** besichtigen (S. 131ff).
- Die Henry-Moore-Skulpturen im **Glenkiln Reservoir** anschauen (S. 134).
- Im **Galloway Forest** oder entlang des **Southern Upland Way** wandern (S. 141, 145).
- Besichtigung der Schlösser **Drumlanrig** (S. 133) und **Culzean** (S. 146f).
- Einen Ausflug (am besten für einige Tage) auf die Insel **Arran** machen (S. 154ff).

Ecclefechan, an der A74 gelegen, ist der Geburtsort von **Thomas Carlyle** (1795-1881), Historiker und Philosoph der viktorianischen Zeit, der vor allem für seine sozialpolitischen Schriften bekannt wurde. In Deutschland hat sich Carlyle mit seiner Biographie Friedrichs II. von Preußen einen Namen gemacht. In seinem Geburtshaus wurde ein kleines Museum mit Erinnerungsstücken an Carlyle eingerichtet *(✆ 01576 300666,* 🕦 *Mai bis September, Fr-Mo 13.30-17.30 Uhr).*

© graphic

12 km nördlich von Ecclefechan liegt **Lockerbie**, eine ruhige, wenig spektakuläre Stadt. In die internationalen Schlagzeilen kam der Ort, als hier am 21. Dezember 1988 ein Pan Am Jumbo Jet auf dem Weg von Frankfurt nach New York durch eine in die Maschine geschmuggelte Bombe explodierte. 270 Menschen kamen bei dem Unglück ums Leben. Nach Sanktionen seitens der USA sowie langwierigen Verhandlungen übergab Libyen 1999 die beiden arabischen Attentäter der schottischen Polizei. Sie wurden vor ein Gericht in den Niederlanden gestellt.

Dumfries und Umgebung

Dumfries ist mit 32.000 Einwohnern die größte Stadt im Südwesten Schottlands und Verwaltungssitz der Grafschaften Dumfries und Galloway. Die betriebsame Stadt lohnt einen Besuch oder bietet sich als Ausgangspunkt für Besichtigungen *Ausgangspunkt*

Burns´ Lieblingslokal: The Globe Inn

in der Umgebung an. Aufgrund seiner grenznahen Lage war Dumfries jahrhundertelang Grund für kämpferische Auseinandersetzungen zwischen Schotten und Engländern. Zahlreiche Bauten des Mittelalters fielen den Kämpfen zum Opfer.

Erhalten ist die sechsbogige **Old Bridge** über den Fluss Nith aus dem 15. Jh. sowie das **Old Bridge House**, das älteste Gebäude der Stadt (1660 erbaut), in dem ein kleines stadtgeschichtliches und volkskundliches Museum eingerichtet wurde *(Mill Road, ✆ 01387 656904, 🕐 April bis September, Mo-Sa 10-17 Uhr, So 14-17 Uhr)*. Größte Besucherattraktivität hat Dumfries jedoch als letzter Wohnort des schottischen Dichters **Robert Burns** (1759-1796), der hier seine letzten Lebensjahre verbrachte.

nicht ohne meinen Hund…

Eine Besichtigungstour sollte in der verkehrsberuhigten High Street, an der **Burns Statue** am Nordende, beginnen. Das Denkmal zeigt den großen Barden auf einem Baumstamm sitzend mit seinem treuen Hund an seiner Seite. Einige Minuten zu Fuß entlang der High Street kommt man zum **Midsteeple**, 1707 als Gerichtshaus und Gefängnis erbaut. Ganz in der Nähe, Nr. 56, ist das **Globe Inn**, (eines von) Burns' Lieblingslokal(en) und mittlerweile eine Touristenattraktion *(✆ 01387 252335, 🕐 Mo-Do 10-23 Uhr, Fr-So 10-Mitternacht)*.

Weiter entlang der High Street, folgt man den Schildern zum **Burns House**. Das Wohnhaus des Dichters beherbergt viele Ausstellungsstücke, die über Leben und Schaffen des literarischen Nationalhelden informieren. Auf dem Friedhof der **St. Michael's Church**, südlich vom Burns House, hat Burns in einem monumentalen Mausoleum seine letzte Ruhestätte gefunden *(✆ 01387 255297, 🕐 April bis September Mo-Sa 10-17 Uhr, So 14-17 Uhr, Oktober bis März Di-Sa 10-13 Uhr, 14-17 Uhr)*.

Auf der anderen Seite des Flusses liegt das preisgekrönte **Robert Burns Centre**. Das Besucherzentrum und eine Tonbildshow informieren anschaulich über das

Robert Burns (1759-1796)

Leben des Dichters und seine Verbindung zur Stadt Dumfries *(Mill Road, ✆ 01387 264808, ⏲ April bis September Mo-Sa 10-20 Uhr, So 14-17 Uhr, Oktober bis März Di-Sa 10-13 Uhr, 14-17 Uhr).*

Auf dem Corbelly Hill, oberhalb des Robert Burns Centre, ist in der Windmühle aus dem 18. Jh. das **Dumfries Museum and Camera Obscura** eingerichtet. Es beherbergt stadt- und lokalgeschichtliche Exponate. Die „Camera Obscura" wurde 1836 installiert, als das Gebäude in ein Observatorium umgestaltet wurde. Richtet man sie auf einen Teil der Stadt, wird das Panorama von Dumfries und der umgebenden Landschaft auf eine Mattscheibe projiziert *(✆ 01387 253374, ⏲ April bis September Mo-Sa 10-17 Uhr, So 14-17 Uhr).*

Windmühle

Nördlich von Dumfries

Die A76 verläuft in nordwestlicher Richtung von Dumfries hoch nach Kilmarnock in Ayrshire. Entlang der Strecke befinden sich einige Sehenswürdigkeiten:

Auf der **Ellisland Farm** in Hollywood lebte Robert Burns von 1788 bis 1791 und schrieb einiger seiner schönsten Gedichte. Nebenbei versuchte sich der Dichter als Farmer, allerdings nicht sonderlich erfolgreich *(an der A76, 9 km N Dumfries, ✆ 01387 740426, ⏲ April bis September, Mo-Fr 10-13 Uhr, 14-17 Uhr, So 14-17 Uhr, Oktober bis März Di-Sa 10-16 Uhr).*

5 km nördlich von **Thornhill** biegt man zum **Drumlanrig Castle** ab. Das prachtvolle Renaissance-Schloss aus dem 17. Jh. ist ein stattlicher Bau aus rosafarbenem Stein. Es ist ein gutes Beispiel für die Übergangszeit von Kastellarchitektur zu den Innenhöfen der Renaissance. Vergleichbar mit dem George Heriot's Hospital in Edinburgh (s. S. 206), hat auch Drumlanrig Castle einen rechteckigen Innenhof, der von vier symmetrischen Flügeln umschlossen wird. Auch in Drumlanrig liegt das Niveau des Innenhofes ein Stockwerk höher als das äußere Niveau. Im Inneren befindet sich eine bedeutende Bildergalerie mit Gemälden von van Dyck, Reynolds, Gainsborough und Ramsay, Holbein und Rembrandt. Nachdem im Jahre 2003 ein Gemälde von Leonardo da Vinci (mit einem geschätzten Wert von 50 Millionen Pfund) gestohlen wurde, sind Besichtigungen nur noch mit Führung möglich *(35 km N Dumfries, ⏲ Schloss: Karfreitag bis Ende August 11-17 Uhr, (letzte Tour um 16 Uhr); Garten: April bis September 10-17 Uhr, 💻 www.buccleuch.com).*

Bildergalerie

In dem großen Country Park lässt es sich nach dem Besuch des Schlosses erholen. Man kann auch Mountain Bikes ausleihen und auf gut erschlossenen Fahrradwegen radeln. Das **Fahrradmuseum** umfasst eine Sammlung an rund 70 Fahrrädern und erinnert daran, dass das Fahrrad hier in der Nähe erfunden wurde.

10 km nördlich, in **Wanlockhead**, dem höchstgelegenen Dorf Schottlands, ist das **Museum of Lead Mining** interessant. Das Museumsdorf zeigt in anschaulicher Weise die Arbeit und das harte Leben der Bergarbeiter. Bei einer Führung geht es durch die 600 Meter tiefe Loch Nell-Bleimine. Für die Besichtigung sollte man 2-3 Stunden einplanen *(bei Mennock, ✆ 01659 74387, ⏲ tgl. März bis Oktober 11-16.30 Uhr, Juli und August 10-17 Uhr).*

Museumsdorf

Reisepraktische Informationen Wanlockhead

Unterkunft

*In **Wanlockhead** gibt es ein Hotel, einige B&Bs, Cottages für Selbstversorger und ein nettes Hostel, die privat geführte **Lotus Lodge**, Wanlockhead ML12 6UT, ✆ 01659 74544, ⓘ März bis Oktober, 28 Betten (ein Familienzimmer und ein 12-Bett-Zimmer).*

Wenige Kilometer weiter nördlich an der A76 liegt der kleine gepflegte Ort **Sanquhar** am *Southern Upland Way* und ist daher besonders für Wanderer interessant. Die Touristeninformation ist im alten Postamt untergebracht.

King und Queen

Skulpturen und Schafe

Ein besonders lohnendes Ausflugsziel liegt beim **Glenkiln Reservoir**, ca. 15 km westlich von Dumfries. Inmitten von Hügeln und Schafen kann man Skulpturen von Henry Moore, Auguste Rodin und Auguste Renoir bewundern. Sie gehören einem englischen Kaufmann, der sie hier – „in the middle of nowhere" – aufstellte.

Südlich von Dumfries

gewaltiges Steinkreuz

Ruthwell Cross ist eines der wichtigsten Monumente aus frühchristlicher Zeit. Das gewaltige Steinkreuz (5 ½ Meter) stammt aus dem frühen 8. Jh. Auf der Vorderseite des Kreuzes sind Szenen aus dem Leben Christi mit lateinischen Inschriften dargestellt. An den Seiten sind Zweige, Blätter, Vögel und Tiere zu erkennen und am Rand ein Gedicht in northumbrischer Sprache und Runenschrift *(10 km SO Dumfries, von der B724 ausgeschildert, in der Kirche).*

Caerlaverock Castle

Nicht weit davon entfernt liegt **Caerlaverock Castle**. Die auf triangelförmigem Grundriss ruhende Festung geht auf das ausgehende 13. Jh. zurück. Im frühen 14. Jh. wurde die Burg zerstört und erst 1593 wiederaufgebaut. 1634 im Renaissancestil erweitert, wurde sie 1640 erneut zerstört und nie wieder aufgebaut. Die mächtige Burg ist von einem Wassergraben umgeben und galt deshalb als uneinnehmbar. Zwei Rundtürme flankieren den Eingang an der Spitze des Baus. Zwei weitere kleine Türme befinden sich an den beiden Schenkeln des Gebäudes. Der Innenhof ist überraschend prunkvoll im Renaissancestil gestaltet und steht im Gegensatz zur Wehrhaftigkeit des Außenbaus *(bei Glencaple an der B725, 12 km SO Dumfries, ✆ 01387 770244, 💻 www.historic-scotland.gov.uk, 🕐 ganzjährig).*

Wenige Kilometer weiter liegt das **Caerlaverock Wildlife and Wetlands Centre**, ein „Muss" für Vogelliebhaber, aber auch für Besucher interessant, die kein ausgesprochenes Interesse an Federtieren haben. Das salzige Marschland und das Moorgebiet ziehen Tausende von Vögeln an. Von Beobachtungsständen aus kann man die Vögel sehen, und im Sommer finden Führungen statt *(✆ 01387 770200, 🕐 tgl. 10-17 Uhr).* *Vögel*

Reisepraktische Informationen Dumfries

Information

***Dumfries & Galloway Tourist Board**, 64 Whitesands, Dumfries, Dumfries & Galloway DG1 2RS, ✆ 01387 253862, 📠 01387 245551, 💻 www.dumfriesandgalloway.co.uk*

Unterkunft

*******Hetland Hall Hotel €€-€€€**, Carrutherstown, Dumfries DG1 4JX, ✆ 01387 840201, 📠 01387 840211, 💻 www.hetlandhallhotel.co.uk, 🕐 ganzjährig, 32 Zimmer, elegantes Country House, 12 km von Dumfries entfernt, wunderbare Blicke über den Solway Firth.*

*******Cairndale Hotel and Leisure Club €€**, 136-138 English Street, Dumfries DG1 2DF, ✆ 01387 254111, 📠 01387240288, 💻 www.cairndalehotel.co.uk, 🕐 ganzjährig, 91 Zimmer, zentral gelegenes Hotel mit regelmäßigem abendlichen Unterhaltungsprogramm, Freizeit- und Fitnessmöglichkeiten.*

Dumfries verfügt außerdem über zahlreiche B&Bs, so dass Unterkunftsuchende auf keine Schwierigkeiten stoßen sollten.

Öffentliche Verkehrsmittel

Regelmäßige Zugverbindungen und Citylink-Busanbindungen in alle Landesteile.

Golf

„The Gateway to Golf Pass" umfasst über 30 Golfplätze der Region, ob für Anfänger oder Fortgeschrittene. Ein Pass für 3 Runden kostet 65 £ (an 3 Tagen), für 6 Runden (an 5 Tagen) 90 £, für 10 Runden (an 5 Tagen) 110 £. Auskunft von den örtlichen Touristenämtern in Dumfries und Galloway oder unter ✆ 01387 245566.

Von Dumfries entlang der Solway Coast nach Castle Douglas

Die A710 verläuft durch New Abbey und folgt dann der Solway Coast entlang der kleinen Ortschaften Rockcliffe und Kippford. Hinter Dalbeattie trifft sie auf die A711 von Dumfries nach Kirkcudbright.

Wandern / Fahrrad fahren

6 km S Dumfries liegt der Mabie Forest, ein großes Waldgebiet mit Wanderwegen und Fahrradstrecken.

In dem hübschen Ort **New Abbey** (an der A710, 12 km S Dumfries) liegt die beeindruckende rote Sandsteinruine von **Sweetheart Abbey**. Der Name der Abtei geht auf eine große Liebe zurück: Devorgilla Balliol, die Begründerin der Abtei (1273), hat sich hier zusammen mit dem Herzen ihres Mannes, begraben lassen. Sie hatte ihren Mann so sehr geliebt, dass sie nach dessen Tod sein Herz in ein Behältnis gab und dieses bis zu ihrem eigenen Tod sechzehn Jahre später stets bei sich trug.

große Liebe

Von der ehemaligen Zisterzienserabtei sind noch der mächtige zentrale Turm, sechs Bögen, Reste der Querschiffe und ein Teil der Lichtgaden vom Hauptschiff erhalten. Die drei Lanzettfenster in der Westfassade werden von einer schönen Rosette gekrönt, aber ebenso beeindruckend ist auch das Kleeblattmaßwerk in den Fenstern des Chores *(✆ 01387 850397, 💻 www.historic-scotland.gov.uk, 🕓 April bis September tgl. 9.30-17.30 Uhr, Oktober bis März Sa-Mi 9.30-16.30 Uhr).*

Weiterhin kann New Abbey mit dem **Shambellie House Museum of Costumes** aufwarten. In einem viktorianischen Gebäude mit herrlichem Garten untergebracht, bietet dieses Museum eine interessante Sammlung verschiedener historischer Trachten und Kleidungsstücke. Ein Souvenirladen, ein Teeraum und ein Picknickplatz gehören mit zum Museum *(✆ 01387 850375, 🕓 April bis Oktober Mo-So 10-17 Uhr).*

Trachtenmuseum

Die **Corn Mill** ist eine mit Wasser betriebene Kornmühle aus dem späten 18. Jh. Die Mühle funktioniert noch und wird regelmäßig vorgeführt *(✆ 01387 850260, 💻 www.historic-scotland.gov.uk, 🕓 ganzjährig).*

Wandern

*New Abbey wird von dem **Criffel Hill** (569 Meter hoch) überragt. 3 km südlich des Dorfes nimmt man die Abzweigung zur Ardwell Mains Farm, von wo aus der Weg zum Gipfel verläuft. Von oben hat man eine wunderschöne Aussicht.*

Orchardton Tower

Die A710 verläuft parallel zur Solway Coast, entlang der weiten Sandyhill Bay, nach Colvend. Knapp 2 km danach biegt eine Seitenstraße zu dem kleinen, wunderschön gelegenem Dorf **Rockcliff** ab. Von hier aus lässt es sich herrlich entlang des Jubilee Path (NTS) in das benachbarte **Kippford** wandern, einem beliebten Segelzentrum. Der rund 4 km lange Weg führt entlang der **Mote of Mark**, einem keltischen Fort. Von Kippford kann man bei Ebbe (allerdings nicht im Mai und Juni, wenn die Austernfischer brüten) zur **Rough Island** wandern, einem Vogelschutzgebiet, das vom NTS verwaltet wird.

Dalbeattie ist ein kleiner Ort mit einigen Läden und einer Touristeninformation. 6 km südlich davon liegt der **Orchardton Tower**. Der Turm entstand in der Mitte des 15. Jh. und ist das einzige runde Turmhaus in Schottland. Interessant sind die extrem dicken Außenwände, in denen sich ein schmaler Aufgang befindet. Während das Erdgeschoss als Lagerraum genutzt wurde, dienten die oberen Stockwerke als Wohnräume der Herrschaft. Den oberen Abschluss bildet ein umlaufender Wehrgang. Man vermutet, dass es sich bei den Ruinen im Süden des Turmes um Wirtschaftsgebäude handelt *(von der A711 ab, 3 km S Palnackie, 10 km S Castle Douglas).*

rundes Turmhaus

Feste / Feiern

In Palnackie findet alljährlich jeweils Ende Juli oder Anfang das World Flounder Tramping Championship statt, ein ungewöhnliches Ereignis, bei dem versucht wird, die größte Flunder zu fangen – aber mit den Füßen!

Von Dalbeattie verlaufen die A711 südwestlich nach Kirkcudbright und die A745 zum 8 km entfernten Castle Douglas.

Castle Douglas, am Rande des wunderschönen kleinen **Carlingwark Loch** gelegen, wurde im 18. Jh. von Sir William Douglas gegründet. In der geschäftigen Kleinstadt befinden sich mehrere Restaurants und Hotels in der Hauptstraße. Abgesehen von der kleinen, erst 1996 gegründeten und im Familienbetrieb geführten **Sulwath Brewery**, die man auch besichtigen kann, gibt es im Ort keine herausragenden Sehenswürdigkeiten, dafür aber in der Umgebung *(The Brewery, 209 King Street, ✆ 01556 504525, 🕓 ganzjährig).*

Threave Gardens ist ein weitläufiges Parkareal mit vielen schönen und seltenen Pflanzen. Obwohl immer wieder für seine herrlichen Arrangements von Frühlingsblumen gerühmt, ist es wahrlich ein Garten für alle Jahreszeiten, in dem man wunderschön spazieren gehen kann *(✆ 01556 502575, 💻 www.nts.org.uk, Park: ganzjährig tgl. 9.30 Uhr bis Sonnenuntergang, Garten und Gewächshaus: ganzjährig tgl., 9.30-17 Uhr, Besucherzentrum April bis Oktober tgl. 9.30-17.30 Uhr, Februar, März, November, Dezember tgl. 10-16 Uhr, Restaurant 10-16 Uhr, im Sommer bis 17 Uhr. Von der A75 ab, 1 km W Castle Douglas).*

seltene Pflanzen

Nicht weit entfernt liegt **Threave Castle**, ein Wohnturm, der auf einer kleinen Insel im Dee liegt. Er wurde zwischen 1339 und 1390 errichtet, die umlaufende Ringmauer mit drei Ecktürmen um 1450 hinzugefügt *(✆ 07711 223101, 💻 www.nts.org.uk, 🕓 April bis September Mo-So 9.30-18.30 Uhr).*

In den folgenden Jahrhunderten wurde Threave Castle mehrfach zerstört und wieder aufgebaut, heute ist es eine romantische Ruine, die man nach 15 Minuten Fußweg und einer kurzen Überfahrt mit einem kleinen Boot besichtigen kann.

Die A713 verläuft nördlich von Castle Douglas entlang des Ufers des langgestreckten **Loch Ken** nach New Galloway. Loch Ken ist vor allem bei Wassersportlern beliebt. Es gibt Möglichkeiten zum Segeln, Windsurfen, Wasserski, Kanu-Fahren, Rudern und Angeln.

Reisepraktische Informationen Castle Douglas

Information

TIC, *Markethill, Castle Douglas, ✆ 01556 502611, ⌚ April bis Oktober.*

Unterkunft

******Balcary Bay Hotel** *€€€, Auchencairn DG7 1QZ, ✆ 01556 640217/640311, Fax 01556 640272, www.balcary-bay-hotel.co.uk, ⌚ März bis November, 20 Zimmer, am Strand gelegenes, alteingesessenes Hotel mit gutem Restaurant*

*****The Imperial Hotel** *€€, 35 King Street, Castle Douglas DG7 1AA, ✆ 01556 502086, Fax 01556 503009, www.thegolfhotel.co.uk, ⌚ ganzjährig, 12 Zimmer, freundliches Hotel im Familienbetrieb im Stadtzentrum*

Fahrradverleih/Reparatur

Ace Cycles, *Church Street, Castle Douglas DG7 1EA, ✆ 01556 504542. Fahrradverleih 10 £ pro Tag, pro Woche 50 £.*

Kirkcudbright

Der kleine Ort Kirkcudbright (gesprochen „Kirkubie") bietet sich als Standquartier für die Besichtigung des Südwestens an. Romantisch an der Mündung des Dee im Solway Firth gelegen, ist es mit seinen eleganten georgianischen Villen und viktorianischen Stadthäusern sicherlich das attraktivste Städtchen im Südwesten. Erhalten sind das Marktkreuz von 1610 und ein malerischer Tolbooth (Rathaus mit Gefängnis) aus dem 16./17. Jh. mit einer Außentreppe aus Stein.

elegante Häuser

Bei einer Bootsfahrt mit **Kirkcudbright Bay Cruises** *(✆ 01557 331838)* kann man die schöne Kirkcudbright Bay kennenlernen.

In der Nähe des Hafens liegt das **MacLellan's Castle**, ein 1577 errichtetes befestigtes Herrenhaus, das seit 1752 zur Ruine verfallen ist, aber schöne architektonische Details aufweist *(High Street, ✆ 01557 331856, www.historic-scotland.gov.uk, ⌚ April bis September Mo-So 9.30-17.30 Uhr).*

Künstlerkolonie

Die Künstlerkolonie der **Glasgow Boys** (s. S. 31) wurde in Kirkcudbright gegründet, seither ist Kirkcudbright vor allem bei Künstlern sehr beliebt. In der **Harbour Cottage Galerie** werden Bilder und Kunsthandwerk von lokalen Künstlern ausgestellt *(Castlebank, ✆ 01557 330207).*

Nicht weit entfernt liegt das wunderschöne Broughton House, ein georgianisches Stadthaus, das 1901 von E.A. Hornel gekauft wurde. 2005 wurde das Haus aufwendigen restauriert. Es beherbergt die Hornel Art Gallery and Library und viele Werke des in Australien geborenen Malers Edward Atkinson Hornel (1864-1933) sind hier ausgestellt. Hornel war ein Mitglied der Glasgow Boys, deren idyllische Landschaftsmalerei vielfach den Einfluss japanischer Kunst zeigt. Zum Haus gehört ein wunderschöner japanischer Garten, den Hornel hier anlegen ließ *(12 High Street, ✆ 01557 330437, www.nts.org.uk, ⌚ Garten Februar und März Mo-Fr 11-16 Uhr, Haus und Garten: Ostern bis September Do-Mo 12-17 Uhr).*

In der High Street liegt auch das **Tolbooth Art Centre**. Hier kann man sich über die Geschichte der Künstlerkolonie informieren. Daneben gibt es eine Ausstellung zeitgenössischer Kunst, Kunsthandwerk und eine Fotoausstellung sowie ein Café und einen Buchladen *(✆ 01557 331556, ⏲ ganzjährig)*.

Ein reizendes, viktorianisches Museum ist das **Stewartry Museum**, 1879 gegründet, wo es lokalgeschichtliche Exponate aus dem 18. und 19. Jh. zu sehen gibt *(St. Mary Street, ✆ 01557 331643, ⏲ Mo-Sa 11-16 Uhr, Juni bis September Mo-So 14-17 Uhr)*.

Am Ortsausgang führt die **Tongland Bridge**, eine Brücke von **Thomas Telford**, über den Dee.

Buchtipp
In Kirkcudbright und Umgebung spielt der Krimi von Dorothy Sayers „Five Red Herrings" (deutsch: Fünf falsche Fährten). Die Krimiautorin hat lange Zeit in Galloway gelebt.

Tongland Bridge

Dundrennan Abbey ist für alle Architekturfreunde interessant. Die im 12. Jh. gegründete Zisterzienserabtei verfiel im 17. Jh. Erhalten sind die Grundmauern und die Fundamente der Säulen sowie die Westfront der Abtei. Die Ruinen der Abtei zeigen in ihrer Mischung verschiedener Baustile recht anschaulich den Übergang vom normannischen zum gotischen Stil *(✆ 01557 500262, 💻 www.historic-scotland.gov.uk, ⏲ April bis September täglich 9.30-17.30 Uhr, Oktober Sa-Mi 9.30-16.30 Uhr, November bis März nur am Wochenende 9.30-16.30 Uhr. 10 km SO Kirkcudbright an der A711)*.

Stil-Mix

Reisepraktische Informationen Kirkcudbright

Information

***TIC**, Harbour Square, Kirkcudbright, Dumfries & Galloway DG6, ✆ 01557 330494)*

Unterkunft

********Selkirk Arms Hotel** *€€, High Street, Kirkcudbright DG6 4JG, ✆ 01557 330402, 📠 01557 331639, 💻 www.selkirkarmshotel.co.uk, ⏲ ganzjährig, 16 Zimmer, nettes, komfortables Hotel im traditionellen Stil mit Restaurant und Bistro.*

Gatehouse of Fleet und Umgebung

ruhige Kleinstadt

15 km W Kirkcudbright und attraktiv am Ufer des Water of Fleet liegt die ruhige Kleinstadt **Gatehouse of Fleet** *(Tourist Information ✆ 0557 814212)* mit Restaurants und Unterkunftsmöglichkeiten.

Mill on the Fleet ist eine Mühle aus dem 18. Jh. Sorgfältig restauriert, kann man sich hier über die Geschichte des Ortes mittels Videopräsentation, eines Modells der Ortschaft vor 200 Jahren und einiger historischer Ausstellungsstücke informieren. Es gibt einen Kunst- und Kunsthandwerksladen und ein Café mit Terrasse am Fluss *(High Street, ✆ 01557 814099, ⌚ April bis Oktober Mo-So 10-16 Uhr)*.

Tower House

Von Gatehouse of Fleet kann man einen schönen Spaziergang zum **Cardoness Castle** machen. Das Familienhaus der McCullochs, ein 6-geschossiges Tower House, stammt aus dem 15. Jh. und steht auf einer felsigen Plattform über dem Water of Fleet. Beachtenswert sind im Inneren die Feuerstellen in der Great Hall und in den Upper Halls *(✆ 01557 814427, 💻 www.historic-scotland.gov.uk, ⌚ tgl. im Sommer 9.30-17.30 Uhr, im Winter nur am Wochenende 9.30-16.30 Uhr. 1 ½ km SW Gatehouse of Fleet)*.

Die A75 verläuft mit herrlichen Ausblicken auf die Bucht weiter westlich nach **Creetown**, am Ostufer der Wigtown Bay gelegen. Dort kann man dem **Gem Rock Museum** einen Besuch abstatten, das eine beträchtliche Sammlung an Mineralien und Steinen zeigt *(✆ 01671 820357, ⌚ Ostern bis September täglich 9.30-17 Uhr, im Winter eingeschränkte Öffnungszeiten)*.

6 km südlich von Creetown an der A75 liegt **Carsluith Castle**, die wohlerhaltene Ruine eines 4-geschossigen Tower House aus dem 16. Jh. mit Anbauten aus dem 18. Jh. *(✆ 0131 668 8800, 💻 www.historic-scotland.gov.uk, ⌚ ganzjährig)*.

New Galloway und Umgebung

herrliche Wandergegend

Eingebettet im Tal *The Glenkens*, das nördlich des Loch Ken verläuft, liegt New Galloway, ein hübsches kleines Dorf mit weiß gekalkten Häusern, das von herrlicher Landschaft umgeben ist. Der **Galloway Forest Park** liegt westlich des Ortes. Es ist der größte Waldpark in Großbritannien mit bewaldeten Hügeln, wildem Moorland, zahlreichen Lochs und einer reichen Tier- und Pflanzenwelt. Das wunderschöne Gebiet ist von zahlreichen Wegen, so auch vom Southern Upland Way, durchzogen.

Die A712 verläuft südwestlich von New Galloway nach Newton Stewart, wobei sie die südliche Hälfte des Galloway Forest Park durchschneidet. Die 25 km lange Strecke ist als *The Queen's Way* bekannt. Sie passiert den **Clatteringshaws Loch**, der hinter Bäumen versteckt liegt. Ein Fußweg verläuft rund um den Loch. Dieser Weg trifft auf den Southern Upland Way, der sich nördlich zu der Hügelkette Rhinns of Kells windet, die die östliche Grenze des Parks bildet. Im **Clat-**

teringshaws Forest Wildlife Centre kann man sich über die Flora und Fauna des Parks informieren *(✆ 01644 420285, 💻 www.cast.org.uk/clatteringshaws.htm, 🕐 Mai-Oktober)*.

Newton Stewart

Der Ort liegt an der Kreuzung der A75 und der A714, inmitten herrlicher bewaldeter Landschaft, und ist ein beliebter Ausgangsort für Wanderungen in den Hügeln des Galloway Forest Park, aber auch ein Zentrum für Lachs- und Forellenfischen. Die Saison beginnt im März und endet Mitte Oktober. Im Creebridge Hotel *(✆ 01671 402121)* erhält man die nötigen Lizenzen und Informationen. Das **Newton Stewart Museum** bietet Lokalgeschichtliches *(York Road, ✆ 01671 402472, 🕐 April bis Juni Mo-Sa 14-17 Uhr, Juli bis August Mo-Fr 10-12.30 Uhr, 14-17 Uhr, Sa und So 14-17 Uhr, September Mo-So 14-17 Uhr)*.

Angeln

Reisepraktische Informationen Newton Stewart

Information

***TIC**, Dashwood Square, Newton Stewart, Dumfries & Galloway, ✆ 01671 402431, 🕐 Ostern bis Oktober.*

Unterkunft

********Kirroughtree Hotel €€€**, Newton Stewart DG8 6AN, ✆ 01671 402141, 🖷 01671 402425, 💻kirroughtreehouse.co.uk, 🕐 Februar bis Dezember, 17 sehr behagliche Zimmer. Imposantes Herrenhaus aus dem 18. Jahrhundert, das von einem wunderschönen Garten umgeben ist. Obwohl das Haus die „alte Welt" widerspiegelt, bietet das Restaurant moderne schottische Küche.*

*******Creebridge House Hotel €€**, Newton Stewart DG8 6NP, ✆ 01671 402121, 🖷 01671 403258, 💻 www.creebridge.co.uk, 🕐 ganzjährig. Das Country House stammt von 1760 und hat 18 Zimmer. Herrliche Blicke vom Restaurant in den Garten.*

*******Creebridge Lodge €**, Minnigaff, Newton Stewart DG8 6NR, ✆/🖷 01671 402319, 🕐 ganzjährig, 3 Zimmer, freundliches kleines Gästehaus, wunderbares Frühstück.*

Jugendherberge

******Minnigaff Y.H.** Newton Stewart, Wigtownshire, DG8 6PL, ✆ 0870 0041142, 💻 www.syha.org.uk, April bis Ende September, 36 Betten. Als Ausgangspunkt für Wanderungen, z.B. im Galloway Forest Park, oder für Fahrradwanderungen in der Umgebung geeignet.*

Wandern

*Am Kirroughtree Besucherzentrum (✆ 01671 402165), 5 km O Newton Stewart, beginnen verschiedene Wander- und Fahrradrouten in den Park. Die Hauptattraktion in der Umgebung von Newton Stewart ist **Glen Trool**, eine der schönsten und am leichtesten zugänglichen Teile des Galloway Forest Park. 15 km N Newton Stewart, bei Bargrennan an der A714, windet sich eine schmale Straße 7 km zum Loch Trool. An der Straße liegt das Glen Trool Visitor Centre (✆ 01671 840302). Auf halber Höhe liegt **Bruce's Stone**, ein großer Stein, der die Stelle markiert, an der sich Robert the Bruce angeblich nach seinem Erfolg über die englische Armee ausgeruht hat. Von hier aus kann man auf den Gipfel des Merrick (843 Meter), den höchsten Berg in Südschottland, wandern. Für den – relativ anstrengenden – Aufstieg* *sollte man 4 Std. einplanen, er ist aber übersichtlich markiert und lohnt gewiss die Anstrengung. Daneben gibt es zahlreiche einfachere und kürzere Wege. Ein Teil des Southern Upland Way verläuft entlang des Glen Trool und führt dann weiter zum Clatteringshaws Loch. Wanderer sollten sich mit dem richtigen Kartenmaterial ausrüsten, empfehlenswert ist die OS Outdoor Leisure Map Nr. 32.*

The Machars

Bei genügend Zeit lohnt sich eine Rundfahrt auf der durch malerische Weiden- und Wiesenlandschaft gekennzeichneten Halbinsel *The Machars.* **Wigtown** ist ein kleiner Ort, der an der gleichnamigen Bucht liegt. Im Ort gibt es einige Caféhäuser und Pubs, erstaunlicherweise jedoch vor allem eine Fülle an Buchläden und einem alljährlichen Bücherfestival. Die Stadt kann sich mit dem Titel „Scotland's National Book Town" (*www.wigtown-booktown.co.uk*) rühmen. Ein kleines Hei-

Bücherfestival

Das Grab der Märtyrerinnen

matmuseum informiert über die Geschichte der Wigtown-Märtyrer: Eine fünfundachtzigjährige Frau und ein achtzehnjähriges Mädchen wurden 1685 in der Bucht an Pfähle gebunden und ertranken in der einsetzenden Flut. Beide hatten sich geweigert, der Presbyterianischen Kirche abzuschwören. Auf dem Friedhof kann man die Grabstätten der Märtyrerinnen aufsuchen.

Märtyrerinnen

1 km S Wigtown kann man die **Bladnoch Distillery** besichtigen. Die Whisky-Destillerie wurde 1817 gegründet und liegt direkt am Fluss Bladnoch. Im Besucherzentrum gibt es einen großen Souvenirshop, wo man lokale Produkte und schottisches Kunstgewerbe erstehen kann (*01988 402605, Ostern bis Oktober Mo-Fr 9-17 Uhr, Juli und August und Feiertage auch am Wochenende*).

15 km weiter südlich ist **Whithorn**, der Hauptort der Halbinsel, erreicht. Im Jahre 397 baute hier der hl. Ninian die kleine Kirche **Candida Casa**. In den folgenden Jahrhunderten entwickelte sich Whithorn zu einem wichtigen Missionszentrum und später zum Bischofssitz. Um 1160 wurde das Prämonstratenserkloster gegründet, welches nach der Reformation als Kathedrale für den protestantischen Bischof genutzt wurde. Nach dieser bewegten Geschichte wurde sie schließlich Pfarrkirche von Whithorn. Von der Candida Casa sind nur ein paar Fundamente erhalten. Das Hauptschiff aus dem 13. Jh. wurde im 17. und 18. Jh. verändert. Beachten Sie am Westende der Kirche das schöne normannische Portal mit den vier rückspringenden Bögen. Unter dem zerstörten Chor und den Ostkapellen befinden sich Krypten (um 1200).

Whithorn Priory

Im **Priory Museum** kann man frühchristliche Kreuze und Grabsteine bewundern, darunter auch den Latinus- oder Barrovadus-Stein (450 AD). Bei diesem Stein handelt es sich um das früheste christliche Denkmal in Schottland. Das Besucherzentrum bietet eine Audiovisionsshow und eine Ausstellung über die Geschichte Whithorns und die Candida Casa *(✆ 01988 500508, 🕒 April bis Oktober Mo-So 10.30-17 Uhr)*.

Am südlichen Ende der Halbinsel liegt der kleine malerische Hafenort **Isle of Whithorn**. An der Hafenpromenade befinden sich einige Lokale und Cafés. Nicht weit entfernt ist die **St. Ninian's Cave**. Vom (ausgeschilderten) Parkplatz erreicht man in ca. ½ Stunde zu Fuß die Höhle, in der sich der Legende zufolge der heilige St. Ninian aufgehalten hat. Einige in Stein gehauene Kreuze erinnern an die frühchristliche Missionierung.

Höhle mit Legende

Die Straße folgt nun dem Küstenverlauf Richtung Norden und passiert den Hafen- und Straßenort **Port William**. Unweit der Straßenkreuzung der A747 mit der A75 liegen die Ruinen von **Glenluce Abbey**. Die Zisterzienserabtei wurde 1191/92 als Tochterhaus von Dundrennan Abbey gegründet. Heute sind nur noch die Grundmauern und der Giebel des südlichen Querschiffes erhalten sowie das Kapitelhaus von 1470 mit einem mit Ornamenten verzierten rundbogigen Eingang. Im Inneren sind ein schönes Rippengewölbe sowie Reste der Fußbodenkacheln und einzelne Teile des mittelalterlichen Wasserrohrsystems zu sehen *(von der A75 ab, 3 km NW Glenluce, 15 km O Stranraer, ✆ 01581 300541, 🕒 im Sommer täglich, im Oktober Sa-Mi, im November bis März nur am Wochenende)*.

schönes Rippengewölbe

Stranraer und Umgebung

Stranraer ist eine eher unangenehm hektische Hafenstadt. Von hier aus verkehren mehrmals täglich Fährverbindungen nach Nordirland. Die Überfahrt per

Fähren nach Nordirland

Schnellfähre dauert gut 1 ½ Stunden. **Loch Ryan**, die große Bucht, an der die Stadt liegt, bietet Schutz vor den Stürmen der Irischen See. Die Bucht stellt die Heimat für eine Vielzahl an Vögeln dar. Das **Stranraer Museum** ist in der Old Town Hall (1776) untergebracht und beherbergt heimatgeschichtliche Exponate *(✆ 01776 705088, ⏲ Mo-Fr 10-17 Uhr, Sa 10-13 Uhr und 14-17 Uhr).*

Das **Castle of St. John** ist ein spätmittelalterliches Tower House (um 1500 errichtet), das in viktorianischer Zeit als Gefängnis benutzt wurde. Die Ausstellung informiert über die bewegte Geschichte des Gebäudes *(✆ 01776 705544, ⏲ Mitte April bis Mitte September Mo-Sa 10-13 Uhr und 14-17 Uhr).*

In der Umgebung von Stranraer liegen zwei schöne Gärten, die man besichtigen kann:

- **Ardwell Gardens** bietet herrliche Rhododendren und eine Vielfalt an anderen blühenden Büschen. Vom Garten hat man wunderschöne Blicke auf das Meer *(Ardwell an der A716, 15 km S Stranraer, ✆ 01776 860227, ⏲ März bis September tgl. 10-17 Uhr).*
- **Castle Kennedy Gardens** ist ein attraktiver Landschaftsgarten, der zwischen zwei Lochs angelegt ist. Der Garten ist vor allem für seine Rhododendren und Pflanzen aus der ganzen Welt berühmt *(an der A75, 5 km O Stranraer, ✆ 01776 702024, ⏲ April bis September Mo-So 10-17 Uhr).*

Reisepraktische Informationen Stranraer

Information

***TIC**, Harbour Street, Stranraer, Dumfries & Galloway, ✆ 01776 702595, 💻 www.visitdumfriesandgalloway.co.uk.*

Übernachtung

******Corsewall Lighthouse Hotel**

€€€, Corsewall Point, Kirkcolm, Stranraer DG9 0QG, ✆ 01776 853220, 🖷 01776 854231, 💻 www.lighthousehotel.co.uk, ⏲ ganzjährig, 9 Suiten und Zimmer. Charmante und romantische Unterkunft im 1815 erbauten Leuchtturm. Die gemütlichen Zimmer sind alle individuell gestaltet. Atemberaubende Ausblicke auf das Meer. Im Restaurant können auch Nicht-Hotelgäste essen.

Öffentliche Verkehrsmittel

Die Zugverbindungen aus dem Norden und aus Glasgow sind auf die Abfahrts- und Ankunftszeiten der Fähren abgestimmt. Gute Busverbindungen nach Glasgow und Dumfries.

Fähre nach Nordirland

***Sealink Stena Line,** 💻 www.stenaline.co.uk, fährt mehrmals täglich von Stranraer nach Belfast (2 Std., 20 Min).*

Rhinns of Galloway

reizvoll

Die Halbinsel ist mit ihren hügeligen Weiden und Wiesen landschaftlich äußerst reizvoll und bietet sich für einige ruhige Tage an. Die Rhinns werden durch den Golfstrom gewärmt und sind fast frostfrei. **Port Patrick** ist ein kleiner ansprechender Küstenort mit einigen Hotels, vielen B&Bs, Fischrestaurants und abendlicher Unterhaltung. Bis zur Mitte des 19. Jh. war Port Patrick der Abfahrtsort der Fähren nach Nordirland. Die irische Küste ist nur 30 km entfernt. Die Ruinen von **Dunskey Castle** (16. Jh.), im Süden von Port Patrick, liegen in dramatischer Lage über den Klippen und können über einen Klippenweg von Port Patrick aus erreicht werden.

Port Patrick

Wandern

In Port Patrick beginnt der Southern Upland Way, der sich bis an die Ostküste nach Cockspurnspath erstreckt. Ein schönes Teilstück sind die 14 km nach Stranraer und weitere 6 km zu den Castle Kennedy Gardens. Mit dem Bus kann man über Stranraer nach Port Patrick zurückkehren.

zurück mit dem Bus

Reisepraktische Informationen Port Patrick

Unterkunft

********Fernhill Hotel** *€€-€€€, Port Patrick DG9 8TD, ✆ 01776 810220, 🖷 01776 810596, 💻 fernhillhotel.co.uk, 🕐 Februar bis Dezember. Im Familienbetrieb geführtes, lang etabliertes Hotel mit 20 Zimmern. Von den meisten Zimmern hat man einen wunderbaren Blick über die Bucht. Gutes Restaurant.*

Rund 20 km S Stranraer stehen in einer kleinen Friedhofskapelle drei Grabsteine, die **Kirkmadrine Stones** *(von der A716 ab, 3 km SW Sandhead)*. Sie stammen aus dem 5., frühen 6. Jh., und auf allen drei Steinen befinden sich lateinische Inschriften.

Im **Logan Botanic Garden** gedeihen, bedingt durch das milde Klima, viele verschiedene Pflanzen. Logan gehört zum Royal Botanic Garden in Edinburgh und ist für seine Farne sowie viele ungewöhnliche Pflanzen aus der südlichen Hemisphäre berühmt. Es gibt herrliche Spaziermöglichkeiten durch die Gartenanlage. Ein nettes Lokal (die Salad Bar) lädt zum Entspannen und ein Buchladen zum Stöbern ein *(von der B7065 ab, ✆ 01776 860231, 💻 www.rbge.org.uk, 🕐 März bis Oktober tgl. ab 10 Uhr, März und Oktober bis 17 Uhr, ansonsten bis 18 Uhr).*

ungewöhnliche Pflanzen

Vom **Mull of Galloway**, dem südlichsten Punkt Schottlands, kann man bei klarer Sicht die irische Küste, die 40 km entfernt ist, sehen. Der schmale Isthmus ist ein RSPB-Schutzgebiet und die Heimat von Tausenden von Seevögeln. Es gibt ein kleines Informationszentrum.

Ayrshire

Von Stranraer nach Ayr

auf den Spuren des Dichters

Ayrshire ist vor allem als Geburtsort von **Robert Burns** bekannt, Schottlands geliebtem Dichter. Die meisten Besucher kommen hierher, um auf seinen Spuren zu wandeln. Daneben ist die Küste für ihre ausgezeichneten **Golfplätze**, wie zum Beispiel Turnberry und Troon, berühmt. **Culzean Castle** ist einen Besuch wert, und natürlich die wunderschöne Isle of Arran. Der attraktivste Teil von Ayrshire ist der Süden, zwischen Ayr und Girvan. Nördlich von Ayr befindet sich eine Reihe bescheidener Badeorte, die aber immer wieder von Häfen und Industrien unterbrochen werden, die sich zur Mündung des Clyde hinziehen.

Von Stranraer nordwärts geht es auf der A77 Richtung Ayr immer entlang der Küste. **Girvan** ist ein bescheidenes Seebad mit einer Reihe an Restaurants und Unterkunftsmöglichkeiten. Von der 3 km langen Promenade hat man einen schönen Blick auf den großen unbewohnten Granitfelsen **Ailsa Craig**, heute ein Vogelschutzgebiet. Von Girvan aus werden täglich und das ganze Jahr über (abhängig vom Wetter) Bootstouren veranstaltet *(✆ 01465 713219, 💻 www.ailsacraig.org.uk)*.

Golf

Wenige Kilometer hinter Girvan liegt **Turnberry**, das für seinen Golfplatz, auf dem internationale Turniere veranstaltet werden, bekannt ist. Der Golfplatz zählt zu den schönsten und besten in der Welt.

Nicht weit von Turnberry, 30 km S Ayr, liegt **Culzean Castle** (ausgesprochen „cullane"), ein direkt an der Steilküste gelegenes Schloss, das zwischen 1777 und 1792 errichtet wurde. Culzean Castle ist ein ausgebauter Turm und gilt als eines

Steinerne Sonnenuhr

der Meisterwerke von **Robert Adam**. Durch einen Torbogen gelangt man in das Anwesen. Im Vordergrund des Hauses befindet sich ein fremdländisch anmutender Terrassengarten mit Palmen. Hinter dem Gebäude kann man über dem Meer die Insel Arran erblicken.

Der Auftraggeber, der Earl von Cassilis, wie auch **Robert Adam**, waren von den romantischen Burgen in Italien beeindruckt und wollten Ähnliches auch in Schottland verwirklichen. Zu diesem Zwecke wurde der originale Turm erneuert und mit zwei Seitenflügeln mit vorspringenden runden Ecktürmen sowie mit Zinnen und Brustwehr versehen.

ovales Treppenhaus

Das Schloss vereinigt in einer für die georgianische Zeit typischen Weise Bauelemente des Wehrburgenbaus mit einer klassisch-symmetrischen Aufteilung. Das Innere, ebenfalls von Adam gestaltet, beeindruckt durch seine Eleganz. Besonders eindrucksvoll ist das von einer Kuppel bekrönte ovale Treppenhaus. Die Decke des runden Drawing Room war jahrelang weiß, bis der NTS 1968 ein von Robert Adam signiertes Originalaquarell erwarb, aus dem die ursprünglich geplanten Farben der Decke hervorgehen. 1974 wurde die Deckenbemalung nach Adams Entwurf wiederhergestellt, wodurch die einheitliche harmonische Gesamtstruktur des Raumes vertieft wird.

1945 hatte der Kennedy-Clan dem NTS das Schloss unter der Bedingung überlassen, die obere Etage für „VIP" („very important person") zu reservieren. Präsident Eisenhower hatte in Culzean Castle Wohnrecht auf Lebenszeit. Bilder und

INFO

Informationen zu Robert Adam (1728-1792)

Das georgianische Zeitalter, 1700-1830, war in der Architektur durch die klassizistische Bauweise bestimmt. Die ersten schottischen Vertreter waren Sir William Bruce und William Adam, die vor allem durch die Bauten Andrea Palladios (1508-80) und durch die englischen Klassizisten Inigo Jones (1573-1652) und Christopher Wren (1632-1723) beeinflusst waren. Typische Merkmale sind ein symmetrischer Grundriss, ein zentraler Eingang und eine gleichmäßige Fassadeneinteilung.

Der britische Klassizismus erreichte seinen Höhepunkt unter Robert Adam. Robert war einer der vier Architektensöhne von William Adam. Nach einem mehrjährigen Studium in Frankreich und Italien ließ sich Robert 1759 in London nieder. Er wurde einer der wichtigsten Baumeister seiner Zeit, denn durch seine ästhetische Sensibilität gelang es ihm, selbst im kleinsten Detail ausgewogene Proportionen zu schaffen.

Robert Adam

Bald ging es ihm nicht nur um die Außenarchitektur, sondern er übertrug seinen Stil auch auf die Innenraumgestaltung. Das „Adam-Dekor", insbesondere die Stuckdekorationen in zarten Pastelltönen und die geometrischen Ornamente an Kaminen und Möbeln, wurde weltberühmt und fand viele Nachahmer, vor allem im 19. Jh.

Erinnerungsstücke, die in einem kleinen Raum ausgestellt sind, erinnern daran. Lohnend ist auch ein Besuch in den weitläufigen Parkanlagen, die 1970 als erster schottischer Country Park eröffnet wurden. Das Farmgebäude wurde von Robert Adam entworfen, auch gibt es einen schönen Garten, der 1783 angelegt wurde. Es werden naturkundliche Spaziergänge durchgeführt und im Besucherzentrum Filme und Ausstellungen gezeigt. Hier gibt es auch ein Café und einen großen Souvenirladen *(✆ 01655 884400, 💻 www.culzeanexperience.org, 🕐 Schloss und Besucherzentrum: April bis Oktober tgl. 10.30-17 Uhr, Park: Januar bis Dezember tgl. 9.30 Uhr bis Sonnenuntergang. Im Culzean Castle kann man auch übernachten. Im obersten Stockwerk gibt es 6 Doppelzimmer (B&B) sowie auf dem Gelände verschiedene Unterkünfte für Selbstversorger. 💻 www.ntsholidays.com).*

Einige Kilometer landeinwärts an der A77 (18 km SW Ayr) befindet sich das winzige Dorf **Kirkoswald**. Hier steht das restaurierte strohgedeckte Cottage, wo John Davidson, der Schuster des Ortes und Namensgeber für Burns' „Souter Johnnie", lebte. Lebensgroße Figuren des Schusters und anderer Figuren aus Burns' Balladen sind im Garten aufgebaut. Sie wurden 1802 vom Bildhauer James Thom geschaffen. Im Haus kann man Erinnerungsstücke an den Dichter bestaunen *(Souter Johnnie Cottage, ✆ 01655 760603, 🕐 Ostern bis September Fr-Di 11.30-17 Uhr).*

Souter Johnnie

Ebenfalls an der A77 (3 km S Maybole) liegen die Ruinen von **Crossraguel Abbey**, 1244 als Cluniazenserabtei gegründet, wurde sie im 13. Jh. zerstört, im 15. Jh. jedoch wieder aufgebaut. Crossraguel Abbey hatte eigene Münz- und Fischereirechte sowie Brauereien und Mühlen. Bis zum Ende des 16. Jh. befand sie sich in den Händen des Cluniazenserordens, so sind auch die französischen Einflüsse in der Architektur, z.B. in der Ornamentik, zu verstehen *(✆ 01655 883113, 🕐 April bis September Mo-So 9.30-18 Uhr, Oktober Mo-Sa 9.30-16 Uhr und So 14-16 Uhr).*

Cluniazenser

Tipp

*Kurz bevor Sie Ayr erreichen an der Küstenstraße A719, kommen Sie zu einer mysteriösen Stelle, die als **Electric Brae** bekannt ist. Es handelt sich um eine Sinnestäuschung, und zwar hat man das Gefühl, bergab zu fahren, obwohl man in Wirklichkeit doch bergauf fährt – oder umgekehrt, je nach Fahrtrichtung. Auf jeden Fall muss man langsam fahren.*

Ayr

Die rund 50.000 Einwohner zählende Stadt ist vor allem für Anhänger von Robert Burns interessant, der in Alloway, einem Vorort von Ayr, geboren wurde. Burns pries Ayr als eine Stadt „for honest men and bonnie lasses". In viktorianischer Zeit ein beliebtes Seebad, zieht Ayr auch heute noch mit seinem 4 km Sandstrand viele Besucher aus dem nahegelegenen Glasgow an. Der Strand liegt südwestlich des Stadtzentrums und wird von einer langen Esplanade und eleganten viktorianischen Häusern gesäumt. Hier befinden sich die meisten B&Bs.

Touristenattraktion ist der **Tam O'Shanter Inn** in der High Street, schon zu Zeiten Robert Burns' eine bekannte Kneipe. Der Name des Pub geht auf die berühmte Ballade „Tam O'Shanter" von Burns zurück, heute ist hier ein kleines Museum zu Ehren von Schottlands großem Dichter eingerichtet. In der Nähe der High Street liegt der **Wallace Tower**, der an William Wallace erinnert, der in Ayr gefangen gehalten wurde (1297). Der **St. John's Tower** ist der einzig erhaltene Teil der Kirche St. John the Baptist aus dem 12. Jh. Ayr ist auch für seine **Pferderennen** bekannt, und Golfer finden drei öffentliche Plätze vor. Die **Ayr Flower Show**, eine große Blumenshow, die jährlich Anfang August abgehalten wird, lockt ebenfalls viele Besucher.

Schottlands großer Dichter

Reisepraktische Informationen Ayr

Information
***TIC**, 22 Sandgate, Ayr, Strathclyde KA7, ✆ 0845 225 5121.*

Hotels
********Fairfield House €€€***, 12 Fairfield Road, Ayr KA7 2AR, ✆ 01292 267461, 🖷 01292 261456, 💻 www.fairfieldhotel.co.uk, 🕐 ganzjährig, 44 Zimmer, ruhig gelegen, trotzdem nahe am Stadtzentrum.*
********Northpark House Hotel Alloway €€€***, Ayr KA7 4NL, ✆ 01292 442336, 🖷 01292 445572, sehr angenehmes Hotel in einem 1720 errichteten Gebäude in ruhiger Umgebung.*
*******Savoy Park Hotel €€-€€€***, 16 Racecourse Road, Ayr KA7 2UT, ✆ 01292 266112, 🖷 01292 611488, 💻 www.savoypark.com, 🕐 ganzjährig, 19 Zimmer, traditionell elegantes Hotel im Familienbetrieb, unweit Zentrum.*

B&B
Zahlreiche B&Bs vor allem zwischen dem Alloway Place und der Esplanade.

Restaurant
***Fouters Bistro Restaurant**, 2a Academy Street, ✆ 01292 261391, Di-Sa Lunch und Dinner, französisch beeinflusste Küche, Fisch- und Fleischspezialitäten. Lunch günstig bis mittlere Preisklasse. Dinner gehobene Preisklasse.*

Verkehrsverbindungen
Regelmäßig Bahn- und Busverbindungen von und nach Glasgow und in andere Landesteile.

Autovermietung
***Arnold Clark**, Prestwick Road, ✆ 01292 270037*

Der Burns National Heritage Park

In einem kleinen Cottage in Alloway, einem Vorort von Ayr, wurde am 25. Januar 1759 Robert Burns geboren. Er lebte hier bis 1766. Alle mit Burns assoziierten Sehenswürdigkeiten liegen in Gehentfernung voneinander und bilden Teil des Burns National Heritage Park (*💻 www.burnsheritagepark.com*). Im Geburtshaus des Dichters, dem **Burns Cottage and Museum**, einem flachen weiß gekalkten Cottage, kann man originale Manuskripte, Bücher, Gemälde und andere Memorabilien bestaunen *(tgl. April bis Sep. 10-17.30 Uhr, Okt. bis März 10-17 Uhr)*.

des Dichters Originale

Die **Tam O'Shanter Experience**, gleich nebenan, ist ein modernes Gebäude, das zwei Audiovisionstheater beherbergt, die eine Einführung in das Leben und

Schaffen des Dichters geben. Es gibt einen großen Souvenirladen und ein Restaurant.

Das Burns Monument in Alloway

berühmt durch Ballade

Die durch die Ballade von „Tam O'Shanter" berühmt gewordene Brücke **Auld Brig O'Doon** (13. Jh.) bietet ein beliebtes Fotomotiv. Übrigens hat Klaus Groth auf Plattdeutsch eine Ballade („Hans Schander") in Anlehnung an Burns' „Tam O'Shanter" geschrieben. Die Brücke wird vom **Burns Monument**, einem neoklassizistischen Tempel, überragt.

INFO

Informationen zu Robert Burns (1759-1796)

Robert Burns

Robert Burns und Sir Walter Scott gelten als Wegbereiter der englischsprachigen Romantik. Im Gegensatz zu Scott gilt Burns als „Mann aus dem Volk", und seine Balladen und Gedichte sind überwiegend volkstümlich und heiter.

Am 25.1.1759 wurde Robert als Sohn eines Landarbeiters in Ayrshire geboren. Der Vater ermöglichte ihm eine die soziale Stellung übersteigende Schulausbildung, doch sein literarisches Grundwissen brachte er sich selbst bei. Insbesondere war er von den heimischen Sagen, Legenden und Liedern beeindruckt, die sein späteres Schaffen nachhaltig beeinflussten. Schon als Junge begann Robert, Gedichte und Liebeslieder in Lowland Scot, einer schottischer Mundart, zu schreiben. Mit seinen ersten Veröffentlichungen (auf Zetteln geschrieben) wurde er rasch in seiner Heimat bekannt. Die Sprache des Volkes sprechend, wetterte er gegen den Puritanismus der Presbyterianer und gegen die politische Union mit England 1707, der Stuart-Prinz, „Bonnie Prince Charlie", wird hingegen heldenhaft verklärt.

Nach dem Tod des Vaters, um 1785, bewirtschaftete Robert, zusammen mit seinem Bruder, eine Farm. Die Tätigkeit war von wenig Erfolg gekrönt, so dass Robert Pläne zur

Auswanderung nach Jamaika fasste. Hinzu kam der Umstand, dass seine Geliebte, Jean Armour, ihm das erste Kind gebar, und er von deren Vater zur Heirat gedrängt wurde. Alles war bereits für die Abreise arrangiert, als ein Verleger seine „Poems chiefly in the Scottish Dialect" 1786 publizierte. („Kilmarnock Edition", 5 jeweils erweiterte Auflagen). Schlagartig war Burns zu einem bekannten Mann geworden, und sein Erfolg war so groß, dass Dichterkollegen von ihm als einen „Heaven-Taught-Ploughman" sprachen.

Burns schrieb nicht nur in der Mundart, sondern auch in Englisch. Seine sentimentale und teilweise melancholische Sprache traf genau den Geschmack der Zeit. Seine Themen waren stets volkstümlich, wobei er gerne alte Volkslieder oder Geschichten zur Vorlage nahm. Fromme Heuchler wurden aufs Korn genommen, echte Frömmigkeit hingegen wurde gelobt. Aus vielen seiner Gedichte spricht ein unbedingter Patriotismus und ein Sinn für die Gleichheit der Menschen.

Seine letzten Lebensjahre verbrachte Burns in Dumfries. Noch einmal versuchte er sich dort als Bauer, daneben war er aber auch Steuereinnehmer. 1788 heiratete er schließlich doch Jean Armour, mit der er insgesamt sechs Kinder hatte. Daneben gab es wohl allerdings eine ganze Reihe anderer Frauen in seinem Leben, wie man seinen Gedichten entnehmen kann. Am 21.7.1796, im Alter von nur 37 Jahren, starb Robert Burns. Ein schwaches Herz, rheumatisches Fieber, aber auch ein nicht unerheblicher Alkoholkonsum werden für den frühen Tod verantwortlich gemacht. Zur Erinnerung an den Dichter gibt es heute weltweit rund 1.100 Burns-Gesellschaften. Sein Geburtstag wird traditionell mit einem „Burns-supper" gefeiert. Unter Dudelsackklängen wird dabei das schottische Nationalgericht Haggis serviert.

A Red, Red Rose

Oh, my luve's like a red, red rose
That's newly sprung in June:
Oh, my luve's like the melodie
That's sweetly play'd in tune

As fair art thou, my bonny lass,
So deep in luve am I;
And I will luve thee still, my dear,
Till a'the seas gang dry

Till a'the seas gang dry, my dear,
And the rocks melt wi'the sun:
I will luve thee still, my dear,
While the sands o'life shall run

And fare thee weel, my only luve!
And fare thee weel a while!
And I will come again, my luve,
Though it were ten thousand mile.

Dem „Burns Heritage Trail" folgend, gelangt man nach **Mauchline** (A76). Hier traf Robert zum ersten Mal Jean Armour. **Poosie Nansie's** ist ein seit Burns' Zeiten bestehender Pub, eine Szene der Ballade „Jolly Beggars" spielt hier. Das Cottage, in dem Burns mit Jean Armour lebte, ist heute das **Burns House Museum** *(✆ 01290 550045, ⌚ Ostern und Mai bis September Di-Sa 11-17 Uhr).*

Am Ortsausgang gibt es außerdem den **Burns Memorial Tower**, und etwas westlich liegt die **Mossgiel Farm**, wo sich Burns als Farmer versuchte.

Wer von Burns noch nicht genug hat, fährt nach **Kilmarnock** (37 km SW Glasgow), wo die Erstausgabe seiner Gedichte veröffentlicht wurde (1786). Im **Dean Castle und Country Park** kann man neben alten Rüstungen, Waffen, Wandteppichen und frühen Musikinstrumenten Manuskripte von Robert Burns bestaunen. Im umgebenden Park gibt es schöne Wanderwege, Spielplätze für Kinder, Picknickplätze und einen Reitstall *(Kilmarnock, ✆ 01563 522702, Besucherzentrum: tgl. April bis Oktober 11-17 Uhr, November bis März 11-16 Uhr, Schloss Mi-So 11-17 Uhr, Park: jederzeit).*

Von Ayr nach Glasgow

Die Küstenstraße nördlich von Ayr (A78) bietet keine sonderlich spektakulären Aussichten. Vom internationalen Flughafen in **Prestwick** gibt es u.a. Flugverbindungen nach Düsseldorf Weeze, Frankfurt Hahn und Hamburg Lübeck. **Troon** ist für seine ausgezeichneten Golfplätze berühmt. **Irvine** war einst ein wichtiger Handelshafen, heute ist es eine mehr oder weniger neue Stadt. Am alten Hafen lohnt das **Scottish Marine Museum** einen Besuch. Es gibt eine interessante und wohlpräsentierte Ausstellung alter Schiffe sowie die rekonstruierte Wohnung einer Dockarbeiterfamilie zu sehen *(✆ 01294 278283, ⌚ April bis Oktober tgl. 10-17 Uhr).* Abgesehen davon kann Irvine mit einem riesigen Einkaufszentrum und mit einer Touristeninformation aufwarten.

alte Schiffe

Dundonald Castle liegt zwischen Irvine und Kilmarnock an der A759 und wurde 1371 von Robert II. erbaut *(✆ 01563 851489, 💻 www.historic-scotland.gov.uk, ⌚ April bis Oktober tgl. 10-17 Uhr).*

Saltcoast bei Ardrossan ist ein weiterer Ferienort mit Strandpromenade. Von hier aus verkehren Fähren zur Insel Arran.

Das Seebad **Largs** (A78) ist die attraktivste Stadt in North Ayrshire und traditionell bei Familienurlaubern aus Glasgow beliebt. Von hier aus hat man einen schönen Blick auf die Insel **Great Cumbrae**, die man unkompliziert mit einer Fähre von Largs aus erreichen kann (siehe unten). Auch werden von hier Bootstouren zur Isle of Bute und zur Isle of Arran angeboten.

Bootstouren

Am nördlichen Ende der Promenade lockt die Besucherattraktion **Vikingar – Scotland`s Most Exciting and Award Winning Visitor Attraction**. Eine Multimediashow thematisiert die Zeit von der Ankunft der Wikinger bis zur Niederlage in der Schlacht bei Largs, wobei der Besucher mittels moderner Technik auf eine Reise in die Vergangenheit geschickt wird. Es gibt außerdem ein buntes Unterhaltungsprogramm und Spielmöglichkeiten für Kinder, ein Restaurant und eine Bar, einen wohlsortierten Souvenirladen und einen Swimmingpool *(✆ 01475 689777, 💻 www.naleisure.co.uk, Dezember, Januar geschlossen, Februar und November nur Wochenende, ansonsten tgl. 10.30-15.30 Uhr).*

Strandpromenade von Largs

Skelmorlie Aisle *(Bellman's Close, von der High Street ab)* ist ein interessantes Beispiel schottischer Renaissance-Architektur. 1636 als Mausoleum für Sir Robert Montgomerie of Skelmorlie erbaut, ist vor allem die reich verzierte Holzdecke bemerkenswert. Dargestellt sind Familienwappen, biblische Szenen und die vier Jahreszeiten.

als Mausoleum geplant

Largs wird vom **Clyde Muirshiel Regional Park** umgeben, wo es schöne Wanderwege und Picknickplätze mit Ausblicken auf den Firth of Clyde gibt.

Die **Great Cumbrae Island** liegt nur 10 Minuten mit der Fähre von Largs entfernt *(im Sommer alle 15 Min., im Winter std.)*. Die hügelige Insel ist 6 km lang und am besten zu Fuß oder mit dem Rad zu erkunden. Die 20 km lange Fahrradstrecke führt einmal rund um die Insel. Great Cumbrae Island ist besonders bei Windsurfern beliebt, insbesondere am Millport Beach. In Millport, der einzigen Siedlung der Insel, befindet sich die kleinste Kathedrale Europas, die schöne „Cathedral of the Isles", die in der Mitte des 19. Jh. nach Plänen von William Butterfield erbaut wurde. Legendär ist das im 60er Jahre Dekor eingerichtete und im Familienbetrieb geführte **Ritz Café** in der Stuart Street *(✆ 01475 530459)*. Selbst wenn die Schlangen einmal lang sein sollte, lohnt es sich zu warten: das Eis ist phänomenal.

kleinste Kathedrale Europas

Verzichtet man auf einen Besuch der Inseln Arran oder Bute, empfiehlt es sich, von Ayr auf der A77 oder alternativ auf der A736 nach Glasgow zu fahren.

Die Inseln Arran und Bute

Arran

Die im Firth of Clyde gelegene Insel gehört zur Region Ayrshire and Arran. Arran ist einfach zu erreichen und bietet sich auch als Tagesausflug von Glasgow an.

Die Insel hat rund 4.500 Einwohner und misst von Norden nach Süden 30 km und von West nach Ost 16 km. Es gibt gute Busverbindungen auf der Insel, und für Tagesausflügler werden verschiedene Rundtouren angeboten. Obwohl ein beliebtes und leicht zu erreichendes Ausflugsziel, wirkt Arran nie überlaufen.

Die Topographie der Insel ähnelt der des Festlandes: Der vergleichsweise flache Süden erinnert an die Lowlands, der Norden ist bergig. Aufgrund der wunderschönen Natur hat Arran mehr Besucher zu verzeichnen als die anderen südwestlichen Inseln. Aber auch Historiker und Kunstliebhaber kommen hier auf ihre Kosten, und für Aktivurlauber gibt es ebenfalls alle Möglichkeiten des Festlandes. So kann man auf immerhin 7 Golfplätzen dem Golfsport frönen. Schon vom Festland aus fallen die elf nördlichen Hügel ins Auge. Der höchste ist der **Goat Fell** mit 874 Metern. Goat Fell ist anglisiertes Gälisch und heißt eigentlich Gast Bheinn, was soviel wie „windiger Hügel" bedeutet.

Wandern
Von Cladach bei Brodick Castle kann man die 5 ½ km bis zum Gipfel des Goat Fell in Angriff nehmen. Für Hin- und Rückweg sollte man fünf Stunden einplanen. Bergauf geht es durch das Glen Rosa, dann oben den Sattel entlang und zurück durch das Glen Sannox bis zur Ortschaft Corrie.

„weite Bucht"

Brodick, die größte Ortschaft der Insel und Hauptfährhafen, liegt in einer weiten Bucht – daher der nordische Name „breidr vik", was so viel wie „weite Bucht" bedeutet. Der Ort besteht hauptsächlich aus einer langen Straße, die sich rund um die Bucht zieht. Obwohl nicht der schönste Ort der Insel, bietet Brodick eine Anzahl an Touristeneinrichtungen und einen geeigneten Ausgangspunkt für Wanderungen auf den Goat Fell oder in das Glen Rosa.

verschiedene Stilepochen

Brodick Castle wird vom NTS verwaltet und liegt wunderbar inmitten eines riesigen Landschaftsparks. Das Gebäude weist verschiedene Stilepochen auf. Der älteste Teil, der Nordflügel, stammt wohl aus dem 14. Jh. Der Haupttrakt wurde im 16. Jh. errichtet, die anderen Anbauten 1845. Im „Drawing Room" gibt es eine schön verzierte Stuckdecke und Gemälde von Watteau und Turner. Im Castle-Restaurant kann man hausgemachte Gerichte verzehren und an einem warmen Tag auch auf der Schlossterrasse sitzen und dabei herrliche Ausblicke über die Bucht genießen.

Gartenliebhaber finden hier gleich zwei prachtvolle Gärten, eine übrigens sehr schottische Kombination: Der „Formal Walled Garden" wurde 1710 in typisch französischer geometrischer Manier angelegt. 1923 kam der „Woodland Garden"

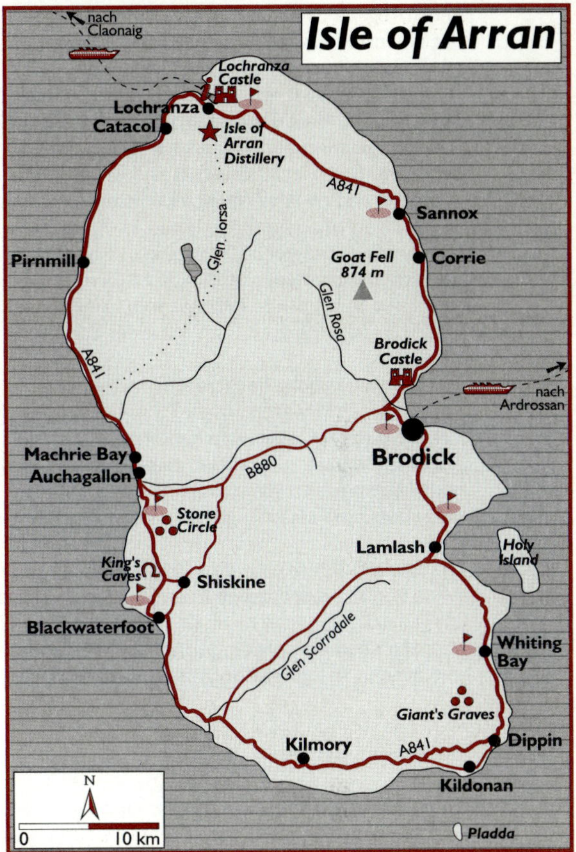

© igraphic

hinzu, der im Sinne eines englischen Landschaftsgartens als Vermittler zwischen Architektur, strengem Gartenkonzept und freier Natur dient. Letzterer gilt als einer der schönsten Rhododendron-Gärten Großbritanniens. Kurios ist an diesem Ort das bayerische Sommerhaus, das 1845 von bayerischen Handwerkern gefertigt wurde. Das ganz aus Holz gearbeitete Häuschen war ein Geschenk zur Hochzeit des 11. Herzogs mit Marie von Baden *(✆ 01770 302202, 🕔 Castle, Garten und Besuchereinrichtungen: April bis Oktober 11-16 Uhr, Park ganzjährig, tgl. 9.30 Uhr bis Sonnenuntergang. 3 km N Brodick. Der Arran Veteran Bus fährt von Brodick Pier zum Castle)*.

Im **Arran Heritage Museum**, zwischen dem Dorf und dem Schloss gelegen, kann man eine Menge alter Gerätschaften und Möbel bestaunen. Das Museum ist in einer umgebauten Farm aus dem 18. Jh. untergebracht *(🕔 April bis Mitte Oktober tgl. 10.30-16.30 Uhr, 💻 www.arranmuseum.co.uk.)*.

Im Süden der Insel

Hügellandschaft

Der fruchtbare Süden der Insel ist durch Hügellandschaft und hübsche, kleine Küstenorte gekennzeichnet. Hier konzentrieren sich die Bevölkerung und auch die Touristen. Einige Kilometer südlich von Brodick liegt **Lamlash**, ein ruhiger und ansprechender Ort in einer weiten und geschützten Bucht.

Auf der vorgelagerten **Holy Island** befindet sich das *Holy Island Centre for World Peace and Health* (💻 *www.holyisland.org*). Die hier lebenden Menschen versuchen, in der Abgeschiedenheit Ruhe und meditative Stille zu finden. Eine Fähre verbindet die Insel mehrmals täglich mit dem Festland.

An der Südostküste von Arran liegt der schön gelegene Ferienort **Whiting Bay**, der eine gute Alternative zu Brodick als Inselstandquartier mit Unterkunftsmöglichkeiten und Restaurants darstellt. Von hier aus beginnt der wunderschöne Wanderweg zu den Glenashdale Falls und ein anderer zu den Giant's Graves *(Gehzeit: 1 Std. hin und zurück. Achtung: es müssen dabei steile Stufen überwunden werden).*

Seehunde

Die Straße entlang der Südküste bietet herrliche Ausblicke über die Küste, wobei man immer wieder Seehunde auf den Felsen liegen sehen kann. Es gibt einige schöne Sandstrände, insbesondere in **Kildonan**, einem etwas von der Hauptstraße zurückgesetzten Dorf mit einer Schlossruine.

Das kleine, friedliche Fischerdorf **Blackwaterfoot** liegt an einer schönen Bucht und hat einen winzigen Hafen. 3 km nördlich der Küste von Tormore befinden sich die **King's Caves**. Vom Parkplatz an der A841 braucht man etwa 30 Minuten zu Fuß, um zu den Höhlen zu gelangen. Es handelt sich um Felsenhöhlen, die mit Wandmalereien versehen sind. Hier soll Robert Bruce vor seinem Feldzug für die schottische Unabhängigkeit untergekrochen sein.

Stehende Steine

Die **Stehenden Steine von Machrie Moor** in der Nähe von Machrie sind die Reste von sechs bronzezeitlichen Steinkreisen. Einige der hohen Steine sind umgefallen oder gar nicht mehr zu erkennen, andere bis zu drei Metern hoch. Noch ein paar Kilometer weiter, gelangt man zum **Moss Farm Road Stone Circle**, und auch in **Auchagallon** gibt es einen Steinkreis aus der Bronzezeit.

Im Norden der Insel

Die nördliche Hälfte von Arran ist ganz anders als die südliche Hälfte und erinnert eher an die schottischen Highlands: Einsam, unberührt, und einige Teile sind nur für geübte Bergwanderer zugänglich. Obwohl landschaftlich sicherlich spektakulärer als der Süden, finden sich hier weniger Besucher ein.

Corrie, 9 km N Brodick, gilt als Arrans hübschestes Dorf und bietet eine gute Alternative zu Brodick als Ausgangspunkt für eine Wanderung auf den Goat Fell. Eine Reihe weiß gekalkter Cottages zieht sich an der Wasserfront entlang. Es gibt einige Hotels, B&Bs und einen netten Pub.

herrliche Ausblicke

Die Küstenstraße verläuft weiter nördlich von Corrie nach **Sannox** (schöne Sandstrände), schneidet dann landeinwärts und führt nach Lochranza. Entlang der Straße bieten sich herrliche Ausblicke auf die Berge und auf die Küste.

Lochranza – ganz im Norden der Insel – ist ein beschaulicher, freundlicher Ort, der malerisch auf einem Landvorsprung liegt. Es gibt ein mittelalterliches Schloss (13. Jh.), eine kleine Bucht mit einem winzigen Jachthafen und dem zweiten Fährhafen der Insel.

Die **Isle of Arran-Destillerie** wurde 1995 eröffnet und ist die erste legale Whisky-Brennerei auf der Insel seit 150 Jahren. Im Besucherzentrum kann man sich über die Herstellungsweise des edlen Tropfens informieren, und ein 12-minütiger Film zeigt die Entwicklung und den Bau der Brennerei. Es gibt Führungen durch die Anlagen, die von dem obligatorischen Probeschluck abgeschlossen werden.

„Zwölf Apostel"

Einige Kilometer südwestlich von Lochranza liegt das winzige Dörfchen **Catacol**, dessen weiß gekalkte Cottages als die „Zwölf Apostel" bekannt sind. In der Bar des Catacol Bay Hotel gibt es gutes und preisgünstiges Essen, und ab und zu wird Live-Musik geboten *(✆ 01770 830231, 💻 www.catacol.co.uk, 🕐 ganzjährig)*.

Reisepraktische Informationen Isle of Arran

Information

***TIC**, The Pier, Brodick, Isle of Arran KA27 8AU, ✆ 01770 302401/302401.*

Hotel

*******Apple Lodge €€**, Mrs. J. Boyd, Lochranza, Isle of Arran KA27 8HJ, ✆/🖷 01770 830229, 🕐 ganzjährig, 4 Zimmer. Nette, wunderschön gelegene Unterkunft. Dinner nach Voranmeldung (nicht lizensiert, aber man kann seinen eigenen Wein mitbringen).*

Jugendherbergen

******Lochranza Y.H.**, Lochranza, Isle of Arran KA27 8HL, ✆ 01770 830631, 💻 www.shya.org, 64 Betten, Familienzimmer, 🕐 März bis Oktober.*

*****Whiting Bay Y.H.**, Shore Road, Whiting Bay, Isle of Arran KA27 8QW, ✆ 01770 700339, 💻 www.syha.org.uk, 🕐 März bis Oktober, 48 Betten, Familienzimmer, nahe am Strand gelegen.*

Fährverbindung

Autofähre von Ardrossan nach Brodick Pier, im Sommer 6x tgl., die Überfahrt dauert 1 Std. Von Ostern bis Oktober kann man auch über Kintyre anreisen und von Claonaig nach Lochranza übersetzen. Die Zugverbindungen von Glasgow nach Ardrossan sind auf die Fährzeiten abgestimmt. ✆ 08705 650000, 💻 www.calmac.co.uk

Bute

Die kleine Insel Bute wird während der Sommermonate rege frequentiert. Es gibt einen schönen Sandstrand, Wanderwege, einige Sehenswürdigkeiten sowie ausreichende Unterkunftsmöglichkeiten und Restaurants.

Rothesay

Rothesay ist Butes einzige Stadt und ein gepflegter Ferienort mit eleganten viktorianischen Häusern und einer schönen, mit Palmen bestandenen Promenade. In den ehemaligen **Winter Gardens**, einem denkmalgeschützten Gebäude von 1920, befindet sich das **Discovery Centre**. Es ist ein interaktives Ausstellungsforum, das dem Besucher die Geschichte und Kultur der Insel näher bringt. Hier

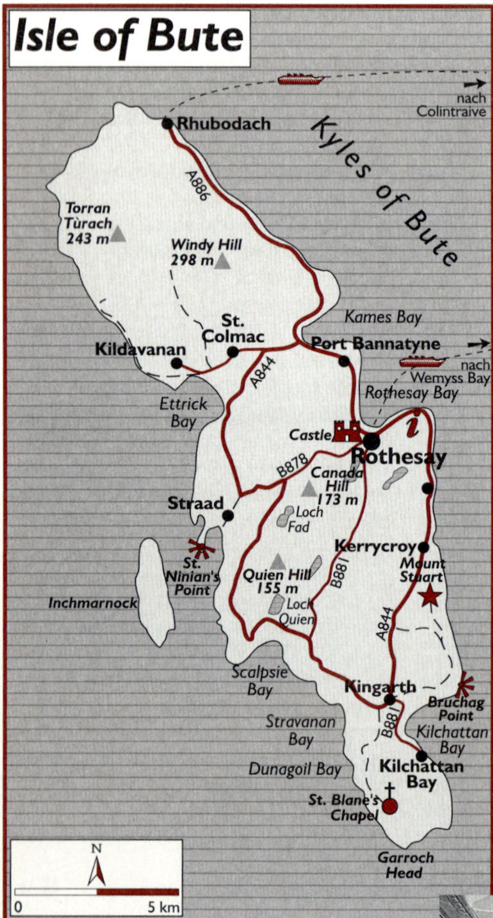

© graphic

ist auch die Touristeninformation untergebracht *(Victoria Street, Rothesay, ✆ 01700 502151).*

Ein „Knüller" ist das öffentliche Toilettenhaus am Victoria Quay, denn das Herren-WC weist eine komplett erhaltene viktorianische Inneneinrichtung auf. Weil es so schön ist, kann man neben Seife, Einmal-Handtüchern etc. auch Postkarten von dem „stillen Örtchen" kaufen.

Rothesay Castle, nur wenige Minuten vom Fähranleger entfernt, stammt aus dem frühen 13. Jh. und ist die einzige Burg in Schottland, die von einer runden Mauer mit vier runden Ecktürmen umschlossen wird. Im späten 17. Jh. niedergebrannt, wurde sie erst im 19. Jh. wiederaufgebaut *(✆ 01700 502691, 💻 www.historic-scotland.gov.uk, 🕐 tgl. April bis September 9.30-17.30, Oktober bis März Sa-Mi 9.30-16.30 Uhr).*

Hinter dem Schloss liegt das **Bute Museum**, wo es natur- und sozialgeschichtliche Exponate zu bestaunen gibt *(Stuart Street, ✆ 01700 505067, 🕐 Oktober bis März Di-Sa 14.30-16.30 Uhr, April bis September Mo-Sa 10.30-16.30 Uhr, So 14.30-16.30 Uhr).*

Eine der Hauptattraktionen der Insel ist **Mount Stuart**. Das phantasievoll, im neogotischen Stil gestaltete Haus ist der Familiensitz der Stuarts of Bute. Das riesige Anwesen, das von einer großen Park- und Gartenanlage umgeben ist, entstand als architek-

Rothesay: Das „stille Örtchen" stammt von 1899

tonische Spielerei. Der Architekt war Robert R. Anderson. Der überwiegende Teil der heutigen Bausubstanz stammt von 1877, als das Gebäude im Anschluss an eine verheerende Feuersbrunst, die das ursprüngliche Haus von 1719 weitgehend vernichtete, wiederaufgebaut wurde. Seit 1995 kann das außergewöhnliche Haus besichtigt werden. Als eines der großen Landhäuser Schottlands beeindruckt Mount Stuart nicht nur durch die ungewöhnliche Baukunst, sondern auch durch eine wunderschöne Inneneinrichtung mit feinen italienischen Antiquitäten.

wunderschöne Inneneinrichtung

Ebenso beeindruckend ist der Landschaftsgarten, der vom 3. Earl of Bute (1713-92) angelegt wurde, der auch bei der Planung von Kew Gardens in London beteiligt war. Hier lässt sich gut ein Tag verbringen, insbesondere, wenn man bei schönem Wetter im Park picknicken kann (***Mount Stuart House and Gardens***, *01700 503877, www.mountstuart.com, Mai bis September Haus So-Fr 11-17 Uhr, Sa 10-14.30 Uhr, Garten tgl. 10-18 Uhr. Ostern, Mai, Juni und September Hausbesichtigung nur mit Führung. Mount Stuart liegt 8 km S Rothesay. Es gibt einen regelmäßigen Busservice von Rothesay).*

Kurz vor Mount Stuart liegt das gepflegte Dorf **Kerrycroy** und südlich die **Kilchattan Bay**, eine attraktive Bucht mit einem schönen Strand. Südwestlich von Kilchattan Bay liegt in friedlicher Umgebung die **St. Blane's Chapel**, eine Ruine aus dem 12. Jh. Sie steht an der Stelle eines früheren Klosters, das im 6. Jh. von St. Blane gegründet wurde.

Wandern

In Kilchattan Bay beginnt der Rundwanderweg zur Glencallum Bay und zurück über die St. Blane's Chapel. Für die knapp 8 km sollte man 3 Stunden einplanen.

6 km nördlich von St. Blane's an der Westküste liegt die **Scalpsie Bay** mit dem schönsten Strand der Insel und einer guten Stelle, um Seehunde zu beobachten. Wenig weiter ist der **St. Ninian's Point** erreicht, von wo man hinüber zur Insel Inchmarnock blicken kann. Am Ende des Strandes liegen die Ruinen einer Kapelle aus dem 6. Jh., die St. Ninian gewidmet ist.

schöner Strand

Reisepraktische Informationen Bute

Information

***TIC**, Discovery Centre, Victoria Street, Rothesay, Isle of Bute PA20 0AH, 01700 502151)*

Unterkunft

******Ardmory House Hotel €€**, *Ardmory Road, Ardbeg, Rothesay, Isle of Bute PA20 0PG, 01700 502346, 01700 505596, www.ardmoryhousehotel.co.uk, ganzjährig. 5 Zimmer, kleines gepflegtes Familienhotel in ruhiger Lage mit Blick auf die Bucht und Loch Striven.*

Fährverbindung

Von Wemyss Bay nach Rothesay (35 Minuten Überfahrt) und von Colintraive (Cowal Peninsula) nach Rhubodach (5 Min.).

Der Südosten: Borders und Lothian

Streckenvorschlag

Der Südosten wird aus zwei Teilen gebildet: Lothian im Norden und den Borders im Süden. Die gewünschte Route hängt davon ab, ob man aus Newcastle oder aus Carlisle kommt und ob zunächst Edinburgh oder zunächst Glasgow angesteuert wird. Von Newcastle aus ist die schnellste Verbindung nach Edinburgh die A695, die dann mit der A68 zusammentrifft. Von Carlisle aus kommend, führt die A7 über Hawick rasch nach Edinburgh. Aufgrund der vielen Sehenswürdigkeiten würde es sich durchaus lohnen, zwei bis drei Tage im Südosten zu verweilen und sich entweder für die westlich verlaufende Route – Selkirk, Peebles, Penicuik – oder für die östliche Route – über Kelso, Dunbar und Haddington an der Küste entlang – zu entscheiden. Für Urlauber, die zunächst Glasgow anstreben, bietet sich eine Alternativstrecke von Melrose über Biggar und New Lanark an. Im Folgenden werden verschiedene Streckenführungen vorgestellt.

Wandern

Im Südosten gibt es vielfältige Wandermöglichkeiten unterschiedlicher Länge und Schwierigkeitsgrade. Die lokalen Touristenbüros halten Karten und Informationsmaterial bereit. Es gibt auch die Möglichkeit, an sogenannten geführten „Ranger Led Walks" teilzunehmen. Auskunft erteilt der Scottish Borders Council Ranger Service, ✆ 01835 830281, 💻 www.scotborders.gov.uk. Der Southern Upland Way, der insgesamt 340 km lange Wanderweg von Küste zu Küste, führt 135 km durch die Borders.

Die Region Borders

instabiles Grenzland

Seit der Römerzeit und etwa bis Mitte des 17. Jh. war diese Gegend Austragungsort der ständig schwelenden Konflikte zwischen England und den Einheimischen. Stets wechselten die Besitzer in diesem instabilen Grenzland. Zunächst die Unabhängigkeitskriege gegen England, dann die Auseinandersetzungen innerhalb des Adels, schließlich die Reformation und dann die Zerstörungen durch die englischen Feldherren, den Earl of Hertford (1544-47) und Oliver Cromwell (1650). Die Ruinen der stattlichen Grenzlandabteien – einst ein Zeichen großer kultureller Blüte der christlichen Kultur im 12. Jh. – legen Zeugnis von den immer wiederkehrenden Zerstörungen ab.

Redaktionstipps Südosten

- Besichtigung der großen **Klosterruinen** Jedburgh, Dryburgh, Melrose und Kelso sowie Bowhill Castle, Rosslyn Chapel, Abbotsford House, Tantallon Castle, und Traquair House (S. 163ff).
- An einem **„Riding of the Marches"**, am besten in Selkirk, teilnehmen (S. 162).
- Eine Wanderung am **Grey Mare's Tail** unternehmen oder in den **Lammermuir Hills wandern** (S. 172 und S. 182).
- Das **New Lanark World Heritage Village** besichtigen (S. 178f).

Die Klöster Jedburgh, Dryburgh, Melrose und Kelso sind Gründungen verschiedener Orden, aber insofern zu vergleichen, als dass sie alle relativ spät, und zwar zur Regierungszeit

David I. (1124-53), errichtet wurden. Jahrhundertelang waren die Borders von sowohl geistlichen als auch weltlichen Mächten umkämpft. Um eindeutige Stellung zu beziehen und für den religiös-kulturellen Anschluss Schottlands an das restliche Europa zu sorgen, holte David I. während seiner Regierungszeit diverse römisch-katholische Orden ins Land. Alle vier Abteien wurden im Laufe der Geschichte mehrfach zerstört. Auch dass sich das Tower House hier noch bis ins 17. Jh. als Wehrbau gehalten hat, zeugt von den unsicheren Zeiten im Südosten.

verschiedene Orden

Öffentliche Verkehrsmittel

Es gibt ein gutes Netz an Busverbindungen zwischen den einzelnen Städten. Auskunft und Fahrpläne in den Touristeninformationen sowie von Borders Council Transport Division (✆ 01835 825200). Der wichtigste Anbieter ist First Edinburgh (✆ 01896 6639233). National Express (✆ 0990 808080) verbindet Edinburgh und Newcastle mit Halt in Jedburgh, Galashiels und Melrose.

Golf

Der „Freedom of the Fairways Golf Passport" bietet zwischen April und Oktober die Möglichkeit, an drei bzw. fünf aufeinanderfolgenden Tagen 6 (bzw. 10) Runden Golf auf insgesamt einundzwanzig Plätzen in den Borders zu spielen. Der Pass ist in jedem Touristenbüro erhältlich.

Feste / Feiern

Die Leidenschaft der Grenzbewohner für ***Rugby*** *wird nur noch von ihrer Passion für das* ***„Riding of the Marches"*** *übertroffen, das während der frühen Sommermonate in jeder Stadt in den Borders stattfindet. Das Ritual geht auf das Mittelalter zurück, als die jungen Männer („Callants" genannt) zu den Grenzen des Gemeindelandes ritten. Jede Stadt hat ihre eigenen Variationen, um diese Grenzritte zu feiern, und es gibt verschiedene begleitenden Aktivitäten, wie Konzerte und Spiele, die teilweise einige Tage dauern. Andere feiern gleichzeitig historische Ereignisse, wie beispielsweise in Selkirk: Das Selkirk Gathering ist das älteste und größte der Grenzritte und endet mit dem „Casting of the Colours", das an Schottlands niederschmetternde Niederlage im Battle of Flodden erinnert.*

Von Carlisle nach Selkirk

Langholm

Textilstadt

Langholm (A7) entwickelte sich während des 18. Jh. zur Textilstadt und ist auch heute noch ein Zentrum der Tweedherstellung. Es ist auch der Geburtsort von **Hugh McDiarmid** (1829-1978), Dichter und Mitbegründer der Scottish National Party. Auf dem Hügel über der Stadt steht das McDiarmid Memorial, eine moderne Skulptur, die wie ein riesiges aufgeschlagenes Buch aus Metall aussieht.

Feste / Feiern

Im Juli findet in Langholm das Common Riding statt und Mitte / Ende August das Langholm and Eskdale Festival of Music and Arts. Beide Veranstaltungen bieten ein buntes Unterhaltungsprogramm.

Möchte man nicht die A7 nehmen, bietet die B709 eine gute Alternative, um von Langholm nach Selkirk zu kommen. Sie führt nordwestlich zu dem kleinen Dorf Eskdalemuir, 20 km von Langholm entfernt. Von dort geht es nördlich durch den Eskdalemuir und Craik Forest nach Ettrick, wo die Straße dem Verlauf des Ettrick Water nach Selkirk folgt. Ungefähr 3 km N Eskdalemuir liegt die **Kagyu Samye Ling Tibetan Monastry** (*✆ 01387 373232, 💻 www.samyeling.com*). Das Zentrum wurde 1967 gegründet. Der Samye Temple ist der erste tibetanische Tempel im Westen. Es gibt freie Führungen für Besucher (unabhängig davon, welcher Konfession sie angehören), ein Programm an Wochenendkursen sowie ein nettes Café. Es besteht auch die Möglichkeit, eine gewisse Zeit dort zu leben.

tibetanischer Tempel

Hermitage Castle war eine der großen Festungen in den Borders und ist auch heute noch sehr beeindruckend. Der älteste Teil stammt aus dem 13. Jh. und gehörte den Earls of Douglas bis 1492, als die Burg an die Earls of Bothwell fiel. Der

4. Earl of Bothwell, James Hepburn, war der 3. Ehemann von Mary Queen of Scots. Im Anschluss an die Union of Crowns verlor Hermitage Castle an Bedeutung und verfiel. Einsam gelegen, umgibt die Burg ein seltsam anmutender, fast mysteriöser Charakter *(✆ 01387 376222, 🖳 www.historic-scotland.gov.uk, 🕓 April bis September tgl. 9.30-17.30 Uhr, Oktober Sa-Mi 9.30-16.30 Uhr, von der A7 ab, 6 km N der Kreuzung der B6357 und der B6399).*

Hawick (ausgesprochen: hoyk) ist die größte Stadt in den schottischen Borders und seit über 200 Jahren ein Zentrum der Tweed-Herstellung. Der Name Tweed ist übrigens nicht vom gleichnamigen Fluss abgeleitet, sondern entstand aus einer schottischen Verballhornung des französischen Wortes für Stoff (= Toile). Hawick ist kein besonders schöner Ort, aber ein Anziehungspunkt für Besucher, die in einem der vielen „factory outlets" (direkt-ab-Fabrik-Verkauf) ein gutes Stück Markenware ergattern möchten. **Drumlanrig's Tower** wurde im 15. Jh. als Befestigung der Douglas-Familie errichtet. Im 18. Jh. diente der Turm erst als Gasthof und später als Hotel, das in den 1970er Jahren geschlossen wurde. Nun beherbergt der Turm ein Besucherzentrum, wo man sich über die turbulente Geschichte Hawicks vom Mittelalter bis heute informieren kann *(✆ 01450 377615, 🕓 März bis September Mo-Sa 10-17 Uhr, So 12-15 Uhr).*

Tweed

Lokalgeschichte

Im Wilton Lodge Park ist das **Hawick Museum and Scott Art Gallerie** untergebracht. Es zeigt eine interessante Ausstellung überwiegend von Textilien aus dem 19. Jh. In der Gemäldegalerie sind vorwiegend Bilder des 19. und 20. Jh. zu sehen *(✆ 01450 373457, 🕓 April bis Sept. Mo-Fr 10-12 Uhr und 13-17 Uhr, Sa und So 14-16.45 Uhr, Okt. bis März Mo-Fr 13-16 Uhr, So 14-16 Uhr, Sa geschl.).*

Reisepraktische Informationen Hawick

Information

***TIC**, Drumlanrig's Tower, Tower Knowe, Hawick, Borders TD9 9EN, ✆ 01450 372547, 🖷 01450 373993, 🕓 ganzjährig.*

Unterkunft

*******Mansfield House Hotel €€**, Weensland Road, Hawick TD9 8LB, ✆ 01450 373988, 🖷 01450 372007, 🖳 www.mansfield-house.com, 🕓 ganzjährig. Einst das Familienhaus einer wohlhabenden Hawicker Familie, heute ein schönes Landhaushotel mit 12 Zimmern und von einem großen Park umgeben. Sehr gutes Restaurant.*

*******Kirklands Hotel €-€€**, West Stewart Place, Hawick TD9 8BH, ✆ 01450 372263, 🖷 01450 370404, 🕓 ganzjährig, kleines Hotel im Familienbetrieb (12 Zimmer), gute Küche.*

B&B

***Quiet Garden**, Teviothead, nr. Hawick, Mrs Armitage Hislop, ✆ 01450 850310, 🖳 www.quietgarden.co.uk. Kleines und ruhiges B&B und ein idealer Ort, um sich auszuruhen. Quiet Garden ist Mitglied des Christian Quiet Garden Trust.*

Jedburgh

Jedburgh ist eine freundliche Kleinstadt mit 4.000 Einwohnern, die am nördlichen Ausläufer der Cheviot Hills liegt. Einst, aufgrund der Nähe nach England, die stra-

Jedburgh Abbey

tegisch wichtigste Stadt in den Borders, wurde Jedburgh oft angegriffen. Heutzutage finden die einzigen Überfälle durch Urlauber statt. Es gibt eine Vielzahl an Sehenswürdigkeiten in Jedburgh.

Bedeutendste Sehenswürdigkeit ist **Jedburgh Abbey**, die Ruine einer Augustinerabtei aus dem 12. Jh. Sie wurde 1118 von David I. gegründet und 1147 zur Abtei erhoben. Die Bauzeit erstreckte sich bis zum 15. Jh. 1544 wurde Jedburgh Abbey durch die Truppen des Earl of Herford zerstört. Dennoch gelten die Ruinen als eines der besten Beispiele für den Übergangsstil zwischen normannischer und gotischer Architektur. Die drei Stockwerke des Hauptschiffes (normannische Arkade, Triforium und darüber eine Reihe schmaler Spitzbögen) sowie die Westfront mit normannischem Portal (12. Jh.), Giebeln, Arkaden, einer Fensteröffnung (14. Jh.) und als Bekrönung das sogenannte „Rad der heiligen Katherina", eine beeindruckende Fensterrose, machen die baugeschichtliche Entwicklung deutlich. Im Besucherzentrum kann man sich über das Leben der Mönche im mittelalterlichen Jedburgh informieren. Es gibt auch einen hübschen Kräutergarten *(✆ 01835 863925, 💻 historic-scotland.gov.uk, 🕐 April bis September tgl. 9.30-17.30 Uhr, Oktober bis März Mo-Sa 9.30-16.30 Uhr).*

Gefängnis Ganz in der Nähe lohnt das **Jedburgh Castle Jail and Museum** einen Besuch. Das Gefängnis wurde 1823 an der Stelle einer mittelalterlichen Burg erbaut. Die Exponate in den Zellen machen das Gefängnisleben im 19. Jh. deutlich. Auch gibt

Jedburgh: typische Kleinstadt im Südosten

es eine Ausstellung zur Stadtgeschichte *(Castlegate, ✆ 01835 863254, 🖷 01835 864750, 🕐 Ostern bis Ende Oktober Mo-Sa 10-16.30 Uhr, So 13-16 Uhr).*

Am anderen Ende des Stadtzentrums liegt das wunderschöne **Queen Mary's** aus dem 16. Jh. Es beherbergt eine Gedenkstätte mit Erinnerungsstücken an Maria Stuart. Im Jahre 1566 hielt sich hier Maria Stuart auf, als sie in Jedburgh Gericht hielt. Als sie erfuhr, dass ihr geliebter Bothwell verwundet im nahen Hermitage Castle liegt, ritt sie zu ihm, kehrte jedoch bald mit schwerem Fieber zurück und blieb todkrank einen Monat in Jedburgh *(✆ 01835 863331, 🕐 März bis November tgl. 10-17 Uhr).*

todkrank in Jedburgh

Die dreibogige **Canongate Bridge** stammt von 1147 und ist eine der wenigen mittelalterlichen Brücken, die noch benutzt werden.

2 km S Jedburgh liegt die aus dem 16. Jh. stammende Grenzfestung **Ferniehirst Castle**. Der Bau ist mit reichem architektonischen Dekor (Kegeldach, vorkragender Erker usw.) versehen und ist der Sitz des Marquis von Lothian. Ein kleines Museum informiert über die ereignisreiche Geschichte der Region *(✆ 01835 860001, 🕐 Juli Di-So 11-16 Uhr. 2 km S Jedburgh).*

Reisepraktische Informationen Jedburgh

Information

TIC, Murray's Green, Jedburgh TD8 6BE, ✆ 01835 863435 / 863688) (an der A68)

Unterkunft

****Glenfriars Hote* ***€-€€****, The Friars, Jedburgh TD8 6BN, ✆/🖷 01835 862000, 🕐 ganzjährig, 6 Zimmer. Schönes Haus, am Rande Jedburghs gelegen. Kinderfreundlich.*

*******Willow Guest House €****, Willow Court, The Friars, Jedburgh TD8 6BN, ✆ 01835 863702, 🖷 01835 864601, 🕐 ganzjährig, 4 Zimmer, etwas oberhalb der Stadt gelegenes, kleines Gästehaus mit wunderbarer Aussicht über die Stadt und Umgebung.*

Melrose

(26 km NW Jedburgh), am Ufer des Tweed gelegen, ist ebenfalls eine hübsche Kleinstadt mit einer Mischung aus niedlichen Läden und Cottages und eleganten georgianischen und viktorianischen Häusern. Die normalerweise eher gemächliche Atmosphäre wird jedes Jahr im April gestört, wenn die **Melrose Seven** (💻 *www.melrose7s.com)* stattfinden, zu dem Rugby-Fans aus aller Welt zusammenkommen. Das Match findet seit 1883 statt.

Rugby

Die bedeutendste Sehenswürdigkeit ist **Melrose Abbey**. Das 1136 von David I. gegründete (erste) schottische Zisterzienser-Kloster wurde im 14. Jh. verwüstet, wenig später erneut aufgebaut, um dann 1545 endgültig zerstört zu werden. Selbst die Ruinen sind noch beeindruckend. Als Ruinen erhalten sind der Ostteil des Hauptschiffes, das Querschiff, Chor und Teile des südlichen Seitenschiffs. Diese Teile stammen aus dem 14. und 15. Jh. und zeigen eine ungewöhnlich detailreiche

Zisterzienser

Ornamentik. Für eine Zisterzienser-Abtei ist eine solch reiche Ornamentik sehr ungewöhnlich, da dieser Orden mit seinem strengen Ideal von „Ora et Labora" jeglichen Überfluss ablehnte. Besonders beeindruckend sind die mit unterschiedlichen Blumen und Blätterranken verzierten Säulenkapitelle und das feine Maßwerk am Ostfenster des südlichen Querschiffes.

Schon Theodor Fontane, der die Abtei 1858 besuchte, bemerkte, *„dass diese Ruine zu jenen großartigen Schönheitswundern gehört, die, einmal gesehen und in sich aufgenommen, nicht wieder vergessen werden"*. Und an anderer Stelle: *„Es ist, als ob die Meister jener Epoche den Zweck verfolgt hätten, ein in Stein gebildetes Herbarium scoticum auf die Nachwelt kommen zu lassen. Alle möglichen Blumen und Blätter, Lilien, Disteln, Eichenlaub, Kleeblatt und Raute finden sich vor ..."*. Im Nordostteil der Kirche fand Fontane *„die krausen Blätter des schottischen Grünkohls mit überraschender Treue nachgebildet"*.

Auch Sir Walter Scott war von Melrose Abbey begeistert, insbesondere aufgrund ihrer Geschichtsträchtigkeit: Es heißt, dass hier das Herz von Robert the Bruce aufbewahrt sein soll. Die Legende besagt, dass Bruce auf seinem Sterbebett den Grafen Douglas bat, statt seiner ins Heilige Land zu pilgern. Dort solle dann sein Herz begraben werden. Offensichtlich kam der Graf jedoch nur bis Spanien, ließ das Herz aber wieder nach Schottland zurückschicken, wo es dann in Melrose Abbey bestattet wurde. Seither trägt es die Familie Douglas in ihrem Wappen. Im Jahre 1920 fand man tatsächlich ein mumifiziertes Herz im Kapitelhaus *(✆ 01896 822562, 🖳 www.historic.scotland.gov.uk, ⌚ April bis September tgl. 9.30-17.30 Uhr, Oktober bis März Mo-So 9.30-16.30 Uhr)*.

Neben der Abtei kann man dem **Priorwood Garden** einen Besuch abstatten, einem speziellen Ort für die Kunst des Arrangierens von Trockenblumen. Die hier angebauten Pflanzen werden später zu Trockenblumen verarbeitet *(✆ 01896 822493, 🖳 www.nts.org.uk, ⌚ Laden: Januar bis März Mo-Sa 12-16 Uhr, April bis Dezember Mo-Sa 10-17 Uhr, So 13-17 Uhr, Garten: Ostern bis Dezember)*.

römische Stätten

Am Marktplatz ist die **Trimontium Exhibition**, ein kleines, interessantes Museum, das von der Zeit der Römer in dieser Gegend erzählt. Der Trimontium Walk, eine 6 km lange geführte Wanderung, führt zum Trimontium Fort (Three Hills) in Newstead und zu anderen römischen Stätten in der Umgebung *(✆ 01896 822651, ⌚ April bis Oktober tgl., Wanderungen jeweils Di und Do nachmittags)*.

Teddy-Liebhaber gehen eher ins **Scotland's Teddy Bear Museum**, das eine große Sammlung an Teddy-Bären verschiedenster Art und Herkunft beherbergt. Man kann den Teddy-Herstellern bei der Arbeit zuschauen oder den eigenen geliebten Teddy hier in Kommission geben. Es gibt einen Verkaufsladen und eine nette Teestube *(✆ 01896 823854, ⌚ April bis September 11-16 Uhr, Oktober bis März Sa und So 11-16 Uhr)*.

Reisepraktische Informationen Melrose

Information
TIC, Abbey House, Abbey Street, Melrose, Borders TD6 9LG, ✆ 01896 822555, 🕔 April bis Oktober.

Unterkunft
******Burts Hotel** €€, Market Square, Melrose TD6 9PL, ✆ 01896 822285, 📠 01896 822870, 💻 www.burtshotel.co.uk, 🕔 ganzjährig, traditionelles Hotel (das Haus stammt von 1722) mit 20 Zimmern und gutem Bar-Essen, rund 90 Malt-Whisky-Sorten sowie Spezialitäten-Biere.

Jugendherberge
*****Melrose Y.H.** Priorwood, Melrose TD6 9EF, ✆ 0870 0041141, 💻 www.syha.org.uk, 🕔 März bis Ende Oktober, 83 Betten, Familienzimmer. Stadtzentrum.

Wandern
Die drei Gipfel der sagenumwobenen ***Eildon Hills*** *kann man überall von den Central Borders aus sehen und relativ einfach von Melrose aus erklimmen. Vom Marktplatz geht es entlang der B6359 nach Lilliesleaf. Kurz danach biegt der Pfad nach links ab, wo er auf den Sattel zwischen dem North und dem Mid Hill führt. Es geht auf den Gipfel des North Hill, dann auf den Mid Hill und schließlich auf den West Hill. Es gibt verschiedene Touren zurück in die Stadt, schön ist es entlang des Golfplatzes. Insgesamt sollte man 1 ½ Stunden für die Tour einplanen. Im Touristenbüro gibt es ausführliche Wegbeschreibungen.* ***Scott's View*** *bei Bemersyde bietet ein herrliches Panorama über den Tweed und die Eildon Hills. Dies war Sir Walter Scotts Lieblingsplatz. Jedesmal legte er hier eine Pause ein, um die Aussicht zu genießen. Auch der Leichenzug des großen Dichters fuhr hier vorbei, und – so berichten die Chroniken – die Pferde hielten auch ohne Kommando ihres Herrn an dieser Stelle an. Melrose ist auch der Ausgangspunkt für den* ***St. Cuthbert's Way****, einen 90 km langen Wanderweg, der in Lindisfarne (Holy Island) endet. Der wesentliche längere Southern Upland Way passiert ebenfalls Melrose.*

Scott's View

Rund um Melrose

Melrose ist ein guter Ausgangspunkt, um die herrliche Landschaft des mittleren Abschnittes des Tweed zu erkunden, die Sir Walter Scott so nachdrücklich fasziniert hat. Die beiden Sehenswürdigkeiten Dryburgh Abbey und Abbotsford House sind eng mit dem Leben und Schaffen des Schriftstellers verbunden. Errichtet zwischen 1817 und 1822, war **Abbotsford House** das Heim von Sir Walter Scott. Das Haus bietet ein Sammelsurium an Stilelementen und architektonischen Zutaten, die Scott von überall her zusammentrug und sich damit sein pittoresk-kurioses Traumhaus, seine „Romanze in Stein und Mörtel", baute. Das Hauptportal ist dem Portal von Linlithgow (siehe Seite 218) nachgebildet, die Decke der Bi-

Scotts Traumhaus

bliothek der Ornamentik von Rosslyn Chapel (siehe Seite 176), den Kreuzgang von Melrose findet man in der Gartenmauer wieder, in der Mauer neben der Eingangstür ist ein Teil des Edinburgher Tolbooth eingelassen.

neuntausend Bücher!

In diesem Gebäude verbrachte Scott seine letzten Lebensjahre. Er starb am 21. September 1832. Bereits ab 1833 konnte das Anwesen besichtigt werden. Seine Sammelleidenschaft beschränkte sich nicht nur auf Teile des Hauses. In seiner außergewöhnlichen „Sammlung schottischer Kuriosa und Reliquien" findet man Waffen, die Sporen von Bonnie Prince Charlie, ein Parfümfläschchen von Mary Stuart, ein Pulverhorn von James VI. sowie eine Bibliothek mit über 9.000 Büchern. Das Haus wird auch heute noch von Nachkommen des großen Schriftstellers bewohnt *(✆ 01896 752043, 💻 www.scottsabbotsford.co.uk, 🕔 März bis Oktober Mo-Sa 10-17 Uhr, März, April, Mai, Oktober So 14-17 Uhr. 5 km W Melrose, 4 km O Galashiels an der B6360).*

INFO

Informationen zu Sir Walter Scott (1771-1832)

1771 wurde Walter Scott (seit 1820 Sir) in Edinburgh geboren. Er starb 1832 in Abbotsford. Gehbehindert und daher nicht in der Lage, mit den Jungen seines Alters mitzuhalten, flüchtete sich Walter schon in jungen Jahren in die Literatur. An der Universität in Edinburgh studierte er Jura (sein Vater war Rechtsanwalt), beschäftigte sich jedoch gleichzeitig intensiv mit deutscher Literatur, insbesondere mit der Romantik, und übersetzte verschiedene Werke ins Englische, beispielsweise Goethes „Götz". Nach Abschluss des Studiums übernahm er die Anwaltspraxis seines Vaters, doch widmete er neben seiner Arbeit als Jurist in Edinburgh und Stellvertreter des Obersten Richters in den Borders einen großen Teil seiner Zeit der Literatur.

Sir Walter Scotts Bibliothek in Abbotsford House

In Versen hielt er Ereignisse der schottischen Geschichte und Sitten und Gebräuche vergangener Zeiten fest. „The Lady of the Last Minstrel", „Marmion" und „The Lady of the Lake", lebendige und handlungsreiche Darstellungen, waren von großem Erfolg gekrönt. 1812-14 ließ er sich nach eigenen Vorstellungen das Schloss Abbotsford am Tweed erbauen. Durch den Zusammenbruch seines Verlagshauses in eine schwere finanzielle (und damit verbunden seelische) Krise versetzt, begann er als weitere Einnahmequelle Romane zu schreiben. So entstanden – zunächst anonym – mehr als 40 historische Romane. Nach dem Titelhelden des ersten dieser Werke, Edward Waverly, werden sie als „Waverly-Romane" bezeichnet.

Die meisten dieser Romane sind im England des 17. und 18. Jahrhunderts angesiedelt, andere im England zu Zeiten der Kreuzzüge („Ivanhoe") und der Königin Elizabeth („Kenilworth"). Das immer wiederkehrende Thema seiner Werke sind moralische Lehren, wobei sich die Handlung meist um erfundene Personen rankt und die großen Persönlichkeiten der Geschichte den Hintergrund bilden. Am erfolgreichsten war er mit der Darstellung der schottischen Landbevölkerung, in der Scholle verwurzelt und im Puritanismus verhaftet. Scott schuf ein farbiges Zeitbild und stellte eine edle schottische Vergangenheit dar. Das unter der englischen Vorherrschaft leidende Volk sah sich durch Scotts Romane in seiner Identität und im Bewusstsein einer eigenständigen Nation gestärkt. Insbesondere bemühte sich Scott um die Erhaltung der schottischen Sprache, wodurch er entscheidende Impulse für die Bewahrung der nationalen Kultur setzte.

Die Romane Sir Walter Scotts wurden die Grundlage des europäischen Geschichtsromans des 19. Jahrhunderts, und auch im übrigen Europa war man von Scott begeistert. Donizettis Oper „Lucia von Lammermoor", 1835 uraufgeführt, basiert auf dem gleichnamigen Roman Scotts.

Infolge mehrerer Schlaganfälle starb Scott im Alter von 61 Jahren im September 1832. Die fünfzehn Jahre später publizierte Biographie seines Schwiegersohns John Gibson Lockhard gilt als eines der großen literarischen Portraits.

---

7 km SO Melrose an der B6404 liegt, zwischen alten Zederbäumen am Ufer des Tweed, **Dryburgh Abbey**, eine 1150 gegründete Prämonstratenserabtei. Dreimal (1322, 1385 und 1544) wurde sie zerstört und danach nicht wieder aufgebaut. Teile des Hauptschiffes, des Chores und der Querschiffe sind erhalten. Hier, in den Ruinen der Dryburgh Abbey, liegt Sir Walter Scott begraben. Scott war von der romantischen Lage des Klosters in einer Tweedschleife so angetan, dass er die Ruine zu seiner Begräbnisstätte erkor. Der schlichte Sarkophag aus Granit befindet sich im nördlichen Querschiff. Hier ist noch das originale Kreuzrippengewölbe zu sehen. Die umliegenden Klostergebäude sind in verhältnismäßig gutem Zustand. Das Kapitelhaus ist noch vollständig erhalten

romantische Lage

Dryburgh Abbey

(St. Boswell, ✆ 01835 822381, 💻 www.historic-scotland.gov.uk, 🕐 tgl. April bis September 9.30-17.30 Uhr, Oktober bis März 9.30-16.30 Uhr).

Nördlich von Melrose an der A68 liegt die Marktstadt Lauder mit einem der ältesten und schönsten schottischen Schlösser, **Thirlestane Castle**. Mit Ursprüngen im 13. Jh. wurde das Schloss im späten 16. Jh. und erneut im 17. Jh. im Baronialstil umgebaut und erweitert. Weitere Veränderungen kamen im 19. Jh. hinzu, als zwei neue Flügel angebaut wurden. Die sehenswerten Stuckdecken im Inneren stammen aus dem 17. Jh. *(✆ 01578 722430, 💻 www.thirlestanecastle.co.uk, 🕐 Juli und August Sa-Do 10-15 Uhr, Mai bis Juni und September Mi, Do und So).*

Die westliche Route: von Selkirk über Peebles und Penicuik nach Edinburgh

Selkirk

Selkirk, 9 km SW Melrose, liegt am Rande des **Ettrick Forest**. Es ist eine nette Kleinstadt mit 5.000 Einwohnern, guten Unterkunftsmöglichkeiten und einigen Pubs. Im 19. Jh. ein Zentrum der Textilherstellung, als der wachsende Bedarf für Tweed nicht mehr nur von Galashiels erfüllt werden konnte, ist Selkirk heute eher ein ruhiger Flecken.

ruhiges Städtchen

In Selkirk waltete Walter Scott fast 30 Jahre lang seines Amtes als Richter. Das 1839 errichtete Denkmal vor dem Gerichtsgebäude ehrt den Schreiber monumentaler Historienwerke. **Sir Walter Scott's Courtroom** am Marktplatz mit originaler Einrichtung, Portraits von Scott und anderen literarischen Persönlichkeiten sowie Erinnerungsstücke an Mungo Park kann besichtigt werden *(✆ 01750 20096, 🕐 April bis September Mo-Fr 10-16 Uhr, Sa 10-14 Uhr, Mai bis August auch So 10-14 Uhr, Oktober Mo-Sa 13-16 Uhr).*

Detail der Statue Mungo Park

Das **Halliwell House Museum & Robsen Gallery**, ein Heimatmuseum, liegt ebenfalls am Marktplatz und zeigt Ausstellungsstücke zur lokalen Geschichte und die Werke zeitgenössischer Künstler *(✆ 01750 20096, 🕐 April bis September Mo-Sa 10-17 Uhr, So 10-14 Uhr (im Juli und August So nur bis 13 Uhr), Oktober Mo-Sa 10-16 Uhr).*

Am Ende der High Street ist eine Statue von **Mungo Park** zu sehen. Mungo Park (1771-1805) erblickte als erster Europäer 1795 den Niger und erforschte, unter Einsatz seines Lebens, die Regionen am Flusslauf. In seine Heimat zurückgekehrt, begab sich der Schotte, nach einem kurzen Aufenthalt in dem nahegelegenen Ort Peebles, vom Fernweh gepackt, wieder nach Afrika, wo er 1806 ermordet wurde. T. Coraghessan Boyles sprachgewaltiger Roman „Wassermusik" (1981) schildert das Leben des großen Entdeckers Mungo Park, der in Selkirk geboren wurde. *Fernweh*

Feste / Feiern

Alljährlich im Juni findet in Selkirk, wie auch in vielen anderen Orten in den Borders, das „Common Riding" statt. Der gemeinschaftliche Ausritt erinnert daran, wie die Männer von Selkirk 1513 in die Schlacht von Flodden zogen, wo sie von den Engländern vernichtet wurden. Die Chronik berichtet, dass nur ein einziger Kämpfer in seine Heimat zurückgekehrt ist.

Reisepraktische Informationen Selkirk

Information

TIC, *Halliwell House, Selkirk, Borders TD7 4BL, ✆ 01750 20054.*

Unterkunft

******Heatherlie House Hotel €€**, 7 Heatherlie Park, Selkirk TD7 5AL, ✆ 01750 21200, 🖷 01750 20005, ⏲ ganzjährig, 7 Zimmer, nettes, im Familienbetrieb geführtes Hotel in ruhiger Lage. Kinderfreundlich. Idealer Ausgangspunkt zum Wandern, Angeln oder Golf spielen.*

Jugendherberge

*****Broadmeadows Y.H.**, Yarrowford, Selkirk TD7 5LZ, ✆ 0870 0041107, 💻 www.syha.org.uk. 1931 wurde diese Jugendherberge als erste SYHA-Herberge eröffnet. ⏲ Ende April bis Ende September, 20 Betten.*

Rund um Selkirk

Bowhill

Für alle Kunstliebhaber ist eine Besichtigung des viktorianischen Landsitzes des Duke of Buccleuch, **Bowhill**, ein besonderes Erlebnis. Seit 1812 ist Bowhill der Stammsitz der Scotts of Buccleuch and Queensberry, einst die größten Landbesitzer in den Borders und dementsprechend wohlhabend. Man kann hier eine der größten Privatsammlungen in ganz Schottland sehen, mit Kunstschätzen aller Art, eine beeindruckende Sammlung Meißner Porzellan, Möbel, chinesische Tapeten aus dem 17. Jh. sowie eine erlesene Gemäldesammlung europäischer Meister. Seit dem Kunstraub 2003 in Drumlanrig Castle, das ebenfalls zum Besitz des Dukes gehört, wurden enorme Anstrengungen unternommen, die Sicherheitsvorkehrungen zu verbessern. *bedeutende Gemäldesammlung*

Im wunderschönen Country Park kann man herrlich spazieren gehen, und im Sommer gibt es Freilufttheater *(5 km W Selkirk, ✆ 01750 22204, ⏲ Park: Mai bis August, Haus: Juli 13-17 Uhr).*

Yarrow Water und Errick Water

Die A708 verläuft südlich von Selkirk nach **Moffat**, wobei sie dem wunderschönen **Yarrow Water** nach **St. Mary's Loch** folgt. Der nette Ort Moffat wurde schon mehrfach für seine Blumenpracht ausgezeichnet.

Reisepraktische Informationen Moffat

Information
TIC, Moffat, ✆ 01683 220620, 💻 www.visitmoffat.co.uk

Unterkunft
*****Star Hotel** *€-€€, High Street, Moffat DG10 9EF, ✆ 01683 220156, 🖷 01683 221524, 💻 www.famousstarhotel.com, 🕐 ganzjährig. Das freundliche Hotel im Familienbetrieb wurde als schmalstes Hotel in das „Buch der Rekorde" aufgenommen. 8 Zimmer, Restaurant und Bar.*

Die B709 führt über Ettrick, Eskdalemuir nach Langholm. An der Kreuzung der A708 und der B709 befindet sich der Gordon Arms Inn, ein beliebter Stopp für Wanderer. In Cappercleuch, am Westufer des St. Mary's Loch, schlängelt sich eine einspurige Straße hinauf zum Megget Reservoir und dann hinunter entlang des Talla Reservoir zum winzigen Ort Tweedsmuir an der A701. Die Straße ist wunderschön, allerdings sehr steil und nicht für Wohnmobile geeignet. Die einsame Gegend ist wunderschön und eng mit **James Hogg** verbunden (1770-1835). „The Ettrick Shepherd" war ein enger Freund von Sir Walter Scott. Geboren in Ettrick, verbrachte er sein gesamtes Leben in dieser Gegend. Hogg hatte sich das

Autodidakt

Schreiben und Lesen autodidaktisch beigebracht. Seine schlichten pastoralen Verse dichtete er während des Schafehütens. Hoggs Hauptwerk sind die „Confessions of a Justified Sinner". Er und Scott trafen sich häufig im **Tibbie Shiels Inn**, auf dem engen Landstreifen zwischen dem St. Mary's Loch und dem Loch of the Lowes. Das Gasthaus gibt es noch immer. Es ist ein beliebtes Ziel für Wanderer entlang des Southern Upland Way *(Tibbie Shiels Inn, St. Mary's Loch, Selkirk TD7 5LH, ✆ 01750 42231, 💻 www.tibbieshielsinn.com, 4 Zimmer, mittlere Preisklasse).*

Am romantischen St. Mary's Loch

Wandern
An der A708 Richtung Moffat befindet sich Schottlands bekanntester Wasserfall, **Grey Mare's Tail**. *Er ist 60 Meter lang, wurde oft bewundert und gemalt. Es gibt zwei Möglichkeiten, dieses Natur-*

spektakel zu erreichen: Auf einem schmalen, leicht begehbaren Weg kann man nach etwa 10 Minuten recht gut den Wasserfall sehen, ein zweiter Pfad (ca. 60 Min. für den Aufstieg) führt sehr hoch zur Absturzkante und zum Loch Skeen. Der Name „Grey Mare's Tail" ist nach dem „grey mare" in Robert Burns' Ballade „Tam O'Shanter" benannt.

Grey Mare's Tail

Galashiels

An der Kreuzung der A72 und A7 Edinburgh – Carlisle liegt die Textilstadt Galashiels, die sich entlang des Gala-Flusses 3 km lang erstreckt. Eine der größten Städte in den Borders, gibt es hier aber nicht viel für den Urlauber zu sehen. Seit 700 Jahren der Textilherstellung verschrieben und Sitz des Scottish College of Textiles, ist Textil heute eher ein sterbender Industriezweig. Die einzige Attraktion des Ortes ist **Lochcarron of Scotland**, der weltweit größte Hersteller von Tartan. Es gibt ein Besucherzentrum, ein Textilmuseum und einen Laden, wo man alles rund um den Kilt kaufen und sogar maßanfertigen lassen kann *(**Lochcarron of Scotland**, ✆ 01896 751100, 💻 www.lochcarron.com, 🕔 ganzjährig, Demonstration der Mühle Mo-Do 9.30, 11.30, 13.30, 14.30 Uhr, Fr 10.30, 11.30 Uhr).*

Reisepraktische Informationen Galashiels

Information

***TIC**, 3 St. John's Street, Galashiels, Borders TD1 3JX, ✆ 01896 755551, 🕔 April bis Oktober*

Unterkunft

*****Over Langshaw Farm €**, Mrs. Sheila Bergius, Langshaw, bei Galashiels TD1 2PE, ✆ 01896 860244, 💻 www.overlangshaw.com, 🕔 ganzjährig, 2 Zimmer, wunderschön gelegenes Farmhaus (ökologisch-dynamischer Betrieb) mit behaglicher, ungezwungener Atmosphäre.*

In **Innerleithen** (10 km O Peebles) kann man in **Robert Smail's Printing Works** eine rekonstruierte viktorianische Druckerei sehen, die vom NTS als Zeugnis schottischer Sozial- und Arbeitergeschichte betreut wird: ein „Museum zum Anfassen" *(✆ 01896 830206, 💻 www.nts.org.uk, 🕔 Ostern und Juni bis September Do-Mo 12-17 Uhr, So 13-17 Uhr).* *viktorianische Druckerei*

Traquair House, 2 km S Innerleithen, ist eines der großen schottischen Landhäuser. Die Geschichte des Schlosses reicht bis ins 10. Jh. zurück. Heute ist Tra-

Traquair House

quair House, im Laufe seiner Geschichte vielfach erweitert und verändert, der älteste bewohnte Herrensitz in Schottland, welcher seit seiner Gründungszeit im Familienbesitz ist. Die heute erhaltene Bausubstanz stammt weitgehend aus der Mitte des 17. Jh. Wie die Chronik besagt, haben 27 schottische und englische Monarchen in den Gemächern genächtigt. Im 17. und 18. Jh. diente das Haus als Versammlungsort der royalistischen, katholischen Jakobiter. Prince Charles Edward Stuart hielt sich hier vor seiner entscheidenden Schlacht auf. Interessant ist der Schwur, den der damalige Earl 1745 nach der Flucht von „Bonnie Prince Charlie" ablegte: Erst wenn wieder ein Stuart auf dem schottischen Thron sitze, dürfe das „Bear Gate" (Bärentor) erneut geöffnet werden. Obwohl es nicht einmal als gesichert gilt, dass der Prinz je in Traquair war, blieb das Tor bisher verschlossen *(✆ 01896 830323, 💻 www.traquair.co.uk, 🕐 April (nur Sa, So), Mai 12-17 Uhr, Juni-August 10.30-17 Uhr, September 12-17 Uhr, Oktober 11-15 Uhr, November Sa und So 12-15 Uhr. Traquair House bietet auch B&B in drei schönen DZ).*

seit Gründungszeit im Familienbesitz

Ein Besuch in Traquair ist ein Schritt in die Vergangenheit, das Gebäude hat eine eigentümliche nostalgische und fast unheimliche Atmosphäre, die bei so vielen der großen Häuser fehlt. Nicht versäumen sollte man einen Besuch im Garten, wo den ganzen Sommer über viele verschiedene Veranstaltungen stattfinden. Das berühmte **Traquair Ale** gilt als Kostbarkeit unter den schottischen Bieren. Es wird in über 200 Jahre alten Braukesseln hergestellt, in welchen pro Sud nur ca. 2.000-2.500 Flaschen gebraut werden können. Jede einzelne von diesen erhält eine Sud- und Flaschennummer. Während einer Besichtigung lernt man die traditionellen Brauweisen kennen und kann Probeschlückchen des nur in kleinen Mengen hergestellten Bieres zu sich nehmen

kostbares Bier

Peebles und Umgebung

Peebles ist eine sympathische, malerisch beiderseits des River Tweed gelegene und von bewaldeten Hügeln umgebene Kleinstadt mit einigen Hotels, B&Bs, einem Camping- und Caravanplatz und verschiedenen Pubs. Der Fluss ist hier weit und schnell, wohingegen das Leben in der kleinen Stadt eher gemächlich zugeht. Nur während der Beltane Fair *(💻 www.peeblesbeltanefestival.co.uk)*, ein auf gälische Ursprünge zurückgehendes Fest, das die Rückkehr des Sommers feiert, kommt Leben in die Stadt. Ein anderer guter Zeitpunkt, um Peebles zu besuchen, ist wäh-

sympathische Kleinstadt

rend des Peebles Arts Festivals, das zwei Wochen lang Ende August und Anfang September abgehalten wird. Peebles ist nur 45 Min. von Edinburgh entfernt und bietet einen netten Zwischenstopp während einer Tour durch das Tweed Valley.

Etwas außerhalb von Peebles, 1 ½ km S an der A72, befindet sich **Neidpath Castle**, eine am Nordufer des Tweed gelegene Burg mit weitgehend erhaltenem Wehrturm. Im Inneren ist allerdings wenig zu sehen *(Ostern, 1. Mai und dann tgl. Juli bis Mitte September 11-18 Uhr, So 13-17 Uhr)*. Das Castle kann zu Fuß am Flussufer erreicht werden. Entlang des Weges gibt es wunderschöne Plätze, um ein Picknick zu veranstalten, und man kann sogar im Fluss schwimmen!

Wandern

Gute Wander- und Spaziermöglichkeiten gibt es auch im ***Glentress Forest****, ungefähr 2 km O der Stadt an der A72, und im* ***Cardrona Forest*** *an der Südseite des Tweed, 6 km außerhalb der Stadt an der B7062. Das Touristenamt hält ausführliche Wegbeschreibungen bereit.*

Fahrrad fahren

Die Gegend rund um Peebles ist ein Mekka für Mountain Bikers. Im Sommer kommen bis zu 1.000 Biker pro Woche. Touren führen z.B. durch den Glentress, Cardrona, Elibank und Traquair Forest. In Walkerburn, östlich von Innerleithen, stößt man auf den 135 km langen Tweed Cycleway, der von Biggar nach Berwick upon Tweed verläuft. Siehe auch www.cycling.scotland.com und www.scottishsport.co.uk.

Reisepraktische Informationen Peebles

Information

TIC*, High Street, Peebles, Borders EH45 8AG, 01721 720138, ganzjährig.*

Unterkunft

An Unterkünften besteht in Peebles kein Mangel. Es gibt zahlreiche Hotels und B&Bs.

********Cringletie House Hotel and Restaurant €€€-€€€€****, off Edinburgh Road, Peebles EH45 8PL, 01721 725750, 01721 725751, www.cringletie.com, ganzjährig. Von einem großen Park umgebenes schönes Baronial-Schlösschen (1861 gebaut) mit 14 Zimmern. Klassisch, elegant und gediegen.*

********Peebles Hotel Hydro €€€****, Innerleithen Road, Peebles EH45 8LX, 01721 720602, 01721 722999, www.peebleshydro.com, ganzjährig. Großer Hotelkomplex (insbesondere für Familien) mit 133 Zimmern, abendlichem Unterhaltungsprogramm, Sport- und Freizeitmöglichkeiten und Restaurants.*

*******The Park Hotel €€****, Innerleithen Road, Peebles EH45 8BA, 01721 720451, 01721 723510, www.parkpeebles.co.uk, ganzjährig, 24 Zimmer, komfortables Hotel in ruhiger Lage und mit herrlichen Blicken auf die Cademuir Hills.*

Fahrradverleih

Im ***Crossburn Caravan Park*** *gibt es einen Fahrradverleih, Edinburgh Road, Peebles EH45 8ED, 01721 720501.*

Kailzie Gardens lohnen unbedingt einen Abstecher. In dem in herrlicher Lage im Tal des Tweed gelegenen Garten mit Rhododendren und Azaleenpflanzung kann man schön spazieren gehen und im Gardens Restaurant leckere Kuchen essen. *schöner Garten*

Eine Besonderheit der in privater Hand befindlichen Anlage sind die speziellen Themen, je nach Jahreszeit. So gibt es Schneeglöckchenwochen, Osterglockenwochen usw. *(an der B7062, ✆ 01721 720007, 💻 www.kailziegardens.com, tgl. außer November 11-17.30 Uhr bzw. bis Sonnenuntergang).*

12 km SW Peebles, hinter Stobo an der B712, liegt **Dawyck Botanical Gardens**. In dieser Dependance des Botanischen Gartens in Edinburgh wachsen über 300 Jahre alte Bäume und einige sehr rare Pflanzen. Dawyck gilt als einer der weltweit schönsten Arboreta *(Stobo, ✆ 01721 760254, 🕐 Februar bis November ab 10 Uhr und Februar und November bis 16 Uhr, März und Oktober bis 17 Uhr, April bis September bis 18 Uhr).*

normannische Kirche

In **Stobo** ist eine kleine Kirche mit normannischem Portal aus dem 13. Jh. und normannischen Verzierungen im Mauerwerk von Schiff und Chor zu besichtigen. Sie ist St. Mungo geweiht.

Richtung Edinburgh folgt man der A703 nach Norden. In **Penicuik** (16 km S Edinburgh) kann man im **Edinburgh Crystal Visitor Centre**, Schottlands größtem Hersteller von geschliffenem Kristall, das Entstehen handgefertigter Kristallarbeiten beobachten. Bei den Führungen kann man sogar selber versuchen, ein Glas zu blasen. Natürlich gibt es auch einen großen Verkaufsraum *(✆ 01968 675128, 💻 www.edinburgh-crystal.co.uk, 🕐 ganzjährig Mo-Sa 10-17 Uhr, So 11-17 Uhr).*

Kurz hinter Penicuik geht es rechts nach Roslin ab, wo man nach wenigen Kilometern (ausgeschildert) zu einer besonderen Sehenswürdigkeit dieser Region gelangt: **Rosslyn**. Das relativ schlichte Äußere der kleinen Kapelle lässt kaum vermuten, welche Pracht sich im Inneren entfaltet. Rosslyn Chapel wurde 1446 von William Sinclair, dem 3. Earl of Orkney, gestiftet. Er starb 1484, und die Kapelle blieb unvollendet. Die ursprüngliche Planung war eine große, kreuzförmige Kirche, geschaffen wurden jedoch lediglich ein 5jöchiger Chor, Seitenschiffe, Chorumgang und eine kleine Ostkapelle. Die simple Architektur wird verdeckt durch eine Fülle einzigartiger Ornamente, beeindruckend in ihrer Dichte und in der Vielfalt ihrer Skulpturen. Die Säulenkonsolen und -kapitelle sind mit verschiedenen Mustern dekoriert, jede Fläche ist ornamental ausgefüllt. Auf den Gewölberippen der Seitenschiffe zeigen Reliefs allegorische Darstellungen der sieben Laster und Tugenden sowie Totentanz, groteske Figuren, Tiere, exotische Pflanzen, Heilige und musizierende Engel. Einer von diesen – wir sind ja in Schottland – spielt Dudelsack.

The Apprentice Pillar

Die berühmteste Säule der Kirche ist der **Apprentice Pillar**. Am Fuße des Apprentice Pillar gruppieren sich geflügelte Drachen. Aus ihren weit aufgesperrten Mäulern entspringen Ranken und Blumen, die sich entlang der Säule emporwinden. Es heißt, dass ein Lehrling (apprentice) in der Abwesenheit des Meisters dieses Prachtstück geschaffen haben soll. Als der Meister später die Säule sah, wurde er von Eifersucht gepackt und brachte den Lehrling um *(✆ 0131 440 2159, 🖳 www.rosslynchapel.org.uk, 🕐 ganzjährig, Mo-Sa 9.30-17 Uhr, im Sommer bis 18 Uhr, So 12-16.45 Uhr).*

beeindruckende Skulpturen

Alternativroute: von Peebles über Biggar und New Lanark nach Glasgow

Biggar

Biggar (27 km W Peebles, an der A702) ist eine kleine Stadt mit freundlicher Atmosphäre, die sich als Standquartier für Wanderungen oder Besichtigungstouren im Clyde Valley oder als Zwischenstopp auf dem Weg von oder nach Edinburgh anbietet. Im Stadtzentrum der alten Marktstadt kann man gut ein paar Stunden verbummeln.

Im **Moat Park Heritage Centre**, das in einer alten Kirche untergebracht ist, sind lokalgeschichtliche, archäologische und geologische Exponate ausgestellt. Modelle von archäologischen Fundstellen stellen die Ausstellungsstücke in einen Zusammenhang *(✆ 01899 221050, 🕐 Ostern bis Oktober Mo-Sa 10-17 Uhr, So 14-17 Uhr).*

Daneben gibt es noch einige andere Museen in Biggar. Das **Gladstone Court Museum** in der North Back Road zeigt eine viktorianische Straße mit verschiedenen Geschäften, einer Bank und einem Schulraum, wie er vor 150 Jahren ausgesehen hat. Das **Greenhill Covenanter's Museum**, das in einem alten Farmhaus aus dem 17. Jh. untergebracht ist, dokumentiert die Geschichte der Covenanter-Bewegung (s. S. 206) *(✆ 01899 221050, 🕐 Mai bis Mitte Oktober Sa, So 14-16.30 Uhr).*

In der Broughton Street lohnt das **Biggar Puppet Theatre** einen Besuch, das von der Wanderbühne „Purves Puppets" vor mehr als 35 Jahren in Leben gerufen wurde. Rund um das Jahr finden Workshops statt. Die Vorstellungen in dem viktorianisch ausgestatteten Puppentheater können auf Wunsch auch in verschiedenen Sprachen gegeben werden. Im Museum sind Kuriositäten aus der ganzen Welt zu bestaunen *(✆ 01899 220631, 🖳 www.purvespuppets.com, 🕐 ganzjährig).*

Puppentheater

Wandern

6 km SW Biggar an der Kreuzung von A72 und A73, nicht weit von dem Dorf Symington, beginnt der Aufstieg auf den ***Tinto Hill*** *(711 Meter). Der Weg ist nicht schwer, und oben wird man mit herrlichen Ausblicken belohnt. Ein guter Ausgangspunkt liegt in der Nähe des Tinto Hill Farm Shop an der A73. Man sollte 3 Stunden für die Wanderung einplanen.*

Reisepraktische Informationen Biggar

Information

TIC, 155 High Street, Biggar, Strathclyde ML12 6DL, ✆ 01899 210666, ⌚ Ostern bis September.

Unterkunft

********Shieldhill Hotel*** *€€€, Quothquan, Biggar ML12 6NA, ✆ 01899 220035, 🖷 01899 221092, 💻 www.shieldhill.co.uk, ⌚ ganzjährig, 16 Zimmer, schlossähnliches Hotel, inmitten des Clyde Valley gelegen, vorzügliches Restaurant. Im Sommer werden im Garten Theaterstücke aufgeführt.*

******* ***Skirling House*** *€€, Bob und Isobel Hunter, Skirling, bei Biggar ML12 6HD, ✆ 01899 860274, 🖷 01899 860255, 💻 www.skirlinghouse.com, Januar und Februar geschlossen, 5 Zimmer, wunderschönes Haus voller Kunstgegenstände, wunderbares Essen. Nichtraucher.*

********Mrs. Stott*** *€, Lindsaylands House, Biggar ML12 6NR, ✆ 01899 220033/ 221221, 🖷 01899 221009, 💻 www.lindsaylands.co.uk, ⌚ März bis November, 3 Zimmer, attraktives Landhaus, von einem großen Garten umgeben. 1 ½ km außerhalb Biggars.*

7 km O Biggar an der Kreuzung zwischen B7016 und A701 liegt das Dorf **Broughton**, Heimat des Autors **John Buchan** (1875-1940). Das **John Buchan Centre** ist dem Schaffen Buchans gewidmet *(✆ 01899 221050, ⌚ Ostern und Mai bis Oktober, täglich 14-17 Uhr).*

New Lanark

Das **New Lanark World Heritage Village and Visitor Centre** ist ein herausragendes Denkmal der Industrie- und Sozialgeschichte Schottlands und lohnt unbedingt einen Besuch.

Mustersiedlung

Während der Industriellen Revolution entstanden im Clyde-Tal die Baumwollfabriken und Arbeiterwohnungen von New Lanark, eine einzigartige frühkapitalistische Mustersiedlung. Die Anlage ist bis heute fast unverändert erhalten und stellt eines der bedeutendsten Denkmäler der Industriellen Revolution in Großbritannien dar. Bis zur Einführung der „Baumwoll-Jenny" (James Hargreaves, 1764), der ersten brauchbaren Spinnmaschine, waren die Weber Hand- und Heimarbeiter. Der Ingenieur Richard Arkwright, der eine mit Wasserkraft betriebene Spinnmaschine entwickelt hatte, besuchte 1783 mit dem Tuchhändler und Bankier David Dale die Wasserfälle am Clyde. Die beiden Männer schlossen sich als Partner zusammen, und schon zwei Jahre später stand hier die erste Fabrik, mit vier Spinnereien die größte Baumwollfabrik in

Robert Owens Mustersiedlung: New Lanark

Schottland. Über 2.000 Menschen lebten hier. 1799 wurde Robert Owen (1771-1858) Schwiegersohn und Teilhaber von David Dale. Dem Sozialutopist gelang es, die mittlerweile heruntergekommene Arbeitersiedlung mit Erfolg zu reformieren. Jede Familie erhielt eine Wohnung mit mindestens zwei Räumen. Eine ärztliche Versorgung wurde eingerichtet, eine Pensionskasse, ein Kindergarten sowie eine Kantine. Seine Motive waren nicht rein philanthropischer Natur, denn seine sozialen Verbesserungen bedeuteten gleichsam steigenden Umsatz.

Owens soziales Modell basierte auf seinem Traum: *„Die Verhältnisse prägen den Charakter, und der Mensch wird gut, wenn man seine Lebensumstände verbessert“.* 1816 ließ er das „Institute of the Formation of the Character“ („Institut zur Bildung des Charakters“) errichten: Schule, Kirche, Kindertagesstätte, Bücherei, Gemeindehaus und Abendschule in einem. Der Besuch der Grundschule wurde bis zum Alter von zehn Jahren obligatorisch. Danach traten die Kinder in die Spinnerei ein, erhielten aber noch zwei Jahre lang Unterricht an einer Abendschule. Dieses war durchaus ungewöhnlich, denn eigene Schulen für Arbeiterkinder gab es in ganz Großbritannien nicht. Erst 1833 wurde die Fabrikarbeit für Kinder unter neun Jahren offiziell verboten.

Sozialreform

Die Mustersiedlung New Lanark wurde schnell über die Grenzen Schottlands hinaus bekannt, scharenweise strömten die Besucher an den Clyde, um Owens soziales Reformmodell zu besichtigen. Zwischen 1815 und 1825 verzeichnete New Lanark 20.000 Besucher. Robert Owen starb 1858. Erst 1968 schloss man die Fabrik, die Gebäude verfielen rasch. Mittlerweile wurde New Lanark zum Welterbe erklärt, und mit Hilfe des „New Lanark Conservation and Civic Trust“ konnte die einstige Mustersiedlung umfassend restauriert werden. In die alten Reihenhäuser zogen Familien ein, Kunsthandwerker arbeiten hier, es gibt ein Industriemuseum, und das mit modernster Technik ausgestattete Besucherzentrum informiert über New Lanarks Vergangenheit *(✆ 01555 661345, 💻 www.newlanark.org, ganzjährig 🕐 tgl. 11-17 Uhr, Juni bis August 10.30-17 Uhr).*

Reisepraktische Informationen New Lanark

Jugendherberge

*****New Lanark Y.H.**, *Wee Row, Rosedale Street, New Lanark ML11 9DJ, ✆ 0870 004 1143, 💻 www.syha.org.uk, 🕐 März bis Oktober, 68 Betten, Familienzimmer. Inmitten des World Heritage Village gelegen.*

Die östliche Route: von Jedburgh über Kelso, Dunbar, Haddington nach Edinburgh

Kelso

Sir Walter Scott hielt das Städtchen für das *„schönste, wenn nicht romantischste Dorf in Schottland“*. Einen guten Blick auf die hübsche Kleinstadt hat man von der 1803 errichteten fünfbogigen, den Fluss Tweed überspannenden Brücke. Lohnend ist ein Spaziergang entlang der Uferwiesen des Tweed unterhalb des Ortes. Im 19. Jh. hat-

fünfbogige Brücke

te der Ort (5.400 Einwohner) ein reges handwerkliches Leben, woran noch viele Straßennamen erinnern: Copper's Court (Kupferschmiede), Dyer's Court (Färber), Tanner's Court (Gerber), Weaver's Court (Woll- und Leinenweber), Horsemarket, Coalmarket und Woodmarket. Die kopfsteingepflasterten Straßen laufen am Marktplatz zusammen.

einst die prächtigste Abtei

Für die Kunstinteressierten ist **Kelso Abbey**, 1128 von David I. gegründet, sicherlich der erste Anlaufpunkt. 1460 wurde James III. in der Klosterkirche gekrönt, 1545 brannte die Stadt nieder und mit ihr auch das Kloster. Der Angriff des Earl of Hertford war Teil des von Henry VIII. sogenannten „rough wooing". Der König war so verärgert, dass die Schotten ihre Mary Scott nicht mit seinem Sohn verheiraten wollten, dass er die Stadt in Schutt und Asche legte. Von der einst größten, reichsten und prächtigsten Abtei Schottlands ist nur ungefähr ein Drittel übriggeblieben (*🕐 April bis September 9.30-18.30 Uhr, Oktober bis März 9.30-16.30 Uhr*).

Schön ist der **Cobby Riverside Walk**, der entlang des Ufers des Tweed nach Floors Castle führt. Von Roxburgh Street folgt man den Ausschilderungen zum Ausgangspunkt des Weges. Der Weg verläuft an der Stelle, wo sich der Tweed und der Teviot River treffen (einem bekannten Platz für Lachsangeln), vorbei.

3 km NW Kelso (im Ort ausgeschildert) liegt **Floors Castle**, das zwischen 1721 und 1726 von William Adam für den 1. Herzog von Roxburghe als einfacher, georgianischer Landsitz errichtet wurde. Ab 1837 wurde das Gebäude von William Playfair im Stil der Tudor-Gotik erweitert und mit Türmchen, Zinnen und Kaminen versehen. Heute ist es das größte bewohnte Schloss in Schottland. Im elegant ausgestatteten Inneren kann man sich an einigen schönen Gemälden (William Hogarth, Reynolds, Raeburn, Gainsborough, Allan Ramsey, Picasso, Matisse, Augustus John) und an einer herausragenden Sammlung europäischer Möbel erfreuen. Der bezaubernde Park mit Rosengarten, Gartenzentrum und Gewächshäusern lädt zum Verweilen ein. Im Sommer werden auf dem Gelände von Floors Castle Freilufttheater veranstaltet (*✆ 01573 223333, 💻 www.floorscastle.com, 🕐 Mitte April bis Oktober täglich 11-17 Uhr, letzter Einlass 16.30 Uhr*).

Anmutig: im Garten von Floors Castle

Feste / Feiern

Noch immer zeugen verschiedene Märkte und Festivitäten von den Handelsaktivitäten Kelsos: die alljährlich stattfindende „Kelso Border Union Show", eine große Landwirtschaftsmesse mit Volksfestcharakter (seit 1813) sowie Schaf- und Pferdemärkte.

Reisepraktische Informationen Kelso

Information

TIC, Town House, The Square, Kelso, Borders TD5 7HF, ✆ 01573 223464, April bis Oktober.

Unterkunft

******The Roxburghe Hotel & Golf Course** €€€€, Heiton, Kelso TD5 8JZ, ✆ 01573 450331, 🖷 01573 450611, 💻 www.roxburghe.net, 🕐 ganzjährig, 22 Zimmer. Das Hotel (7 km SO Kelso) gehört dem Herzog von Roxburghe, der es auch führt. Besonders beliebt bei Jägern, Golfern und Anglern. Luxuriöse Unterkunft.

*****Cross Keys Hotel** €€, 36-37 The Square, Kelso TD5 7HL, ✆ 01573 223303, 🖷 01573 225792, 💻 www.cross-keys-hotel.co.uk, 🕐 ganzjährig. 27 Zimmer. Lang etabliertes Hotel direkt am Markt. Restaurant und Bistro.

*****Ednam House Hotel** €€, Bridge Street, Kelso TD5 7HT, ✆ 01573 224168, 🖷 01573 226319, 💻 www.ednamhouse.com. In der 4. Generation, seit 1928, im Familienbetrieb. 🕐 ganzjährig. 30 Zimmer. Schönes Gebäude von 1761 in großem Garten mit Blick auf den Tweed. Ganz reizende und anheimelnde Atmosphäre, gute Küche und kinderfreundlich.

Das Cross Keys Hotel in Kelso

*****Queen's Head Hotel** €, 24 Bridge Street, Kelso TD5 7JD, ✆ 01573 224636, 🖷 01573 224459, 💻 www.garymoorerestaurants.com, 🕐 ganzjährig. 13 Zimmer, ehemalige Kutschenstation aus dem 17. Jh., im Stadtzentrum gelegen. Gute Küche (im Erdgeschoss Bistro), leckeres Ale.

Rund um Kelso

9 km NW Kelso (A6089, dann B6397 und B6404) liegt das Dorf **Smailholm**, wo man den **Smailholm Tower** besichtigen kann, ein typisches schottisches 3-geschossiges Tower House (15. Jh.) und ein herrlicher Platz voller Geschichte und Romantik. Hierher kam der junge Walter Scott, um sich von einer Krankheit zu erholen, und hier nahm seine Liebe zu der Landschaft der schottischen Borders, die so viel Einfluss auf seine Gedicht und Prosawerke hatte, ihren Anfang. Heute ist hier ein kleines Puppenmuseum untergebracht *(Sandyknowe Farm, ✆ 01573 460365, 💻 www.historic-scotland.gov.uk, 🕐 täglich April bis September 9.30-17.30 Uhr, Oktober Sa-Mi 9.30-16.30 Uhr, November bis März Sa, So 9.30-16.30 Uhr).*

Eine weitere Sehenswürdigkeit in der Umgebung von Kelso ist **Mellerstain House**. Das Herrenhaus im georgianischen Stil wurde 1725 von William Adam begonnen und 1778 von seinem Sohn Robert Adam fertiggestellt. Es ist ein gutes Beispiel für die elegante symmetrische Bauweise dieser Stilepoche. Das Äußere steht dem Inneren in nichts nach. Dort gibt es eine beeindruckend elegante Bibliothek von Robert Adam sowie eine Gemäldesammlung und kostbare Möbel, darunter seltene Stücke von Chippendale, zu sehen. Hinter dem Haus führt ein italienischer Terrassengarten zum See *(10 km NW Kelso, ✆ 01573*

symmetrische Bauweise

410225, 💻 www.mellerstain.com, 🕔 Ostern sowie Mai bis September So, Mo, Mi, DO 12.30-17 Uhr, November bis April Sa, So 9.30-16.30 Uhr).

Duns

Duns ist ein kleiner ruhiger Ort mit 2.300 Einwohnern, der von fruchtbarem Farmland umgeben ist. Rund um Duns gibt es schöne Wanderwege. Der schönste Weg führt auf den Duns Law (eine eisenzeitliche Siedlung), von wo man wunderbare Blicke über den Merse und auf die Lammermuir Hills im Norden genießen kann. Duns liegt nur ein paar Kilometer südlich der Lammermuir Hills, einer Hügelkette die von Osten nach Westen verläuft und eine natürliche Grenze zwischen den Borders und East Lothian darstellt. Die Hügel werden von einer Reihe von Wegen und Pfaden durchzogen, einschließlich des östlichen Abschnittes des Southern Upland Way von Port nach Cockburnspath.

Prachtbau

4 km östlich von Duns liegt **Manderston House**. Einst ein schlichtes Landhaus, wurde Manderston House um die Jahrhundertwende in einen für die edwardianische Zeit typischen riesigen, historisierenden Prunk- und Prachtbau umgestaltet. Kein Pfennig wurde an Ausstattung und Dekoration gespart, und so kann sich Manderston House heute der weltweit einzigen Treppe aus Silber rühmen, Das Haus wird von ausgedehnten Gartenanlagen umgeben. Von den 109 Zimmern werden 9 Zimmer auf B&B-Basis vermietet *(✆ 01361 883450, 💻 www.manderston.co.uk, 🕔 Mitte Mai bis September, Do und So 11.30-17 Uhr).*

Ein weiteres Anwesen, 5 km von Berwick upon Tweed an der B6461, ist **Paxton House**, ein 1758 von John und James Adam (den Brüdern von Robert Adam) im palladianischen Stil errichtetes Herrenhaus aus rotem Sandstein. Typisch für den britischen Palladianismus – der während der georgianischen Epoche sehr beliebt war – sind die symmetrische Aufteilung, der zentrale Eingang, der flache Dreiecksgiebel sowie die bogenförmig geschwungenen Verbindungsmauern zu den Seitengebäuden. Zu der wertvollen Inneneinrichtung zählt eine Sammlung von Chippendale-Möbeln sowie eine beeindruckenden Gemäldegalerie, die von einem ovalen Glasdach (1811 extra für diesen Zweck angefertigt) überwölbt wird. Im weitläufigen Parkgelände gibt es einen Abenteuerspielplatz für Kinder sowie ein kleines Museum, das dem Lachsangeln gewidmet ist *(✆ 01289 386291, 💻 www.paxtonhouse.com, 🕔 April bis Oktober, tgl. 11-17 Uhr).*

Eyemouth Tapestry

Eyemouth ist bereits seit dem 13. Jh. ein Fischerort. Das **Eyemouth Museum** am Marktplatz widmet sich der Darstellung dieses Erwerbszweiges. Das wichtigste Ausstellungsstück ist die Eyemouth Tapestry, das von Einheimischen 1981 hergestellt wurde, um an den schrecklichen Sturm von 1881 zu erinnern, bei dem 189 Fischer ums Leben kamen *(Auld Kirk, ✆ 018907 50678, 🕔 Ostern bis September Mo-Sa 10-17 Uhr, So 11-14 Uhr, Oktober Mo-Sa 13-16 Uhr).*

Wandern
Rund um Eyemouth gibt es einige tolle Küstenwanderungen, so z.B. den 10 km langen Weg von Burnmouth nach St. Abb's Head. 4 Stunden Gehzeit sollte man ein-

planen. Die Touristeninformation im Erdgeschoss des Eyemouth Museum (✆ 01890 750678, April bis Oktober ⌚) hält ausführliche Beschreibungen bereit.

Dunbar

Dunbar (18 km SO North Berwick, von der A1 ab) ist ein netter Hafenort mit Überresten einer alten Festung aus dem 13. Jh. neben dem alten Hafen. Das Rathaus in der High Street stammt aus dem 17. Jh. Ebenfalls in der High Street kann man das Geburtshaus von **John Muir** (1838-1914) sehen, der sich in Amerika als Gründer vieler Nationalparks einen Namen gemacht hat. Zur Erinnerung wurden ihm 1976 ein Park, der „John Muir Country Park" (an der Küste nordöstlich von Dunbar, ein 3 km langer Klippenweg führt westlich von den Burgruine zum Park, gewidmet sowie in seinem Geburtshaus ein Museum eingerichtet *(✆ 01368 865899, ⌚ April bis Oktober Mo-Sa 10-17 Uhr, So 13-17 Uhr, November bis März Mi-Sa 10-17 Uhr, So 13-17 Uhr).*

Gründer der Nationalparks

Im **Dunbar Town House Museum**), das in einem Haus aus dem 16. Jh. untergebracht ist, kann man sich über die Lokalgeschichte informieren *(✆ 01368 863734, ⌚ April bis Oktober, Mo-So 12.30-16.30, November bis März Sa, So 14-16.30 Uhr).*

Dunbar ist weiterhin für das **Bellhaven Beer** bekannt, das auch heute noch hier gebraut wird. Schottlands älteste unabhängige Brauerei wurde 1719 gegründet. Im Zuge einer 2-stündigen Führung lernt man die Produktionsabläufe kennen und kann selbstverständlich das Bier auch probieren *(✆ 01368 869200, 💻 www.belhaven.co.uk, Mo-Fr 10.30 Uhr oder 14.30 Uhr nach Anmeldung).*

Probe gefällig?

Reisepraktische Informationen Dunbar

Information

***TIC**, 143a High Street, Dunbar, Lothian EH42 1ES, ✆ 01368 863353, ⌚ April bis Oktober)*

Unterkunft

****New Bayswell Hotel & Restaurant** €€, *Bayswell Park, Dunbar EH42 1AE, ✆/🖷 01368 862225, 💻 www.bayswell.co.uk, im Familienbetrieb geführtes freundliches Hotel mit Blick über den Firth of Forth. Kürzlich renoviert. Bistro und Restaurant.*

North Berwick (35 km O Edinburgh) ist ein netter, lebhafter Küstenort mit kleinen Lädchen entlang der Hauptstraße, einem Bahnhof, feinen Sandstränden sowie Unterkunfts- und Einkaufsmöglichkeiten. Die Hauptattraktion des Ortes sind, neben den Stränden, die beiden hervorragenden Golfplätze, der West Links und der Glen.

Unweit des Hafens liegen die Überreste der **Auld Kirk**, einer dem hl. Andreas gewidmeten Kirche aus dem 12. Jh. und Schauplatz eines der merkwürdigsten Ereignisse in der schottischen Geschichte. 1590, als König James VI. aus Europa mit seiner neuen Frau, Anne von Dänemark, heimkehrte, zettelte Francis

Stewart, der Earl of Bothwell, eine Verschwörung gegen ihn an. Der Earl rief in der Kirche sämtliche Hexen aus East Lothian zusammen, um dort den Teufel (Bothwell in Verkleidung) zu treffen. Mit Hilfe der Hexenkraft versuchte er, einen Sturm im Firth of Forth hervorzurufen, um James VI. und seine Frau zu ertränken. Der Versuch scheiterte, und als James von dem Vorhaben hörte, ließ er mehrere Hexen umbringen. Bothwell wurde in den Kerker geworfen, konnte jedoch später fliehen.

Hexenkraft

North Berwick wird vom Berwick Law überragt, einem 180 Meter hohen Vulkankegel. Der Wachturm (heute eine Ruine) wurde während der Napoleonischen Kriege errichtet. Ein nicht anstrengender Weg führt auf den Hügel hinauf, und an einem klaren Tag hat man von dort eine schöne Aussicht.

Im **North Berwick Museum** kann man sich über Lokalgeschichtliches informieren. Das Museum ist im ehemaligen Schulhaus untergebracht *(School Road, ✆ 01620 895457, ⏲ April bis Oktober Mo-So 11-17 Uhr)*. Das **Scottish Seabird Centre** bietet eine interessante Ausstellung, einen Film über die Vogelwelt in Schottland, einen wohlsortierten Buchladen und ein nettes Café. Jährlich nisten rund 150.000 Seevögel auf den Inseln im Firth of Forth. Im Seabird Centre kann man mit Hilfe von Videokameras die faszinierenden Tiere ganz aus der Nähe beobachten, ohne sie zu stören *(✆ 01620 890202, 💻 www.seabird.org, ⏲ ganzjährig, im Winter 10-16 Uhr, im Sommer 10-18 Uhr. Etwas außerhalb von North Berwick, gut ausgeschildert)*.

brütende Vögel

5 km O North Berwick (von der A198 ab) liegen die Ruinen von **Tantallon Castle**. Mitte des 14. Jh. erbaut, galt Tantallon Castle durch seine Lage auf einem Landvorsprung als damals fast uneinnehmbare Festung. Erst durch tagelange Bombardierung durch Cromwells Truppen konnte die rote Sandsteinburg erobert werden. Geblieben sind die Türme sowie die Wehrmauer mit einer Stärke von bis zu sechs Metern *(✆ 01620 892727, 💻 www.historic-scotland.gov.uk, ⏲ April bis September Mo-So 9.30-17.30 Uhr, Oktober bis März Sa-Mi 9.30-16.30 Uhr)*.

Tipp

Wenige Kilometer S Tantallon befindet sich ein schöner Strand: Von der A198 bei Auldhame Farm abbiegen, und der Straße ungefähr 1 ½ Kilometer bis zum Gatter folgen, den Rest zu Fuß gehen.

The Bass Rock

Von Tantallon aus kann man den **Bass Rock** im Meer sehen. Auf dem über 100 Meter hohen, schwarzen Basaltfelsen sind noch die Überreste einer alten Festung und einer Kapelle erhalten. Der Felsen wurde nach 1671 als Gefängnis für Covenanter benützt. Heute bietet er eine Brutstätte für Tausende von Tölpeln. Nicht weit entfernt liegt die kleine Insel Fidra, ein weiteres Vogelparadies.

Reisepraktische Informationen North Berwick und Umgebung

Information
TIC, Quality Street, North Berwick, East Lothian EH39 4HJ, ✆ 01620 892197, ganzjährig)

Unterkunftsempfehlung (nicht nur für Golfer)
********Greywalls** *€€€, Muirfield, Gullane EH31 2EG, ✆ 01620 842144, 01620 842241, www.greywalls.co.uk, April bis Oktober, 23 Zimmer, charmantes und sicherlich eines der schönsten Hotels in der Umgebung der Hauptstadt. Das aus anthrazitgrauem Gestein errichtete Haus, umgeben von einem herrlichen Rosengarten, wurde um die Jahrhundertwende von einem Golfer erbaut, der auf das 18. Loch des schon damals berühmten* **Muirfield-Golfplatzes** *schauen wollte. 30 Minuten nach Edinburgh.*

Kaimend *€€, Charlotte and Nigel Souter, Hamilton Road, North Berwick EH39 4NA, ✆/ 01620 893557, www.kaimend.com. Wunderbar behagliche Unterkunft mit drei Zimmern, auf Wunsch gibt es auch Dinner. Strand in Gehentfernung, und in der Umgebung liegen zahlreiche Golfplätze*

Unterkunft Dirleton
*Direkt gegenüber dem Dirleton Castle liegt das *********Open Arms Hotel** *€€-€€€ (Dirleton, North Berwick EH39 5EG, ✆ 01620 850241, 01620 850570, www.openarmshotel.com), ein traditionelles Hotel mit gemütlich eingerichteten Zimmern, Brasserie und Restaurant.*

Bootstouren
Verschiedene Veranstalter bieten bei ruhiger See Bootstouren zum Bass Rock, zur Isle of May und nach Fidra von North Berwick aus. Auskunft: Fred Marr, ✆ 01620 892838 oder Aquatrek, ✆ 07790 929656, www.aquatrek.co.uk. Es gibt unterschiedliche Touren von 1 ½ bis 4 Stunden.

von Cromwell zerstört

Das freundliche Dörfchen **Dirleton**, 11 km W North Berwick an der A198, kann mit einer kleinen Kirche, einem Lebensmittelladen, einer Kunstgewerbe-Galerie und einem Hotel aufwarten. Die Besonderheit des Ortes ist jedoch die rote Sandsteinruine von **Dirleton Castle**. Das Castle wurde um 1225 errichtet und ist somit eine der ältesten Steinburgen in Schottland. 1560 wurde sie von Cromwell zerstört. Einst umgab eine Mauer den Innenhof, und den Eingang beherrschte ein hoher Turm. Der schöne Garten wurde im 16. Jh. angelegt und lohnt auf jeden Fall einen Besuch, nicht nur wegen der (laut Guinness Buch der Rekorde) längsten Buchsbaumhecke der Welt *(✆ 01620 850330, www.historic-scotland.gov.uk, April bis September Mo-So 9.30-17.30 Uhr, Oktober bis März Mo-So 9.30-16.30).*

Dirleton Castle

Gosford House

Ein Stückchen weiter entlang der A198 stößt man auf **Gosford House**. Um 1790 von Robert Adam errichtet, wurden hundert Jahre später die ursprünglichen Seitenpavillons von William Young durch größere Seitenflügel ersetzt. Der dadurch entstehende Eindruck ist ganz anders als in der ursprünglichen Version: Adams Bau überzeugt durch seine formvollendete Harmonie, während Youngs Pavillons uneinheitlich historisierend sind. Die Mitte des Gebäudes wird durch eine mächtige zentrale Kuppel betont *(✆ 01875 870201, ◷ Mitte Juli bis Mitte August Mi-So 14-17 Uhr).*

Haddington (25 km W Edinburgh) ist eine nette, etwas verschlafene Kleinstadt mit einem attraktiven historischen Ortskern. Über 100 Gebäude (überwiegend aus dem 17. bis 19. Jh.) sind als historisch wertvoll aufgelistet, so beispielsweise das Town House in der Court Street, das 1748 von William Adam errichtet wurde. Weiterhin sehenswert sind das Rathaus (1748 von William Adam) und die Nungate Bridge aus dem 17. Jh. Am Ostende der High Street führt die Church Street zur **St. Mary's Collegiate Church** (14. Jh.), der größten Gemeindekirche in Schottland. *63 Meter lang* Mit ihren 63 Metern Länge ist sie länger als St. Giles in Edinburgh. Durch „St. Mary's Gate" gelangt man zu „**St. Mary's Pleasance**". Nach Vorlagen des 17. Jh. wurde hier ein Rosen- und Kräutergarten wiederhergestellt. Haddington hat keine Touristeninformation, aber Informationstafeln, auf denen alle interessanten Stätten erklärt werden. Ein Büchlein „A Walk around Haddington" kann man im Zeitschriftenladen kaufen.

Reisepraktische Informationen Haddington

Unterkunft

********Browns Hotel** *€€, 1 West Road, Haddington, EH41 3RD, ✆/🖷 01620 822254, 💻 www.browns-hotel.com, ◷ ganzjährig, 5 Zimmer. Elegant eingerichtetes Regency-Haus mit Blick auf die Lammermuir Hills. Wunderbares Restaurant. Die Besitzer sprechen Deutsch.*

***Abbey Mains** €€, David und Joyce Playfair, Haddington EH41 3SB, ✆ 01620 823286, 🖷 01620 826348, 💻 www.wolseylodges.com, ◷ ganzjährig, 2 Zimmer. Großes Steingebäude mit traumhaften Blicken auf die Lammermuir Hills, seit Generationen im Familienbesitz, 3 km außerhalb Haddingtons.*

Knapp 2 km S Haddington liegt **Lennoxlove House**, der Familiensitz des Duke of Hamilton. Ursprünglich ein Turmhaus aus dem 13. Jh., erhielt Lennoxlove sein heutiges Aussehen im 17. Jh. Benannt ist das Haus nach der Duchess of Lennox. Als „La Belle Stewart" war sie Hofdame der Gemahlin Charles II. und von diesem *tugendhaft* heiß begehrt. Alle Anträge des Königs lehnte sie jedoch tugendhaft ab und heiratete stattdessen den Duke of Richmond and Lennox. Lennoxlove hat eine wertvolle Innenausstattung: Gemälde, eine stattliche Porzellansammlung, alte Petit-Point-Stickereien sowie kostbare Möbel *(✆ 01620 823720, 💻 www.lennoxlove.org. Führung nach Anmeldung. 2 km S Haddington).*

6 km NO Haddington, an der B1347 bei East Fortune, liegt das ausgezeichnete **Museum of Flight**. Das Museum zeigt eine stattliche Sammlung an Flugzeugen (einschließlich dem ältesten Flugzeug Großbritanniens) und ist in einer Flugzeughalle auf einem Militärflugplatz aus dem 2. Weltkrieg untergebracht. Absolutes Highlight ist natürlich „The Concorde Experience". Das schnellste Flugzeug der Welt hat hier in East Fortune eine neue Heimat gefunden *(✆ 01620 880308, 💻 www.nms.ac/flight, 🕔 ganzjährig März bis Oktober 10-17 Uhr, November bis Februar Sa, So 10-16 Uhr. „The Concorde Experience": Besichtigung nur im Zuge einer 30-minütigen Führung möglich, Busse von Haddington oder North Berwick).*

Flugzeugmuseum

Der „Phantassie Doocot"

In East Linton, 6 km O Haddington, bietet die **Preston Mill**, eine malerisch am Tyne gelegene Wassermühle aus dem 18. Jh., ein schönes Fotomotiv. Die Mühle ist auch heute noch funktionsfähig. Ganz in der Nähe steht der sogenannte *Phantassie Doocot*, ein typisches Beispiel für einen der in Schottland häufigen Taubenschläge. Die sogenannten *dovecots* oder *doocots* sind eine architektonische Besonderheit des 17. Jh. Erst im 18. Jh. wurden Rüben als Winterfutter für Tiere eingeführt. Bis dahin mussten im Winter alle Tiere außer dem Zuchtvieh geschlachtet und gepökelt werden. Einzig durch Tauben bekam man im Winter Frischfleisch. Jeder größere Besitz hatte seinen eigenen Taubenturm, der entweder als Ecktürmchen am Haus oder freistehend gebaut wurde *(East Linton, ✆ 01620 860426, 💻 www.nts.org.uk, 🕔 April bis September Do-Mo 12-17 Uhr).*

7 km S Haddington, an der B6369, liegt das hübsche Dorf **Gifford**. Da es verschiedene Unterkunftsmöglichkeiten gibt, bietet Gifford einen guten Ausgangspunkt für Wanderungen in den südlich gelegenen Lammermuir Hills.

guter Ausgangspunkt

4. EDINBURGH

Zeitvorschlag
2-3 Tage

Allgemeiner Überblick

Mit seinen 420.169 Einwohnern ist Edinburgh nach Glasgow die zweitgrößte Stadt Schottlands und seit jeher der kulturelle und administrative Mittelpunkt des Landes. *Mittelpunkt*

Edinburgh Castle ist Wahrzeichen und Zentrum der schottischen Hauptstadt. Vom Castle aus führt die Royal Mile abwärts zum zweiten königlichen Schloss, dem Holyrood Palace, der auch heute noch die offizielle Residenz der Königin ist. Das Interessante an Edinburgh ist das harmonische Nebeneinander der Altstadt und der klassizistischen „Neustadt".

Edinburgh ist aber auch eine moderne Stadt. Zu den traditionellen Industriezweigen, wie Brauereien und Whisky-Destillerien, Druckereien, Papier- und Textilindustrie und Verlagswesen, sind neue Geschäftszweige, insbesondere in der Leichtindustrie und Elektronik, aufgeblüht. Daneben spielt auch der Tourismus eine große Rolle. Edinburgh steht nach Glasgow an zweiter Stelle in der Gunst ausländischer Besucher. Das alljährlich im August stattfindende Festival mit seinen zahlreichen Rahmenveranstaltungen trägt dabei wesentlich zum Interesse der Touristen bei.

Redaktionstipps Edinburgh

- **Edinburgh Castle** besichtigen (S. 193ff) und die **Royal Mile** mit ihren verschiedenen Museen und Besucherattraktionen hinuntergehen (S. 197ff).
- Das fantastische **Museum of Scotland** besichtigen (S. 207).
- Der **National Gallery** (S. 209f), **der Royal Scottish Academy** (S. 209f), der **Dean Gallery** (S. 213) oder der **National Gallery of Modern Art** (S. 212f) einen Besuch abstatten.
- Sich in den unterirdischen Gängen und Passagen des **Mary Kings Close** gruseln (S. 199)
- Die Eleganz des **Charlotte Square** (S. 211) und der **New Town** (S. 208ff) bewundern.
- Einen Ausflug nach **South Queensferry** machen und die **Forth Bridges** anschauen (S. 217).
- Abends: Life-Musik in einem der historischen Pubs in der **Altstadt** genießen (S. 222).
- Falls Sie während des **Festivals** hier sind: unbedingt ein Theaterstück ansehen (S. 190).

Geschichte und Stadtstruktur

Der Name Edinburgh kommt höchstwahrscheinlich von Din Eidyn, was auf Gälisch „burgh" bedeutet und dem angelsächsischen Wort für Festung oder Stadt entspricht. Edinburghs Ursprung ist nicht genau geklärt, jedoch soll hier schon im 7. Jh. der König von Northumberland, Edwin, eine Befestigungsanlage, **Edwin's Burgh**, gegründet haben. Als ältestes erhaltenes Gebäude in der Stadt gilt die „Kapelle der heiligen Königin Margaret" im Castle. Nur diese Kapelle ist von der ursprünglichen Burg, die Margarets Mann, König Malcolm III. hier erbauen ließ, erhalten. Um die Burg herum

INFO

Informationen zum Edinburgher Festival

Das „Edinburgh International Festival of Music and Drama“ wurde 1947 begründet. Die Schwerpunkte waren und sind: Oper, Ballett, Symphonie, Kammermusik und Theater. Das Festival ist mittlerweile international bekannt und berühmt. Regelmäßig gastieren das New York und das London Philharmonic Orchestra sowie die Royal Shakespeare Company. Gleichzeitig mit dem offiziellen Festival wurde das sogenannte „Fringe“ gegründet. Sechs Gesellschaften waren damals von der offiziellen Festorganisation abgewiesen worden und hatten sich eigene Spielstätten „on the fringe of the festival“ (am Rande des eigentlichen Festivals) geschaffen. Ein erstes Fringe-Programm wurde 1954 herausgegeben, 1958 formierte sich eine Fringe Society.

Die Programme der Festivals werden jeweils im März festgelegt, ab April sind Vorbestellungen möglich. Während des Festivals veröffentlicht die Zeitung „The Scotsman“ das jeweilige Tagesprogramm mit den einzelnen Spielorten. Die Karten sind nicht sonderlich teuer und sehr schnell vergriffen. Falls man an bestimmten Aufführungen interessiert ist, sind Vorbestellungen ratsam.

Royal Burgh

entstanden im späten 11. Jh. erste Siedlungen. Um 1125 erhielt Edinburgh Stadtrecht und wurde Royal Burgh. David I. (Sohn Margarets und Malcolms) gründete 1128 am östlichen Ende des Burgfelsens die Augustinerabtei von Holyrood. Hier bildete sich später die Gemeinde von Canongate. Zwischen der Burg und der Abtei wurde die Besiedlung immer dichter, und so entstand die eine Meile messende **Royal Mile**. Auch heute noch wird der Abschnitt zwischen Edinburgh Castle und Holyrood Palace so genannt.

Furcht vor Angriffen der Engländer

Städtische Bedeutung gewann Edinburgh in der Mitte des 15. Jh. unter der Regierung von James II. 1455 entstand eine Stadtmauer, und unter James VI. wurde Edinburgh zur Hauptstadt Schottlands erklärt. Nach der Niederlage bei Flodden, 1513, ließ man den **Flodden Wall** angelegen, da man eine englische Invasion fürchtete. Trotz der politischen und religiösen Unruhen des 16. Jh. entwickelte sich die Stadt zu dieser Zeit schnell weiter und wurde das Zentrum von Kirche, Wissenschaft (1582 Universitätsgründung) und Verwaltung. Als James VI. von Schottland (1567-1625) 1603 im Zuge der *Union of Crowns* nach dem Tod der englischen Königin Elizabeth I. als König James I. von England die Thronfolge antrat und den Herrschersitz von Holyrood nach London verlegte, verlor Edinburgh an Bedeutung.

Allmählich war die *Old Town* zwischen Castle und Holyrood zu klein und eng geworden und konnte die Menschenmassen nicht mehr aufnehmen. Enge, Schmutz, Wohnungsnot und Epidemien machten sich breit. So entschloss sich der Stadtrat 1767 zum Bau eines neuen Stadtteils. Der junge Architekt **James Craig** gewann mit dem Entwurf der großzügigen Anlage der **New Town** den Wettbewerb. Nördlich des einstigen Stadtzentrums entstand ein überschaubares Quartier mit rechtwinklig verlaufenden Straßen und Gebäuden im schönsten georgianischen Stil. Während in der „gewachsenen“ Altstadt ein buntes Durcheinander an Formen herrscht, sind die Straßen der „Neustadt" einheitlich und ebenmäßig angelegt.

Von etwa 1750 bis 1830 erlebte Edinburgh – bedingt durch wachsenden Wohlstand, der Schwächung der Kirche und einer Verbesserung des Schul- und Universitätslebens – **eine Blüte in Kunst und Wissenschaft**. Bedeutende Persönlichkeiten der Wissenschaft und Künste kamen nach Edinburgh. Zu nennen sind beispielsweise der Philosoph David Hume und der Nationalökonom Adam Smith. Edinburgher Künstler, wie Allan Ramsay und Henry Raeburn, machten sich weit über die Grenzen Schottlands hinaus einen Namen. Schottische Ärzte wurden weit über die Landesgrenzen hinaus bekannt. Aus dieser Zeit stammt auch eine Reihe monumentaler und eindrucksvoller Schulen und Krankenhäuser, die von privaten Stiftern gegründet wurden, beispielsweise das John Watson's Hospital (1828), wo heute die Gallery of Modern Art untergebracht ist.

bedeutende Persönlichkeiten

Ausgelöst durch die Abwanderung vieler Literaten, Künstler, Wissenschaftler (ab 1830), begann ein Niedergang im kulturellen Schaffen Edinburghs. Dennoch blieb die Stadt auch noch im Viktorianischen Zeitalter eine Wirtschaftsmetropole und ein Zentrum der medizinischen Wissenschaften.

Abwanderung

Die Industrielle Revolution beeinflusste Edinburgh weniger als andere Städte in Großbritannien. Weiterhin gab es hier eher Verwaltung denn Industrie. Städtebauliche Entwicklungen im 20. Jh. führten zur Eingemeindung der kleineren Vororte und Randgebiete, ließen jedoch die schönsten Teile der Stadt unversehrt. Nach dem 2. Weltkrieg erhielt Edinburgh internationale Bedeutung als Heimat des Edinburgh International Festival, und im ersten Jahrzehnt des neuen Jahrtausends rückte die Stadt erneut ins öffentliche Licht mit dem **Scottish Parliament**, gegenüber von Holyrood Palace.

Hinweis
2004 verkündete die UNESCO, dass Edinburgh, zusätzlich zu ihrem Status als Welterbe, die weltweit erste Literaturstadt werden würde. Die Stadt kann auf eine lange Tradition der Druckkunst, insbesondere des Buchdruckes zurückblicken, denn bereits 1507 vergab der damalige König Drucklizenzen. Weiterhin kann Edinburgh mit Stolz auf Großbritanniens am meisten verkauften Krimi-Autor Ian Rankin sowie auf andere Schriftsteller wie Irvine Welsh, Muriel Spark blicken. Siehe auch www.cityofliterature und www.scottishprintarchive.org.

Stadtstruktur

Das alte Edinburgh

Die Ausdehnung der Stadt war durch drei verschiedene Faktoren begrenzt: durch das abfallende Land rechts und links der Royal Mile, durch den Flodden Wall und durch den im 15. Jh. als künstlicher See zu Verteidigungszwecken angelegten Nor'Loch am Fuße des Burgfelsens. Bedingt durch die geographischen Gegebenheiten und um die steigenden Einwohnerzahlen zu bewältigen, wurde in die Hö-

Die ersten „Hochhäuser" Europas im alten Edinburgh

he gebaut. Auf engstem Raum entstand dicht aneinandergedrängt eine Anhäufung hoher, schmaler Häuser (z.T. bis zu 10 Stockwerken hoch), die ersten **„Hochhäuser"** Europas.

Zwischen den hohen Häusern auf jeder Seite zweigen sogenannte *Wynds* oder *Closes* ab. Wynd und Close unterscheiden sich dadurch, dass Wynd ein enges Sträßchen oder Gässchen bedeutet, breit genug für ein einzelnes Pferd, während Close im Allgemeinen eine Sackgasse ist. In diesen kleinen Gässchen herrschte reges Leben, denn dort befanden sich Werkstätten, Tavernen und Läden. Die Altstadt hat über hundert solcher Gässchen, und diejenigen, die von besonderem Interesse oder geschichtlicher Bedeutung sind, tragen am Eingang ein Schild mit einer Beschreibung ihrer Funktion und Bedeutung.

für nur ein Pferd

Das neue Edinburgh

Die „Neustadt" stammt aus dem 18. Jh., der georgianischen Zeit. Vom Castle hügelabwärts erreicht man die Princes Street, die Hauptstraße Edinburghs. Zur einen Seite liegen die Princes Street Gardens, an der anderen Seite reihen sich Geschäfte, Hotels und Büros am Rande der New Town aneinander. Die erste New Town von **James Craig**, 1776 (der Originalplan wurde später mehrfach erweitert), ist ein klar eingegrenztes Rechteck: Charlotte Square und St. Andrews Square im Westen und Osten sowie Princes, George und Queen Street als verbindende Achsen. Craigs Entwurf symbolisierte die Verbindung zwischen Schottland und England, was sich in vielen Straßennamen reflektiert: George Street (zu Ehren des Königs), die Plätze St. Andrew im Osten und St. George (später Charlotte) im Westen, parallel zur George Street die Thistle Street und die Rose Street, die nationalen Embleme der beiden Länder sowie die Querstraßen Hanover Street und Frederick Street.

symbolträchtig

Queen Street und Princes Street waren jeweils nur an einer Seite bebaut. Die großzügig angelegten, eleganten Straßenzüge werden von Plätzen, oft mit Grünanlagen in der Mitte, unterbrochen. Charlotte Square ist der schönste dieser Plätze. Das Entscheidende an diesem Konzept war die Idee eines städtebaulichen Gesamtkonzeptes, d.h. es entstanden nicht nur einzelne Häuser, sondern ein homogener Straßenzug. Die ständig wiederkehrenden Fassadenelemente der klar gegliederten, dreigeschossigen Häuser schaffen eine einmalige Atmosphäre architektonischer Einheit und Geschlossenheit.

Heute bildet das Areal das größte und homogenste Gebiet georgianischer Stadtarchitektur und ist mit 310 Hektar das größte Denkmalschutzgebiet Großbritanniens.

Das moderne Edinburgh

In den letzten beiden Jahrzehnten kam es zu einer Rückbesinnung auf alte Bautraditionen. Eine Reihe neuer öffentlicher Bauten entstand, z.B. das Saltire Court Centre und das Radisson SAS Hotel, in denen sich traditionelle Edinburgher Bauweise mit moderner und postmoderner Architektur verbindet.

Empfehlungen für die Stadtbesichtigung

Hinweis
Während der Festivals im Sommer sind viele Sehenswürdigkeiten abends länger geöffnet.

In Edinburgh ergeben sich aufgrund der symmetrischen Stadtanlage und der zahlreichen Sehenswürdigkeiten Rundgänge wie von selbst. Ein ca. 3-stündiger Rundgang beginnt beim Edinburgh Castle, führt entlang der Royal Mile, über die North Bridge zum Waterloo Place und auf den Calton Hill. Von dort geht es in Richtung Westen zur „New Town", entlang der George Street oder Queen Street zum Charlotte Square. Via Princes Street und The Mound gelangt man wieder zum Schloss. *symmetrische Anlage*

Sehenswertes in der Innenstadt

Edinburgh Castle (1)

Castlehill, ✆ 0131 225 9846, www.historic-scotlad.gov.uk, April bis Oktober täglich 9.30-18 Uhr (während des Tattoo bis 17.30 Uhr), November bis März täglich 9.30-17 Uhr

Der Felsen, auf dem die Burg erbaut wurde, ist wie Arthur's Seat vulkanischen Ursprungs. Der Burghügel liegt 135 Meter über dem Meeresspiegel und ca. 82 Meter über den West Princes Street Gardens. König Malcolm III., Sieger über Macbeth, und seine Gemahlin Königin Margaret machten die Burg zu einer ihrer Residenzen, während die schottische Hauptstadt zu jener Zeit noch Dumfermline war. *Burghügel*

Edinburgh Castle ist Schottlands meistbesuchte Besucherattraktion, und ein Besuch lohnt sich schon allein wegen der fantastischen Aussicht über die Stadt, die man von dort oben genießen kann. Man kann die Burg auf eigene Faust erkunden oder sich einer der ausgezeichneten kostenlosen Führungen anschließen.

Man betritt Edinburgh Castle über die **Esplanade (a)** durch das **Portcullis-Tor (b)** und die **Argyll Battery (c)**.

Der Turm wurde 1369 erbaut und diente als Gefängnis. Geradeaus gelangt man zur Mill Mount Battery. Jeden Tag (außer Sonntag, Weihnachten und Karfreitag) wird um 13 Uhr ein Schuss von der sogenannten **13-Uhr-Kanone (d)** abgefeu-

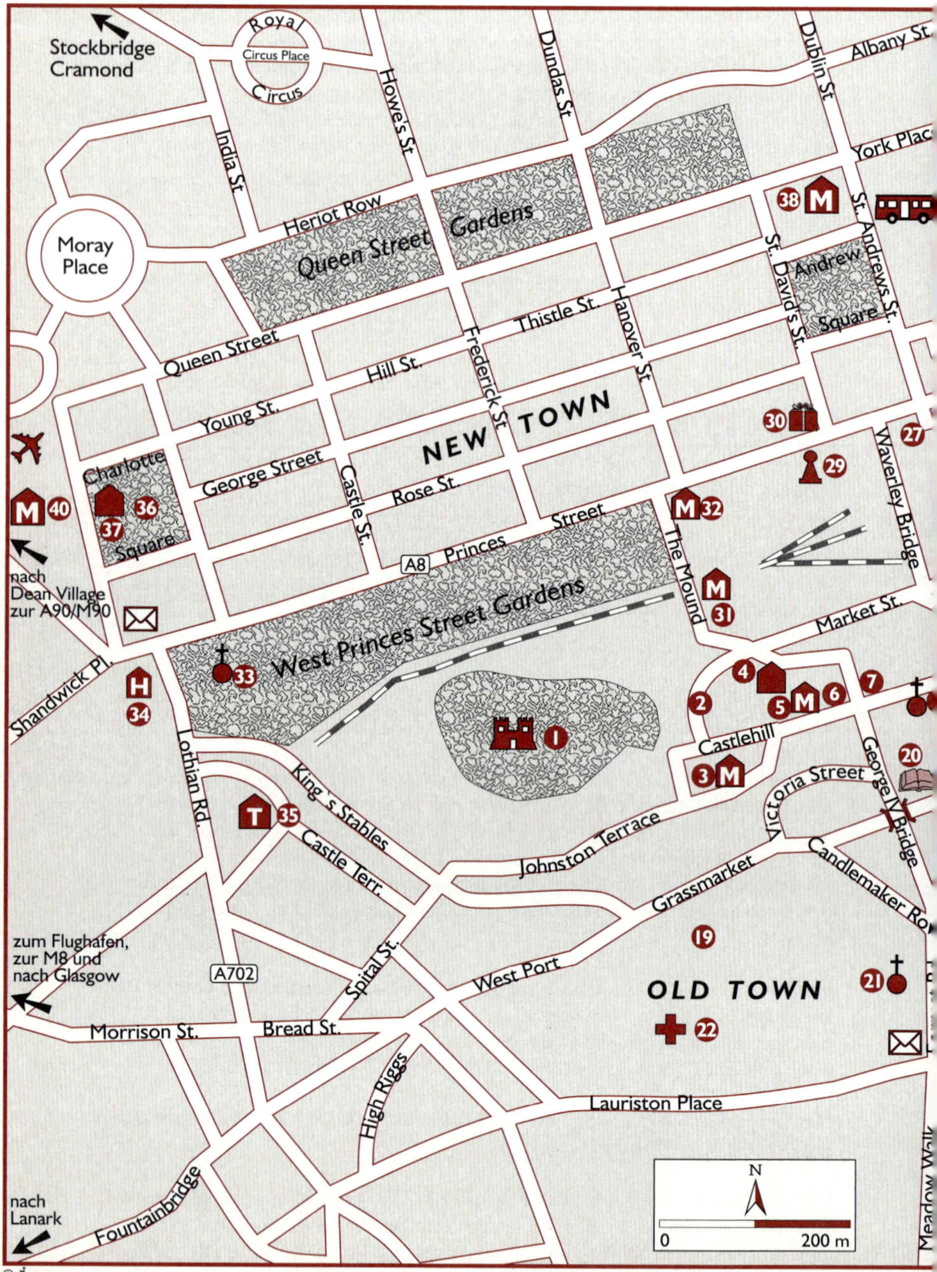
Stockbridge
Cramond
Royal Circus
Circus Place
Howe's St
Dundas St
Dublin St
Albany St.
York Place
India St
Heriot Row
Queen Street Gardens
Moray Place
St. Andrews St.
St. David's St.
Andrew Square
Thistle St.
Hanover St
Queen Street
Hill St.
Frederick St
Young St.
NEW TOWN
George Street
Charlotte Square
Castle St.
Rose St.
Princes Street
A8
The Mound
Waverley Bridge
nach Dean Village zur A90/M90
Market St.
West Princes Street Gardens
Shandwick Pl.
Castlehill
Lothian Rd.
King's Stables
Victoria Street
George IV Bridge
Castle Terr.
Johnston Terrace
Candlemaker Row
Grassmarket
zum Flughafen, zur M8 und nach Glasgow
A702
Spital St.
West Port
OLD TOWN
Morrison St.
Bread St.
High Riggs
Lauriston Place
nach Lanark
Fountainbridge
Meadow Walk
N
0
200 m
1
2
3
4
5
6
7
19
20
21
22
27
29
30
31
32
33
34
35
36
37
38
40
M
H
T

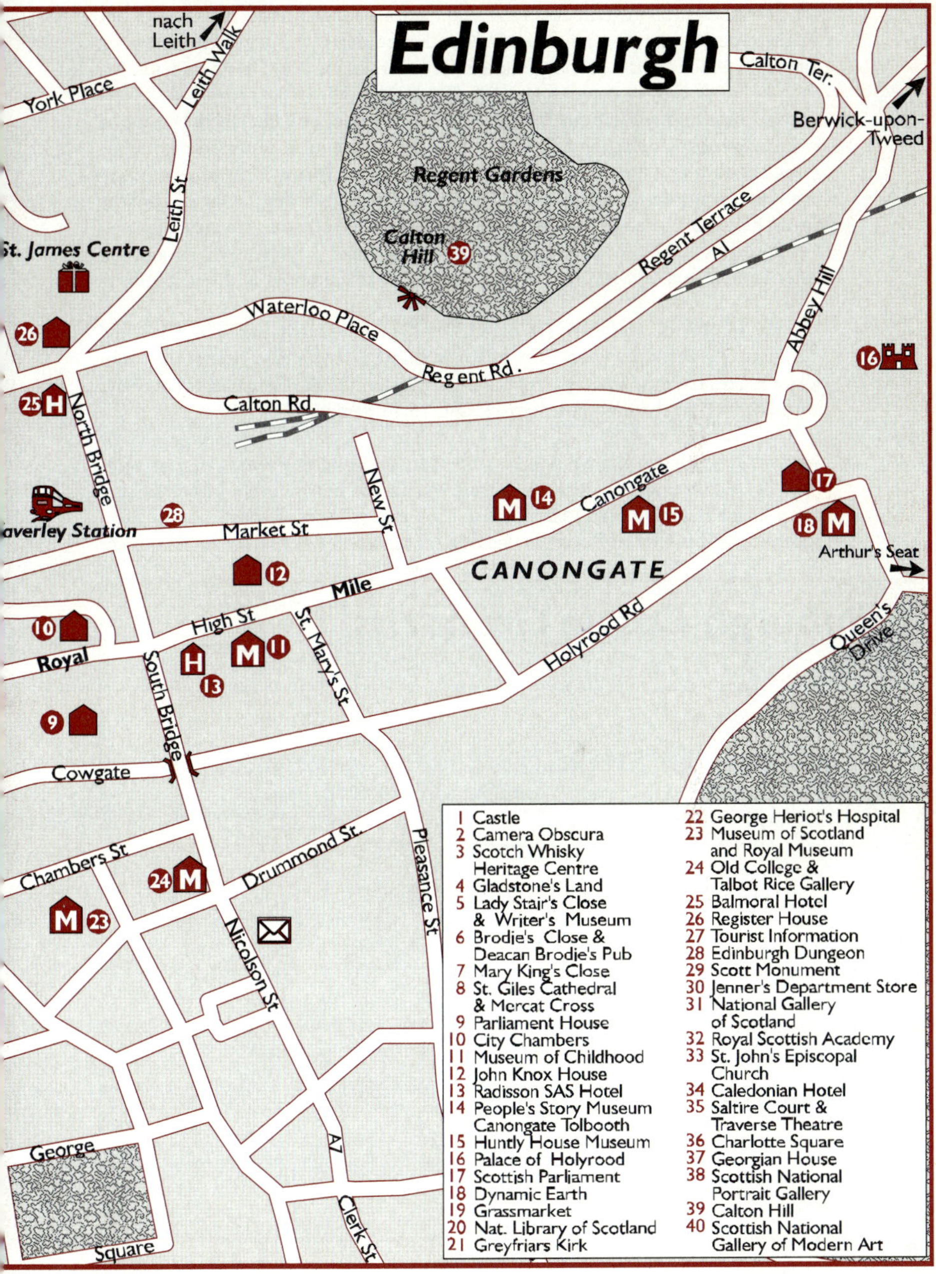
Edinburgh
nach Leith
York Place
Leith Walk
Leith St
St. James Centre
Regent Gardens
Calton Hill 39
Calton Ter.
Berwick-upon-Tweed
Regent Terrace
A1
Waterloo Place
Regent Rd.
Abbey Hill
Calton Rd.
North Bridge
Waverley Station
Market St
New St.
Canongate
CANONGATE
Arthur's Seat
Royal Mile
High St
St. Mary's St
Holyrood Rd
Queen's Drive
South Bridge
Cowgate
Chambers St
Drummond St.
Pleasance St
Nicolson St
A7
Clerk St
George Square
1 Castle
2 Camera Obscura
3 Scotch Whisky Heritage Centre
4 Gladstone's Land
5 Lady Stair's Close & Writer's Museum
6 Brodie's Close & Deacan Brodie's Pub
7 Mary King's Close
8 St. Giles Cathedral & Mercat Cross
9 Parliament House
10 City Chambers
11 Museum of Childhood
12 John Knox House
13 Radisson SAS Hotel
14 People's Story Museum Canongate Tolbooth
15 Huntly House Museum
16 Palace of Holyrood
17 Scottish Parliament
18 Dynamic Earth
19 Grassmarket
20 Nat. Library of Scotland
21 Greyfriars Kirk
22 George Heriot's Hospital
23 Museum of Scotland and Royal Museum
24 Old College & Talbot Rice Gallery
25 Balmoral Hotel
26 Register House
27 Tourist Information
28 Edinburgh Dungeon
29 Scott Monument
30 Jenner's Department Store
31 National Gallery of Scotland
32 Royal Scottish Academy
33 St. John's Episcopal Church
34 Caledonian Hotel
35 Saltire Court & Traverse Theatre
36 Charlotte Square
37 Georgian House
38 Scottish National Portrait Gallery
39 Calton Hill
40 Scottish National Gallery of Modern Art

ert. Diese Tradition besteht seit 1851 und diente anfänglich dazu, die in der Stadt Angestellten an die Zeit zu erinnern. Von den beiden Geschützplattformen hat man einen Blick auf die schnurgerade Princes Street, die New Town und auf den Firth of Forth. Der steilen und kurvigen Straße folgend, passiert man das Governor's House und gelangt zur **St. Margaret's Chapel (e)**. Die schlichte kleine Kapelle im normannischen Stil wurde möglicherweise nicht unter Königin Margaret, sondern erst unter ihrem Sohn David I. errichtet. **Mons Meg** ist eine mächtige Kanone aus der Zeit James IV. 1754 brachte man sie in den Tower of London. Sir Walter Scott gelang es schließlich, George IV. zu überreden, sie anlässlich seines Besuches 1822 wieder mitzubringen. Sie wiegt über 3 Tonnen und konnte mit einer Ladung von 50 kg Pulver ein 150 kg schweres Geschoss 3 km weit feuern.

schöner Ausblick

Von der **Halbmondbastion (f)**, östlich der Kapelle, hat man herrliche Blicke auf die Stadt. Die Bastion wurde 1574 errichtet. Südlich der Kapelle gelangt man zum **Crown Square (g)**, dem Zentrum und wichtigsten Teil der Burganlage. Der Platz wird von Palastgebäuden aus dem 15. und 16. Jh. flankiert.

An der Ostseite des Crown Square steht der **Königliche Palast (h)**, der während der Regierungszeit James IV. erbaut wurde. Von besonderem Interesse sind der winzige Raum, in dem Maria Stuart 1566 den späteren James I. von England gebar, sowie der Crown Room, in dem die schottischen Reichsinsignien zu besich-

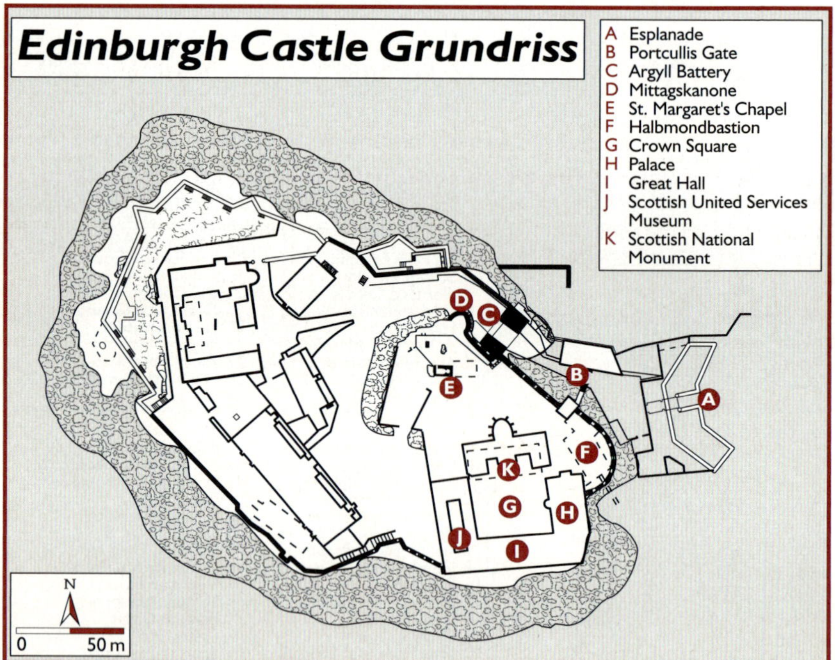

© graphic

tigen sind. Zum letzten Mal wurden sie für die Krönung von Charles II. 1651 verwendet. Die Königskrone hat über neunzig Perlen, zehn Diamanten und mehr als dreißig weitere Edelsteine und ist über 300 Jahre alt. Schwert und Zepter sind um 1500 von Goldschmieden geschaffen worden. Im Crown Room befindet sich auch der legendäre Stone of Destiny, der Sitz, auf dem die schottischen Könige gekrönt wurden. 1296 wurde der Stein vom englischen König Edward I. gestohlen und kehrte erst 1996 wieder zurück.

Königskrone

Im Süden des Platzes steht die mittelalterliche **Great Hall (i)**, auch Bankett Hall genannt. Hier wurde einst das Parlament abgehalten. An der westlichen Seite des Platzes sieht man die aus dem 18. Jh. stammenden Queen Anne Barracks, in denen heute das **Scottish United Services Museum (j)** untergebracht ist. Das Museum beherbergt zahlreiche Ausstellungsgegenstände zur schottischen Militärgeschichte vom 16. Jh. bis heute.

Im Norden beschließt das neogotische **Scottish National Monument (k)** den Platz. Es wurde von Sir Robert Lorimer geschaffen und ehrt die schottischen Soldaten, die im 1. Weltkrieg starben.

Von der Westseite des Crown Square kann man in die *Vaults* hinabsteigen, eine Reihe dunkler Kammern, die einst als Gefängnis für französische Kriegsgefangene während der Napoleonischen Kriege genutzt wurden.

ehemaliges Gefängnis

Royal Mile

Vor dem 18. Jh. bildete die steile Straße, die die Burg mit dem Holyrood Palace verbindet, den Mittelpunkt des Edinburgher Lebens. Hier findet der Besucher die wohl größte Konzentration an historischen Gebäuden in ganz Großbritannien.

Daniel Defoe, der Anfang des 18. Jh. in Edinburgh lebte, beschrieb die Royal Mile als *„perhaps the longest and finest street for buildings, and number of inhabitants, not in Britain only, but in the world."* Entlang der Royal Mile, die aus den Straßenzügen „Castle Hill", „Lawnmarket", „High Street" und „Canongate" besteht, befinden sich viele Sehenswürdigkeiten, u.a. der Outlook Tower, Gladstone's Land, St. Giles Cathedral, John Knox House, sowie vier Museen und etliche Cafés, Restaurants und Pubs.

Outlook Tower & Camera Obscura (2)

Royal Mile, ✆ 0131 226 3709, 💻 www.camera-obscura.co.uk, 🕐 April bis Oktober täglich 9.30-18 Uhr, Juli und August bis 19.30 Uhr, November bis März täglich 10-17 Uhr

Während das untere Stockwerk im 17. Jh. errichtet wurde, stammt der obere Teil sowie der mit Zinnen versehene Turm aus der Mitte des 19. Jahrhunderts. Die Camera Obscura, die – richtet man sie auf einen Teil der Stadt – das Panorama Edinburghs auf eine halbrunde Mattscheibe projiziert, wurde 1854 von der Optikerin Maria Theresa Short hier aufgestellt. Ebenso interessant sind die Foto- und Hologrammausstellung sowie der gigantische „Plasmadome", der größte in der Welt. Die langetablierte Besucherattraktion ist bei Jung und Alt beliebt.

Scotch Whisky Heritage Centre (3)

Royal Mile, ✆ 0131 220 0441, 💻 www.whisky-heritage.co.uk, ⏲ Mo-So 10-17 Uhr, im Sommer länger

Fahrt im Whisky-Fass

In dem didaktisch geschickt aufgebauten Museum kann man sich über jegliche Aspekte des schottischen Nationalgetränkes informieren. Zunächst wird der komplizierte Vorgang der Whiskyproduktion erklärt. Danach geht es in kleinen Wägelchen – Whisky-Fässern nachgebildet – bei düsterer Beleuchtung auf eine „Reise in die Vergangenheit" des schottischen Whiskys. Die Fahrt dauert 20 Minuten.

Auf der gleichen Straßenseite steht die **Tolbooth Kirk**, deren Turm der höchste der Stadt ist. Die Kirche wurde 1981 geschlossen, und seit 1999 befindet sich hier **„The Hub"**, das Zentrum des Edinburgh Festivals. Es gibt ein nettes Café, einen Geschenke- und Bücherladen, Wechselausstellungen sowie die Veranstaltungskasse für das Edinburgher Festival.

Gladstone's Land (4)

Royal Mile, ✆ 0131 226 5856, 💻 www.nts.org.uk, ⏲ Ostern bis Juni und September 10-17 Uhr, Juli und August 10-19 Uhr

schmal und hoch

Gladstone's Land – „Land" bedeutet nicht Land, sondern Mietshaus – ist ein schmales Bürgerhaus mit fünf Stockwerken. Es wurde 1620 erbaut. Die Fassade ist fast original erhalten. Kennzeichnend für die schottische Stadtarchitektur des 17. Jh. sind die in den ersten Stock führende Außentreppe sowie die Arkaden, die nun anstelle von Holz aus Stein gebaut wurden. Das Gebäude wurde bereits in den 30er Jahren vom NTS restauriert. Dabei kamen wunderschöne, bemalte Holzbalkendecken zum Vorschein. Im 1. Stockwerk wurde die typische Inneneinrichtung eines Hauses in der Old Town rekonstruiert.
Wenn es Ihnen hier gefällt: In Gladstone's Land kann man eine Ferienwohnung mieten (Auskunft erteilt der NTS).

Das Writer's Museum

Unweit Gladstone's Land liegen **Lady Stair's Close** und das **Writer's Museum (5)** *(✆ 0131 529 4901, 💻 www.cac.org.uk, ⏲ ganzjährig Mo-Sa 10-17 Uhr, August auch So 12-17 Uhr).*

Im 18. Jh. lebte hier Lady Stair, Mitglied der damaligen Edinburgher High Society. Sir Walter Scott setzte ihr mit der Geschichte „Der Spiegel meiner Tante" ein literarisches Denkmal. Heute ist hier das Writer's Museum eingerichtet. Gezeigt werden Originalhandschriften, Erstausgaben, Briefe, Fotografien und Erinnerungsstücke der drei schottischen Dichter Robert Burns, Sir Walter Scott und Robert Louis Stevenson.

Robert Louis Stevenson

Brodie's Close und der **Deacon Brodie's Pub (6)** erinnern an den wohl berühmtesten Edinburgher Schurken des 18. Jh. Tagsüber war er der ehrenwerte Ratsherr William Brodie, nachts hingegen betätigte er sich als Einbrecher, um Spielschulden bezahlen sowie seine beiden Geliebten und einige uneheliche Kinder unterhalten zu können. Nachdem er ertappt worden war und 1788 erhängt werden sollte, versuchte er, durch das Tragen eines eisernen Kragens unter dem Hemd dem Tode zu entrinnen, was jedoch misslang. William Brodies Bild ist auf dem Schild der „Deacon Brodie Tavern" am Lawnmarket zu sehen. *berühmte Schurken*

Buchtipp
Die Figur von William Brodie diente Robert Louis Stevenson als Vorlage für seine Erzählung „Dr. Jekyll and Mr. Hyde", 1866. Wie Walter Scott, war auch Stevenson Jurist und Schriftsteller in Edinburgh.

Mary King's Close (7)

2 Warriston's Close, High Street, ✆ 08702 430160, www.realmarykingsclose.com, April bis Oktober täglich 10-21 Uhr, November bis März Mo-Fr 10-16 Uhr, Sa 10-21 Uhr

Mary King´s Close ist die jüngste Besucherattraktion entlang der Royal Mile und unbedingt einen Besuch wert. In Begleitung eines unterhaltsamen und sachkundigen Führers oder Führerin geht es durch vier verborgene „closes" unterhalb der Royal Mile. Dabei gewinnt man einen guten Eindruck vom Leben in Edinburgh vom 16. bis 19. Jh. Während der interessanten Tour begegnet man allerhand skurriler Gestalten, die die Vergangenheit lebendig machen.

St. Giles (8)

Royal Mile, ✆ 0131 225 9442, www.stgilescathedral.co.uk, Mai bis September Mo-Fr 9-19 Uhr, Sa 9-17 Uhr, So 13-17 Uhr, Oktober bis April Mo-Sa 9-17 Uhr, So 13-17 Uhr

St. Giles ist der Namenspatron der High Kirk of Edinburgh. Er ist einer der 14 Nothelfer (zuständig bei Epilepsie und Unfruchtbarkeit) sowie Schutzheiliger der Mütter. Die Kirche hat eine bewegte Geschichte. Im Mittelalter traf sich hier das schottische Parlament. Später spielten sich in der Kirche die Wirren der Reformation ab. Schließlich wurde das Gotteshaus aufgeteilt und als Gerichtshaus, Stadtamtshaus, Schule und selbst als Gefängnis benutzt. Zeitweilig beherbergte die Kirche vier verschiedene Kongregationen, die erst in viktorianischer Zeit wieder vereinigt wurden. Die gotische Kirche entstand auf den Ruinen zweier Vorgänger- *bewegte Geschichte* bauten. Die erste Kirche wurde im 9. Jh. errichtet. Um 1120 jedoch entschied man sich zum Neubau einer größeren normannischen Kirche. 1385 zerstört, begann wenig später der Bau des jetzigen Gotteshauses, das im 15. Jh. fertiggestellt war. Der *crown steeple*, der Kirchturm mit seinem kronenförmigen Abschluss, wurde 1495 fertiggestellt. Als aus der Stadtkirche eine Stiftskirche wurde, wurden weitere kleinere Nebenkapellen angebaut.

St. Giles Cathedral

Im Zuge der Reformation und mit dem Sieg der Protestanten erlebte St. Giles erhebliche Missbräuche (44 Altäre wurden aus der Kirche entfernt!), und im 19. Jh. haben wenig geglückte Renovierungen den Bau stark verändert. Der stuckige Turm mit dem *crown steeple* ist allerdings unverändert erhalten geblieben.

Im Inneren überrascht die Fülle an historischen Gedenkstätten und Ehrenmalen. An den vier massiven normannischen Säulen in der Mitte der Kirche hängen Standarten der schottischen Regimenter. In der „Albany Aisle" befindet sich eine Gedenkstätte für die im 1. Weltkrieg gefallenen schottischen Soldaten. Eindrucksvoll sind die Glasfenster von Edward Burne-Jones (1833-1898) und William Morris (1834-1896). Das große Fenster im Westen ist dem Dichter Robert Burns gewidmet.

schöne Glasfenster

Die Kapelle des altehrwürdigen Distelordens (der **Most Ancient and Most Noble Order of the Thistle**, 1470 von James III. gegründet) wurde von Sir Robert Lorimer entworfen und 1911 eingeweiht. Außer dem jeweiligen König hat dieser Orden niemals mehr als 16 Mitglieder aus dem schottischen Hochadel. Die Kapelle ist reich verziert. Besonders eindrucksvoll sind die herrlichen Schnitzereien an den Chorstühlen, ein mit komplizierten Ornamenten versehener Baldachin und eine Fülle heraldischer Embleme. Vor dem Haupteingang von St. Giles markiert eine 1885 errichtete Kopie des **Mercat Cross** – einige wenige Teile sind noch original aus dem 15. Jh. erhalten – den einstigen Handelsplatz der Stadt, den Proklamations- und Versammlungsort sowie die Richtstätte.

Nicht weit entfernt zeigt die Straßenpflasterung die Umrisse eines Herzens, das **Heart of Midlothian** – übrigens ein weiterer Romantitel Sir Walter Scotts. Derjenige, so sagt es die Legende, wird Glück haben, der mitten in das Herz hinein zu spucken vermag. Versuchen Sie es!

Parliament House (9)

Das Parliament House befindet sich hinter St. Giles. Von 1639 bis zum *Act of Union* 1707 tagte hier das schottische Parlament. Das Gebäude wurde 1632-39 errichtet, 1807 jedoch im neoklassizistischen Stil umgestaltet. Heute beherbergt es den High Court, den Obersten Gerichtshof Schottlands. Vor dem Gebäude, auf dem Parliament Square, steht eine Reiterstatue von Charles II. (1685 errichtet).

City Chambers (10)

Das neoklassizistische Gebäude wurde 1753 von John Adam, dem Bruder Roberts, als Börse erbaut. Offensichtlich entsprach das Gebäude jedoch nicht den Vorstellungen der Handelsleute, jedenfalls wurde es zu Beginn des 19. Jh. zur Niederlassung des Stadtrates umfunktioniert. Die Rückseite des Gebäudes (Cockburn Street) ist mit seinen 12 Stockwerken eines der höchsten der Altstadt.

zwölf Stockwerke

Weiter geht's zum **Museum of Childhood (11)** *(42 High Street, ✆ 0131 529 4142, 💻 www.cac.org.uk, 🕐 ganzjährig Mo-Sa 10-17 Uhr, Juli und August So 12-17 Uhr)*. Das Museum entwickelte sich aus einer privaten Puppensammlung. Es wurde 1955 gegründet und war das erste Museum überhaupt, das sich mit dem Thema „Kindheit" beschäftigte. Heute findet man hier eine wahre Schatztruhe aus dem Reich der Kindheit, von Spielzeug bis zur Kindermode. Aber auch die Geschichte des Schul- und Gesundheitswesen wird interessant dargestellt.

aus dem Reich der Kindheit

Fast gegenüber liegt das aus dem 16. Jh. stammende **Moubray House**, angeblich das älteste bewohnte Haus in Edinburgh. Leider ist es für die Öffentlichkeit nicht zugänglich. Hier lebte Daniel Defoe, als er 1707 nach Edinburgh kam, um beim *Act of Union* zu beraten.

Nebenan lohnt das **John Knox House (12)** einen Besuch *(43 / 45 High Street, ✆ 0131 556 9579, 🕐 ganzjährig Mo-Sa 10-18 Uhr, Juli bis September auch So 12-18 Uhr)*. Ob die Leit- und Schlüsselfigur der schottischen Reformation tatsächlich in diesem Haus gewohnt hat, wird allerdings bezweifelt. Es gehörte James Mossman, dem Goldschmied von Mary Queen of Scots. Das Gebäude ist mit den überhängenden Stockwerken, umlaufenden Holzgalerien, Giebelfenstern sowie der Außentreppe ein besonders schönes Beispiel für die Bauweise im Edinburgh des 16. Jh. Im Museum kann man sich anhand einer Videovorführung sowie vielfältiger Ausstellungsstücke über das Leben von John Knox und über die Geschichte der Reformation und ihre Hintergründe informieren. Faksimiles seiner Werke, u.a.

wunderschönes Gebäude

die „History of Religion within the Realm of Scotland" und Knox´ Ausführungen gegen das „monströse Regiment der Weiber" sind ebenfalls ausgestellt.

Werfen Sie einen Blick auf das **Radisson SAS Hotel (13)** auf der anderen Straßenseite. Das Hotel wurde 1990 fertiggestellt und gab vielfach Anlass zu kritischen Diskussionen. Der Rohbau besteht aus dänischen Fertigteilen, nur die Fassade wurde anschließend mit Bruchsandsteinen verkleidet. Damit das große Gebäude nicht allzu klobig innerhalb der architektonisch lebendigen und gewachsenen Royal Mile wirkt, schuf der Architekt vier verschiedene Häuser mit unterschiedlich gestalteten Fassaden. Während die beiden seitlichen Häuser mit unregelmäßigen Sandsteinblöcken versehen sind, wurden die mittleren Häuser verputzt, das eine sandsteinfarben und das andere ziegelrot. Unterschiedliche Firsthöhen, Dachgauben und eine unregelmäßige Fensteranordnung beleben zusätzlich die Ansicht. Geschickt zitiert der Holzerker am „roten Haus" das distinktive Motiv des gegenüberliegenden John Knox-Hauses.

Canongate ist der untere Abschnitt der Royal Mile und war bis 1856 ein eigener, von Edinburgh unabhängiger Stadtteil. Unweit des Holyrood Palace gelegen, war Canongate einst eine der respektabelsten Adressen in der Stadt, obwohl die zwar gut erhaltenen, jedoch relativ schlichten Häuser dies nicht unbedingt zu erkennen geben. Dieses macht die Abgeschiedenheit Schottlands deutlich, zu einer Zeit, als im übrigen Europa der Renaissancebau in höchster Blüte stand.

puritanische Lebensweise

Die sprichwörtliche puritanische schottische Lebensweise mag eine weitere Erklärung für die schlichte Architektur sein. Viele der Gebäude in Canongate wurden aufwendig restauriert, beispielsweise **Chessel's Court** oder, etwas weiter östlich, **Moray House**.

Der 1591 erbaute **Canongate Tolbooth (14)** war einst Rathaus und Gefängnis von Canongate. Heute befindet sich hier das **People's Story Museum** *(Canongate, ✆ 0131 529 4057, 🖳 www.cac.org.uk, 🕓 ganzjährig Mo-Sa 10-17 Uhr, Juli und August auch So 12-17 Uhr)*. In dieser Abteilung des Huntly House (s.u.), das sich auf der gegenüberliegenden Straßenseite befindet, wird in anschaulicher Weise das tägliche Leben einfacherer Bürger vom späten 18. Jh. bis heute dargestellt. Aspekte des Wohnungsbaus, Gesundheitsfragen, die sozialen Verhältnisse, die Organisation der Gewerkschaften, die politischen Kämpfe, ebenso aber auch die unbeschwerte Seite des Lebens werden dargestellt: Man erfährt, wie die Menschen ihre Freizeit verbrachten, was für Sport sie trieben, wie sie Ferien machten und Feste feierten. Die Ausstellung wird lebendig durch die Rekonstruktion einer Gefängniszelle, der Werkstatt eines Küfers, eines Pubs, eines Festzuges sowie durch lebensecht wirkende Figuren. Fotografien, tägliche Gebrauchsgegenstände des damaligen Lebens und eine Videovorführung vertiefen die Eindrücke.

Stadtmuseum

Das Gebäude des **Huntly House Museum (15)** *(Canongate, ✆ 0131 529 4143, 🕓 ganzjährig Mo-Sa 10-17 Uhr, Juli und August 14-17 Uhr)* wurde 1570 errichtet und beherbergt das Stadtmuseum. Zu besichtigen sind unter anderem Edinburgher Silber, Kristall und Keramik sowie eine Originalausgabe des National Convent von 1638.

Am Ende der Royal Mile gelangt man nun zum

Palace of Holyrood (16)

✆ 0131 556 5100, 💻 www.royal.gov.uk, 🕔 während der Anwesenheit der Queen geschlossen, ansonsten November bis März 9.30-16.30 Uhr, April bis Oktober 9.30-18 Uhr, letzter Einlass 1 Stunde vorher

Das herrschaftliche Anwesen ging aus einer kleinen, im 12. Jh. errichteten Abtei hervor. Der Legende zufolge war König David I. 1128 auf der Jagd, als er von einem riesigen Hirsch angegriffen und vom Pferd geworfen wurde. David packte daraufhin den Hirsch beim Geweih, stellte dann aber fest, dass er ein Kruzifix in den Händen hielt. Der Hirsch verschwand, und in der Nacht hatte David einen Traum, dass er an dieser Stelle eine Kirche bauen sollte. So entstand die Augustinerabtei Holy Rood. „Rood" ist ein anderes Wort für Kreuz. Die romantischen Ruinen von Holyrood Abbey sind heute in dem den Palast umgebenden Park. Von David I. normannischer Kirche ist lediglich ein Türbogen in der südöstlichen Ecke erhalten geblieben. Im 16. Jh. schwer beschädigt, wurde die Kirche zwar wieder aufgebaut, verfiel jedoch nach dem Zusammenbruch des Daches (1768) endgültig. Nur noch das Kirchenschiff ist erhalten, und man kann sich kaum vorstellen, dass etliche schottische Könige hier getauft, getraut oder begraben wurden. Wichtige Grabmale in der Kirche sind die der Könige David II., James II. und seiner Gemahlin sowie James V.

im 16. Jh. umgebaut

Tor des Holyrood-Palastes

Das zum Kloster dazugehörige Gästehaus wurde im 16. Jh. zu einem großen königlichen Palast umgebaut. Von diesem Bau ist noch der Nordwest-Turm erhalten.

Im Palast von Holyrood regierte Maria Stuart, hier heiratete sie Lord Darnley und musste später mit ansehen, wie ihr Mann und einige Verschwörer ihren Vertrauten und Privatsekretär David Rizzio ermordeten. Über die Wendeltreppe an der nördlichen Seite sollen am 9.3.1566 Rizzios Mörder in das Gemach der Königin eingedrungen sein. Im angrenzenden kleinen Raum spielte sich dann der Mord ab. Eine in den Boden eingelassene Messingplatte weist auf die Stelle.

Schicksalsweg Wendeltreppe

1603 verlegte James VI. den Hof nach England, wodurch Holyrood als königlicher Palast an Bedeutung verlor. Unter Cromwell zerstörte eine Feuersbrunst weite Teile des Schlosses (1650). Im Zuge umfangreicher Renovierungsarbeiten 1671-79 unter Charles II. schuf der Architekt Sir William Bruce mit seinem Umbau das erste Paradebeispiel des palladianischen Baustils in Schottland. Da

Königliches Wappen

Charles II. während seiner 25jährigen Regierungszeit niemals in Schottland gewesen ist, hat er die für ihn entworfenen prachtvollen Staatsräume nie zu Gesicht bekommen.

Die ältesten Teile des Palastes können besichtigt werden. Die Great Gallery nimmt den gesamten ersten Stock des Nordflügels ein. Hier hielt Bonnie Prince Charlie während der Rebellion Versammlungen ab, und auch heute noch wird die Halle für Zeremonien genutzt. In der Gemäldegalerie befinden sich 111 Portraits der Stewarts, die der holländische Malers Jakob de Wet (1640-1697) anfertigte. Als Begründer der Ahnenreihe ist der Stammherr Fergus (330) dargestellt. Da die wenigen alten Portraits, die man de Wet als Vorlage gab, nicht ausreichten, beauftragte er angeblich zwei Menschen von der Straße, ihm als Modelle zu dienen.

In der **Queen's Gallery** werden Wechselausstellungen aus der Royal Collection gezeigt.

Tipp: Spaziergang auf den Arthur's Seat

Hausberg

Falls man über ausreichend Zeit verfügt, lohnt sich vom Palast aus eine Fahrt oder ein Spaziergang durch den 263 Hektar umfassenden Holyrood Park (oder auch Queen's Park genannt) auf den ***Arthur's Seat****, einem 250 Meter hohen Vulkankegel und Wahrzeichen Edinburghs. Der asphaltierte Queen's Drive – eine Idee von Sir Walter Scott – führt rund um den Hausberg Edinburghs. Es gibt verschiedene Möglichkeiten, den Berg zu erklimmen, die alle nicht länger als eine Stunde dauern. Von oben hat man eine fantastische Aussicht über die Stadt, über die Pentland Hills im Süden, den Firth of Forth und auf die Grafschaft Fife im Norden, und an einem klaren Tag kann man sogar die Spitzen der Highlands erkennen. Am schönsten ist es früh am Morgen, um den Sonnenaufgang über East Lothian zu bewundern.*

Ungewöhnliche Fassade …

Gegenüber von Holyrood Palace hat das **Scottish Parliament (17)** *(✆ 0131 348 5200, 💻 www.scottish.parliament.uk, 45minütige Führungen durch das neue Parlament, 🕐 April bis Oktober Mo-Fr 10.15-17.15 Uhr, November bis März Mo-Fr 10.15-15.15 Uhr, ganzjährig Sa, So*

... das Schottische Parlament

10.15-15.15 Uhr) ein neues Zuhause gefunden. Der Architekt des interessanten und originellen Gebäudes war **Enric Miralles** aus Barcelona. Miralles verstarb noch vor der Fertigstellung seines Hauptwerkes. Das Parlamentsgebäude gab Anlass zu heftiger Diskussion, insbesondere wegen der enormen Baukosten.

Südlich der Royal Mile

Holyrood Road führt vom Palast, parallel zur Canongate, zurück zur Old Town. Haben Sie einen Regentag erwischt? In **Dynamic Earth (18)** *(✆ 0131 550 7800, 💻 www.dynamicearth.co.uk, 🕐 April bis Oktober täglich 10-18 Uhr, November bis März Mi-So 10-17 Uhr, Juli und August 10-18 Uhr)* wird der Besucher mittels modernster Technologie und Interaktion auf eine faszinierende Entdeckungsreise von den Anfängen unserer Zeit bis zu einer uns noch unbekannten Zukunft geschickt. Der „Urknall", die Eiszeit, ein Vulkanausbruch und der tropische Regenwald sind einige der Stationen.

Entdeckungsreise

Die Holyrood Road führt weiter westlich und geht dann in **Cowgate** über, eine der ältesten Straßen Edinburghs und einst eine der schönsten. Sie verläuft fast parallel zur High Street, ist jedoch viel tiefer gelegen. Als die George IV. und die South Bridge gebaut wurden, war Cowgate fast darunter vergraben und wurde reichlich vernachlässigt. Hier befindet sich eine der Anlaufstellen für das Night-Life Edinburghs, mit vielen Pubs und Clubs.

Cowgate geht schließlich in den kopfsteingepflasterten **Grassmarket** über, der von hohen Mietshäusern eingeschlossen und vom Castle überschattet wird.

Der Grassmarket und das Universitätsviertel

Das langgestreckte Viereck des **Grassmarket (19)**, unterhalb und südlich der Burg gelegen, ist ein wichtiger Teil der Altstadt. Ab 1477 wurde hier regelmäßig Wochenmarkt abgehalten, bis er Anfang des 20. Jh. in einen anderen Stadtteil verlegt wurde. Ab 1660 diente der Grassmarket als Richtplatz. Im Osten des Platzes erinnert ein Kreuz an die Stelle, wo die Hinrichtungen am Galgen stattfanden. Rund um den Grassmarket sowie in den kleinen Seitengässchen laden unzählige Pubs zum Verweilen ein. Doppeldeutig und etwas makaber gegenüber der einstigen Hinrichtungsstelle „The Last Drop". „The Last Drop" bedeutet aber nicht nur „der letzte Schluck", sondern verweist auch auf den „rollenden Kopf".

Hinrichtungsstätte

Am nordwestlichen Ende des Platzes wohnten die Leichenräuber **William Burke** und **William Hare**. Die beiden Schurken, die einen festen Platz in Edinburgher Gruselgeschichten einnehmen, verdienten ihr Geld zunächst damit, dass sie Leichen aus ihren Gräbern nahmen und für wissenschaftliche Zwecke verkauf-

Leichenschänder

ten. Später eröffneten sie ein bescheidenes Hotel, brachten hier innerhalb eines Jahres 18 ihrer Gäste ums Leben und verkauften die Leichen.

Buchtipp
Robert Louis Stevenson: „Der Leichenräuber und andere Geschichten", Diogenes, 1990

1828 konnte man ihnen auf die Schliche kommen, William Burke wurde erhängt, sein Kumpan konnte entfliehen. Theodor Fontane war es auf dem Grassmarket wohl auch etwas unbehaglich zumute, denn er schrieb: *„Die Lokalität ist allerdings wie geschaffen für allerhand lichtscheue Untat ... Alle diese Gassen, die unmittelbar am Südhang des Hügels, als im Rücken desselben und versteckt vor den Blicken gang und gäber Edinburgh-Besucher liegen, sind durchweg von niedrigem und abstoßendem Charakter und zählen mit zu dem Schlimmsten, was ich in der Art gesehen habe."*

Vom Grassmarket führt die Victoria Street zur George IV. Bridge und zur **National Library of Scotland (20)** *(✆ 0131 623 3700, 💻 www.nls.uk, 🕐 ganzjährig Mo, Di, Do, Fr 9.30-20.30 Uhr, Mi 10-21.30 Uhr, Sa 9.30-13 Uhr)*. Sie wurde 1689 gegründet und umfasst einen Bestand von über 5 Millionen Büchern, alten Manuskripten, historischen Dokumenten und Briefen.

treuer Hund

Am südwestlichen Ende der George IV. Bridge, am oberen Ende der Candlemaker Row, steht die Statue des **Greyfriars Bobby**. Es handelt sich um die Statue des kleinen Hundes Bobby, der 14 Jahre lang am Grab seines Herrn, dem Schafhirten John Gray, Wache hielt. Der Terrier wurde während seiner langen Trauerzeit zu einer Berühmtheit im alten Edinburgh und von den anliegenden Bewohnern liebevoll betreut Es heißt, dass sich der Hund jeden Tag, wenn er die 13-Uhr-Kanone hörte, im Pub einfand, um gefüttert zu werden. Bobby starb 1872 und wurde neben seinem Herrchen auf dem **Greyfriars Kirkyard** begraben. Auf dem Friedhof befindet sich eine große Anzahl bildhauerisch und künstlerisch interessanter Grabdenkmäler des 17. und 18. Jh. Allan Ramsay, John und Robert Adam und George Hariot sind hier begraben.

Die **Greyfriars Kirk (21)**, 1612-14 als erste nach der Reformation in Edinburgh erbaute Kirche, ruht auf der Stelle eines ehemaligen Franziskanerklosters. 1638 wurde in der Kirche das *National Covenant* unterzeichnet. Im Widerstand gegen die reformatorischen Absichten König Charles I., der Schottland der anglikanischen Kirche einzugliedern versuchte, hatten sich presbyterianische Schotten zusammengeschlossen, um mit ihrer Unterschrift unter die *Covenanter Resolution* ihre Bereitschaft zu zeigen, für die schottische Kirche zu kämpfen. England schlug mit voller Macht zurück: Über tausend Kriegsgefangene wurden 1679 fünf Monate lang auf dem Friedhof der Kirche eingesperrt. Viele ließen ihr Leben. Ein Denkmal in einer Ecke des Friedhofes erinnert an sie.

Hinter dem Friedhof, vom Lauriston Place aus, kommt man zum **George Heriot's Hospital (22)**, das von dem wohlhabenden George Heriot, Goldschmied und Juwelier James IV., gestiftet wurde. Das Gebäude (1627-1650) ist architekturgeschichtlich äußerst interessant, da es den Übergang der Bauweise einer befestigten Burg zum prunkvollen Renaissanceschloss zeigt. Deutlichste Renaissancemerkmale sind die Anlage als Zentralbau, die klare und symmetrische Fassadengliederung und das Dekor der Fenstergiebel. Die vier Ecktürme und der Reichtum an kleinen Türmchen als Dachaufbauten erinnern andererseits an mittelalterliche Wehranlagen (vergleiche dazu Drumlanrig, S. 133). Die Vermischung der beiden Baustile ist typisch für viele schottische Schlösser aus dieser Zeit und wurde im 19. Jh. in der Neo-Renaissance wiederaufgegriffen. Heute ist hier eine der angesehensten (und teuersten) Privatschulen der Stadt untergebracht. Eine Innenbesichtigung ist nicht möglich. *Renaissancebau*

Zwischen George IV. Bridge und South Bridge verläuft Chambers Street, wo sich Universitätsgebäude sowie das **Museum of Scotland** und das **Royal Museum (23)** befinden. Das Museum of Scotland bildet mit dem bereits existierenden Royal Museum einen Komplex. Im Verbindungstrakt zwischen den beiden Museen befinden sich ein großer Museumsladen und ein Café. Dort oder im fantastischen „Tower Restaurant" kann man sich stärken. Für einen Besuch des Museum of Scotland und des Royal Museums sollte man mindestens 2-3 Stunden besser jedoch einen halben Tag einplanen *(✆ 0131 2474422, 💻 www.nms.ac.uk, 🕐 täglich Mo-Sa 10-17 Uhr, Di 10-20 Uhr, So 12-17 Uhr)*.

Das **Museum of Scotland**, ein Bau der Architekten Benson & Forsyth, wurde 1998 von der Queen eröffnet und stellt, mittels neuester technologischer und museumspädagogischer Mittel (z.B. interaktive Computer für Hintergrundinformationen), eines der interessantesten kulturellen (und kommerziellen) Unternehmen Schottlands in den letzten Jahrzehnten dar. Es beherbergt mehr als 10.000 der seltensten und schönsten Schätze des Landes, die die Geschichte des Landes, ihrer Menschen, ihrer Kultur sowie ihrer technischen Errungenschaften dokumentieren. Das Museum ist in fünf Themenbereiche gegliedert: *lohnend*

1. Beginnings: Scotland's Geology and Natural History,
2. Early People: Scotland in Pre-History,
3. Kingdom of the Scots: 1100-1707 AD,
4. Scotland Transformed and Industry and Empire: 1707-1914,
5. The Twentieth Century: Scotland Today.

Das **Royal Museum** hingegen beherbergt ethnographische, naturgeschichtliche, technische sowie kunst- und kulturgeschichtliche Sammlungen aus aller Welt. Das imposante Gebäude wurde zwischen 1866 und 1874 errichtet. Die schöne, helle Haupthalle – ausgestattet mit Palmen und Brunnen – ist ein viktorianisches Meisterwerk der Gusseisenkonstruktion. *schöne Gusseisenkonstruktion*

Hinweis

Das Museum of Scotland und das Royal Museum gehören zu der Gruppe der ***National Museums of Scotland (NMS)****. Zu diesem Zusammenschluss gehören u.a. auch das National War Museum of Scotland (Edinburgh Castle), das Museum of Flight in East Lothian (s.S. 187), das Shambellie House Museum of Costume in New Abbey (s.S. 136) und das Museum of Scottish Country Life (Wester Kittochside, East Kilbride, ✆ 0131 247 4377).*

An der Ecke Chambers Street / South Bridge lohnt das Hauptgebäude der Universität, das **Old College (24)**, einen Blick. (Der eigentliche Universitätscampus liegt etwas weiter südlich rund um den George Square.) Nach Entwürfen von Robert Adam vollendete William Henry Playfair 1834 den Bau. Der schönste Teil ist die Bibliothek, wo heute hauptsächlich Zeremonien stattfinden. Jenseits des von Adam entworfenen Eingangsbogens liegt die **Talbot Rice Gallery**, in der eine Dauerausstellung europäischer Gemälde und Skulpturen aus dem 16. und 17. Jh. sowie Wechselausstellungen zu sehen sind *(Chambers Street / South Bridge, ✆ 0131 650 2210, 🕐 Mo-Sa 10-17 Uhr, während des Festivals auch So 14-17 Uhr).*

Die New Town

Princes Street

Flaniermeile

Princes Street ist die Flanier- und Geschäftsmeile von Edinburgh und stets gut besucht. Sie wurde nach Prinz George, dem späteren König George IV. (1820-30), benannt.

Die Südseite der ca. 1 Meile langen Straße wird von den **Princes Street Gardens** gesäumt, die ihrerseits an den steilen Hang der Old Town grenzen. Die schmalen, hohen mittelalterlichen „Hochhäuser" und als Krönung Edinburgh Castle geben eine fast filmreife Kulisse ab. Richtung Osten blickt man auf den **Calton Hill**, der mit seinen Nachahmungen antiker Bauwerke ein klassizistisches Gegengewicht zum mittelalterlichen Panorama der Old Town darstellt.

Das Balmoral Hotel

Princes Street ist das Pendant zur Oxford Street in London, aber wenigstens macht hier die tolle Kulisse das Einkaufserlebnis angenehmer. Am Ostende beherrscht das große **Balmoral Hotel (25)** das Bild. Das Hotel wurde 1902 eröffnet und ist eine der besten und vornehmsten Adressen in der Stadt. Das Gebäude zeigt in der unteren Hälfte eine klare klassizistische Gliederung, während im Attikageschoss Türmchen, Erker und Gauben an mittelalterliche Architektur erinnern. Bekrönt wird der Bau von einem fast 60 Meter hohen Glockenturm. Als Pendant zum Balmoral Hotel am westlichen Ende von Princes Street steht das ebenfalls traditionsreiche **Caledonian Hotel** (heute Teil der Hilton-Gruppe), das ein Jahr nach dem Balmoral eröffnet wurde und ebenfalls zu den angesehensten Hotels zählt.

Gegenüber dem Balmoral Hotel liegt auf der anderen Straßenseite das **Register House (26)**, in dem das schottische Nationalarchiv untergebracht ist. Einige Dokumente gehen auf das 13. Jh. zurück. Durch seine Eleganz und Ausgewogenheit wird das Gebäude als typisches Werk Robert Adams gekennzeichnet. Die Reiterstatue vor dem Gebäude stellt den Herzog von Wellington dar. Leider wird das wunderschöne Gebäude vom St. James Centre, einem riesigen Einkaufszentrum, ein wenig überschattet.

der Bahnhof liegt versteckt

Rechts neben dem Balmoral Hotel befinden sich der Waverley Bahnhof, der durch seine Lage unterhalb der Straße in keiner Weise das Stadtbild stört, und Waverley Market mit vielen kleinen Geschäften und Cafés. In diesem Komplex hat auch die schottische **Touristeninformation (27)** ihren Sitz. Die North Bridge, ursprünglich 1760 als Hauptverbindung zwischen der Old Town und der New Town errichtet, wurde im ausgehenden 19. Jh. vollständig umgebaut, um den Waverley Bahnhof zu überspannen.

Nicht weit ist es von hier zur Market Street, wo der **Edinburgh Dungeon (28)** zum Gruseln einlädt. Kannibalen, Leichenräuber und grausame Kerkermeister werden von Schauspielern (fast echt) nachgespielt *(Market Street, ✆ 0131 240 1000, 💻 www.thedungeons.com, 🕐 März 10.30-17.30 Uhr, April-Juni, September / Oktober 10-17 Uhr, Juli / August 10-19 Uhr, November bis Februar 11-16 Uhr. Letzter Einlass jeweils 1 Stunde vorher).*

Sir Walter Scott

In den **Princes Street Gardens** (im Sommer kann man hier schön sitzen und sich von der Besichtigungstour ausruhen) ehrt eine Skulptur den Edinburgher Ehrenbürger und Afrika-Forscher **David Livingstone**, den Entdecker der Viktoria-Fälle. Unübersehbar steht daneben das über 61 Meter hohe neugotische **Scott Monument (29)**, das 1840-44 zu Ehren Sir Walter Scotts errichtet wurde. Unter einem Baldachin sitzt der Dichter, neben ihm sein Hund. Die Außenseite ist mit mehr als 60 Figuren aus seinen Romanen sowie mit Darstellungen von Begebenheiten aus der schottischen Geschichte geschmückt. Von der Spitze des Denkmals hat man einen guten Ausblick über die Stadt *(✆ 0131 529 4068, 💻 www.cac.org.uk, 🕐 Oktober bis März Mo-Sa 9-15 Uhr, So 10-15 Uhr. April bis September Mo-Sa 9-18 Uhr, So 10-18 Uhr).*

Die gegenüberliegende Straßenecke wird von einem gewaltigen Gründerzeitbau, **Jenner's Department Store (30)**, einem Bau von 1895, dominiert. Jenner's ist in Ausstattung und Größe mit Harrod's in London vergleichbar und lohnt immer einen Besuch. Ein wenig weiter westlich werden die Princes Street Gardens von **The Mound** unterbrochen, einer großen Schlaufe, die von St. George IV. Bridge in der Old Town zur Princes Street verläuft.

An der Ecke von The Mound und Princes Street liegen die beiden im neoklassizistischen Stil errichteten Museumsbauten von William Playfair (1790-1857): die **National Gallery of Scotland (31)** und die **Royal Scottish Academy (32)**.

durch Link verbunden

Beide sind durch den Weston Link miteinander verbunden. Die Royal Scottish Academy wurde 1826 fertiggestellt, musste jedoch bereits 1833-36 vergrößert werden. Seit ihrer Gründung veranstaltet die Akademie regelmäßig Jahresausstellungen der Werke ihrer Mitglieder und anderer zeitgenössischer Künstler. Nach umfassenden Renovierungsarbeiten wurde die Academy 2003 wieder eröffnet und widmet sich erneut der Förderung der „Schönen Künste" in Schottland.

Die National Gallery

Die National Gallery, 1850-59 erbaut, zählt mit ihren exquisiten Sammlungen europäischer Malerei von der Renaissance bis zum Post-Impressionismus zu den bedeutenden europäischen Kunstmuseen. Zu sehen ist italienische Malerei des 16. Jh., holländische Genremalerei des 16./17. Jh., spanische Malerei des 17. Jh., holländische und flämische Malerei des 17. Jh., italienische Zeichnungen des 16.-18. Jh., niederländische Barockmalerei, britische und italienische Malerei des 18. Jh., britische Malerei des 18./19. Jh., französische Malerei des 19. Jh., französische und Post-Impressionisten sowie Skulpturen von Rodin und Degas.

Im „Neuen Flügel" ist die ständige Ausstellung schottischer Gemälde untergebracht (Allan Ramsey, David Wilkie, Henry Reaburn, Horatio McCulloch, James Guthrie, William McTaggart). In der „Prints und Drawings Gallery" werden Wechselausstellungen gezeigt *(Princes Street, ✆ 0131 624 6200, 💻 www.natgalscot.ac.uk, 🕓 Mo-So 10-17 Uhr, Do bis 19 Uhr, während des Festivals bis 18 Uhr).*

Die Grünanlagen rund um die Galerien verwandeln sich während des Festivals in Aufführungsplätze für Straßenkünstler, Musikgruppen und Komödianten.

Den Spaziergang in westlicher Richtung fortsetzend, geht es durch die **West Princes Street Gardens**. Am Eingang zu der Grünanlage kann man die älteste **Blumenuhr** der Welt bestaunen, die alljährlich mit über 20.000 Blumen bepflanzt wird.

ältestes Gotteshaus

Die **St. John's Episcopal Church (33)**, am Ende der Princes Street, wurde 1815-1818 von William Burn weitgehend im englischen Perpendicular-Stil erbaut. Unterhalb liegt **St. Cuthbert's Church**. Dies ist die älteste Sakralstätte in Edinburgh und geht auf die Regierungszeit von Malcolm III. zurück. Das jetzige Gotteshaus stammt von 1894 *(✆ 0131 229 1142, 🕓 April bis September Mo-Sa 10-16 Uhr).*

Nicht weit vom **Caledonian Hotel (34)**, dem westlichsten Punkt der Princes Street, gelangt man zu einem interessanten Beispiel postmoderner Architektur. Das 1992 fertiggestellte **Saltire Court (35)** ist ein symmetrisch gegliedertes, leicht geschwungenes Sandsteingebäude mit vorspringendem Mitteltrakt, Kolonnaden und einer akzentuierten Farbgebung: grüne Fensterrahmen, zwei schwarze Stahlsäulen am Eingang und ziegelrote Steine im Attikageschoss. Das Saltire-Court-Gebäude sollte ursprünglich ein Opernhaus werden, wird stattdessen jedoch als Verwaltungsgebäude genutzt. Im rückwärtigen Teil des Gebäudes (Cambridge Street) ist das **Traverse Theatre** untergebracht, eine der innovativsten britischen Bühnen.

Nördlich und parallel zur Princes Street liegt **George Street**, ein lebhafter Straßenzug mit Geschäften, Banken, Büros und modernen Bars und Cafés. St. Andrew Square begrenzt die Straße im Osten, Charlotte Square im Westen. Der **Charlotte Square (36)**, am westlichen Ende von George Street, wurde 1791 von Robert Adam entworfen und gilt als sein Meisterwerk. Jede Seite des Platzes stellt eine in sich geschlossene Anlage dar. Die einzelnen Gebäude sind durch verbindende Architekturelemente zu einer Einheit zusammengefasst. Harmonie und Ausgewogenheit der Proportionen bestimmen das Bild. Besonders eindrucksvoll ist die Nordseite des Platzes mit ihrer 100 Meter langen „Palastfront" und einem zentralen Giebeldreieck. Charlotte Square zählt – sicherlich zu Recht – zu den schönsten Plätzen Europas und wurde zum Welterbe erklärt. *Welterbe*
In Charlotte Square Nr. 28 *(✆ 0131 243 9300)* befinden sich neben dem Hauptsitz des NTS eine Kunstausstellung mit schottischen Gemälden des 20. Jh. (u.a. Cadell, Peploe und Hunter), ein wohlsortierter Souvenir- und Buchladen und ein nettes Café.

In Charlotte Square Nr. 7 vermittelt das **Georgian House (37)** mit seinen komplett eingerichteten Räumen im Erdgeschoss einen Eindruck vom Leben im Edinburgh des ausgehenden 18. Jh. *(✆ 0131 226 3318, 💻 www.nts.org.uk, 🕓 April bis Juni, September / Oktober Mo-So 10-17 Uhr, Juli und August 10-18 Uhr, November und März Mo-So 11-15 Uhr).*

Parallel zur George Street verläuft **Queen Street**, die nördlichste Trasse von James Craigs „New Town"-Entwurf. Ein Hauch von Exklusivität ist immer noch zu spüren, und die **Queen Street Gardens** können nur von den Anliegern, die einen eigenen Schlüssel haben, aufgesucht werden. Öffentlich hingegen ist die **Scottish National Portrait Gallery (38)**. Die 1882 gegründete Galerie zeigt Bildnisse bedeutender Schotten von der Mitte des 16. Jh. bis heute *(1 Queen Street, ✆ 0131 624 6200, 💻 www.natgalscot.ac.uk, 🕓 ganzjährig Mo-So 10-17 Uhr, Do bis 19 Uhr, während des Festivals bis 18 Uhr).* *nur mit eigenem Schlüssel*

Calton Hill (39)

In den ersten Dekaden des 19. Jh. erfuhr die New Town verschiedene Erweiterungen. Die Bebauung des Calton Hill, einem 108 Meter hohen **Vulkanhügel** am Ostende der Princes Street, ist besonders interessant. Von oben aus hat man den besten Blick auf Edinburgh und Arthur's Seat. Bei klarer Sicht kann man die Küs- *schöner Blick auf die Stadt* te von East Lothian und die Hügel der Grafschaft Fife sehen. Wer noch höher hinauf möchte, kann auf das **Nelson Monument** steigen *(✆ 0131 529 7902/3, 💻 www.cac.org.uk, ⓘ April bis September Mo 13-18 Uhr, Di-Sa 10-18 Uhr).*

in Parthenon-Form

Der Hügel wurde zu Beginn des 19. Jh. mit **Nachbildungen antiker Athener Bauten** bestückt. Das Monument für den schottischen Philosophen Dugald Stewart ist in Form des Lysikrates-Denkmals gegeben, die Royal High School (1825-29) an der Südseite des Hügels stellt eine Nachempfindung des Theseus-Tempels dar. Das National Monument, in Form des Parthenon, 1822 begonnen, war als Gedenkstätte an die schottischen Gefallenen der Napoleonischen Kriege geplant. Als 1830 die finanziellen Mittel ausgingen, stellte man den Bau ein, und er blieb unvollendet. An der Westseite des Hügels liegt das alte **City Observatory**, 1818 von Playfair erbaut. Obwohl das Observatorium 1895 seinen Betrieb einstellte, werden seine Geräte heute noch von der Astronomischen Gesellschaft benutzt.

All diese Gebäude zeugen von der Vorliebe für das Klassisch-Griechische, das die Architektur in Edinburgh in der 1. Hälfte des 19. Jh. bestimmte. Nicht zu Unrecht nannte ein Biograph Edinburgh **„das Athen des Nordens“**!

Das West End und Dean Village und Stockbridge

ehemaliges Müller- und Bäckerdorf

Die westliche Ausdehnung der Stadt folgte einige Jahre nach der östlichen Ausdehnung und zieht sich von Shandwick Place entlang West Maitland Street nach Haymarket, dessen Bahnhof 1840 für die Bahnverbindung nach Glasgow erbaut wurde. Nordwestlich erstreckt sich das West End entlang Queensferry Street. Sie verläuft entlang der alten Strecke nach South Queensferry und führt bald zum **Water of Leith**, einem 35 km langen Fluss, der von den Penthall Hills nach **Leith** verläuft, um dort in den Firth of Forth zu münden. Einst waren am Water of Leith 80 Mühlen in Betrieb. **Dean Village** hat, als Müller- und Bäckerdorf, seine Ursprünge im 12. Jh. Heute ist Dean Village größtenteils Wohngebiet, und in den alten Mühlengebäuden wurden Designer-Wohnungen geschaffen.

Wandern: Entlang des Water of Leith

Eine gute Möglichkeit, dem Stadtverkehr zu entfliehen, ist ein Spaziergang entlang des Flusses. Der rund 18 km lange Wanderweg verbindet Balerno (9 km westlich des Stadtzentrums) mit Leith. Der Weg verläuft entlang der Gallery of Modern Art, durch das Dean Village, am Royal Botanic Garden und, nach einem kurzem Stück an der Straße, am Warriston-Friedhof entlang und dann hinunter zu den Docks von Leith.

einst ein Waisenhaus

10 Minuten zu Fuß vom Dean Village liegt die **Scottish National Gallery of Modern Art (40)** an der Belford Road. Die moderne Kunstgalerie ist in einem eindrucksvollen neoklassizistischen Gebäude untergebracht, das von einem großen Park umgeben ist. Zwischen 1825 und 28 als Waisenhaus für Jungen von einem privaten Stifter erbaut, ist das Gebäude ein weiteres Beispiel für das soziale Engagement der aufgeklärten Edinburgher Bürger zu Beginn des 19. Jahrhunderts.

Die Scottish National Gallery of Modern Art zählt zu den bedeutendsten Sammlungen moderner Kunst in Großbritannien. Schwerpunkt des Museums sind Skulpturen, Graphiken sowie Malerei des 20. Jh., besonders des deutschen Expressionismus, des Surrealismus und des Kubismus. Daneben wird aber auch Kunst der Nachkriegszeit gezeigt und regelmäßig gibt es Ausstellungen von Werken moderner schottischer Künstler veranstaltet. Es gibt auch ein nettes Café, wo man im Sommer schön draußen sitzen kann *(✆ 0131 624 6200, 💻 www.natgalscot.ac.uk, 🕔 ganzjährig Mo-So 10-17 Uhr, während des Festivals bis 18 Uhr).*

moderne Kunst

Gegenüber, auf der anderen Straßenseite liegt die **Dean Gallery**. Hier sind die Werke des Künstlers Sir Eduardo Paolozzi ausgestellt sowie eine beträchtliche Sammlung an Werken von Dadaisten und Surrealisten. Auch wird die Dean Gallery für Wechselausstellungen genutzt.

Nordwestlich liegt das alte Dorf **Stockbridge**, wo man heute viele Antiquitätengeschäfte, Second-Hand-Buchläden und nette Restaurants und Bars finden kann. Die Straßen auf der anderen Seite des Flusses gehören zu den vornehmsten Adressen in der Stadt.

nette Restaurants und Bars

Sehenswertes in der Umgebung

Die Sehenswürdigkeiten beschränken sich nicht nur auf das Stadtzentrum, sondern auch auf die Außenbezirke, die aber alle gut mit öffentlichen Verkehrsmitteln zu erreichen sind, wie beispielsweise der Zoo und der Botanische Garten.

5 km westlich des Stadtzentrums an der A8 liegt der **Scottish National Zoological Park** Der Zoo wurde 1913 gegründet und verfügt heute über einen Bestand von mehr als 1.000 Tierarten. Edinburgh Zoo rühmt sich, das weltweit größte Pinguingehege zu besitzen. Von März bis Oktober findet täglich um 14 Uhr eine Pinguinparade statt *(Corstorphine Road, ✆ 0131 334 9171, 💻 www.edinburghzoo.org.uk, 🕔 ganzjährig ab 9 Uhr, April bis September bis 18 Uhr, Oktober bis März bis 17 Uhr, November bis Februar bis 16.30 Uhr).*

größtes Pinguingehege weltweit

Der **Royal Botanic Garden** liegt in Inverleith. Er ist einer der ältesten botanischen Gärten in Großbritannien. Es gibt eine wunderschöne Rhododendron-Sammlung, exotische Pflanzen sowie ein Alpinum. Im Terrace Café kann man sich bei einem kleinen Imbiss stärken *(Inverleith Row, ✆ 0131 552 7171, 💻 www.rbge.org.uk, 🕔 täglich ab 10 Uhr, November bis Februar bis 16 Uhr, März und Oktober bis 18 Uhr, April bis September bis 19 Uhr).*

Nördlich des Stadtzentrums

Öffentliche Verkehrsmittel
Leith und Portobello lassen sich unkompliziert in 20 Minuten mit dem Bus erreichen. Von Leith Walk nehmen Sie Nr. 10, 16, 22 oder C33, nach Portobello Nr. 15, 26, 42 oder 66.

wichtiger Hafen

Leith war jahrhundertelang Schottlands bedeutendster Hafen und bis 1920 ein unabhängiges Städtchen. Im Industriezeitalter siedelten sich neue Gewerbezweige an: Glasbläsereien, Zuckerraffinerien und Schiffsbau. Vier neue Docks entstanden in der 2. Hälfte des 19. Jh., womit ein rapider Bevölkerungsanstieg verbunden war. Nach den beiden Weltkriegen war Leith jedoch wirtschaftlich stark angeschlagen und ziemlich herunter gekommen. Ab den 1980er Jahren besannen sich die Stadtväter und investierte in die alten Hafenstadt. Viele der zwei Jahrhunderte alten Häuser wurden restauriert und zahlreiche Restaurants, Pubs und kleine Geschäfte siedelten sich an. Etliche der alten Lagerhäuser und Bürogebäude wurden in teure Dockside-Wohnungen umgebaut.

Hier liegt sie, die königliche Yacht!

Eine der Hauptattraktionen von Leith ist eine Besichtigung der **Royal Yacht Britannia**. Für alle, die sich für Schifffahrt (oder für die königliche Familie) interessieren, lohnt eine Besichtigung der königlichen Yacht. Die „Britannia" lief 1953 vom Stapel und beförderte auf rund 700 offiziellen Reisen Königin Elisabeth II. sowie ihre Familie. Im Besucherzentrum kann man sich über die Geschichte des Schif-

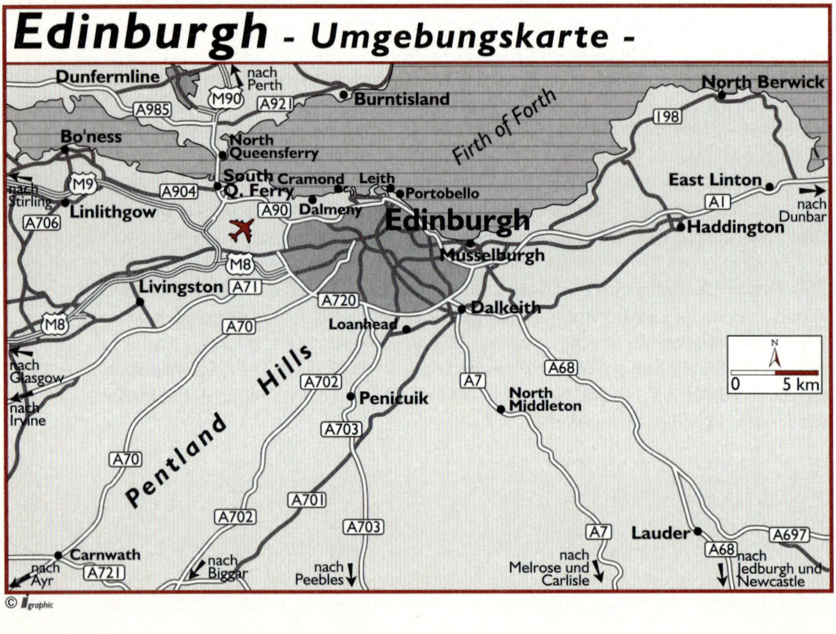

© Igraphic

fes und seine vielen Reisen informieren und an Bord des Schiffes die königliche Kajüte sehen *(Ocean Drive, Leith, ☎ 0131 555 5566, 💻 www.royalyachtbritannia.co.uk, 🕐 November bis März Mo-So 10-15.30 Uhr, April bis Oktober 9.30-16.30 Uhr).*

2 km W Leith liegt der kleine Hafenort **Newhaven**. Im **Newhaven Heritage Museum** kann man sich über die Vergangenheit des Ortes informieren (und danach gegenüber im Peakock Inn einkehren) *(Pier Place, ☎ 0131 551 4165, 🕐 ganzjährig Mo-So 12-16.45 Uhr).*

Östlich hingegen liegt der Badeort **Portobello**. Hier pflegte ganz Edinburgh an sonnigen Wochenenden herzukommen, um entlang der Promenade spazieren zu gehen oder im Firth of Forth zu plätschern. Der lange Sandstrand ist immer noch voll im Sommer, und es gibt die üblichen „amusements", Fish & Chips-Shops und Eisverkäufer, die ein britisches Seebad in der Regel aufzuweisen hat. *„amusements"*

Für Architekturfreunde lohnt sich in Musselburgh ein Besuch im **Newhailes House**, ein charaktervolles Herrenhaus aus dem späten 17. Jh. mit einigen Veränderungen des 18. Jh. Dank der Bemühungen des NTS kann man heute eine fast intakte Inneneinrichtung aus dieser Zeit sehen. Das Anwesen ist von einem herrlichen Landschaftspark umgeben *(☎ 0131 6535599, 💻 nts.org.uk, 🕐 Karfreitag, Mai bis September Do-Mo 12-17 Uhr).*

Südlich des Stadtzentrums

Der Süden der Stadt ist als Southside bekannt. Hier hat sich die Universität ausgebreitet. Südlich des Vorortes Morningside, auf dem Blackford Hill, steht das **Royal Observatory**. Hier kann man nicht nur Sterne schauen, sondern auch einen herrlichen Blick auf die Stadt genießen. *Sterne schauen*

4 km SO Edinburgh an der A68 liegt **Craigmillar Castle** Das Tower House aus dem 14. Jh. wurde im Laufe der Zeit mehrfach verändert. Craigmillar war eines der bevorzugten Schlösser Maria Stuarts, und auch heute noch ist die Ruine beeindruckend *(Craigmillar Castle Road, ☎ 0131 661 4445, 🕐 April bis September Mo-So 9.30-18.30 Uhr, Oktober bis März Mo-So 9.30-16.30 Uhr).*

Wandern
*Südlich der Braid Hills, jenseits des City Bypass, liegen die **Pentland Hills**, eine bis zu 600 Meter hohe Hügelkette, die ungefähr 16 km südlich von Edinburgh beginnt und sich bis nach Lanarkshire hinzieht. Die Hills bieten relativ mühelose Wandermöglichkeiten, und man wird mit wunderbaren Ausblicken belohnt. Der beste Zugang ist von der A702 aus. OS Landranger Nr. 66 deckt das Gebiet ab. Siehe auch 💻 www.pentlandhills.org.uk*

In Lasswade in der Nähe von Dalkeith kann man in der **Butterfly and Insect World** durch tropische Vegetation schlendern und dabei die schönsten exotischen Schmetterlinge bestaunen, die man sich vorstellen kann. Ein nettes Café ist angeschlossen *(Lasswade, ✆ 0131 663 4932, 💻 www.edinburgh-butterfly-world.co.uk, 🕐 Winter 10-17 Uhr, Sommer 9.30-17.30 Uhr).*

Kohlebergwerk

2 km S Dalkeith liegt Newtongrange, ein ehemaliges Bergbaudorf. Die Mine wurde 1981 eingestellt und zum **Scottish Mining Museum** umgestaltet, wobei ehemalige Bergarbeiter durch die Anlage führen. Der Besucher erhält einen guten Eindruck davon, wie es sein muss, tagtäglich 450 Meter unter der Erdoberfläche zu arbeiten. Beeindruckend sind die riesigen Maschinen, die 87 Jahre lang sowohl Menschen als auch die gewonnene Kohle aus dem Berg herausbrachten *(✆ 0131 663 7519, 💻 wwwscottishminingmuseum.org, 🕐 ganzjährig täglich März bis Oktober 10-17 Uhr, November bis Februar 10-16 Uhr).*

Lauriston Castle, Cramond und Dalmeny

Landsitz

Lauriston Castle ist ein westlich von Edinburgh direkt über dem Firth of Forth gelegener Landsitz, der von einem prächtigen Rhododendron-Park umgeben ist. Das Gebäude stammt weitgehend aus dem 19. Jh. Im Zuge einer Führung kann man die elegante edwardianische Inneneinrichtung bestaunen, z.B. wunderschöne Stilmöbel, flämische Wandteppiche sowie eine reichhaltige Porzellansammlung. Sie spiegelt den Geschmack einer wohlhabenden Familie aus der „middle-class" wieder *(Cramond Road South, ✆ 0131 336 2060, 🕐 Führungen April bis Oktober Sa-Do jeweils 20 Min. nach 11,12,14,15,16 Uhr, November bis März nur Sa und So 14.20 und 15.20 Uhr).*

Cramond, 2 km weiter westlich, ist ein beliebter Platz zum Jollensegeln und ein von der Stadt rasch zu erreichendes Ausflugsziel. Der hübsche Küstenort liegt an der Stelle, wo der Fluss Almond in den Forth fließt. Wie Ausgrabungen bewiesen haben, handelt es sich bei Cramond um ein ehemaliges Römerlager. Hinter der Kirche sind Reste eines Forts, welches im 2. Jh. n.Chr. unter Kaiser Antonius Pius errichtet wurde, zu sehen. Vor einigen Jahren wurden die Überreste eines römischen Badehauses ausgegraben. 1997 fand man die wunderbare Sandsteinskulptur einer Löwin („Cramond Lioness") im Flussbett. Die Klauen der Löwin liegen auf den Schultern eines nackten Mannes. Man kann schön entlang der Promenade spazieren gehen oder einen Spaziergang entlang des Almond zur Old Cramond Bridge (16. Jh.) machen. Im Cramond Café-Restaurant gibt es leckere Kuchen und Eis.

12 km W Edinburgh (A90, dann B924) liegt das kleine Dorf **Dalmeny**, wo es gleich zwei Besonderheiten gibt:

traumhaft gelegen

- **Dalmeny House** wurde 1815 (anstelle eines älteren Anwesens) im Stil der Tudor-Gotik in traumhafter Lage über dem Meer errichtet. Die erlesene Kunstsammlung kam durch die Heirat des 5. Earl of Roseberry mit der Erbin des Barons Meyer de Rothschild in den Familienbesitz der Roseberrys. Kostbar sind besonders die französischen Möbel aus der Zeit Ludwig XV. und XVI. und die reichhaltige Porzellansammlung *(South Queensferry, ✆ 0131 331 1888, 💻 www.dalmeny.co.uk, 🕐 Juli und August So, Mo, Di 14-17.30 Uhr).*
- **Dalmeny Church** ist ein herausragendes und wohlerhaltenes Beispiel normannischer Sakralarchitektur in Schottland und wird auf Mitte des 12. Jh. datiert.

Der Hawes Inn

Besonders sehenswert ist das Südportal mit seiner reichen Verzierung. Die beiden Rundbögen über dem Eingang zeigen Reliefs mit Tierkreiszeichen und grotesken Masken, darüber eine Reihe ineinander verschlungener Blendarkaden.

normannische Kirche

South Queensferry

South Queensferry ist der alte Fährhafen zur Überquerung des Flusses Forth. Der Name geht auf Königin Margaret zurück, die den Ort als Zwischenstation nutzte, wenn sie von Edinburgh nach Dumferm-

INFO

Die Forth Bridges

Der Firth of Forth ist die wirtschaftlich wichtigste Bucht der schottischen Ostküste. Nach der Enge von Queensferry (1 ½ km) wird die Innenbucht nach Westen hin bis zu 3-4 km breit und bis zu 61 m tief. Der etwa 75 km ins Land hineingreifende Firth trägt Seeschiffe daher bis zum Endpunkt des Forth- und Clyde-Kanals, nach Grangemouth.

Die Forth Bridge

Die Eisenbahnbrücke wurde 1890, nach 8 Jahren Bauzeit, eröffnet. Sie ist ein Meisterwerk viktorianischer Brückenbaukunst und gehört zu den größten Brücken der Welt. Die Brücke hat eine Länge von 2 ½ km und eine Höhe von 110 Metern und ist aus 50.958 Tonnen Stahl und 8 Millionen Nieten zusammengefügt.

Die Straßenbrücke wurde 1964 eröffnet und galt mit einer Länge von 1.822 Metern als Wunderwerk der Technik. Sie war damals die längste Hängebrücke Europas. Im ersten Jahr querten 900.000 Fahrzeuge mit über 2 Millionen Passagieren die Brücke. Bis dahin hatte man mit der Fähre den Wasserweg überqueren müssen.

Selbst wer nicht von Edinburgh mit dem Auto oder Zug gen Norden zu reisen beabsichtigt, sollte einen Abstecher zu den Forth-Brücken machen. Der Anblick, gerade abends, ist beeindruckend.

line, der damaligen Hauptstadt, reiste. Alte, enge Straßen kennzeichnen das Ortsbild. Die Gaststätte Hawes Inn, unter der Eisenbahnbrücke bei der ehemaligen Anlegestelle für die Fähren gelegen, spielte schon in Stevensons Buch „Kidnapped" und in Scotts „The Antiquary" eine Rolle. Im **Queensferry Museum** wird die Geschichte des Ortes und der Brücke über den Forth anschaulich dargestellt *(53 High Street, ☏ 0131 331 5545, ⏲ Mo, Do, Fr, Sa 10-13 Uhr, 14.15-19 Uhr, So 12-17 Uhr).*

Inchcolm Abbey, auf einer kleinen Insel im Firth of Forth gelegen, wurde 1123 für Augustinermönche aus Scone gegründet. Die „Maid of the Forth" fährt regelmäßig zwischen Ostern und Oktober vom Haws Pier (unter der Forth-Eisenbahnbrücke) zur Inchcolm Island, wo man Aufenthalt hat, um die Abtei zu besichtigen. Die Abteikirche wurde durch Plünderungen bis auf den Turm und das südliche Querschiff zerstört, die Klostergebäude hingegen sind ausgezeichnet erhalten.

oktogonales Kapitelhaus

Interessant ist das Kapitelhaus von ca. 1283. Es ist oktogonal und besitzt ein frühgotisches Rippengewölbe ohne den üblichen zentralen Stützpfeiler. Im Chor sind Teile von Wandfresken aus dem 13. Jh. zu sehen *(Inchcolm Island, ☏ 01383 823332, ⏲ Besichtigungszeiten abhängig von Fahrzeiten des Bootes, 💻 www.maidoftheforth.co.uk, ☏ 0131 331 5000).*

15 km NW Edinburgh und 3 km W South Queensferry an der B924 liegt **Hopetoun House**. Das prachtvolle, riesige Barockschloss wurde 1699-1703 unter Sir William Bruce begonnen, jedoch bereits 1721 durch William Adam großzügig erweitert. Die ursprüngliche Ostfront wurde zur Hauptfront umgestaltet, an dessen Seiten sich Kolonaden anschließen, die in üppig dekorierten Seitentrakten enden. 1748 führten – in der 3. Bauphase – William Adams Söhne John und Robert den Bau weiter, vor allem die Inneneinrichtung der Prachträume geht auf

Kunstsammlung

sie zurück. Zu der reichhaltigen Kunstsammlung gehören Gemälde von Rembrandt, Tizian und Rubens. Auch das 40 Hektar umfassende Parkgelände (mit Wildpark und wunderschönen Wanderwegen) lohnt einen Besuch *(☏ 0131 331 2451, 💻 www.hopetounhouse.com, ⏲ Mitte April bis Mitte September 11-17 Uhr, letzter Einlass 16 Uhr).*

Linlithgow

Auf halber Strecke zwischen Falkirk und 28 km westlich von Edinburgh an der M9 liegt der nette Ort Linlithgow mit dem beeindruckenden **Linlithgow Palace**. Der Palast ist ein wenig „off the beaten track", abseits der üblichen Touristenstrecke, und nur relativ wenig besucht, aber auf jeden Fall einen Abstecher wert.

beeindruckende Ruine

Linlithgow Palace ist die imposante Ruine der ehemaligen königlichen Residenz. An dem Palast wurde vom 15. bis zum 17. Jh. gebaut. Von außen wirkt das Gebäude wie ein blockartiger Kasten. Vier von Ecktürmen begrenzte Flügel sind um einen quadratischen Innenhof gebaut.

Das schönste Stück der Anlage ist im Innenhof der achteckige Brunnen mit drei konzentrischen Bassins, die James V. bauen ließ (1530). In Linlithgow Palace wurden James V. sowie seine Tochter Maria Stuart geboren. Nachdem James VI. den

Herrschersitz nach London verlegt hatte, verfiel der königliche Palast allmählich *(✆ 01506 842896, ⌚ April bis September Mo-So 9.30-18.30 Uhr, Oktober bis März Mo-So 9.30-16.30 Uhr).*

Gegenüber dem Schloss ist im **Annet House**, einem Haus aus dem 18. Jh., ein Heimatmuseum eingerichtet worden *(143 High Street, ⌚ April bis Oktober Mo-Sa 11-17 Uhr, So 13-16 Uhr).*

Eine besondere Attraktion für all jene, die sich für Schifffahrt und Technik interessieren, bietet in Falkirk das **Falkirk Wheel**, das eine Verbindung zwischen dem Forth & Clyde Canal and dem Union Canal darstellt. Früher waren wegen der Höhenunterschiede 11 Schleusen nötig, heutzutage sind durch diese technische Errungenschaft beide Kanäle problemlos miteinander verbunden. Weltweit der erste rotierende Schiffslift, gilt das Falkirk Wheel als Meisterwerk der Technik. Bis zu vier Schiffe können gleichzeitig gehoben werden.

rotierender Schiffslift

Im Besucherzentrum werden die technischen Besonderheiten des Falkirk Wheel erläutert, und die anschließende Bootstour lässt einen das „Wunder" hautnah erleben *(✆ 08700 500208, 💻 www.thefalkirkwheel.co.uk, ⌚ April bis Oktober 9.30-17 Uhr. Fahrten in regelmäßigen Abständen, November bis März 10-15 Uhr, jeweils um die volle Stunde).*

Reisepraktische Informationen Edinburgh

Information

***Edinburgh & Scotland Information Centre**, 3 Princes Street, ✆ 0845 2255121/ 01506 832121, 💻 www.edinburgh.org*
***The List Glasgow and Edinburgh – Event's Guide**, erscheint 14-tägig am Do. 💻 www.edinburgh-royalmile.com*

Wichtige Telefonnummern

***Vorwahl**: 0131*
***Polizei**, Feuerwehr, Krankenhaus-Notruf: 999*
***Polizei-Stationen**: High Street, 188 High Street, ✆ 0131 226 6966, 7-8 Chambers Street, ✆ 0131 226 7273.*
***Krankenhaus**: Royal Infirmary of Edinburgh, 51 Little France Crescent, Old Dalkeith Road, ✆ 0131 536 1000.*

Unterkunft

Edinburgh bietet zahlreiche Unterkünfte: Hotels sämtlicher Preisklassen, Gästehauser, B&Bs, Apartments für Selbstversorger, Studentenapartments, Jugendherbergen und Campingplätze. Im Sommer sollte man die Unterkunft vor Anreise buchen. Während der Festivals wird das Angebot an Unterkünften noch verstärkt. Die SYHA (💻 www.syha.org.uk) hat zwei Jugendherbergen, die ausschließlich im Juli und August geöffnet sind und jeweils rund 200 Einzelzimmer anbieten.

Hotels

********The Balmoral €€€€**, 1 Princes Street, Edinburgh EH2 2EQ, ✆ 0131 556 2414, 🖷 0131 557 8740, 💻 www.roccofortehotels.com, ⌚ ganzjährig, 188 Zimmer und Suiten. Vornehmes, traditionsreiches Hotel der Luxusklasse mitten im Herzen der Stadt. Von der Westseite des Hauses hat man einen einzigartigen Blick auf das Castle. Fitness Centre, Schönheitssalon, Bibliothek, Konferenz- und Bankettmöglichkeiten.*
********Prestonfield €€€€**, Prestonfield, Priestield Road, Edinburgh EH16 5UT, ✆ 0131 225 7800, 💻 www.prestonfield.com. Opulenter und extravaganter geht es kaum, Luxus pur…*

The Point Hotel *€€€-€€€€, 34 Bread Street, Edinburgh EH3 9AF, ✆ 0131 221 5555, 🖷 0131 221 9929, 💻 www.point-hotel.co.uk. Sehr stylisch, minimalistisch und modern. 140 Zimmer, Gehentfernung zum International Conference Centre.*

******__Radisson SAS Hotel__ *€€€, 80 High Street, Edinburgh EH1 1TH, ✆ 0131 557 9797, 🖷 0131 557 9789, 💻 www.radisson.com, 228 Zimmer, direkt an der Royal Mile gelegenes, neues Hotel.*

Das Radisson SAS

****__Bank Hotel__ *€€, The Royal Mile, 1 South Bridge, Edinburgh EH1 1LL, ✆ 0131 556 9940, 🖷 0131 558 1362, 💻 www.festival-inns.co.uk, 🕓 ganzjährig, 9 Zimmer. Ideale Lage für Besichtigungen und Nachtleben, im ehemaligen Bankgebäude von 1923. Im Erdgeschoss Café/Bar.*

****__Tailors Hall Hotel__ *€€, 139 Cowgate, Edinburgh EH1 1JS, ✆ 0131 622 6801, 🖷 0131 622 6818, 💻 www.festival-inns.co.uk, direkt in der Innenstadt, geeignet für Nachtschwärmer, junges Publikum, sehr lebhaft, 42 Zimmer, modern und funktional.*

*****__Alisa Craig Hotel__ *€-€€, 24 Royal Terrace, Edinburgh EH7 5AH, ✆ 0131 556 6055, 🖷 0131 556 1022, 💻 www.townhousehotels.co.uk, 🕓 ganzjährig, 17 Zimmer. Ruhiges, gepflegtes Hotel, 10 Minuten Fußweg zum Stadtzentrum. Einige Zimmer mit Panoramablick.*

Übernachtung im Studentenwohnheim

****__Heriot Watt__ *University, Riccarton, Edinburgh EH14 4AS, ✆ 0131 451 3669, 🖷 0131 451 3199, 💻 www.ecc.scotland.com, ganzjährige Unterkunft, ca. 10 km westlich des Stadtzentrums, in ruhiger Lage, Restaurant, Bar, Einkaufsmöglichkeiten, Sportzentrum, regelmäßiger Busservice in die Stadt, Einzelzimmer 39 £, Doppelzimmer 55 £ B&B.*

Wohnungen für Selbstversorger

Es gibt zahlreiche Unterkünfte für Selbstversorger – eine gute Alternative, vor allem wenn man sich während des Festivals in Edinburgh für eine ganze Woche aufhält. Die Touristeninformation hält eine Liste mit Anbietern von Wohnungen für Selbstversorger bereit. Die Preise rangieren zwischen 160 und 800 £ pro Woche, je nach Jahreszeit, Ausstattung, Zimmerzahl und Lage. Empfehlenswert: **Dunstaffnage House** *€€, ✆ 0131 556 8309, 💻 www.apartmentsinedinburgh.com. Sehr günstig gelegen, 10 Min. Spaziergang in die Innenstadt, ruhig und mit wunderschönem Blick auf die Stadt. Georgianisches Haus mit viel Charakter, sehr hell, behaglich und elegant eingerichtete Apartments.*

Jugendherbergen / Hostels

In Edinburgh gibt es Jugendherbergen des SYHA sowie unabhängige Hostels und Backpacker-Unterkünfte. Hier eine Auswahl:

Edinburgh Central Y.H., *9 Haddington Place, Edinburgh EH7 4AL, ✆ 0870 155 3255, 💻 www.shya.org.uk, 301 Betten, sehr modern, brandneu, 🕓 ganzjährig.*

Edinburgh International Y.H., *Kincaid's Court, Guthrie Street, Edinburgh EH1 1JT, ✆ 0870 004 1117, 💻 www.shya.org.uk, 🕓 nur Juli und August, 200 Einzelzimmer, 2 Minuten zur Royal Mile.*

Argyle Place Backpackers, *14 Argyle Place, Edinburgh EH9 1JL, ✆ 0131 667*

9991, ☎ *0131 662 0002,* 💻 *www.sol.co.uk,* ⓘ *ganzjährig, Doppel-, Twin- und Mehrbettzimmer. Angenehme Unterkunft im Süden der Stadt.*

Backpackers Royal Mile, *105 High Street, Edinburgh EH1 1SG,* ☎ *0131 557 6120,* 💻 *www.scotlandstophostels.com,* ⓘ *ganzjährig 24 Stunden, 35 Betten in Schlafsälen.*

Brodies Backpacker Hostel, *12 High Street, Edinburgh EH1 1TB,* ☎ *0131 556 2223,* ⓘ *ganzjährig, Mehrbettzimmer.*

Cowgate Tourist Hostel, *112 Cowgate, Edinburgh EH1 1JN,* ☎ *0131 226 2153,* ⓘ *Juli bis September, Einzel-, Twin- und Familienzimmer. Freundliche, lang etablierte Herberge, zentral gelegen. Saubere, funktional ausgestattete Privaträume. Wenige Gehminuten von Princes Street entfernt.*

Edinburgh Backpackers Hostel, *65 Cockburn Street, Edinburgh EH1 1BU,* ☎ *0131 220 2200,* ☎ *0131 539 4636,* 💻 *www.hoppo.com,* ⓘ *ganzjährig 24 Stunden, 150 Betten in Doppel-, Twin und Mehrbettzimmern. Gute Lage, 2 Minuten vom Bahnhof. Freundliche Atmosphäre. Helle Schlafräume mit schönem Blick auf die Stadt.*

Belford Hostel, *6/8 Douglas Gardens, Edinburgh EH4 3DA,* ☎ *0131 220 2200,* 💻 *www.hoppo.com,* ⓘ *ganzjährig 24 Stunden. Das Hostel ist in einer ehemaligen Kirche untergebracht, 10 Minuten von Princes Street entfernt. Gruppen willkommen.*

High Street Hostel, *8 Blackfriars Street, Edinburgh EH1 1NE,* ☎ *0131 557 3984,* ☎ *0131 556 2981,* 💻 *www.macbackpackers.com.* ⓘ *ganzjährig 24 Stunden, Mehrbettzimmer. Freundlich-lebhafte Atmosphäre. Historisches Gebäude in der Innenstadt, wenige Minuten von der Touristeninformation. (Royal Mile Backpackers und Castle Rock Hostel sind unter gleicher Leitung.)*

Princes Street East Backpackers, *5 West Register Street, Edinburgh EH22 AA,* ☎ *0131 556 6894,* ☎ *0131 557 3236,* 💻 *www.edinburghbackpackers.com. Doppelsowie Dreibett-, Familien- und Mehrbettzimmer. Großes Hostel mit freundlicher Atmosphäre.*

Camping / Caravan

*******Edinburgh Caravan Club Site**, *Marine Drive, Edinburgh EH4 5EN,* ☎ *0131 312 6874,* 💻 *www.caravanclub.co.uk, sehr gut ausgestatteter Platz,* ⓘ *ganzjährig.*

******Mortonhall Caravan Park**, *38 Mortonhall Gate, Frogsten Road East, Edinburgh EH16 6TJ,* ☎ *0131 664 1533,* ☎ *0131 664 5387,* 💻 *www.meadowhead.co.uk/mortonhall, schön gelegener Caravan- und Zeltplatz, 15 Autominuten nach Edinburgh.*

Restaurants

(Restaurantempfehlungen findet man in „The List – Edinburgh and Glasgow. Eating and Drinking Guide")

The Atrium, *10 Cambridge Street,* ☎ *0131 228 8882,* 💻 *www.atriumrestaurant.co.uk, Mo-Fr 12-14 Uhr, 18-22 Uhr, Sa 18-22 Uhr, RT So. Modern und „sophisticated". Gehobene Preisklasse.*

Baracoa, *7 Victoria Street,* ☎ *0131 225 5846, Cubanische Bar/Restaurant.* ⓘ *Mo-So. Günstig.*

Bell's Diner, *7 St. Stephen Street,* ☎ *0131 225 8116,So-Fr 18-22.30 Uhr, Sa 12-22.30 Uhr. Langetabliertes Restaurant, ungezwungen, beste Burgers und Steaks in der Stadt. Mittlere Preisklasse.*

Café Royal Oyster Bar, *17a West Register Street,* ☎ *0131 556 4124, Mo-So 12-14 Uhr, 19-22 Uhr, Bar So-Mi 11-23 Uhr, Do 11-Mitternacht, Fr / Sa 11-1 Uhr. Altes Restaurant, viktorianische Inneneinrichtung. Fisch und Meeresfrüchte sind die Spezialitäten hier. Mittlere bis gehobene Preisklasse.*

Fishers, *1 The Shore, Leith,* ☎ *0131 554 5666, Mo-So 12-22.30 Uhr (So erst ab 12.30 Uhr), eines der besten Fischrestaurants in der Stadt. Mittlere Preisklasse.* ⓘ *Bar bis 1 Uhr.*

Hadrians, *2 North Bridge,* ☎ *0131 557 5000, Mo-Fr 7-10.30 Uhr, 12-14.30 Uhr, 18.30-22.30 Uhr, Sa 7-11 Uhr, 12.30-14.30 Uhr, 18.30-22.30 Uhr, So 12.30-15 Uhr, 18.30-22.30 Uhr. Nette Brasserie unterhalb des Balmoral. Mittlere bis gehobene Preisklasse.*

The Mussel Inn, *61-65 Rose Street, ✆ 0131 225 5979, 🖳 www.mussel-inn.com, Mo-So 12-22 Uhr. Wunderbarer Fisch und DER Platz, um Muscheln zu essen. Mittlere Preisklasse.*

Number One, *1 Princes Street, ✆ 0131 557 6727, Mo-Do 12-14 Uhr, 19-22 Uhr, Fr 12-14 Uhr, 19.30-22.30 Uhr, Sa 19-22.30 Uhr, So 19-22 Uhr. Unten im Balmoral Hotel, hervorragende Küche, exzellenter Service – das Beste vom Besten. Teuer.*

Pierre Victoire, *10 Victoria Street, ✆ 0131 225 1721, Di–Sa 12-15 Uhr, 18-23 Uhr, So und Mo 12-15 Uhr, 18-22 Uhr, günstig und unkompliziert, langetabliert.*

A Room in the Town, *18 Howe Street, ✆ 0131 225 8204, So-Fr 12-14.30 Uhr, 17.30-21.30 Uhr, Sa 12-15 Uhr, 17.30-22 Uhr. Bistro mit ungezwungener Atmosphäre und freundlichem Service. Mittlere Preisklasse.*

The Tower, *Museum of Scotland, Chambers Street, ✆ 0131 225 3003, 🖳 www.tower-restaurant.com, Mo-So 12-23 Uhr, Bar Mo-So 10-23 Uhr. Moderne Küche und fantastische Aussicht auf das Castle. Moderne Küche. Mittlere bis gehobene Preisklasse. Gilt als eines der besten Restaurants in der Stadt.*

The Witchery by the Castle, *352 Castlehill, ✆ 0131 2255613, 🖳 www.thewitchery.com, Mo-So 12-16 Uhr und 17.30-23.30 Uhr. Teuer, gut, vornehm, exklusiv… Vorher reservieren. Gehobene Preisklasse. Falls Sie den Heimweg nicht mehr schaffen: Im Witchery kann man auch übernachten…*

Creelers, *3 Hunter Street, ✆ 0131 220 4447, 🖳 www.creelers.co.uk, Mo-Do 12-14.30 Uhr, 17.30-22.30 Uhr, Fr 12-14.30 Uhr, 17.30-23 Uhr, Sa 12-15 Uhr, 17.30-23 Uhr, So 12-15 Uhr, 18-22.30 Uhr, Fischgerichte sind hier die Spezialität. Gehobene bis obere Preisklasse.*

Oloroso, *33 Castle Street, ✆ 0131 226 7614, 🖳 www.oloroso.co.uk, Mo-So 12-14.30 und 19-22.30 Uhr, Bar Mo-Sa 11-1 Uhr, So 12-1 Uhr. Vom Restaurant aus hat man herrliche Ausblicke auf die New Town und auf den Firth of Forth im Hintergrund. Moderne Küche, modernes Ambiente. Mittlere bis gehobene Preis klasse .*

Vegetarisch

Es gibt eine gute Auswahl an vegetarischen Restaurants in Edinburgh. Lang etabliert ist **Henderson's Salad Table**, *94 Hanover Street, Edinburgh, ✆ 0131 225 2131, 🖳 www.hendersonsofedinburgh.co.uk, Mo-Sa 7-22.30 Uhr. Gute Auswahl, angemessenes Preis-Leistungsverhältnis, auch Take-Away Service, kosmopolite Atmosphäre. Günstig.*

Pubs

Abbotsford, *3 Rose Street, ✆ 0131 225 5276. Alter, fest etablierter Pub mit viel Stammpublikum. Große Auswahl an Malt Whiskies. Der Treffpunkt von Künstlern und Touristen ist besonders während der Festspiele begehrt.*

Bennet's Bar, *Leven Street, ✆ 0131 229 5143, netter, alter, traditioneller Pub neben dem Kings Theatre. Stattliche Auswahl an Malt Whiskies.*

The Bow Bar, *80 West Bow Street, schlichter no-nonsense-Pub, viele Einheimische. Gute Auswahl an Malt Whisky und Ale.*

City Café, *19 Blair Street, ✆ 0131 220 0125, sehr beliebte, lang etablierte Bar im 50er-Jahre-Stil.*

Greyfriars Bobby, *34a Candlemakers Row, ✆ 0131 225 8328, benannt nach Schottlands „bekanntestem" Hund, ist der Pub bei Touristen recht beliebt.*

The Jolly Judge, *7 James Court, ✆ 0131 225 2669, gemütlicher kleiner Pub, manchmal Live-Musik, offenes Feuer, gut zum Aufwärmen im Winter, im Sommer einige Bänke draußen. Viele Einheimische und (ältere) Studenten.*

Outhouse, *14 Broughton Street, ✆ 0131 557 6668, hip und trendy, verschieden Bars. Biergarten, Billardtisch.*

Pivo Caffè, *2-6 Calton Road, ✆ 0131 557 2925, Mo-So 16-3 Uhr, jung und cool, immer gute Stimmung.*

The Royal Oak, *1 Infirmary Road, ✆ 0131 557 2976, Mo-Sa 9-2 Uhr, So 12.30-2 Uhr,* *jeden Abend Folklore-Musik, und im Kellergeschoss tagt der Folkclub, fast nur Einheimische. Tolle Atmosphäre. Wee Folk Club So 9-11 Uhr, 3 £.*

Öffentliche Verkehrsmittel

Stadtbusse

Edinburgh verfügt über einen regelmäßigen, in der Regel auch zuverlässigen Busservice. Mit einem Day Saver Ticket (Erwachsene 2.30 £. Kinder 2 £) kann man einen Tag lang (Mo-Fr nach 9.30 Uhr, Sa und So jederzeit) uneingeschränkt die Lothian Buses in Edinburgh, Midlothian und East Lothian benutzen. Die Fahrkarten können direkt beim Busfahrer erworben werden. 💻 www.lothianbuses.co.uk.

Überlandbusse

Regelmäßige Busverbindungen (Scottish Citylink und National Express) verkehren in alle Landesteile. Die Busse fahren vom St. Andrews Square ab. Die Fahrzeiten betragen von Edinburgh nach Birmingham 7 Stunden, nach London 9 Stunden, nach Manchester 6 Stunden und nach Newcastle 3 Stunden. Die Fahrkarten kann man im Edinburgh & Scotland Information Centre, 3 Princes Street und an der St. Andrews Square Bus Station erwerben. Citylink: ✆ 08705 505050, First Group: ✆ 08708 727271, National Express: ✆ 08705 808080.

Eisenbahnen

Edinburgh hat zwei Bahnhöfe. Der Waverley ist der Hauptbahnhof und befindet sich mitten in der Stadt unterhalb der Waverley Bridge. Von dort aus bestehen Anschlüsse in den Norden, an die Ostküste und nach London. Autovermietung, Gepäckaufbewahrung, Informationsschalter und Restaurationsbetriebe. Die Touristeninformation ist unmittelbar über dem Bahnhof. Der Bahnhof Haymarket liegt im Westen der Stadt. Auch hier gibt es Autovermietung und Taxistände. Fahrplanauskunft: ✆ 08457 484950.

Flughafen

Rufnummer des Flughafens: ✆ 0870 040 0007, 💻 www.baa.co.uk/edinburgh. Der Flughafen von Edinburgh befindet sich 12 Kilometer außerhalb des Stadtzentrums. Mit dem Auto besteht Zugang von der A 8 (Edinburgh – Glasgow). Der Flughafenbus Airlink-Express-Busservice (Busstand 18) fährt regelmäßig vom Flughafen in die Innenstadt, tagsüber alle 10 Minuten, abends ca. alle 30 Minuten. Fahrzeit 25 Minuten, 3 £ pro Fahrt, 5 £ hin und zurück. Die Flughafenbusse halten in der Stadt an der Waverley-Brücke und am St. Andrews Bus Station. Taxis kosten ca. 15 £ in die Stadt. Am Touristeninformationsschalter im Flughafen können Unterkünfte gebucht werden. Außerdem gibt es Autoverleih. Ⓘ Wechselstube täglich von 8-19 Uhr.

***Flugverbindungen**: Zahlreiche Verbindungen nach London (bis zu zwölfmal täglich) und anderen Städten in Großbritannien (Birmingham, Bristol, Manchester, Plymouth) sowie nach Kirkwall, Shetland, nach Wick und Unst. Täglich nach Düsseldorf, Frankfurt, Hamburg, München, Stuttgart und Zürich, mehrmals täglich nach Paris sowie Charterflüge nach Kanada.*

Taxis

Taxistände gibt es z.B. am Bahnhof und am westlichen Ende der Princes Street. Es ist üblich, die Taxen herbeizuwinken. Taxis für Rollstuhlfahrer sind besonders gekennzeichnet.

***Capital Castle Taxis**, 2 Torphichen Street, ✆ 0131 228 2555, 24-Stunden-Service, 52 Wochen im Jahr.*

Mietwagen/Campervan-Verleih

Zahlreiche Mietwagenfirmen konkurrieren miteinander. Ein Preisvergleich lohnt. Visit Scotland (💻 www.visitscotland.com) hat eine Liste mit sämtlichen Anbietern zusammengestellt. Einige Unternehmen liefern den Chauffeur gleich mit.

Avis Rent A Car, *0870 606 0100, www.avis.co.uk.*
Arnold Clark Car Rental, *0845 607 4500, www.arnoldclark.com/rental. Größter schottischer Anbieter mit mehreren Zweigstellen in Edinburgh.*
Thrifty, *42 Haymarket Terrace, 0131 337 1319.*
Edinburgh Self Drive, *45 Lochrin Place, Tollcross, 0131 229 8686.*
Melville's Hire Drive, *9 Clifton Terrace, 0131 337 5333.*

Tankstellen

Tankstellen mit 24-Stunden-Service gibt es in der Queensferry Road, Craigleith Road, gegenüber dem Zoo, am Barclay Place (Tollcross) sowie Canonmills, in der London Road (gegenüber dem Meadowpoint Stadium) und in der Gilmerton Road.

Post

Das Hauptpostamt befindet sich im St. James Shopping Centre.

Internet

EasyEverything, *58 Rose Street, tgl. 24 Stunden.*
Internet Café, *98 West Bow Street, tgl. 10-23 Uhr.*

Einkaufen

In der Princes Street reihen sich die großen Kaufhäuser, wie Frasers, Marks & Spencers, Debenhams und Laura Ashley, aneinander.
Auch nur so zum Bummeln interessant sind das alteingesessene Kaufhaus **Jenners** *(48 Princes Street/St. Davids Street), das mit seinem riesigen Angebot an Harrod's in London erinnert, und das ebenso prächtige Harvey Nichols am St. Andrews Square. Von Harvey Nichols verbindet die Einkaufsmeile „The Walk" den St. Andrews Square mit dem* **St. James Shopping Centre** *(stjamesshopping.com).*
Die **Princes Mall** *– ehemals Waverley Shopping Centre – (www.princesmall-edinburgh.co.uk) bietet über 80 Geschäfte, Restaurants und Cafés.*

Lebensmittel und Delikatessen

Hinter Jenners (Princes Street) befindet sich ein **Sainsbury Supermarkt**. *Hier kann man sich günstig für ein Picknick eindecken. Auch bei* **Marks and Spencers** *gibt es eine Lebensmittelabteilung.*
Valvona & Crolla, *19 Elm Row, 0131 556 6066, www.valvonacrolla.co.uk, Mo-Sa 8-18.30 Uhr, So 11-17 Uhr, Schottlands ältester Delikatessenladen verwöhnt seit 1934 seine Kunden mit Leckereien. (Valvona & Crolla betreibt auch ein nettes Café-Restaurant in der New Town, 11 Multrees Walk, 0131 557 0088, mittlere Preisklasse)*
Rudi Delikatessen, *30 Forrest Road, 0131 226 6434. Altmodisches Lädchen, Sandwiches, Wein, vegetarische Leckereien und Graubrot liegen hier neben türkischen Süßigkeiten und italienischer Ciabatta.*

Schön zum Shoppen: Edinburgh Old Town

Whisky

Royal Mile Whiskies, 379 High Street, Royal Mile, ✆ 0131 622 6255, Whisky-„Kaufhaus" mit einer Auswahl an über 500 Whiskies. Auch große Souvenirabteilung.

Cadenhead's, 172 Canongate, ✆ 0131 556 5864, 🖳 www.wmcadenhead.com. Schottlands ältester unabhängiger Abfüller für Whisky, Gin und Rum, gegründet 1842, gehört mittlerweile zur Springbank Destillery. Auch in Köln und Berlin gibt es Zweigstellen.

Antiquitäten, Kuriositäten und Second Hand-Läden

sind in der Old Town rund um den Grassmarket und in der Victoria Street, in der New Town am Royal Circus und der Great King Street und in der St. Stephens Street in Stockbridge zu finden.

Musik

Coda Music, 12 Bank Street, ✆ 0131 662 7246, 🖳 www.codamusic.co.uk, Rock, Pop, Folk, Klassik, Jazz.

Kilberry Bagpipes, 93 Causewayside, ✆ 0131 668 3303, 🖳 www.kilberry.com. Hier kann man alles rund um den Dudelsack erwerben.

Bekleidung

Designs on Cashmere, 28 High Street, Royal Mile, ✆ 0131 556 6394, 🖳 www.designsoncashmere.com. Klassische, aber auch ungewöhnliche Mode aus Kaschmir in großer Auswahl. Hier kann man auch das offizielle Diana Memorial Tartan erstehen.

Geoffrey (Tailor) Kiltmakers and Weavers, 555 Castle hill, ✆ 0131 226 1555 sowie 57-59 High Street, Royal Mile, 🖳 www.geoffreykilts.co.uk, „Highland"-Kleidung für Damen und Herren, die auch maßgeschneidert wird, sowie eine große Auswahl an schottischen Souvenirs.

Hatrix, 13 Cowgatehead, Grassmarket, ✆ 0131 225 9222, 🖳 www.fabhatrix.com, Mo-Sa 10.30-18 Uhr, So 13-17 Uhr, stattliche Auswahl an Hüten und Mützen, auch individuelle Maßanfertigung.

Lederwaren

Schöne Lederwaren gibt es bei **A.D. Mackenzie & Co**, 34 Victoria Street, ✆/🖷 0131 220 0089, 🖳 www.mackenziebags.co.uk.

Golf

Melville Golf, Melville Golf Course, Range & Shop, Lasswade, Midlothian EH18 1AN, ✆ 0131 663 8038, 🖳 www.melvillegolf.co.uk, hier kann man sich seine komplette Golfausrüstung zusammenstellen lassen oder das eine oder andere wichtige Golf-Utensil erwerben.

Stadtbesichtigung

Organisierte Bustouren, Stadtrundfahrten, Tagestouren

Es gibt eine Vielzahl an Anbietern, die sogenannte „Special Interest Tours" durchführen: historische Fahrten, auf den Spuren von Sir Walter Scott, spezielle Whisky-Touren und maßgeschneiderte Tages- oder auch mehrtägige Touren nach individuellen Wünschen. Die Touristeninformation hält vielfältige Informationen bereit.

Edinburgh City Sightseeing, ✆ 01708 866000, 🖳 www.lothianbuses.com/edinburghbustours. Abfahrt ganzjährig und täglich alle 20-30 Minuten von der Waverley Bridge. Kommentare in verschiedenen Sprachen. Erwachsene 9 £, Senioren / Studenten 8 £, Kinder 3 £. Die Tickets sind 24 Stunden gültig (Hop on - hop off).

Rabbie's Trail Burners, Celtic Art & Travel Centre, 207 High Street, Edinburgh EH1 1PE, ✆ 0131 226 3133, 🖳 www.rabbies.com, 1-5-tägige Touren in die Highlands und auf die Inseln.

Stadtführungen

Scottish Tourist Guides ist eine Vereinigung von ausgebildeten Reiseführern, die sich an Individualreisende oder an Gruppen wendet. Führungen sind in vielen Städten oder interessanten Plätzen und in vielen Sprachen möglich. Auskunft von STGA, Old Town Jail, Stirling FK8 1EA, ✆/🖷 01786 447784 oder ✆ 01870 6073071 (frei), 🖳 www.stga.co.uk.

Daneben gibt es verschiedene Touren zu bestimmten Themen:
Leith Walks, *11 Madeira Place, ✆ 0131 555 2500, 💻 www.leithwalks.co.uk. Geführte Touren durch Edinburgh und die Pentland Hills.*
The Cadies-Witchery Tours, *352 Castlehill, Royal Mile, ✆ 0131 225 6745, 💻 www.witcherytours.com. Ghosts-&-Gore-Touren und Murder-&-Mystery-Touren.*
Edinburgh Literary Pub Tour, *💻 www.edinburghliterarypubtour.co.uk, lang etablierte Touren durch das literarische Edinburgh. „Drinking (perhaps), Thinking (maybe), Entertainment (guaranteed)".*
Mercat Tours *bietet Stadtführungen zu verschiedenen Themen, ✆ 0131225 5445, 💻 www.mercattours.com, wie den Ghost Hunter Trail, den Royal Mile Walk oder Ghosts and Ghouls.*

Fahrradverleih / Reparatur

Bike Trax Cycle Hire, *11 Lochrin Place, Tollcross, ✆ 0131 228 6633, 💻 www.biketrax.co.uk. Lang etablierter Fahrradverleih. Ab 12 £ / Tag, ab 70 £ / Woche. Große Auswahl an Fahrrädern. Die Fahrräder für Gruppenreisende werden auch an einen bestimmten Platz angeliefert.*

Golf

Golf ist sehr beliebt in Edinburgh und wird dort schon seit Hunderten von Jahren gespielt.
Im Umkreis von 1 Autostunde gibt es etliche Golfplätze, hier eine kleine Auswahl (siehe auch 💻 www.scottishgolf.com)
Braid Hills Nr. 1 Golf Course, *Braid Hills Approach, Edinburgh, ✆ 0131452 9408.*
Craigmillar Park Golf Club, *1 Observatory Road, Edinburgh, ✆ 0131 667 0047.*
Lothianburn Golf Club, *106A Biggar Road, Edinburgh, ✆ 0131 445 2206.*
Silverknowes Golf Course, *Silverknowes Parkway, Edinburgh, ✆ 0131 336 5359.*
Torphin Hill Golf Club, *39 Torphin Road, Colinton, Edinburgh, ✆ 0131 441 4061.*

Pferderennen

Musselburgh Racecourse, *Linkfield Road, Musselburgh, ✆ 0131 665 2859, 💻 www.musselburgh-racecourse.co.uk, 🕐 an 25 Renntagen pro Jahr, Eintritt: 15 £, So 20 £.*

Ski fahren

Midlothian Ski Centre, *Hillend, Edinburgh, ✆ 0131 445 4433, 🕐 Sept bis April Mo-Sa 9.30-21 Uhr, So bis 19 Uhr, Mai bis Aug Mo-Fr 9.30-21 Uhr, Sa, So bis 19 Uhr. Bus Nr 4 oder Nr 15 nach Hillend. Im Hillend Ski Centre in den Pentland Hills kann man auf einem künstlichen Hang (dem längsten in Großbritannien) das ganze Jahr hindurch Ski fahren. Zum Zentrum gehört eine Skischule, die auch Ausrüstungen verleiht.*

Edinburgh Festivals

Aktuelle Informationen finden Sie auf den Webseiten: www.edinburgh-festivals.co.uk und www.eventfuledinburgh.com.
The Hub, *Edinburgh's Festival Centre, Castlehill, The Royal Mile, Edinburgh EH1 2NE, ✆ 0131 473 2000. Hier kann man Karten erwerben, sich über das Programm informieren, im Buch- und Souvenir-Laden stöbern oder bei einer Tasse Tee entspannen.*
Regelmäßig wiederkehrende Veranstaltungen sind im August das **Edinburgh Military Tattoo**, *das* **Edinburgh International Jazz Festival**, *das* **Edinburgh International Film Festival**, *das* **Edinburgh Festival Fringe** *und das* **Edinburgh International Festival** *sowie* **Hogmanay**, *die Festivitäten zum Jahreswechsel.*
Edinburgh Military Tattoo, *The Tattoo Office, 32 Market Street, Edinburgh EH1 1QB, ✆ 08707 555118, 💻 www.edintattoo.co.uk.*
Edinburgh Festival Fringe, *✆ 0131 226 0026, 💻 www.edfringe.com, das größte Kunstfestival der Welt findet drei Wochen im August statt.*
Edinburgh International Book Festival, *Book Festival Box Office, Waterstone's, 83 George Street, ✆ 0845 373 5888, 💻 www.edbookfest.co.uk.*

***Edinburgh International Festival**, ☎ 0131 473 2000, 💻 www.eif.co.uk.*
***Edinburgh International Film Festival**, ☎ 0131 228 4051, 💻 www.edfilmfest.org.uk.*
***Edinburgh's Hogmanay**, ☎ 0131 529 3914, 💻 www.edinburghshogmanay.org. Neujahrsfeiern, ein viertägiges Festival mit viel Musik, Umzügen, Straßentheater, Feuerwerk, Sportveranstaltungen und vielerlei Aktivitäten für Kinder.*
***Edinburgh International Science Festival**, ☎ 0131 558 7666, 💻 www.edinburghfestivals.co.uk. Das 14-tägige Festival ist der Wissenschaft gewidmet und findet jeweils im April statt.*

Das „Military Tattoo“
Die Militärparade wird jedes Jahr während der drei Festspielwochen im August auf der Burgesplanade abgehalten. Vor dem Hintergrund der uralten Burgmauern werden alle erdenklichen Soldatenkünste vorgeführt. Jedes Jahr sind Gasttruppen aus anderen Ländern vertreten. Vorbestellungen sind ab Dezember schriftlich möglich beim Edinburgh Military Tattoo Office, 32 Market Street, Edinburgh EH1 1QB, ☎ 08707 555118, 💻 www.edintattoo.co.uk. Verkauf am Schalter ab März im: Tattoo Ticket Sales Office, 33-34 Market Street. Die Tickets kosten zwischen 11 und 36 £.

Theater / Konzert / Kino

***Edinburgh Festival Theatre**, 13-29 Nicolson Street, ☎ 0131 529 6000, 💻 www.eft.co.uk.*
***King's Theatre**, 2 Leven Street, ☎ 0131 529 6000, 💻 www.eft.co.uk.*
***Edinburgh Playhouse**, 18-22 Greenside Place, ☎ 0870 606 3424.*
***Ross Open Air Theatre**, Princes Street Gardens, ☎ 0131 228 8616.*
***Royal Lyceum Theatre Company**, Grindlay Street, ☎ 031 248 4848, 💻 www.lyceum.org.uk.*
***Traverse Theatre**, 10 Cambridge Street, ☎ 0131 228 1404, 💻 www.traverse.co.uk. Avantgarde-Theater mit zwei kleinen Bühnen, die auf die Aufführung neuer und sonst nur selten zu sehender Stücke spezialisiert sind, unter anderem Werke schottischer Schriftsteller.*
***Usher Hall**, Lothian Road, ☎ 0131 2281155, 💻 www.usherhall.co.uk. Beeindruckende Konzerthalle unter Denkmalschutz. Klassische Konzerte, Jazz, Blues, manchmal auch Pop-Konzerte.*
***Filmhouse**, 88 Lothian Road, ☎ 0131 228 2688, 💻 www.filmhousecinema.com. Programmkino mit stets interessantem Programm, viele ausländische, Kunst- und experimentelle Filme*

5. GLASGOW

Zeitvorschlag
2 Tage

Allgemeiner Überblick

„…I have never been more heartily received anywhere, or enjoyed myself more completely.“
Charles Dickens, 1847

Seit den 1980er Jahren hat Glasgow einen unglaublichen Wandel durchgemacht. Aus der einst unschönen Industriestadt ist eine lebendige und interessante Stadt geworden, die durchaus einen mehrtägigen Aufenthalt lohnt. *interessante Metropole*

Im Vergleich mit Edinburgh nahm Glasgow einen unterschiedlichen geschichtlichen Verlauf. Glasgow hatte seine Blüte erst im 19. Jh., und die Gebäude zeugen mit ihren auf Repräsentation ausgerichteten Maßen und ihrer Pracht vom einstigen Status der Industriestadt. Diese Haltung des Repräsentativen und Großartigen ist eigentlich auch heute noch spürbar. Glasgow hat eine Vielzahl teurer Geschäfte und pompöse Einkaufszentren.

Schon immer war es die Stadt Edinburgh, die mit den Begriffen Kultur und Bildung und Wissenschaft assoziiert wurde. Aber auch Glasgow verfügte immer über ein ausgeprägtes kulturelles Bewusstsein. Die Stadt hatte in der Theater- und Musikwelt stets einen hervorragenden Ruf. *kulturelles Bewusstsein*

Redaktionstipps Glasgow

- Besuch des **People's Palace**, der **Huntarian Art Gallery and Museum**, der **Art Gallery and Museum Kelvingrove** oder der **Burrell Collection** im Pollock Country Park (S. 233ff).
- Die mechanischen Skulpturen in der **Sharmanka Kinetic Gallery** bestaunen (S. 239).
- An einer Führung durch die **Glasgow School of Art** teilnehmen (S. 240f).
- Einen Rundgang durch die **„Barras“**, das East End Glasgows, machen (S. 237).
- Den Morning oder Afternoon Tea in den **Willow Tea Rooms** einnehmen (S. 240).
- Die **City Chambers** und andere viktorianische Architektur im Stadtzentrum bewundern (S. 233ff).
- Einen Ausflug zum **Hill House** in Helensburgh machen (S. 249f).

Geschichtlicher Überblick

Um die Mitte des 6. Jh., so sagt es die Legende, errichtete der Bischof **St. Mungo** am Fluss Clyde ein Kloster. Es wurde „Glas cu“ (der grüne Ort) genannt. Aus der kleinen Klostergemeinde wurde 1110 ein Bischofssitz, und 1175 verlieh König William I. Glasgow das Stadtrecht. 1238 wurde mit dem Bau der Kathedrale begonnen. Als um 1451 die Universität gegründet wurde, hatte die Stadt bereits 3.000 Einwohner, stand aber während des Mittelalters im Schatten von Edinburgh. Dort befand sich das kulturelle und politische Zentrum des Landes. Die Reformationswirren überstand die Stadt gut.

Der **wirtschaftliche Aufschwung** erfolgte im 18. Jh. Durch die Union mit England (1707) und die damit verbundenen Handelsrechte nahm die Bedeutung der Stadt immens zu. Verträge öffneten für Schottland und insbesondere für Glasgow das Tor zu den amerikanischen Kolonien, und Glasgow entwickelte sich zur Tabakmetropole. Durch die unmittelbare Lage am Clyde konnten die Waren von hier aus direkt verschifft werden. Die sogenannten **Tobacco Lords** benötigten schnelle Segler, um der hohen Nachfrage Folge zu leisten, und die Werftindustrie expandierte. Glasgow wurde dadurch ein noch wichtigerer Hafen als Liverpool oder Bristol. Ende des 18. Jh. wurde von Glasgow aus über die Hälfte des gesamten Tabaks für Großbritannien importiert.

Lage am Clyde

Schenkt man Daniel Defoe Glauben, muss Glasgow um diese Zeit besonders schön gewesen sein. In den „Reiseessays durch Britannien", 1726, heißt es dazu folgendermaßen: „*... 'tis the cleanest and beautifulest and best built city in Britain, London excepted.*"

Der amerikanische Unabhängigkeitskrieg (1776) gefährdete den Tabakhandel erheblich, jedoch machte der Textilhandel die Verluste bald wieder wett. Ab Mitte des 18. Jh. wurde auch Baumwolle exportiert. Damit verbunden waren weitere Gewerbezweige, wie Spinnereien, Webereien und Färbereien.

Im Zuge der **Industriellen Revolution** wurde Glasgow das Zentrum der gesamten schottischen Industrie. Die Schwerindustrie erhielt durch die Erfindung der Dampfmaschine einen sagenhaften Auftrieb, insbesondere der Lokomotiv- und Schiffbau. Mit der wirtschaftlichen Entwicklung ging ein enormer Anstieg der Bevölkerungszahl einher. Bis zum Jahre 1800 stieg die Bevölkerungszahl auf 84.000 an, bis zum Jahre 1830 auf 200.000. Insbesondere waren es die schotti-

wirtschaftlicher Aufschwung

Viktorianische Architektur zeugt von einstigem Wohlstand

schen Bauern, die durch die „land-clearances" aus den Highlands vertrieben wurden, oder irische Bauern, die der Hungersnot in Irland entflohen. Die Stadt musste sowohl den kometenhaften wirtschaftlichen Aufschwung als auch Tausende neuer Einwohner verarbeiten. Vergleichbar mit anderen Großstädten jener Zeit gab es auch hier Prachtentfaltung und Verschwendung auf der einen Seite, Überbevölkerung und Massenelend auf der anderen Seite. Die Armenviertel Glasgows waren im ganzen Empire berüchtigt.

Massenelend

Dennoch war Glasgow im 19. Jh. mit seinen 750.000 Einwohnern eine der wohlhabendsten Städte des Vereinigten Königreiches. Ausdruck des Wohlstandes war das Bedürfnis nach einer neuen, repräsentativen städtischen Architektur. Öffentliche Gebäude, wie der Universitätskomplex in Gilmorehill (1878), die City Chambers (1888) und die Glasgow Art Gallery und Museum in Kelvingrove (1901), der Bahnhof und die Theater zeugen von Glasgows damaligem Wohlstand. 1880 wurde die Weltausstellung im Kelvingrove Park veranstaltet, 1896 die U-Bahn eröffnet, 1901 fand wieder eine Weltausstellung statt, und das Glasgower Museum wurde eröffnet.

Im 20. Jh. stieg die Einwohnerzahl Glasgows weiterhin an. In den 20er Jahren erreichte die Bevölkerungszahl mit 1,25 Mio. ihren höchsten Stand. Nach dem Zweiten Weltkrieg setzte ein neuer Menschenzustrom ein, und auf nur 7,8 qkm lebte ein Siebtel der gesamten Bevölkerung Schottlands.

Gleichzeit begann eine langanhaltende **Strukturkrise**, in der immer mehr Betriebe ihre Pforten schließen mussten. Glasgow verkam zu einer hässlichen, heruntergekommenen Industriestadt. Nach dem Krieg baute die Stadt mehr Häuser als jede andere Stadt in Großbritannien. An den Peripherien entstanden die „New Towns" der 50er Jahre, schnell und billig gebaute Hochhäuser, drei Viertel von diesen ohne Zentralheizung. Die verhängnisvolle Wohnungspolitik bewirkte, dass die Innenstadt verödete und die Satellitenstädte zu sogenannten „no-go-areas" ohne soziale Einrichtungen und Gemeinschaftsgefühl wurden. Glasgow war die am höchsten verschuldete Stadt neben London und die Stadt mit der höchsten Abwanderungsrate in Großbritannien. Hatte Glasgow 1946 noch 1,1 Mio. Einwohner, waren es 1990 nur noch 720.000.

„no-go-areas"

Das East End war am schlimmsten betroffen: 1961 lebten hier noch 160.000 Menschen, Ende der 70er Jahre waren es nur noch 45.000. Mit dem Projekt „Glasgow Eastern Area Renewal" (GEAR) versuchte man (ab 1976), mit einem Aufwand in Milliardenhöhe das East End, eine Fläche von rund 17 qkm, zu sanieren. Es war das größte Projekt dieser Art in Westeuropa. Bald musste jedoch festgestellt werden, dass an die Stelle der alten Slums zwar Neubausiedlungen getreten, dass jedoch die Probleme die gleichen geblieben waren.

Buchtipp

Jimmy Boyle: A Sense of Freedom, Glasgow 1977 (1979 verfilmt), ist die beeindruckende Autobiographie eines Mannes aus den „Slums" Glasgows.

Stadtputz

Stadtsanierung

Anfang der 1980er Jahre begannen Schritte zu einer umfassenden Erneuerung der Stadt. Umgerechnet rund 3 Milliarden Euro wurden in eine völlig neue Infrastruktur und in die Stadtsanierung gesteckt. Türme und Kuppeln von Banken und Kirchen, Lagerhallen und Kontore der viktorianischen Kaufmannsstadt leuchteten wieder im alten Glanz. Viel zu tun gab es auch für den **Denkmalschutz**: 150 Kirchen galt es zu erhalten, und fast 3.000 Gebäude wurden unter Schutz gestellt. Für den Fremden war die Stadt nicht wiederzuerkennen.

Imagewechsel

Der große Stadtputz machte Glasgow wieder attraktiv. In die restaurierten Lagerhäuser der alten „Merchant City" zogen die Yuppies ein. Viele englische Firmen haben sich angesiedelt, und keine andere britische Stadt außer London konnte so viele Investitionen wie Glasgow verbuchen. Und keine andere Stadt in Europa erreichte in so kurzer Zeit einen so radikalen Imagewechsel wie Glasgow.

1990 wurde Glasgow zur Kulturhauptstadt Europas gewählt, und 1999 erhielt die Stadt den Titel **City of Architecture and Design**.

Empfehlungen für die Stadtbesichtigung

Im Gegensatz zu anderen Großstädten ist Glasgow eher eine Ansammlung verschiedener Gemeinden und Gegenden. Der eigentliche Stadtkern von Glasgow ist das City Centre mit George Square und den Einkaufsstraßen Sauchiehall Street, Buchanan Street und Argyle Street. Um sich einen ersten Eindruck zu verschaffen, empfiehlt sich ein Spaziergang durch Glasgows Stadtzentrum. Im weiteren Verlauf sollte man jedoch aufgrund der Entfernungen zwischen den einzelnen Sehenswürdigkeiten auf öffentliche Verkehrsmittel, U-Bahn oder Busse, zurückgreifen. Um die wichtigsten Sehenswürdigkeiten der Stadt zu sehen, braucht man mindestens zwei Tage.

Stadtbesichtigung per U-Bahn

Hat man nur einen Tag, hier ein Programmvorschlag: Beginnen Sie den Tag im People's Palace, um einen Überblick über die Geschichte der Stadt zu bekommen, und kehren Sie dann in der Sauchiehall Street in den berühmten Willow Tea Rooms ein. Danach könnten Sie den Princes Square hinunterschlendern und anschließend einen Gang durch die Merchant City machen. Zum Lunch bietet sich das legendäre Babbity Bowster in der Blackfriars Street an. Nach der Mittagspause nehmen Sie die St. Enoch U-Bahn nach Kelvin Hall und besichtigen das fantastische Kelvingrove Museum & Art Gallery. Ein kleiner Spaziergang durch den schönen Kelvingrove Park führt zur Hunterian Art Gallery. Anschließend kann man sich im Botanischen Garten erholen und dort im Kibble Palace schön Tee trinken. Mit der U-Bahn geht es zurück zur Buchanan Street.

Kelvingrove Art Gallery

Sehenswertes in der Innenstadt

Es ist kein Zufall, dass Glasgow sowohl zur Kulturhauptstadt (1990) als auch zur *City of Architecture and Design* (1999) gewählt wurde. Die Hauptattraktionen der Stadt sind die viktorianischen Gebäude, die Museen und Kunstgalerien.

Rund um den George Square

Das Zentrum der Innenstadt bildet der **George Square**, ein großer, von Prachtbauten des 19. Jahrhunderts umgebener Platz. Die 25 m hohe Säule in der Mitte des Platzes wird von Sir Walter Scott und nicht – wie der Name des Platzes besagt – von George III. bekrönt. Rundherum stehen weitere Denkmäler: eine Reiterstatue für Königin Victoria und Prinz Albert, James Watt, Robert Burns, Thomas Campbell und Sir John Moore.

City Chambers

Auf der Ostseite des Platzes befinden sich die **City Chambers (1)**, ein typisches Beispiel viktorianischer Selbstdarstellung. Das beeindruckende Bauwerk wurde 1883-1888 von William Young errichtet. Die Fassade ist im Stil der Neo-Renaissance gestaltet: Mittelrisalit mit Dreiecksgiebel, darin ein Figurenrelief, Ecktürme mit runden Kuppeln, und der Mittelturm trägt eine kleine runde Kupola auf Säulchen. Pilaster, Statuen, Kolonaden, Galerien, Balkone beleben die Ansicht. Im Inneren tritt man in eine prächtige Eingangshalle mit doppelten Treppenaufgängen. Die Banketthalle im ersten Stockwerk hat eine wundervolle Decke und an einer Wand sind Wandgemälde der „Glasgow Boys" (siehe Seite 31) *(✆ 0141 287 4018, 💻 www.glasgow.gov.uk, 🕐 Führungen (45 Min., 2-mal täglich): Mo-Fr 10.30 und 14.30 Uhr).*

viktorianische Selbstdarstellung

Im **Merchants House (2)** an der Westseite des Platzes befindet sich heute die Glasgower Handelskammer. Das imposante Gebäude wurde 1874 gebaut.

Nicht weit davon entfernt, an der Ecke Queen Street/Ingram Street, stößt man auf die **Gallery of Modern Art (3)**. Einst die Börse, beherbergte das neoklassizistische Gebäude mit Säulenvorbau und einer Kupola später eine öffentliche Bibliothek und seit 1996 die Gallery of Modern Art (GOMA). Ausgestellt ist zeit-

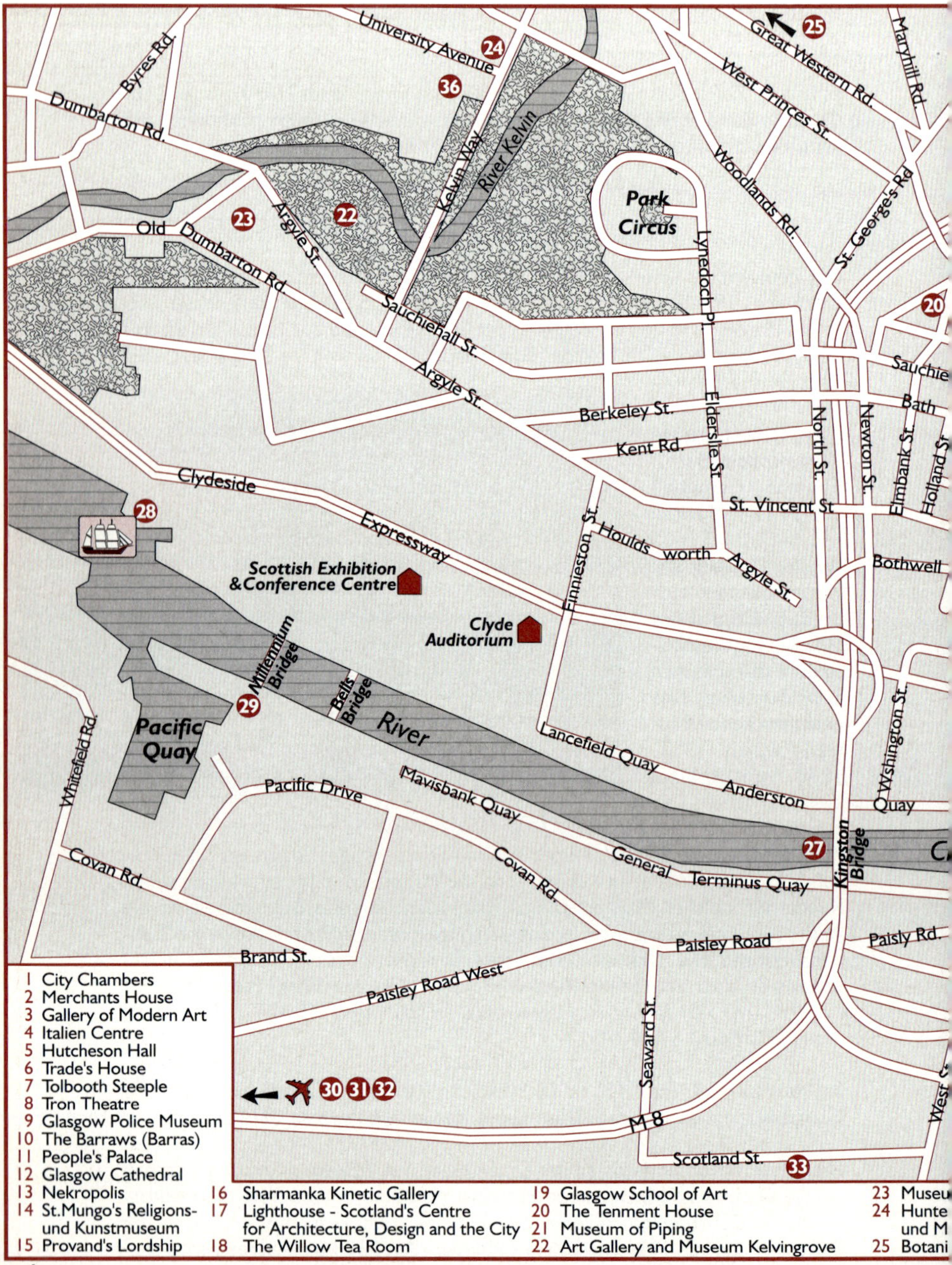
University Avenue
Great Western Rd.
Maryhill Rd.
West Princes St.
Byres Rd.
Dumbarton Rd.
Kelvin Way
River Kelvin
Woodlands Rd.
Park Circus
St. George's Rd
Old Dumbarton Rd.
Argyle St.
Lynedoch Pl.
Sauchiehall St.
Sauchie
Bath
Berkeley St.
Kent Rd.
Elderslie St.
North St.
Newton St.
Elmbank St.
Holland St
Clydeside
Expressway
St. Vincent St
Bothwell
Finnieston St.
Houldsworth
Scottish Exhibition &Conference Centre
Clyde Auditorium
Millennium Bridge
Bells Bridge
River
Pacific Quay
Whitefield Rd.
Lancefield Quay
Anderston
Quay
Washington St.
Pacific Drive
Mavisbank Quay
Kingston Bridge
Covan Rd.
General
Terminus Quay
Brand St.
Paisley Road
Paisly Rd.
Paisley Road West
Seaward St.
M 8
Scotland St.
1 City Chambers
2 Merchants House
3 Gallery of Modern Art
4 Italien Centre
5 Hutcheson Hall
6 Trade's House
7 Tolbooth Steeple
8 Tron Theatre
9 Glasgow Police Museum
10 The Barraws (Barras)
11 People's Palace
12 Glasgow Cathedral
13 Nekropolis
14 St.Mungo's Religions- und Kunstmuseum
15 Provand's Lordship
16 Sharmanka Kinetic Gallery
17 Lighthouse - Scotland's Centre for Architecture, Design and the City
18 The Willow Tea Room
19 Glasgow School of Art
20 The Tenment House
21 Museum of Piping
22 Art Gallery and Museum Kelvingrove
23 Museu
24 Hunte und M
25 Botani

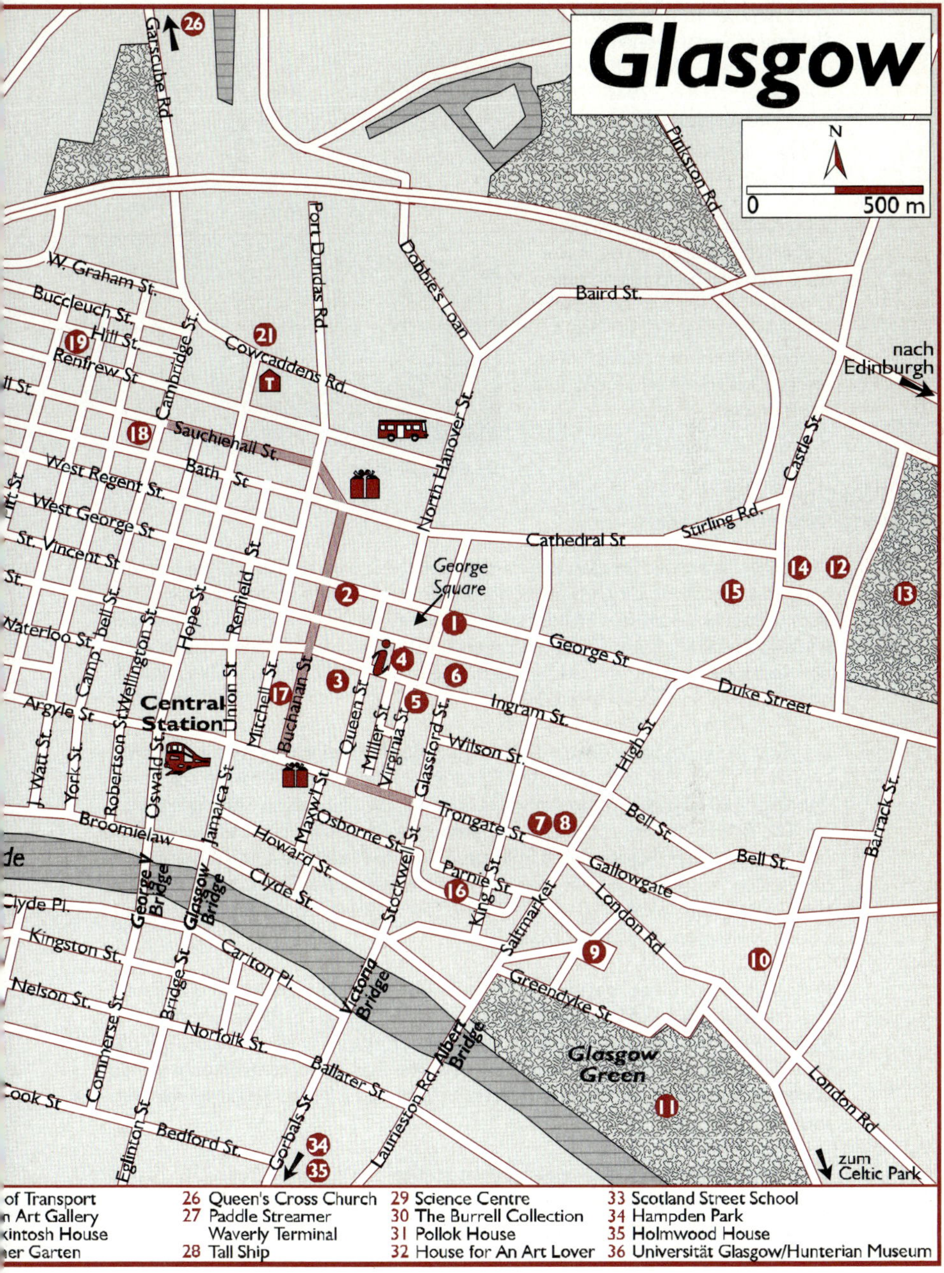

of Transport	26 Queen's Cross Church	29 Science Centre	33 Scotland Street School
n Art Gallery	27 Paddle Streamer Waverly Terminal	30 The Burrell Collection	34 Hampden Park
kintosh House		31 Pollok House	35 Holmwood House
ner Garten	28 Tall Ship	32 House for An Art Lover	36 Universität Glasgow/Hunterian Museum

genössische Kunst (Gemälde, Skulpturen, Installationen) aus der ganzen Welt *(Royal Exchange Square, ☎ 0141 229 1996, 💻 www.glasgowmuseums.com, 🕐 ganzjährig Mo-Mi, Sa 10-17 Uhr, Do 10-18 Uhr, Fr, So 11-17 Uhr).*

Die Gallery of Modern Art

Von hier aus die Ingram Street hinuntergehend, kommt man linkerhand zum neu errichteten **Italian Centre (4)**, wo das italienische Kulturinstitut seinen Sitz hat. Außerdem gibt es dort einige italienische Designerläden, Cafés und Restaurants.

Designerläden

Die Merchant City
(💻 www.glasgowmerchantcity.net)

Das Schachbrett der Straßen östlich des George Square bis hin zur High Street bildet die Merchant City, wo im 18. Jh. die **Tobacco Lords** ihre prächtigen Paläste bauten und lebhaften Handel trieben. Die Tabakfürsten machten Glasgow zur wichtigsten Handelstadt. Die alten Lager- und Wohnhäuser aus dem 18. Jh. wurden kostspielig restauriert, und mittlerweile haben sich hier teure Designer-Läden, Bistros und Cafés angesiedelt.

elegante Gebäude

Ein guter Ausgangspunkt für die Besichtigung der Merchant City ist die **Hutcheson Hall (5)** in der Ingram Street. Eines der elegantesten Gebäude der Stadt, wurde es 1801-1805 als Verwaltungsgebäude für die Hutcheson-Stiftung entworfen. Die Brüder Hutcheson waren wohlhabende Bürger im 17. Jh. und erwarben sich besondere Verdienste durch Stiftungen für alte Menschen und Waisenkinder. Die beiden Figuren in den Nischen der Fassade stellen die Gebrüder Hutcheson dar *(158 Ingram Street, ☎ 0141 552 8391, 💻 www.nts.org.uk, 🕐 ganzjährig, außer an Feiertagen, Mo, Di, Do, Fr 10-17 Uhr).*

Wohltäter

In der Glassford Street gegenüber liegt das ehemalige Gildehaus der Kaufleute: das **Trade's House (6)**. Das Trade's House ist das einzige erhaltene Gebäude von Robert Adam in Glasgow. Es wurde zwischen 1791 und 1794 errichtet. Alle übrigen Gebäude, die Adams in Glasgow entworfen hat, fielen dem viktorianischen Bauboom zum Opfer *(85 Glassford Street, ☎ 0141 552 2418, Führungen nach Anmeldung).*

Von der Ingram Street abzweigend, gelangt man zur Virginia Street. Der Name weist auf die Handelsbeziehungen zwischen Glasgow und Amerika hin. Hier stehen die **Virginia Buildings**, eine Ansammlung von Gebäuden aus dem 19. Jh. Hinter dem südlichsten dieser Gebäude befindet sich die Crown Arcade, einst die Zucker- und Tabakbörse. Wunderschön renoviert ist hier jetzt eine glasgedeckte Arkade mit Antiquitäten und Kunsthandwerksläden eingerichtet. Parallel zur Virginia Street verläuft die Miller Street, wo das älteste Haus der Merchant City steht, das **Tobacco Laird's House** von 1775.

ehemalige Börse

Von Trongate zum East End

Die Merchants City wird im Osten von der High Street und im Süden von Trongate beschlossen. Die beiden Straßen treffen sich am Glasgow Cross, einst das Handelszentrum der Stadt. In der Mitte der Kreuzung steht der hohe **Tolbooth Steeple (7)** und daneben das Marktkreuz, wobei es sich allerdings um die Replik des mittelalterlichen Kreuzes handelt. Der **Tron Steeple**, nicht weit entfernt, ist der einzig erhaltene Rest der St. Mary's Church, die Ende des 18. Jh. einem Feuer zum Opfer fiel. Der Tron Steeple wurde geschickt in die moderne Front des **Tron Theater (8)** eingebaut.

Nicht weit ist es von hier zum **Glasgow Police Museum (9)**. Die Glasgower Polizei war die erste Polizei im Vereinigten Königreich überhaupt, und das Museum dokumentiert die Zeit zwischen 1800 und 1975. Daneben sind aber auch Exponate der Polizei weltweit ausgestellt *(68 St. Andrews Square, ✆ 0141 5521818, 💻 www.policemuseum.org.uk, 🕔 April bis Oktober Mo-Sa 10-16.30 Uhr, So 12-16.30 Uhr, November bis März Di 10-16.30, So 12-16.30 Uhr)*.

Weiter östlich gelangt man zum Glasgower East End. **The Barraws (Barras) (10)** ist ein großer Markt, der sich in den Straßen südlich von Gallowgate erstreckt. Liebhaber von Märkten finden hier billige, neue und alte Second-Hand-Läden. Vielfach handelt es sich bei den Waren um Billigimporte aus Asien, dennoch kann man das eine oder andere schöne Stück erblicken, und vor allem ist die Atmosphäre toll. Der Eingang ist durch ein hohes rotes Tor an der Gallowgate gekennzeichnet.

Stöbern

Südlich der Barras erstrecken sich die weitläufigen **Glasgow Green**, angeblich der älteste öffentliche Park in Großbritannien. Der Park liegt den Bürgern Glasgows besonders am Herzen, und wichtige politische Demonstrationen und Kundgebungen haben hier stattgefunden. Am Rande des Parks kann man **Templeton's Carpet Factory** nicht übersehen. Das bunte Gebäude wurde 1889 von William Leiper als Imitation des Dogenpalastes in Venedig errichtet. Heute sind hier Büros untergebracht.

Imitation des Dogenpalastes

Am nördlichen Ende des Parks gelangt man zum **Peoples Palace (11)**. Das Museum ist der Geschichte Glasgows von frühgeschichtlicher Zeit bis in die Gegenwart gewidmet. Gezeigt werden Stadtansichten sowie einige königliche Portraits, Exponate aus dem Bereich des Handels und der Industrie, der Arbeiterbewegung, Unterhaltung und des Sports. Das Museum ist zu empfehlen, wenn man sich etwas eingehender mit der Geschichte Glasgows auseinandersetzen möchte. Schön sind auch die **Winter Gardens**, ein elegantes Gewächshaus aus viktorianischer Zeit. Inmitten von tropischen Pflanzen kann man sich in einem netten Café ausruhen. Beachtenswert ist der sogenannte **Doulton Fountain** vor dem Museum. Der größte Terrakotta-Brunnen weltweit (er ist über 14 m hoch) wurde anlässlich des Goldenen Jubiläums Queen Victorias, 1887, hier aufgestellt. Die reichen Verzierungen stellen die Errungenschaften des britischen Empires dar *(✆ 0141 271 2962, 💻 www.glasgowmuseums.com, 🕐 ganzjährig Mo-Do, Sa 10-17 Uhr, Fr, So 11-17 Uhr).*

Rund um die Kathedrale

Glasgow Cathedral (12)

Castle Street, ✆ 0141 552 6891, 💻 www.historic-scotland.gov.uk, 🕐 April bis September Mo-Sa 9.30-17.30 Uhr, So 13-17 Uhr, Oktober bis März Mo-Sa 9.30-16 Uhr, So 13-16 Uhr

Early English Style

Nachdem der erste Bau bald nach seiner Entstehung (1136) einem Feuer zum Opfer fiel, begannen 1197 die Wiederaufbauarbeiten im frühgotischen Stil, dem sogenannten *Early English Style*. Im 13. Jh. wurden Chor und Unterkirche vollendet, das Schiff erst im späten 15. Jh. Trotz der langen Bauzeit bildet das äußere Erscheinungsbild der Kathedrale eine architektonische Einheit. Leider wurden im 19. Jh. die beiden großen Westtürme entfernt.

Im Inneren fällt die klare, harmonische und schlichte Proportionalität auf, welche jedoch für schottische mittelalterliche Kirchen typisch ist. Unter dem Chor befindet sich die Unterkirche, die noch in der frühen Bauphase der Kathedrale entstand (1233-58). Fälschlicherweise wird sie oft als Krypta bezeichnet, obwohl sie noch über der Erdoberfläche liegt. Die 27 lanzettenförmigen hohen Fenster und die verschiedenartig verzierten Bündelpfeiler geben der Architektur in der Unterkirche eine eigenartige Ruhe. Die Kapitelle der vier mittleren Stützpfeiler sind alle mit unterschiedlichem Dekor versehen. In der Unterkirche befinden sich die Gebeine des hl. Mungo, des Schutzpatrons von Glasgow.

Wunderschön ist das **Millennium Window** in der Nordwand. Es wurde 1999 von John Clark geschaffen und besticht durch seine verschiedenen Blautöne.

Nekropolis (13)

monumentale Grabmale

Hinter der Kathedrale führt der Weg über die Glasgower Seufzerbrücke (Bridge of Sighs) hinauf auf den Hügel zur Nekropolis, der „Stadt der Toten". Der Friedhof wurde 1833 angelegt. Die Grabmonumente zeugen vom Reichtum und der Pracht der Stadt im viktorianischen Zeitalter. Imitationen ägyptischer, indischer, griechischer und chinesischer Denkmäler erinnern an die Kolonien und zeigen die Pracht des Irdischen. Das bemerkenswerteste Monument ist die dorische Säule mit der Statue von John Knox. Sie wurde 1825 errichtet.

St. Mungo's Religions- und Kunstmuseum (14) widmet sich dem Thema des Lebens, des Todes und des Jenseits. Gezeigt wird eine Vielzahl an Kunstobjekten der verschiedenen Religionen, wobei ein Schwerpunkt die Rolle der Religion in der schottischen Geschichte ist.

Eine besondere Attraktion ist der japanische Zen-Garten im Museumshof, der den kontemplativen Aspekt der Zen Buddha-Religion deutlich macht. Das extra für diesen Zweck errichtete Museumsgebäude aus gelbem Sandstein passt sich harmonisch in die architektonische Umgebung mit Kathedrale und Provand's Lordship (siehe unten) ein *(2 Castle Street, ✆ 0141 553 2557, 💻 www.glasgow.gov.uk, 🕐 ganzjährig Mo-Do, Sa 10-17 Uhr, Fr, So 11-17 Uhr).*

Provand's Lordship (15) ist das älteste Bauwerk Glasgows (1471), ein aus unbehauenen Steinen erbautes Stadthaus mit Staffelgiebel und unregelmäßiger Fensteranordnung. Ursprünglich diente es als Priesterwohnung. Heute ist in Provand's Lordship ein Museum untergebracht mit Einrichtungsgegenständen des 17. und 18. Jh., Tapisserien und Gemälden *(3 Castle Street, ✆ 0141552 8819, 💻www.glasgowmuseums.com, 🕐 ganzjährig Mo-Do, Sa 10-17, Fr, So 11-17 Uhr).*

ältestes Bauwerk

Buchanan Street

Das kommerzielle Zentrum der Stadt liegt zwischen der Buchanan Street und der M8 im Westen. In den schachbrettartig angelegten Straßen befinden sich die Haupteinkaufsstraßen und -arkaden der Stadt sowie Verwaltungsgebäude und Banken. Am südlichen Ende der Buchanan Street lädt das St. Enoch Centre, ein riesiger glasgedeckter Komplex mit Läden und Restaurants, zum Bummeln ein. Die Argyle Street ist die beliebteste Einkaufsmeile Glasgows. **Argyle Arcade** war Schottlands erste überdachte Einkaufsmeile, sie wurde 1827 gebaut. Ein besonderes Highlight erwartet den Besucher unweit der Argyle Street, die **Sharmanka Kinetic Gallery (16)**, eine Ausstellung mechanischer Skulpturen. Sharmanka wurde 1990 von dem Künstler Eduard Bersudsky und der Theaterdirektorin Tatyana Jakovskaya in St. Petersburg gegründet. Seit 1996 leben sie in Glasgow, stellen ihre Werke aber in der ganzen Welt aus. Die Ausstellung ist sowohl für Kinder als auch Erwachsene geeignet. Die beweglichen Skulpturen, zusammengesetzt aus Hunderten von geschnitzten Figuren und alten Metallteilen, stellen die Geschichte des Menschen in seinem Überlebenskampf im täglichen Dasein dar, teils tragisch, teils philosophisch, aber auch lustig und auf jeden Fall faszinierend *(1st floor, 64 Osborn Street, ✆ 0141 5527080, 💻www.sharmanka.com, 🕐 Vorführungen Do und So 19 Uhr sowie So 15 Uhr, nach Anmeldung auch Mo-Do 12-19 Uhr, Fr 12-15 Uhr).*

beliebteste Einkaufsmeile

Geht man die Buchanan Street Richtung Norden, kommt man zum **Princes Square**, einem weiteren Einkaufszentrum, und an der Ecke Buchanan Road und Sauchiehall Street locken die Buchanan Galleries mit weiteren Geschäften. Linkerhand in der Mitchell Street befindet sich das **Lighthouse – Scotland's Centre for Architecture, Design and the City (17)**. Das „Lighthouse" wurde 1893 von Charles Rennie Mackintosh errichtet und beherbergte die Büros des Glasgow Herald. Nachdem die Zeitung 1980 auszog, stand das Gebäude leer, bis es eine neue Verwendung als Ausstellungs- und Fortbildungsstätte erhielt. Auch das „Mackintosh Interpretation and Orientation Centre" ist hier untergebracht *(✆ 0141 221 6362, 💻 www.thelighthouse.co.uk, 🕐 Mo, Mi-Sa 10.30-17 Uhr, Di 11-17 Uhr, So 12-17 Uhr).*

ehemaliges Zeitungsgebäude

Sauchiehall Street

The Willow Tea Room (18)

217 Sauchiehall Street, ✆ 0141 332 0521, 🖳 www.willowtearooms.co.uk, Mo-Sa 9-17 Uhr, So 11-16.15 Uhr

philanthropische Ideen

Im Auftrag der Philanthropin Catherine Cranston entwarf Mackintosh, zusammen mit seiner Frau, vier Teestuben. Der Willow Tea Room war einer davon. Frau Cranston wollte mit der Einrichtung von Teeräumen dem Alkoholproblem der Arbeiter entgegenwirken. Die Männer sollten in gepflegter Umgebung ihre Pausenzeiten verbringen und sich bei Tee und anschließendem Spiel erholen. Eine edle Vorstellung.

Die rekonstruierten Willow Tea Rooms in der Sauchiehall Street Nr. 217 wurden nach dem ursprünglichen Entwurf von Mackintosh restauriert und geben eine vage Vorstellung von dem ursprünglichen Bild dieser Teeräume. Im Erdgeschoss befindet sich das Juweliergeschäft Henderson mit einer reichen Auswahl an Schmuckstücken im Mackintosh-Design.

moderne Kunst

Die **McLellan Galleries** wurden 1854 errichtet und werden vorrangig für Wander- und Wechselausstellungen der bildenden Künste genutzt *(270 Sauchiehall Street, ✆ 0141 565 4137, 🖳 www.glasgowmuseums.com, derzeit geschlossen).*

Im **Centre for Contemporary Arts (CCA)**, gleich nebenan, gibt es ebenfalls experimentelle Kunst sowie ein interessantes Programm mit zeitgenössischem Theater, Tanz und anderen kulturellen Veranstaltungen. Auch gibt es hier ein nettes Café *(350 Sauchiehall Street, ✆ 0141 352 4900, 🖳 www.cca-glasgow.com, 🕓 Di-Fr 9-22 Uhr, Sa 10-22 Uhr, Café / Bar länger).*

Glasgow School of Art (19)

167 Renfrew Street, ✆ 0141 353 4526, 🖳 www.gsa.ac.uk, 🕓 Besichtigung nur mit Führung möglich, April bis September tgl. 10.30, 11, 11.30, 13.30, 14, 14.30 Uhr, Oktober bis März Mo-Sa 11 und 14 Uhr

Glasgow School of Art (Nordwest)

Die Schule gilt als Mackintoshs Meisterwerk, ja sogar als eines der ersten architektonischen Dokumente der Moderne – obwohl die Bedeutung des Gebäudes erst Jahre später richtig erkannt wurde. Die Schule ist an einem Hügel gebaut, der steil zur Sauchiehall Street abfällt. Der Baukörper ist rational gestaltet und bildet in seiner Geschlossenheit, mit den großen Flächen und Fenstern sowie plastischen Elementen eine ausgewogene Einheit. 1897 begann man mit dem Ostflügel, der 1899 eröffnet wurde. Aus Geldmangel konnten der Westflügel und das Dachgeschoss jedoch erst 1907 und 1909 angebaut werden.

Eingang der Glasgow School of Art

Die lang gestreckte, schlichte Nord- und Eingangsfront weist in zwei Reihen Sprossenfenster auf. Der asymmetrisch gesetzte Eingang hat unregelmäßig verteilte Fenster und einen dekorativen Dachabschluss. Im Vergleich zu den Fensterfronten wirkt die Eingangstür geradezu winzig. Ost- und Westseite haben verschiedenen Charakter. Die ältere, östliche Seite – klar und karg gestaltet – weist die für die schottische Bauweise des mittelalterlichen Turmhauses so typischen kleinen Fenster auf. Der Westgiebel, 10 Jahre später gebaut, zeigt moderne Architektur. Ein massiver Block ragt über dem abfallenden Gelände empor, dessen Höhe und Vertikalität durch die drei beinahe 20 Meter hohen, gestuften Fenster noch mehr betont, gleichsam aber auch in seiner Schwere aufgelöst wird. Die Fenster sind zwei Stockwerke hoch, so dass die Innenräume der Schule licht und hell sind. Ein besonders ansprechender Raum der Schule ist die Bibliothek. Der quadratische Raum wird von einer auf vorstehenden Stützbalken ruhenden Galerie umlaufen. Die Bibliothek ist zum größten Teil mit originalen Mackintosh-Stühlen ausgestattet und wird auch heute noch als solche genutzt. Auch der sogenannte „Mackintosh Room", das Dozenten- und Empfangszimmer, ist mit Originalmöbeln ausgestattet. Oberhalb der Bibliothek sind in ehemaligen Lagerräumen Möbel, Zeichnungen und Aquarelle des Künstlers ausgestellt.

Fenster reichen über zwei Stockwerke

Ein paar Straßenzüge weiter nördlich gelangt man zum **Tenement House (20)** in der 145 Buccleuch Street. Das Mietshaus wurde 1892 erbaut. Zu besichtigen ist eine Zwei-Zimmer-Wohnung im 1. Stock, die über 50 Jahren lang von einer Sekretärin bewohnt wurde. Hier kann man Wohnstubenmief des Bürgertums aus der Zeit der Jahrhundertwende schnuppern. Erhalten sind die Küche und viktorianisches Mobiliar, Gaslampen und das Klavier aus Rosenholz *(U-Bahn Cowcaddens, ✆ 0141 333 0183, 💻 www.nts.org.uk, 🕐 tgl. März bis Oktober 13-17 Uhr)*.

Versteckt hinter der riesigen **Royal Scottish Academy of Music and Drama** liegt das **Museum of Piping (21)**. Das Zentrum hat sich den Erhalt des schottischen Nationalinstrumentes verschrieben. Es gibt Übungsräume, regelmäßige Aufführungen sowie eine Ausstellung zum Thema „Dudelsack" *(30-34 McPhater Street, ✆ 0141 353 0220, 💻 www.thepipingcentre.co.uk, 🕐 Mai bis September Mo-Fr 9.30-16.30 Uhr, Sa 9-13 Uhr, So 10-16 Uhr)*.

INFO

Informationen zu Charles Rennie Mackintosh (1868-1928)

Großbritanniens bedeutendster Beitrag zum Europäischen Jugendstil kam aus Glasgow, einer Stadt, die um die Jahrhundertwende in der Blüte viktorianischer Architektur stand.

Charles Rennie Mackintosh erhielt seine künstlerische Ausbildung an der Glasgow School of Art. Zu jener Zeit war die Schule im Begriff, sich von ihrem Provinzialismus zu befreien und wegen kreativ-innovativer Arbeiten nicht nur in England, sondern auch auf dem Kontinent wahrgenommen zu werden. Mackintoshs erste Architekturentwürfe (um 1890) und kunstgewerbliche Arbeiten zeigen einen völlig neuartigen, revolutionären Stil, der aus einer entschiedenen Absage an den Historismus besteht. Als Student gewann Mackintosh mehrere Preise, unter anderem ein Stipendium, das ihn 1890 nach Frankreich und Italien brachte.

1893 lernte er seine spätere Frau Margaret Macdonald kennen. Margaret, ebenfalls Studentin an der Glasgow School of Art, wurde seine ständige Mitarbeiterin. Obwohl viele ihrer eigenen Entwürfe ungerechtfertigterweise dem Schaffen ihres Mannes zugeordnet werden, verdient sie als Malerin und Textilgestalterin eigenes Ansehen. Margarets Schwester Francis und Charles' Freund Herbert McNair (der Francis heiratete) schlossen sich zu der Gruppe „The Four" zusammen und wurden durch Ausstellungen in London und auch im Ausland bekannt. Die „Vier" wurden stark von Edward Burne-Jones (1833-1898), William Morris (1834-1896) und von Audrey Beardsley (1872-1898) beeinflusst.

Das Hill House in Helensburgh

1897 gewann Mackintosh den ersten Preis zur Neugestaltung der School of Art, deren erster Teil zwischen 1897 und 1899 begonnen, jedoch erst 1909 ganz vollendet wurde. Für ein Jahrzehnt stellte dieser Bau seine Hauptbeschäftigung und die wichtigste Zeit seiner künstlerischen Laufbahn dar.

Mackintoshs baukünstlerische Auffassungen äußern sich in reiner Form an diesem Hauptwerk. Die Kunstakademie war für damalige Verhältnisse so kühn und so jenseits aller historischer Elemente, dass Walter Gropius sie später als „den Anfang eines Durchbruchs" pries. Mackintosh selbst bezeichnete seinen Avantgardebau später gelegentlich als traditionell. Das „Traditionelle" ist am besten zu erkennen, wenn man von der Sauchiehall Street die steile Dalhousie Street hinaufgeht. Die kahlen Mauerflächen der Ostfassade mit den wenigen, schmalen Fenstern erinnern an die schottischen Wohnturmbauten des 16. Jh.

Die Fertigstellung der Kunstschule bedeutete für Mackintosh Krönung und Abschluss des Lebenswerkes. Die Folgejahre waren von dem verzweifelten Versuch bestimmt, Anschluss an die zeitgenössische Formensprache zu finden. Sie brachten fast nur noch Enttäuschungen für den Künstler. Neben seiner Arbeit an der Glasgow School of Arts unternahm Mackintosh zwischen 1897 und 1910 für eine Miss Cranston die innenarchitektonische Gestaltung einer Reihe von Teeräumen in Glasgow. Leider ist keiner von diesen vollständig erhalten geblieben, und die Gebäude der Cranston Tea Rooms sind abgerissen worden. Die legendären Willow Tea Rooms, 1980 restauriert, geben eine Idee von dem einst stilvollen Ambiente.

Zur selben Zeit baute Mackintosh auch Landhäuser, unter anderem das „Hill House" in Helensburgh für den Verleger Walter W. Blackie, bei dem er auch das kleinste Detail der Inneneinrichtung selber gestaltete, von den Möbeln bis zum Besteck. Er gab seinen Möbeln eine weiße Farbfassung und schmückte sie mit von den englischen Präraphaeliten und von japanischer Kunst beeinflussten farbigen Einlegearbeiten aus Metall und rosa-, lila- oder perlmuttfarbenen Glasstücken. Weitere Werke in den folgenden Jahren sind die Queen's Cross Church (1897-99), die Scotland Street School (1904-06), das Glasgow Herald Building (1895), die Martyrs' Public School und das Daily Record Building (1901) – alle in seiner Heimatstadt Glasgow. 1914 verließ er, angefeindet von dem Unverständnis der Zeitgenossen, Glasgow und ging nach London, wo er sich hauptsächlich mit Entwürfen für Textilien, Möbel und Wohnhäuser beschäftigte. In England noch zu seinen Lebzeiten vergessen, gab er Architektur und Design auf und widmete sich nur noch der Malerei. 1928 starb er in großer Armut. Dennoch hatte er seiner Heimatstadt einen Stempel aufgedrückt, vergleichbar mit den in etwa zeitgleich entstandenen Arbeiten von Antonio Gaudi in Barcelona und Victor Horta in Brüssel.

Nach dem Tod seiner Frau 1933 wurden ihre beiden Ateliers, Möbel, Bilder und andere Objekte auf nicht einmal 90 Pfund taxiert. Bei einer Sotheby-Auktion 1975 brachte ein einziger Mackintosh-Stuhl 40.000 Mark. Für 250.000 Mark kaufte das Glasgower Museum 1979 ein Schreibkabinett zurück, das dasselbe Museum 1933 für etwa 100 Mark veräußert hatte. Internationale Firmen reproduzieren serienmäßig Mackintosh-Möbel, die einst nur als Einzelstücke konzipiert waren.

Wie kam es dazu, dass der einzige schottische Architekt nach Robert Adam, der – auch als Designer – internationalen Ruhm erntete, in seiner Heimat so wenig galt? War dies eine Folge der in Glasgow übermächtigen viktorianischen Tradition? Sicherlich spielte auch die Gründung der Labour Party (1893) eine Rolle, denn die besitzende Klasse, die um ihre Rechte fürchtete, förderte weniger die Avantgarde als die konservativen Künstler: Das Bestehende sollte politisch wie ästhetisch erhalten werden. Das immer noch im viktorianischen Pomp verhaftete Glasgow ließ sich für seine Ideen nicht begeistern, auf dem Kontinent hingegen, vor allem in Wien bei der Ausstellung der Sezession, stieß Mackintoshs Kunst auf lebhaftes Interesse. Mit seinem ausgeprägten Sinn für ausgewogene Raumgestaltung, für plastisches Volumen und Geometrie der Linie verlieh er der stark zum Dekorativen neigenden Kunst des Jugendstils völlig neue Impulse. Seine Kunst wurde als erfrischend und neuartig empfunden und wirkte befruchtend auf das Kunsthandwerk.

Mackintoshs besondere Leistung als Architekt ist die Integration der schottischen Bauweise in den europäischen Jugendstil. Er bekannte sich, im Gegensatz zu seinen Vorgängern William Bruce, William und Robert Adam, William Playfair oder William Reid, eindeutig zu einer gewachsenen architektonischen Tradition. Heute wird Mackintosh als ein bedeutender Vorläufer der funktionellen und rationalen Architekturauffassung im 20. Jh. gesehen.

Das West End

viktorianische Stadthäuser

Auf der anderen Seite der M8 liegt das **West End**. Hier befinden sich die Hauptmuseen der Stadt, die Universität und schöne viktorianische Stadthäuser. Im 19. Jh. siedelten sich hier die reichen Kaufleute an. Byres Road, die von der Great Western Road Richtung Süden verläuft, wird hauptsächlich von Studenten bevölkert. Dementsprechend findet man hier viele kleine Lädchen, Bars, Cafés und Restaurants.

bedeutendes Kunstmuseum

Am westlichsten Ende der Sauchiehall und der Argyle Street liegt Glasgows bedeutendstes (und beliebtestes) Kunstmuseum, die **Art Gallery and Museum Kelvingrove (22)**. Nach aufwändigen Renovierungsarbeiten (2003-06) zeigt die Galerie eine der schönsten städtischen Sammlungen europäischer Gemälde in Großbritannien, einschließlich einer Anzahl impressionistischer Werke. Eine eigene Abteilung ist Glasgower Künstlern und zeitgenössischer Malerei gewidmet. Daneben gibt es eine umfangreiche Skulpturensammlung, u.a. mit Werken von Auguste Rodin. Im Museum sind Exponate zur Naturgeschichte, Archäologie, Geschichte und Ethnographie sowie Sammlungen mit Silber, Keramik, Porzellan, Waffen und Rüstungen ausgestellt *(Kelvingrove Argyle Street (U-Bahn Cowcaddens), ✆ 0141276 9599, 💻 www.glasgow.gov.uk, 🕔 tgl. Mo-Do, Sa 10-17, Fr, So 11-17 Uhr).*

Gegenüber dem Kelvingrove Museum und der Art Gallery sollte man auch dem **Museum of Transport (23)** einen Besuch abstatten. Unter den Ausstellungsstücken befinden sich Schiffsmodelle, eine Glasgower Straßenbahn, Busse, in Schottland gebaute Autos, Feuerwehrautos, Pferdekutschen, eine Zuglokomotive sowie die Nachbildung einer ganzen Glasgower Straße aus dem Jahre 1938 *(1 Bunhouse Road, ✆ 0141 287 2720, 💻 www.glasgowmuseums.com, 🕔 tgl. Mo-Do, Sa 10-17 Uhr, Fr, So 11-17 Uhr).*

Universität Glasgow (36)/Hunterian Art Gallery and Museum und **Mackintosh House (24)**
82 Hillhead Street

Die Universität wurde 1451 gegründet. Sie ist somit die zweitälteste in Schottland. Zunächst fanden die Veranstaltungen in der Kathedrale, später dann im *Old*

College (nicht mehr erhalten) in der High Street statt. Erst 1870 wurde das jetzige Gebäude errichtet, ein stattliches neo gotisches Gebäude des Londoner Architekten **Sir Gilbert Scott**.

Auf dem Universitätsgelände befindet sich das **Hunterian Museum**. 1807 eröffnet, ist es das älteste öffentliche Museum Schottlands. Den Grundstock des heutigen Museums und der Galerie bildete die Stiftung des Arztes Professor William Hunter, der 1783 seine Sammlungen der Glasgower Universität vermachte: anatomische und pathologische Sammlungen, seine Bibliothek, Gemälde, Möbel, eine große Münzsammlung mit griechischen, römischen und britischen Münzen, weiterhin eine beeindruckende ethnographische Sammlung (u.a. Mitbringsel des berühmten Captain Cook von seinen Reisen in die Südsee) und eine imposante Vielzahl an Exponaten aus der Ur- und Frühgeschichte Schottlands bis zur Zeit der Wikinger und Römer *(✆ 0141 330 4221, 💻 www.gla.ac.uk, 🕐 Mo-Sa 9.30-17 Uhr)*.

ältestes Museum Schottlands

Das **Zoologische Museum** ist im **Graham Kerr Museum** untergebracht, wenige Minuten zu Fuß vom Hauptmuseum entfernt.

Hunterian Art Gallery and Mackintosh House. Die Kunstsammlung wurde 1980 in einer eigens dafür gebauten Kunstgalerie untergebracht. Die ursprüngliche Sammlung Hunters, vor allem seine italienischen, holländischen und flämischen Gemälde des 17. Jh., war im Laufe der Zeit durch viele Schenkungen erheblich erweitert worden. Neben britischen Gemälden des 18. und 19. Jh. sowie schottischer Malerei ist vor allem die Whistler-Sammlung des amerikanischen Malers James McNeill Whistler (1834-1903) interessant. Whistler hatte schottische Vorfahren, und sein gesamtes Atelier wurde der Universität vermacht.

James McNeill Whistler

Für alle Mackintosh-Fans stellt das im Museum integrierte **Mackintosh House**, das rekonstruierte Wohnhaus des Architekten C. R. Mackintosh, die größte Attraktion dar. Vor ihrem Umzug nach London (1906) lebten die Mackintoshs in der Southpark Avenue. 1919 verkauften sie das viktorianische Reihenhaus, das sie sich ihren Vorstellungen entsprechend umgestaltet hatten, mitsamt Einrichtung an einen früheren Kunden, William Davidson. Nach dem Krieg wurde es dann von der Glasgower Universität als Unterkunft für Angestellte genutzt. Als das Gebäude Anfang der 60er Jahre abgerissen werden sollte, ließ man die Einrichtungsgegenstände für 20 Jahre deponieren, bis sie schließlich innerhalb der Hunterian Art Gallery ein neues Zuhause fanden.

Im *White Room* sind Möbel, Kamin, Vorhänge, Teppiche, Wände in Weiß oder Creme gehalten, wodurch der relativ kleine Raum an Weite und Helligkeit gewinnt. Das Rot in den Einlegearbeiten des Einbauregals oder das Schwarz des Kamingitters und -podestes verstärken dabei das Weiß. In diesem Raum wird Mackintoshs Absage an den dunkleren Einrichtungsgeschmack seiner Zeitgenossen und der Kontrast zwischen der Klarheit und Modernität eines von Mackintosh gestalteten Raumes und dem in etwa zeitgleich entstandenen Tenement House besonders deutlich. Geradezu abschreckend muss Mackintosh auf seine Zeitgenossen gewirkt haben *(✆ 0141 330 5431, 🕐 Mo-Sa 9.30-17 Uhr)*.

Am oberen Ende der Byres Road (Great Western Road) liegt der Eingang zum **Botanischen Garten (25)**. In dem kleinen, aber feinen Park kann man schön am Fluss Kelvin spazieren gehen. Es gibt zwei Gewächshäuser im Park, eines davon ist der Kibble Palace (hauptsächlich Palmen und Farne), und das schönere „Main Glasshouse", wo wunderbare Orchideen und Begonien zu bestaunen sind *(✆ 0141 334 2422 / 3354, 💻 www.glasgow.gov.uk, 🕔 tgl. von 7 Uhr bis Sonnenuntergang. Gewächshäuser 10-16.45 Uhr (Sommer), bis 16.15 Uhr (Winter).*

Mackintoshs einziger Kirchenbau

Östlich des Botanischen Gartens, an der Kreuzung Garscube Road und Maryhill Road, gelangt man zur **Queens Cross Church (26)**. Die Queen Cross Church, Mackintoshs einziger Kirchenbau, wurde 1897-99 errichtet. Heute beherbergt sie den Hauptsitz der Charles Rennie Mackintosh Society, ein Informationszentrum, eine Präsenzbibliothek und einen Buchladen *(870 Garscube Road, ✆ 0141 946 6600, 💻 www.crmsociety.com, 🕔 März bis Oktober Mo-Fr 10-17 Uhr, So 14-17 Uhr).*

Am Clyde

Der Clyde Walkway

Der Clyde Walkway ist ein 60 km langer Wanderweg, der vom Stadtzentrum durch das Clyde Valley nach New Lanark führt. Glasgow entwickelte sich entlang des Clyde-Ufers, und der Fluss war der entscheidende Faktor in der Geschichte der Stadt. Dass Glasgow in viktorianischer Zeit zur zweitreichsten Stadt des Empire aufstieg, hat unmittelbar mit dem Handel auf dem Wasserweg zu tun.

Am Anderston Quay liegt die wunderschön restaurierte **P.S. Waverley (27)**. Der letzte seetüchtige Schaufelraddampfer fährt noch regelmäßig auf dem Clyde. Als Clyde-Fähre gebaut, ist die P.S. Waverley heute ein Ausflugsdampfer, der im Sommer flussabwärts schippert und dabei an verschiedenen Häfen westlich von Glasgow anlegt. Man kann sich heute vorstellen, dass der Fluss einst brechend voll mit Schiffen war *(Clydeside, ✆ 01845 1304647, 💻 www.waverleyexcursions.co.uk, 🕔 Mitte Juni bis Ende August, Abfahrt Glasgow Fr-Mo).*

Das **Scottish Exhibition and Conference Centre (SECC)** und das **Clyde Auditorium**, wurden am ehemaligen Queen's Dock errichtet. Es ist das größte Ausstellungs- und Konferenzzentrum in Großbritannien. Auch Rock- und Popkonzerte finden hier statt. Armadillo, wie der umstrittene Bau von Norman Foster auch genannt wird, wurde 1997 fertiggestellt.

PS Waverley

Das **Tall Ship (28)** etwas weiter flussabwärts, stammt von 1896. Es ist eines der letzten 5 – seetauglichen – Segelschiffe, die am Clyde gebaut wurden *(Glasgow Harbour, Stobcross Road, ✆ 0141 222 2513, 💻 www.glenlee.co.uk, 🕔 März bis Oktober 10-17 Uhr, November bis Februar 10-16 Uhr).*

Am Pacific Quay befindet sich das **Glasgow Science Centre (29)**, ein gigantischer Unterhaltungskomplex, zu dem ein IMAX Theatre, eine *Science Mall* mit unendlich vielen technischen Objekten zum Anfassen und Ausprobieren sowie der über 100 Meter hohe *Glasgow Tower* gehören, von dem man einen fantastischen Blick über die Stadt hat *(✆ 0141 420 5000, 💻 www.gsc.org.uk, 🕔 Oktober bis März Di-So 10-18 Uhr, April bis September tgl. 10-18 Uhr).*

moderner Unterhaltungskomplex

South Side

Die Gegend südlich des Clyde ist den meisten Touristen relativ unbekannt, obwohl sich hier einige wichtige Sehenswürdigkeiten befinden: die **Burrell Collection** und das **Pollok House** (beide im Pollok Country Park), das **House for an Art Lover** (Bellahouston Park), das **Scotland Street School Museum of Education** und, etwas weiter südlich in Cathcart, das **Holmwood House**. Es lohnt sich also durchaus, für den Süden Glasgows einen Tag einzuplanen.

Die **Burrell Collection (30)** wurde der Stadt Glasgow 1944 von dem Glasgower Unternehmer Sir William Burrell und seiner Frau Lady Burrell geschenkt. Um den über 8.500 Exponaten einen würdigen Rahmen zu geben, wurde 1983 dieses Museum erbaut, das in dem malerischen, 144 Hektar großen Pollok Country Park liegt. Die Ausstellungsstücke (Wandteppiche, Glas, Keramik, Gemälde, Skulpturen) stammen aus Europa sowie aus fernöstlichen Ländern *(2060 Pollockshaws Road, ✆ 0141 287 2550, 💻 www.glasgowmuseums.com, 🕔 tgl. Mo-Do, Sa 10-17 Uhr, Fr, So 11-17 Uhr).*

über 8.500 Exponate

Im Park, ca. 10 Minuten von Burrell entfernt, befindet sich das **Pollok House (31)**. Der recht schlichte dreigeschossige Bau von William Adam entstand zwischen 1737 und 1752 und war noch bis ins 19. Jh. hinein das Familienhaus der Maxwells. Heute steht das Gebäude unter der Obhut des NTS. Zu der wunderschönen Innenausstattung gehören eine beeindruckende Sammlung spanischer Gemälde (Goya, El Greco, Murillo) *(Pollok Country Park, ✆ 0141 616 6410, 💻 www.glasgowmuseums.com, 🕔 tgl. 10-17 Uhr).*

Nördlich des Pollok Park liegt **Bellahouston Park**, wo wiederum Mackintosh-Fans auf ihre Kosten kommen.

House for an Art Lover (32)

Bellahouston Park, ✆ 0141 353 4770, 💻 www.houseforanartlover.co.uk, 🕔 April bis September Mo-Mi 10-16 Uhr, Do-So 10-13 Uhr, Oktober bis März Sa, So 10-13 Uhr

1901 gewann Mackintosh den 2. Preis eines Wettbewerbs für das „Haus eines Kunstfreundes" in Darmstadt. Seine Pläne zum House for an Art Lover wurden *erst 1990 verwirklicht*

jedoch erst anlässlich der Wahl Glasgows zur europäischen Kulturhauptstadt 1990 im Bellahouston Park verwirklicht. Zu sehen sind fünf originalgetreu rekonstruierte und mit Mackintosh-Möbeln ausgestattete Räume. Mackintosh arbeitete für diesen Entwurf eng mit seiner Frau zusammen, und insbesondere im wunderschönen Musikzimmer spürt man den Einfluss der begabten Künstlerin.

Museum of Education / Scotland Street School Museum (33)
225 Scotland Street, ✆ 0141 429 1202, 💻www.glasgowmuseums.com, ⏲ Mo-Do, Sa 10-17 Uhr, Fr, So 11-17 Uhr

Museum für Erziehung

Die zwischen 1904 und 06 errichtete Scotland Street School – ursprünglich für 1.250 Schüler konzipiert – hatte 1979 nur noch 89 Schüler, so dass sie geschlossen werden musste. Nachdem Glasgow zur Kulturhauptstadt gewählt wurde, ließ man die Schule nach den Originalplänen wieder herrichten, und heute wird sie als „Museum für Erziehung" sinnvoll genutzt. Unterrichtsmethoden, pädagogische Ziele aus verschiedenen Epochen – von der viktorianischen Zeit bis hinein in die 60er Jahre des 20. Jh. – sowie Klassenzimmer aus verschiedenen Epochen werden anschaulich und mit Hilfe von „Jannie", „Headie" und „Teach" äußerst lebendig dargestellt.

Die Schule weist einen einfachen, klaren und funktionalen Grundriss auf. Die symmetrische Fassade hat zu beiden Seiten des Eingangs zwei zylindrische, fast völlig verglaste Treppentürme, die den oberen Geschossen Helligkeit geben. Die Eingangshalle ist weiträumig angelegt. Interessante Details sind die weißgekachelten Säulen mit grünem Abschluss im Erdgeschoss und die blau gekachelten Säulen im Zwischengeschoss.

Östlich des Pollok Country Park, an der Pollockshaws Road, liegt der **Queen's Park**, benannt nach Mary Queen of Scots. Hier kann man schön spazieren gehen oder ein Picknick machen.

für Fußballfans

In Mount Florida liegt **Hampden Park (34)**, einst das größte Fußballstadion in Großbritannien mit einer Kapazität von 135.000 Plätzen. Heute fasst es jedoch nur noch 52.000 Plätze. Fußballfans gehen hier ins **Scottish National Football Museum**, wo man auch eine Tour durch das berühmte Stadion machen kann (*✆ 0141 616 6139, 💻 www.scottishfootballmuseum.com, ⏲ Museum: Mo-Sa 10-17 Uhr, So 11-17 Uhr, Führungen 11, 12.30, 14, 15.30 Uhr. Regelmäßige Zugverbindungen von Central Station nach Mount Florida oder Bus Nr. 12, 12A, 19 oder 74 von Stockwell Street*).

In Cathcart, südlich von Queen's Park und Hampden befindet sich **Holmwood House (35)**. Das Gebäude wurde von Alexander „Greek" Thomson, dem bekanntesten Architekt der viktorianischen Zeit, zwischen 1857 und 1858 entworfen und zeigt überschwängliche Pracht. Interessant ist Holmwood, da der griechische Stil hier an einer asymmetrischen Komposition anwendet wurde (*Netherlee Road, ✆ 0141 637 2129, 💻 www.nts.org.uk, ⏲ April bis Oktober Mo-Do 13-17 Uhr*).

Sehenswertes in der Umgebung

lebhaftes Städtchen

Am Nordufer des Clyde, 13 km nordwestlich von Glasgow, liegt **Dumbarton**, ein lebhaftes Städtchen mit Geschäften, Lokalen und – natürlich – einer Burg: **Dumbarton Castle**. An drei Seiten von Wasser umgeben, liegt die Festung auf einem steilen Felsen über dem Clyde. Aus dem Mittelalter sind der Kerker und das Tor erhalten. Die anderen Gebäudeteile sind weitgehend jünger (*✆ 01389 732167, 💻 www.historic-scotland.gov.uk, 🕐 April bis September tgl. 9.30-17.30 Uhr, Oktober bis März Sa-Mi 9.30-16.30 Uhr*).

Von Dumbarton ist es nicht weit nach **Helensburgh** (von der B823 ab, 37 km NW Glasgow), einer weiteren wichtigen Station für alle Mackintosh-Fans.

The Hill House

Upper Colquhoun Street, Helensburgh, ✆ 01436 673900, 💻 www.nts.org.uk, 🕐 April bis Oktober tgl. 13.30-17.30 Uhr, letzter Einlass 17 Uhr

1902 wurde Mackintosh von dem Verleger Walter Blackie mit dem Bau seines Hauses in Helensburgh am Firth of Clyde beauftragt (s. a. S. 242ff). Bevor Mackintosh mit dem Auftrag begann, machte er sich bei mehreren Besuchen bei der Familie Blackie mit deren Wohnbedürfnissen vertraut. Erst dann entwarf er ein genau ihren Gewohnheiten entsprechendes Gebäude. Alles, vom Schrankschlüssel bis zum Garten, hat Mackintosh entworfen.

Das Äußere des großen, grauen Gebäudes ist funktional und ohne hervorstechende Ornamentik gestaltet. Verschiedene Zitate der schottischen Burgenarchitektur lassen den Baukörper dann auch fast burgenartig erscheinen: der runde Treppenturm, der mit einem Kegeldach abschließt, oder das mit massiven Blöcken aus Sandstein eingerahmte Portal des Einganges.

Form folgt der Funktion

Typisch „schottisch" ist weiterhin die Oberfläche des Hauses durch die Verwendung einer besonderen Art von Rauputz, dem sogenannten „harling", ein mit kleinen Kieseln vermischter Zement, der der Gebäudeoberfläche eine homogene Struktur verleiht. Auch die weichen Ecken und Kanten sowie die Kamine und Erker weisen auf einheimische Bautraditionen hin. Die Fenster und Kamine sind unregelmäßig am Gebäude verteilt. Dies entspricht der modernen Auffassung, dass die Form der Funktion zu folgen habe.

Hill House, Detail

Im Inneren finden wir eine im Kontrast zum schlichten Äußeren stehende Jugendstileinrichtung.

Die Eingangshalle und die Bibliothek sind mit dunklen Holzpaneelen verkleidet. Strukturierendes Element ist das Quadrat. Die Sprossen der Fenster, die Lichteinlässe der Türen, das Muster des Teppichs, der Lampen und der schönen Möbel sind „quadratisch". Im Kontrast zu der geometrischen Strenge dieser ersten beiden Räume ist der „Drawing Room" hell und behaglich gestaltet. Ungewöhnlich ist allerdings die schwarze Zimmerdecke. Der schönste Raum ist das weiße Schlafzimmer im Obergeschoss. Jegliches Ornament, jeder Farbtupfer und die Platzierung der Möbel sind aufeinander abgestimmt.

Afrikaforscher

Blantyre, eigentlich eher ein Vorort von **Hamilton**, ist als Geburtsort des Afrikaforschers und Missionars David Livingstone (*1813) bekannt geworden. Zu seinem Andenken wurde das Haus, in dem er geboren wurde, zum **David Livingstone Centre** umgestaltet. Das Museum ist in dem bescheidenen Geburtshaus des berühmten Mannes untergebracht und gibt einen Eindruck von seinem bewegten Leben sowie der Lebensbedingungen einer Arbeiterfamilie im 19. Jh. *(Station Road, Blantyre, ✆ 01698 823140, 💻 www.nts.org.uk, 🕐 April bis Dezember Mo-Sa 10-17 Uhr, So 12.30-17 Uhr).*

David Livingstone

Nach einem ca. 30minütigen Fußweg entlang des Flusses in Richtung Uddingston, gelangt man zur roten Sandsteinruine von **Bothwell Castle**. Die größte schottische Burg aus dem 13. Jh. gilt als eine der schönsten Befestigungen aus der Zeit, und, obwohl sie immer wieder angegriffen wurde, sind ihre Ruinen noch immer beeindruckend *(Uddingston, ✆ 01698 816894, 💻 www.historic-scotland.gov.uk, 🕐 April bis September tgl. 9.30-17.30 Uhr, Oktober bis März Sa-Mi 9.30-16.30 Uhr).*

beeindruckende Ruinen

Reisepraktische Informationen Glasgow

Information

Greater Glasgow and Clyde Valley Tourist Board, *11 George Street, Glasgow G2 1DY, ☎ 0141 204 4400, 📠 0141 221 3524, 💻 www.seeglasgow.com.*

The List Glasgow and Edinburgh – Event's Guide, *erscheint 14-tägig am Do.*

Hotels

*********One Devonshire Gardens €€€€***, *1 Devonshire Gardens, Glasgow G12 0UX, ☎ 0141 339 2001, 📠 0141 3371 1663, 💻 www.onedevonshiregardens.com, 35 Zimmer, ⌚ ganzjährig. Vornehmste Adresse am Platz mit ausgezeichnetem Restaurant, das allein schon einen Besuch wert ist. Ultimativ in Stil und Komfort.*

Mar Hall Hotel €€€€, *Earl of Mar Estate, Bishopton, ☎ 0141 412 9999, 📠 0141 812 9997, 💻 www.marhall.co.uk. Ein elegantes Hotel mit 53 Zimmern, Aveda Concept Spa und einem 18-Loch Golfplatz. Höchster Luxus.*

*******Sherbrooke Castle Hotel €€-€€€***, *11 Sherbrooke Avenue, Pollockshields, Glasgow G41 4PG, ☎ 0141 427 4227, 📠 0141 427 5685, 💻 www.sherbrooke.co.uk, ⌚ ganzjährig, 21 Zimmer. Das Haus im Baronial-Stil bietet Unterkunft in ruhiger Umgebung. 5 km von Glasgow entfernt.*

*******The Victorian House €-€€***, *212 Renfrew Street, Glasgow G3 6TX, ☎ 0141 332 0129, 📠 0141 353 3155, 💻 www.thevictorian.co.uk, ⌚ ganzjährig, 60 Zimmer, gutes, solides Hotel im Stadtzentrum in der Nähe der Glasgow School of Art.*

*******The Townhouse Hotel €***, *21 Royal Crescent, Glasgow G3 7SL, ☎ 0141 332 9009, 📠 0141 332 9024, 💻 www.townhouseglasgow.com, ⌚ ganzjährig, 19 Zimmer, zentral gelegen*

******Kelvin Hotel €***, *15 Buckingham Terrace, Great Western Road, Glasgow G12 8EB, ☎ 0141 339 7143, 📠 0141 339 5215, 💻 www.kelvonhotel.com, ⌚ ganzjährig, 21 Zimmer, im Westend gelegenes, solides Hotel im Familienbetrieb.*

Babbity Bowster, *siehe Pubs*

********Saint Jude's***, *siehe Restaurants*

Jugendherbergen/Hostels

********Glasgow Y.H.***, *7/8 Park Terrace, Glasgow G3 6BY, ☎ 0870 004 1119, 💻 www.syha.org.uk, ⌚ ganzjährig 24 Std. 148 Betten, Einzel-, Doppel und Familienzimmer, ab 14 £.*

*******Euro-Hostel***, *318 Clyde Street, Glasgow G1 4NR, ☎ 0141 222 2828, 💻 www.euro-hostels.co.uk, Doppel- und Mehrbettzimmer. Sauber und zentral.*

Unterkunft in Studentenwohnheimen

In den Studentenwohnheimen der University of Glasgow sowie der University of Strathclyde bestehen günstige Unterkunftsmöglichkeiten während der Sommermonate. Auskunft:

University of Glasgow, *Conference & Visitor Services, ☎ 0141 330 4116 / 2318, 📠 0141 330 2766, 💻 www.cvso.co.uk, ⌚ März-April und Juli–September,*

University of Strathclyde, *Residence & Catering Services, 50 Richmond Street, Glasgow G1 1XP, ☎ 0141 553 4148, 📠 0141 553 4149, 💻 www.rescat.strath.ac.uk. Strath clyde University bietet Unterkünfte in ihren verschiedenen Studentenwohnheimen. Campus Village ist nur wenige Minuten vom Stadtzentrum entfernt. Mitte Juni bis Mitte September.*

Unterkunft für Selbstversorger

****** ***Mews Cottage and Flat***, *9 Kirklee Circus, Great Western Road, Glasgow G12 0TW, ☎ 0141 339 0008, 💻 www.thegeorgianhousehotel.com, ⌚ ganzjährig, Apartment für 2-4 Personen, Wochen-*

preis 220-500 £. In der Nähe des Botanischen Gartens

_*The White House, 12 Cleveden Crescent, Glasgow G12 0PA, ✆ 0141 339 9375, 🖷 0141 337 1430, 💻 www.whitehouse-apartments.com, 🕔 ganzjährig, Minimum 1 Nacht, 32 Apartments (1-5 Personen), Wochenpreise 300-700 £, im Westend.

***Number 52 Charlotte Street, 52 Charlotte Street, Glasgow G1 5DW, ✆ 0845 230 5252, 🖷 01436 810520, 💻 www.52charlottestreet.co.uk, 🕔 ganzjährig, Minimum 1 Nacht, 6 Apartments für 1 bis 5 Personen, denkmalgeschütztes Haus in der Merchant City, Wochenpreis 300-600 £.

Restaurants

(Restaurantempfehlungen findet man in „The List – Edinburgh and Glasgow. Eating and Drinking Guide")

The Buttery, 652 Argyl Street, ✆ 0141 221 8188, Di-Fr 12-14 Uhr, 18-21.30 Uhr, Sa 18-21.30 Uhr, altmodisches und charmantes Restaurant im Westend, moderne schottische und französische Küche. Lunch mittlere Preisklasse, Dinner gehobene Preisklasse. Fr gibt es Jazz live.

Mussel Inn, 157 Hope Street, ✆ 0141 572 1405, 🖷 0141 572 1492, 💻 www.mussel-inn.com, 🕔 Mo-Do 12-14.30 Uhr, 17.30-22 Uhr, Fr, Sa 12-22 Uhr, So 17-22 Uhr. Muscheln, Austern und Jakobsmuscheln (aus eigenen Fischfarmen) sind die Spezialitäten des Hauses. Ungezwungene Atmosphäre. Mittlere Preisklasse. Eine Zweigstelle von Mussel Inn gibt es auch in Edinburgh (Rose Street, ✆ 0131 225 5979).

Saint Jude's, Hotel, Restaurant and Bar, 190 Bath Street, ✆ 0141 352 8800, 🖷 0141 352 8801, 💻 www.saintjudes.com, 🕔 Restaurant: Mo-Fr 12-14.30 Uhr, Mo-Do 17-22 Uhr, Fr, Sa 17-23 Uhr, Bar Mo-Sa 12-Mitternacht. Minimalistisch gestyltes, modernes Restaurant mit zeitgenössischer europäischer Küche. Mittlere Preisklasse. Ein 2-gängiges Lunchmenü kostet z.B. 15 £. Zum Saint Jude's gehört auch ein Boutiquehotel mit 6 Zimmern. Mittlere bis gehobene Preisklasse.

Lux, 1051 Great Western Road, ✆ 0141 576 7576, 💻 www.luxstazione.co.uk, Mo-Sa 18-22 Uhr, RT So, untergebracht in dem alten Kelvinside-Bahnhofsgebäude, bietet dieses gepflegte, lang etablierte Restaurant moderne schottische Küche. Gute Auswahl für Vegetarier. Gehobene Preisklasse.

Rogano's, 11 Exchange Place, ✆ 0141 248 4055, 🕔 Restaurant 12-14.30 Uhr, 18.30-10.30 Uhr, Bar Mo-Sa 11-11.45 Uhr, So ab 12.30 Uhr, Café So-Do 12-23 Uhr, Fr und Sa 12 bis Mitternacht. Rogano's wurde 1935 gegründet und ist eine der kulinarischen Institutionen der Stadt. Vor allem ist es berühmt für seine Austernspezialitäten. Wunderbare Art Deco Einrichtung. Gehobene Preisklasse.

L'Ariosto, 92-94 Mitchell Street, ✆ 0141 221 0971/221 8543, 💻 www.lariosto.com, 🕔 Mo-Sa 12-14.30 Uhr und 17-22.30 Uhr. Lang eingesessener Italiener, sehr gediegen. Abends wird Live-Musik geboten, gewöhnungsbedürftig… Mittlere bis gehobene Preisklasse.

Stravaigin, 28-30 Gibson Street, 💻 www.stravaigin.com, ✆ 0141 334 2665, Restaurant: tgl. 11-23 Uhr, Bar und Café tgl. 11-Mitternacht. Freundliches, modernes Restaurant. Mittlere Preisklasse. (Ein weiteres Stravaigin finden Sie in der Ruthven Lane, ✆ 0141 334 7165.)

Ubiquitous Chip, 12 Ashton Lane (Byres Road), ✆ 0141 334 5007, 💻 www.ubiquitouschip.co.uk, Mo-Sa 12-14.30 und 17.30-23 Uhr, So 12.30-15 Uhr und 18.30-23 Uhr, lang etabliertes, dennoch frisches Gourmet-Etablissement mit einer gigantischen Auswahl an Malt Whiskies. Teuer.

University Café, Byre Road, ✆ 0141 3395217, So, Mo, Mi, Do 9-22 Uhr, Fr, Sa 9-22.30 Uhr. Das kleine, charmante Lokal,

zu dem ein Verkaufstresen (Süßigkeiten, Zigaretten, Getränke) gehört, wurde 1918 gegründet. Hier kann man sich mit hausgemachten Suppen oder Spaghetti Bolognese für wenig Geld satt essen. Besonders beliebt ist jedoch das ebenfalls hausgemachte Eis, für das der Besitzer sogar eine Auszeichnung bekommen hat. BYOW (bring your own wine) und Take Away.
Babbity Bowster, siehe Pubs
The Drum and Monkey, siehe Pubs

Vegetarisch
Glasgow hat in puncto vegetarische Restaurants keine gute Auswahl zu bieten. Sehr nett allerdings ist das **Grassroots Café**, 97 St. Georges Road, ✆ 0141 333 0534, 💻 www.grassroots.co.uk, Mo-So 10-22 Uhr: Luftig, ungezwungen, freundlich und günstig.

Pubs

Im gesamten Innenstadtbereich und in der Merchant City befinden sich zahlreiche Pubs und Bars. Im West End bietet die Byres Road die besten Einkehrmöglichkeiten.

Babbity Bowster, 16-18 Blackfriars Street, ✆ 0141 552 5055, 💻 www.babbity.com. Restaurant: Mo-Sa 12-22 Uhr, So 12.30-22 Uhr, Bar: Mo-Sa 11 Uhr bis Mitternacht, So ab 12.30 Uhr. Gemütliches Pub-Restaurant mit offenem Feuer, viel Stammpublikum, langetabliert, zuverlässig – eine Institution in einem wunderschönen Haus aus dem 18. Jahrhundert in der Merchant City. Traditionelle schottische und französische Küche mit einem guten Preis-Leistungs-Verhältnis. Regelmäßig Live-Musik, Sa nachmittags/ abends. Zum Babbity Bowster gehören auch sechs Gästezimmer. Mittlere Preisklasse.

The Drum and Monkey, 93 St. Vincent Street, ✆ 0141 221 6636. Gediegener und lang eingesessener, ruhiger Pub in einem ehemaligen Bankgebäude. Nett zum Mittagessen oder für ein ruhiges Pint.

nach Oban, Fort William, Mallaig
Ardlui
Arrochar and Tarbet
Garelochhead
Helensburg Upper
Helensburg Central
Balloch
Alexandria
Renton
Dumbarton Central
Craigendoran
Cardross
Dalreoch
Dumbarton East
Bowling
Kilpatrick
Dalmuir
Singer
Drumchapel
Drumry
Clydebank
Yoker
Garscadden
Scotstounhill
Jordanhill
Hyndland
Patrick
Milngavie
Hillfoot
Beardson
Westerton
Summerston
Possil & Park
Maryhill
Gilshochill
As
Anniesland
Kelvinhall
Kelvinbridge
Cow
Hillhead
St. Georges Cross
Bucha Stre
Exhibition Centre
Charing Cross
Anderston
Govan
Ibrox
Cessnock
Kinning Park
Shields Rd.
CENTRAL
Kilcreggan
Dunoon
Gourock
Fort Matilda
Greenrock West
Greenrock Central
Cartsdyke
Bogston
Port Glasgow
Branchton
Whinhill
IBM
Drumfochar
Inverkip
Wemyss Bay
Woodhall
Langbank
Bishopton
Paisley St. James
GLASGOW AIRPORT
Hillington West
Hillington East
Cardonald
Rothesay
Cumbrae Slip
Largs
Fairlie
West Kilbride
Johnstone
Milliken Park
Lochwinnoch
Paisley Gilmour St.
Paisley Canal
Crookston
Hawkhead
Mosspark
Corkerhill
Dumbreck
West St.
Dalry
Glengarnock
Stevenston
Saltcoats
Kilwinning
Brodick
Ardrossan Harbour
Ardrossan Town
Ardrossan South Beach
Irvine
Barassie
Pollkshields West
Maxwell Park
Crossmyloof
Pollokshaws West
Kennishead
Shawlands
Pollokshaws East
Priesthill & Darnley
Nitshill
Barrhead
Cathcart
Langside
Thornliebank
Stewarton
Dunlop
Giffnock
Muirenc
Kilmaurs
Cla
Belfast
Troon
Kilmarnock
PRESTWICK INTERN. AIRPORT
Newton-on-Ayr
Prestwick Town
Ayr
Auchinleck
Williamwood
Whitecraigs
Maybole
Girvan
New Cumnock
Patterton
Barrhill
Neilston
nach Stranraer
nach Dumfries, Carlisle

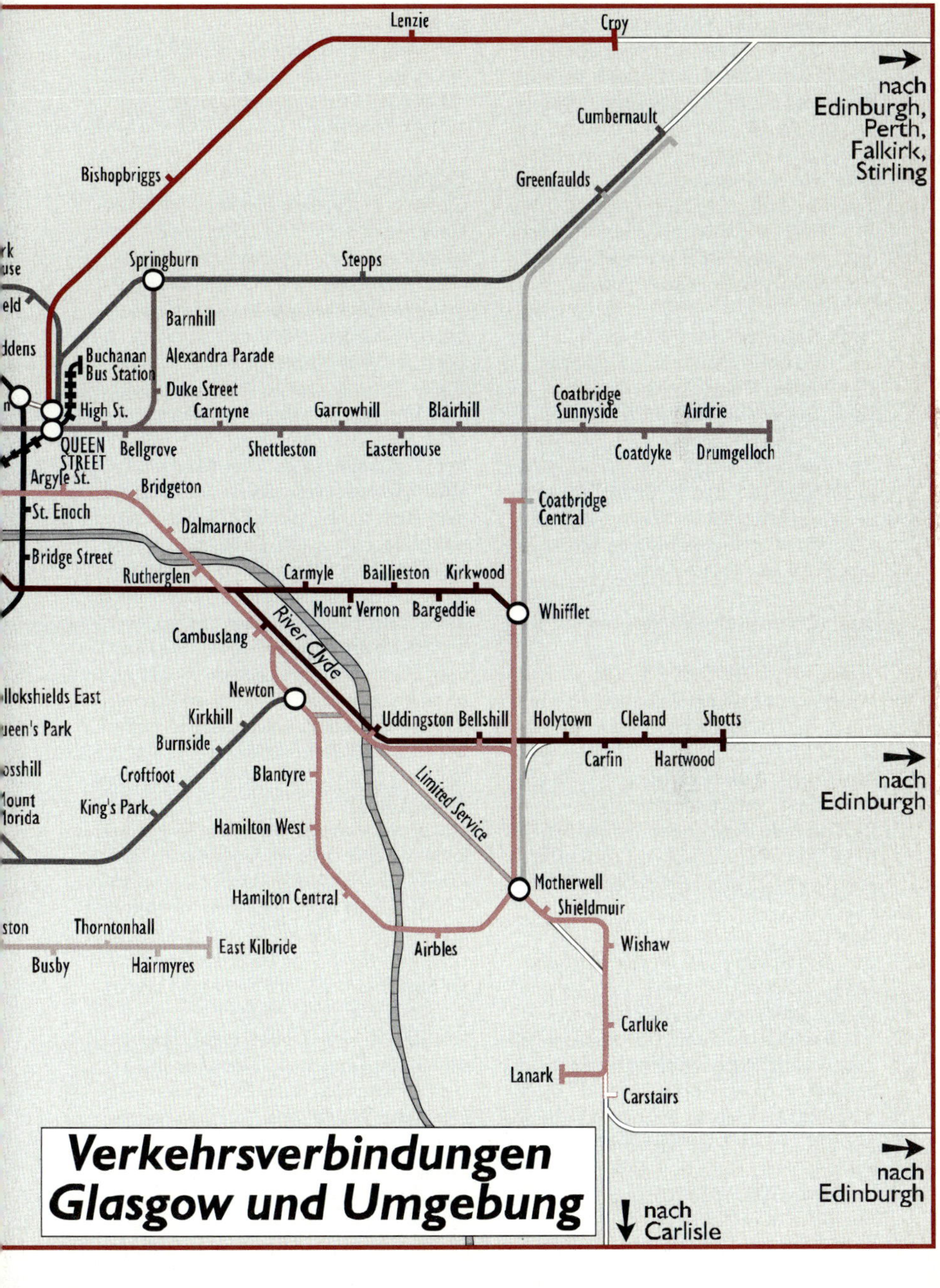

Verkehrsverbindungen Glasgow und Umgebung

The Scotia Bar, *112 Stockwell Street, ☎ 0141 552 8681. Altmodischer, gemütlicher und freundlicher Pub – angeblich der älteste in Glasgow (1792). Viel Stammpublikum. Tgl. Live-Musik, und regelmäßig tagt hier auch der „Writers Club". Im oberen Stockwerk gibt es einen Pool-Tisch.*

The Pot Still, *154 Hope Street, ☎ 0141 333 0980, 🖳 www.thepotstill.co.uk, traditioneller, sehr gemütlicher Pub mit (angeblich) über 600 verschiedenen Whisky-Sorten.*

Schottische Folklore

Babbity Bowster, *siehe oben*

The Scotia Bar, *siehe oben*

Café Source, *1 St. Andrews Square, ☎ 0141 559 5902, 🖳 www.standrewsinthesquare.com. Unten Café und Treffpunkt, jeden Mi 20 Uhr Live-Musik, oben wunderschöne Konzerthalle in der ehemaligen St. Andrew's-Kirche. Tgl. bis 23 Uhr, Fr, Sa bis Mitternacht.*

Öffentliche Verkehrsmittel

Auskunft

Traveline, *☎ 0870 608 2 608, 🖳 www.travelinescotland.com. Informationen und Fahrkarten für lokale Busdienste, Fernbusse und Tagesausflüge in die Umgebung.*

National Rail Enquiry, *☎ 08457 484950, 🖳 www.britrail.net.*

Strathclyde Passenger Transport, *☎ 0141 333 3708, 🖳 www.spt.co.uk (Discovery, Daytripper und Roundabout Tickets)*

Busse

Der Busbahnhof ist in der Buchanan Street, 5 Minuten Fußweg vom Bahnhof Queen Street oder 15 Minuten vom Central Bahnhof entfernt. Der Busbahnhof bietet Gepäckaufbewahrung, ein Restaurant und einen Informationsschalter. ☎ 0870 608 2 608, 🕓 Mo-Sa 6.30-22.30 Uhr, So 7-22.30 Uhr. Auch die Überlandbusse fahren von hier, Scottish Citylink Coaches Ltd., ☎ 08705 505050, 🕓 7 Tage 7-22 Uhr, 🖳 www.citylink.co.uk.

U-Bahn

Die Glasgower U-Bahn wurde 1896 eröffnet und ist somit die drittälteste in der Welt. Da es nur 15 Stationen gibt, ist das System sehr übersichtlich.

Eisenbahn:

Glasgow ist ein Verkehrsknotenpunkt im landesweiten Bahnnetz. Aus und nach London verkehren regelmäßig Schnellzüge. Die Fahrzeit beträgt nur 5 Stunden. Regelmäßigen Anschluss gibt es auch in andere britische Städte. Die beiden Bahnhöfe in Glasgow heißen: Queen Street und Central. Queen Street liegt in der Nähe des Buchanan Street-Busbahnhof. Hier kommt der Flughafenbus an. Von Queen Street bestehen Verbindungen in den Norden, zur West Highland Line (Mallaig und Oban), in den Osten sowie mit einem Shuttle Service nach Edinburgh. Es gibt Taxistände, Gepäckaufbewahrung, einen Informationsschalter und Restaurationsbetriebe. Die Central Station liegt ebenfalls im Stadtzentrum. Von hier fahren die Züge zur Westküste in Richtung Süden (bis nach London). Es gibt Autovermietungen, Taxistände, einen Informationsschalter, ein Reisebüro, Gepäckaufbewahrung und Restaurationen.

Tageskarten

Das **Roundabout Glasgow Ticket** *erlaubt unbegrenztes Fahren auf allen Strecken 15 km im Umkreis von Glasgow sowie für die U-Bahn für einen Tag. Mo-Fr nach 9 Uhr sowie Sa, So und an öffentlichen Feiertagen. Das Ticket kostet 3.50 £ für Erwachsene (1.75 £ für Kinder) und ist an allen Bahnhöfen erhältlich.*

Das **Discovery Ticket** *bietet uneingeschränktes Fahren auf allen U-Bahn-Strecken für einen Tag. Gültig Mo-Sa nach 9.30 Uhr sowie So und an öffentlichen Feiertagen. Es kostet 1.60 £ und ist an allen U-Bahn-Stationen erhältlich.*

Das **Daytripper Ticket** *bietet uneingeschränktes Fahren in und rund um Glasgow* *und in Strathclyde mit Zügen, U-Bahn, den meisten Bussen und einigen Fähren. Gültig Mo-Fr nach 9 Uhr und Sa und So und öffentlichen Feiertagen. 2 Erwachsene und bis zu 4 Kinder 15 £, 1 Erwachsener und bis zu 2 Kinder 8.50 £.*

Das eintägige ***Mackintosh Trail Ticket*** *kostet 10 £ und ermöglicht Eintritt in alle Mackintosh-Gebäude in Glasgow sowie freie Fahrt mit der U-Bahn und mit First Bus. Erhältlich online www.crmsociety.com, von Visit Scotland Tourist Information, George Street oder SPT Travel Centres.*

Flughafen

Glasgow Airport*, 13 km vom Stadtzentrum entfernt. Busverbindungen (Nr. 905) alle 15-30 Minuten. Taxi in die Innenstadt etwa 18-20 £. Autoverleih, Bank, Touristeninformation, ✆ 0870 040 0008, 💻 www. glasgowairport.com*

Prestwick*, 48 km von Glasgow entfernt. Züge nach Glasgow alle 30 Minuten, Busverbindung nach Glasgow alle Stunde. Taxi in die Innenstadt von Glasgow etwa 45 £. Autoverleih und Bank, ✆ 0871 223 0700, 💻 www.gpia.co.uk. Von Prestwick bestehen Flugverbindungen nach Niederrhein/ Düsseldorf/Weeze und Frankfurt/Hahn.*

Mietwagen/Campervan

Avis Rent-A-Car*, ✆ 0870 606 0100, 💻 www.avis.co.uk*

Clarkson of Glasgow*, ✆ 0141 771 3990, 💻 www.carhirescotland.com*

Arnold Clark*, ✆ 0141 339 9886, 💻 www.arnoldclark.com*

Verschiedene Unternehmen liefern den Chauffeur gleich mit*. Eine vollständige Liste erhalten Sie von der Touristeninformation. Ein lang etablierte Unternehmen ist* ***Little's Chauffeur Drive****, ✆ 0141 883 2111, 💻 www.littles.co.uk. Die Firma bietet Rundreisen durch Schottland und Großbritannien in luxuriösen Wagen. Komplett ausgearbeitete Reiserouten nach individuellen Vorstellungen.*

Taxi

Glasgow Taxi*, ✆ 0141 429 2900*

Internet

Easy Internet*, 57/61 St. Vincent Street, tgl. 7-23 Uhr*

Yeeha Internet*, West George Street, tgl. bis spät.*

Einkaufen

Glasgow ist <u>das</u> Einkaufsmekka schlechthin. Im gesamten Innenstadtbereich gibt es zahlreiche Einkaufszentren und -passagen, sämtliche großen Ladenketten, aber auch schicke Boutiquen und kleine, ausgefallene Lädchen. ***Princes Square*** *in der Buchanan Street (💻 www.princessquare.co.uk), ist ein hochmoderner Kuppelbau. Hier findet man eine große Auswahl eleganter Geschäfte sowie Cafés und Restaurants. Nahe dem Eingang ist ein Foucaultsches Pendel installiert.* ***St. Enoch's Centre*** *am St. Enoch Square (💻 www.stenoch.com) bietet alle gängigen Einkaufsketten sowie eine Reihe kleiner feiner Läden. Das St. Enoch Centre soll in den nächsten Jahren um 1/3 erweitert werden. Auch die* ***Buchanan Galleries*** *in der Buchanan Street (💻 www.buchanangalleries.com) bieten alles, was das Shopper-Herz begehrt.*

<u>Antiquitäten</u>*:*

Tim Wright Antiques*, 147 Bath Street, Glasgow G2 4SQ, ✆ 0141 221 0364, 💻 www.timwright-antiques.com, großes, langetabliertes Antiquitätengeschäft mit Möbeln, Keramik, Glas sowie dekorativer Kunst.*

<u>Schmuck</u>*:*

Henderson the Jeweller*, 217 Sauchiehall Street, ✆ 0141 331 2569, 💻 www.hendersonjewellers.co.uk, untergebracht im Willow Tearoom (Mo-Sa 9-5, So 12-16.15 Uhr), bietet eine große Kollektion schöner Schmuckstücke im „Mackintosh-Design". Der Familienbetrieb hat zahlreiche Zweigstellen in ganz Schottland.*

Bekleidung/Kiltmaker:
Geoffrey (Tailor) Highland Crafts Ltd., *309 Sauchiehall Street, Glasgow G2 3HW, ✆ 0141 331 2388, 🖳 www.geoffreykilts.com, maßgeschneiderte Highland-Kilts (auch im Verleih), Strickwaren, Decken und Pullover.*

Markt
The Barras, *✆ 0141 552 4601, 🖳 www.glasgow-barrowland.com, Sa und So 9-17 Uhr. Der Markt findet drinnen und draußen statt. 5 Min. von St. Enoch U-Bahn Station.*

Bibliothek
Mitchell Library, *North Street, Glasgow G3 7DN, ✆ 0141 287 2999, 🖷 0141 287 2815, 🖳 www.glasgow.gov.uk, Mo-Do 9-20 Uhr, Fr und Sa 9-17 Uhr, Eintritt frei. Die riesige Referenzbibliothek wurde 1874 gegründet und beherbergt über 1,5 Millionen Bücher. Hier findet man alles über die Geschichte und Kultur Schottlands.*

Stadtbesichtigung
Zu Fuß
Scottish Tourist Guides Association, *Old Town Jail, Stirling FK8 1EA, ✆ 01870 447784, 🖳 www.stga.co.uk, professionelle Führungen in 18 Sprachen möglich (siehe auch Edinburgh)*
Mercat Tours, *✆ 0141 586 5378, 🖳 www.mercat-glasgow.co.uk. 9 verschiedene Themenbereiche, z.B. Historic Glasgow, Gruesome Glasgow, Ghosts and Gouls. Buchung erforderlich.*

Mit dem Bus
City Sightseeing Glasgow Tour, *✆ 0141 204 0444, 🖳 www.scotguide.com. Die roten Busse fahren vom George Square ab und halten an den wichtigsten Sehenswürdigkeiten. Man kann aber überall ein- und aussteigen (hop-on – hop-off). Zwischen 9.30 und 17 Uhr alle 15-20 Min.*

Royal Concert Hall

Mit dem Boot

***Waverley Excursions Ltd.**, Anderson Quay, Glasgow G3 8HA, ✆ 0845 1304647, 🖳 www.waverleyexcursions.co.uk. Ausflugsfahrten auf dem Clyde mit der Waverley, dem letzten seetauglichen Schaufelraddampfer. Abfahrt vom Anderson Quay Mitte Juni bis Ende August.*

Veranstaltungen / Unterhaltung

Glasgow verfügt über mehrere Theater, eine Oper und Kinos. Regelmäßig finden Konzerte des BBC Scottish Symphony Orchestra und des Royal Scottish National Orchestra sowie Aufführungen des Scottish Ballet statt.

Hier einige der wichtigsten Veranstaltungsorte:

***BBC Scottish Symphony Orchestra**, City Halls, Candleriggs, Glasgow G1 1NQ, ✆ 0141 338 2606, 🖳 www.bbc.co.uk/bbcsso.*

***Royal Scottish Academy of Music and Drama**, 100 Renfrew Street, Glasgow G2 3DB, ✆ 0141 332 4101, 🖳 www.rsamd.ac.uk*

***Royal Scottish National Orchestra (RSNO)**, 73 Claremont Street, Glasgow G3 7JB, ✆ 0141 226 3868, 🖳 www.rsno.org.uk. (Tickets 5 £ für Besucher unter 26 Jahren)*

***Scottish Ballet**, 261 West Princes Street, Glasgow G4 9EE, ✆ 0141 331 2931, 🖳 www.scottishballet.co.uk*

***Scottish Opera**, 🖳 www.scottishopera.org.uk*

***Theatre Royal**, 282 Hope Street, Glasgow G2 3QA, ✆ 0870 060 6647, 🖳 www.theambassadors.com.*

***Citizen's Theatre**, 119 Gorbals Street, Glasgow G5 9DS, ✆ 0141 429 0022 (Box Office), 🖳 www.citz.co.uk.*

***Glasgow Royal Concert Hall**, 2 Sauchiehall Street, Glasgow G2 3NY, ✆ 0141 353 8080, 🖳 www.grch.com.*

***King's Theatre**, 297 Bath Street, Glasgow G2, ✆ 0870 060 6648, 🖳 www.theambassadors.com*

***The Stand Comedy Club**, 333 Woodlands Road, Glasgow G3 6NG, ✆ 0870 600 6055, 🖳 www.thestand.co.uk.*

***Tron Theatre**, 63 Trongate, Glasgow G1 5HB, ✆ 0141 552 4267, 🖳 www.tron.co.uk. Lang etablierte Truppe. Tron's Bar & Restaurant (✆ 0141 552 8587) ist ein beliebter Treffpunkt zum Einkehren. Sehr trendy.*

***The Arches**, 253 Aryl Street, ✆ 0870 240 7528, 🖳 www.thearches.co.uk, nette Atmosphäre, Theater, Tanz, Ausstellungen, kleinere Festivals sowie Bar und Club..*

*Das **Clyde Auditorium** (auch Armadillo genannt) am Queen's Dock ist das größte Ausstellungs- und Konferenzzentrum in Großbritannien. Auch Rock- und Popkonzerte finden hier statt.*

6. DER WESTEN

Zeitvorschlag
Verweilen Sie einige Tage an einem Ort! Die Schönheit der Landschaft offenbart sich erst richtig durch die Muße und Ruhe, die man für sie aufbringt.

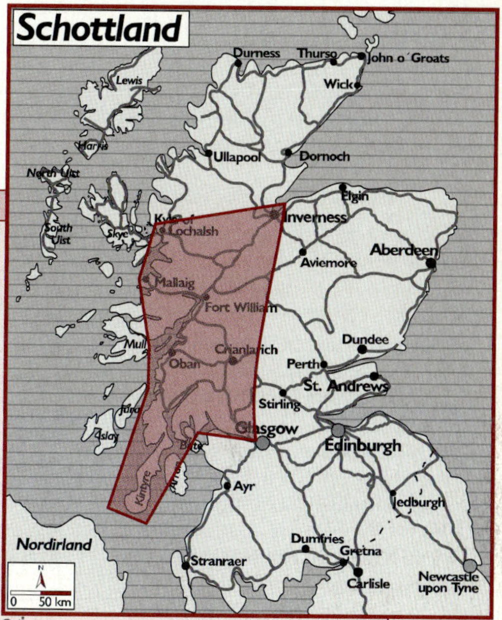

© igraphic

Streckenvorschläge

Die in diesem Kapitel beschriebene Strecke führt von Glasgow, entlang Loch Lomond, den Trossachs und Loch Katrine, über Crianlarich (von Edinburgh kommend über Stirling und Loch Katrine) nach Inveraray. Von dort geht es zunächst nach Knapdale und Kintyre, dann weiter nach Oban und schließlich über Glencoe nach Fort William. Von hier kann man entweder die A830 nach Mallaig nehmen oder nördlich auf der A82 Richtung Fort Augustus fahren und bei Invergarry westlich auf die A87 nach Kyle of Lochalsh abbiegen. Von Mallaig oder Kyle of Lochalsh geht es auf die Isle of Skye.

Alternative 1: *Von Crianlarich direkt nach Fort William fahren, dann am Caledonian Canal (A82) entlang nach Inverness und von dort durch die Grampian Highlands (ab S. 409) zurück nach Edinburgh.*

Alternative 2: *Eine andere gute Reiseroute verläuft entgegen des Uhrzeigersinnes: von Loch Lomond, Loch Katrine und den Trossachs über Crianlarich nach Oban fahren, und von dort nach Fort William. Auf dem Rückweg die Corran-Fähre nehmen, Ardnamurchan erkunden und dann bei Lochaline nach Mull (ab S. 324) übersetzen. Von Craignure geht es wieder zurück nach Oban und südlich nach Knapdale und Kintyre. Von Claonaig kann man nach Lochranza (Isle of Arran, ab S. 154) übersetzen und schließlich von Brodick wieder auf das Festland. Von Ardrossan ist rasch wieder Glasgow erreicht. Für diese Tour sollte man mindestens eine Woche einplanen.*

Einige Entfernungsangaben in Kilometern

Loch Lomond (Balloch) – Callander: 56 km
Campbeltown – Oban: 145 km
Callander – Crianlarich: 48 km
Crianlarich – Inveraray: 63 km
Inveraray – Campbeltown: 156 km
Inveraray – Oban: 55 km
Oban – Fort William: 76 km
Fort William – Inverness: 107 km
Fort William – Mallaig: 71 km
Fort William – Kyle of Lochalsh (via Fort Augustus): 145 km

Allgemeiner Überblick

Die wilde Landschaft, beeindruckende Geschichtsdenkmäler sowie eine Bevölkerung, die sich bemüht, Geschichte und Traditionen lebendig zu halten, machen die Highlands so einzigartig.

Eine scharfe geologische Linie trennt die Highlands von den Lowlands. Sie verläuft vom Südwesten (Mündung des Clyde) nach Nordosten bis Stonehaven. Nordwestlich dieser Linie liegen die Highlands, eine von Flüssen und vorzeitlichen Gletschern durchsetzte Hochebene. Massive Felsen, einsame Torfmoore und kahle Hügel kennzeichnen das Land. Durch den Einfluss des Golfstroms ist das Klima an der Westküste außergewöhnlich mild – noch hoch im Norden wachsen subtropische Pflanzen. Allerdings ist es meist sehr feucht und regenreich.

Der Osten ist kälter und trockener. Bereits vor Hunderten von Jahren begann die Abholzung der einst bewaldeten Highlands. Die alten Eichen und Pinien wurden als Brennmaterial oder für den Schiffbau verwendet. Mittels eines Langzeitprogramms (1950 in Angriff genommen) versucht man, die ursprüngliche Bewaldung wiederherzustellen.

Wandern

Der West Highland Way (152 km), der wohl schönste der drei schottischen Langstrecken-Wanderwege, führt von Glasgow bis nach Fort William durch die einzigartige Highland-Landschaft. Informationen gibt es in den einzelnen Touristenbüros der Region sowie bei Visit Scotland. Der Weg ist in verschiedene Teilabschnitte eingeteilt, so dass man, je nach Kondition, seine Route zusammenstellen kann. Entlang der Strecke bestehen ausreichend Übernachtungsmöglichkeiten.

Redaktionstipps Westen

- Eine Teilstrecke des **West Highland Way** wandern (S. 262).
- **Loch Katrine** und die **Trossachs** kennenlernen (S. 268ff).
- Eine Fahrt auf dem **Loch Etive** machen (S. 273f).
- Im **Crarae Garden**, südlich von Inveraray, spazieren gehen (S. 274).
- Auf der **Isle of Gigha** entspannen (S. 279).
- Sich im **Kilmartin House** (nördlich von Lochgilphead) über die prähistorischen Funde im Kilmartin Valley informieren (S. 280).
- Eine **Drei-Insel-Tour** von Oban aus machen: Mull, Iona, Staffa (S. 282, 314).
- Die Landschaft des **Glen Coe** bewundern (S. 285f).
- An den **„singing sands"** in der Kentra Bay (Ardnamurchan) die Seele baumeln lassen (S. 294).
- Eine Bahnfahrt mit der **historischen Dampflok** „The Jacobite" von Fort William nach Mallaig machen (S. 290).
- Den **Ben Nevis** erklimmen (S. 292).
- Eine Fahrradtour entlang des **Caledonian Canal** unternehmen (S. 291f).
- Die A87 durch das Glen Shiel nehmen und bei Shiel Bridge nach Glenelg abbiegen. Von dort nach **Kylerhea** (Isle of Skye) übersetzen (S. 299f).
- Sich vom Glen Garry Viewpoint aus von der Schönheit des **Loch Garry** verzaubern lassen (S. 298).

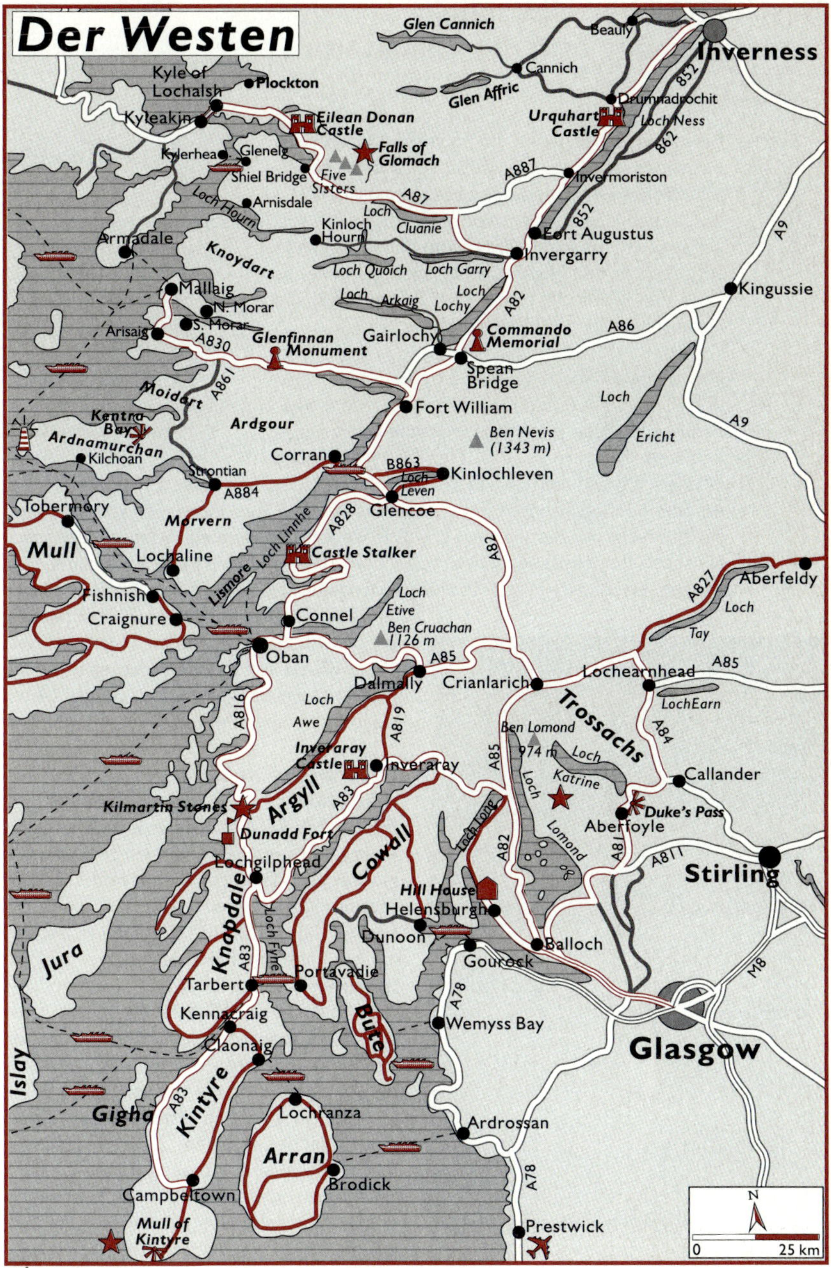
Der Westen
Glen Cannich
Beauly
Inverness
Cannich
Glen Affric
Kyle of Lochalsh
Plockton
Drumnadrochit
Urquhart Castle
Loch Ness
Kyleakin
Eilean Donan Castle
852
862
Kylerhea
Glenelg
Falls of Glomach
Shiel Bridge
Five Sisters
A887
Invermoriston
A87
Loch Hourn
Arnisdale
Loch Cluanie
Kinloch Hourn
852
Armadale
Fort Augustus
Knoydart
Invergarry
A9
Loch Quoich
Loch Garry
Mallaig
Kingussie
N. Morar
Loch Arkaig
Loch Lochy
A82
S. Morar
Arisaig
Glenfinnan Monument
Gairlochy
Commando Memorial
A86
A830
Spean Bridge
Moidart
A861
Fort William
Loch Ericht
Kentra Bay
A9
Ardnamurchan
Ardgour
Ben Nevis (1343 m)
Kilchoan
Corran
Strontian
B863
Kinlochleven
Loch Leven
A884
Glencoe
Tobermory
Morvern
A828
Loch Linnhe
Mull
Castle Stalker
A82
Lochaline
Lismore
Aberfeldy
Fishnish
Loch Etive
A827
Loch Tay
Craignure
Connel
Ben Cruachan 1126 m
Oban
A85
A85
Dalmally
Crianlarich
Lochearnhead
Loch Awe
Loch Earn
A816
A819
Trossachs
Ben Lomond 974 m
A84
Inveraray Castle
Inveraray
Loch Katrine
A85
Callander
Kilmartin Stones
Argyll
A83
Loch Lomond
Duke's Pass
Aberfoyle
Dunadd Fort
Loch Long
A82
A81
A811
Lochgilphead
Cowal
Stirling
Knapdale
Hill House
Helensburgh
Loch Fyne
Dunoon
Balloch
Jura
A83
Gourock
Portavadie
M8
Tarbert
Kennacraig
Bute
A78
Wemyss Bay
Claonaig
Glasgow
Islay
A83
Kintyre
Gigha
Lochranza
Ardrossan
Arran
Brodick
A78
Campbeltown
N
Mull of Kintyre
Prestwick
0
25 km

Geschichtlicher Überblick: die Highlander und das Clansystem

unterschiedliche gesellschaftliche Strukturen

Bereits im 12. Jh. nahm die Entwicklung zwischen Highlands und Lowlands hinsichtlich ihrer gesellschaftlichen Struktur einen unterschiedlichen Verlauf. In den Lowlands wurde das Feudalsystem eingeführt, d.h. das Land wurde vom König als Lehen vergeben. In den Highlands hingegen gehörte das Land den Clans, die sich in den Tälern („Glens") herausbildeten.

Clan = gälisch: Kinder, Sippe, Stamm, Stammes- oder Sippenverband. Laut Brockhaus bezeichnet Clan die auf keltischen Einrichtungen beruhenden Stammesverbände in Schottland, deren Angehörige sich nach einem gemeinsamen Stammvater nannten und ihrem Namen die Bezeichnung „Mac" (Sohn) voranstellten (z.B. MacLeod, MacDonald etc.).

MacDonalds

Das oberste Gebot war die Loyalität gegenüber dem Clan-Chef (Chief) und gegenüber dem eigenen Namen. Den Königen war solche Unabhängigkeit stets ein Dorn im Auge. Der Clan MacDonald erlangte z.B. auf den Hebriden eine solche Macht, dass seine Chiefs sich *Lord of the Isles* nennen konnten. Zwar akzeptierten die Clans ihren König, doch waren sie ihm nicht mit der gleichen Loyalität verbunden wie die Lowlander. Aber auch zwischen den einzelnen Clans herrschten ständig kriegerische Auseinandersetzungen. Halsstarrigkeit, Stolz und Unnachgiebigkeit führten bei oftmals geringen Anlässen zu blutigen Fehden. Bis zur *Union of the Crowns*, 1707, blieben die Highlander fast unbeeinflusst von den Entwicklungen von außen. Abgeschieden hinter den Bergen lebten sie in ihrer eigenen Welt.

Straßenmusikant

Nach dem Verlust der schottischen Souveränität durch die Vereinigung Englands und Schottlands veranlasste der englische König – unter **General Wade** – ein großes topographisches Erfassungsprogramm. Genaueste Karten wurden gezeichnet, wodurch nun auch die entfernteren Gebiete leichter zu erreichen und militärisch besser zu kontrollieren waren. Außerdem wurden Pläne zum Bau von ca. 400 Straßen und Brücken aufgestellt. Nach der Schlacht bei Culloden 1745 – dem letzten verzweifelten Versuch, die schottische Krone zurückzugewinnen – kam es zu brutalen Maßnahmen seitens der Engländer, mit dem Ziel, die Ordnung der Clans, ihre Identität und gewachsenen Traditionen sowie ihre Macht zu brechen. So wurde beispielsweise ein Gesetz erlassen, das das Tragen von Tracht, Clanabzeichen und selbst das Spielen des Dudelsacks verbot. Das Land der Highlander wurde an neue englische Besitzer verteilt.

Zu einer versöhnlichen Haltung gegenüber der Highland-Kultur kam es, als 1822 König George IV. in Edinburgh erschien – gekleidet als Highland Chief im Royal Stewart Tartan. Sowohl die Begeisterung Königin Victorias für die Highlands als auch die romantisch-heroisierenden Romane eines Walter Scotts führten zu einer europaweiten Schottlandmanie. Einst das individuelle Zeichen einzelner Clans, entwickelte sich nun das Karomuster zur Mode und wurde dementsprechend kommerzialisiert.

Loch Lomond, Loch Katrine und die Trossachs

Loch Lomond und „The Trossachs" wurden 2001 zu Schottlands erstem Nationalpark erklärt. Obwohl der Loch Lomond, der Loch Katrine und die Trossachs verwaltungstechnisch zur Region Stirling gehören, werden sie in diesem Kapitel beschrieben, da Reisende dieses Gebiet zumeist auf ihrem Weg in den Westen passieren.

Nationalpark

Loch Lomond

By yon bonnie banks and by yon bonnie braes,
where the sun shines bright on Loch Lomond
where me an' my true love were ever want to gae
on the bonnie, bonnie banks o' Loch Lomond.

O, ye'll tak the high road and I'll tak the low road,
and I'll be in Scotland afore ye,
But me and my true love will never meet again
On the bonnie, bonnie banks o' Loch Lomond.

Der Autor des Gedichtes wusste, dass er weder seine einzig wahre Liebe noch den Loch Lomond je wiedersehen würde. Das Gedicht handelt von Liebe und Abschied am Loch Lomond, wobei *high road* synonym für die normale, weltliche Route entlang des Loch Lomond steht und *low road* für den geistigen Weg, auf welchem sein Geist möglicherweise hierher zurückkehrt.

Der Loch Lomond zählt zum Naherholungsgebiet Glasgows und ist daher häufig recht überlaufen. Wer jedoch nicht gerade während der Hauptferienzeit hierher kommt, wird den Ruf Loch Lomonds als einen der romantischsten Lochs verstehen. Das Wechselspiel zwischen dem Wasser, den bewaldeten Inseln – im Süden gibt es 37 kleine Inseln – und dem dramatischen Kontrast zwischen den Ufern des Lowland und den spektakulären Ausblicken auf die Highlands ist beeindruckend. Der größte Binnensee Großbritanniens ist 33 km lang und an seiner breitesten Stelle 8 km breit. Im Süden eingefasst von bewaldeten Hügeln, wird er gen Norden schmaler und ist beidseitig von über 900 Meter hohen Bergen um-

Naherholungsgebiet

rahmt, im Osten der Ben Lomond, im Westen Ben Vorlich. Das Gebiet um den Loch Lomond ist besonders reich an verschiedenen Tier- und Vogelarten. Das National Nature Reservoir westlich von Drymen meldet über 220 verschiedene Tierarten. Im Loch Lomond gibt es über 20 verschiedene Fischarten, das sind mehr als in allen anderen Lochs.

Balloch

Balloch liegt am Südende des Loch Lomond und ist ein kleiner, lebendiger Ort mit einem Schloss, zahlreichen Hotels, B&Bs, Caravan Park und einer Vielzahl an Anbietern von Bootstouren auf dem Loch Lomond. **Lomond Shores** in Alexandria ist ein modernes Besucherzentrum mit angeschlossener Einkaufsmeile *(Alexandria, Old Luss Road, ✆ 01389 721500, 💻 www.lomondshores.com)*. Von Terrassen kann man die schöne Landschaft genießen oder sich in dem gigantischen Filmtheater über die Geschichte dieses Landstriches informieren.

An der Westseite, von Balloch bis nach Tarbert, erstrecken sich Bootsanlegestellen, Feriendörfer, Caravan Parks und Golfclubs. Im Sommer sind die Uferbänke oft überfüllt. **Luss**, vielfach als hübschestes Dorf an der Westküste gepriesen, ist eigentlich eher eine Anhäufung an Souvenirläden und „Tea Shops". Nördlich von Tarbert, am nördlichen Ende des Loch Lomond, wird es ruhiger, und die Strecke bis Ardlui ist sehr schön. Das Ostufer des Loch Lomond ist insgesamt weniger frequentiert und bietet wunderschöne Spazierwege. Der West Highland Way führt entlang des Ostufers von Drymen durch Balmaha, Rowardennan und Inversnaid.

ruhiges Ostufer

Wandern
Es gibt verschiedene Wandermöglichkeiten, von einfachen Wegen bis zu Touren für geübte Wanderer. Ben Lomond (974 Meter) ist Schottlands südlichster „Munro". Die Ausblicke von hier oben sind atemberaubend schön. Es gibt verschiedene Routen: Die einfachere beginnt am Parkplatz am Ende der Straße hinter dem Rowardennan Hotel. Für den Hin- und Rückweg sollte man 5-6 Stunden einplanen. Leicht zu erklimmen ist auch der Conic Hill. Der Aufstieg beginnt in Balmaha (Parkplatz). Um die Spitze zu erreichen, braucht man ungefähr 1 ½ Stunden, und man wird mit herrlichen Blicken belohnt. (OS Landranger 56/57).

Reisepraktische Informationen Loch Lomond

Information
***TIC**, Balloch Road, Balloch G83 8LQ, ✆ 08707 200607, 💻 www.loch-lomond.net, www.visitscottishheartlands.com, 🕐 April bis Oktober*

Unterkunft
In den Ortschaften entlang Loch Lomond gibt es zahlreiche Unterkünfte sämtlicher Preisklassen: Hotels, B&Bs, Jugendherbergen und Ferienparks.

Jugendherberge
********Loch Lomond Y.H.**, Auchhendennan, Arden, Nähe Alexandria G83 8RA, ✆ 01389 850226, 💻 www.syha.org.uk. Das große, hochherrschaftliche Anwesen beherbergt eine Jugendheberge mit 153 Betten,*

auch Familienzimmer, ⓘ *März bis Ende Oktober.*

Bootstouren
Sweeney's Cruises, *Balloch,* ✆ *01389 752376,* 💻 *www.sweeney.co.uk, ist seit über 100 Jahren in Familienbesitz und bietet Bootstouren unterschiedlicher Länge, auch Abendtouren und Fahrten, bei denen man Aufenthalt in Luss hat.*

Zwischen Aberfoyle und Callander

Von Balloch führt die Route weiter auf der A811 und A81 nach **Aberfoyle**, einem beliebten Ferienort. Am Rande des Queen Elizabeth Park gelegen, bildet Aberfoyle zusammen mit Callander das wichtigste Besucherziel in den Trossachs. *beliebter Ferienort*

Reisepraktische Informationen Aberfoyle

Unterkunftsempfehlung
*****Covenanters Inn** *€€, Aberfoyle, bei Stirling FK8 3XD,* ✆ *01877 382347,* 📠 *01877 382785,* ⓘ *ganzjährig, 52 Zimmer. Traditioneller Inn, Wanderer und Radfahrer willkommen.*

Der riesige **Queen Elizabeth Forest Park** *(✆ 01877 382383, ⓘ ganzjährig)* westlich Aberfoyles bietet gute Wandermöglichkeiten. Er erstreckt sich über die Berge von Loch Lomond bis ins Herz der Trossachs, zum Loch Lomond, Loch Ard, Loch Achray und Loch Lubnaig sowie Ben Venue, Ben A'an und Ben Ledi. Im **Forest Park Visitor Centre**, auch David Marshall Lodge genannt auf dem spektakulären Duke's Pass gelegen, kann man sich über Wander- und Fahrradwege und die Arbeit der Rangers informieren *(3 km N Aberfoyle an der A821, ✆ 01877 382258, ⓘ Ostern bis Oktober 10-18 Uhr, November und Dezember 11-16 Uhr, 💻 www.forestry.gov.uk).* *Duke's Pass*

Achray Forest liegt zwischen Loch Achray und den Trossachs im Norden und Aberfoyle im Süden. Der **Achray Forest Drive** beginnt an der Lodge und ist eine 10 km lange wunderschöne Waldstrecke entlang des Loch Drunkie und des Loch Achray. Man kann herrliche Ausblicke genießen, und es gibt gute Picknickmöglichkeiten.

Inchmahome Priory, 6 km O Aberfoyle, liegen romantisch auf einer Insel im **Lake Menteith** die beeindruckenden Ruinen von Inchmahome Priory, einer 1238 gegründeten Augustinerabtei (10-minütige Überfahrt auf einem kleinen Boot von Port of Menteith). Maria Stuart soll sich hier im kindlichen Alter einige Zeit aufgehalten haben. Teile des Chores, des Turmes und des Hauptschiffes sind erhalten *(✆ 01877 385294, 💻 www.historic-scotland.gov.uk, ⓘ April bis September Mo-So 9.30-16.30 Uhr).* *Augustinerabtei*

Loch Katrine und die „Trossachs"
(💻 *www.lochlomond-trossachs.org)*

Ein „Muss" bei einer Highland-Tour ist eine Fahrt auf dem Loch Katrine und in das wildromantische Trossachs-Gebiet. Trossachs – der Bedeutung nach ein hartes, raues, borstiges Land – heißt die Schlucht zwischen Loch Achray und Loch Katrine und den beiden Bergen Ben An und Ben Venue. Alle Merkmale der schottischen Highlands finden wir hier in dieser Schlucht vereint: Felsen und Hügel, Lochs und kleine Wäldchen. Besonders schön ist es im Herbst, wenn sich die Blätter verfärben. Obwohl streng genommen die Trossachs nur das schmale Tal zwischen Loch Katrine und Loch Achray sind, beschreibt der Name mittlerweile das gesamte Gebiet zwischen Callander und Aberfoyle.

welt-berühmt

Anfang des 19. Jh. war die Region noch völlig unzugänglich, wurde dann jedoch aufgrund ihrer Schönheit zu einer begehrten Attraktion aller Schottlandreisenden. Weltberühmt wurden die Trossachs schließlich durch Sir Walter Scotts Gedicht „The Lady of the Lake". Diese heute kaum mehr bekannten Verse zählten im 19. Jh. zu einem der populärsten Lesestoffe. Den Zeitgeschmack der damaligen Zeit treffend, geht es um – Liebe. Die „Lady of the Lake" ist die schöne Ellen Douglas, die mit ihrem Vater William vor den Truppen König James' bei dem Clan-Chef der MacGregors auf Ellen's Island Zuflucht gefunden hat. Auf einem Jagdausflug verirrt sich der Herrscher, wird von Ellen beherbergt, schließlich von den MacGregor's gejagt. Nach heftigen Kämpfen kommt es schließlich zum Happy-End. Der Roman erzielte Auflagenrekorde, und Heerscharen pilgerten an den See, um den Schauplatz der beschriebenen Szene zu sehen.

„Mildly and soft the western breeze
Just kiss'd the Lake, just stirr'd the trees,
And the pleased lake, like maiden joy;
The mountain shadows on her breast
Were neither broken nor at rest;
In bright uncertainty they lie,
like future joys to Fancy's eye." (1810)

Die Trossachs entwickelten sich zu Schottlands wichtigstem und beständigstem Urlaubsgebiet. Dass dies auch heute noch so ist, liegt sicherlich zum einen an der Tatsache, dass das Gebiet von den beiden Großstädten Glasgow und Edinburgh aus leicht zu erreichen ist und die Landschaft praktisch alles bietet, was man sich unter einer „typischen" Highland-Landschaft vorstellt. „Schottland in Miniaturausgabe" – ein Grund, warum die Region auch gerne von Reisebusveranstaltern angefahren wird. Der zauberhafte See Loch Katrine ist vor allem im Hochsommer recht überlaufen. Vielleicht mag man sogar Fontane zustimmen, der sagte: „... *Was diesen Trossachs fehlt, das ist der Stempel des Besonderen. Man sieht rechts und links, vor- und rückwärts, stimmt in die „Beautifuls", die mit der Regelmäßigkeit der Pendelschwingungen überall laut werden, nach bester Überzeugung ein, hat aber das Gefühl, sehr ähnliche landschaftliche Physiognomien schon oft gesehen zu haben."*

Dampferfahrt

Bei einer Dampferfahrt mit dem historischen **Dampfschiff Sir Walter Scott** kann man die wunderschöne Landschaft genüsslich auf sich wirken lassen. Das Schiff fährt nach Stronachlachar am westlichen Ufer und zurück. Viele nehmen ein Fahrrad mit, steigen in Stronachlachar aus und radeln entlang des gepflasterten Uferweges zurück *(✆ 01877 376316, im Sommer bis zu 6 Abfahrten tgl.)*.

Callander, 10 km O Loch Katrine, ist ein belebter Touristenort mit mehreren Hotels, Restaurants, Pubs und Souvenirläden, einem 18-Loch-Golfplatz sowie guten Angelmöglichkeiten. Von Callander aus sind schöne Wanderungen verschiedener Schwierigkeitsgrade möglich. Wanderkarten und Informationsmaterial gibt es im Touristenbüro, das im **Rob Roy & Trossachs Visitor Centre** untergebracht ist. Hier kann man sich über die Geschichte der Trossachs, Rob Roys und die Zeit der Jakobiteraufstände informieren. Rob Roy MacGregor (1671-1734), der schottische Robin Hood, wurde in Glengyle, nordwestlich des Loch Katrine, geboren und kämpfte mit ungebrochenem Mut gegen die Unterdrückung durch die Regierung. 1995 wurde seine Geschichte durch den gleichnamigen Film mit Liam Neeson und Tim Roth romantisiert *(Ancaster Square, ☎ 01877 330342, ⏲ März bis Dezember tgl. 10-17 Uhr, Januar, Februar nur Wochenende 10-17 Uhr).*

mit ungebrochenem Mut

Reisepraktische Informationen Callander

Information

***Rob Roy and Trossachs Visitor Centre**, Ancaster Square, Stirlingshire FK12 8ED, ☎ 08707 200628.*

Unterkunft

********Brook Linn Country House*** *€€, Leny Feus, Callander FK17 8AU, ☎ 0870 7432779, 📠 01877 330103, 💻 www.brooklinn-scotland.co.uk, ⏲ ganzjährig, das viktorianische Country-Haus hat 6 elegant eingerichtete Zimmer und einen schönen Garten mit wunderbarer Aussicht. Auch gibt es ein Colltage für Selbstversorger (3 Schlafzimmer).*

Brook Linn Country Lodge

Unterkunft für Selbstversorger

*********Leny House €€**, Callander FK17 8HA, ☎ 01877 331078, 📠 01877 331335, 💻 www.lenyestate.com. Bietet Unterkunft für Selbstversorger in 6 Lodgen und 2 Cottages. Die Gebäude gehörten einst zum Leny Castle, einem Schloss aus dem 16. Jahrhundert. Auch 5-Sterne-B&B-Unterkunft vorhanden, Mai bis September.*

Fahrradverleih/Reparatur

***Wheels Cycling Centre**, Invertrossachs Road, Callender, ☎ 01877 331100, 💻 www.scottish-cycling.co.uk. Für einen halben Tag kosten Fahrräder für Erwachsene 7.50 £, für einen ganzen Tag 12.50 £.*

Von Callander nach Crianlarich

Von Callander führt die A84 Richtung Norden durch schöne Highland-Landschaft. Entlang der Strecke ist linkerhand, kurz vor Lochearnhead, die Grabstelle Rob Roys zu besichtigen. Zusammen mit den Gräbern seiner Frau Mary und zweier ihrer vier Söhne liegt Rob Roys Grab auf dem kleinen Friedhof von Balquhidder, erkenntlich an der Tafel „MacGregor Despite Them" (Trotz allem MacGregor).

30 km weiter, geht es links auf der A85 nach **Crianlarich**. An diesem im Grunde unbedeutenden Ort treffen verschiedene große Straßen zusammen. Hier muss man sich entscheiden:

Verkehrsknotenpunkt

- die direkte Strecke A82 nach Norden (Fort William)
- die A85 gen Westen (Oban, Isle of Mull)
- die A85 nach Süden (entlang des nördlichen Endes des Loch Lomond und bei Arrochar auf die A83 nach Inveraray abbiegen)

Rush Hour am Verkehrsknotenpunkt Crianlarich

Neben seiner Funktion als „Verkehrsknotenpunkt" sind Crianlarich und Umgebung ideal für Wanderungen in den Highlands.

Reisepraktische Informationen Crianlarich

Unterkunft

***Allt-Chaorain Country House**, *€€, Crianlarich FK20 8RU, ✆ 01838 300283, Fax 01838 300238, April bis Oktober, 7 Zimmer, wunderschön gelegenes Landhaushotel mit bezaubernder Aussicht auf Ben More. Gutes Restaurant*

Herrlich gelegen: die Portnellan Lodges

Für Selbstversorger

****_*****Portnellan Lodges €€**, *Crianlarich FK20 8QS, ✆ 01838 300284, Fax 01838 300332, www.portnellan.co.uk, ganzjährig, 16 Lodges, 3 Cottages für 2-8 Personen. Portnellan liegt 3 km östlich von Crianlarich am Fuße des Ben More. Die Hütten für Selbstversorger sind als Ausgangspunkt für Wanderungen durch die Highlands optimal geeignet. Ab 300 £ pro Woche für 2 Personen. Mindestaufenthalt 2 Tage.*

Jugendherberge

***Crianlarich Y.H.**, *Station Road, Crianlarich FK20 8QN, ✆ 0870 004 1112, www.syha.org.uk, 72 Betten, Familienzimmer.*

Die Region Argyll

Nördlich des Mull of Kintyre fast bis hinauf zum Glen Coe und im Osten bis an den Loch Lomond markiert die Region Argyll den Übergang von den Lowlands zu den Highlands. Argyll ist trotz seiner Nähe zu Glasgow relativ spärlich besiedelt. Die größte Stadt, **Oban**, hat 8.000 Einwohner. Oban ist auch der Haupthafenort für die Fährverbindungen zu den Hebriden.

Argyll ist ein Gebiet mit großer Vielfältigkeit und bietet alle „Zutaten" des klassischen Schottland-Bildes: mit Heidekraut übersäte Hügel, romantische Fischerdörfer, trutzige Burgen und wunderschöne Täler. Etliche frühgeschichtliche Zeugnisse, wie beispielsweise die prähistorischen Grab- und Kultstätten im Kilmartin-Valley, weisen auf eine dichte Besiedlung schon in der Steinzeit hin. Ein großer Teil des Gebiets war einst Teil des Königreichs von Dalriada, das hier von irischen Mönchen im 5. Jh. gegründet worden war. Seine Hauptstadt war Dunadd, in der Nähre von Lochgilphead. Von dort aus gelang es ihnen, die ansässigen Pikten zu schlagen. Später wurde die Region von den Norwegern beherrscht, dann von dem mächtigen MacDonald-Clan, der seinerseits von den Campbells (unter Robert the Bruce) erobert wurde. Sie wurden schließlich die Dukes of Argyll, die auch heute noch riesige Landgüter besitzen.

riesige Landgüter

Inveraray ist ein kleiner, netter Ort mit weißen Häuschen, die sich entlang des Ufers des Loch Fyne erstrecken. Seit Jahrhunderten ist das Städtchen Sitz der Chiefs des Campbell Clans, der Dukes of Argyll. Mitte des 18. Jh. entschloss sich der damalige Herzog zu einem kompletten Neubau seines Schlosses. Damit um das neue Anwesen herum ausreichend Parkfläche angelegt werden konnte, wurde das alte Dorf abgerissen und etwas weiter entfernt komplett neu aufgebaut.

Die berühmten Glocken der **All Saints Episcopal Church** sind die zweitschwersten in der Welt, und von der Kirchturmspitze hat man spektakuläre Ausblicke über Loch Fyne *(✆ 01499 302259, ⏲ Mitte Mai bis Ende September täglich 10-13 Uhr, 14-17 Uhr)*.

berühmte Glocken

Das **Maritime Museum** befindet sich unter Deck der *Artic Penguin*, die am Pier ankert. Zu sehen sind interessante Exponate zum Schiffbau am Clyde und zu den *clearances* der Highlands *(✆ 01499 302213, ⏲ täglich 10-17 Uhr, im Sommer bis 18 Uhr)*.

Inveraray Castle: 1746 wurde mit dem Neubau des Schlosses begonnen. Es entstand ein gewaltiger Bau im Stil des *Gothic Revival*, der um die Mitte des 18. Jh. in Mode kam. Über einem quadratischen Haupttrakt mit von Zinnen bekrönten Ecktürmen erhebt sich ein gewaltiger Turm. Die Kegeldächer und das Attikageschoss wurden nach einem Brand (1877) hinzugefügt. In den für die Öffentlichkeit zugänglichen Räumen des heute vom 12. Duke of Argyll bewohnten Schlosses sind eine Waffensammlung, französische Tapisserien, schottische und europäische Möbel sowie ein beeindruckender Stammbau des Campbell-Clans zu sehen. In den alten Ställen auf dem Schlossgrundstück ist das **Combined Operations**

Gothic Revival

Inveraray Castle

Museum eingerichtet worden, das sich mit der Zeit beschäftigt, als Inveraray von den Alliierten als geheimer Übungsplatz genutzt wurde *(01499 302203, www.inveraray-castle.com, April bis Mitte Oktober: Mo-Sa 10-17.45 Uhr, So 12-17.45 Uhr).*

Museum für die Geschichte des schottischen Strafvollzuges: 1989, 100 Jahre nachdem der letzte Gefangene das Gefängnis verlassen hatte, wurde dieses moderne und interessant aufbereitete Museum eröffnet. In zwei Gebäuden, eines von 1820 und das andere von 1848 – für die damalige Zeit fast „modern" mit Höfen ausgestattet –, wird der Strafvollzug vergangener Zeiten dargestellt. Gerichtsprotokolle, Geräte zur Disziplinierung der Gefangenen, Biographien von einsitzenden Häftlingen illustrieren die Entwicklung des Strafvollzuges. Lebensgroße Puppen sowie als Wärter oder Gefangene verkleidete Museumsführer vertiefen den Realismus. Im Gerichtssaal sitzt ein Geschworenenkabinett aus Wachs, vom Tonband hört man Protokolle von tatsächlich stattgefundenen Mordfällen *(Church Square, 01499 302381, www.inverarayjail.co.uk, April bis Oktober 9.30-18 Uhr, November bis März 10-17 Uhr).*

Geschworene aus Wachs

Wandern

Der ***Argyll Forest Park*** *– westlich und nordwestlich von Loch Long – wurde 1935 im Rahmen eines gewaltigen Wiederaufforstungsprogramms angelegt. Inzwischen nimmt der Park mehr als 240.000 Hektar ein und bildet eines der schönsten Waldgebiete Schottlands. Wanderkarten und -vorschläge gibt es in den Touristenbüros.*

Feste / Feiern

Im Juli finden die Inveraray Highland Games statt, www.inveraray-games.co.uk

Das Geschworenenkabinett in Inveraray

Reiseparaktische Informationen Inveraray

Information

TIC, *Front Street, Inveraray, Argyll PA33 8XB, ✆ 01499 302063, ganzjährig.*

Unterkunft

*****Argyll Hotel** *€€, Front Street, Inveraray PA33 8XB, ✆ 01499 302466, 01499 302389, www.the-argyll-hotel.co.uk, ganzjährig, 24 Zimmer, seit seiner Entstehungszeit, 1750, als Hotel betrieben. Von den meisten Zimmern schöner Blick über Loch Fyne.*

****Fernpoint Hotel** *€-€€, Round by the Pier, Inveraray PA32 8UY, ✆ 01499 302170, 01499 302366, www.milford.co.uk, März bis Januar, 8 Zimmer, schönes Hotel im Zentrum mit behaglicher Atmosphäre. Kinderfreundlich. Großer Garten und gutes Restaurant, auch für Vegetarier.*

Öffentliche Verkehrsmittel

Inveraray liegt an der Glasgow – Oban und Glasgow – Campbeltown-Buslinie. Von Glasgow dauert die Fahrt mit dem Bus 1 Stunde und 45 Minuten.

Loch Awe und Loch Etive

(www.loch-awe.com)

Nördlich von Loch Fyne liegt **Loch Awe** und weiter nördlich der wunderschöne **Loch Etive**. Hier kann man sich gut und gerne einige Tage aufhalten, insbesondere am wenig besuchten Westufer des Loch Awe. Bootstouren *(✆ 01866 833 333)* werden vom Loch Awe Pier aus veranstaltet. *wunderschöne Lochs*

Die A819 nördlich von Inveraray trifft auf die A85 am nordöstlichen Ende des Loch Awe, zwischen den Dörfern Dalmally und Lochawe. Westlich der Kreuzung liegen die romantischen Ruinen von **Kilchurn Castle** (ca. 1440 erbaut).

Einige Kilometer westlich von Lochawe und gut einen Kilometer in den Ben Cruachan hinein befindet sich die unterirdische **Cruachan Power Station**. Die 30-minütige Tour führt 1 km unter Tage in die Maschinenhalle. Man lernt, wie das Wasserkraftwerk funktioniert und genug Elektrizität erzeugen kann, um eine Stadt in der Größe Edinburghs zu versorgen. 120 Tonnen Wasser können pro Sekunde gepumpt werden. In der Ausstellung erfährt man alles, was man je über Energieerzeugung wissen wollte. Eine Cafeteria und ein Picknickplatz sowie ein Souvenirladen sind angeschlossen *(✆ 01866 822618, www.scottishpower.com, April bis Oktober tgl. 9.30-17 Uhr, November, Februar, März tgl. 10.30-16 Uhr, Führungen alle halbe Stunde, Besucher, die mit öffentlichen Verkehrsmitteln, zu Fuß oder mit dem Fahrrad ankommen, brauchen kein Eintrittsgeld zu bezahlen).*

Weiter westlich (18 km O Oban) liegt das winzige Dorf **Taynuilt**. Kurz vor dem Dorf, an der Bridge of Awe, geht es zum **Inverawe Fisheries, Smokery & Country Park**, wo man Unterricht im Fliegenfischen nehmen, sich über Räuchermethoden informieren, entlang der Naturlehrpfade wandern oder geräucherten Fisch kaufen kann *(✆ 01866 822 777, 822 446, www.inverawe-fisheries.co.uk, www.smokedsalmon.co.uk).*

Eisenproduktion

Die Hauptattraktion ist jedoch die 1753 gegründete **Bonawe Iron Furnace**, eine aus industriegeschichtlichen Gründen geschützte Anlage, die nördlich des Dorfes am Ufer des Loch Etive liegt. Das überschüssige Holz aus Argyll wurde als Holzkohle verwendet, um damit die riesigen Öfen zu heizen. Auf dem Höhepunkt der Produktion wurden 600-700 Tonnen Eisen im Jahr hergestellt, das dann nach England und Wales verschickt wurde. 1876 wurde die Eisenproduktion eingestellt, und heute stellt die Anlage ein interessantes Museum zur Industriegeschichte dar *(01866 822432, www.historic-scotland.gov.uk, April bis September tgl. 9.30-17.30 Uhr).*

romantische Bootsfahrt

Hinter Bonawe Iron Furnace befindet sich der Anleger für die **Loch Etive Cruises**. Der Loch ist nur per Boot zugänglich, und während der 3-stündigen Tour kann man die Berge von Glen Coe bestaunen und Seehunde auf den Felsen, Rotwild auf den Berghängen und vielleicht sogar einen Goldadler sehen *(01866 822430, Ostern bis Oktober, So-Fr, jeweils 12 Uhr (90 Min.) und 14 Uhr (3 Std.)).*

Wandern

Von Taynuilt verläuft eine einspurige Straße entlang des Westufers des Loch Awe durch den wunderschönen Inverinan Forest zu den winzigen Dörfern Dalavich und Kilchrennan, wo es eine Reihe von nicht anstrengenden Wanderwegen gibt. (www.forestry.gov.uk)

Von Inveraray nach Knapdale und Kintyre

Verzichtet man auf Loch Awe und Loch Etive, nimmt man von Inveraray die landschaftlich reizvolle, jedoch recht stark befahrene A83 südlich entlang des Loch Fyne bis nach Lochgilphead. Der **Argyll Wildlife Park**, 3 km S Inveraray, ist ein 25 Hektar großer Tierpark mit Wildkatzen, Füchsen, wilden Ziegen, Schafen und einer Eulen- und Wildhuhnsammlung. Der Park bietet ein schönes Ausflugsziel, besonders wenn man mit Kindern unterwegs ist *(01499 302264, tgl. 10-17 Uhr).*

Freilichtmuseum

9 km weiter entlang der A83 lohnt ein Besuch in dem zum Freilichtmuseum umgewandelten Ort **Auchindrain**. Das West Highland-Dorf bietet einen interessanten Einblick in die Lebens- und Wirtschaftsweise in dieser Region während der vergangenen Jahrhunderte. Die Gebäude wurden restauriert und im originalen Stil wieder hergerichtet *(01499 500235, April bis Oktober, 10-17 Uhr).*

Die nächste Attraktion entlang der Strecke ist **Crarae Gardens**, einer der schönsten Gärten Schottlands. Er liegt herrlich inmitten eines bewaldeten Tals am Ufer des Loch Fyne. Ausgeschilderte Wanderwege schlängeln sich durch Rhododendren, Azaleen und verschiedene exotische Pflanzen bis zum Wasserfall „Himalayan Gorge". Im Mai ist der Garten in voller Blüte, aber auch in allen anderen Monaten lohnt sich ein Besuch in den Crarae Gardens allemal *(01546 886614, www.nts.org.uk, Besucherzentrum April bis Oktober tgl. 10-17 Uhr, November bis Karfreitag Mo-Fr 10-15 Uhr, Garten ganzjährig tgl. 9.30 Uhr bis Sonnenuntergang).*

Lochgilphead liegt am oberen Ende des Loch Gilp, einem Arm des Loch Fyne, und ist ein netter, freundlicher Ort. Zwar ohne nennenswerte Sehenswürdigkeiten, gibt es dafür aber wichtige Einrichtungen wie Supermarkt, Pubs und eine Bank.

Reisepraktische Informationen Lochgilphead

Information

TIC, Lochnell Street, Lochgilphead, Strathclyde PA30 8JN, ✆ 08707 200618, ◷ April bis Oktober)

Unterkunft

*****Cairnbaan Hotel €€€, Cairnbaan, Lochgilphead PA31 8SJ, ✆ 01546 603668, 📠 01546 606045, 💻 www.cairnbaan.com, Gebäude aus dem 18. Jahrhundert, warme und behagliche Atmosphäre, 12 individuell gestaltete Zimmer, direkt am Crinan Canal gelegen*

Streckenführung

In Lochgilphead muss man sich für eine Fahrt auf die Halbinseln Knapdale und Kintyre entscheiden oder direkt für die A816 in nördliche Richtung nach Oban (s. S. 279ff).

Knapdale und Kintyre

Die Landschaft der Halbinseln ist hügelig, und der größte Teil wird landwirtschaftlich genutzt. Unterhalb der Steilküste erstrecken sich lange Sandstrände. Für Ruhe- und Erholungssuchende ist die Gegend bestens geeignet. *Landwirtschaft*

Knapdale

Knapdale ist sehr waldig. Südlich des Crinan Canal beginnt der **Knapdale Forest**, der sich von Küste zu Küste hin erstreckt und schöne Wandermöglichkeiten bietet.

Im **Barnluasgan Interpretation Centre** (von Lochgilphead die B841 nehmen) kann man sich über die Gegend und die Wandermöglichkeiten informieren (💻 *www.forestry.gov.uk oder www.walking.visitscotland.com)*. Von hier aus führt eine kleine Straße südlich entlang des Ostufers des Loch Sween, passiert dabei das Dorf Achnamara, zum **Castle Sween**. Castle Sween stammt aus dem 11.-12. Jh. (allerdings mit späteren Hinzufügungen) und ist somit die wohl älteste Steinburg Schottlands. Die Burg wurde Mitte des 17. Jh. zerstört.

Südlich von Castle Sween soll der hl. Columba gelandet sein. In **St. Columba's Cave** sind über einem Felsaltar einige Kreuze in die Felswand geritzt. Ausgrabungen des 19. Jh. konnten menschliche Spuren schon aus der Steinzeit nachweisen.

5 km weiter südlich, von der B8025 ab, liegen die Ruinen der **Kilmory Knap Chapel** aus dem 13. Jh. Ein neues Glasdach beschützt die Grabsteine im Inneren. Das interessanteste ist das MacMillan's Cross aus dem 15. Jh., das die Kreuzigung auf der einen Seite, auf der anderen Seite eine Jagdszene zeigt.

attraktiver Hafen

Von Lochgilphead auf der A83 geht es nach **Tarbert**. Das Fischerdorf liegt am Kopf des East Loch Tarbert in einer geschützten Bucht und ist von waldigen Hügeln umgeben. Zweifellos einer der attraktivsten Häfen an der Westküste, war Tarbert im 18. und 19. Jh. ein wichtiger Hafen für den Heringsfang. Heute werden hauptsächlich Krabben und Schellfisch gefischt. Die Fischerei spielt allerdings nur noch eine untergeordnete Rolle für die Wirtschaft des Ortes. Wesentliche Einnahmequellen bietet der Tourismus, vor allem durch die hier ankernden Yachten. Den Hafen überblickend liegen die Ruinen einer Festung aus dem 14. Jh. Von der **Ann Thomas Gallery** in der Harbour Street führen Stufen hinauf zu den Ruinen. Hinter der Burg gibt es einige ausgeschilderte Wanderwege mit herrlichen Blicken auf Loch Fyne und die Inseln.

Fährverbindungen

Von Kennacraig, südlich von Tarbert, bestehen Fährverbindungen zur Isle of Islay und nach Colonsay sowie von Claonaig zur Isle of Arran.

Südlich von Tarbert, an der A83, kann man sich im **An Tairbeart Heritage Centre** über die Geschichte der Region informieren. Das Besucherzentrum bietet verschiedene Aktivitäten (u.a. Schafescheren!) an. Im Restaurant verlocken die Spezialitäten der Region zur Einkehr *(✆ 01880 820190, ⌚ Ostern bis Januar tgl. 10-19 Uhr, Eintritt frei)*.

Führungen vom Laird persönlich

Glenbarr Abbey ein beeindruckendes Gebäude im neugotischen Stil, stammt aus dem 18. Jh. und wurde 1984 offiziell als Macalister-Clan Centre eröffnet. Bei einer Führung, die persönlich vom Laird Angus Macalister und seiner Frau Jeanne Macalister durchgeführt werden, erhält man einen Einblick in das Leben einer adligen Familie. Zu sehen sind wunderschöne Möbel, Porzellan, Familienschmuck und alte Handarbeiten. Daneben gibt es einen bezaubernden Garten und einen kleinen Souvenirshop mit Teestube *(Macalister Clan, Glenbarr, Tarbert, Argyll, ✆ 01583 421247, ⌚ Ostern bis Oktober 10-17.30 Uhr, Di geschlossen)*.

Kintyre

großartige Landschaft

Südlich an Knapdale schließt sich nun die Halbinsel Kintyre an. Die langgestreckte Halbinsel ist als Inspiration für **Paul McCartney's Hit** „Mull of Kintyre" (1970) bekannt. Hier findet man eine großartige Landschaft, eine reiche Flora und Fauna, eine interessante Geschichte und nur wenig Menschen.

Die A83 führt entlang der abwechselnd von Steilküste und Sandstränden begleiteten Westküste nach **Campbeltown** (60 km S Tarbert). Obwohl der größte Ort in diesem Teil von Argyll, hat man hier das Gefühl, am Ende der Welt zu sein. Am Anfang der Hauptstraße steht ein Marktkreuz aus dem 15. Jh. mit kunstvoll gearbeiteten Ornamenten. Im Hafen von Campbeltown liegen nicht nur Fischerboote, sondern auch Kreuzschiffe, Segelboote und die Fähre nach Ballycastle in Nordirland. Einst gab es in Campbeltown angeblich so viele Whiskybrennereien, dass die Fischer ihren Weg nach Hause riechen konnten. Heute gibt es von den 34 Brennereien nur noch die **Springbank Destillery** *(Well Close, ✆ 01586 552085)*, die man nach vorheriger Anmeldung besichtigen kann. Weiterhin rühmt sich der Ort, das älteste Kino in Schottland zu besitzen. Das **Wee Picture House** in der Hall Street *(✆ 01586 553 899, wöchentlich wechselndes Programm)* wurde 1913 eröffnet. 1983 sollte es geschlossen werden, doch war der Protest so groß, dass es mit Hilfe kommunaler Mittel renoviert und 1986 wieder eröffnet werden konnte. *ältestes Kino*

Das **Campbeltown Heritage Centre** beherbergt liebevoll zusammengetragene lokalgeschichtliche Exponate. Besonders stolz ist das Museum auf ein funktionierendes Modell der ehemaligen Campbeltown - Machrihanish-Eisenbahn. Untergebracht ist das Heimatmuseum, zu dem auch ein nettes Café gehört, in der ehemaligen Lorne Street Church, die wegen ihrer Fassade aus alternierenden Steinen und roten Ziegeln auch Tartan Church genannt wird *(Witchburn Road, ✆ 01586 551400, Ostern bis Oktober 11-17 Uhr, So 14-17 Uhr)*. *Heimatmuseum*

Wenn Sie sich für Eulen interessieren: das **Scottish Owl Centre** beherbergt eine imposante Zahl an Eulen, und tgl. um 14.30 Uhr finden Flugvorführungen statt *(www.scottishowlcentre.co.uk, April bis Oktober Mi-Mo 13.30-16.30 Uhr)*.

Schön ist ein Ausflug zur unbewohnten **Davaar-Insel**, zu der man bei Ebbe vom Kildalloig Point aus, einige Kilometer östlich der Stadt, laufen kann. Auf der Insel gibt es Höhlenmalerei mit einer Kreuzigungsszene, die 1877 angefertigt wurde.

Feste / Feiern

Ende August findet das Mull of Kintyre Music Festival mit traditioneller schottischer und irischer Folklore, neuerdings auch Rockmusik, Ceilidhs, Veranstaltungen für Kinder und kostenlosen Sessions im Pub statt. Auskunft erteilt: Mull of Kintyre Music Festival, ✆ 01586 551053, www.mokfest.com

Reisepraktische Informationen Campbeltown

Information

***TIC**, MacKinnon House, Campbeltown, Strathclyde PA28 6EF, ✆ 01586 552056, Fax 01586 553291.*

Unterkunft

********Ballegreggan House €€**, Ballegreggan Road, Campbeltown PA28 6NN, ✆/Fax 01586 552062, ganzjährig, 3 Zimmer, viktorianisches Gebäude mit Blick auf Campbeltown Loch, umgeben von einem schönen Garten*

Golf

***Dunaverty Golf Club**, Southend, Campbeltown PA28 6RW, ✆ 01586 830677. 18-Loch-Golfplatz in wunderschöner Lage.*

Surfen

An der Westküste von Kintyre, liegt **Machrihanish** mit einem wunderschönen, 7 km langen, unberührten Sandstrand mit Dünen. Windsurfen und Surfen sind besonders beliebt hier. Den Strand kann man entweder zu Fuß nördlich des Dorfes oder südlich vom Parkplatz an der A83 nach Tayinloan und Tarbert aus erreichen. In Machrihanish befindet sich auch ein fantastischer 18-Loch-Golfplatz (*www.machgolf.com*) sowie der Flugplatz von Campbeltown.

sturmumtost

Von Campbeltown ist es nur eine kurze Strecke zur Spitze der Halbinsel, dem **Mull of Kintyre** (B842), berühmt geworden durch Paul McCartneys gleichnamigen Song, einer Ballade über die Landschaft an der äußersten Südspitze der Halbinsel. Es gibt nicht viel zu sehen an dem wind- und sturmumtosten Mull, abgesehen von der Küste Irlands, die 18 km entfernt liegt. Die Straße führt zum Leuchtturm, der 1788 errichtet und von Robert Stevenson umgebaut wurde. Von hier aus kann man nach Machrihanish wandern (siehe oben). Entlang der 15 km langen Strecke hat man herrliche Ausblicke über das Meer.

Die Ostküste Kintyres

Saddell Abbey

Die einspurige B842 schlängelt sich entlang der Ostküste von Campbeltown nach Skipness und Claonaig, wo die Fähre zur Isle of Arran ablegt. 15 km die Küste hinauf, liegen die idyllischen Ruinen von Saddell Abbey, einem 1160 gegründeten Zisterzienserkloster, das im frühen 16. Jh. verfiel. Unter den wenigen Überresten gibt es einige schöne Sargdeckel mit Abbildungen von Rittern, Mönchen, Schiffen und Tieren.

Weiter nördlich liegt das Dorf **Carradale** am Rande der Carradale Bay. Im kleinen, aber nett präsentierten **Network Carradale Heritage Centre** (*01583 431 233*) kann man sich über Fischfang, Landwirtschaft und Forstwesen informieren. Die B842 endet in Claonaig beim Anleger der Arran-Fähre. Die Ruinen in der winzigen Ortschaft **Skipness** sind die Überreste von Skipness Castle, einer Burg aus dem 13. Jh.

Reisepraktische Informationen Carradale/Skipness

Restaurant-Tipp
In der Seafood Cabin in Skipness gibt es herrlichen Fisch (So-Fr von Ende Mai bis Ende September 11-18 Uhr, 01880 760207, www.theseafoodtrail.com).

Einkaufstipp
Hinter der Dorfhalle in Carradale liegt ***Wallis Hunter Jewellery*** *(01583 431683, www.wallishunter-jewellery.com, ganzjährig), eine kleine Schmuckwerkstatt mit Verkaufsraum. Besonders schön sind die Schmuckstücke mit keltischen Motiven.*

Isle of Gigha
(💻 *www.gigha.org.uk)*

Wer es noch ruhiger möchte, fahre auf die Insel Gigha (ausgesprochen Gee-a), einem idealen Ort zum Entspannen. Aus dem Norwegischen stammend, kann Gigha mit „Gottes Insel" übersetzt werden. Es ist eine der am leichtesten zugänglichen Hebriden-Inseln und eine der schönsten und vielleicht romantischsten. Durch den Golfstrom bedingt, ist das Klima hier recht mild. Nur 10 km lang und 1 km breit, bietet sich Gigha auch für einen Tagesausflug an. Eine einspurige Straße verläuft von Nord nach Süd. Gigha ist mit einer reichen Flora und Fauna gesegnet, so gibt es hier 120 Vogelarten.

„Gottes Insel"

reiche Flora und Fauna

Gute Angel- und Wandermöglichkeiten, bei denen man herrliche Ausblicke auf Kintyre und besonders bei Sonnenuntergang auf die Paps of Jura genießen kann, sowie weiße Sandstrände machen den Reiz der Insel aus. Das Gigha Hotel ist im Familienbetrieb und wurde im späten 17. Jh. gegründet, daneben gibt es aber auch Unterkünfte für Selbstversorger.

Knapp zwei Kilometer vom Hotel und Fähranleger entfernt bieten die **Achamore Gardens**) eine überwältigende Farbenpracht. Am schönsten ist es im Frühsommer, wenn die Rhododendren blühen. Der Garten wurde 1944 von Sir James Horlick angelegt. Das dazugehörende Herrenhaus stammt von 1884 *(✆ 01583 505254, 🕐 ganzjährig).*

Farbenpracht

Im Jahre 2002 kauften die Einwohner von Gigha „ihre" Insel dem ehemaligen Besitzer ab.

Reisepraktische Informationen Gigha

Unterkunftsempfehlung
*******Gigha Hotel €€**, *Isle of Gigha PA41 7AD, ✆ 01583 505254, 📠 01583 505244, 💻 www.isle-of-gigha.co.uk, 🕐 März bis Oktober, komfortables Hotel mit Restaurant. Unweit des Fähranlegers.*
Weiterhin gibt es einige B&Bs und Unterkünfte für Selbstversorger.

Fähre
Fährverbindungen von Tayinloan nach Gigha. Die Überfahrt dauert 20 Minuten. Auskunft: ✆ 08705 650000, 💻 www.calmac.co.uk.

Von Lochgilphead nach Oban

Fährt man die A816 Richtung Norden, gelangt man zu den Überresten von **Dunadd Fort** (6 km N Lochgilphead). Die wenigen erhaltenen Mauerreste zeugen kaum von der einst wichtigen Bedeutung des Ortes. Die Skoten, ein keltischer Volksstamm aus dem Norden Irlands, hatten sich im 5. Jh. in Argyll angesiedelt und das Königreich Dalriada gegründet. **Dunadd** war die Hauptstadt dieses Königreiches (500-850), bevor es in das schottische Königreich integriert wurde. Mitte des 6. Jh. kamen die ersten irischen Missionare, unter ihnen der hl. Columba, der auf der Insel Iona sein Kloster gründete. In Dunadd soll die Krönung von König Aidam (574) durch St. Columba auf dem schottischen Schicksalsstein, dem **Stone of Destiny**, stattgefunden haben, den – so berichtet die Legende – die Skoten aus Irland mitgebracht hatten. Um 800 hatten die Skoten ihr Gebiet erheblich ausgedehnt. 843 besiegte ihr König Kenneth MacAlpine die Pikten und vereinte die beiden Königreiche.

ein Stein aus Irland

Funde aus dem Kilmartin Valley

Die landschaftlich wunderschöne Strecke von Dunadd nach Kilmartin wird von einer beeindruckenden und geradezu **erstaunlichen Fülle an Zeugnissen aus der Stein- und Bronzezeit** gesäumt. In einem Umkreis von 10 km rund um das Dorf **Kilmartin** gibt es über 150 prähistorische Stätten. Auf dem Friedhof der kleinen Kirche befinden sich mehrere recht gut erhaltene und wunderschön verzierte, meist mittelalterliche Grabsteine und Steinkreuze. Einige sind überdacht, die anderen unter freiem Himmel platziert. Sie können jederzeit besichtigt werden, und auf Hinweistafeln werden Erläuterungen über die Entwicklung der Grabsteinkunst gegeben.

Fantastisch erhalten

Rechts des Friedhofs lohnt sich ein Besuch im Museum, das im **Kilmartin House** untergebracht ist. Das sehr interessante archäologische Museum dokumentiert mittels modernster Technik die Geschichte in diesem Landstrich Schottlands und erläutert die Funde im Kilmartin Valley. Ein wohlsortierter Buchladen und ein Café sind angeschlossen (*✆ 01546 510278, 💻 www.kilmartin.org, 🕔 Museum März bis Oktober tgl. 10-17.30 Uhr, November/Dezember verkürzte Öffnungszeiten, Januar/Februar geschlossen*).

In Kilmelford liegt der **Arduaine Garden**, eine wunderschöne Gartenanlage mit Pflanzen aus aller Welt. Besonders bekannt ist Arduaine aber für die Rhododendren, Azaleen und Magnolien (*✆ 01852 200366, 💻 www.nts.org.uk, 🕔 ganzjährig tgl. 9.30 Uhr bis Sonnenuntergang, Besucherzentrum tgl. April bis September 9.30-16.30 Uhr*).

Ferienort

Oban ist ein ansprechendes, lebendiges Städtchen mit rund 8.000 Einwohnern. Mit seinem Naturhafen am Firth of Lorn gilt Oban als „Gateway to the Isles". Regelmäßige Fährverbindungen bestehen zu den vorgelagerten Hebriden-Inseln. Der Ferienort bietet viele kulturelle Veranstaltungen und Ausflugsmöglichkeiten sowie zahlreiche Übernachtungsmöglichkeiten. Allerdings beklagen die Einheimischen, dass nur wenige Urlauber tatsächlich in Oban bleiben, die meisten benutzten den Ort als Durchgangsstation zu den Inseln. Bereits zu viktorianischer Zeit hatte sich Oban durch die Eisenbahnverbindung und die Dampfschifffahrt zu einem wichtigen Ort an der schottischen Westküste entwickelt. Bedingt durch warme Strömungen, gibt es eine besonders reichhaltige Vegetation. Queen Victoria bezeichnete Oban als *„one of the finest spots we have ever seen"*.

Arbeitsbeschaffungsmaßnahme

Etwas kurios anmutend und für eine Hafenstadt an der Westküste Schottlands sehr ungewöhnlich ist der **MacCaig's Tower** (auch MacCaig's Folly genannt) – eine Nachbildung des römischen Kolosseums – hoch über dem Hafen. 1897 ließ sich der Bankier MacCaig auf dem Battery Hill das Denkmal errichten. Neben der Mehrung des eigenen Ruhmes wollte der Philanthrop mit dieser Arbeitsbeschaffungsmaßnahme die Arbeitslosigkeit des Ortes bekämpfen. Das Kolosseum blieb unvollendet, doch hat man einen schönen Ausblick von dort oben.

MacCaig's Folly

Die **Oban Distillery** in der Stafford Street wurde 1794 gegründet und rühmt sich, die älteste schottische Whiskydestille in ständigem Betrieb zu sein. Ein Besucherzentrum erläutert die Produktionsweisen *(☏ 01631 564262, ganzjährig 🕐 tgl. 9.30-17 Uhr. Kinder ab 8 Jahren)*.

Reisepraktische Informationen Oban

Information

***TIC**, Boswell House, Argyll Square, Oban, Argyll PA34, ☏ 01631 563122, 💻 www.oban.org.uk.*

Unterkunft

Als „gateway to the isles" bietet Oban zahlreiche Unterkünfte, Hotels, B&Bs, Gästehäuser, Hostels usw.

***Dungallan House Hotel €€€**, Gallanach Road, Oban PA34 4PD, ✆ 01631 563799, 🖷 01631 566711, 💻 www.dungallanhotel-oban.co.uk. Lang etabliertes, nettes Hotel und Restaurant, sehr ruhig, etwas erhöht gelegen. Wunderschöner Blick von den meisten Zimmern auf die Bucht. Gemütlich und stilvoll, aber unkompliziert.*

*******Caledonian Hotel €€-€€€**, Station Square, Oban PA34 5RT, ✆ 0871 222 3415, 🖷 0871 2223416, 💻 www.obancaledonian.com, traditionsreiches Hotel (1882 als Bahnhofshotel der West Highland Railway erbaut) mit 59 Zimmern. Herrliche Blicke über die Bucht.*

*******Barriemore Hotel €€**, Esplanade, Oban PA34 5AQ, ✆ 0631 566356, 💻 www.barriemore-hotel.co.uk, gepflegtes und behagliches Hotel mit schönem Blick über die Bucht. 10 Min. zur Innenstadt.*

Jugendherberge/Hostel

*******Oban Y.H.**, Esplanade, Oban PA34 5AF, ✆ 0870 0041144, 💻 www.syha.org.uk, 🕐 ganzjährig, 88 Betten, Familienzimmer.*

*******Oban Lodge**, Corran Esplanade, Oban PA34 5AF, ✆ 0870 0041144, 💻 www.syha.org.uk, 🕐 ganzjährig bis 2 Uhr, 42 Betten, Familienzimmer*

***Oban Backpackers**, Breadalbane Street, Oban PA34 5NZ, ✆ 01631 562107, 💻 www.hostel-scotland.co.uk. Freundliches Hostel nahe Bahnhof und Busbahnhof. 45 Betten. 🕐 März bis Oktober sowie Weihnachten und Sylvester.*

Restaurants

*Es gibt zahlreiche Einkehrmöglichkeiten in Oban. Sehr empfehlenswert ist das **Waterfront Seafood Restaurant and Bar** (The Waterfront, The Pier, ✆ 0631 563110), wo man hauptsächlich ausgezeichnete Fischspezialitäten, aber auch köstliche Fleischgerichte, bekommt. Im Sommer tgl. Lunch und Dinner, im Winter tgl. Lunch und Do-So auch Dinner.*

Verkehrsverbindungen

***Busverbindungen** von und nach Glasgow und Inverness, **Zugverbindungen** von Mallaig über Fort William sowie von Glasgow über Crianlarich .*

Fährverbindungen

Mit Calmac von Oban nach Mull (Craignure) tgl. 5-7 x (Überfahrt 45 Min.), nach Lismore 6 x pro Woche bis zu 5 x tgl. (Überfahrt 50 Min.), nach Colonsay 3-5 x pro Woche 1 x tgl., (Überfahrt 2 Std., 20 Min.), nach Coll und Tiree, im Sommer 1 x tgl., im Winter 3 x pro Woche (Überfahrt 3 Std. nach Coll, 4 Std. nach Tiree) und nach Barra und South Uist, im Sommer tgl., im Winter weniger oft (5 ½ Std. bzw. 7 ½ Std.). Auskunft: 💻 www.calmac.co.uk.

Bootstouren

Von Oban aus bieten verschiedene Anbieter Tages- oder Halbtagestouren nach Mull, Staffa, Iona und zu den Treshnish Isles an. (S. 324ff)

***Gordon Grant Tours**, Railway Pier, ✆ 01631 562842 (andere Zweigstellen gegenüber vom Bahnhof, ✆ 01631 571112 und auf der Isle of Iona, ✆ 01681 700338), 💻 www.fingals-cave-staffa.co.uk. Touren zur Fingal's Cave, nach Staffa, Mull, Iona, und zu den Treshnish Isles.*

malerische Ruine

3 km O Oban, von der A85 ab, liegt am Loch Etive **Dunstaffnage Castle and Chapel**. Das Castle ist eine malerische Ruine mit drei runden Türmen. Der Stammsitz der MacDougalls geht auf das 13. Jh. zurück, der Wohnturm stammt allerdings aus dem 17. Jh. Die Kapelle zeigt außergewöhnlich feine Architektur (*✆ 01631 562465, 💻 www.historic-scotland.gov.uk, ganzjährig 🕐 April bis September tgl. 9.30-17.30 Uhr, Oktober bis März Sa-Mi 9.30-16.30 Uhr*).

Von Oban nach Fort William

Richtung Norden der A85 folgend, biegt man bei Connel auf die A828 Richtung Fort William ab. Am Nordufer des Loch Etive, 7 km östlich der imposanten Connel Bridge, lohnt der **Ardchattan Priory Garden** einen Besuch. Die ausgedehnte Gartenanlage mit ihren herrlichen Blumenarrangements erstreckt sich rund um die Ruinen eines Klosters aus dem 13. Jh. Die Aussicht über den Loch Etive hinüber nach Mull sowie auf den Ben Cruachan ist wunderschön (*🕔 April bis Oktober 9-18 Uhr*). *herrliche Gartenanlage*

Barcaldine Castle wurde vom Campbell-Clan im späten 16. Jh. errichtet und wird auch heute noch von der Familie Campbell bewohnt. Obwohl es keine herausragenden Kunstschätze zu bewundern gibt, ist das Gebäude voller Charakter. Im Barcaldine Castle kann man auch übernachten *(2 DZ) (✆ 01631 720598, 🕔 Mitte April bis Oktober an unterschiedlichen Tagen (vorher telefonisch erkundigen) zwischen 11-17.30 Uhr).*

An der A828 am Ufer des Loch Creran liegt das **Sea Life Centre**. In „The Leading Attraction of the West Coast" kann man 100 Arten von Meerestieren in Aquarien bestaunen, den Seerobben während der Fütterung zusehen und im Touch Pool Krebse und anderes Meeresgetier anfassen *(✆ 01631 720386, 💻 www.sealsanctuary.co.uk, 🕔 März bis Oktober tgl. 10-17 Uhr. Kinder ab 3 Jahren).* *Aquarium*

Eine kleine Straße biegt in südwestlicher Richtung von der A828 ab und führt nach **Port Appin**, wo die Passagierfähre nach Lismore ablegt.

Reisepraktische Informationen Fasnacloich

Unterkunfts-Tipp
Lochside Cottage €€ *(Earle und Stella Braodbent, Fasnacloich, Appin PA38 4BJ, ✆/🖷 01631 730216, 💻 www.wolsey-lodges.co.uk, 🕔 ganzjährig) liegt sehr idyllisch und bietet freundliche und stilvolle Unterkunft, 3 Zimmer.*

Sehr malerisch auf einer kleinen Insel vor der Küste bei Port Appin an der A828, 25 km N von Oban, liegt das viel fotografierte **Castle Stalker**, ein Turmhaus aus der Mitte des 16. Jh. Durch die Insellage beherrschte die Burg sowohl den Seeweg von Loch Linnhe als auch die Küstenstraße nördlich des Strath of Appin. Die Burg ist von einfacher, rechteckiger Konstruktion mit einem Dachgeschoss, das von einem gedeckten Wehrgang umgeben wird. Um 1540

Castle Stalker

beliebtes Fotomotiv von James V. für die Stewarts von Appin erbaut, geriet die Burg Anfang des 19. Jh. in Verfall und wurde schließlich von privater Hand renoviert. Vom „View Café" kann man die Aussicht genießen oder sich im Shop mit Souvenirs eindecken (✆ *01631 730 444,* 💻 *www.castlestalkerview.co.uk, tgl. März bis Oktober 9.30-17.30 Uhr, November bis Februar Fr-So 10-16 Uhr, im Januar geschlossen).*

Isle of Lismore

Die Insel Lismore ist 16 km lang und 2,4 km breit und liegt nur wenige Kilometer vom Festland entfernt im Loch Linnhe, aber wenn man dort ist, erscheint es einem wie in einer anderen Welt. *Tagesausflug* Hier kann man herrlich einen Tag mit Wandern oder Fahrradfahren verbringen und dabei schöne Ausblicke hinüber nach Mull und auf die Paps of Jura sowie auf den Ben Nevis im Norden genießen. Die kleine fruchtbare Insel (der gälische Name Lios Mor bedeutet soviel wie „großer Garten") hatte einst eine Bevölkerungszahl von 1.400, heute leben noch rund 176 Menschen hier.

Lismore hat eine interessante Geschichte. Einst das kirchliche Zentrum Argylls, wurde im 12. Jh. die Cathedral of St. Moluag gegründet, die an der Stelle einer von einem irischen Mönch gegründeten Kirche steht. Von der Kathedrale ist heute nur noch der Chor erhalten, der als Gemeindekirche genutzt wird. Nicht weit davon entfernt steht der 2.000 Jahre alte **Broch of Tirefour**, ein gut erhaltener Broch mit einer bis zu 4,8 Meter hohen Umgebungsmauer. Interessant ist auch **Castle Coeffin**, eine Festung aus dem 13. Jh. an der Westküste, sowie im Südwesten der Insel **Achadun Castle**, ebenfalls aus dem 13. Jh. Von hier aus ist es nur ein kurzer Weg zur **Bernera Island**, die man bei Ebbe zu Fuß erreichen kann.

Reisepraktische Informationen Isle of Lismore

Information
💻 *www.isleoflismore.com*

Unterkunft
Es gibt zahlreiche Unterkünfte für Selbstversorger auf Lismore. Lismore Stores and Post Office (der einzige Verkaufsladen der Insel, hier auch Internetanschluss, Mo, Di, Do 9-17.30 Uhr, Mi und Sa 9-13 Uhr) stellt Verpflegungskisten zusammen und liefert sie auch.

B&B
***Achnaduin**, Mary und Pete Walker, ✆ 01631 760336, B&B und Dinner.*
***The Old Schoolhouse**, Baligarve, ✆ 01631 760262,* 💻 *www.baligarve.co.uk*

Fährverbindung
Eine Autofähre (💻 www.calmac.co.uk) fährt von Oban aus Mo-Sa (50 Minuten), eine Passagierfähre von Port Appin aus tgl. alle 1-2 Stunden (10 Minuten). Tagesbesucher haben 6 Stunden auf Lismore Aufenthalt.

Postbus
✆ 01631 760272, Auskunft im Postamt

Taxi
Mrs Livingstone, ✆ 01631 760220

Fahrradverleih
Mary MacDougall, ✆ 01631 760213

Glen Coe

Landschaft bei Glen Cloe

25 km südlich von Fort William passiert man den Schauplatz eines der grausamsten Ereignisse in der schottischen Geschichte: das ungefähr 12 km lange, karge und von hohen Bergen umgebene Glen Coe. Es ist atemberaubend schön, und auch im Sommer ist die Gegend nicht überlaufen (im Gegensatz zu den Trossachs (s. S. 268ff).

Es gibt viele spektakuläre Plätze in den Scottish Highlands, aber wenige kommen an die Schönheit des Glen Coe heran. Die Kulisse der aufragenden Berge, deren Spitzen oft in Nebel eingehüllt sind, ist fantastisch. Der größte Teil des Gebietes

spektakulär!

INFO

Informationen zum Glen Coe

Im „Tal der Tränen", wie es der britische Historiker Thomas Macaulay nannte, wurde im Jahre 1692 ein ganzer Clan auf grausamste Weise ermordet. Im Zuge der *Glorious Revolution* (1688) war James VII. vertrieben und William of Orange (gebürtiger Holländer) zum englischen und schottischen König gekrönt worden. 1677 hatte er Mary, die Tochter des schottischen Herrschers James II., geheiratet und regierte mit ihr zusammen im hohen Norden. Die stuarttreuen Highlander lehnten ihn von Anfang an ab. William, um seine Macht besorgt, befahl, dass alle Clanchefs ihm einen Treueeid schwören müssten, und zwar bis spätestens zum 1. Januar 1692. Die Highland Chiefs berieten sich zunächst mit „ihrem" im französischen Exil lebenden König und erklärten sich dann zum Schwur bereit. Nur der alte Chief des MacDonald-Clans, der 12. Chief of Glencoe, verpasste den Termin um fünf Tage.

König William kam diese Verspätung wohlgelegen – hier bot sich ihm die Gelegenheit, seine Macht zu beweisen. Unter dem Befehl von Captain Robert Campbell of Glenlyon schickte er eine Truppe nach Glencoe mit dem Auftrag, die Freundschaft der MacDonalds zu suchen und in einem günstigen Augenblick alle Mitglieder des Clans unter 70 Jahren zu ermorden. Nachdem die MacDonalds die Campbells für vierzehn Tage freundlich beherbergt hatten, überfielen die Soldaten am 13.2.1692 am frühen Morgen ein Haus nach dem anderen, zündeten es an und ermordeten die schlafenden Menschen. Die Campbells of Glenlyon waren schon immer auf Seiten des Königs gewesen und somit die Erzfeinde der MacDonalds of Glencoe.

gehört dem NTS und ist unbewohnt und bietet hervorragende Wander- und Klettermöglichkeiten. Auf dem Coe und dem Etive kann man Kanu fahren, und im Winter ist das Glen Coe Skigebiet. Das Glencoe Besucherzentrum (mit Shop und Café) am westlichen Ende des Glens (5 km S Glencoe Village) bietet vielfältige Informationen über die Aktivitäten im Glen Coe sowie ein Video zur Geschichte des Tals.

Skigebiet

Wandern

Glen Coe bietet herausfordernde Wander- und Klettermöglichkeiten. Es gibt einige weniger anstrengende Wanderungen, doch sollte man sich bei jeder Tour vorher genau nach der Wettervorhersage erkundigen und die üblichen Vorsichtsmaßnahmen beachten. Eine gute Karte (OS Landranger Nr. 41), Wanderstiefel, warme Kleidung und Verpflegung sind unerlässlich. Der West Highland Way verläuft durch das Dorf, und viele Wanderer verbringen hier die Nacht, bevor sie den letzten Abschnitt nach Fort William in Angriff nehmen.

Glencoe Village

Loch Leven

Am westlichen Anfang des Tals, am Ufer des Loch Leven, 24 km S von Fort William, liegt Glencoe Village (von der A82 ab). Es gibt einige Übernachtungsmöglichkeiten sowie Lebensmittelgeschäfte, ein Postamt und das **Glencoe and North Lorn Folk Museum**, ein liebevoll eingerichtetes Heimatmuseum, wo einige alte Kostüme und Exponate zur Militärgeschichte und zur Landwirtschaft ausgestellt sind (*✆ 01855 811664, ⏲ Ostern und Mai bis September Mo-Sa 10-17.30 Uhr*).

Reisepraktische Informationen Glencoe

Informationen

*Das **Glencoe Besucherzentrum, Shop und Café** (✆ 01855 811307, 💻 www.nts.org.uk, ⏲ März tgl. 10-16 Uhr, April bis August tgl. 9.30-17.30 Uhr, September/Oktober 10-17 Uhr, November bis Februar Do-So 10-16 Uhr) ist am westlichen Ende des Glens, 5 km S Glencoe Village, gelegen.*

Unterkunft / Restaurant

__The Clachaig Inn__, Glencoe, Argyll PH49 4HX, ✆ 01855 811252, 💻 www.clachaig.com, traditioneller, gemütlicher Inn mit 23 Zimmern, Restaurant und Bar. Gutes Ale. Mittlere Preisklasse.

Jugendherberge

**** __Glencoe Y.H.__, Glencoe, Ballachulish PA39 4HX, ✆ 0870 004 1122, 💻 www.syha.org.uk. Die Jugendherberge ist ca. 3 km von der Bushaltestelle Glencoe entfernt. 62 Schlafplätze, ⏲ ganzjährig.*

Camping/Caravan

****** __Invercoe Highland Holidays__, Glencoe, Argyll PH49 4HP, ✆/🖷 01855*

811210, www.invercoe.co.uk. Am Ufer des Loch Leven, wenig außerhalb von Glencoe gelegener, lang etablierter, mehrfach ausgezeichneter Camping und Caravanplatz. Auch Cottages und Lodges in verschiedenen Größen.

Ski fahren

Ungefähr 2 km vom Kingshouse Hotel auf der anderen Seite der A82 liegt das ***Glencoe Ski Centre*** *(0871 871 9929 oder 01855 851226, www.glencoemountain.com, www.skivisitscotland.com), Schottlands ältestes Skigebiet (gegründet 1956) und nach wie vor eines der besten. Es gibt eine Skischule, Ausrüstungsverleih und ein Restaurant.*

Die B863 führt rund um den Loch Leven herum. **Kinlochleven**, ein hübscher Ort am Kopf des Lochs, ist ein denkwürdiger Platz für eine Aluminiumfabrik, aber gerade diese hielt den Ort bis zum Jahre 2000, als sie geschlossen wurde, am Leben. Die **Aluminium Story** informiert über die Geschichte des Ortes. Als neues wirtschaftliches Standbein entwickelt Kinlochleven den Outdoor-Tourismus. Hier befindet sich ***The Ice Factor***, die mit 850 qm weltweit größte Halle, um das Klettern auf Eis zu üben. Auch eine 1.200 qm große Felskletterwand gibt es hier *(Leven Road, Kinlochleven, Lochaber, 01855 831100, www.ice-factor.co.uk, tgl. 9-22 Uhr).*

Aluminium

Reisepraktische Informationen Kinlochleven

Unterkunft

*******MacDonald Hotel €-€€,*** *Fort William Road, Kinlochleven PA50 4QL, 01855 831539, 01855 831416, www.macdonaldhotel.demon.co.uk, ganzjährig. Das im Familienbetrieb geführte, moderne, aber im traditionellen Stil eingerichtete Hotel (10 Zimmer) ist ein idealer Ausgangspunkt für Wanderungen. Es liegt am West Highland Way und gegenüber vom Hotel befinden sich 7 „Munros". Es gibt ein Restaurant sowie Unterkünfte für Selbstversorger (Bunkhouse mit 4-Bett-Zimmern) und hinter dem Haus ist ein kleiner Campingplatz.*

Hostel

****** ***Blackwater Hostel and Riverside Campsite****, Lab Road, Kinlochleven PA50 4SG, 01855 831253 / 402, www.blackwaterhostel.co.uk. ganzjährig, 40 Betten, auch Familienzimmer. Kleiner Campingplatz mit 30 Zeltplätzen.*

Von Glen Coe nach Fort William

Onich, ein Straßendorf an der A82, 16 km S Fort William, ist ein beliebter Ausgangspunkt für Wanderungen und Ausflüge. Entlang des Ufers des Loch Leven gibt es einige Hotels.

Reisepraktische Informationen Onich

Unterkunft

******Onich Hotel** *€€, Onich, nr. Fort William PH33 6RY, ✆ 01855 821214, Fax 01855 821484, www.onich-fortwilliam.co.uk, ganzjährig, außer Weihnachten. Modernes Hotel mit direktem Zugang zum Loch Linnhe. Herrliche Ausblicke über den See nach Glencoe und Morvern.*

12 km S Fort William befindet sich der Abzweig zur **Corran Ferry**, mit der man alle halbe Stunde nach Ardgour (s. S. 293) übersetzen kann *(✆ 01855 841243, www.lochabertransport.org.uk, die Überfahrt dauert 5 Minuten).*

Fort William

militärische Vergangenheit

Der Ort hat, wie der Name schon sagt, eine militärische Vergangenheit. Bis Ende des 19. Jahrhunderts gab es am Ende des Loch Linnhe eine Garnison, die den Zugang zum Great Glen kontrollierte. 1890 wurde sie abgerissen, um der Eisenbahntrasse zu weichen. Heute ist Fort William ein belebter, im Sommer recht hektischer Touristenort mit 11.000 Einwohnern, allerdings ohne nennenswerte Sehenswürdigkeiten. Entlang der High Street reihen sich viele Läden und Cafés aneinander.

Im **West Highland Museum** sind Exponate der Volks- und der Naturkunde zu sehen, eine Dokumentation über die Arbeiten am Caledonian Canal sowie einige Portraits von Bonnie Prince Charlie. Das Secret Portrait ist im Grunde ein schlichtes Brett mit einem Halbkreis von Farbflecken: Wenn man aber einen glänzenden Metallzylinder auf den Mittelpunkt legt, spiegeln sich die Farben wider und bilden eine Miniatur des romantischen Bonnie Prince Charlie in brauner Perücke und in einem Brokatmantel *(✆ 01397 702169, www.westhighlandmuseum.org.uk, Juni bis September Mo-Sa 10-17 Uhr, Juli und August So 14-17 Uhr, Oktober bis Mai Mo-Sa 10-16 Uhr).*

The Secret Portrait

Ben Nevis Whisky wurde 1825 gegründet. Führungen werden in verschiedenen Sprachen angeboten, und am Ende der Tour gibt es den üblichen Probeschluck *(Lochy Bridge, ✆ 01397 702476, 💻 www.bennevisdistillery.com, Führungen Mo-Fr 9-17 Uhr, im Sommer auch länger und am Wochenende).*

Interessant ist es, in Banavie einen Blick auf die sogenannte **Neptune's Staircase** zu werfen, eine achtseitige Schleusentreppe, die im Zuge des Baus am Caledonian Canal errichtet wurde. Sie verbindet Loch Linnhe mit dem knapp 20 Meter höher gelegenen Kanal.

20 Meter Höhenunterschied

In Corpach (6 km W Fort William) bietet das Mineralienmuseum **Treasures of the Earth** eine beachtliche Sammlung an Mineralien, Kristallen und Fossilien *(✆ 01397 772283, ⏲ ganzjährig tgl. 10-17 Uhr, Juli bis September 9.30-19 Uhr).*

Reisepraktische Informationen Fort William

Information

***TIC**, Cameron Square, Fort William, Inverness-shire PH33 6AJ, ✆ 01397 703781, 💻 www.visithighlands.com, ⏲ ganzjährig.*

Unterkunft

********Inverlochy Castle Hotel €€€€**, Torlundy, Fort William PH33 6SN, ✆ 01397 702177, 🖷 01397 702953, 💻 www.inverlochycastlehotel.com. Das Herrenhaus im Baronial-Stil wurde 1863 gebaut und hat 17 individuell gestaltete Zimmer. Abgesehen von luxuriöser Unterkunft auch Golf, Wandern, Fischen und Jagd. Das Inverlochy Castle ist eines der zehn Top Hotels im Land.*

*******The Moorings Hotel €€**, Banavie, Fort William PH33 7LY, ✆ 01397 772797, 🖷 01397 772441, 💻 www.moorings-fortwilliam.co.uk, ⏲ ganzjährig, außer Weihnachten, 21 Zimmer. Modernes, komfortables Hotel nahe Neptune's Staircase, 5 km nördlich von Fort William. Nettes Restaurant.*

******West End Hotel €-€€**, Achintore Road, Fort William PH33 6ED, ✆ 01397 702614, 🖷 01397 706279, 💻 www.westend-hotel.co.uk, ⏲ Februar - Dezember, 50 Zimmer. An der Hauptstraße gelegenes, freundliches Hotel im Familienbetrieb. Wunderbare Blicke auf den Loch Linnhe und die Ardgour Mountains.*

******The Grand Hotel €-€€**, Fort William PH33 6DX, ✆/🖷 01397 702928, 💻 www.grandhotel-scotland.co.uk, ⏲ Februar bis Dezember außer Weihnachten, 30 Zimmer. Lang etabliertes, am Ende der High Street gelegenes Hotel im Familienbetrieb. Kinder willkommen.*

******Innseagan House €**, Achintore Road, Fort William PH33 6RW, ✆ 01397 702452, 🖷 01397 702606, ⏲ April bis Oktober, 22 Zimmer. Gutes Hotel mit schönem Blick auf Loch Linnhe und die Berge.*

Ferienwohnung

**** **Mrs. Cameron**, Strone Farm, by Muirshearlich, Banavie, Fort Williams PH33 7PB, ✆ 01397 712773, 💻 www.stronefarm.co.uk. Wer es richtig ruhig möchte, der quartiere sich in der Strone Farm (an der B 8004, ca. 12 km nördlich von Fort William) in Banavie ein. Von der Farm hat man einen Blick auf den Caledonian Canal und auf Ben Nevis. Die Wohnung hat 3 Zimmer für 6 Personen. 150-585 £ / Woche.*

Jugendherberge/Hostel

******Glen Nevis Y.H.**, Fort William PH33 6SY, ✆ 0870 0041120, 💻 www.syha.org.uk, 12 km außerhalb von Fort William im Glen Nevis direkt am Fuße des Ben Nevis gelegene Jugendherberge mit 88 Betten.*

***Fort Williams Backpackers**, Alma Road, Fort William PH33 6HB, ✆ 01397 700711, 💻 www.scotlandstophostels.com, ⏲ ganzjährig, 38 Betten, ab 10 £.*

Bank Street Lodge, Bank Street, Fort William PH33 6AY, ✆ 01397 700070, 💻 www.bankstreetlodge.co.uk, 🕐 ganzjährig, 22 Zimmer, 60 Betten in Einzel-, Doppel- und Familienzimmer..

Ben Nevis Inn and Bunkhouse, Achintee Farm, Glen Nevis, Fort William PH33 6TE, ✆ 01397 701227, 💻 www.ben-nevis-inn.co.uk, 🕐 ganzjährig. Der Inn bietet tgl. 12-21 Uhr anständiges Pub-Food, gutes Ale und regelmäßig Live-Musik. Bunkhouse mit 20 Betten.

Camping/Caravan/Ferienpark

****-*****Linnhe Lochside Caravan & Chalet Park**, Corpach, Fort William PH33 7NL, ✆ 01397 772376, 🖷 01397 772007, 💻 www.linnhe-lochside-holidays.co.uk, schön gelegener Ferienpark, auch Chalets und Caravans zu mieten. Ab 415 £ (4-5 Pers.) / Woche.

Restaurant

Crannog Seafood Restaurant, Town Pier, ✆ 01397 705589, 💻 www.crannog.net. Beliebtes Fischrestaurant. Lunch günstig bis mittlere Preisklasse, Dinner mittlere Preisklasse.

Pubs

Einem am Tourismus orientierten Ort entsprechend, gibt es eine Reihe von Pubs. Gemütlich geht es in der großen **„Crofter Bar"**, im alten **„Ben Nevis"-Pub** und im **Maryburgh Inn**, dem ältesten Pub in Fort William. In den beiden letztgenannten Kneipen gibt es regelmäßig Live-Musik.

Öffentliche Verkehrsmittel

Busse von Inverness, Glasgow, Oban und Züge von Glasgow und Mallaig. Bahnhof und Busbahnhof liegen nahe beieinander am nördlichen Ende der High Street.

Fahrradverleih/Reparatur

Off Beat Bikes, 117 High Street, Fort William PH33 4DG, ✆/🖷 01397 704008. Fahrradverleih pro Tag 15 £, pro Woche 80 £.

Ski laufen / Wandern / Mountain Experience

Nevis Range, Torlundy, Fort William PH33 6SW, ✆ 01397 705825, 💻 www.nevisrange.co.uk. Nevis Range bietet nicht nur das höchste Ski-Gebiet in Schottland (siehe auch 💻 www.ski-scotland.com) sondern auch die einzige Gondola (tgl. 9.30-18 Uhr) auf den Aonach Mor (1221 m).Von dort aus kann man herrliche Ausblicke genießen. Auch bei Mountain Bikern ist Nevis Range beliebt. Nevis Range ist ganzjährig geöffnet und bietet zu jeder Jahreszeit wunderschöne Bergwelt. Auch Paragliding und Hangliding kann man hier ausprobieren. Auskunft, ✆ 01397 712188.

Ausflugstipp

Ein besonderes Highlight ist der **Jacobite Steam Train** von Fort William nach Mallaig. Die Strecke verläuft durch atemberaubende Landschaft und überquert das Glenfinnan-Viadukt, wobei man großartige Blicke auf den Loch Shiel genießen kann. An den schönsten Stellen wird angehalten, um den Passagieren die Möglichkeit zu geben, die beeindruckende Landschaft mit der Kamera festzuhalten. Die Dampflok verkehrt von Juni bis Mitte Oktober Mo-Fr, in den Sommerferien auch am So. Abfahrt von Fort William um 10.20, Ankunft Mallaig 12.25 Uhr. Nach 90-minütigem Aufenthalt geht es zurück nach Fort William, Ankunft 16 Uhr. Eine Rückfahrkarte kostet 27 £ für Erwachsene und 15.50 Pfund für Kinder. Vorausbuchungen sind erforderlich unter ✆ 01524 737751 / 737753 oder in der Tourist Information in Fort William . 💻 www.westcoastrailway.co.uk.

INFO

Informationen zum Caledonian Canal

„Würde man mich nach der romantischsten binnenländischen Fahrt in Europa fragen, würde ich für die Fahrt auf dem Caledonian Canal stimmen. Der Rhein kann da nicht mithalten. Die Gleichförmigkeit von Bergen, Schlössern und versprenkelten Weinbergen verliert auf Dauer ihre Reize und ermüdet... Aber der Great Glen, durch den der Caledonian Canal führt, ist lustvolle Extravaganz. Die Landschaft ist ... so reich an Abwechslung und fast furchterregend in ihrer wilden Herrlichkeit", so äußerte sich der englische Reiseschriftsteller Morton, als er in den 1920er Jahren den Caledonian Canal entlangfuhr.

Nicht zu Unrecht wird der Kanal auch heute noch als einer der schönsten Europas angesehen. Die hochaufragenden Berge und die engen Lochs geben beim Durchqueren des Kanals eine wunderbare Szenerie ab.

Der Caledonian Canal, ca. 100 km lang, führt von Inverness entlang des Great Glen und verbindet über drei langgestreckte Lochs – Loch Ness, Loch Oich und Loch Lochy – die Nordsee mit dem Atlantik. Über zwei Drittel des Kanals beruhen auf natürlichem Wasserweg. Bereits seit urgeschichtlichen Zeiten durchzieht der Graben (Great Glen) die Highlands vom Moray Firth im Nordosten zur Meeresbucht Loch Linnhe im Südwesten. Wahrscheinlich war er einst ganz mit Wasser gefüllt, doch hatten sich gegen Ende der letzten Eiszeit stellenweise Landmassen gehoben, so dass der alte Einschnitt auf die drei Lochs reduziert war.

Um einen durchgehenden Wasserweg von der Nordsee zum Atlantik herzustellen, musste ein insgesamt 35 km langer Kanal gebaut werden. Bereits 1773 wurden die ersten Vermessungen von James Watt durchgeführt. Jedoch erst Ende des 18. und Anfang des 19. Jh. konnte unter Thomas Telford im Zuge des umfassenden infrastrukturellen Ausbaus des schottischen Hochlandes der Kanal vollendet und 1847 eingeweiht werden.

Die größte technische Schwierigkeit bestand darin, die Höhenunterschiede zu überwinden. Allein bei Banavie war auf einer Distanz von nur 500 Metern eine Differenz von gut 20 Metern auszugleichen. Acht Schleusen, bekannt als **„Neptune's Staircase"**, wurden zu diesem Zweck errichtet. Die Arbeiten an der mit insgesamt 29 Schleusen bestückten, 6 Meter tiefen und bis zu 30 Meter breiten Wasserstraße schaffte für einige Jahre viele Arbeitsplätze, außerdem konnten die Fischer nun relativ ungefährlich vom Atlantik zur Nordsee gelangen und sich den gewaltigen und durch Strömungen bedingten gefährlichen Umweg über die schottische Nordküste sparen. Heute wird der Caledonian Canal ausschließlich von Freizeitkapitänen genutzt. An verschiedenen Stellen entlang des Kanals können Boote gemietet werden.

Glen Nevis

beliebt bei Filmemachern

Ganz in der Nähe von Fort William liegt eines der großen schottischen Glens, das wildromantische Glen Nevis. Eine ca. 12 km lange Stichstraße führt von Fort William in südöstlicher Richtung in das Glen. Aufgrund seiner Schönheit ist Glen Nevis auch bei Filmdirektoren beliebt, und so diente es als Kulisse sowohl in Rob Roy als auch in Braveheart. In und rund um das Glen gibt es zahllose Wandermöglichkeiten, unter anderem auf den Ben Nevis. Vom Busbahnhof in Fort William fahren Busse ins Glen Nevis bis zur Jugendherberge. Vom **Nevis Range** kann man mit einem Kabinenlift bis auf eine Höhe von knapp 650 m fahren. Die Fahrzeit beträgt 12 Minuten. Von der Plattform hat man einen herrlichen Blick über die Berge. Von dort beginnen ebenfalls verschiedene Wanderwege.

Wandern

Glen Nevis ist Ausgangspunkt für die Besteigung des Ben Nevis, mit 1.343 Metern der höchste Berg Großbritanniens. Die Tour beginnt an der Jugendherberge im Glen Nevis oder etwa 3 km vorher an einem Picknickplatz. Vom Gipfel hat man an schönen Tagen einen herrlichen Ausblick. Der Aufstieg ist relativ leicht zu bewältigen, so dass sich im Sommer bis zu 1.000 Wanderer tgl. den Berg hochbemühen. Trotzdem sollte man die Tour außerordentlich ernst nehmen, denn die Wetterumschwünge können dramatisch schnell gehen. Unverzichtbar sind eine gute Vorbereitung und Ausrüstung. Für den Auf- und Abstieg ist mit 6-8 Stunden zu rechnen. Als Karte wird OS Landranger Nr. 41 empfohlen.

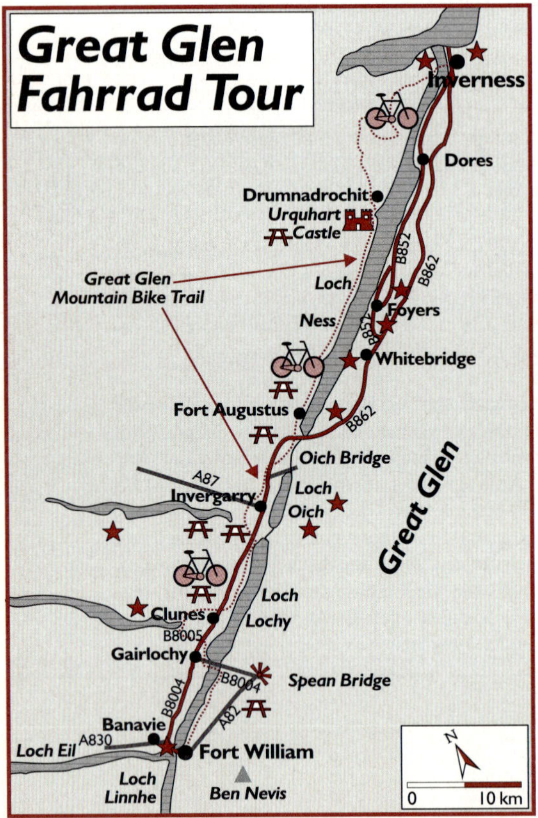

© igraphic

Rad fahren

Die gut durchorganisierte und ausgeschilderte Great Glen Cycle Tour führt von Fort William entlang der schönsten Abschnitte des Great Glen durch Wälder und ruhige Nebenstraßen bis nach Inverness. Die gesamte Strecke umfasst ungefähr 110 km. Karten: OS Travelmaster Nr. 2 und Landranger Nr. 41, 34 und 26. www.greatglenway.com.

Südwestlich von Fort William: Ardgour, Ardnamurchan und Morvern

Das Gebiet westlich von Fort William ist einer der abgeschiedensten Teile der Highlands, das sich vom Loch Ailort zur Morvern-Halbinsel und westlich bis zur wilden und wunderschönen Ardnamurchan-Halbinsel erstreckt. Diese einsame Ecke bietet eine dramatische Landschaft mit wilden Bergen, einsamen Mooren und verlassenen Tälern und wird von einer Küste mit weißen Sandstränden gesäumt. Es ist eine der am wenigsten bevölkerten Gegenden Schottlands. Während der Clearances wurden ganze Dörfer zerstört und ihre Bewohner vertrieben. Die Gegend bietet ausgezeichnete Wandermöglichkeiten.

abgeschieden

Ardgour

Ardgour ist ein dünn besiedeltes Gebiet, das an den Loch Shiel, Loch Eil, Loch Linnhe und Loch Sunart angrenzt. Von Kinlocheil nimmt man die A861 oder von Onich die Corran Ferry nach Corran. Strontian ist ein nettes Dorf am Ufer des Loch Sunart und hat einige Geschäfte, eine Tankstelle, ein Postamt und eine Touristeninformation sowie Übernachtungsmöglichkeiten zu bieten.

Reisepraktische Informationen Ardgour

Unterkunft

***The Inn at Ardgour €-€€**, Ardgour PH33 7AA, ✆ 01855 841225, 💻 www.ardgour.biz, 12 Zimmer, direkt am Anleger der Corran-Fähre am Ufer des Loch Linnhe gelegen.*

Morvern

Östlich von Strontian geht es durch die einsame Landschaft von Morvern nach Lochaline am Sound of Mull, dem Abfahrtspunkt der Fähre, nach Fishnish auf der Isle of Mull. Ungefähr 5 km vor Lochaline zweigt eine kleine Straße links ab, die entlang des Loch Aline zu den Ruinen von Ardtornish Castle (14. Jh.) führt. Das Ardtornish Estate (*💻 www.ardtornish.co.uk*) bietet Unterkünfte für Selbstversorger im Haupthaus und in Cottages auf dem Gelände.

Ardnamurchan

Die A861 verläuft westlich von Strontian entlang dem Nordufer von Loch Sunart nach Salen, wo die einspurige B8007 westlich abgeht und bis zur Spitze der Halbinsel führt. Die A861 hingegen verläuft weiter nordwärts nach Acharacle.

Kurz vor **Glenborrodale** sieht man linkerhand die Türme des spätviktorianischen **Glenborrodale Castle**, wo auch Übernachtungsmöglichkeiten bestehen (*💻 www.glenborrodalecastle.com, ✆ 01972 500275, 510208. Es gibt 16 Zimmer sowie Unterkunft für Selbstversorger*).

Naturkundliches

Westlich von Glenborrodale befindet sich das ausgezeichnete **Glenmore Natural History Centre**, wo man sich über Flora und Fauna der Gegend informieren und die wunderschönen Naturfotografien von Michael McGregors bewundern kann. In den 1990er Jahren schuf Michael hier zusammen mit seiner Frau Karen das „Living Building", ein „lebendes" Haus *(✆ 01972 500209, ⏲ April bis Oktober 10.30-17.30 Uhr, So 12-17.30 Uhr)*.

2 km östlich befindet sich ein RSPB-Naturschutzgebiet, wo mit etwas Glück Goldadler, Otter und Seehunde zu sehen sind. Ardnamurchan Charters in Glenborrodale *(✆ 01972 500208)* bieten 2-stündige Touren zu den Seehund-Kolonien. Es gibt auch Tagetouren nach Staffa und den Treshnish Isles. Zwischen Glenborrodale und Kilchoan führt eine Straße zur Nordküste der Halbinsel und zu den schönen Stränden in Fascadale, Kilmory und Ockle.

Kilchoan ist der „Hauptort" der Ardnamurchan-Halbinsel mit einer Burgruine aus dem 13. Jh. und einer Touristeninformation *(✆ 01972 510222)*. Die Auto- und Passagierfähre fährt von hier nach Tobermory auf der Isle of Mull. Die Überfahrt (bis zu 7x tgl.) dauert 35 Minuten. Zwei km NW Kilchoan führt eine Straße zu dem wunderschönen weißen Sandstrand in Sanna Bay. Während eines Strandspazierganges kann man manchmal Wale und Delfine sehen.

schöner Strand

Reisepraktische Informationen Kilchoan

Unterkunft / Restaurant

***Meall Mo Chridhe**, Stella und David Cash, Kilchoan, Acharacle, Argyll PH36 4LH, ✆/🖷 01972 510238, 💻 www.meallmochridhe.com, ⏲ ganzjährig. Meall Mo Chridhe bedeutet „Kleiner Hügel meines Herzens" und ist ein reizendes Haus von 1790, wunderschön gelegen mit herrlicher Aussicht über Kilchoan und hinüber zur Isle of Mull. Hervorragende schottische Küche sowie gemütliche Unterkunft in 3 Zimmern. Mittlere Preisklasse.*

Leuchtturm

Hinter Kilchoan führt die Straße zum Leuchtturm am westlichsten Punkt des britischen Festlandes, dem **Ardnamurchan Point**. Der Leuchtturm ist einer der vielen, die von der Stevenson-Familie konstruiert wurden. Dieser ist jedoch insofern einzigartig, als er im ägyptischen Stil erbaut wurde. Der Leuchtturm kann besichtigt werden und bietet eine Ausstellung über die Arbeit der Leuchtturmwärter, ein kleines Café und eine Aussichtsterrasse *(✆ 01972 510 210, ⏲ April bis Oktober tgl.)*.

N Salen an der A861 liegt am westlichen Ende des Loch Shiel das winzige, von Hügeln umgebene Dorf **Acharacle** und westlich davon die wunderschöne **Kentra Bay**. Ein herrlicher Weg (5 km) führt von Arivegaig entlang der Kentra Bay zu den berühmten **„singing sands"** *(💻 www.walking.visitscotland.com, Karte OS Explorer Nr. 390)*. Die „Musik" des Meeres und die Blicke hinüber zur Isle of Skye und den anderen kleinen Inseln ist ein Fest für Augen und Ohren. 5 km N Acharacle liegt **Loch Moidart**, in dessen Mitte auf einem Felsen die Ruinen von **Castle Tioram** stehen. Castle Tioram wird oft als eine der romantischsten Burgruinen Schottlands beschrieben.

Von Fort William zur Isle of Skye

Die A830 nach Mallaig (70 km)

Besucher, die möglichst rasch zur Insel Skye gelangen oder eine der anderen Hebridenfähren erreichen möchten, folgen in Fort William in westlicher Richtung der A830 nach Mallaig, aber **Achtung:** Wenn man in Mallaig eine bestimmte Fähre erreichen möchte, sollte man für die Fahrt von Fort William nach Mallaig vorsichtshalber 1 ½ Stunden einplanen, denn es gibt streckenweise keine Überholmöglichkeiten.

Die A830 ist eine wunderschöne Strecke (insbesondere mit dem Zug!) durch eine geschichtsträchtige Landschaft. Dies hier ist Bonnie Prince Charlie-Land: Hier begann der Aufstand der Jakobiter und hier endete er mit der Flucht Bonnie Prince Charlies nach Frankreich.

geschichtsträchtig

Das **Glenfinnan Monument**, 30 km W Fort William, erinnert an den Aufstand der Jakobiter. Charles Edward Stuart begann hier am 19. August 1745 mit einigen wenigen Gefolgsleuten seinen Feldzug, der zunächst erfolgreich begann und in der schrecklichen Niederlage bei Culloden sein Ende nahm. Die Gedenkstätte mit der Statue eines Highlanders wurde 1815 errichtet. Man kann auf die Spitze des Denkmals klettern, wo man einen schönen Blick auf den Loch Shiel hat. Das nahe gelegene Viadukt wird Harry Potter Fans bekannt vorkommen. Auf der anderen Straßenseite informiert das **NTS Besucherzentrum** über den Beginn der Jakobiteraufstände bis zu ihrer Niederlage in Culloden *(✆ 01397 722250, 💻 www.nts.org.uk, 🕐 April bis Oktober 10-17 Uhr, Juli und August 9.30-17.30 Uhr, November nur Sa, So 10-16 Uhr).*

In **Glenfinnan Village** ist im Bahnhofsgebäude das **Station Museum** untergebracht, wo es Erinnerungsstücke an die 100jährige Geschichte der berühmten Bahnstrecke zwischen Fort William und Mallaig zu bestaunen gibt. Ein Speisewagen aus den 1950er Jahren wurde zum Restaurant umgebaut, und in einem Schlafwagen von 1958 können bis zu 10 Personen übernachten *(✆ 01397 722295, 💻 www.road-to-the-isles.org.uk, 🕐 Juni bis Anf. Oktober).*

Eisenbahnmuseum

Am westlichen Ende der **Morar Peninsula** liegt das winzige Dorf **Arisaig** rund um eine kleine Sandbucht. Auf der Rhue-Halbinsel, westlich davon, kann man gut Seehunde beobachten. Von hier aus werden auch Bootstouren zu den Inseln Rum, Eigg und Muck gemacht *(Auskunft: Murdo Grant, ✆ 01687 450224).*

Die Küstenlinie zwischen Arisaig und Morar ist mit ihren herrlichen Sandstränden und den fantastischen Ausblicken auf die Cuillins of Skye und hinüber nach Rum einer der schönsten Abschnitte der gesamten britischen Küste. Im Sommer ist der Küstenabschnitt recht belebt.

Die A830 endet in **Mallaig**, einem belebten Fischerort mit 1.000 Einwohnern und Hauptabfahrtsort für die Fähren zu den Inseln. Nicht sonderlich ansprechend, ist

Mallaig aber stets voll mit Urlaubern oder Einheimischen, die auf die Fähren oder auf den Zug nach Fort William warten.

Im **Mallaig Heritage Centre** kann man sich über die Geschichte von Knoydart, Morar und Arisaig informieren *(Station Road, Mallaig PH41 4PY, ✆ 01687 462085, 💻 www.mallaigheritage.org.uk. 🕐 April bis Oktober Mo-Sa 10-17 Uhr, Juli bis September auch So, November bis März Mi-Sa 12-17 Uhr).*

Reisepraktische Informationen Mallaig

Information
TIC, *Mallaig, Inverness-shire PH41 4SQ, ✆ 01687 462170, 💻 www.road-to-the-isles.org.uk*

Unterkunft
*Zahlreiche B&Bs, Gästehauser und Hotels. Direkt neben dem Fähranleger liegt das *****Marine Hotel €€***, Mallaig PH41 4PY, ✆ 01687 462217, 🖷 01687 462821, ein modernes Hotel und Restaurant im Familienbetrieb mit 19 Zimmern.*

Verkehrsverbindungen
Bus- und Zugverbindungen nach Fort William und Glasgow. Fährverbindungen mit Calmac auf die Small Isles und nach Armadale, Isle of Skye (💻 www.calmac.co.uk). Auch von Arisaig, wenige km S Mallaig, gibt es Boote zu den Small Isles, ✆ 01687 450224.

Die Knoydart-Halbinsel
(Info: www.knoydart-foundation.com)

zwischen „Himmel und Hölle“

Die Knoydart-Halbinsel gilt als die unberührteste Gegend in ganz Großbritannien. Sie liegt sozusagen zwischen „Himmel und Hölle“, im Norden durch den Loch Hourn (Loch of Hell) und im Süden durch den Loch Nevis (Loch of Heaven) begrenzt. Die Halbinsel kann nur zu Fuß oder per Boot erreicht werden und ist dementsprechend attraktiv für Wanderer, die gerne tagelang wandern, ohne dabei einer Menschenseele zu begegnen. Eine zweitägige Wanderung beginnt bei **Kinloch Hourn** (von der A87 zweigt eine Sackgasse ab, die sich 30 km entlang des Loch Garry und Loch Quoich bis nach Kinloch Hourn windet). Von dort führt der Weg über **Barrisdale** *(💻 www.barrisdale.com/kinhourn)* nach **Inverie**. Inverie ist der einzige Ort in Schottland, der nicht per Straße erreicht werden kann. Trotzdem gibt es hier für die rund 70 Einwohner eine Post, einen Laden, einige Übernachtungsmöglichkeiten und einen Pub, The Old Forge *(✆ 01687 462267)*.

Eine andere Route über die Halbinsel beginnt am westlichen Ende vom Loch Arkaig und verläuft durch das Glen Dessarry.

Beide Touren sind nur für geübte Wanderer zu empfehlen. Eine leichtere Methode, diesen Landstrich kennenzulernen, ist per Boot. Bruce Watt Sea Cruises fahren von Mallaig nach Inverie *(✆ 01687 462320, 💻 www.road-to-the-isles.org.uk/watt)*. Außerdem gibt es eine winzige Fähre von Arnisdale vom Nordufer des Loch Hourn nach Barrisdale *(Auskunft: Murray Morrison, Arnisdale, ✆ 01599 522352, 522774, 💻 www.arnisdaleferryservice.com)*.

Die A82 und A87 (bzw. A887) nach Kyle of Lochalsh

(116 km bzw. mit Besichtigung von Fort Augustus 145 km)

Spean Bridge

Am Fuße der Lochaber Mountains liegt das Dorf Spean Bridge. Der Name stammt von Thomas Telfords Brücke über den Fluss Spean. Nur 12 km von Fort William entfernt, ist das Dorf im Sommer recht voll, aber trotzdem noch eine gute Alternative zu Fort William, um die herrliche Landschaft der Umgebung zu erkunden oder als Ausgangspunkt für den wunderbaren **Grey Corries Ridge Walk** (🖳 *www.walking.visitscotland.com)*. Es gibt viele Übernachtungsmöglichkeiten und eine Touristeninformation hier sowie einen regelmäßigen Bus- und Bahnservice von und nach Fort William.

2 km N Spean Bridge erhebt sich das **Commando Memorial**. Das Denkmal wurde 1952 von dem Bildhauer Scott Sutherland errichtet. Die Skulptur stellt eine Gruppe von Infanteristen dar und erinnert an die gefallenen schottischen Soldaten des 2. Weltkrieges. In dieser Gegend wurden während des 2. Weltkrieges britische Soldaten auf ihre Himmelfahrtskommandos vorbereitet. Von dem Denkmal hat man an klaren Tagen einen wunderbaren Blick auf den Ben Nevis. Das **Clan Cameron Museum**, informiert über die Geschichte des Clan Cameron *(Achnacarry, Spean Bridge, ✆ 01397 712090, 🖳 www.clan-cameron.org, 🕐 April bis Mitte Oktober tgl. 13.30-17 Uhr, im Juli und August 11-17 Uhr).*

Krieger-denkmal

Reisepraktische Informationen Spean Bridge

Information

TIC, *Spean Bridge, Inverness-shire PH34 4EP, ✆ 01397 712576.*

Unterkunft

******Corriegour Lodge Hotel €€-€€€**, *Loch Lochy, bei Spean Bridge, Inverness-shire PH34 4EB, ✆ 01397 712685, 🖷 01397 712696, 🖳 www.corriegour-lodge-hotel.com, 🕐 Februar bis Dezember, 18 Zimmer, wunderschön gelegenes viktorianisches Haus, ungezwungene und freundliche Atmosphäre. Sehr gute Küche.*

******Corriechoille Lodge €€**, *Spean Bridge PH34 4EY, ✆/🖷 01397 712002, 🖳 www.corriechoille.com, 🕐 April bis Oktober Mi-So, 4 Zimmer. Wunderschön gelegenes und behagliches Gästehaus im Familienbetrieb. Hier gibt es außerdem 2 Lodges für Selbstversorger.*

Jugendherberge

****Loch Lochy Y.H.**, *South Laggan, Spean Bridge PH34 4EA, ✆ 0870 0041135, 🖳 www.syha.org.uk und www.lochlochy.com, 🕐 April bis Ende Oktober, 58 Betten.*

Restaurant

******Old Pine Hotel and Restaurant**, *Spean Bridge, ✆ 01397 712324, 🖳 www.oldpines.co.uk. Wunderbar entspannendes und behagliches, sehr kinderfreundliches Hotel mit speziellen Familiensuiten. Frische Zutaten und schottische Produkte bilden die Grundlage der Kochkunst des Restaurants. Mittlere bis gehobene Preisklasse.*

Von Spean Bridge biegt die B8004 westlich nach **Gairlochy** ab und von dort die B8005 nördlich zum **Loch Arkaig**. Loch Arkaig ist ein langgestreckter und dunkler Loch, der sich westlich durch die Berge zieht. Hinter der Abzweigung nach **Achnacarry** führt eine einspurige Straße durch den **Clunes Forest** und entlang der **„Dark Mile"**, einer Straße, die von derart hohen Buchen gesäumt wird, dass kein Tageslicht durchdringen kann. Am Ostende des Loch Arkaig führt eine Steinbrücke über den **Caig Burn**. Neben der Brücke ist ein Parkplatz, von wo ein Pfad zu den spektakulären **Cia-Aig-Falls** führt.

wunderschöne Landschaft

In **Invergarry** hat man die Möglichkeit, auf die A87 abzubiegen, oder aber man nimmt wenige Kilometer hinter Fort Augustus die A887, welche später auch auf die A87 trifft. Beide Routen sind gleichermaßen beeindruckend. Im Dorf selber gibt es nicht viel zu sehen, aber die Umgebung lohnt sich, insbesondere die westliche Route durch das **Glen Garry**. Die Ruinen des Invergarry Castle sind Teil des Glengarry Castle Hotels.

beliebter Fotostopp

Ungefähr 10 km W Invergarry an der A87 gelangt man zum berühmten **Glen Garry Viewpoint**, von wo aus der Loch Garry wie eine Landkarte Schottlands aussieht. Der Glen Garry Viewpoint ist ein beliebter Fotostopp.

Zwischen Invergarry und Fort Augustus sowie nach Kinlochourn verkehrt ein Postbus *(✆ 01246 546329)*.

Reisepraktische Informationen Invergarry

Unterkunft

********Glengarry Castle Hotel €€-€€€**, Invergarry PH35 4HW, ✆ 01809 501254, 🖷 01809 501207, 💻 www.glengarry.net, 🕐 März bis November, 26 Zimmer, sehr ruhig im Wald am Ufer des Loch Oich gelegenes, schlossähnliches Landhaushotel im Familienbetrieb. Hervorragender Ausgangspunkt für Touren in die Umgebung.*

******Invergarry Hotel €€**, Invergarry PH35 4HJ, ✆ 01809 501206, 🖷 01809 501400, 💻 www.invergarryhotel.co.uk, 🕐 ganzjährig, 10 gemütlich eingerichtete Zimmer. Wunderschönes viktorianisches Country Hotel.*

Fort Augustus (48 km N Fort William) ist ein am Südende des Loch Ness gelegener kleiner, freundlicher Ort. Im Ortszentrum befinden sich fünf Schleusen, mittels derer die Freizeitsegler vom Niveau des Loch Ness auf die Höhe des Caledonian Canal herabgesenkt werden. Im Zuge des großangelegten Erfassungsprogramms errichtete General Wade 1729 das Fort als sein Standquartier. Die Befestigungsanlage wurde mehrfach angegriffen und schließlich zerstört. 1876 wurden die Ruinen dem Benediktinerorden übergeben.

Benediktinerkloster

Reisepraktische Informationen Fort Augustus

Information

***TIC**, Car Park, Fort Augustus, Inverness-shire PH32 4DD, ✆ 01320 366367, 💻 www.visithighlands.com.*

Unterkunft

Zahlreiche Hotels, Gästehäuser, B&Bs, Unterkünfte für Selbstversorger und Hostels, u.a.:

**** **Morag's Lodge** €, Bunnoich Brae, Fort Augustus PH32 4DG, ✆ 01320 366289, 📠 01320 366702, 💻 www.moragslodge.com oder www.radicaltravel.com, ⏲ ganzjährig, 53 Betten in Doppel- und Mehrbettzimmern. Am Great Glen Way gelegen.

Einkehren

The Lock Inn and Gilliegorm, *Canalside, ✆ 01320 366302, traditioneller Highland-Pub und nettes Restaurant. Günstig*
The Neuk, Bar, Restaurant und Internet-Café, *Canalside, ✆ 01320 366208. Im Sommer auch Bänke draußen. Kleine Snacks und Take Away. Günstig.*

Öffentliche Verkehrsmittel

Mehrmals tgl. Busse nach Fort William oder nach Inverness, die Fahrt in jede Richtung dauert eine Stunde. Außerdem tägliche Busverbindungen zwischen Fort Augustus und Invergarry.

Bootstouren auf dem Loch Ness

Die Loch Ness Ferry Co (✆ 01223 208939) fährt stündlich ab 10 Uhr zwischen April und Oktober. Abfahrt vom Anleger auf dem Klostergelände. Die Fahrt dauert 50 Minuten. Das gleiche Unternehmen bietet auch einen Fahrradverleih.

Die A87, auch *Road to the Isles* genannt, ist eine der Haupttouristenstrecken in den Highlands und verbindet den Great Glen mit der Westküste und der Isle of Skye. Sie verläuft westlich von Invergarry durch das **Glen Moriston** und **Glen Shiel** nach Shiel Bridge am Kopfe des **Loch Duich** und weiter nach Kyle. Selbst im Hochsommer kann man hier schneebedeckte Berge bestaunen. Glen Shiel ist als Wandergegend beliebt. Im Norden sieht man die Bergkette **Five Sisters of Kintail**, im Süden das **South Glen Shiel Ridge**. Der **Falls of Glomach**, nördlich des Gebirges, ist einer der höchsten Wasserfälle Großbritanniens. Die Berge rund um Glen Shiel sind nur für geübte Wanderer zu empfehlen. In der kleinen Siedlung Shiel Bridge ist dann die tief ins Land reichende Meeresbucht **Loch Duich** erreicht.

Schnee im Hochsommer

In **Shiel Bridge** biegt eine unbezeichnete einspurige Straße nach **Glenelg** ab, von wo man nach Skye übersetzen kann. Diese Strecke ist sicherlich die schönste, um die Isle of Skye zu erreichen. Die Straße steigt steil hinauf zum Mam Ratagan Pass. Der Blick von hier zurück über den Loch Duich auf die Five Sisters of Kintail ist einfach atemberaubend. Von dort geht es hinunter durch das **Glen More** nach Glenelg.

Autofähre nach Skye

Die Gegend rund um Glenelg ist für ihre reiche Fauna bekannt: Otter, eine Vielzahl an Seevögeln, Seehunde, und wenn man Glück hat, kann man Wildkatzen und Goldadler sowie die erst jüngst wieder eingeführten Seeadler sehen. Das Dorf selber besteht aus einer Reihe an weiß gekalkten Cottages und einigen modernen Hausern, einem Laden, einer Schule sowie den Ruinen der Bernera Barracks aus dem 18. Jh. Die schönste Unterkunft ist das gemütliche Glenelg Inn, aber auch wenn man nicht übernachtet, lohnt es sich, hier zum (Fisch-) Essen einzukehren. Die Überfahrt von Glenelg nach Kylerhea dauert 5 Minuten. *Die Fähre kann 6 Autos mitnehmen und fährt zwischen April u. Oktober (8.50 £/Auto plus Passagiere).*

Fisch essen!

Reisepraktische Informationen Glenelg

Unterkunft

***Glenelg Inn €€-€€€**, Glenelg IV40 8JY, ✆ 01599 522273, Fax 01599 522283, www.glenelg-inn.com, April bis Oktober, 7 Zimmer. Von Bill Bryson empfohlen.*

******Mrs. Chisholm €**, Galder, Glenelg IV40 8JZ, ✆ 01599 522287, ganzjährig, 3 Zimmer*

Von Glenelg geht es südlich entlang Sandaig Bay und dem Nordufer von Loch Hourn nach **Arnisdale**. Eine Abzweigung nach 3 km führt links zu den **Glenelg Brochs**, zwei gut erhaltenen Gebäuden aus der Eisenzeit. Von Arnisdale gibt es eine kleine Fähre nach Barrisdale auf der Knoydart-Halbinsel.

Zurück auf der A87, 15 W Shiel Bridge, beeindruckt **Eilean Donan Castle** (Eilean = gäl. für Insel). 1220 errichtet, liegt die Burg vor einer spektakulären Bergkulisse, am Schnittpunkt des Loch Duich und des Loch Alsh auf einer kleinen Insel. Im frühen 18. Jh. wurde Eilean Donan Castle von einem englischen Kriegsschiff aus fast völlig zerstört, zwischen 1912 und 1932 jedoch komplett wieder aufgebaut. Mittlerweile ist die Burg durch eine mehrbogige Brücke erreichbar. Eilean Donan Castle ist die besterhaltene und einzig bewohnbare Burg in den Highlands und eines der beliebtesten Fotomotive in ganz Schottland (*✆ 01599 555202, www.eileandonancastle.com, April bis Oktober tgl. 10-17.30 Uhr*).

Eilean Donan Castle

Kurz vor Kyle of Lochalsh kann man sich in den schönen **Lochalsh Woodland Gardens** mit seinen vielen verschiedenen, prächtig blühenden Pflanzen, nach einer langen Autofahrt herrlich die Beine vertreten (*www.nts.org.uk, ganzjährig*

9 Uhr bis Sonnenuntergang). **Kyle of Lochalsh** hat 1.500 Einwohner und liegt an der Meerenge Kyle zur Insel Skye. Bevor die Brücke nach Skye gebaut wurde, war Kyle der Abfahrtsort für die Fähre zur Isle of Skye und dementsprechend heftig von Urlaubern frequentiert. Nicht gerade der schönste Ort in Schottland, gibt es hier jedoch eine Anzahl an Übernachtungsmöglichkeiten und Lokalen.

Reisepraktische Informationen Kyle of Lochalsh und Umgebung

Information

***TIC**, Car Park, Kyle of Lochalsh, Ross-shire IV40 8AQ, ✆ 01599 534276*

Unterkunft

***** Kyle Hotel** *€€, Main Street, Kyle of Lochalsh, Ross-shire IV40 8AB, ✆ 01599 534204, 🖷 01599 534932, 💻 www.kylehotel.co.uk, 🕐 ganzjährig, 31 Zimmer. Unweit des Fähranlegers gelegenes gediegenes Hotel und Restaurant.*

*****Conchra House** *€€, Ardelve, Dornie, Ross-shire IV40 8DZ, ✆ 01599 555233, 🖷 01599 555433, 💻 www.conchrahouse.co.uk, 🕐 ganzjährig, 6 Zimmer. Das wunderschöne, ehemalige Jagdhaus, erbaut 1760, liegt 12 km von Kyle of Lochalsh entfernt und bietet herrlich komfortable Unterkunft. Kinderfreundlich.*

Einkehren

The Seafood Restaurant, *Railway Station, Station Road, ✆ 01599 534813, 💻 www.the-seafood-restaurant.co.uk*

Öffentliche Verkehrsmittel

Bus:** Scottish Citylink fährt mehrmals täglich von Inverness nach Kyle (2 Std.), von Glasgow über Fort William (5 Std.) und von Edinburgh über Fort William (6 Std.). Diese Busse fahren weiter nach Portree und nach Uig zu den Fähren nach Harris und North Uist.* ***Eisenbahn: *Obwohl nicht ganz so spektakulär wie die Fahrt von Fort William nach Mallaig, bietet jedoch auch die Fahrt von Inveress nach Kyle of Lochalsh wunderschöne Panoramen. Der Zug fahrt zweimal täglich zwischen Mai und September und benötigt 2 ½ Std..*

Unternehmungen / Besichtigungen

***Atlantis**, Glass Bottom Boat-trips, tgl. regelmäßige Abfahrten, ✆ 0800 9804846, 💻 www.seaprobeatlantis.com. Während der Tour kann man die bunte Unterwasserwelt kennenlernen.*

***The Great Highland Railway Journey**, tgl. Kyle of Lochalsh nach Inverness: Abfahrt Inverness 8.53 Uhr und 14.25 Uhr. Abfahrt Kyle of Lochalsh 07.23 Uhr und 11.55 Uhr. Die Fahrt dauert 2 1/2 Std. (So andere Fahrzeiten). Auskunft: 01599 534824 oder National Rail Enquiries ✆ 08457 484950. In Kyle of Lochalsh gibt es ein kleines **Museum** am Bahnhof (tgl. 11-17.15 Uhr) über die Geschichte dieser Eisenbahnstrecke und im angeschlossenen Shop kann man Kunsthandwerkliches erstehen. Möchte man nicht die gesamte Strecke fahren, lohnt sich auch die 90 min. Teilstrecke von Kyle nach Strathcarron und zurück. Abfahrt Kyle 11.55 Uhr.*

Plockton ist seit jeher eines der beliebtesten Dörfer in den Highlands. Pittoresk und malerisch schmiegen sich die niedlichen, kleinen Cottages mit ihren schönen Vorgärten und Palmen rund um die Bucht. Im Hafen liegen kleine Boote, und der Ausblick über den Loch Carron auf die dahinterliegenden Berge ist traumhaft. Rund um das Dorf gibt es schöne Spaziermöglichkeiten, zum Beispiel auf den Frithard Hill oder entlang des Strandes. Plockton ist bei Künstlern sehr beliebt, die *beliebtes Dorf* von der herrlichen Lage und dem einmaligen Licht begeistert sind und ihre Werke in den ansässigen Galerien verkaufen.

Reisepraktische Informationen Plockton

Unterkunft

*******Plockton Hotel** *€€, Harbour Street, Plockton, Ross-shire IV52 8TN, ✆ 01599 544274, 🖷 01599 544475, 💻 www.plocktonhotel.co.uk. Kleines freundliches Hotel mit 11 Zimmern, herrlich direkt am Ufer des Loch Carron gelegen. Schöner Biergarten.*

Es gibt zahlreiche B&Bs sowie Unterkünfte für Selbstversorger, außerdem ein Hostel, das ***Station Bunkhouse****, 20 Betten, ganzjährig. ✆ 01599 544235.*

Öffentliche Verkehrsmittel

Es gibt keine Busverbindung nach Plockton, doch der Ort liegt an der Bahnstrecke Inverness – Kyle of Lochalsh.

Bootstrips

✆ 01599 544306, 💻 www.calums-sealtrips.com, Ostern bis Oktober tgl. ab 10 Uhr. Lang etablierte 1-stündige Bootstouren mit „Geld zurück-Garantie": werden keine Seehunde gesichtet, gibt es das Geld zurück. Erwachsene 7 £, Kinder 4.50 £.

Von Fort William entlang Loch Ness nach Inverness

Reisende, die auf einen Besuch der Hebriden-Inseln verzichten, fahren via Fort Augustus den Loch Ness entlang nach Inverness, wobei die B862 / 852 (weitgehend einspurig) an der Ostseite des Loch Ness viel schöner als die befahrene A82 ist. In dem kleinen Dorf Foyers lohnen die **Falls of Foyers**, ein über 30 Meter langer Wasserfall, einen Blick. Am Dores Inn Beach (12 km S Inverness), befindet sich ein guter Fotostopp. Im „Dores Inn" *(✆ 01463 751203)* gibt es ein gutes Ale und anständiges Pub-Essen. Man kann auch draußen sitzen und die schöne Landschaft genießen. Von Dores kann man entweder weiter nach Inverness fahren oder durch das Stratherrick Valley zurück nach Fort Augustus. Von Errogie am nördlichen Ende des **Loch Mhor** führt ein fantastischer Streckenabschnitt mit vielen Serpentinen hinunter zum Loch.

Serpentinen

Reisepraktische Informationen Whitebridge

Unterkunftsempfehlung

******Whitebridge Hotel** *€, Whitebridge, Inverness IV1 2UN, ✆ 01456 486226, 🖷 01456 486413, April bis Dezember, 12 Zimmer. Langetabliertes Hotel (Familienbetrieb) am Fuße der Monadhliath Mountains. Die Gegend ist bestens zum Forellenangeln geeignet.*

Entscheidet man sich allerdings für die A82, kommt man nach **Invermoriston**, einem niedlichen Dorf zwischen Drumnadrochit und Fort Augustus mit einer malerischen Steinbrücke und ausgeschilderten Wanderwegen. Von hier verläuft die A887 in westliche Richtung, durch das Glen Moriston, um auf die A87 zu treffen, die von Invergarry durch das Glen Shiel nach Kyle of Lochalsh verläuft.

Reisepraktische Informationen Glenmoriston

Jugendherberge
***Loch Ness Y.H., Glenmoriston IV63 7YD, ✆ 0870 0041138, www.syha.org.uk, 50 Schlafplätze, auch Familienzimmer, Mitte April bis Oktober.*

Loch Ness

Wo ist Nessie?

Der wohl berühmteste Loch ist nur 1 ½ km breit, 38 km lang und 220 Meter tief, umfasst allerdings das größte Wasservolumen aller britischen Seen. Der See ist Teil des Great Glen, jenes großen Grabens, der vor ca. 2 Millionen Jahren aufbrach und die Highlands vom Nordosten nach Südwesten durchschnitt. Aus dieser Ent-

INFO

Nessiterras Rhombopteryx, das rhombenförmige Ness-Wunder – auch „Nessie" genannt

Wer oder was ist Nessie? (*www.nessie.co.uk*)

Durch das Ungeheuer „Nessie" erlangte Loch Ness Weltberühmtheit. Das Monster ist verantwortlich für die magische Anziehungskraft, die der See seit Jahrzehnten auf den Fremdenverkehr ausübt.

Die Theorien reichen von wissenschaftlichen Erklärungen eines frühzeitliches Lebewesens, das durch das Zurückweichens der Gletscher hierhin geriet und erst nach der letzten Eiszeit wieder aufgetauchte, bis hin zum einfachen Baumstamm, der auf dem Wasser treibt. Der Spuk um das seltsame Lebewesen dauert bereits jahrhundertlang an, denn bereits im Jahre 565 soll ein tobendes Ungeheuer einen Menschen am Ufer des Sees angegriffen haben.

1933 wurde die neue Straße (A82) entlang der Nordküste des Sees eröffnet, und in der Folgezeit waren die Zeitungen voll von Berichten über spektakuläre „Sichtungen" im Loch Ness. Einige Augenzeugen beharren sogar darauf, dass es sich nicht nur um ein Ungeheuer, sondern gleich um eine ganze Kolonie an Ungeheuern handele. Den Höhepunkt der Nessie-Manie brachte eine Fotoaufnahme von 1934 mit einem seepferdchenähnlichen Gebilde, dessen langer Hals aus dem Wasser ragt. Es konnte nachgewiesen werden, dass die Aufnahme nicht manipuliert war. Eine Erklärung musste her, und so versuchte man mit immer raffinierteren Methoden wissenschaftlicher und unwissenschaftlicher Art, Nessie auf die Schliche zu kommen. Ziel des in den 60er Jahren gegründeten „Loch Ness Investigation Bureau" war die systematische Untersuchung des gesamten Loch Ness, und renommierte Wissenschaftler versuchten, unter Einsatz von Spitzentechnologie das Leben unter der Wasseroberfläche zu erforschen.

Die Ungewissheit bleibt, die Touristen kommen und hoffen und die Souvenirindustrie blüht!

Nessi

stehungsgeschichte erklärt sich das ungewöhnlich ebenmäßige und grabenförmige Profil. Von Inverness und Drumnadrochit werden tgl. Ausflugsfahrten veranstaltet. An verschiedenen Stellen kann man auch selbst Boote chartern. Die Bootstouren werden meist mit der Besichtigung von **Castle Urquhart** *(3 km S Drumnadrochit)* verbunden, einer malerisch auf einer Landzunge über dem Loch gelegenen Burgruine. Einst eines der größten Castles in Schottland, ist Castle Urquhart ein beliebtes Fotomotiv *(☎ 01456 450551, ⌚ April bis Oktober tgl. 9.30-18 Uhr, Oktober bis März tgl. 9.30-17 Uhr, letzter Einlass 45 Min. vorher).*

Monsterausstellungen

Drumnadrochit (32 km N Fort Augustus, 15 km S Inverness) wird vollständig vom Monster beherrscht. Im *The Original and Official Loch Ness Monster Visitor Centre* gibt es eine Ausstellung mit „Beweisen" für die Existenz des lieben Ungeheuers und natürlich kann man im Souvenir-Shop Nessie in allen nur denkbaren Größen und Formen erwerben *(beim Loch Ness Lodge Hotel, Drumnadrochit, ☎ 01456 450342, 💻 www.lochness-centre.com. ⌚ tgl.).*

Für den besonders großen Hunger

Reisepraktische Informationen Drumnadrochit

Information

i **TIC**, *The Car Park, Drumnadrochit, Inverness-shire IV3, ☎ 01456 459086, ⌚ ganzjährig.*

Unterkunft

*****Polmaily House Hotel €€**, *Drumnadrochit, IV3 6XT, ☎ 01456 450343, 🖷 01456 459476, 💻 www.polmaily.co.uk, ⌚ ganzjährig, 9 Zimmer. Lang etabliertes, herrlich gelegenes Landhaushotel im Familienbetrieb mit gutem Restaurant. Voller Charakter und sehr kinderfreundlich. Viele Aktivitäten für die Kleinen, z.B. im „Monster Club". Es gibt Tiere zum Streicheln, ein Schwimmbad und Fahrradverleih. Kinder bis 5 Jahre kostenlos.*

***** **Millness Croft €€**, *Neil and Justine Akeroyd, Glen Urquhart, Inverness IV63 6TW, ☎/🖷 01456 476761, 💻 www.millnesscroft.co.uk. ⌚ ganzjährig. Die im Familienbetrieb geführte Farm liegt einzigar-*

tig zwischen Bergen, Moor und Farmland. Auf dem Grundstück befinden sich 3 luxuriös und stilvoll eingerichtete Cottages (2 Cottages I DZ plus I Twin sowie I Cottage mit I DZ) mit Terrasse und Blick ins Grüne. Millness Croft bietet herausragende Unterkunft für Selbstversorger, entweder zur Entspannung vor Ort oder als Ausgangspunkt für Unternehmungen oder Wanderungen in der herrlichen Umgebung. Liebevoll kümmern sich die Eigentümer persönlich um das Wohl ihrer Gäste. 500-900 £ / Woche.

Nessi Souvenirs

Tigh na Bruaich B&B €, Eileen Miller, Glen Urquhart, nr. Drumnadrochit, Loch Ness IV63 6TH, 5 Min. von Drumnadrochit, sehr idyllisch gelegen, 2 hell und freundlich ausgestattete Zimmer und üppiges Frühstück

Einkaufen

Hector Russell Kiltmaker, Loch Ness Monster Centre, Hotel, Restaurant, Bar, 7 Themenshops plus Ausstellung, Drumnadrochit, ✆ 01456 450 775.

Boots- und Entdeckertouren

Discover Loch Ness und Glen Affric, ✆ 0800 731 5565 oder 01456 450168, 💻 www.discoverLochNess.com. Es gibt unterschiedliche Touren mit Schwerpunkt auf Geschichte, kulturelles Erbe, Wildlife und Natur. Abfahrt 9.30 und 14 Uhr von der Touristeninformation Inverness. Die 5-stündige Loch Ness und Glen Affric Tour kostet 18 £. Eine 1-stündige Loch Ness Bootstour (Abfahrt Drumnadrochit Car Park) kostet 9 £.
Jacobite Experience Loch Ness, siehe Eintrag Inverness.

Von Drumnadrochit führt die A831 westlich durch das Glen Urquhart zu dem 18 km entfernten **Cannich** am Kopf des **Glen Affric** (siehe auch ab S. 311), einem traumhaften Wandergebiet. *Wandern*

Inverness

Mit 45.000 Einwohnern ist Inverness die größte Stadt, Hauptstadt der Highlands und das kulturelle, ökonomische und administrative Zentrum im Norden. Als Verkehrsknotenpunkt mit Flughafen bietet die Stadt außerdem einen idealen Ausgangspunkt für die Weiterfahrt in den Norden, aber auch einen zentralen Standort für Ausflüge und Wanderungen in die Umgebung. An herausragenden Sehenswürdigkeiten ist Inverness zwar arm, hat aber eine nette Atmosphäre insbesondere entlang des Ufers des Flusses Ness, der durch Inverness verläuft und den Loch Ness mit dem Moray Firth verbindet. Es gibt zahlreiche Unterkünfte sämtlicher Kategorien, Lokale, Läden und eine große Touristeninformation.

Geschichtlicher Überblick

Um 1000 entstand die erste Befestigungsanlage auf dem Castle Hill. Im Laufe der nächsten Jahrhunderte wurde die Wehrfähigkeit der Stadt weiter verstärkt und

Handel es entwickelte sich ein prosperierender Handel, sogar bis hin zu den Mittelmeerländern. Man handelte mit Häuten, Pelzen und Wolle. Inverness wurde immer wieder angegriffen, da die Stadt – strategisch bedeutsam gelegen – das Great Glen und den Weg in die nördlichen Highlands kontrollierte.

Während der Jakobiteraufstände in der Mitte des 18. Jh. wurde Inverness völlig niedergebrannt und die alte Burg von Bonnie Prince Charlies Anhängern in die Luft gejagt. Das große rote Sandstein-Gebäude, das jetzt hier steht, entstand zwischen 1834 und 1846. Vom Burghügel hat man eine schöne Aussicht über die Stadt. Mitte des 19. Jahrhunderts nahm die Stadt im Zuge des infrastrukturellen Ausbaues der Highlands, des Anschlusses an das Eisenbahnnetz sowie des Baus des Caledonian Canal, einen gewaltigen Aufschwung. Heute findet sich nur noch wenig historische Bausubstanz in Inverness.

Sehenswertes

Im **Inverness Museum and Art Gallery** werden im Museumsteil Exponate aus den Bereichen Naturgeschichte, Geologie und Archäologie sowie zur Sozial- und Kulturgeschichte der Highlands gezeigt. In der Galerie finden Wechselausstellungen statt *(✆ 01463 237114, 💻 www.invernessmuseum.com, Mo-Sa 9-17 Uhr).*

Das **Town House** in der High Street wurde Ende des 19. Jh. im neugotischen Stil errichtet. Zwei Wappentafeln zeigen das königliche Wappen und das Stadtwappen.

altes Stadthaus **Abertarff House** in der Church Street wurde 1593 erbaut und ist somit das älteste Haus der Stadt. Heute haben hier der NTS und die Gaelic Highland Association ihren Sitz. Inmitten all der modernen Bauten wirkt das schöne alte Stadthaus etwas verloren. Fast gegenüber liegt **Dunbar's Hospital**, das 1688 als Armenhaus gebaut wurde. Am Ende der Church Street liegt die **Old High Church**. Das Gotteshaus wurde im 12. Jh. gegründet und 1772 erneuert. Der Turm stammt aus dem 14. Jh. Die **St. Andrew's Cathedral** in der Ardross Street wurde zwischen 1866 und 1869 im neogotischen Stil errichtet. Weiter südlich entlang des Flussufers, am **Eden Court Theatre** vorbei, kommt man zum **Bught Park**. Eine Fußgängerbrücke führt von beiden Uferseiten auf die kleinen Ness Islands.

Sehenswertes in der Umgebung

8 km O Inverness, an der B9006, liegt das **Culloden Battlefield**, Schauplatz eines der entscheidenden Wendepunkte in der schottischen Geschichte. 1746 fand hier die endgültige Schlacht der Highlander unter Führung des jungen Charles Edward Stuart, Sohn des schottischen Königs James II. (der Jahre zuvor ins Exil getrieben wurde), gegen die Engländer unter Führung des Duke of Cumberland, Sohn König George II., statt.

Wendepunkt der schottischen Geschichte

Das Schlachtfeld kann man begehen. Ein großes Mahnmal (1881) erinnert an die Gefallenen. Im 2007 im Zuge von „Scotland's Year of Highland Culture" in erweiterter Form neu eröffnetem Besucherzentrum werden die geschichtlichen Zusammenhänge in anschaulicher Weise dargeboten *(Culloden Moor, ✆ 01463 790607, 💻 www.culloden.org.uk, www.nts.org, ⓘ Besucherzentrum, Restaurant und*

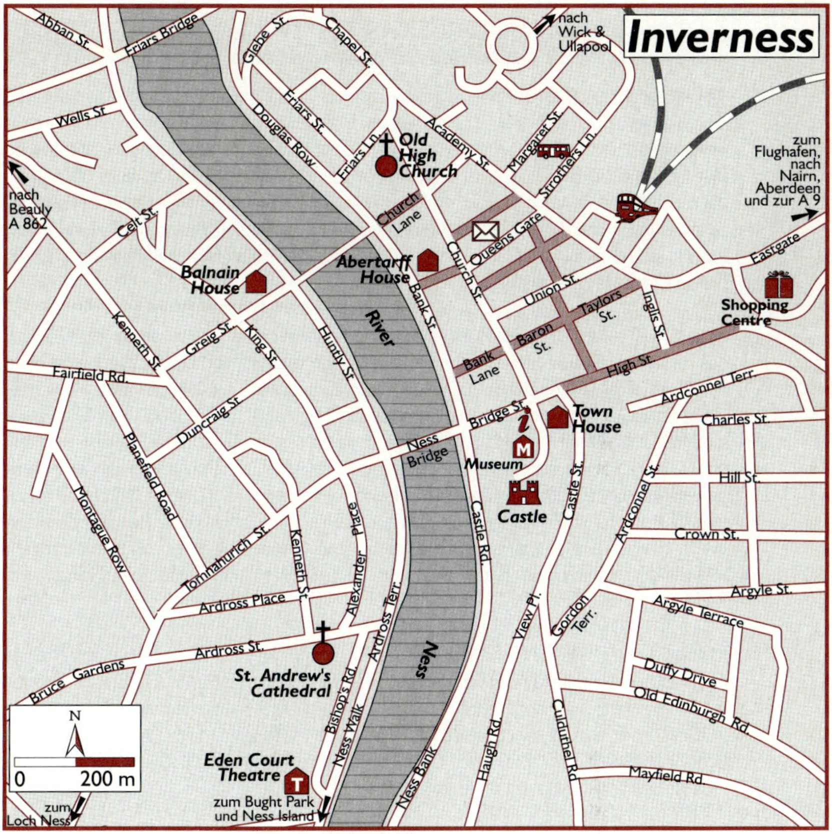

Laden: April bis Oktober 9-18 Uhr, November bis März 10-17 Uhr. Das Schlachtfeld ist ganzjährig begehbar. Rapson's Coaches Nr. 7 fährt vom Postamt Queensgate in Inverness, ✆ 01463 710555 sowie Inverness Sightseeing Bus Mai bis September tgl., ✆ 0871 6660000).

1 ½ km S von Culloden, von der B851 ab, sind die **Clava Cairns** zu bestaunen. Es handelt sich um eine große Begräbnisanlage aus der Stein- und Bronzezeit, die ca. 2000-1500 v. Chr. entstand und inmitten einer Baumgruppe liegt. *große Begräbnisanlage*

Fort George wurde 1748 nach der Schlacht bei Culloden errichtet, um das Hochland ein für allemal in Schach zu halten. Eine Gefahr seitens der völlig niedergeschmetterten Highlander war kaum zu erwarten. Die gewaltige Festung George II. war wohl eher eine Demonstration englischer Macht. Fort George gehört auch heute noch der Armee. Im angegliederten Museum werden Zeugnis-

INFO

Informationen zur Schlacht bei Culloden

1745 hatte Prinz Charles Edward Stuart bei den Clan Chiefs seinen Anspruch auf den Thron angemeldet. In kurzer Zeit gelang es ihm, weltgewandt wie er war, alle Clans zu versammeln und nach England zu ziehen. In einem Siegesmarsch drang das schottische Heer bis vor die Tore Londons, wo es jedoch, aus Angst, von den Nachschubtruppen abgeschnitten zu werden, wieder umkehrte, anstatt sich auch der Hauptstadt zu bemächtigen. Kaum hatte das schottische Heer wieder heimatlichen Boden unter den Füßen, machte sich der Duke of Cumberland auf und zog mit einem Heer gen Norden, um sich für den Angriff zu rächen.

Am 26.4.1746 erreichte der Duke of Cumberland mit einer Armee von ca. 9.000 Mann das Moor von Culloden, wo sich „Bonnie Prince Charlie" mit einer Truppe von etwa 5.000 schlecht ausgestatteten und erschöpften Highlandern versammelt hatte. Dies sollte der letzte Aufstand der Jakobiter werden. Die Highlander waren dem englischen Heer nicht nur zahlenmäßig nicht gewachsen, sie waren desorganisiert, hatten keine vernünftigen Verteidigungsstrategien und vor allem keine Artillerie. In weniger als einer Stunde verloren über 1.000 Highlander ihr Leben. Cumberlands Truppen hatten hingegen nur 76 Tote und 300 Verletzte zu beklagen. Auf Veranlassung vom „Butcher Cumberland", wie er auch genannt wurde, töteten seine Truppen nicht nur alle verwundeten Highlander, sondern nach der Schlacht noch weitere 3.000 Männer, Frauen und Kinder.

Mit der Niederlage bei Culloden war die Hoffnung auf eine Restauration der Stuarts endgültig erloschen. Aber nicht nur das: Mit einer großangelegten Anglisierungskampagne versuchte man, der Kultur der Highlands und der Lebensweise der Clans ein endgültiges Ende zu setzen. „Bonnie Prince Charlie" gelang es, nach Frankreich zu fliehen. Er starb 1788 im römischen Exil. Der Duke of Cumberland kehrte nach London zurück und wurde wie ein Held gefeiert.

se über das Militärwesen im Wandel der Zeiten sowie das Regimentsmuseum der Queen Own Highlanders gezeigt. Vom Fort aus kann man schöne Blicke auf den Moray Firth genießen *(✆ 01667 460232, ⌚ April bis September tgl. 9.30-18.30 Uhr, Oktober bis März tgl. 9.30-16.30 Uhr. 18 km NO Inverness).*

Reisepraktische Informationen Inverness

Information

***TIC**, Castle Wynd, Inverness IV2 3BJ, ✆ 01463 234353, 🖷 01463 710609, ⌚ ganzjährig.*

Hotels / B&B

********Culloden House €€€€**, Culloden, Inverness IV1 2NZ, ✆ 01463 790461, 🖷 01463 792181, 💻 www.cullodenhouse.co.uk. Ein Klassiker. Georgianisches Herrenhaus mit 26 Zimmern, 5 km außerhalb der Stadt. Vorzüglicher Service, elegant, traditionell, stilvoll. Großer Garten.*

********Dunain Park Hotel €€€€**, Inverness IV3 8JN, ✆ 01463 230512, 🖷 01463 224532, 💻 www.dunainparkhotel.co.uk.*

Kleines, elegantes Country House Hotel (11 Zimmer), von einem großem Park umgeben. 2 km von Inverness. Ausgezeichnete Küche. Swimmingpool, offene Kaminfeuer.

******Bunchrew House Hotel €€€**, Bunchrew, Inverness IV3 6TA, ✆ 01463 234917, 🖷 01463 710620, 💻 www.bunchrew-inverness.co.uk. Das kleine Schlösschen (erbaut 1621) mit Türmchen und Erkern bietet 16 behaglich-elegant eingerichtete Zimmer. Sehr gutes Restaurant.

*******Ballifeary Guest House €€**, 10 Ballifeary Road, Inverness IV3 5PJ, ✆ 01463 235572, 🖷 01463 717583, 💻 www.ballifearyhousehotel.co.uk, 🕐 April bis Oktober. Sehr nettes, kleines B&B in der Nähe des Eden Court Theatre. Nichtraucher. Kinder ab 15 Jahren erwünscht.

*******Moyness House €€**, 6 Bruce Gardens, Inverness IV3 5EN, ✆/🖷 01463 233836, 💻 www.moyness.co.uk, 🕐 ganzjährig, 7 Zimmer. Schönes viktorianisches Gästehaus, 10 Min. Fußweg vom Stadtzentrum, großer Garten.

*****Glen Mhor Hotel & Restaurant €€**, 9-12 Ness Bank, Inverness IV2 4SG, ✆ 01463 234308, 🖷 01463 713170, 💻 www.glen-mhor.com. Das traditionelle Hotel liegt sehr ruhig, obwohl nur 5 Minuten vom Stadtzentrum entfernt. 45 Zimmer.

*****Tower Hotel €€**, 4 Ardross Terrace, Inverness IV3 5NQ, ✆ 01463 232765, 🖷 01463 232970, 🕐 ganzjährig. Schöne Lage am Ufer des Flusses Ness, gegenüber Inverness Castle. Familienbetrieb. 12 Zimmer.

****Crown Guesthouse €-€€**, 19 Ardconnel Street, Inverness IV2 3EU, ✆ 01463 231135, 🖷 01463 231135, 💻 www.inverness-guesthouse.info, 🕐 ganzjährig. Günstiges Gästehaus im Stadtzentrum. Kinderfreundlich. 6 Zimmer.

Doric House €, 13 Denny Street, Inverness IV2 3AP, ✆ 01463 239498, 💻 www.invernessbedandbreakfast.co.uk, 🕐 ganzjährig, 4 Zimmer. Ruhig, zweckmäßig, gepflegt.

Jugendherbergen/Hostels

***** **Inverness Y.H.**, Victoria Drive, Inverness IV2 3QB, ✆ 0870 0041127, 💻 www.syha.org.uk, 🕐 ganzjährig, 176 Betten, auch Familienzimmer, unweit des Castle gelegen. Hervorragend ausgestattet.

Inverness Student Hostel, 8 Culduthel Road, Inverness IV2 4AB, ✆ 01463 236556, 💻 www.macbackpackers.com, im Stadtzentrum gelegen, 57 Betten. 🕐 ganzjährig.

** **Eastgate Hostel**, 38 Eastgate, Inverness IV2 3NA, ✆ 01463 718756, 🕐 ganzjährig, 38 Betten in 8 Zimmern (auch Familienzimmer). Zentral gelegen.

Camping und Caravan

*******Torvean Caravan Park**, Glenurquhart Road, Inverness, ✆ 01463 220582, wunderschöner, kleinerer Platz an der A82 Richtung Loch Ness, ca. 1 ½ km vom Stadtzentrum, mit Blick auf den Caledonian Canal gelegen. 50 Caravanplätze, 10 Holiday Homes, 10 Zeltplätze. April bis Oktober.

Restaurants

The River Café and Restaurant, 10 Bank Street, ✆ 01463 714884, So-Di 10-20.30, Mi-Sa 10-21.30 Uhr. Sehr nettes Café-Restaurant am Fluss, viele schottische Gerichte. Günstig bis mittlere Preisklasse.

Rocpool, 1 Young Street, ✆ 01463 717274, 💻 www.rocpool.com, Mo-Sa 14-22.30 Uhr, im Sommer auch So 18-22 Uhr. Frische, moderne Küche in modern gestyltem Restaurant. Lunch mittlere, Dinner gehobene Preisklasse.

Café Nr. 1, 75 Castle Street, ✆ 01463 226200, 💻 www.cafe1.net, Mo-Sa 12-14 Uhr, 18-21.30 Uhr, nett eingerichtet, gute Auswahl an Tagesgerichten und à la carte, auch für Vegetarier. Mittlere Preisklasse.

Pubs

In einer lebendigen Stadt wie Inverness, einer Stadt, die zudem An- oder Durchfahrtsort für fast jeden Schottlandreisenden ist, findet sich eine Fülle an gemütlichen Pubs, so dass man sich getrost treiben lassen kann.

Traditionelle Pubs sind ***„The Phoenix"*** *(mit ungewöhnlicher Theke, einer sogenannten „Island Bar") in der Academy Street und* ***„The Gellion's"*** *in der Bridge Street (Live-Musik jeden Abend, Ceilidhs Sa 16-19 Uhr)).*

Bahnhof/Busbahnhof

Der Bahnhof und der Busbahnhof befinden sich in der Academy Street. Regelmäßige Zugverbindungen nach Aviemore, Perth, Glasgow, Edinburgh und Kyle of Lochalsh. Am Bahnhof gibt es eine Gepäckaufbewahrung. Busverbindungen mit Citylink u.a. nach Fort William und Oban.

Flughafen

Inverness Airport*, ✆ 01667 464000, liegt 13 km außerhalb der Stadt. Regelmäßige Busverbindungen in die Stadt (eingeschränkt am So), Taxi ca. 12 £. Flugverbindungen mehrfach tgl. von und nach London, Edinburgh und Glasgow sowie nach Stornoway.*

Mietwagen

Thrifty Car Rentals*, 33 Harbour Road, ✆ 01463 224466.*

Arnold Clark*, Harbour Road, ✆ 01463 236200.*

Unterhaltung/ Veranstaltungen

Eden Court Theatre*, Bishops Road, ✆ 01463234234, 💻 www.eden-court.co.uk, Konzerte, Theater und Tanzveranstaltungen. Ende 2007 wurde das Kulturzentrum nach einer kompletten Renovierung und erheblichen Erweiterungen wieder eröffnet.*

Organisierte Ausflüge in und um Inverness

Jacobite Experience Loch Ness*, Tomnahurich Bridge, Glenurquhart Road, Inverness IV3 5TD, ✆ 01463 233999, 💻 www.jacobite.co.uk, veranstaltet an 363 Tagen im Jahr 6 unterschiedlich lange Bootstouren auf dem Loch Ness und dem Caledonian Canal. Die Preise variieren je nach Länge der Tour. Eine 1-stündige Tour kostet z.B. 9 £, eine 6 ½-stündige Tour 29.50 £. Abfahrt entweder vom Busbahnhof oder der Touristeninformation in Inverness oder vom Clansman Hotel Harbour (an der A82 Richtung Fort William).*

Westlich von Inverness

Valliscaulienser

20 km W Inverness liegt **Beauly**, eine kleine verschlafene Marktstadt an der Stelle, wo der Beauly River in den Firth fließt. **Beauly Priory** ist neben Ardchattan und Pluscarden das nördlichste der drei schottischen Valliscaulienserklöster. Die Valliscaulienser hatten strenge Ordensregeln. An Vermehrung ihrer Güter oder Entfaltung weltlicher Pracht waren sie nicht interessiert. 1230 gegründet, zeigt die Ruine aus rotem Stein einen einfachen, kreuzförmigen Grundriss ohne Turm und Seitenschiffe. Ganz schmal und hoch, herrscht in dem alten Gemäuer eine eigentümlich ruhige Atmosphäre *(✆ 01667 460232).*

Reisepraktische Hinweise Beauly

Unterkunft

*********The Priory Hotel €€****, The Square, Beauly, Inverness-shire IV4 7BX, ✆ 01463 782309, 🖷 01463 782531, 💻 www.priory-hotel.com, 🕐 ganzjährig, 36 Zimmer. Im Stadtzentrum gelegenes Hotel, gute Küche*

*******Lovat Arms Hotel** *€€, Beauly IV4 7BX, ✆ 01463 782313, 🖷 01463 782862, 💻 www.lovatarms.com, viktorianisches Gebäude von 1874 im Stadtzentrum. Manchmal Live-Musik. 22 Zimmer.*

Camping/Caravan

*******Lovat Bridge Caravan Park,** *Lovat Bridge, Beauly IV4, ✆ 01463 782374, 🕐 März bis Oktober.*

Südlich von Beauly führt die A831 zu zwei wunderschönen Tälern. Beide Täler können auch von Drumnadrochit (über Cannich) erreicht werden:

Glen Strathfarrar

Das Glen Strathfarrar ist weniger bekannt, aber wunderschön. Von Struy, 14 km S Beauly, folgt man der Ausschilderung zum Tal. Der Zugang zum Glen ist beschränkt. Glen Strathfarrar bietet mit seinen alten, hohen schottischen Pinien eine unglaubliche Ruhe, und es gibt fantastische Wander- und Angelmöglichkeiten *(Auskunft: ✆ 01463 761260, Ostern bis Ende Oktober Mo-Sa 9-18 Uhr, So 13.30-18 Uhr, Di geschl.).* *friedlich*

Glen Affric

Glen Affric

Die A831 verläuft südlich von Struy nach **Cannich**, dem Tor zu dem großartigen Glen Affric. In Cannich bestehen verschiedene Unterkunftsmöglichkeiten. Die Schlucht, durch die sich der Fluss Affric schlängelt, bietet eine filmreife Kulisse. Auch im Glen Affric wächst noch die einheimische schottische Pinie. Das Tal ist ein fantastisches Wandergebiet oder – wenn man sich weniger aktiv fühlt – ein ideales Fleckchen für ein ausgedehntes Picknick an einem warmen Sonnentag. *(Weitere Infos: 💻 www.glenaffric.info)*

Wandern

Von der Affric Lodge, 14 km W Cannich, führt ein 30 km langer, traumhaft schöner Weg an die Westküste. Die Wanderung ist anstrengend, aber man kann auch auf halber Strecke in der ***Glen Affric Youth Hostel*** *in Allt Beithe (Glen Affric, Beauly IV47 7ND, ✆ 0870 155 3255, 🕐 April bis Ende Oktober) pausieren.*

7. DIE INNEREN UND ÄUSSEREN HEBRIDEN

Allgemeiner Überblick

Die Hebriden – der nordische Name lautet Havbredey, was ungefähr gleichbedeutend mit „Inseln am Rande der See“ ist – umfassen ca. 50 Inseln und Inselchen, die in zwei Reihen der Westküste Schottlands vorgelagert sind. Trotz moderner Kommunikationsmittel und unproblematischer Anreise per Fähre oder Flugzeug haben die hier lebenden Menschen eine in vieler Hinsicht traditionelle Lebensweise beibehalten, vor allem die der Äußeren Hebriden. Die Bewohner – rund 30.000 – leben hauptsächlich von Hummerfang, Tweedweben und vom Sommertourismus.

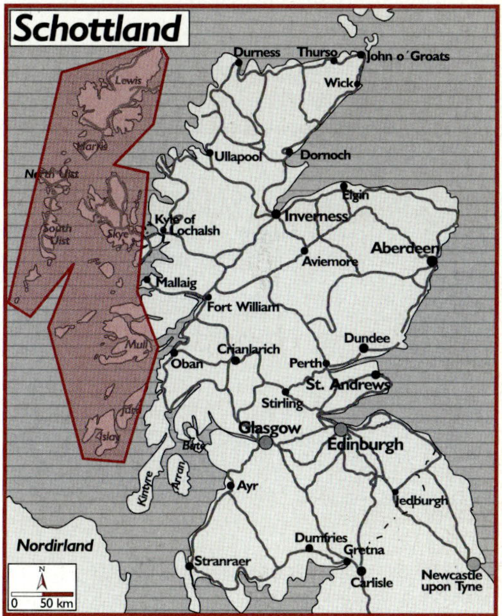

© igraphic

Die Inseln sind bereits seit der mittleren Steinzeit besiedelt, was eine erstaunliche Anzahl prähistorischer Zeugnisse beweist. Von hier aus begann in der 2. Hälfte des 6. Jh. der **hl. Columba von Iona**, das Christentum in ganz Schottland zu verbreiten. Im 9. Jh. kamen die Hebriden, ebenso wie die Orkney- und die Shetland-Inseln, für fast 400 Jahre unter norwegische Herrschaft – einige Ortsnamen erinnern heute noch daran – und fielen erst im späten 13. Jh. Schottland zu. Durch Kampf und Heiratspolitik kam der MacDonald-Clan bald in den Besitz fast sämtlicher Inseln, und seine Oberhäupter – die Chiefs – nannten sich **Lord of the Isles**. Sie bildeten praktisch ein eigenes Königreich im Königreich und lagen daher im ständigen Streit mit den schottischen Königen. James IV. gelang es 1493, die Macht der MacDonalds zu brechen. *Insellords*

Die Hebriden gehörten schon immer zu den ärmsten Regionen Schottlands. Durch Machtkämpfe der einzelnen Clans wurden sie noch zusätzlich geschwächt. Die Reformation und vor allem die großangelegte Kampagne des englischen Königs William III. zur Zerstörung der gälischen Kultur taten ihr Übriges.

Mit Fischfang und Viehzucht konnten sich die Inselbewohner knapp über Wasser halten. Die *clearances* im 19. Jh. trafen die Hebriden härter als die Highlands. Ganze Dörfer wurden zur Emigration gezwungen. Die Insel Rum, heute ein fast menschenleeres Naturschutzgebiet, wurde 1826 vollständig „geleert“. Die Macht der „Insellords“ war unbegrenzt.

Kampf gegen Abwanderung

Der **Bevölkerungsrückgang** hält auch heute noch an. Auf den Äußeren Hebriden sank die Bevölkerung im letzten Jh. auf ein Drittel. Um im Leben weiterzukommen und um eine Arbeitsstelle zu finden, wandern die Jungen auf das Festland ab. Die EU versucht, mit finanziellen Mitteln die Abwanderung einzudämmen und Kleinunternehmer zu fördern. Allerdings kommen auch viele Abtrünnige auf ihre Heimatinsel zurück, für einen Sommerurlaub oder für den Ruhestand. Auch viele Festlandschotten überlegen sich, ihren Alterssitz auf eine der Inseln zu verlegen.

Tagesausflüge zu den Inseln Mull, Iona und Staffa
Von Oban werden während der Saison (April-Oktober) verschiedene Tagestouren zu den Inseln Mull, Iona und Staffa, sogenannte „Drei-Inseln-Touren", angeboten. Siehe auch Eintrag unter „Oban" (S. 282).

Achtung Mücken!
Die kleinen „midges" sind eine rechte Plage auf den Hebriden und können lästig werden. Statten Sie sich vorsichtshalber mit Abwehrmitteln aus.

Die Inneren Hebriden

Hinweis
Lesen Sie die reisepraktischen Hinweise bitte bei den jeweiligen Inseln.

Isle of Islay

Redaktionstipps Innere Hebriden

- Eine (oder mehrere) **Whisky-Destillen** auf der Isle of Islay besichtigen (S. 317).
- Das **Kildalton Cross** auf Islay bestaunen (S. 315).
- Die **Iona Abbey** besichtigen (S. 330).
- Eine Fahrt zur **Staffa Island** und zu den **Treshnish Islands** machen (S. 330, 332f).
- Eine **Wattwanderung** von Colonsay nach Oronsay machen (S. 336).
- Am **Kiloran Beach** auf Colonsay die Seele baumeln lassen (S. 336).
- **Wandern:** Auf die Paps of Jura (Isle of Jura), auf den Ben More (Isle of Mull), auf der Trotternish-Halbinsel oder in den Cuillins (Isle of Skye) (S. 323, 328, 340f, 344f).

Islay (ausgesprochen ei-la) hat etwa 4.000 Einwohner, umfasst 630 qkm und ist die südlichste der Hebriden-Inseln. Die Bevölkerung ist weitgehend gälischsprachig, dementsprechend sind auch die Verkehrszeichen zweisprachig.

Bekannt ist die Insel vor allem durch den hervorragenden Whisky, den **„Islay Single Malt"**. Die meisten Besucher kommen nach Islay, um eine oder mehrere der 8 Whisky-Brennereien zu besichtigen (s. S. 317).

Daneben gibt es aber auch andere Attraktionen auf der Insel: zwei kleine Museen, Ponyreiten, Golfspielen, schöne Strände, herrliche Wandermöglichkeiten, eine beeindruckende Fülle an frühgeschichtlichen Zeugnissen, und darüber hinaus ist Islay ein Paradies für Ornithologen. Im Vergleich mit den Inseln Mull,

Arran oder Skye, hat Islay weniger Besucher, was wohl auch an der Entfernung zum Festland und den dementsprechend teuren Fahrkosten liegt.

Port Ellen ist der größte Ort und der Haupthafen Islays. Er wurde 1821 von Laird Walter Frederick Campbell gegründet und nach seiner ersten Frau benannt. Es gibt einige Läden, einen Supermarkt, eine Tankstelle, verschiedene Unterkünfte, Lokale, eine Post sowie ein Internet-Café.

Von Port Ellen aus führt eine wunderschöne Straße (Sackgasse) entlang der Küste östlich nach **Ardtalla**. Hier endet die Straße. Entlang der Strecke liegen die Destillerien Laphroaig, Lagavulin und Ardbeg. Zwischen Lagavulin und Ardbeg kann man sich die Reste von **Dunyvaig Castle** anschauen, einst ein Fort und Sitz der Insellords. 1 ½ km weiter kommt man zum **Kildalton Cross**, (ständig zugänglich) das im Kirchhof einer kleinen, verwunschenen Kirche aus dem 13. Jh. steht. Das Hochkreuz ist fantastisch gut erhalten und das einzig vollständig erhaltene Hochkreuz in ganz Schottland. Es wurde um etwa 800 aus einheimischem Stein errichtet, vermutlich in Iona. Die biblischen Szenen vorne zeigen die Jungfrau mit dem Kind und David mit dem Löwen. Auf der Rückseite sind Tiere dargestellt.

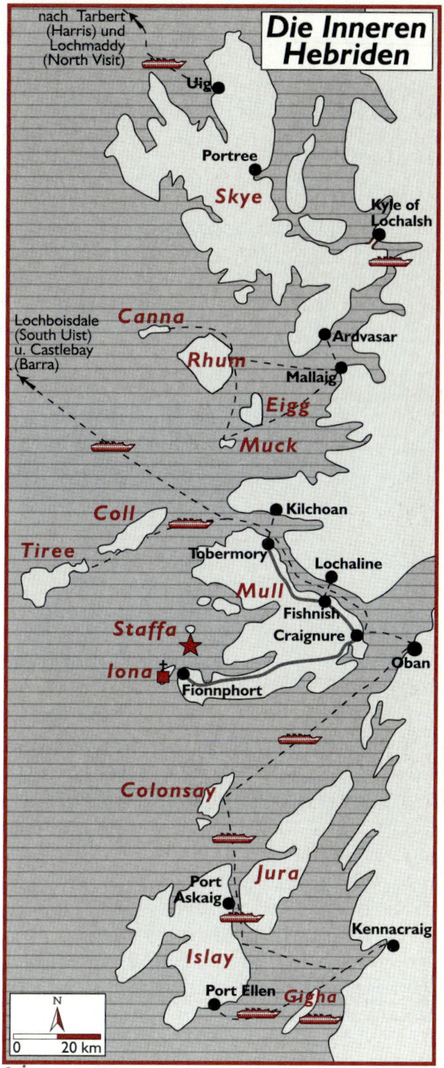

© igraphic

Kildalton Cross

In Ardtalla beginnt der Aufstieg zum **Beinn Bheigeir** (491 Meter), dem höchsten Berg der Insel. Vom Gipfel aus hat man wunderschöne Ausblicke auf die Insel und auf das Meer.

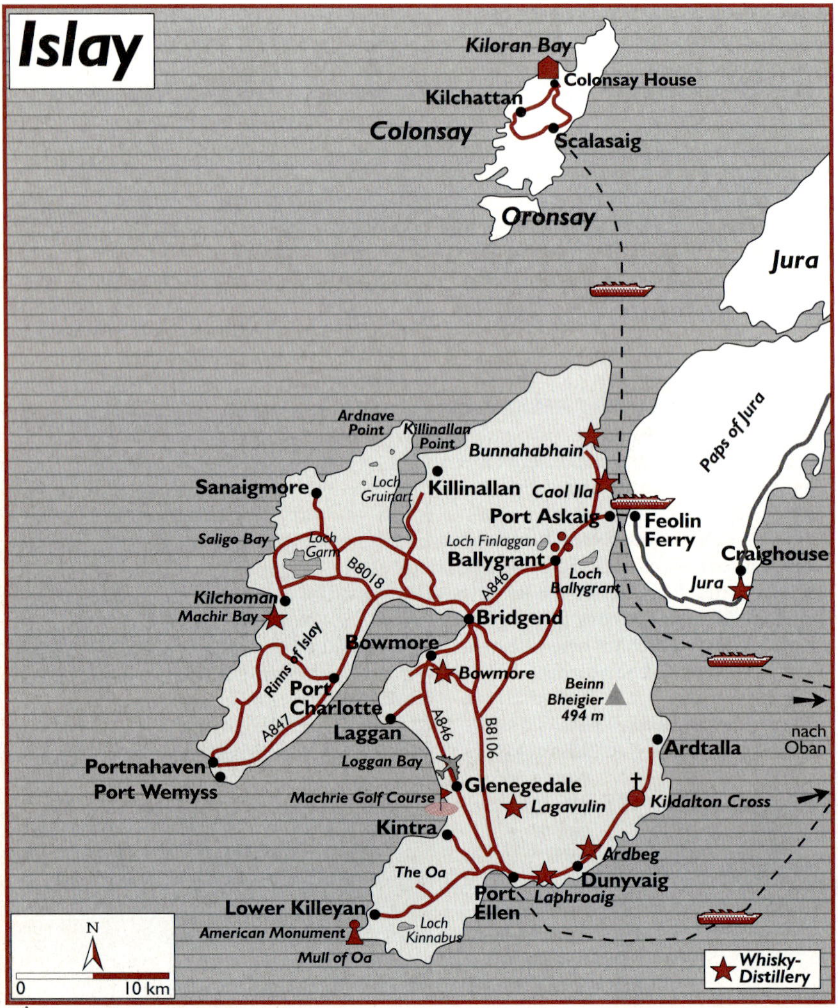

© graphic

Südwestlich von Port Ellen verläuft eine Straße zur Halbinsel **The Oa**. Woher der Name stammt, ist nicht bekannt. Es handelt sich um den kürzesten Ortsnamen in Schottland. Vielleicht hat derjenige, der den schönen Flecken entdeckte, vor Begeisterung „Oha!“ ausgerufen – der Erklärungen gibt es viele, und wie dem auch sei – es ist wunderschön hier.

„Oha!“

Am **Mull of Oa** befindet sich das **American Monument** in Form eines Leuchtturms. Das Denkmal erinnert an den Schiffbruch von zwei amerikanischen Schiffen, der Tuscania und der Ontranto, die beide am Ende des 1. Weltkrieges hier sanken, und ehrt die 266 Besatzungsmitglieder, die dabei ums Leben kamen.

Bevor man nach „The Oa" abbiegt, führt die Straße weiter nach **Kintra**, das am südlichen Ende des langen Strandes in der **Laggan Bay** liegt. Dort erwarten einen 7 km spektakulärer Sandstrand und Dünen. Der Strand ist für Kinder ideal, *herrlicher Sandstrand*

INFO

Informationen zum Islay Whisky

Obwohl der Herstellungsprozess in etwa überall gleich ist (s. S. 439f), übertreffen sich die Destillen in der Schönheit ihrer Lage. Alle Brennereien liegen atemberaubend schön und alle haben ihren ganz eigenen Charakter. Der hier gebrannte Whisky gilt als einer der besten überhaupt. Für eine Flasche echten Single Malt Whisky bezahlt man zwischen 25 und 35 Pfund.

Da fällt die Auswahl schwer

Laphroaig (ausgesprochen: la froyg): Die Laphroaig Destillery liegt am dichtesten an Port Ellen. Die wunderschöne Lage der Brennerei wird vom Namen beschrieben. Auf Gälisch heißt Laphroaig nämlich soviel wie „das schöne Loch bei der weiten Bucht". Laphroaig hat einen sehr torfigen, schweren Geschmack, weshalb viele ihn nach dem Abendessen bevorzugen.

Lagavulin (ausgesprochen: lagavoolin): Lagavulin liegt in der Nähe von Dunyveg Castle an der Küste. Der 16 Jahre alte Lagavulin ist ein Klassiker.

Ardbeg liegt 1 ½ km weiter östlich. 1815 gegründet, musste die Brennerei für einige Zeit schließen, bevor sie von Glenmorangie aufgekauft wurde. Der hier hergestellte Whisky ist ebenfalls von robustem und kräftigem Charakter.

Bowmore ist die älteste Brennerei auf der Insel. Kenner schätzen den kräftigen Bowmore ebenfalls nach dem Abendessen.

Caol Ila (ausgesprochen Coal eela): Die Brennerei wurde 1846 gegründet und liegt in der Nähe von Port Askaig. Von hier hat man herrliche Ausblicke auf den Sound of Jura. Dieser Whisky wird meist vor dem Dinner genossen.

Bunnahabhain (ausgesprochen: bun a havan) liegt völlig abgeschieden in einer Bucht im Norden. Bunnahabhain wird gerne als Aperitif getrunken. Der 12 Jahre alte Bunnahabhain ist leicht süßlich mit torfiger Note.

Kilchoman Distillery ist noch ganz neu. Produktion begann hier erstmalig im Jahre 2005.

man kann picknicken, einen langen Spaziergang machen oder einfach nur die Seele baumeln lassen. Von Kintra führt ein herrlicher Wanderweg zu „The Oa".

Von Port Ellen führt die Straße schnurgerade nach **Bowmore**, dem zweitgrößten Dorf der Insel. Es wurde 1768 von den Campbells gegründet. Bowmore ist ein netter, beschaulicher Ort mit weiß gekalkten, schmucklosen Häusern, einer Touristeninformation, Fahrradverleih, einer Post, einem Supermarkt, mehreren Lokalen und Pubs sowie verschiedenen Unterkunftsmöglichkeiten. Eine Besonderheit des Ortes ist die runde Kirche. Die runde Form hat eine einfache Erklärung – es gibt keine Ecken und Kanten, so dass sich der Teufel nirgendwo verstecken kann! *(💻 www.theroundchurch.org.uk)*

In der runden Kirche kann sich der Teufel nicht verstecken

Weltberühmt ist Bowmore jedoch für seinen Whisky. Im Zuge einer 1-stündigen Führung durch die **Bowmore Destillery** lernt man die Produktionsweise kennen, und natürlich gibt es auch hier einen kleinen Probeschluck zum Abschluss.

The Rhinns of Islay

In Bridgend, nördlich von Bowmore, führt eine Straße in westlicher Richtung zur Halbinsel *Rhinns of Islay*. Entlang der herrlichen Küstenstraße rund um *The Rhinns* liegen einige fantastische Strände, wie die **Saligo** und **Machir Bay** an der Westküste. Schwimmen ist allerdings wegen gefährlicher Unterströmungen dort verboten.

The Rhinns

Relativ neu ist die **Kilchoman Distillery** (mit Besucherzentrum) auf der Rockside Farm in Bruichladdich. Die erste Whisky-Produktion fand im Jahre 2005 statt, und ganz besonders stolz ist die Destille, dass jeder einzelne Arbeitsschritt direkt auf der Farm stattfindet.

In **Aoradh** (ausgespr.: oorig) gibt es ein RSPB-Besucherzentrum, wo man sich über die Vogelwelt informieren und von einem Beobachtungsposten die Vögel beobachten kann. Das Vogelschutzgebiet am **Loch Gruinart** (ausgesprochen „grinjaat") bietet die Winterheimat für riesige Schwärme an Gänsen, die hier im Oktober aus Grönland eintreffen. Insgesamt brüten rund 100 Vogelarten auf Islay *(Loch Gruinart, ✆ 01496 850505, ⏲ ganzjährig, Besucherzentrum tgl. 10-17 Uhr)*.

Gänse aus Grönland

Port Charlotte ist ein reizender Ort mit einer Reihe gut erhaltener Cottages, die sich entlang der weiten Bucht erstrecken. Auch Port Charlotte wurde von den Campbells gegründet (1828). Hier gibt es gleich zwei Museen zu besichtigen:

Wildlife und Island Life

- Im **Wildlife Information Centre** kann man sich über Flora und Fauna der Insel informieren. Es gibt minutiös erstellte Listen über die heimischen Wildblumen, Schmetterlinge und Vögel. Auch kann man die auf der Insel ebenso populär wie ungeliebten „midges" unter Mikroskopen begutachten. Das Wildlife Information Centre bietet auch botanische Führungen an *(🕔 Mitte April bis Mitte Oktober, Mo-Sa 10-17 Uhr, So 14-17 Uhr).*
- Das **Museum of Island Life** hingegen bietet Lokalgeschichtliches. Das Museum ist in einer Kirche untergebracht, die 1843 als „Free Church" errichtet wurde, als sich die Freikirche von der Church of Scotland unabhängig machte. Bis 1929 wurden hier Gottesdienste abgehalten, dann stand sie leer, und erst 1976 begannen Überlegungen, hier ein Museum einzurichten. Die Exponate reichen von Fundstücken aus der Vor- und Frühgeschichte bis hin zu Haushaltsgegenständen des 20. Jh. Die Kustodin ist gerne bereit, die einzelnen Gegenstände zu erklären, und hat fast zu jedem eine Anekdote bereit. Einige Exponate stammen aus der alten Käserei, die leider schließen musste, weil die Insel keine finanzielle Unterstützung von der Regierung bekam. Der hier einst hergestellte Käse war zu teuer, um auf dem Festland konkurrenzfähig zu sein *(☏ 01496 850358, 🕔 Ostern bis Mitte Oktober, Mo-Sa 10-17 Uhr, So 14-17 Uhr).*

Die beiden Gemeinden benutzen getrennte Eingänge

Am südlichen Ende des Rhinns liegt das malerische Fischerdorf **Portnahaven**. Die Cottages steigen steil von dem tief gelegenen Hafen auf. Lustig ist, dass die kleine Kirche in Portnahaven zwei Eingänge hat, eine für die Gemeinde von Portnahaven, die andere für die Gemeinde des ½ km südlich gelegenen **Port Wemyss**.

Von Bridgend nach Port Askaig

Von Bridgend geht es östlich nach Port Askaig ab. 2 km hinter dem Dorf befindet sich die 1883 gegründete **Islay Woolen Mill Company**, wo man schöne Strickwaren sowie Decken und Hüte erwerben kann.

Die Straße führt entlang **Loch Finlaggan**. Die beiden (künstlichen) Inseln im Loch waren einst die Hauptquartiere der Insellords. Die MacDonalds regierten die Insel rund 350 Jahre lang. Am nordöstlichen Ende des Lochs befindet sich ein Besucherzentrum, wo man sich über die Geschichte der Insel informieren kann.

Funde der…

Der Bohlenweg zur Insel **Eilean Mhor** (Vorsicht: nasse Füße) ist jederzeit zugänglich. Eine beträchtliche Sammlung an verzierten Grabplatten ist hier neben einer kleinen mittelalterlichen Kapelle gruppiert. Auf der kleineren Insel **Eilean na Comhaile** („Inselrat") trafen sich die Insellords, um die Politik zu besprechen (*☎ 01496 850273, 💻 www.finlaggan.com, ⌚ April und Oktober Di, Do, So nachmittags, Mai bis September Mo-Sa nachmittags).*

…Eilean Mhor

Fähranleger erinnert an Badesteg

Port Askaig ist der zweite Hafen der Insel. Von hier aus verkehren Fähren nach Jura und Colonsay. Der Ort besteht aus nicht mehr als aus einem Fähranleger (der allerdings eher an einen Badesteg erinnert), einem Parkplatz, einem Postamt (mit Laden) und dem Port Askaig Hotel, wo man schön im Garten sitzen kann. Nicht weit von Port Askaig liegt die Coal Ila-Destillerie und einige Kilometer weiter die wunderschön gelegene Bunnahabhain-Destillerie.

Reisepraktische Informationen Isle of Islay

Information

__TIC__, Bowmore, The Square, Isle of Islay, ☎ 01496 810254, 💻 www.isle-of-islay.com

Unterkunft

Die Unterkunftsmöglichkeiten auf Islay sind vielfältig. Es gibt einige Hotels, B&Bs, Jugendherbergen und Camping- und Caravanplätze.

Hotels/B&Bs

******__Kilmeny Country Guest House €€-€€€__, Ballygrant, Isle of Islay PA45 7QW, ☎/🖷 01496 840668, 💻 www.kilmeny.co.uk, ⌚ ganzjährig außer Weihnachten und Neujahr, 3 Zimmer. Wunderschönes Farmhouse, herrlich gelegen. Ausgezeichnetes Dinner auf Wunsch.*

*****__Harbour Inn €€__, The Square, Bowmore, Isle of Islay PA43 7JR, ☎ 01496 810330, 🖷 01496 810990, 💻 www.harbour-inn.com, ⌚ ganzjährig, 7 Zimmer. Ein angenehmes Hotel in Familienbetrieb, großartige Blicke über die Bucht. Gemütliche Bar, hervorragende Küche.*

*****__Port Charlotte Hotel €€__, Main Street, Port Charlotte, Isle of Islay PA48 7TU, ☎ 01496 850360, 🖷 01496 850361, 💻 www.portcharlottehotel.co.uk, ⌚ ganzjährig, 10 Zimmer. Gediegener, viktorianischer Inn mit Garten, gutem Restaurant und wunderschönen Ausblicken auf die Bucht.*

****__Machrie Hotel & Golf Links €€__, Port Ellen, Isle of Islay PA42 7AN, ☎ 01496 302310, 🖷 01496 302404, 💻 www.machrie.com, ⌚ ganzjährig, 16 Zimmer*

und 15 Cottages für Selbstversorger. Das Golfhotel liegt direkt am Strand.
***Kintra Farm** €, Kintra Bay, Port Ellen PA42 7AF, wunderbar 6 km W Port Ellen gelegenes B&B. Man kann auch in den Dünen campen (10 £).*

Jugendherberge

*******Port Charlotte Y.H.**, Port Charlotte, Isle of Islay PA48 7TX, ✆ 0870 0041128, 💻 www.syha.org.uk. Tolle Ausblicke über Loch Indaal. 30 Betten. April-Oktober. Daneben gibt es zahlreiche **Unterkünfte für Selbstversorger**.*

Einkehren

In den genannten Hotels sowie The Old Kiln Café, Ardbeg Distillery, Mo-Fr 10-16 Uhr, im Sommer auch am Wochenende.

Anfahrt

***Fährverbindungen** von Kennacraig (2 x tgl. (So 1x), Fahrzeit 2 Std.). Die Fahrt von Edinburgh über Sterling, Balloch und Inveraray zum Fähranleger in Kennacraig dauert rund 3 ½ Stunden, von Glasgow etwa 2 ½ Stunden. Es gibt auch einen **Bus** von Glasgow nach Kennacraig, Auskunft: West Coast Motors, Buchanan Street, Glasgow, ✆ 0141 3327133, 💻 www.citylink.co.uk*
***Flugverbindung** von Glasgow mit Logan Air im 6-Sitzer, ✆ 01496 302096. Der Flughafen ist wenige Kilometer nördlich von Port Ellen. Man landet sozusagen neben den Schafen.*

Busverbindungen auf Islay

Es gibt einen regelmäßigen Busservice auf Islay, allerdings werden nur die Hauptstrecken bedient. Port Ellen, Bowmore, Bridgend, Port Askaig, Rhinns of Islay. Ein Postbus fährt nach Portnahaven. Im Touristenamt in Bowmore ist der Fahrplan „Islay and Jura Area Transport Guide" erhältlich.

Autoverleih

***D. & N. MacKenzie**, ✆ 01496 302300, gegenüber Islay Flugplatz.*

Fahrradverleih

***Bowmore Post Office**, ✆ 01496 810366*
***Port Ellen**, Playing Fields, ✆ 01496 302349*

Einkaufen

***Islay Woolen Mill,** Bridgend, ✆ 01496 810563, 💻 www.islaywoolenmill.co.uk*

Internetcafé

***Mactaggert Cybercafe**, Mansfield Place, Port Ellen.*

Schwimmbad

***MacTaggart Leisure Centre and Swimming Pool**, Di-Sa, ✆ 01496 810767.*

Golf

Machrie Golf Links, schöner 18-Loch-Platz am Loch Indaal gelegen.

Whisky-Destillen (Besichtigung)

Auf der Webseite www.isle-of-islay.com/distillerywatch werden die Destillen kurz vorgestellt. Auch gibt es Angaben über Besichtigungszeiten.
***Ardbeg**: ✆ 01496 302244, 💻 www.ardbeg.com. Es gibt regelmäßige Führungen durch die Anlage, einen großen Souvenirladen, ein Restaurant und ein Café.*
***Bowmore**: ✆/📠 01496 810671, 💻 www.bowmore.co.uk. Die hier ganzjährig veranstalteten Führungen sind sehr professionell und dementsprechend teurer als die anderen.*
***Bruichladdich**: ✆ 01496 850190, 💻 www.bruichladdich.com. Besichtigungen nach Anmeldung Ostern bis November Mo-Fr 10.30, 11.30, 14.30 Uhr, Sa 10.30 und 14.30 Uhr.*
***Bunnahabhain**: ✆ 01496 840646, 💻 www.bunnahabhain.com, Touren im Sommer Mo-Fr, im Winter nur nach Anmeldung. Zeiten bitte telefonisch erfragen.*
***Caol Ila**: ✆ 01496 302760, 💻 www.malts.com. Besichtigung nach Anmeldung.*

Kilchoman Distillery Co. Ltd., *Rockside Farm, Bruichladdich, ✆ 01496 850156, 💻 www.kilchomandistillery.com. Produktion begann hier im Jahre 2005. Jeder Arbeitsschritt findet auf der Rockside Farm statt, wie man im Besucherzentrum erfährt.*
Lagavulin, *✆ 01496 302400, 302730, 💻 www.discovery-distilleries.com, Besichtigung nach Anmeldung.*
Laphroaig, *✆ 01496 302418, 💻 www.laphroaig.com, Besichtigung nach Anmeldung Mo-Fr um 10.15 und 14.15 Uhr.*

Vogelbeobachtung
Rund 100 verschiedene Vogelarten leben auf Islay, die in unterschiedlichen Habitaten – Moor, Hügel, Strand, Klippen – zuhause sind. Jeremy Hastings veranstaltet seit etlichen Jahren Vogelbeobachtungs-Touren. Es gibt Tagestouren (9-16 Uhr, 28 £ Erwachsene), aber auch spezielle Touren am Morgen oder am Abend. Jeremy Hastings, The Old Byre Main Street, Port Charlotte, Isle of Islay PA48 7TX, ✆ 01496 850010, 💻 www.islaybirding.co.uk.

Isle of Jura

Der Name „Jura" leitet sich vom nordischen „Dyr Öe" her, was soviel wie „Rotwild-Insel" bedeutet. Seit Hunderten von Jahren und auch heute noch ist die baumlose Insel **Jagdgebiet für Rotwild**. Jura gilt als die letzte Wildnis in Großbritannien. Rund 6.500 Stück Rotwild leben hier, im Vergleich zu 200 menschlichen Einwohnern ist das eine ganze Menge.

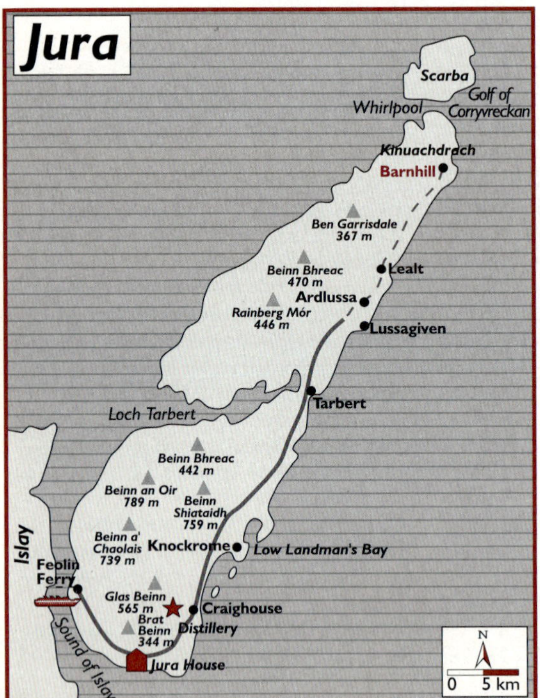

© graphic

Das einzige Dorf auf Jura ist **Craighouse**, 12 km vom Fähranleger entfernt. Hier gibt es die **Jura Destillery**, einige Unterkunftsmöglichkeiten und den Dorfladen *(Destille: Craighouse, ✆ 01496 820240, 💻 www.isleofjura.com, Besichtigung nur nach telefonischer Anmeldung).*

7 km vom Bootsanleger, S Craighouse, liegt **Ardfin** oder einfach **Jura House**. Der herrliche Park bietet zwei ausgeschilderte und mit Aussichtspunkten versehene Spaziermöglichkeiten. Eine Strecke ist rund 1 ½ km lang und führt hinunter zum Strand, bevor es durch den Walled Garden wieder zum Parkplatz

geht. Hier wächst beispielsweise die aus Chile stammende wilde *Fuchsia Magallanica* zu einer enormen Größe. Der andere Weg ist 6 km lang und wird nicht für Menschen mit Gehbehinderungen empfohlen. An dieser Strecke befindet sich ein neolithisches Grab, dem einzigen Beispiel dieser Art auf Jura. Das Haus selbst ist für die Öffentlichkeit nicht zugänglich, kann jedoch wochenweise an Selbstversorger (bis zu 15 Personen) vermietet werden *(Park ⌚ ganzjährig Mo-Sa 9-17 Uhr, Teezelt: Juni bis August (wetterabhängig), ✆ 01496 82213. 7 km vom Bootsanleger)*.

Paps of Jura

Die „Hauptattraktion" Juras sind die **Paps of Jura**, drei brustähnlich geformte Berge, die man bei guter Sicht selbst vom schottischen Festland aus sehen kann. Die Paps bieten einige herausfordernde Wanderungen, die einen guten Orientierungssinn erfordern oder aber einen Führer, den Sie sich vom Hotel in Craighouse vermitteln lassen können. Um alle drei Spitzen zu erklimmen, braucht man ca. 8 Stunden, aber während des **Paps of Jura Fell Race** schaffen es manche in drei Stunden. Ausgangspunkt ist die dreibogige Brücke über den Corran-Fluss, nördlich von Leargybreak. Die Westküste der Insel ist vollkommen unbewohnt und nur von den erfahrensten Wanderern erreichbar.

nur für geübte Wanderer

Auf Jura haben Kühe Vorrang

Die Fahrt entlang der einzigen Straße, die sich an der Ostküste der Insel hochzieht, kann einsamer nicht sein. Selbst die Kühe haben es mit der Ruhe, und es erfordert schon einige Geduld, bis sie sich von der Straße entfernt haben.

Corryvreckan Whirlpool

Der Corryvreckan Whirlpool liegt ganz im Norden, zwischen Jura und der unbewohnten Insel von Scarba. Hier ereignen sich die heftigsten und gefährlichsten Gezeiten in Schottland. Am besten kann man die furchterregenden Geräusche eine Stunde nach Ebbe hören, noch bevor das Wasser wieder hereinkommt. Bevor Sie sich hierher aufmachen, fragen Sie im Hotel nach den Tidezeiten.

Auf Orwells Spuren

Ebenfalls im Norden der Insel liegt **Barnhill**, ein völlig einsam gelegenes Cottage, wo sich **George Orwell** zwischen 1946 und 1948 aufhielt, um den Roman „1984" zu schreiben. Das Haus kann wochenweise gemietet werden.

Reisepraktische Informationen Isle of Jura

Information

www.laird-of-jura.com

Unterkunft

******Jura Hotel €€***, Isle of Jura PA60 7XV, ✆ 01496 820243, Fax 01496 820249, www.jurahotel.co.uk. Lang etabliertes Hotel mit herrlichem Blick auf die Bucht. 18 Zimmer, auch Familienzimmer. Schöner Garten. Im Hotel erhält man Informationen über die Insel und über Aktivitäten wie Lachsfischen, Pony-Reiten, Jagd und Wandern.*

„George Orwell"-House für Selbstversorger

7 km von der nächsten gepflasterten Straße entfernt liegt das Haus, in dem sich George Orwell zwischen 1946 und 1948 aufhielt. Es hat 5 Zimmer und 7 Betten und kann wochenweise gemietet werden, Kontakt: Damaris Fletcher, ✆ 01786 850274. Buchbar auch über Visit Scotland. Ab 450 £ / Woche.

Fährverbindung

Von Port Askaig (Islay) fährt eine kleine Auto- und Passagierfähre regelmäßig nach Feolin. Die Überfahrt dauert 5 Minuten. April bis Oktober Mo-Sa 14 Überfahrten, So 6 Überfahrten, im Winter weniger. ✆ 01496 840681.

Es gibt einen ***Busservice*** *auf Jura, der zwischen Feolin Ferry und Craighouse mehrmals am Tag Mo bis Sa verkehrt. Auskunft: TIC Bowmore, 01496 810254.*

Isle of Mull

Mull ist die drittgrößte Hebrideninsel und nach Skye die beliebteste. Zwar relativ arm an kulturellen Sehenswürdigkeiten, verfügt Mull jedoch über eine großartige, weitgehend intakte Natur. Mull bietet für jeden Geschmack etwas: eine grandiose Berglandschaft, 300 km Küstenlinie, eine alte Eisenbahn, wunderbare Angelmöglichkeiten und hübsche Dörfer. Besonders die Car saig-Bucht an der Südküste mit den großen Bögen, die das Meer aus dem Felsen herausgespült hat, ist beeindruckend. Man sollte einige Tage auf Mull zubringen und die Schönheit der Insel auf sich wirken lassen.

Bevölkerungsrückgang

Die Geschichte Mulls ist vergleichbar mit der Geschichte anderer Hebrideninseln. Während der *clearances* wurden die Einwohner vertrieben, um Platz für Schafe zu machen. Durch Hungersnöte wurde die dadurch dezimierte Bevölkerung noch weiter verringert. 1820 hatte die Insel 10.600 Einwohner, heute ungefähr 2.500. Davon sind viele *white settlers*, d.h. entweder stadtflüchtige Engländer oder Schotten vom Festland. Tourismus ist eine wichtige Einnahmequelle neben den traditionellen Erwerbsquellen wie Fischfang, Landwirtschaft und Whiskyherstellung. Trotz eines regen Besucheraufkommens erscheint Mull jedoch selten überlaufen.

Vom Fährhafen **Craignure** kann man von Mitte April bis Mitte Oktober mit dem historischen Eisenbähnchen – „Mull and West Highland Railway" – eine Fahrt zum nahe gelegenen Torosay Castle machen *(Mitte April bis Mitte Oktober, Abfahrt Old Pier Station, die Fahrzeit beträgt 20 Minuten, der Zug fährt mehrfach täglich)*. Alternativ gibt es einen schönen Waldweg von Craignure (ausgeschildert) zum Schloss.

Im Garten von Torosay Castle

Torosay Castle ist ein hübsch anzuschauendes Schloss im Baronialstil, das 1858 fertiggestellt wurde. Der Architekt war David Bryce (1803-76), ein bekannter Baumeister der viktorianischen Zeit. Der wunderbare Terrassengarten mit italienischem Skulpturengang, Steingarten und Rhododendronhain ist ein Werk von Sir Robert Lorimer (1864-1929) und wurde um 1900 angelegt. Der formal angelegte Garten steht im Kontrast zu der wildromantischen Bergkulisse.

Im Schloss können sich die Besucher die Haupträume anschauen. Besonders beeindruckend ist die Bibliothek,

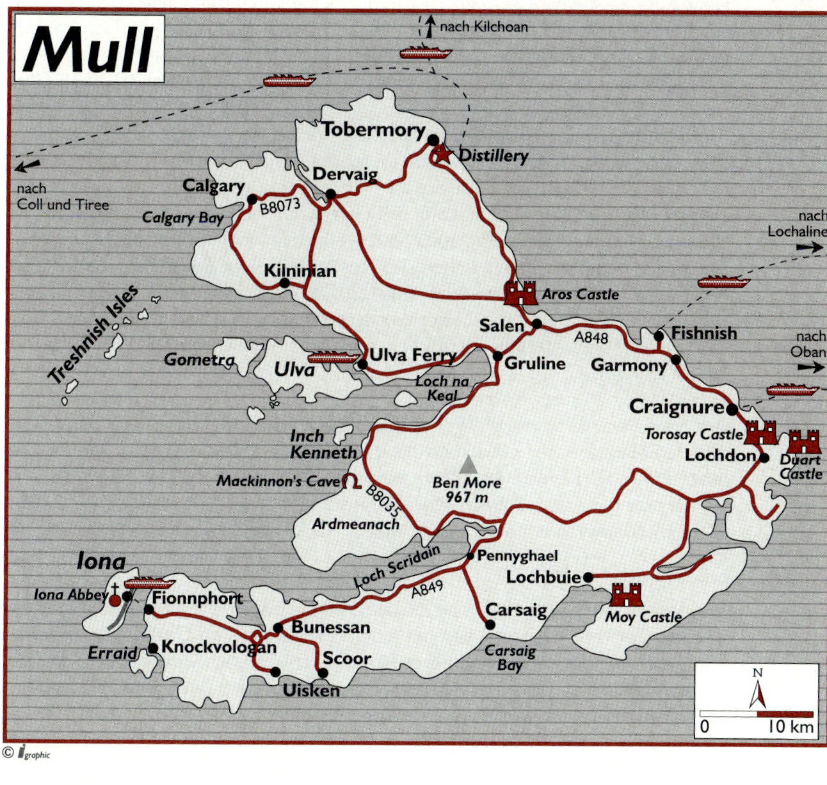

und vom Wohnzimmer, dem „drawing room", hat man eine herrliche Aussicht auf den Garten. Im Gelände von Torosay Castle gibt es eine Webwerkstatt und eine Gold- und Silberschmiede, die sich vor allem auf keltisches Design spezialisiert hat *(✆ 01680 812421, 💻 www.torosay.com, 🕐 Ostern bis Ende Oktober, täglich 10.30-17 Uhr, Garten im Sommer 9-19 Uhr, im Winter nur bei Tageslicht. 🕐 Teestube ganzjährig).*

trutzige Burg über der Bucht

Nicht weit von Torosay Castle liegt **Duart Castle**. Die Stammburg der MacLeans, die in spektakulärer Lage den Sound of Mull beherrscht, verfiel im ausgehenden 17. Jh. zur Ruine und wurde erst 1912 restauriert. Die Ringmauer stammt noch aus dem 13. Jh., der Wohnturm, dessen Wände drei bis vier Meter dick sind, aus dem 14. Jh., und im Inneren ist eine Sammlung mit Erinnerungsstücken an die MacLeans zu sehen. Von hier aus hat man fantastische Blicke über den Loch Linnhe und den Sound of Mull. Im netten „tearoom" gibt es leckere Kleinigkeiten *(✆ 01680 812319, 💻 www.duartcastle.com, 🕐 Ostern bis Mitte Oktober, täglich 10-18 Uhr).*

Zwischen Craignure und Tobermory befindet sich (am schmalsten Punkt der Insel) das hübsche Dorf **Salen**. Nördlich davon liegen die Ruinen von **Aros Castle**, einer Burg aus dem 14. Jh. 6 km SW, in der Nähe von Gruline und Loch Ba, steht das **MacQuarrie Mausoleum**, wo die sterblichen Überreste von General Major Lachlan MacQuarrie verwahrt werden. MacQuarrie war der Nachfolger des unbeliebten Generals William Bligh *(Gruline, 🕐 Mai bis September 10.30-18 Uhr).*

netter Hafenort

Tobermory ist der Hauptort der Insel und gilt als der hübscheste Fährhafen im Westen Schottlands. Der Ort wurde im späten 18. Jh. in dieser geschützten Bucht durch die British Fisheries Society als Heringshafen gegründet. Die bunt gestrichenen Häuser ziehen sich entlang des Hafens. Ein richtiger Fischerhafen wurde Tobermory allerdings nie, und auch heute sieht man eher Yachten als Fischerboote. Entlang der Main Street ziehen sich Restaurants, eine Bank, Pubs, verschiedene Geschäfte und die Touristeninformation. Das **Mull Museum** ist in einer alten Bäckerei untergebracht und bietet Lokalgeschichtliches *(Columba Buildings, Main Street, Tobermory, ✆ 01688 302493, 🕐 Ostern bis Mitte Oktober, Mo-Fr 10-16 Uhr, Sa 10-13 Uhr).*

Am Ende der Hauptstraße liegt die **Tobermory-Destillerie**. Es gibt Führungen und den obligatorischen Probierschluck *(✆ 01688 302645, 🕐 Mitte April bis Oktober, Mo-Fr 10-17 Uhr).* **An Tobar** ist ein Kunst(handwerks-)zentrum in der Argyll Terrace mit Ausstellungen, Musikveranstaltungen und Workshops *(✆ 01688 302211, 💻 www.antobar.co.uk, 🕐 Mo-Sa 10-17 Uhr, So (Juli und August) 13-16 Uhr).*

Autorennen auf schmaler Küstenstraße

Von Tobermory windet sich eine kleine Straße in engen Kurven entlang der Küste nach **Dervaig**. Während des jährlichen Autorennens im Oktober ist die Straße für den Normalverkehr gesperrt. Romantisch am Loch Cuin gelegen, ist Dervaig ein niedlicher Ort mit weißgekalkten Häusern. 1 ½ km hinter Dervaig, im Glen Bellart, lädt das **Old Byre Heritage Centre** zum Besuch ein. Eine Ausstellung und eine Videovorführung erläutern die Geschichte sowie Flora und Fauna der Insel. Es gibt eine lizenzierte Teestube und einen Souvenirshop *(✆ 01688 400229, 💻 www.old-byre.co.uk, ganzjährig ⓘ Mi-So 10.30-18.30 Uhr)*. Eine Besonderheit des Ortes ist das **Little Theatre**, das kleinste professionelle Theater in Großbritannien. Zwischen Mai und September wird in dem nur 43 Plätze fassenden Theater ein reichhaltiges Programm geboten. Das Theater liegt 1 km außerhalb von Dervaig auf dem Grundstück des Druimard Country House and Restaurant *(✆ 01688 302828, Eintrittskarten telefonisch bestellen oder im Touristenbüro in Tobermory und im Dorfladen in Dervaig)*.

Calgary Bay

Die **Calgary Bay**, 8 km W Dervaig, hat den schönsten Strand der Insel und einen kleinen Campingplatz. Von hier aus kann man wunderschöne Blicke auf Coll und Tiree genießen. Von Calgary Bay schlängelt sich die Straße in abenteuerlichen Windungen entlang der Westküste. Beim Wasserfall **Eas Fors** kann man auch schwimmen.

Die **Isle of Ulva** ist von Ulva Ferry mit einer kleinen Fähre erreichbar. Der Name Ulva kommt aus dem Norwegischen und bedeutet „Wolfinsel". Wölfe gibt es hier zwar keine mehr, dafür aber Goldadler, Rotwild, Bussarde und Seehunde. Verschiedene Wanderwege führen kreuz und quer über die unberührte Insel. Die Basaltsäulen im Süden ähneln denen von Staffa. Früher lebten hier 850 Menschen, bis sie während der *clearances* vertrieben wurden. Heute beträgt die Bevölkerungszahl rund 20. Am Fähranleger ist im Boathouse Tea Room eine Ausstellung über die Geschichte der Insel zu sehen.

Von Ulva Ferry führt die Straße wieder ostwärts und teilt sich dann: Richtung Osten geht es zurück nach Salen, Richtung Westen führt die B8035 entlang der Südküste vom Loch na Keal. Dieser Teil der Insel wird vom höchsten Berg der Insel, dem **Ben More** (967 Meter), dominiert. Die Bergkulisse ist fast filmreif. Die Straße passiert Dishig, den besten Ausgangspunkt für den steilen Aufstieg zum Gipfel des Ben More. Schließlich stößt sie auf die A849 und führt durch das wunderschöne **Glen More** nach Craignure.

wunderschöne Bergwelt

Der Ross of Mull

Die südliche Halbinsel erstreckt sich 30 km vom Loch Scridain bis nach Iona. Die meisten Besucher benutzen die Straße nur, um zum Fähranleger Fionnphort für die Fähre nach Iona zu kommen, aber wenn das Wetter gut ist und man genügend

Zeit hat, kann man hier durchaus einige Zeit verbringen. Wunderschön ist die **Uisken Bay**, wo es einen netten Strand gibt. Im idyllisch gelegenen Uisken Croft kann man übernachten.

literarischer Schauplatz

Fionnphort ist der Fähranleger (für Fahrräder und Passagiere) nach Iona. Der Ort besteht lediglich aus einer Reihe von Häusern, einem Pub und einem kleinen Laden. Die Straße führt noch ein Stückchen weiter südlich zu einem Campingplatz bei Fidden Farm. **Erraid Island** kann bei Ebbe zu Fuß erreicht werden. Angeblich soll hier Robert Louis Stevenson sein bekanntes Buch „Kidnapped" geschrieben haben. Balfour Bay ist nach dem Held des Romans benannt, der hier Schiffbruch erlitt.

Wandern
Mull bietet wunderschöne und vielfältige Wandermöglichkeiten: Küstenwanderungen, Waldwege und für die erfahreneren Wanderer handfeste Bergtouren. Die Touristeninformation hält vielfältiges Kartenmaterial und Wanderbeschreibungen bereit. Die Tour auf den Ben More beginnt bei Dishig und ist gut ausgeschildert.

Reisepraktische Informationen Isle of Mull

Information

__TIC__, Craignure, The Pier, ✆ 01680 812377 oder 08707 200610, 💻 www.holidaymull.org oder www.isle.of.mull.com
__TIC__, Tobermory, ✆ 01688 302182. Am Hafen beim Büro von Caledonian MacBrayne.

Unterkunft

********Gruline Home Farm €€€**, Gruline, Isle of Mull, Argyll PA71 6HR, ✆ 01680 300581, 🖷 01680 300573, 💻 www.gruline.com, 🕐 ganzjährig, 2 Zimmer. Mulls einzige 5-Sterne-Unterkunft, gediegen und komfortabel. Herausragendes Essen (Dinner 28 £), auch vegetarisch. Das Haus ist ein ehemaliges Farmhaus aus Granit und liegt in der Mitte von Mull. Schöner Wintergarten, von dem man einen unvergesslichen Blick auf die Berge genießen kann. Kinder ab 13 Jahren willkommen.*

*******Druimard Country House & Restaurant €€-€€€**, Dervaig, Isle of Mull, ✆/🖷 01688 400345, 💻 www.druimard.co.uk, 🕐 April bis Oktober, 4 Zimmer, viktorianisches Country-Haus mit gediegener Atmosphäre, neben dem „Little Theatre", dem kleinsten Theater in Großbritannien, gelegen.*

***Tiroran House €€-€€€**, Isle of Mull PA69 6ES, ✆ 01681 705232, 🖷 01681 705240, 💻 www.tiroran.com, 🕐 März bis November, 7 Zimmer, abgelegen und romantisch am Nordufer des Loch Scridain. Wunderschöner Garten. Komfortabel, ungezwungene Atmosphäre. Auch Cottages für Selbstversorger.*

******Calgary Farmhouse Hotel €€**, bei Dervaig, Isle of Mull PA75 6QW, ✆ 01688 400256, 💻 www.calgary.co.uk, 🕐 April bis Oktober sowie an Wochenenden im November und März, 9 Zimmer und nettes Restaurant. Gehentfernung zum weißen Strand des Calgary Beach.*

*****Glen Forsa Hotel €€**, Salen, Isle of Mull PA72 6JW, ✆ 01680 300377, 💻 www.glenforsa.co.uk, 🕐 Ostern bis Oktober, 13 behagliche Zimmer. Sehr ruhig gelegen, obwohl hier auch der Mini-Flughafen ist. Guter Ausgangspunkt für Wanderungen.*

***Mishnish Hotel €-€€**, Main Street, Tobermory, Isle of Mull PA75 6NU, ✆ 01680 302009, 💻 www.mishnish.co.uk, 🕐 ganzjährig, 10 Zimmer, seit Generationen im Familienbetrieb. Das Mishnish ist mittlerweile zu einer Institution für Live-Musik geworden. Auch gibt es gutes und solides Essen.*

***Uisken Croft €, Mrs. Sheila Campbell, Bunesan, Isle of Mull PA67 6DS, ✆ 01681 700307. Sehr idyllisch gelegener Farmbetrieb mit Gästezimmern.

Jugendherberge

****Tobermory Y.H., Main Street, Tobermory, Isle of Mull PA75 6NU, ✆ 0870 0041151, www.syha.org.uk, März bis Oktober, 39 Betten. Fahrradverleih.

Einkehren

In den Hotels und Gästehäusern der Insel, außerdem gibt es zahlreiche Cafes und Take-Aways. Fangfrischen Fisch gibt es im nett gelegenen **Ulva Seafood Restaurant** in Tobermory, ✆ 01683 302044.

Fähre

Mull ist gut und einfach von Oban nach Craignure (bis zu 6 x tgl., im Winter weniger, Fahrtzeit 40 Min.) sowie von Kilchoan nach Tobermory (Fahrtzeit 35 Min., So nur zwischen Mai und August) und von Lochaline nach Fishnish (Fahrtzeit 15 Min.) zu erreichen.

Fähre zur Isle of Ulva

Die kleine Passagier- und Fahrradfähre fährt nach Bedarf Mo-Fr und So. Auskunft ✆ 01681 500226, www.ulva.mull.com. Die Überfahrt dauert 2 Minuten.

Hinweis

Von Craignure nach Fionnphort (Fähre zur Isle of Iona) fährt man eine gute Stunde, allerdings sollte man früh aufbrechen, bevor die Fähre von Oban anlegt, weil man sonst in einer Schlange von Touristenbussen steht, die alle nach Fionnphort wollen.

Kulinarisches

Tobermory Chocolate Company, ✆ 01688 302526, www.tobchoc.co.uk. Hier gibt es Köstlichkeiten aus Schokolade für kleine und große Naschkatzen, z.B. Schokolade mit Whisky. Im Sommer werden Workshops in Schokoladenherstellung für Kinder abgehalten. Am Ende des Ortes an der Sgriob-Ruadh Farm kann man bei **„Isle of Mull Cheese"** hervorragenden Käse kosten und sich ein Stückchen fürs Picknick mitnehmen. ✆ 01688 302235, www.isleofmullcheese.co.uk.

Auto fahren

Die gut 200 Straßenkilometer sind fast alle einspurige „single road tracks". Kalkulieren Sie extra Zeit, um von A nach B zu kommen. Dies ist z.B. wichtig, wenn Sie eine bestimmte Fähre erreichen müssen. Es gibt nicht sehr viele Tankstellen, am besten füllt man Benzin also in Oban oder am Fährhafen in Tobermory oder in Craignure auf.

Fahrradverleih

Mountainbikes verleiht **Archibald Brown & Son**, 21 Main Street, Tobermory, ✆ 01688 302020, www.browns-tobermory.co.uk. Browns gibt es bereits in der 5. Generation. Außer Fahrradverleih gibt es in diesem reizenden Laden auch Schrauben und andere Eisenwaren, einen Schlüsseldienst, Angellizenzen und natürlich Malt Whisky.

Golf

Tobermory Golf Club, Isle of Mull. 9-Loch-Platz auf den Klippen mit fantastischen Blicken über den Sound of Mull. Auskunft ✆ 01688 302338, Erwachsene zahlen pro Tag oder Runde 13 £ / pro Woche 50 £.

Veranstaltungen/Festivals

www.mullfest.org.uk. Ende April findet auf Mull ein **Musikfestival** mit gälischer Folklore statt. Das Mishnish Hotel in Tobermory ist der Hauptveranstaltungsort. 1 Woche lang Anfang Juli findet das **Mendelssohn Festival** statt, um den Besuch Mendelssohns (1829) auf der Insel zu feiern. Ebenfalls im Juli finden die **Tobermory Highland Games** statt, und im Oktober gibt es die **Tour of Mull Rallye**.

Naturkundliche Touren

Die lang etablierten ***Island Encounter Wildlife and Birdwatch Safaris*** *in Aros, nördlich von Salen, sind naturkundliche Touren, bei denen Goldadler, Seeadler, Falken, aber auch Seehunde beobachtet werden können. Ferngläser werden gestellt. Für kleine Kinder sind die Fahrten ungeeignet. Die Touren sind auf die Ankunfts- bzw. Abfahrtszeiten der Fähren abgestimmt, und man kann auch vom Fährableger abgeholt werden. Auskunft: Richard Atkinson, Arla Beag, Aros, Isle of Mull PA72 6JS, ✆ 01680 300441, 💻 www.mullwildlife.co.uk. 32 £ inkl. Lunch.*

Bootstouren nach Staffa und zu den Treshnish-Inseln

Turus Mara Wildlife and Seabird Cruises, *Penmore Hill, Dervaig, Isle of Mull PA75 6QS, 💻 www.turusmara.com, tgl. Ostern bis Oktober (wetterabhängig) nach Staffa und Treshnish. Fahrzeit- und preise für Erwachsene: Staffa 4 Std. 20 £, Staffa und Iona 6 Std. 35 £, Staffa und Treshnish Isles 6 Std. 42 £.*

Isle of Iona

Wiege des schottischen Christentums

Die meisten Besucher kommen nach Iona, um das Kloster zu besichtigen und die Ruhe und das „Nichtstun“ zu genießen. Es gibt viele Wanderwege, man kann wilde Blumen anschauen oder am Strand faulenzen. Da es keine Autos gibt, ist Iona auch für Kinder ideal. Auf der 270 Einwohner zählenden Insel (5 km lang, 3 km breit) soll das schottische Christentum begründet worden sein. Im Jahre 563 kam der irische Mönch **St. Columba** nach Iona und gründete ein Kloster, von dem jedoch keine Überreste mehr vorhanden sind. Von hier aus unternahm er seine Missionarsreisen, die das Christentum über ganz Schottland, einschließlich den Orkney- und Shetland-Inseln, verbreiteten. Columba starb 597, und in der Folgezeit entwickelte sich Iona zu einem Wallfahrtsort sowie zur Begräbnisstätte schottischer Könige.

Iona Abbey ist ein kreuzförmiger Bau mit auffallend gedrungenem Mittelturm. Sie wurde 1203 von den „Lord of the Isles“ errichtet, verfiel jedoch nach der Reformation. Unter dem Duke of Argyll, dem die Ruine gehörte, wurden im ausgehenden 19. Jh. erste Restaurierungsarbeiten unternommen. Vollständig hergestellt wurde sie jedoch erst durch den Iona Cathedral Trust und durch die „Iona Community“, die auch auf der Insel lebt. Im Inneren der Kirche sind besonders die mit Dämonen, Menschen- und Tierdarstellungen verzierten Säulenkapitelle der Stützpfeiler im Chor zu beachten *(✆ 01681 700512, 💻 historic-scotland.gov.uk, 🕐 täglich: April bis September 9.30-17.30 Uhr, Oktober bis März 9.30-16.30 Uhr).*

keltische Hochkreuze

Gegenüber der Kathedrale steht das fast vollständig erhaltene, über 4 Meter hohe keltische **St. Martin's Cross** aus dem 10. Jh. Es ist das älteste Kreuz auf der Insel. Es ist dem St. Martin von Tours gewidmet und mit Darstellungen von Tieren, Menschen und keltischen Mustern, die das ewige Leben symbolisieren, verziert. Auf der Westseite erkennt man die von vier Engeln umgebene Jungfrau mit dem Kind. Interessant an dem Kreuz ist, dass die Arme Öffnungen haben, um dort Verzierungen aus Bronze oder Holz aufzunehmen. Weitere Kreuze und verzierte Grabsteine sind im Museum hinter der Abtei untergebracht. Das **MacLean's Cross**, ein hohes, freistehendes Kreuz, stammt vermutlich aus dem 15. Jh. Das **St.**

John's Cross ist eine Replik. Das Original ist mehrfach in sich zusammengebrochen.

Der **St. Oran's Cemetry** gilt als ältester Friedhof Schottlands. Die Toten aus 13 Jahrhunderten – u.a. Kenneth MacAlpine (860), Duncan I. und Macbeth – fanden hier ihre letzte Ruhestätte. Die meisten der wertvollen Grabsteine, die ältesten stammen aus dem 7. Jh, befinden sich im Museum.

Das **Iona Heritage Centre** dokumentiert das Leben der Insulaner in der Vergangenheit sowie Flora und Fauna Ionas *(✆ 01681 700 328, Mo-Sa 10.30-16.30 Uhr)*.

INFO

Informationen zur Iona Community

Die Iona Community ist eine ökumenische Gemeinschaft von Männern und Frauen, die nach neuen Wegen suchen, um im Wort Gottes zu leben. 1938 wurde die Gemeinschaft auf Iona gegründet. Sie zählt heute über 250 aktive Mitglieder, 1.500 passive Mitglieder sowie 1.400 Freunde. Die Mitglieder kommen überwiegend aus Großbritannien, aber auch aus Afrika, Australien, Asien und Amerika. Sie setzen sich für Frieden und Gerechtigkeit in der Welt ein, sind aber auch in der Jugendarbeit tätig. Besucher erhalten die Möglichkeit, die christliche Gemeinschaft zu teilen. So kann man als freiwilliger Helfer für die Gemeinschaft arbeiten (mindestens 6 Wochen) oder hier auch Meditationstage einlegen (mindestens 3 Tage).
Weitere Auskunft: Iona Abbey, Isle of Iona, Argyll, Scotland PA76 6SN, ✆ 01681 700404, 🖷 01681 700460, 💻 www.iona.org.uk.

Reisepraktische Informationen Isle of Iona

Unterkunft

Es gibt verschiedene Unterkünfte auf Iona: 2 Hotels, Gästehäuser, B&Bs, Unterkünfte für Selbstversorger, „Retreats" und ein Hostel.

St. Columba Hotel *€€, Isle of Iona PA76 6SL, ✆ 01681 700304, 🖷 01681 700688, 💻 www.stcolumba-hotel.co.uk, 🕐 April bis Oktober, 45 Betten. Direkt neben der Abtei gelegen, gehört das Hotel einer Gruppe an Iona-Bewohnern. 🕐 Restaurant: ganztägig, der Schwerpunkt liegt auf vollwertiger Kost.*

******Iona Hostel** *€, Lagandorain, Isle of Iona PA76 6SW, ✆ 01681 700781, 💻 www.ionahostel.co.uk, wunderbar gelegen, 21 Betten, auch DZ.*

Fähre

Ganztägig und regelmäßig von Fionnphort / Isle of Mull oder Rundfahrt von Oban.

Taxi

Joyce und Lindsay McIntyre, ✆ 01681 700776. Besichtigungstouren von ½-1 Std.

Bootstouren

Von Iona werden Bootstouren zur Insel Staffa unternommen. Wenn die Wetter lage es zulässt, hat man dort eine Stunde Aufenthalt. Auskunft: D. Kirkpatrick, Tigh-na Traigh, Iona, ✆ 01681 700358. Preis: Erwachsene 17,50 £, Kinder 7.50 £. Abfahrtszeiten: Iona 9.45 Uhr und 13.45 Uhr (von Fionnphort um

10 Uhr und um 14 Uhr). www.staffatrips.co.uk. Ein anderer Anbieter ist Mark Jardine. In seinem traditionellen offenen Holzboot bietet er Bootstouren mit bis zu 11 Passagieren, ✆ 01681 700537. Die erste Std. kostet 42 Pfund, jede weitere 10 Pfund.

Per Pferdekutsche über die Insel

Am Fähranleger werden Touren per Pferdekutsche angeboten.

Staffa

Staffa, ein 8 km westlich von Mull gelegener, unbewohnter Basaltfelsen, gehört dem NTS und steht unter Naturschutz *(siehe auch www.nts-seabirds.org.uk)*. Die Höhle **Fingal's Cave** ist eines der eindrucksvollsten Naturwunder der Welt. Sie wurde 1772 durch den Naturforscher Sir Joseph Banks, der mit James Cook die Welt umsegelt hatte, entdeckt.

Insel der Säulen

Ein Vulkanausbruch im Tertiär ist verantwortlich für die Entstehung der „Insel der Säulen". Große Mengen an Lava wurden aus dem Meer geschleudert. Beim Abkühlen formten sie riesige, symmetrisch und gleichmäßig strukturierte Basaltsteinsäulen. Im Laufe der Jahrtausende hat das Meer gewaltige Höhlen aus der Stabinsel herausgespült. Der riesige Innenraum wurde aufgrund seiner fast architektonisch entwickelten Formationen häufig mit einer gotischen Kathedrale verglichen.

Generationen von Künstlern wurden von den Basaltsteinformationen inspiriert, insbesondere nachdem man der Inselhöhle den Namen „Fingal's Cave" gab – in Anlehnung an den „Ossian" des Dichters James MacPherson. Zu Hunderten strömten die Schaulustigen herbei, unter ihnen Queen Victoria, Walter Scott, William Turner, William Wordsworth und Felix Mendelssohn-Bartholdy. Letztgenannter besuchte Staffa 1829 und war so beeindruckt, dass er dem Naturereignis in seiner romantischen Hebriden-Ouvertüre (1832) ein musikalisches Denkmal setzte. Mendelssohn wusste wohl, dass der Name der Höhle in Gälisch „Die melodische Höhle" bedeutet.

Fingal's Cave

Die Treshnish Isles

Die meisten Touren zur Staffa Island werden in Verbindung mit einer Fahrt zu den Treshnish Islands gemacht. Es handelt sich um eine kleine unbewohnte Inselgruppe, die die Heimat etlicher Seevögel und grauer Seehunde darstellt. Sie stehen unter dem Schutz des „Hebridean Trust".

Hinweis
Es gibt verschiedene Veranstalter, die Ausflugsfahrten nach Staffa (oft in Kombination mit den Treshnish-Inseln) anbieten. Abfahrtsorte sind Oban, Dervaig, Ulva Ferry (Westküste Mulls), Iona und Fionnphort. Wenn das Wetter es zulässt, kann man aussteigen und in die beeindruckende Höhle gehen. Informationen erhalten Sie in allen Touristenämtern und in Ihren Unterkünften.

Buchtipp
Alastair de Watteville: The Isle of Staffa, 1993. Der ehemalige Besitzer der Isle of Staffa, de Watteville, ist bester Kenner der faszinierenden Insel.

Isle of Coll

Coll ist eine flache, baumlose und windzerfurchte Insel, die dem Besucher „die einfachen Freuden des Lebens" bietet. Es ist so still und friedlich hier, dass die anderen Inseln im Vergleich dazu fast überbevölkert erscheinen. Im Sommer leben rund 170 Menschen hier, im Winter vielleicht 100. „Zu tun" gibt es nur wenig hier, abgesehen von herrlichen Wanderungen an den menschenleeren Stränden. Tourismus spielt keine große Rolle auf Coll, und die wenigen Besucher, die es hierher verschlägt, bevorzugen es auch so. Es gibt verschiedene Unterkünfte: B&Bs, Cottages für Selbstversorger und ein Hotel. Der Hauptort heißt Arinagour, wo es Einkaufsmöglichkeiten und ein Café gibt. *Einsamkeit*

Die schönsten Strände sind an der Westküste zu finden: **Killunaig**, **Hogh Bay** und **Feall Bay**. Die Feall Bay ist durch die Crossapool Bay durch riesige Sanddünen abgetrennt. Sie gehören zu einem Naturschutzgebiet des RSPB. Unweit, am Kopfe des Loch Breachacha, steht das restaurierte **Breachacha Castle**. Das nahe gelegene Herrenhaus stammt aus dem 18. Jh. Von der Spitze des **Ben Hogh**, dem höchsten Punkt der Insel (114 Meter), hat man einen guten Blick über die Inselwelt. Die Ostküste von Coll, nördlich von Arinagour bis nach Soridale, ist unbewohnt.

Reisepraktische Informationen Isle of Coll

Information
Internet www.visitcoll.co.uk

Unterkunft
*****Coll Hotel** *€€, Arinagour, Isle of Coll PA78 6SZ, ✆ 01879 230334, 💻 www.collhotel.com. Schön gelegenes, kleines Hotel mit 6 Zimmern (4 davon mit Blick über die Bucht), großem Garten, Restaurant und Bar.*

Fähre
Tgl. von Oban. Die Überfahrt dauert 2 Std. 30 Min.

Isle of Tiree

Surfen
Isle of Tiree ist das Mekka der Surfer schlechthin. www.tireewaveclassic.com.

Paradies für Windsurfer

Tiree ist das sonnigste Fleckchen in ganz Schottland, denn durchschnittlich fällt hier weniger Regen als andernorts. Dafür ist es aber fast immer windig. So windig, dass die Insel mittlerweile zu einem **Mekka für Windsurfer** geworden ist – deshalb auch der Spitzname: „Hawaii des Nordens". Windsurfer aus aller Welt kommen nach Tiree, um die riesigen Wellen, die der Atlantik an die zahlreichen, langen und sauberen Strände presst, zu erobern.

Im Vergleich zu Coll ist Tiree mit immerhin 800 Einwohnern geradezu dicht besiedelt. 1831 lebten hier über 4.000 Menschen, doch durch die *clearances* reduzierte sich die Bevölkerung bis 1881 auf die Hälfte. Tiree ist grüner und fruchtbarer als die Nachbarinseln. Einst als „Brotkorb" der Hebriden bekannt (der gälische Name „tir-iodh" bedeutet so viel wie „Land des Korns") kann sich Tiree eines relativen Wohlstands erfreuen. Kleine Farmbetriebe (Schafe und Rinder) bilden die Haupterwerbsquelle. Auch der Tourismus spielt eine Rolle, und die Palette an Unterkünften reicht vom Hostel bis zum Hotel.

Tiree ist 16 km lang und 9 km an ihrer breitesten Stelle. Abgesehen von den beiden Erhebungen, dem **Ben Hynish** (141 Meter) und dem **Beinn Hough** (129 Meter) an der Westküste, ist die Insel flach. Auf der Spitze des Ben Hynish befindet sich eine Radarstation, die wie ein riesiger Golfball aussieht. Von oben hat man einen schönen Blick über die Insel und an einem klaren Tag sogar bis auf die Äußeren Hebriden. Unterhalb des Ben Hynish liegt das Dorf Hynish.

Der Hafen **Gott Bay** liegt in der Nähe von **Scarinish**, dem Hauptdorf der Insel, wo es einen kleinen Supermarkt, eine Post und eine Bank gibt. Die neueste „Attraktion" ist hier der Warteraum für die Calmac Fähre von Oban. Das Gebäude wurde 2003 als „Scottish Building of the Year" ausgezeichnet und gilt als eines der schönsten modernen Bauwerke, nicht nur in Schottland, sondern in Großbritannien insgesamt. Die Auszeichnung erfolgte vor allem aufgrund der hervorragenden Integration der Architektur mit der umgebenen Natur, in diesem Falle dem Meer. 6 km von Scarinish entfernt kann man die gut erhaltenen Überreste von **Dun Mor**, einen piktischen Broch, der im ersten Jahrhundert n.Chr. gebaut wurde, sehen.

Heimatkundliches in einem alten Cottage

Die Hauptstraße verläuft nordwestlich von Scarinish, entlang der Balephetrish Bay (wunderschöner Strand) nach Balevullin. In Sandaig kann man das **Sandaig Museum** besichtigen, in dem Heimatkundliches ausgestellt ist. Im Südwesten der Insel liegt **Kenavara**. Die beeindruckenden Klippen bieten die Heimat für Tausende von Seevögeln, und am steinigen Ufer aalen sich die Seehunde.

The Signal Tower and Historic Lighthouse Shorestation in Hynish erläutert die interessante Geschichte des Skerryvore Lighthouse, das 1840-44 von Alan Stevenson, dem Onkel von Robert Louis Stevenson, erbaut wurde.

Reisepraktische Informationen Isle of Tiree

Information
www.isleoftiree.com
*Auskunft im **Fiona's Craft Centre**, Kenovay, Mo-Sa 10-17 Uhr sowie im Blue Beyond, Balemartin, Mo-Fr 13-17 Uhr. Daneben gibt es eine Visitor Helpline, ✆ 01879 220510.*

Unterkunft
*Es gibt zahlreiche Unterkünfte auf Tiree. 2 Hotels, etliche Cottages für Selbstversorger, B&Bs und Gästehäuser sowie ein **** Hostel (✆ 01879 220435, www.tireemillhouse.co.uk)*

Einkehren
*Das Restaurant des ****Scarinish Hotel** (✆ 01879 220308, www.tireescarinishhotel.com), am alten Hafen in Scarinish, hat sich auf die Zubereitung lokaler Produkte spezialisiert. Spezialitäten sind Lamm, Rind und Fisch.*

Fähre
Regelmäßige Fährverbindungen von Oban nach Tiree. Im Winter lediglich 3 x pro Woche mit Halt in Coll.

Besichtigungen
***Sandaig Museum**, ✆ 01865 22067, Ostern bis September Mo-Fr 14-16 Uhr.*
***The Signal Tower and Historic Lighthouse Shorestation**, Hynish, ✆ 01865 220726, ganzjährig.*

Isle of Colonsay

Die rund 200 Einwohner zählende Insel hat 12 Straßenkilometer. Landwirtschaft und Fischerei waren und sind auch heute noch die Haupterwerbsquelle auf der kleinen Insel, ebenso der Fremdenverkehr. Es gibt herrliche Sandstrände, die zum Spazierengehen einladen, mehrere „McPhies" zum Erklimmen (McPhies sind niedriger als Munros, und das Ziel ist, sie alle in einer Tour „abzuklappern"), weiterhin einen 18-Loch-Golfplatz und Angelmöglichkeiten. Die Anzahl von Ferienhäusern und Unterkünften für Selbstversorger bezeugen, dass die sechs Stunden, die man während eines Tagesausflugs hier hat, nicht ausreichen, um die Schönheit der Insel zu genießen.

ein Tagesausflug reicht nicht…

Colonsay erscheint vielen wie ein Paradies auf Erden, so abgeschieden und ruhig ist es hier. **Scalasaig** ist der Hafen. Hier sind auch das einzige Hotel der Insel, ein Restaurant, ein Einkaufsladen mit Postamt, eine Tankstelle und ein kleines heimatgeschichtliches Museum. Nördlich des Fähranlegers liegt **Colonsay House**. Es wurde 1722 errichtet und 1904 (zusammen mit der Insel) an Lord Strathcona, der in Kanada ein Vermögen mit der Hudson Bay Company gemacht hat, verkauft. Das Haus ist für die Öffentlichkeit nicht zugänglich, wohl aber der Park mit seinen herrlichen Rhododendren und der eher formale private Garten. Die kleinen Cottages auf dem Anwesen werden als Ferienhäuser für Selbstversorger genutzt *(Colonsay Garden and Park, Park ganzjährig, Privatgarten und Shop: im Sommer Mi-Fr).*

Die Insel verfügt über zahlreiche **Zeugnisse aus der Frühzeit**. Es gibt einige „Stehende Steine", zum Beispiel die **Fingal's Limpet Hammers** in Kilchattan, südwestlich von Colonsay House. Das **Dun Eibhinn** in Scalasaig ist ein Fort aus der Eisenzeit.

Nicht nur für Menschen, auch für Tiere und Pflanzen ist Colonsay ein Paradies. Botaniker können über 500 Pflanzenarten entdecken, und rund 150 Vogelarten leben hier. Auch gibt es Otter, Seehunde und wilde Ziegen auf Colonsay.

traumhafter Sandstrand

Das Juwel der Insel ist der Strand an der **Kiloran Bay**. Der Sandstrand ist ungefähr einen Kilometer lang, von goldener Farbe und wird von Dünen gesäumt. Er gilt als einer der schönsten Strände der Hebriden überhaupt.

Reisepraktische Informationen Isle of Colonsay

Information
www.colonsay.org.uk

Unterkunft
*******The Colonsay Hotel €€€, Bar, Restaurant**, *01951 200316, 01951 200353, www.thecolonsay.com, ganzjährig, 11 Zimmer, gemütliches Hotel (1750 als Inn gegründet) mit freundlichem Service und Gastro-Pub.*
Daneben gibt es einige B&Bs und ein Hostel. Traditionelle Cottages für Selbstversorger vermittelt Colonsay Estate Cottages, 01951 200312, www.colonsay.org.uk

Fähre
3-5 x pro Woche Fähre von Oban. Die Überfahrt dauert 2 Std. 15 Min. Im Sommer auch Tagesausflüge von Kennacraig über Islay nach Colonsay. Man hat 5-6 Std. Aufenthalt auf Colonsay. 08705 650000, www.calmac.co.uk.

Bootstouren
Mit der „Lady Jane", Auskunft: Kevin und Christa Byrne, 01951 200320.

Golf
Der alte Colonsay Golf Club ist ein 18-Loch-Platz. Nur für Mitglieder, aber eine jährliche Mitgliedschaft kann im Hotel für £ 20 erworben werden.

Isle of Oronsay

ganze 6 Einwohner

Oronsay liegt südlich von Colonsay, und zwischen den beiden Inseln liegt „The Strand". Die Insel ist 3 qkm groß und hat 6 Einwohner. Der Name stammt aus dem Nordischen und bedeutet soviel wie „Ebbe-Insel", was sehr treffend ist, da die Insel zu Fuß bei Ebbe erreicht werden kann. Nur bei Flut handelt es sich tatsächlich um eine Insel. Von der Südspitze Colonsays dauert es ungefähr eine Stunde hierher *(**Achtung**: Bevor Sie loswandern, erkundigen Sie sich im Hotel oder im Geschäft nach den Tidezeiten).*

Die Augustinerabtei (14. Jh.), heute eine Ruine, war einst die Heimat mittelalterlicher Kunsthandwerker. Das beeindruckende Oronsay Cross und die verzierten Grabsteine, die im Prior's House ausgestellt sind, beweisen ihre hohe Kunstfertigkeit.

Isle of Skye

„Geflügelte Insel" – so der gälische Name für Skye. Die zweitgrößte Hebrideninsel ist 80 km lang und zwischen 5 und 35 km breit. Lediglich eine Meerenge trennt sie vom Festland. 8.000 Menschen leben hier. Skye ist bei Urlaubern äußerst beliebt, und die Erwerbsquelle der Inselbewohner ist daher, neben der Fischerei, vor allem der Fremdenverkehr.

landschaftliches Paradies

Mit ihrer einzigartigen Natur, der imposanten Küste und mit den kahlen Bergen ist die Insel ein landschaftliches Paradies. Die **Cuillins** im Süden der Insel bieten hervorragende Wandermöglichkeiten. Durch die Nähe zum Golfstrom regnet es allerdings recht viel auf Skye. Zwar ist es mild, aber oft wird die Insel in eine dunstige Feuchtigkeit eingewickelt.

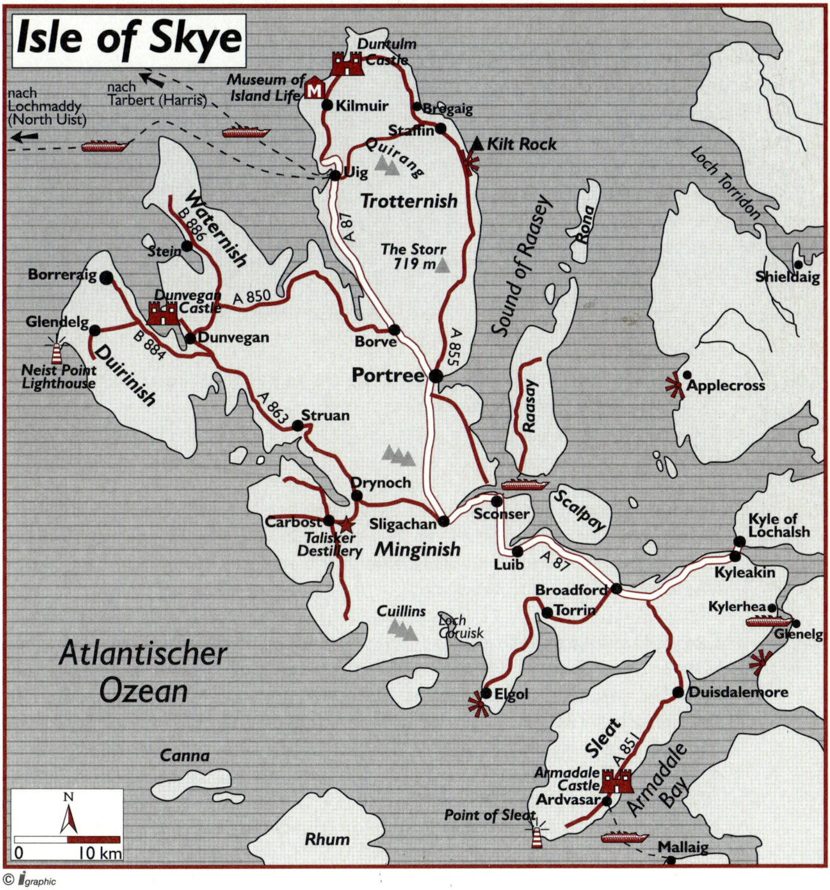

© igraphic

Zeiteinteilung und Streckenführung

Wenn man nur über eine begrenzte Anzahl von Urlaubstagen verfügt, sollte man für eine Rundfahrt auf der Isle of Skye mindestens einen ganzen Tag einplanen und früh aufbrechen. Schöner und intensiver ist es natürlich, einige Tage hier zu verbringen. Die hier beschriebene Route beginnt in Kyleakin, führt entlang der Ostküste gen Norden und kommt an der Westküste mit Abstecher auf die Halbinsel Sleat zurück. Insgesamt umfasst die Tour ungefähr 275 Kilometer.

Kyleakin und Kylerhea

Skye-Brücke

Durch die Skye Bridge, die die Insel mit Kyle of Lochalsh verbindet, geriet der ehemalige Fähr„hafen" Kyleakin ins Abseits. 6 km von Kyleakin biegt eine Straße links von der A87 ab und führt südöstlich nach Kylerhea (ausgesprochen Kile-ray). Zwar mag die Brücke die schnellste Art sein, nach Skye zu gelangen, aber die schönste Art ist die kleine Autofähre von Glenelg nach Kylerhea. Unweit des Anlegers befindet sich der **Otter Haven**. Von einem Beobachtungsposten kann man die Tiere gut beobachten *(✆ 01320 366322, 🕔 tgl. 9-17 Uhr)*.

Otter

Der einzige Nachteil der wunderschönen Insel ist der viele Regen

Broadford

12 km W Kyleakin liegt Broadford. Das zweitgrößte Dorf der Insel besteht hauptsächlich aus einer langen Straße entlang einer weiten Bucht. Es gibt hier viele Unterkunftsmöglichkeiten und Lokale, eine Touristeninformation, einen Supermarkt, eine Bank und eine Kfz-Werkstatt.

Eine der Hauptattraktionen der Insel ist das **Skye Serpentarium**, wo man alle Arten von Schlangen, Eidechsen und anderen Reptilien sehen und anfassen (!) kann. Die sehr engagierten Besitzer betreiben auch ein Aufzuchtprogramm für vernachlässigte Reptilien *(The Old Mill, Broadford, ✆ 01471 822209, 💻 www.skyserpentarium.org.uk, 🕔 Ostern bis Oktober 10-17 Uhr, So im Juli und August und an Bank Holidays)*.

Von Broadford werden Bootstouren unterschiedlicher Länge angeboten. Broadford ca. 4 km vorgelagert ist die Isle of Pabay *(💻 www.pabay.org)*. Die kleine Insel ist in philatelistischen Kreisen ein Begriff, da hier eigene Briefmarken hergestellt werden. Die Straße nördlich nach Portree passiert Sconser, dem Abfahrtsort für die Autofähre zur Isle of Raasay.

Isle of Raasay

Die wunderschöne und mit reicher Vegetation gesegnete Isle of Raasay (*www.raasay.com)* liegt nur wenige Kilometer von der Ostküste von Skye entfernt, ist jedoch trotzdem „off the beaten track". 150 Menschen leben hier, von denen die meisten Anhänger der „Free Church" sind. Die Insel bietet zahlreiche Wandermöglichkeiten, und die Ausblicke vom höchsten Punkt, dem Dun Caan (457 Meter), sind unvergleichlich schön. Der Weg zum Gipfel ist relativ problemlos zu bewältigen. Der Dichter **Sorley Maclean** (1911-1996) wurde in Oskaig geboren und schrieb sowohl in gälischer als auch englischer Sprache. Seine Themen behandeln hauptsächlich die Geschichte Raasays und die dort lebenden Menschen. Er gilt als Vater der gälischen Renaissance. In seinen Gedichten zeigte er, dass moderne Gedanken sehr wohl in einer alten Sprache ausgedrückt werden können. Der Hauptort der Insel ist **Inverarish**, mit Schule, Post und Einkaufsmöglichkeiten. Während des 2. Weltkrieges gab es hier ein deutsches Kriegsgefangenenlager. Unterkunft besteht in verschiedenen B&Bs, im Raasay Hotel *(01478 660222, www.isleofraasayhotel.co.uk)* oder im Outdoor Centre (s.u.).

off the beaten track

Reisepraktische Informationen Raasay

Unterkunfts-Tipp

Raasay House *(Isle of Raasay, 01478 660226, www.raasay-house.co.uk) bietet verschiedene Unterkunftsmöglichkeiten (B&B, Selbstversorgung, Halb- oder Vollpension) sowie ein Outdoor Centre. Das lang etablierte Outdoor Centre ist das Herz des Hauses mit Café, Bar, Restaurant, Shop und einem großen Angebot an Aktivitäten, wie Segeln, Windsurfen, Kajak, Abseilen oder Orientierungskurse.*

Portree

Die „Hauptstadt" der Isle of Skye hat rund 1.300 Einwohner und bietet sich als Ausgangspunkt für Ausflüge in alle Teile der Insel an. Es ist ein touristisch vollständig ausgebauter Ort mit mehreren Hotels und Restaurants, Pubs und Souvenir-Shops. In dem hübschen, kleinen Naturhafen liegen Fischerboote.

Inselhauptstadt

Die **Aros Experience** in der Viewfield Road ist eine Ausstellung und Audiovisionsshow über die Geschichte und die Kultur der Insel. Im gleichen Gebäude werden auch Theater- und Kinovorstellungen und Musikveranstaltungen geboten *(01478 613750, aros.co.uk, tgl. 9-18 Uhr, bei Sonderveranstaltungen länger. 1 km vom Stadtzentrum an der Straße nach Broadford)*. Es gibt weiterhin ein Restaurant und einen Souvenirladen. Das **„An Tuireann" Arts Centre** in der Struan Road beherbergt wechselnde Ausstellungen zeitgenössischer Kunst und Kunsthandwerk. Es gibt ein sehr nettes Café hier (auch vegetarische und veganische Gerichte) *(01478 613306, www.antuireann.org.uk, ganzjährig Mo-Sa 10-17 Uhr, Café Di-Sa 10-16.30 Uhr)*.

Die Trotternish-Halbinsel

Von Portree aus führen die A855 und die A87, der Küstenlinie folgend, rund um die Trotternish-Halbinsel. Trotternish ist die größte Halbinsel Skyes. Auf Trotternish gibt es interessante geologische Formationen, wie beispielsweise **The Old Man of Storr**. Der „Old Man", zu Füßen des Berges The Storr (719 Meter), ist ein schwarzer Obelisk, der von kleineren Steinsäulen umringt wird. Rundherum kann man herrlich wandern. Die A855 führt entlang hoher Klippen, bis eine Ausschilderung zum Aussichtspunkt Kilt Rock View Point führt. Hier gibt es gleich zwei Sehenswürdigkeiten: Zum einen der Wasserfall, der aus einer Höhe von 100 Metern in die See rauscht, zum anderen der sogenannte Kilt Rock, der hier ins Meer stakt und in Gestalt und Farbe einem gewaltigem Kilt ähnelt.

The Old Man of Storr

Ein einsamer Platz für ein Picknick

Hinter dem kleinen Dorf **Staffin** (hier gibt es einen schönen Strand sowie gute Angelmöglichkeiten im Fluss und in den umliegenden Lochs) führt die Straße zum nördlichsten Punkt der Halbinsel. Alternativ kann man sich in Brogaig, am nördlichen Ende der Staffa Bay, für die Abkürzung über Bealach nach Uig entscheiden. Die spektakuläre **Bealach Route** wird von den wunderschönsten Ausblicken auf die **Quirang** begleitet. Selbst wenn man

Flodigarry House Hotel

nicht vorhat zu wandern, lohnt sich die Strecke mit ihren herrlichen Panoramen allemal.

Das Flodigarry House passierend, gelangt man zur Nordspitze von Skye. Hier kann man die Ruinen des romantisch gelegenen **Duntulm Castle** sehen. Weiter geht es zu dem unmittelbar neben der Straße gelegenen Museumsdorf **Skye Museum of Island Life**. In sieben Cottages werden Gegenstände des bäuerlichen Lebens und alte Fotografien gezeigt *(nr Kilmuir, ✆ 01470 552206, 🕐 Mitte April bis Oktober, Mo-Sa 9.30-17 Uhr)*.

Auf dem Friedhof von **Kilmuir**, etwas landeinwärts, liegt die letzte Ruhestätte von Flora MacDonald. *Flora MacDonald*

INFO

Flora MacDonald und Bonnie Prince Charlie

„Flora MacDonalds Name wird in der Geschichte immer genannt werden, und wenn Mut und Treue noch als Tugenden gelten, dann mit Hochachtung".

Nach der Niederlage von Culloden war auf Prinz Charles Edward Stuart ein hohes Kopfgeld ausgesetzt worden. Er war vor den englischen Truppen bis auf die Äußeren Hebriden geflohen, wo ihn stuarttreue Highlander versteckt hielten. Eine Flucht schien bereits ausgeschlossen. Mit Hilfe der jungen Flora MacDonald (1725-1790) gelang sie schließlich doch. Als Zofe Betty Burke verkleidet, schmuggelte sie den Prinzen erfolgreich nach Skye. Von Portree konnte er auf einem Schiff nach Frankreich entkommen. Flora allerdings wurde gefasst und zunächst nach Edinburgh, dann nach London gebracht. Von den adligen Damen mit großer Hochachtung empfangen, sammelte man sogar Geld für sie. Ein Jahr später wurde die im ganzen Inselreich berühmte Heldin wieder freigelassen, kehrte nach Skye zurück, heiratete und wurde Mutter von mehreren Kindern. 1774 wanderte die Familie nach North Carolina aus, kam jedoch 1779 wieder zurück.

Das Flora McDonald-Mahnmal

Bonnie Prince Charlie starb 1788 im römischen Exil. Seit seiner Flucht war er weder in seiner Heimat gewesen, noch hatte er Flora je wiedergesehen. Dem romantisch-heroischen Zeitalter entsprechend, wurden Flora und Bonnie zum tragisch-rührenden Liebespaar. Floras Tod, 1790, wurde fast zu einem Staatsereignis, und trotz der beschwerlichen Anreise nahmen Tausende auf dem Friedhof von ihr Abschied. Der Trauerzug hinter ihrem Sarg soll über 2 km lang gewesen sein.

1880 errichtete man über ihrem Grab ein Hochkreuz, in dem die anfangs zitierten Worte von Dr. Johnson – er hatte Flora ein Jahr vor ihrer Auswanderung aufgesucht – eingemeißelt sind.

Der Westküste nach Süden folgend, geht es mit großartigen Ausblicken auf die Bucht nach **Uig**. Von hier aus bestehen Fährverbindungen nach North Uist (Lochmaddy) und Harris (Tarbert). Alles im Ort dreht sich um die Abfahrtszeiten der Fähre, und der regelmäßige Busservice von Portree trifft mit der Ankunft und der Abfahrt der Fähre zusammen. Das Touristenamt befindet sich im CalMac-Gebäude.

Abgesehen von der Fähre kann Uig auch mit einer Brauerei aufwarten, der **Isle of Skye Brewery**, die 1995 gegründet wurde *(The Pier, Uig, ✆ 01470 542477, 💻 www.skyebrewery.co.uk. Besichtigung nach Anmeldung)*.

Dunvegan, Waternish und Duirinish

Sonnenuntergang genießen

Die A850 verläuft weiter westlich, und, bei Fairy Bridge abbiegend, lohnt sich ein kleiner Umweg zu dem malerischen Dorf **Stein** auf der **Waternish-Halbinsel** allemal. Bei schönem Wetter ist hier der beste Platz, um den Sonnenuntergang zu beobachten. Falls es keinen Sonnenuntergang gibt, kann man immer noch den Tag mit einem Abendessen im Stein Inn oder im Lochbay Seafood Restaurant beenden.

Dunvegan ist ein kleiner Ort mit einigen Hotels und Geschäften, einer Tankstelle und Post. Kinder statten sicherlich gerne dem **Giant Angus MacAskill Museum** einen Besuch ab. Das kleine Museum würdigt den 1863 verstorbenen, mit 2,36 m größten Mann der Welt, der auf der Insel Berneray, südlich Harris (1825) geboren wurde und in Kanada gestorben ist. Im Museum gibt es eine lebensgroße Wachsfigur des Mannes *(✆ 01470 521296, 🕔 tgl. 9.30-18.30 Uhr)*.

Mit 2,36 m der größte Mann der Welt: Angus MacAskill

Etwas nördlich des Ortes befindet sich, direkt auf einem Felsen, **Dunvegan Castle**, seit 700 Jahren Stammsitz des MacLeod-Clans. John MacLeod, 29. Chief des Clan MacLeod, und seine Familie wohnen nach wie vor in einem Teil des Castles. Von der ursprünglichen Burg ist außer Teilen der Ringmauer (13. Jh.) nicht mehr viel übrig. Der Bau wurde im Laufe der Zeit mehrfach erweitert und verändert. Ursprünglich erreichte man die Burg von der Meerseite aus. Mittlerweile ist der Burggraben trockengelegt, und man kann die Burg über eine Brücke erreichen.

Im Inneren sind einige interessante Portraits (u.a. von Allan Ramsey und Henry Raeburn), eine Sammlung von

Erinnerungsstücken an die MacLeods sowie die berühmte „Fairy Flag“, die Feen-Fahne, zu bewundern. Das Stück Stoff aus syrischer Seide, angeblich aus dem 7. Jh., soll den Clan der MacLeods dreimal aus großer Gefahr gerettet haben *(✆ 01470 521205, 🖳 www.dunvegancastle.com, 🕔 Mitte März bis Oktober tgl. 10-17 Uhr, November bis Mitte März 11-16 Uhr).*

Bootstouren

Von Dunvegan Castle aus werden zwischen März und Oktober Bootstouren, bei denen Seehunde beobachtet werden können, veranstaltet. Wenn keine Seehunde zu sehen sind, gibt es das Geld zurück. ✆ 01470 521500. Tickets im Kartenverkaufshäuschen am Parkplatz.

Westlich von Dunvegan liegt die **Duirinish-Halbinsel**. 2 km hinter Dunvegan biegt man rechts in die B884 ein, die nordwärts zum **Dunvegan Head** führt. Die nördliche Hälfte der Halbinsel ist am Westufer des Loch Dunvegan und in dem kleinen Dorf Glendale, wo es auch verschiedene Unterkünfte gibt, besiedelt. Kleine Reisende erfreuen sich im **Spielzeugmuseum**, einem kleinen, liebevoll eingerichteten Privatmuseum mit Puppen, Teddys und ungewöhnlichem Spielzeug *(✆ 01470 511240, 🖳 www.toy-museum.co.uk, 🕔 Mo-Sa 10-18 Uhr).*

Glendale

INFO

Informationen zum Dudelsack

Wie der Kilt, so ist auch der Dudelsack fester Bestandteil der schottischen Kultur. So wurden beispielsweise mit Dudelsack-Musik in den schottischen Schlachten die Soldaten angefeuert. Der Dudelsack ist keinesfalls eine schottische Erfindung, obwohl das Instrument heute fast ausschließlich mit Schottland in Verbindung gebracht wird. Vermutlich soll die Sackpfeife auf indische Windkapselinstrumente zurückgehen und in Asien entwickelt worden sein. Auch zu Neros Zeiten war in Rom dieses Instrument bekannt. In Osteuropa, auf dem Balkan, in der Türkei und in Irland sind noch ähnliche Instrumente in Gebrauch.

Hinweise, seit wann die Sackpfeife in Schottland geblasen wird, geben die aus dem 15. Jh. stammenden Ornamente mit dudelsackspielenden Figuren in Melrose Abbey und Rosslyn Chapel.

Der kompliziert aussehende Dudelsack funktioniert nach einem recht einfachen Prinzip: Der Sack, ein aufblasbarer Ziegen- oder Schafsbalg, wird unter den Arm geklemmt. Durch Druck des Armes wird Luft in die vier Pfeifen gebracht. Wie bei einer Klarinette oder Oboe, wird der Ton durch die Vibration eines Plättchens in den Pfeifen erzeugt. Durch ein Mundrohr wird also Luft in den Sack geblasen. Gleichzeitig wird der Sack vom Arm zusammengedrückt. Der Pfeifer spielt auf der flötenähnlichen Spiel- oder Melodiepfeife aus Hartholz, dem sogenannten „chanter“. Nur dieses Rohr hat Grifflöcher – ihr Tonumfang umfasst neun Töne. Die anderen drei Rohre (Stimmer oder Brummer) geben monotone Töne von sich, wobei die beiden Tenorpfeifen eine Oktave unter dem tiefen a des „chanter“ liegen. Die Basspfeife erzeugt Töne, die eine Oktave unter denen der Tenorpfeifen liegen.

Die B884 verläuft weiter westlich, dann biegt eine Straße links nach Waterstein ab. Am Ende dieser Straße (ungefähr 3 km) befindet sich ein Parkplatz, von wo aus der wunderschöne Wanderweg zum **Neist Point** beginnt, dem westlichsten Punkt von Skye. Der Leuchtturm (1909 erbaut) ist heute unbemannt. Dieser Küstenabschnitt und ein eigens dafür angelegter Friedhof dienten auch als Filmkulisse des 1997 hier gedrehten Films „Breaking the Waves" von Lars van Trier.

Friedhof als Filmkulisse

6 km von Dunvegan, direkt neben dem noblen Three Chimneys Restaurant, liegt das **Colbost Folk Museum**, ein typisches Black House, dessen Einrichtung die ländliche Lebens- und Arbeitsweise auf der Insel zeigt *(✆ 01470 521296, ⌚ 10.30-18 Uhr)*.

Das Dorf **Borreraig** liegt am Ende der Halbinsel. Hier befindet sich das neue **MacCrimmon Piping Heritage Centre**. Zwischen dem 16. und dem 18. Jh. befand sich die Piping School der MacCrimmons – für Generationen die offiziellen Dudelsackpfeifer des Clans MacLeod und weit über die Grenzen von Skye bekannt. 300 Melodien gehörten zum Standardrepertoire der siebenjährigen Ausbildung. Dieser Pfeiferfamilie ist es zu verdanken, dass das Spektrum der bis dato aus einfachen Weisen und Liedern bestehenden Dudelsackmusik bedeutend erweitert und in kunstvolle Formen erhoben wurde. Das spielbare Repertoire reicht von Tänzen über kriegerische Marschmusik bis hin zu würdevollen Elegien *(Borreraig Park, Borreraig, ✆ 01470 511311. Öffnungszeiten vorher telefonisch erfragen)*.

das schottische Nationalinstrument

Die Cuillins und Minginish

Minginish ist der wildeste und der am wenigsten bevölkerte Teil der Insel, für viele jedoch der schönste, denn hier befinden sich die **Cuillins**, in denen Adler und Rotwild leben. Die beeindruckende Bergkette mit den fast 1.000 Meter hohen Bergen, die oft in Regenwolken eingehüllt sind, ist das Herz der Insel, und an einem klaren Tag kann man sie von jedem Teil der Insel aus sehen. Die großartige Kulisse und die zahlreichen Wandermöglichkeiten haben seit Jahrhunderten Wanderer angezogen. Drei Wege führen in die Cuillins: vom traditionsreichen **Sligachan Hotel** aus, vom Glen Brittle und von Elgol. Es gibt über 20 **Munros** (s. S. 38) in den Cuillins, von denen der höchste der Sgurr Alasdair (993 Meter) ist. Jahrhunder-

Talisker Destille

telang befanden sich die Black Cuillins im Besitz der MacLeods. Jetzt wurden sie der Nation übergeben, aber als Gegenleistung wird der Familiensitz der MacLeods, Dunvegan Castle, restauriert. Die Kosten belaufen sich auf mehrere Millionen Pfund. Sowohl die Black Cuillins als auch Dunvegan Castle gelten als schottisches Kulturgut.

schottisches Kulturgut

Die Halbinsel verlassend, geht es auf der A863 nach Süden. In Drynoch kann man sich rechts für die B8009 entscheiden und in der Nähe von **Carbost** die **Talisker Destillery** besichtigen. Der hier hergestellte Whisky ist sehr rauchig und riecht nach Torf *(Carbost, ✆ 01478 640314 oder 614308, ⌚ Ostern bis Oktober Mo-Sa 9.30-17 Uhr, November bis Ostern Mo-Fr Touren nach Anmeldung)*.

Am südlichen Zipfel von Minginish liegt die kleine Siedlung **Elgol**, und die 20 km einspurige Straße von Broadford dorthin ist eine der schönsten Strecken der ganzen Insel. Von Elgol hat man herrliche Blicke auf die Cuillins und auf die Small Isles. Ein besonderes Highlight ist eine Bootstour zum **Loch Coruisk**, der im Herzen der Black Cuillin liegt. Der Loch, von Sir Walter Scott und Turner romantisch verklärt, ist über 3 km lang, aber nur einige hundert Meter breit, und wird von den hohen Bergen eingefasst. Elgol ist auch der Ausgangspunkt für die fantastische Wanderung nach Camasunary Bay (14 km).

Die Sleat Peninsula

Bleibt genügend Zeit, oder beabsichtigt man, die Fähre von Armadale nach Mallaig zu nehmen, zweigt man auf die A851 zur Sleat-Halbinsel ab. Sleat wird auch als **„Garten Skyes“** bezeichnet. Wald und grüne Weiden, die mit den Bergen im Hintergrund kontrastieren, bestimmen das Bild. Vom Point of Sleat im Süden hat man wunderbare Ausblicke auf die kleinen vorgelagerten Inseln.

Während der Rest der Insel in den Händen der MacLeods war, ist Sleat MacDonald-Land. Die MacDonalds of Sleat sind heute einer der aktivsten Zweige des einstmals so mächtigen Clans. Sie haben das Recht, sich Lord MacDonald zu nennen.

MacDonald-Land

Kurz vor dem Fähranleger in Armadale liegt **Armadale Castle Gardens and Museum of the Isles**. Das Castle stammt aus der spätgeorgianischen Zeit und wurde 1815-19 für Lord MacDonald errichtet. Der wunderschöne Park umfasst 8.094 Hektar. Das Clan MacDonald Centre informiert über die „Lords of the Isle“ und über die Geschichte der Insel. Das Center bietet außerdem verschiedene Aktivitäten, wie Wanderungen und Spaziergänge, sowie Unternehmungen für Kinder *(✆ 01471 844305, ⌚ April bis Oktober tgl. 9.30-17.30 Uhr, Garten und Shop ganzjährig. Infos: 💻 www.clandonald.com)*.

Das hübsche Dorf **Ardvasar** lohnt ebenfalls einen Zwischenstopp. Ungefähr 8 km nach dem Fähranleger, am Ende der Straße, liegt die Siedlung Aird of Sleat. Von hier führt ein 7 km langer Fußweg zum Leuchtturm am **Point of Sleat**.

Reisepraktische Informationen Isle of Skye

Information

TIC, Bayfield House, Bayfield Road, Portree, Isle of Skye IV51 9EL, ✆ 01478 612137 oder 01845 2255121, 🖷 01478 612141, ganzjährig.

TIC, The Car Park, Broadford, Isle of Skye IV49 9AB, ✆ 01471 822361 oder 01845 2255121.

www.skye.co.uk

Unterkunft

Skye bietet fast alle Arten an Übernachtungsmöglichkeiten: B&Bs, Gästehäuser, Hotels, Herbergen und Campingplätze. Während der Sommermonate sollte man im Voraus buchen – entweder direkt beim Vermieter oder in einem der Touristenbüros.

Hotel/Gästehaus/B&B

****__Flodigarry Country House Hotel €€€__, Staffin, Isle of Skye IV51 9HZ, ✆ 01470 552203, 🖷 01470 552301, www.flodigarry.co.uk, ganzjährig, 18 Zimmer. Wunderschönes Country House Hotel im Familienbetrieb mit herrlichem Blick auf die Bucht und hervorragendem Restaurant.

***__Ardvasar Hotel €€__, Ardvasar, Isle of Skye IV45 8RS, ✆ 0147 844223, 🖷 01471 844495, www.ardvasarhotel.com, ganzjährig, 10 Zimmer. 1 ½ km vom Fähranleger Armadale entfernt, herrliche Blicke auf den Sound of Sleat. Ehemalige Pferdestation – das Gebäude ist ungefähr 200 Jahre alt. Kinderfreundlich. Nettes Restaurant.

***__The Royal Hotel and Restaurant €€__, Bank Street, Portree, Isle of Skye IV51 9BU, ✆ 01478 612525, 🖷 01478 613198, www.royal-hotel-skye.com, ganzjährig, 21 Zimmer. Zentral gelegenes Hotel mit Blick auf den Hafen. Das Hotel bietet Fitness und Sauna.

**__The Tables Hotel €€__, Dunvegan, Isle of Skye IV55 8WA, ✆/🖷 01470 521404, www.tablesshotel co.uk, März bis Dezember, 5 Zimmer. Kleines Hotel mit herrlichem Blick auf die Berge und die Bucht. Nahe Dunvegan Castle. Gute Küche, auch für Vegetarier geeignet.

***__Uig Hotel €€__, Uig, Isle of Skye IV51 9YE, ✆ 01470 542205, 🖷 01470 542308, www.uighotel.co.uk, ganzjährig, 18 Zimmer. Traditionelles Hotel in herrlicher Lage mit Blick auf Uig Bay. Zum Hotel gehören ein Restaurant und ein Pub, auch Nicht-Hotelgäste sind willkommen.

Kinlochfollart €€, bei Dunvegan, Isle of Skye IV55 8WQ, ✆ 01470 521470, 🖷 01470 521740, www.klfskye.co.uk, ganzjährig außer Weihnachten und Neujahr, 3 Zimmer (Kinder ab 12 Jahren). Am Ufer des Loch Dunvegan gelegen, offene Kamine, Bücher, fantastische Ausblicke, gemütlich… Donald und Rosemary MacLeod bieten 4-tägige „Pakete" für bis zu 6 Personen an (B&B plus Dinner 275 £).

Sligachan Hotel €€, Sligachan, Isle of Skye IV47 8SW, ✆ 01478 650204, www.sligachan.co.uk, 1830 als Inn erbaut, bietet das Hotel seit jeher Unterkunft für Wanderer in den Black Cuillins. 21 Zimmer, auch Familienzimmer.

An Cairidh €, Mrs Edda Beaton, Caroy, nr. Struan, Isle of Skye IV56 8FH, ✆ 01470

Blick über den Loch Bracadale von An Cairidh aus

572300, www.theisleofskye.com, Ostern bis Oktober. Mrs Beaton vermietet 2 Zimmer in ihrem wunderbar ruhig gelegenen, modernen Haus mit herrlichem Ausblick über die Bucht. Die Vermieterin und ihr Ehemann haben fast ihr gesamtes Leben auf Skye verbracht, sprechen Gälisch als Muttersprache und sind eine unerschöpfliche Quelle an Informationen über die Insel. Liebevolle Betreuung und reichhaltiges Frühstück.

*******Rosedale Hotel and Restaurant****, The Harbour, Portree, 01478 613131, 01478 612531, www.rosedalehotelskye.co.uk, direkt am Hafen gelegen, 19 behagliche Zimmer, gute Küche, hauptsächlich Fisch-Gerichte.*

********Stein Inn****, siehe Restaurant.*

Jugendherbergen/Hostels (Auswahl)

*******Broadford Y.H.****, Broadford, Isle of Skye IV49 9AA, 0870 0041106, www.syha.org.uk, März bis Oktober, 61 Betten, Familienzimmer.*

*******Kyleakin Y.H.****, Kyleakin, Isle of Skye IV41 8PL, 0870 0041134, www.syha.org.uk, 120 Betten, Familienzimmer. März bis Oktober.*

*******Uig Y.H.****, Uig, Isle of Skye IV51 9YD, 0870 0041155, www.syha.org.uk, März bis Oktober, 62 Betten, Familienzimmer.*

*****Armadale Y.H.****, Ardvasar, Sleat, Isle of Skye IV45 8RS, 0870 0041103, www.syha.org.uk, 42 Zimmer, April bis Oktober.*

***Dun Flodigarry Hostel**, Staffin, Isle of Skye IV51 9HZ, 01470 552212, 01470 552212, www.hostel-scotland.co.uk, ganzjährig. 40 Betten.*

***Skye Backpackers**, Kyleakin, Isle of Skye IV41 8PH, 01599 534510, www.scotlands-top-hostels.com, ganzjährig, 8 Zimmer, 32 Betten.*

***Portree Independent Hostel**, The Old Post Office, The Green, Portree IV51 9BT, 01478 613737, www.hostel-scotland.co.uk, ganzjährig, 60 Betten.*

********Bayfield Backpackers****, Portree IV51 9EW, 01478 612231, www.skyehostel.co.uk, 24 Betten, hell, freundlich. Im Ortszentrum gelegen.*

***Flora MacDonald Hostel**, Kilmore, Teanque, Sleat, Isle of Skye IV44 8RG, / 01471 844440, www.isle-of-skye-tour-guide.co.uk, ganzjährig, 24 Betten, auch Familienzimmer, Abholservice von Armadale Pier.*

********Dun Caan Independent Hostel****, Castleview, Kyleakin IV41 8PL, 01599 534087, www.skyerover.co.uk, 3 Zimmer, 16 Betten. Am Hafen gelegen, tolle Ausblicke auf die Bucht. Fahrradverleih.*

Camping- und Caravanplätze

*******Torvaig Caravan & Camping Site****, Torvaig, Portree, Isle of Skye IV51 9HU, 01478611849, April bis Oktober. Sehr ruhiger, kleiner Platz.*

***Kinloch Campsite**, Dunvegan, Isle of Skye IV55 8GU, 01470 521210, www.kinloch-campsite.co.uk, April bis November. Familienbetrieb. Sehr informell.*

Restaurants

****** **Three Chimneys Restaurant and Rooms**, Colbost, Dunvegan, Isle of Skye IV55 8ZT, 01470 511 258, www.threechimneys.co.uk. März bis Oktober Lunch Mo-Sa 12.30-14 Uhr, im Winter tel. erfragen. Dinner tgl. 18.30 Uhr, Anmeldung für das Dinner notwendig. Mehrfach preisgekröntes Feinschmeckerlokal, die besondere Spezialität ist der fangfrische Fisch: Hummer, Langusten, Austern, Muscheln, Lachs. Es gibt aber auch Lamm und vegetarische Gerichte. Einen schöneren – und einsameren – Platz kann man sich für ein ausgezeichnetes Essen kaum vorstellen. Teuer. 6 Zimmer, alle mit wunderschönen Blicken auf die Bucht.*

***Loch Bay Seafood Restaurant**, Stein, Waternish Isle of Skye IV55 8GA, 01470 592239, www.lochbay-seafood-restaurant.co.uk, wundervoll gelegenes, charaktervolles Restaurant, klein, aber ausgezeichnete Küche. Ostern bis Oktober Mo-Fr Lunch und Kaffee 11-14 Uhr, Dinner ab 18.30 Uhr, So ge-*

schlossen, Sa nur August bis Oktober. Mittlere Preisklass. Neben dem Restaurant gibt es ein **** Cottage für Selbstversorger.

*****Stein Inn**, Stein, Waternish Isle of Skye IV55 8GA, ☎ 01470 592362, 💻 www.steininn.co.uk, Ostern bis Oktober Lunch Mo-Sa 12-16 Uhr, So 12.30-16 Uhr, Dinner Mo-Sa 18-21.30 Uhr, So 18.30-21 Uhr. Außerhalb der Saison nach Anmeldung. Im Fami-

Stein Inn

lienbetrieb geführter Inn, der älteste auf der Isle of Skye, mit Restaurant (hauptsächlich Fisch), Bar und Gästezimmern (4 Doppel-, 1 Einzelzimmer) mit herrlichen Blicken auf die Bucht. Daneben gibt es ein *** Apartment für Selbstversorger. Mittlere Preisklasse

Anfahrt

Die schnellste Methode ist die Brücke von Kyle of Lochalsh nach Kyleakin (seit Dezember 2004 kostenlos!). Es gibt Busverbindungen von Glasgow und Inverness sowie einen Zug von Inverness nach Kyle of Lochalsh. Schöner ist die Fähre von Mallaig nach Armadale. Die Auto- und Passagierfähre fährt 8 x tgl. Mo-Sa von März bis Oktober und So Ende Mai bis Mitte September. Im Winter 2 x tgl. Mo-Fr. Züge von Glasgow und Fort William nach Mallaig.

Am schönsten ist die Fahrt von Glenelg nach Kylerhea. Die kleine Autofähre braucht 5 Minuten und verkehrt von Ostern bis Oktober (7£ Auto plus Passagiere).

Fährverbindungen von Skye auf die Äußeren Hebriden

Von Uig nach Tarbert auf Harris (1 Std 45 Min., 1-2 x tgl.) und nach Lochmaddy auf North Uist (1 Std 50 Min, 1-2 x tgl.). Auskunft ☎ 08705 650000, 💻 www.calmac.co.uk.

Seit Frühjahr 2007 auch wieder Verbindung zwischen Gairloch und Portree (April-Oktober, Fahrtzeit 2 Std.).

Fährverbindung zur Isle of Raasay

Autofähre (15 Min.) von Sconser zur Isle of Raasay: 💻 www.calmac.co.uk, Mo-Sa 9 x tgl., So 2x tgl., im Winter 6 x tgl..

Einkaufen

In der Nähe von Dunvegan (B884 nach Glendale) kann man bei dem lang etablierten Schmuckhersteller **„Skye Silver“** (The Old School, Colbost, ☎ 01470 511263, 💻 www.SkyeSilver.com) schönen Silberschmuck in typisch keltischen Designs kaufen. Bei **„Skyeskyns“** (17 Loch Bay, Waternish, ☎ 01470 592237, 💻 www.skyeskyns.co.uk) auf der Waternish-Halbinsel gibt es wunderbar weiche Schafsfelle zu erstehen und in den Produktionsräumen kann bei der Herstellung zusehen werden.

Busverbindungen auf Skye

Zwischen Portree und Uig bestehen regelmäßige Busverbindungen, die mit den Abfahrtszeiten der Fähren zu den Äußeren Hebriden abgestimmt sind. Es besteht auch die Möglichkeit, mit dem Bus nach Uig zu fahren, den Tag dort zu verbringen und am Nachmittag bzw. Abend nach Portree zurückzukehren. Weiterhin verkehrt (2 x tgl. Mo-Fr, 1 x tgl. Sa) ein Postbus zwischen Elgol und

Einsame Bushaltestelle

Broadford. Busse von Armadale Pier: 3 Busse tgl. (außer So) nach Portree (1 Std. 20 Min.) und nach Kyleakin (1 Std.) über Broadford.

Fahrradverleih/Reparatur

***Island Cycles**, The Green, Portree, Isle of Skye IV51 9BT, ✆ 01478 613121, ⏲ Mo-Sa 10-17 Uhr.*

Bootstouren (Auswahl)

Mit der Bella Jane geht es von der Hafenmole Elgol zu dem berühmten Loch Coruisk inmitten der Black Cuillins. Auch die Seehundkolonie kann man während der Fahrt sehen. Das lang etablierte Unternehmen bietet Touren verschiedener Länge, z.B. die 3stündige Fahrt (1,5 Std. Aufenthalt) oder die 6,5stündige Fahrt mit 4,5 Std. Aufenthalt. Wanderer können auch entweder nur hin oder nur zurück mit dem Boot fahren. März-Oktober, ✆ 0800 7313089 oder 01471 866244, 💻 www.bellajane.co.uk. Daneben bietet das gleiche Unternehmen auch sogenannte Aquaexplore Touren an. Ziel der Touren sind die der Isle of Skye vorgelagerten Small Isles. Auch hier gibt es unterschiedlich lange Touren. 💻 www.aquaexlore.co.uk.

Von Armadale Pier, Sleat (✆ 01471 833316, 💻 www.seafari.co.uk/skye) bietet Seafari Adventures 1-3-stündige Bootstouren, wobei Wale und Seehunde beobachtet werden können.

Sprache/Sprachkurse

Heutzutage spricht jeder auf Skye Englisch, obwohl das Gälische in den letzten Jahrzehnten eine große Wiederbelebung erfahren hat. In vielen Haushalten wird wieder oder immer noch Gälisch gesprochen. Abgesehen von den Äußeren Hebriden, ist die Isle of Skye das wichtigste Zentrum der gälischen Kultur und Sprache. Das wieder belebte Interesse an der gälischen Kultur wird durch das gälische College, durch gälische Schriftsteller, eine gälischsprachige Lokalzeitung, durch wirtschaftliche Unterstützung sowie durch die Freikirche, die auf Skye eine große Rolle spielt, gefördert. Gälisch wird an Schulen unterrichtet und kann im Fernsehen gehört werden. Bei den regelmäßig im Sommer abgehaltenen Ceilidhs hat man die Gelegenheit, gälische Lieder zu hören. Sabhal Mòr Ostaig, An Teanga, Isle of Skye IV44 8RQ, ✆ 01471 8880000, 💻 www.smo.uhi.ac.uk, Schottlands einziges gälisches College, bietet Vollzeit-Studiengänge und Fernstudien.

Warnung an Autofahrer

Die meisten Straßen sind sogenannte „Single Track Roads“, einspurige Straßen, die in regelmäßigen Abständen Ausweichstellen („Passing Places“) haben. Autofahrer sollten besonders vorsichtig fahren. Schafe und anderes Vieh sind vor allem nachts schwer zu erkennen. Falls unglücklicherweise ein Tier überfahren wurde, sollte man es an die Seite legen, und falls es noch lebt, Hilfe suchen. Auf jeden Fall das Geschehen der Polizei (auch über Notruf: 999) melden.

Reiten

West Highland Heavy Horses, Armadale Farm, Isle of Skye, ✆ 01471 844759, 💻 www.westhighlanheavyhorses.com. Die begleiteten Ausritte sind für Anfänger und Fortgeschrittene geeignet.

The Small Isles

„Island Hopping" ist schwierig

„Small Isles" ist ein Sammelbegriff für die vier Inseln **Eigg**, **Muck**, **Rum** und **Canna**, die südlich von Skye liegen. Vom Festland aus sehen sie sehr verlockend aus, allerdings ist es etwas umständlich, dorthin zu gelangen. Der Fährtransport ist lediglich auf die Bedürfnisse der Inselbewohner ausgerichtet und nicht auf die der Touristen, die „Island Hopping" betreiben möchten. Auch sind die Unterbringungsmöglichkeiten auf den „Small Isles" begrenzt.

Wenn man allerdings über ausreichend Zeit verfügt, lohnt sich ein Besuch allemal, vor allem auf der bergigen Insel Rum, wo es herrliche Wandermöglichkeiten gibt.

Fähre
Eine Passagierfähre fährt von Mallaig 3-4 x pro Woche alle vier Inseln an. Nach Eigg (Fahrzeit 1 Std., 30 Min.), nach Muck (2 Std. 30 Min.), nach Rum (1 Std. 45 Min. bzw. 3 Std. 30 Min.) und nach Canna (3 Std.). Auskunft bei Calmac, ✆ 01475 650100, www.calmac.co.uk

Eigg

1577 erlebten die Inselbewohner von Eigg ein schreckliches Ereignis. 395 MacDonalds, das war damals fast die gesamte Bevölkerung der Insel, wurden in einer Höhle durch die MacLeods aus Skye gefangen gehalten. Die MacLeods zündeten am Eingang der Höhle ein Feuer an, so dass alle MacDonalds ums Leben kamen.

Wem gehört die Insel?

Heute leben 60 Menschen hier. In jüngerer Zeit gab es heftige Streitigkeiten darum, wem die Insel eigentlich gehöre. 1997 hat die Inselbevölkerung schließlich, in Zusammenarbeit mit dem Scottish Wildlife Trust, die Insel gekauft. Diese Entwicklung hat bereits Kreise gezogen. Auch andere Gemeinden schließen sich zusammen und erwerben von den meist abwesenden Landeigentümern „ihre" Insel oder ihr Gebiet. Diese längst überfälligen Rufe nach Selbstbestimmung zeugen von einem ganz neuen Selbstbewusstsein, was im Grunde auch typisch für Schottland insgesamt ist.

Eigg wird vom **An Sgurr** beherrscht (394 Meter), der leicht von der westlichen Seite der Insel aus bestiegen werden kann. Von oben hat man einen fantastischen Blick auf die Inselwelt der Hebriden. Im Südosten liegt die größte Siedlung der Insel, **Galmisdale**. Hier legt das Boot an (die Passagiere steigen vorher von der Fähre in kleinere Boote um), es gibt ein Postamt, einen Laden und eine Teestube am Anleger. Im Norden liegt die kleine Ortschaft Cleadale in der Bay of Laig.

Reisepraktische Informationen Isle of Eigg

Information
www.isleofeigg.org.uk

Unterkunft
Es gibt mehrere Unterkünfte für Selbstversorger, einige B&Bs sowie ein ***Hostel: The Glebe Barn****, Cleadale, Isle of Eigg PH42 4RL, 01687 482417, ganzjährig, 24 Betten.*

Fähre
Eine Passagierfähre fährt von Mallaig alle 4 kleinen Inseln (Eigg, Muck, Rum und Canna) an. Nach Eigg geht es 4-5 x pro Woche. Auskunft: 08705 650000, www.calmac.co.uk.

Rum

Rum (oder auch Rhum) ist die größte der vier Inseln mit einer wildromantischen und bergigen Landschaft. Einst lebten hier rund 300 Menschen, von denen die meisten in der Mitte des 19. Jh. nach Kanada verschifft wurden. Sie ließen eine unbewohnte Insel zurück, die als Jagdgrund für Millionäre diente. Einer von diesen, John Bullough, kaufte die Insel 1888 und vererbte sie an seinen Sohn, Sir George Bullough, der das extravagante **Kinloch Castle** erbauen ließ. Kein Cent wurde an diesem riesigen „Schinken" aus rotem Sandstein gespart, der eine bizarre Kombination verschiedener Stile aufweist. Hier wurden wilde Partys gefeiert, aber irgendwann hatten die Besitzer von ihrem glamourösen Leben genug und verließen das Anwesen. Sie ließen alles stehen und liegen, wie es war. Jahrzehntelang stand das Haus leer, diente dann bis in die 1990er Jahre als Luxushotel, wobei die originale Inneneinrichtung sehr unsanft und unsachgemäß behandelt wurde. Durch die jahrelange Vernachlässigung ist die Bausubstanz des edwardianischen Prachtstücks heute in einem verheerend maroden Zustand. Ein Trust kümmert sich um das Haus und versucht, es vor dem Verfall zu retten. Derzeit ist unklar, was mit dem beeindruckenden Gebäude geschehen soll *(siehe auch www.kcfa.org.uk)*. Die ehemaligen Quartiere der Angestellten werden derzeit als Hostel genutzt. Auch wenn man dort nicht übernachten möchte, kann das Schloss im Zuge einer Führung besichtigt werden.

roter Sandsteinschinken

Das Castle steht am Kopf des schmalen **Loch Scresort** bei der Ansiedlung **Kinloch**. Hier gibt es einen Einkaufsladen, ein Postamt und ein Café.

Rum wird vom Scottish Natural Heritage verwaltet, der die Insel als große Forschungsstation benutzt und gleichzeitig Arbeitgeber für die meisten der 30 Einwohner ist. Die Insel hat eine außerordentlich reiche Tier- und Pflanzenwelt. In den 1980er Jahren wurde der weißschwänzige Seeadler erfolgreich wieder eingeführt. Eine der wichtigsten Aufgaben von Scottish Natural Heritage ist die Erforschung von Rotwild, weshalb Teile der Insel auch nicht für die Öffentlichkeit zugänglich sind. Es gibt allerdings einige ausgeschilderte Wanderwege und Naturlehrpfade. Eine weitere „Attraktion" der Insel ist ihre Bergkette. Die höchste Erhebung ist der **Askival** (812 Meter), den man allerdings nur als geübter Wanderer in Angriff nehmen sollte.

reiche Flora und Fauna

Reisepraktische Informationen Isle of Rum

Information
www.road-to-the-isles.org.uk/rum

Unterkunft
Kinloch Castle Hostel, *Isle of Rum, 01687 462037, März bis Oktober, 45 Betten in 2-6-Bett-Zimmern. Im Bistro können auch Nicht-Übernachtungsgäste essen. Die Besichtigungszeiten des Castles sind auf das Eintreffen der Fähre abgestimmt. Weiterhin gibt es einen schlichten Campingplatz am Ufer des Loch Scresort.*

Fährverbindungen
Es gibt 4 x pro Woche eine Fährverbindung von Mallaig.

Hinweis
Die meisten Besucher kommen als Tagesausflügler. Falls man beabsichtigt, länger hier zu bleiben, sollte man frühzeitig buchen, da die Unterkunftsmöglichkeiten begrenzt sind. Auskunft vom Reserve Officer, 01687 46206 oder im Kinloch Castle, s.u.

Muck

Das kleine Muck (*www.road-to-the-isles.org.uk/muck*) ist die kleinste der vier Inseln. Sie ist flach und fruchtbar und hat einen wunderschönen Muschelstrand. Seit 1879 ist sie im Besitz der MacEwen-Familie. Die rund 30 Bewohner leben vorwiegend am Hafen Port Mor und betreiben die Insel als Farmbetrieb. Der unglückliche Name (muc ist die gälische Bezeichnung für Schwein) stammt von den Tümmlern (auch See-Schweine genannt), die sich vor den Ufern tummeln.

Canna

Canna liegt am weitesten westlich und gehört dem National Trust for Scotland. Die Insel funktioniert in wirtschaftlicher Hinsicht als eine einzige Farm und ist daneben ein inoffizielles Vogelreservat mit 157 verschiedenen Vogelarten. Knapp 20 Menschen leben hier. Canna ist 7 km lang und 1 ½ km breit und wird von Klippen eingefasst. Die Attraktion für Besucher liegt in der Ruhe und Abgeschiedenheit und in den schönen Wandermöglichkeiten. Auch für Archäologen ist Canna interessant, es gibt Spuren aus neolithischer und der Wikinger-Zeit. Von der Anlegestelle der Fähre sind es ungefähr 1 ½ km zur Spitze des Compass Hill. Der höchste Punkt der Insel ist der **Carn's Ghaill** (211 Meter).

Ruhe und Abgeschiedenheit

Tagesausflug
Im Sommer geht es morgens von Mallaig nach Canna und nach 8-9 Std. Aufenthalt abends wieder zurück. Wer übernachten möchte: Es gibt zwei Cottages für Selbstversorger (www.ntsholidays.com, 0131 243 9300), und wildes Campen ist mit Erlaubnis des NTS möglich.

Buchtipps
John Lorne Campbell: „Canna. The Story of a Hebridean Island" und Margaret Fay Shaw (Campbell): „From the Allegheniies to the Hebrides. Autobiography". Der

Historiker und Autor Dr. John Lorne Campbell, zwischen 1938 und 1981 Besitzer Cannas, archivierte, gemeinsam mit seiner Frau Margaret, in systematischer Kleinstarbeit jegliche Aspekte der gälischen Kultur. Ihre gemeinsame Arbeit ist ein einzigartiges Zeugnis der Vergangenheit der schottischen Hebriden.

Reisepraktische Informationen Isle of Canna

Informationen
www.road-to-the-isles.org.uk/canna

Hinweis
Die Isle of Canna gehört seit 1981 dem NTS. Derzeit sucht der Trust zwei Familien, die sich auf Canna ansiedeln möchten, um die derzeitige Bevölkerungszahl von 15 aufzustocken.

Die Äußeren Hebriden

Achtung
Die Sonntagsruhe wird auf Harris und Lewis weitgehend eingehalten. Man sollte daher vermeiden, am Sonntag anzukommen oder abzufahren. Die meisten Geschäfte und Tankstellen sind am Sonntag geschlossen.

Allgemeiner Überblick

Die Äußeren Hebriden, auch *Western Isles* genannt, liegen zwischen 45 und 90 km nordwestlich Schottlands, ungefähr auf einer Höhe mit Göteborg in Schweden. Die 195 km lange Inselkette wirkt wie ein Saum am Atlantischen Ozean. Rund 32.000 Menschen leben auf den zwölf bevölkerten Inseln. Die Inseln gehören zu Großbritanniens schönsten und abgelegensten Plätzen. Es gibt mehrere Naturschutzgebiete, kilometerlange saubere Sandstrände, eine reiche Vogelwelt sowie seltene Wildpflanzen, vor allem in den an der Westküste gelegenen Dünenregionen.

Erbarmungslos von heftigen atlantischen Stürmen heimgesucht, wirken die Inseln einsam und feindlich. Trotz regelmäßiger Fährverbindungen und moderner Kommunikationsmittel sind die Äußeren Hebriden abgeschieden, und, ungleich den Inneren Hebriden, steht der Tourismus hier nicht an erster Stelle. In vielerlei

Redaktionstipps Äußere Hebriden

- Besichtigungen: das **Black House** in Arnol, den **Dun Carloway Broch** und die **Callanish Standing Stones** bewundern (S. 358ff).
- An den **Uig Sands**, dem allerschönsten Strand auf Lewis mit kilometerlangen Sanddünen, spazieren gehen (S. 362).
- Die rund 70 km lange **Rundtour um Süd-Harris** machen (S. 365).
- An einem der vielen **Musikfestivals** teilnehmen.

Hinsicht stellen die Äußeren Hebriden die letzte Bastion der **gälischen Lebensweise** dar. Die traditionellen Erwerbsquellen sind Landwirtschaft, Fischen und Weben, wobei fast jeder Inselbewohner mehr als nur eine Beschäftigung hat. Die Gastwirtin produziert nebenbei Harris Tweed, der Wirt fährt den Postbus usw. Diese Situation schafft ein Netzwerk an Beziehungen, in dem jeder jeden kennt.

Die **Bevölkerung** ist zum Teil zweisprachig, Englisch und Gälisch. Für die meisten ist Gälisch hier die erste Sprache, aber durch den Einfluss der Medien (kein Haushalt ohne Fernseher) ist die Sprache in Gefahr. Gottesdienste werden jedoch normalerweise in Gälisch abgehalten. Die Verwaltung der Western Isles (Com hairle nan Eilean) setzt sich in verstärktem Maße für eine bilinguale Politik ein, und Kinder sollen sowohl Gälisch als auch Englisch lernen. Ein anderer Einfluss, der skandinavische nämlich, wird in den Straßennamen deutlich. Vor allem im Norden sind fast alle Ortsnamen norwegischen Ursprunges. Die Wikinger eroberten die Inseln seit dem 9. Jh., und erst im späten 13. Jh. wurden sie dem schottischen Königreich eingegliedert.

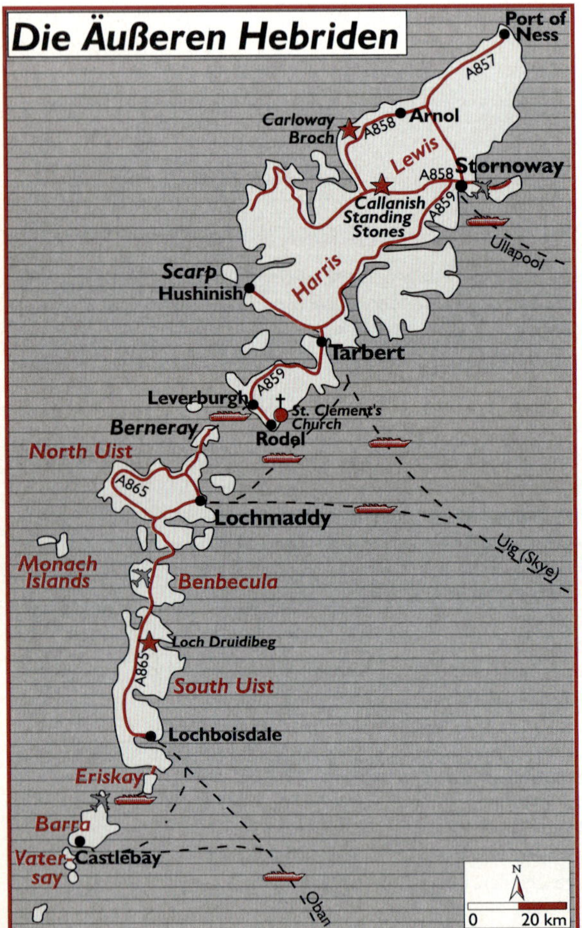

Die **Religion** spielt eine wichtige Rolle im insularen Leben. Die „Free Church" ist die wichtigste Kirche. Die Teilnehmerzahl der Gottesdienste übertrifft bei weitem die auf dem Festland. Bei den Gottesdiensten der „Free Church" ist Musik nicht erlaubt. Sonntags scheint das Leben stillzustehen, und in vielen Haushalten darf dann nicht gearbeitet werden.

Bei den Besuchern der Äußeren Hebriden (ähnlich denen der Shetland-Inseln) handelt es sich nicht – wie man anneh-

Zweisprachige Straßenschilder

men möchte – ausschließlich um Archäologen oder Ornithologen, sondern vielmehr um Menschen, die Ruhe suchen und eine unverbrauchte Natur. Von beidem gibt es hier genügend.

INFO

„Crofting"

„Crofting" ist eine für die Highlands und Islands typische Lebensweise. Ein Crofter bearbeitet ein Stückchen Land auf der Basis einer jährlichen Pacht. Traditionsgemäß werden Gerste, Hafer, Kartoffeln und Steckrüben angebaut. Jedes Haus hat seine Kuh, Schafe und Hühner. Der Pächter hat das Recht, das Grundstück seinem Sohn oder wem auch immer zu vererben. Seit 1976 ist es rechtlich möglich, das Stück Land zu erwerben.

Trotz vielfältiger Unterstützung seitens der Regierung ist es heutzutage schwer, lediglich vom Ertrag des Pachtgrundstückes zu leben. Auf Lewis gibt es 3.500 crofts. Sie sind die kleinsten in den Highlands und auf den Inseln. Heutzutage gibt es kaum jemanden, der nur als Kleinbauer von seinem Grund und Boden leben kann. Viele haben nach wie vor Hühner und Schafe, müssen jedoch zusätzlich Geld verdienen, sei es durch Weben, einen Arbeitsplatz in der Stadt oder als selbstständiger Kleinunternehmer, beispielsweise als Kaufmann oder Elektriker.

Obwohl sich während der letzten 40-50 Jahre das Gemeinschaftsleben innerhalb der Familie stark verändert hat, z.B. durch das Fernsehen, findet man auch heute noch ein ausgesprochen starkes familiäres Zusammengehörigkeitsgefühl und einen Gemeinschaftsgeist wie in früheren Zeiten. Das alljährlich wiederkehrende Ereignis des Torfmachens, das eine weitere Aufgabe der Kleinbauern ist, gehört dazu.

Reisepraktische Informationen Äußere Hebriden

Siehe auch Isle of Lewis (S. 363f), Isle of Harris (S. 367), Isle of North Uist/Berneray/Benbecula (S. 370), Isle of South Uist (S. 373), Isle of Barra (S. 375).

Information

Alle Touristenbüros sind während der Saison bis zur Ankunft der letzten Fähre geöffnet, z.T. bis Mitternacht. 💻 www.visithebrides.com.

***Lewis**: 26 Cromwell Street, Stornoway, Isle of Lewis HS1 2DD, ✆ 01851 703088, 🖷 01851 705244, 🕓 ganzjährig.*

***Harris**: Pier Road, Tarbert, ✆/🖷 01859 502011, 🕓 ganzjährig.*

***North Uist**, Pier Road, Lochmaddy, ✆ 01876 500321.*

***South Uist**, Pier Road, Lochboisdale, ✆ 01878 700286.*

***Barra**, Main Street, Castlebay, ✆ 01871 810336.*

Unterkunft

Die Auswahl an Übernachtungsmöglichkeiten reicht von der einfachen Herberge bzw. Jugendherberge über B&Bs und Ferienwohnungen sowie Farmen bis hin zum 5-Sterne-Hotel. Unterkunftsempfehlungen finden Sie unter den Eintragungen Isle of Lewis, Isle of Harris, Isle of North Uist/Berneray/Benbecula, Isle of South Uist und Isle of Barra.

Tipp

Auf den Äußeren Hebriden besteht die Möglichkeit, in einfachen Herbergen zu übernachten. Die auf freiwilliger Basis arbeitende Organisation The Gatliff Hebridean Hostels Trust hat diese Hostels ins Leben gerufen, um Reisenden die Möglichkeit zu geben, die hier lebenden Menschen, ihre Sprache und ihre Kultur kennenzulernen und um die schöne Landschaft zu genießen. Die Hostels haben zwar einen ähnlichen Status wie die SYHA, sind aber sehr viel einfacher. Es gibt Decken, Gas, Ofen, Geschirr, fließend kaltes Wasser und WC. Die Möglichkeit, Schlafsäcke auszuleihen, besteht nicht. Buchungen im Voraus sind nicht erforderlich, ein Bett wird immer bereitstehen. Jedes Hostel wird von einem Warden betreut. In den Hostels herrscht strengstes Rauchverbot. Keine Hunde erlaubt. Begrenzter Platz für Camper. Die Übernachtung kostet 8 £, unter 17 Jahre 5.50 £ pro Nacht, Camping 4.50 £ pro Person. Man kann auch Mitglied beim Gatliff Hebridean Hostel Trust werden. Nähere Auskunft von: The Secretary, The Gatliff Hebridean Hostels Trust, 30 Francis Street, Stornoway, Isle of Lewis HS1, www.gatliff.org.uk. Gatliff Hostels gibt es in Howmore, South Uist (13 Betten), Berneray, North Uist (20 Betten), Rhenigidale, Harris, (13 Betten) Garenin, West Lewis (14 Betten).

Fährverbindung

Die Äußeren Hebriden werden ausschließlich von **Caledonian MacBrayne** (www.calmac.co.uk) angefahren. ✆ 01475 650100. Wenn Sie vorhaben, mehr als nur eine Hebrideninsel zu besuchen, sich aber nicht festlegen möchten, welche, lohnt sich die Anschaffung eines Island Rover. Das Ticket kostet für 8 Tage 48 £ pP, für Autos 234 £ und für 15 Tage 71 £ p.P. und 350 £ für Autos. Fahrräder werden kostenlos befördert. Alternativ dazu gibt es den Island Hopscotch. Bei diesem Ticket muss man sich vorher auf eine bestimmte Inselkombination festlegen.

Flugverbindungen

Die Äußeren Hebriden werden von British Regional Airways und Logan Air für British Airways angeflogen. Flughäfen gibt es in Stornoway, Benbecula und Barra. www.loganair.co.uk.

Hinweis

Sehr eingeschränkter Fähr- und Flugbetrieb am Sonntag! Da die Fährpassage für Autos recht teuer ist, empfiehlt es sich, das Auto in Uig oder Ullapool stehenzulassen und auf den Inseln ein Auto zu mieten.

Busverbindungen

Die Busverbindungen auf den Western Isles sind recht gut organisiert. Die Busse fahren regelmäßig und sind auch auf die Fahrzeiten der Sound of Harris-Fähre und der Sound of Barra-Fähre abgestimmt. Kein Busverkehr am So.

Wetter/Klima

Das Wetter ändert sich von Tag zu Tag – manchmal sogar stündlich. Zwar regnet es nicht viel, jedoch sehr plötzlich, und hört dann ebenso plötzlich auch wieder auf. Im Mai gibt es mit 210 Stunden den meisten Sonnenschein. Die Temperaturen sind normalerweise 1-2 Grad kälter als auf dem Festland.

Lewis und Harris

Zur Verwirrung mancher spricht man von den Inseln Harris und Lewis, obwohl die beiden Hauptinseln der Inselkette geographisch nur eine Insel bilden. Harris nimmt dabei das südliche Drittel ein. Eine breite Hügelkette mit dem 800 Meter hohen **Clisham-Berg** bildet die Grenze zwischen der flachen, manchmal grünen, von Wind und Einsamkeit geprägten Moorlandschaft auf Lewis (abgeleitet von Leogach, gäl. = Marsch) und dem gebirgigen, kargen und noch einsameren Harris. Lewis und Harris sind mit 20.000 Einwohnern (ein Drittel der Gesamtbevölkerung der Äußeren Hebriden) der bevölkerungsreichste Teil der Äußeren Hebriden.

der Clisham-Berg als Grenze

Lewis

Die Westküste von Lewis ist am interessantesten. Hier befinden sich der Carloway Broch, die Callanish Standing Stones, das Arnol Blackhouse und das restaurierten „Blackhouse"-Dorf Garenin. Alle diese Stätten können Sie innerhalb eines Tagesausfluges aufsuchen, entweder mit eigenem Auto, mit einer organisierten Tour oder mit dem „West Side Circular"-Bus. Während die nördliche Hälfte von Lewis durch flaches, eintöniges Marschland gekennzeichnet wird, ist die Landschaft im Süden mit ihren felsigen Hügeln und Fjorden, die sich tief in die Küste einschneiden, und den herrlichen Stränden beeindruckender.

Stornoway ist mit 6.000 Einwohnern der größte Ort und Hauptstadt der Äußeren Hebriden, eine sympathische Kleinstadt, Verwaltungs- und Handelszentrum, Zentrum der Tweedindustrie, Fischereihafen sowie Sitz der „Stornoway Gazette". Darüber hinaus findet man hier eine öffentliche Bibliothek, einen 18-Loch-Golfplatz, einen Tennisplatz, ein Hallenbad, Pubs, einige Restaurants sowie verschiedene Unterkünfte.

Hauptort der Äußeren Hebriden

Über besondere Sehenswürdigkeiten verfügt Stornoway nicht, und sobald man das Touristenamt und den Einkauf im Supermarkt hinter sich gebracht hat, gibt es hier nicht mehr allzu viel zu erleben. Am North Beach findet Dienstag und Donnerstag abends ein **Fischmarkt** statt. Um den Hafen kreist mehr oder weniger das Leben der Stadt. Er ist voller Seehunde, weshalb die Stadt auch „Portrona" (**Hafen der Seehunde**) genannt wird. **Lewis Castle** stammt aus den 1850/60er Jahren und wurde der Stadt von Lord Leverhume hinterlassen. Seit 1963 beherbergt es ein technisches College. Das Schloss ist von einem schönen Rhododendronpark umgeben. Hier wachsen auch die einzigen Bäume der Insel. Das **Museum nan Eilean** beherbergt sozialgeschichtliche Exponate sowie alte Photographien, die das Leben auf den Inseln dokumentieren *(Francis Street, ✆ 01851709266, 🕔 ganzjährig Sommer Mo-Sa 10-17.30 Uhr, Winter Di-Fr 10-17 Uhr, Sa 10-15 Uhr).*

Im **Lewis Loom Centre** kann man sich während einer 40-minütigen Führung über die traditionelle Herstellungsweise des Harris Tweed informieren. Auch einen schönen Kunsthandwerkladen, wo man das eine oder andere edle Stück erwerben kann, gibt es hier *(The Old Grainstore, 3 Bayhead Street, ✆ 01851 704500, 🕐 Mo-Sa 9-18 Uhr)*.

Das mitten im Ortszentrum gelegene **An Lanntair Arts Centre**, 2006 von Schottlands Erstem Minister McConnell eingeweiht, beherbergt ein wechselndes Programm an Ausstellungen, Workshops und kulturellen Veranstaltungen, wie Theater und Konzerte. Es gibt eine Bar, ein Café und ein Restaurant *(South Beach Street, ✆ 01851 703307, 💻 www.lanntair.com, 🕐 ganzjährig Mo-Sa 10 Uhr bis spät)*.

Die Westküste

Black House

In Barvas teilt sich die Straße. Die A857 führt nach Norden bis hoch nach Ness (s.u.), und die A858 führt nach Westen. Das **Black House** in **Arnol** ist ein gut erhaltenes und vollständig eingerichtetes „Black House", das einen interessanten Einblick in die ehemalige Lebens- und Wirtschaftsweise in diesem Teil der Welt gibt. Neben dem Black House gibt es weiterhin ein Croft House aus den 1920er Jahren *(Lewis Black House. ✆ 01851 710395, 💻 www.historic-scotland.gov.uk, 🕐 April bis September tgl. 9.30-17.30 Uhr, Oktober bis März 9.30-16.30 Uhr, So geschlossen, 18 km W Stornoway)*.

INFO

Information zu den „Black Houses"

Unter Black Houses versteht man strohgedeckte, kaminlose Häuser mit Wänden aus geschichteten Natursteinen. Vor allem in den Highlands und auf den Inseln war diese Hausform üblich. Die Bezeichnung „Black House" (gälisch: tigh dubh) ist jünger als der Haustyp selber, denn die ersten Häuser dieses Typus wurden bereits vor der Wikingerzeit gebaut.

Der Name existiert erst seit ca. 1850 in Abgrenzung zu einem neuen Haustyp, der sich vom Festland kommend durchsetzte. Bei diesem neuen Typus, „white House" (gälisch: tigh gael) genannt, bestanden die Wände nicht mehr aus Doppelreihen geschichteter Steine, sondern wurden mit Kalkmörtel gemauert.

Über die Jahrhunderte hinweg hat sich der Baustil der Black Houses erheblich verändert, und es gibt auch regionale Unterschiede. Als im 19. Jh. neue Gesetze erlassen wurden, hat sich z.B. der Grundriss der Häuser verändert.

Die typische Bauweise eines Black House auf Lewis sah folgendermaßen aus: Die Wände bestanden aus einer Doppelreihe geschichteter Natursteine, dazwischen eine Erdfüllung. Die Häuser waren zwischen 1,50 und 1,80 Meter hoch und mindestens 1,50 Meter dick. Mensch und Tier benutzten denselben Eingang. Dieser führte in einen Vorraum, in dem üblicherweise der Mahlstein aufbewahrt wurde. Von hier gelangte man zu einem zentralen Hauptraum, der zu zwei Dritteln als Kuhstall diente. Im verbleibenden Drittel lebten die Menschen. Vom Kuhstall hatte man Zugang zur Scheune, in der das Getreide gedroschen und gelagert wurde. Der Hauptraum war nicht unterteilt. Menschen und Tiere waren lediglich durch eine Steinmarkierung im Boden getrennt. Ursprünglich wurden die Betten um die Feuerstelle herum in die Wand eingelassen. Um 1850 kamen Schrankbetten in Mode.

Die Häuser hatten weder Schornstein noch Feuerloch, auch gab es nur selten Fenster. Das Dach, auf einem inneren Teil der Wand ruhend, bestand aus je einer Lage von Grasroden und Stroh. Das Stroh wurde durch Seile zusammengehalten, die Seile wiederum durch eingebundene Steine beschwert. Einmal im Jahr wurde das Stroh ausgewechselt.

Nach den Gesetzgebungen im späten 19. Jh. blieb zwar die Grundstruktur ähnlich, obwohl man den Vorraum wegließ. Der Eingang führte aber nun direkt in den Hauptraum. Türen trennten jetzt die Stallungen vom Wohnraum. Stall und Scheune erhielten einen

Grundriss eines Black House vor der Gesetzgebung im 19. Jahrhundert

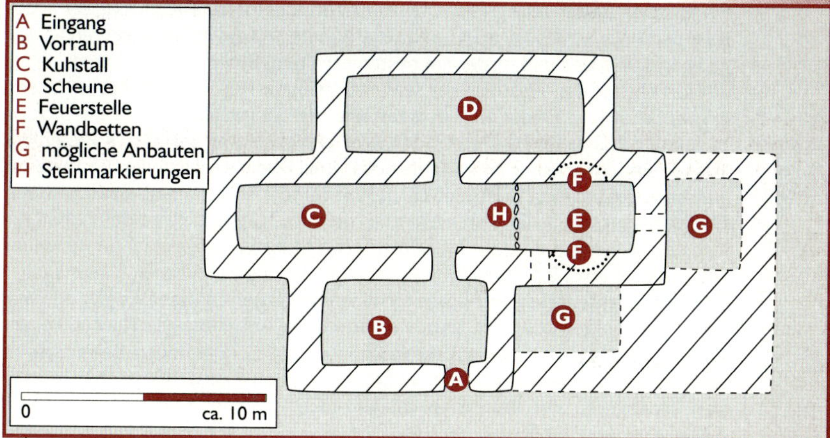

© igraphic

zusätzlichen direkten Eingang. Der Wohnraum selbst wurde in Schlafraum und Küche unterteilt. Das Mobiliar allerdings änderte sich kaum. Der Giebel erhielt einen Kamin oder eine Rauchabzugsöffnung, wodurch das Stroh auf dem Dach nicht jährlich erneuert werden musste.

Die letzten Black Houses waren auf Lewis bis Anfang der 1980er Jahre bewohnt.

Bedingt durch die Einführung von Elektrizität und fließendem Wasser in den 1950er Jahren, kam es zu erheblichen Veränderungen, und viele Menschen verließen die traditionellen Wohnstätten zugunsten moderner, schnell errichteter Häuser.

herrliche Blicke über das Meer

Einige Kilometer weiter südlich liegt Shawbost. Das **Shawbost Folk Museum** ist ein kleines Heimatmuseum, das in einer leerstehenden Kirche eingerichtet wurde. Ursprünglich handelte es sich um ein Schülerprojekt *(✆ 01851 710212, unbewacht)*. Die **Shawbost Norse Mill and Kiln** *(jederzeit zugänglich)* hingegen zeigt den herkömmlichen Prozess wie Gerste gemahlen wird. In **Dalbeg**, südlich von Shawbost, gibt es einen herrlichen Strand. In **Carloway**, von Lord Leverhume als Fischerort geplant, biegt eine Straße zu dem restaurierten „Blackhouse"-Dorf **Garenin** (Gearrannan) ab, wo man auch übernachten kann *(5a Gearannan, ✆ 01851 643416, 💻 www.gearrannan.com)*.

Weiterhin gibt es im „Dorf" ein Museum, ein Café und einen Souvenir-Shop. Auch wenn man dort nicht übernachten möchte, lohnt sich der Abstecher wegen des fantastischen Strandes und der herrlichen Blicke über das Meer, die man von hier aus genießen kann. Besonders schön ist der Spazierweg von Gearrannan zu den herrlichen Stränden in Dalmore (6 km, besonders bei Surfern beliebt) oder nach Dalbeg, einem anderen sehr pittoresken Strand.

Mauerstärke zwischen 3 und 4 Metern

Ein bisschen weiter gelangt man nun zum **Dun Carloway Broch**, der etwas abseits der Hauptstraße liegt. Der piktische Rundturm liegt in beeindruckender Lage über dem Meer und ist der am besten erhaltene Broch von den immerhin ca. 300 Brochs auf den Western Isles und nach **Mousa** (s. S. 534) der besterhaltene in ganz Schottland. Erbaut im 4. Jh. ist er einer der jüngsten seiner Art. Der höchste Teil der Mauer ist 10 Meter hoch. Der Durchmesser beträgt 15 Meter, die Wände sind zwischen 3 und 4 Meter dick. Der Eingang – eindeutig für Verteidigungszwecke angelegt – ist nur 75 cm breit und 1 Meter hoch. Zwischen den Doppelmauern sind vier Kammern und mehrere Treppen, die zu den höher gelegenen Laufgängen und zur Spitze des Turmes führten, eingelassen. Im Innenhof sieht man in etwa 2 Meter Höhe einen Sims entlang der inneren Mauer. Wahrscheinlich diente dieser als Auflage für einen hölzernen Laufgang. Es gibt nur wenig belegte Fakten über den Carloway Broch. Bei Ausgrabungen wurden Feuerstellen, Tonscherben sowie ein zerbrochener Mühlstein gefunden. Beweisstücke über die Ursprünge gibt es nicht. Im **Doune Broch Visitor Centre** kann man sich informieren, wie das Leben um 50 n. Chr. gewesen sein mag *(✆ 01851 643338, ⓘ April bis September, 10-17 Uhr)*.

„Stehende Steine"

Die A858 führt weiter zu der großartigsten Sehenswürdigkeit der Äußeren Hebriden, den **Callanish (Calanais) Standing Stones**. In ihrer Bedeutung als prähistorische Kultstätte stehen die Stones of Callanish den Steinen von Stonehenge in Südengland in nichts nach. Die Steine sind in der Form eines keltischen Kreuzes angelegt und dadurch, im Vergleich mit allen anderen megalithischen Monumenten, einzigartig. Die Steine bestehen – ungleich Stonehenge, wo kein örtliches Material verwendet wurde – aus Lewis-Gneis, einer für die Insel typischen Gesteinsart.

Die Stehenden Steine in Callanish wurden in der Zeit zwischen dem 3. und 2. Jahrtausend v.Chr. in verschiedenen Etappen errichtet. Im Laufe der Zeit wurde manches beschädigt, einige Steine fielen um, andere wurden ganz entfernt. Schließlich überwuchs die ganze Gegend mit Torf – stellenweise bis auf eine Höhe von

1 ½ Meter –, so dass schließlich ein großer Teil der Steine verdeckt war. Dass die Steine erhalten sind, verdanken wir hauptsächlich Sir James Matheson, einem ehemaligen Besitzer von Lewis. Auf seine Veranlassung hin wurde 1857/58 der Torf um die Steine herum abgeräumt. Die Hauptanlage besteht heutzutage aus 54 Steinen. Besonders auffälliges Merkmal der Anlage ist die sogenannte Nordavenue, bestehend aus zwei fast parallelen Steinreihen, die bei einem Durchschnittsabstand von 8,20 Metern eine Länge von 82 Metern hat. Die 19 Steine dieser doppelten Steinreihe haben eine Durchschnittshöhe von 3,60 Metern. Der Ostausleger besteht aus 5 Steinen und erstreckt sich über eine Länge von 23 Metern. Der Westausleger hat 4 Steine und ist 13 Meter lang. Nach Süden hin befindet sich eine Reihe aus 5 Steinen, die 27,80 Meter lang ist.

Callanish Standing Stones

Ein Kreis aus 13 Steinen (Durchmesser 11-13 Meter) befindet sich im Zentrum. Hervorstehend ist ein großer Zentralstein mit einer Höhe von 4,45 Metern und einem Gewicht von etwa 5 Tonnen. Dieser Stein bildet die westliche Begrenzung einer kleinen Kammer, die ein neolithisches Gemeinschaftsgrab barg. Als das Grab im 19. Jh. ausgegraben wurde, hat man dort, nach Augenzeugenberichten, Überreste von menschlichen Knochen und eine ölige schwarze Masse, wahrscheinlich Öl und Tiersubstanz, gefunden. In den Jahren 1980/81 fand man bei einer erneuten Ausgrabung einige Tonscherben. In der Nähe der beeindruckenden Anlage befinden sich drei weitere Steinkreise.

kreuzförmige Anlage

Direkt neben den Steinen ist das **Callanish Visitor Centre** untergebracht mit einer Videopräsentation über die Steine. In der Teestube kann man sich wunderbar aufwärmen, wenn man sich in Wind und Regen durchgekühlt hat. Es gibt Suppe, Tee, Brote und selbstgebackene Kuchen. Im Laden wird eine hübsche Auswahl an Kunstgewerbe angeboten *(✆ 01851 621422, 💻 www.calanaisvisitorcentre.co.uk, 🕔 April bis September Mo-Sa 10-18 Uhr, Oktober bis März Mi-Sa 10-16 Uhr)*.

Hinweis
Von Stornoway fährt die Buslinie W2, die West Side Circular zu den Steinen. Es gibt auch verschiedene organisierte Tagesausflüge. Auskunft in der Tourist Information in Stornoway.

Uig

Die B8011 führt zu der westlich liegenden Halbinsel **Uig** (*www. uigandbernera.com*). Nach ungefähr 6 km kommt der Abzweig auf die B8059, die zur Insel **Great Bernera** führt. Sie ist mittlerweile durch eine Brücke mit dem Festland verbunden ist. Der „Hauptort" heißt **Braeclete**. Das **Bernera Centre** ist eine archäologische Stätte mit einem rekonstruierten Haus aus der Eisenzeit. Im Museum gibt es eine Ausstellung über die Geschichte der Insel und über den Hummerfang zu sehen (*01851 612331, 01851 612285, Mai bis September, Mo-Sa 11-17 Uhr*).

herrliche Strände

Einer der Lewis Chessmen

Abgesehen davon kann Uig mit einigen Fischerorten, den Überresten zweier Brochs und einigen „Stehende Steinen" aufwarten. An der Nordküste bei Bosta gibt es eine niedliche Sandbucht, von wo aus man schöne Blicke auf **Little Bernera** hat. Die B8011 verläuft durch tristes Moorgebiet und biegt dann nördlich nach West Loch Road (schöne Sandstrände!) ab. **Uig Sands** ist der allerschönste Strand auf Lewis mit kilometerlangen Sanddünen.

Berühmt geworden sind die Uig Sands durch die **Lewis Chessmen**, 93 wunderbare Schachfiguren aus Walross-Elfenbein, die vermutlich im 12. Jh. in Skandinavien angefertigt wurden. Wie die Figuren nach Uist gekommen sind, ist ungeklärt. Sie wurden vor 1831 in einer Sanddüne gefunden. 11 Teile liegen heute im National Museum of Scotland in Edinburgh, 82 im British Museum in London.

Nördlich von Stornoway nach Ness

Die A857 verläuft in nördliche Richtung durch karges, baumloses und tristes Moorland bis nach **Barvas**. Das Land ist durch den Torfstich aufgerissen, und die Luft riecht nach verbranntem Gras, Whisky oder Kaffee. Torf ist die wichtigste Heizquelle auf den Inseln, und vor fast jedem Haus sieht man große Haufen aufgestapelten Torfs.

Torf vorm Haus

Hinter Barvas verläuft die Straße durch eine Reihe an Siedlungen, die alle gleich aussehen und ineinander übergehen, wobei die modernen, charakterlosen Häuser mit dem unvermeidlichen Stapel Torf vor der Tür den deprimierenden Charakter dieses Landstriches verstärken. Kurz hinter Barvas liegt die **Morvern Art Gallery**, wo zeitgenössische Kunst, Kunsthandwerk und Textilien ausgestellt sind. Auch gibt es hier ein kleines Café (*01851 840216/266, April bis Oktober Mo-Sa 10.30-17 Uhr*).

INFO

Informationen zum Torfstechen

Torf ist der Bodenschatz der Inseln, zum Teil geht er bis 1 ½ Meter tief. Torf ergibt ein hervorragendes Heizmaterial, zwar ist es nicht ganz so heiß wie Kohle, jedoch angenehm und sauber im Verbrauch.

„Going to the peats" wird von den Inselbewohnern noch immer praktiziert, und das Stechen und Trocknen des Torfes wird wie in alten Tagen durchgeführt. Jedes Haus auf der Insel hat sein eigenes Torfstück in der Nähe. Statistisch gesehen benötigt ein Vier-Personen-Haushalt etwa 15.000 Stück Torf im Jahr, wenn ausschließlich damit geheizt und gekocht wird. Die Arbeit des Torfstechens erfordert einen Zeitaufwand von etwa einem Monat.

Einige Kilometer weiter nördlich kommt man zum **Clach an Truiseil**, einem 6 Meter hohen Monolithen, dem größten in Schottland. Zwischen hier und **Shader** befindet sich eine ganze Reihe an prähistorischen Zeugnissen. Wer Spaß an Kunsthandwerk hat, sollte in der **Borgh Pottery** vorbeischauen, wo es schöne und originale Töpferwaren gibt *(Fivepenny House, Borve, ✆ 01851 850345, 💻 www.borgh-pottery-com, 🕐 ganzjährig Mo-Sa 9.30-18 Uhr)*.

Die Straße verläuft weiter nach Ness, einer Gruppe an kleinen Siedlungen, bis sie schließlich in dem Fischerdorf **Port of Ness** endet. Port of Ness hat einen niedlichen Hafen und einen schönen goldenen Strand. Nordwestlich liegt **Eoropie**, wo in der kleinen St. Moluag's Church (die Ursprünge stammen aus dem 12. Jh., 1912 wurde sie restauriert) die Gottesdienste der Episcopal Church stattfinden. Von Eoropie führt eine Straße zum Leuchtturm am **Butt of Lewis**, dem nördlichsten Punkt der Äußeren Hebriden. Wem der starke Wind nichts ausmacht, findet hier einen fantastischen Standpunkt, um Seevögel, Wale und Delfine zu beobachten. *Wale und Delfine*

Reisepraktische Informationen Isle of Lewis

Information

TIC *Stornoway, 26 Cromwell Street, Isle of Lewis, ✆ 01851 703088, 💻 www.isle-of-lewis.com.*

Hotel/Gästehaus/B&B

*******Eshcol Guest House €€**, Breasclete, Callanish, Isle of Lewis HS2 9ED, ✆/🖷 01851 621357, 💻 www.eshcol.com. 🕐 ganzjährig, 3 Zimmer. Nahe den Callanish Stones gelegenes Gästehaus mit wunderbarem Ausblick auf die Berge. Liebevolle Betreuung und gute Küche.*

*******Galson Farm Guest House €€**, South Galson, Isles of Lewis HS2 0SH, ✆/🖷 01851 850492, 💻 www.galsonfarm.freeserve.co.uk. Ganz im Norden von Lewis gelegenes Farmhaus mit Blick auf den Atlantik, 🕐 ganzjährig, 3 Doppelzimmer. Nach Voranmeldung kann man ein sehr leckeres Dinner genießen.*

Auf dem Grundstück gibt es auch ein Bunkhouse für Selbstversorger (bis 8 Pers.).

******Caberfeith Hotel €€**, Manor Park, Stornoway HS1 2EU, ✆ 01851 702604, 🖷 01851 705572, 💻 www.cabarfeidh-hotel.*

co.uk, ganzjährig, 46 Zimmer, modernes, funktionales Hotel am Stadtrand.
******Baile-Na-Cille Guest House** *€€, Timsgarry, Isle of Lewis, 01851 672242, www.bailenacille.com, Ostern bis Oktober, maximal 16 Gäste, atemberaubend gelegen, sehr gutes Essen auch für Nicht-Übernachtungsgäste.*
*******Park Guest House & Garden Rooms** *€-€€, 30 James Street, Stornoway, HS1 2QN, 01851 702485, 01851 703482, ganzjährig, 5 Zimmer. Schönes viktorianisches Haus mit netter Atmosphäre und sehr guter Küche.*

*Es gibt zahlreiche Unterkünfte für Selbstversorger. 2001 wurde das * bis *******Gearrannan Blackhouse Village***, in der Nähe von Carloway eröffnet (Isle of Lewis HS2 9AL, 01851 643477, 01851 643488, www.gearrannan.com), eine einzigartige Ferienunterkunft am Rande des Atlantik. Seit 1989 hatte der Gearrannan (Garenin) Trust die verfallenen Blackhouses in Kleinstarbeit wieder hergestellt. Es gibt Unterkunft für 2-16 Personen. Auch ein Restaurant und ein Café gibt es im „Dorf". (So geschl.)*

Jugendherberge/Hostel

Stornoway Backpackers Hostel, *47 Keith Street, Stornoway, 01851 703628*
Kershader Y.H., *Ravenspoint, Kershader, South Lochs, Isle of Lewis HS2 9QA, 01851 880236, www.syha.org.uk, ganzjährig, 14 Betten. Mit Café und Laden, in dem man Strickwaren erwerben kann.*

Einkehren

In den Hotels und Gästehäusern der Insel können auch Nicht-Übernachtungsgäste zum Essen einkehren. In Stornoway gibt es verschiedene Lokale, u.a. auch indische und chinesische Take-Aways.

Fähren

Fährverbindungen von Ullapool nach Stornoway (2 x tgl. Mo-Sa, Fahrzeit 2 Std. 45 Min.).

Autovermietung

Arnol Motors, *Self Drive Car Hire, Arnol, Isle of Lewis, HS2 9DB, 01851 710548, 01851 710248.*
Mackinnon Self Drive, *18 Inaclete Road, Stornoway, Isle of Lewis HS1 2RB, 01851 702984, 01851 705596.*

Tankstellen

Alle Tankstellen sind am So geschlossen, außer Engebret's Garage in Stornoway.

Fahrradverleih/Reparatur

Alex Dan Cycles, *67 Kenneth Street, Stornoway, Isle of Lewis HS1 2DS, 01851 704025.*

Hinweis

Von Stornoway fährt die Buslinie W2, die West Side Circular zu den Standing Stones. Es gibt auch verschiedene organisierte Tagesausflüge. Auskunft in der Tourist Information in Stornoway.

Harris

Im Norden von Harris befinden sich, umgeben von herrlicher, unberührter Natur, die höchsten Erhebungen der Äußeren Hebriden. Im Süden liegen herrliche Sandstrände, während die Ostküste an eine „Mondlandschaft" erinnert. Wenn man über ein eigenes Auto verfügt, kann man Harris gut an einem Tag umrunden, aber wenn das Wetter gut ist, lohnt es sich durchaus, einige Tage hier zu verweilen, um die einzigartige Landschaft auf sich wirken zu lassen.

INFO

Informationen zum Harris-Tweed

Auf den Äußeren Hebriden wird der weltberühmte Harris Tweed hergestellt. Rund 900 Weber fertigen das robuste Material an, fast 70 % werden exportiert. Ursprünglich produzierten die Bewohner den Stoff für sich selbst. Ab der Mitte des 19. Jahrhunderts entwickelte sich die Alltagskleidung der Inselbauern zur Freizeitmode viktorianischer Gentlemen bei ihren Jagdausflügen. 1909 schlossen sich die Weber in der „Harris Tweed Association" zusammen und ließen sich später ihr Produkt patentieren.

Nur der echte Harris-Tweed ist mit der „orb Mark" ausgezeichnet, dem patentierten Qualitätssiegel, das eine Erdkugel mit Malteserkreuz zeigt. Der Stoff muss folgende Bedingungen erfüllen: Reine Schafwolle, gefärbt und gesponnen auf den Äußeren Hebriden und von den Bewohnern von Lewis, Harris, Uist und Barra in ihren Häusern gewebt. Das Färben mit Pflanzenfarben, die die Weberinnen aus gesammelten Moosen gewinnen, ist nicht mehr üblich. Chemische Farben haben die Pflanzenfarben ersetzt. Gewebt wird aber auf den Hebriden noch immer, wie vor Jahrhunderten, in Heimarbeit.

Unterschiede

Harris wird durch eine schmale Landenge in fast zwei Inseln geteilt: **North Harris** ist sehr gebirgig, einsam und kahl und bietet zahlreiche Wandermöglichkeiten. **South Harris** hat ein milderes Klima, ist lieblicher und grüner. Die rund 70 km lange Rundtour um Süd-Harris ist ein absolutes Muss für Liebhaber einsamer Landschaften. Die Westküste wird von einmaligen, kilometerlangen, menschenleeren Sandstränden gesäumt. Das kristallklare, türkisblaue Meer am **Horgobost Beach** und **Nisabost Beach** lädt zum Baden ein – wenn es nur nicht so kalt wäre!

Einsamkeit

Endlose Weite…

…und herrliche Strände

Die Ostküste von South Harris wird von einer hügeligen, kargen und einsamen Landschaft geprägt und ist von nachhaltiger und tief beeindruckender Schönheit.

Entlang der Küste sieht man vereinzelt winzige Fischerhäuschen. Interessant ist, dass die meisten Menschen an der unwirtlichen Ostküste wohnen, während die fruchtbarere Westküste fast unbewohnt ist. Im Zuge der *clearances* wurden die Bewohner von der Westküste vertrieben, um dort Platz für Schafe zu schaffen.

Zuckers Experiment

Der Südwestküste vorgelagert ist die Insel **Scarp**, die auf eine tragisch-komische Anekdote zurückblicken kann. 1934 startete hier der deutsche Gerhard Zucher ein Experiment. Er wollte mit einer eigens dafür konstruierten Rakete Post nach Harris – wofür er selbst eine Briefmarke entworfen hatte – befördern. Beim Aufprall jedoch explodierte die Rakete – mitsamt der Post. Basierend auf dieser Geschichte, angereichert mit ein wenig Romanze, wurde 2001 der Film „The Rocket Post" gedreht. Der Regisseur ist Stephen Wittaker.

Standquartier für Ausflüge

Tarbert ist mit 450 Einwohnern der größte Ort von Harris, Fischereihafen und Anlegestelle der Fähren von Uig und Lochmaddy. Es gibt Einkaufsmöglichkeiten, eine Bank, ein Postamt und eine Touristeninformation sowie einige Unterkunftsmöglichkeiten, so dass sich der Ort als Standquartier für Besichtigungstouren der Insel anbietet. Über Sehenswürdigkeiten verfügt der Ort, abgesehen von der schönen Lage, jedoch nicht. Auf der kleinen Insel **Scalpay** (*www.scalpay.com*), die durch eine Straßenbrücke mit Harris verbunden ist, gibt es Fischindustrie, daneben Kleinbauernbetriebe sowie Tweedherstellung. Ein schöner Spaziergang sind die 5 km quer über die Insel zum Eilean Glas Lighthouse, einer der vier ältesten Leuchttürme in Schottland. Er wurde 1787 erbaut.

Leverburgh (ehemals An t-Ob) ist nach **Lord Leverhulme** (um-)benannt worden, der 1918 die Inseln Lewis und Harris kaufte und An t-Ob in einen Hafenort verwandeln wollte. Leverhumes Tod 1925 brachte die Pläne zum Erliegen, und „Leverburgh" blieb ein verschlafenes Nest. Der Ort hat rund 250 Einwohner, ein wenig Fischindustrie und Fischfarmen. Das einzige öffentliche Gebäude, die Leverhulme Memorial School, ursprünglich für gemeinnützige Zwecke errichtet, ist heute eine Grundschule mit rund 30 Schülern. Von Leverburgh verkehrt eine Passagierfähre nach Otternish auf North Uist. Es gibt zahlreiche Unterkünfte, zwei Hotels, B&Bs, Cottages für Selbstversorger und Camping.

Am südlichsten Zipfel von Harris steht in **Rodel** eine entzückende kleine Kirche, die **St. Clement's Church**. Die auf kreuzförmigem Grundriss errichtete Kirche wurde um 1520 erbaut und im 18./19. Jh. restauriert. 20 Jahre vor seinem Tod (1528) ließ sich hier Alasdair Crotach MacLeod, der 7. Chief des MacLeods-Clans, ein prachtvolles Grabmal unter einem Giebelbaldachin mit einer Fülle an Reliefszenen errichten. Auf der Grabplatte ist ein bewaffneter Ritter zu sehen.

teure Straße

Von Rodel nördlich die Ostküste hinauf führt die sogenannte „Golden Road", die die Einheimischen wegen der enormen Kosten, die die Straße verschlungen hat, so nennen. Die einspurige Straße windet sich durch die bizarre karge Mondlandschaft und passiert einige kleine Ortschaften, die am Ende des 19. Jahrhunderts hier von den Menschen, die von der Westküste vertrieben worden waren, errichtet wurden. Kartoffelanbau, Weberei und Fischfang sind die wesentlichen Einnahmequellen.

Reisepraktische Informationen Harris

Information

***TIC**, Pier Road, Tarbert, Isle of Harris HS3, ✆/📠 01859 502011, 💻 www.visithebrides.com/islands/harris*

Hotel/Gästehaus

*******Scarista House** €€€-€€€€, Scarista, Isle of Harris HS3 3HX, ✆ 01859 550238, 💻 www.scaristahouse.com, 🕐 ganzjährig. Kleines Gästehaus mit 5 Zimmern und Restaurant, sehr behaglich und exklusiv. Außerdem 2 Cottages für Selbstversorger.*

*****Harris Hotel** €€, Tarbert, Isle of Harris HS3 3DL, ✆ 01859 502154, 📠 01859 502281, 💻 www.harrishotel.com, 🕐 ganzjährig, 24 Zimmer, nahe dem Fähranleger gelegenes, lang etabliertes, traditionelles Hotel im Familienbetrieb.*

*******Ardhasaig House Ltd.** €€, 9 Ardhasaig, Isle of Harris HS3 3AJ, ✆ 01859 502066 / 502500, 💻 www.ardhasaig.co.uk. Kleines, nettes Hotel im Familienbetrieb, Bar und Restaurant, 6 Zimmer, 🕐 ganzjährig.*

Daneben gibt es zahlreiche B&Bs und Unterkünfte für Selbstversorger.

Jugendherberge/Hostel

****Rhenigidale Y.H.**, Rhenigidale, Isle of Harris HS3 3BD, 💻 www.gatliff.org.uk. 🕐 ganzjährig, 11 Betten.*

********Am Bothan Bunkhouse**, Ferry Road, Leverburgh, Isle of Harris HS5 3UA, ✆ 01859 520251, 💻 www.ambothan.com. 🕐 ganzjährig.*

Fähre

Fährverbindung von Uig (Isle of Skye) nach Tarbert (1-2 x tgl.) sowie von Berneray nach Leverburgh (2-4 x tgl.). Auskunft: ✆ 08705 650000, 💻 www.calmac.co.uk

Hinweis Einkaufen

***Harris Tweed** ist ein eingetragenes Markenzeichen und kann per Gesetz nur von den Inselbewohnern hergestellt werden. Harris Tweed ist weltweit der einzige handgewebte Tweed. Harris Tweed Authority, 6 Garden Road, Stornoway HS1 2QJ, ✆ 01851 702269, 💻 www.harristweed.org.uk.*

St. Kilda

Welterbe

St. Kilda ist eine der weltweit 24 Stätten, die sowohl aufgrund naturgeschichtlicher Besonderheiten als auch kultureller Wichtigkeit als Welterbe ausgewiesen wurden. Die kleine Inselgruppe ist Harris 60 km westlich vorgelagert. Die letzten 30 Einwohner wurden 1930 von dort evakuiert, und seither sind die Inseln nicht mehr bewohnt. Die größte der Inseln heißt **Hirta**. 1957 wurde St. Kilda dem National Trust übergeben, der sie dem Naturschutz in Obhut gab, und 1987 wurden sie zum Weltkulturerbe (damals dem ersten in Schottland) erklärt. Auf den Inseln gibt es bizarre Felsformationen, beeindruckende Klippen sowie die wichtigste Seevögel-Kolonien und -Zuchtstation in Nordwest-Europa. Für die Inselbewohner waren die Seevögel lebensnotwendig. Federn und Öl wurden exportiert, die Knochen für Werkzeug verarbeitet, alles andere gegessen. Heute wird St. Kilda vom NTS, Scottish Natural Heritage und vom Ministry of Defence (Verteidigungsministerium) betreut.

Hinweis

Es gibt verschiedene Möglichkeiten, wie man St. Kilda besuchen kann, allerdings ist diese Unternehmung aufwendig und teuer. Die Überfahrt von Mallaig dauert ca. 14 Stunden, von den Western Isles ca. 8 Stunden. Angus Campbell (✆ 01859 502060, 💻 www.kildacruises) bietet zwischen April und September Tagestrips von Harris nach St. Kilda. Kylebhan Charters (✆ 01389 877028) veranstaltet Bootstouren von Oban aus. Der NTS bietet in den Sommermonaten auch freiwillige Arbeitsprojekte dort an. Siehe Internet www.kilda.org.uk für detailliertere Informationen.

North Uist und South Uist

Die Inseln North Uist, South Uist, Benbecula und Eriskay werden durch Dämme und Brücken miteinander verbunden.

North Uist

North Uist erstreckt sich über 20 km von Nord nach Süd und an ihrer breitesten Stelle über 27 km von Ost nach West. Zunächst erscheint die Landschaft ernüchternd und ist im Grunde kaum als Landschaft zu bezeichnen, da ein Drittel der Insel von Wasser bedeckt ist. Die Ostküste rund um Lochmaddy sieht wie ein großes Sieb aus und bietet dementsprechend fantastische Angelmöglichkeiten. Erstaunlich bei den Lochs auf North Uist ist das Verhältnis von Küstenlänge zur Wasserfläche. Beispielsweise ist Loch Maddy 8 km lang und am Anfang 1 ½ km breit. Durch die vielen Ein- und Ausbuchtungen ergibt sich jedoch insgesamt eine Küstenlänge über 550 km. Das schönste an North Uist sind die fantastischen Strände im Norden und Westen, z.B. die **Clachan Sands** (von der B893 ab).

fantastische Angelmöglichkeiten

Lochmaddy

Lochmaddy ist ein netter Ort mit Fähranleger, Hotel, einigen Häusern, Pub, Touristeninformation, Postamt, Krankenhaus und Tankstelle. Im **Taigh Chearsab-**

hagh Museum und Arts Centre sind Fotografien und Kunst- und Kunstgewerbe ausgestellt. Ein kleiner Verkaufsladen (hier auch die Post) und ein Café sind angeschlossen *(Lochmaddy, ✆ 01876 500293, 💻 www.taigh-chearsabhagh.org, 🕓 Mo-Sa 10-17 Uhr).*

Spaziergang

Beim Lochmaddy Hotel beginnt ein schöner Spaziergang rund um den alten Hafen von North Uist. Für die 6 ½ km lange Strecke sollte man 1 ½ Stunden einplanen. Ein Faltblatt mit der Wegbeschreibung ist im Touristenbüro erhältlich.

Landschaft auf North Uist

Von Lochmaddy verläuft die A865 entgegen dem Uhrzeigersinn nordwestlich. Es geht durch **Solas** und entlang dem **Vallay Strand**. In der Nähe des nordwestlichsten Zipfels liegt auf einem kleinen Felsen im Loch Scolpaig der **Scolpaig Tower** (1830). 5 km weiter südlich liegt das **Balranald-Vogelschutzreservat**, ein Gebiet aus steiniger Küste, Sandstränden, Dünen und Lochs. Es gibt ein bescheidenes Besucherzentrum *(🕓 April bis Ende August 9-18 Uhr)*, und im Sommer werden ornithologische Führungen abgehalten. Weitere 7 km draußen liegen die 5 kleinen **Monach Isles**, die bis in die 1930er Jahre besiedelt waren. Heute werden sie von der größten Seehundkolonie Europas bevölkert. Südlich von Clachan verläuft die Straße zur kaum besuchten Insel **Grimsay**, die ebenfalls durch eine Brücke mit North Uist verbunden ist.

ornithologische Führungen

Berneray

Südlich von Harris und nördlich von North Uist gelegen, ist Berneray *(💻 www.isleofberneray.com)* die einzige bewohnte Insel im „Sound of Harris". 130 Menschen leben auf der 3x5 km umfassenden Insel einerseits vom „crofting" und Fischfang, andererseits von Internet-Dienstleistung, Tourismus oder Tätigkeiten für die Medien. Auf der Insel gibt es zwei Geschäfte, eine Post, ein tolles Hostel direkt am Strand, B&Bs, Cottages

Hier findet man Ruhe…

für Selbstversorger, eine Kirche und eine Teestube. Die flache Insel ist durch eine Brücke mit North Uist verbunden. Die wichtigste Attraktion ist der 5 km lange Sandstrand an der Nord- und Westküste. Bernerary bietet sich für einen geruhsamen Aufenthalt mit langen Strandspaziergängen an.

Benbecula

Benbecula (1.800 Einwohner) verbindet das protestantische North Uist und das katholische South Uist durch Brücken miteinander. Die A865 verläuft durch die Mitte von Benbecula. Wie North Uist ist auch die Ostküste von Benbecula mit Lochs durchzogen, so dass die meisten Menschen an der Westküste leben. Ein großer Teil der Bevölkerung gehörte zur Royal Artillery, die 30 Jahre lang in **Balivanich** stationiert war. In sprachlicher Hinsicht hatte die Anwesenheit der vielen Engländer keinen guten Einfluss auf die gälische Kultur. In wirtschaftlicher Hinsicht profitierte Benbecula zweifelsohne von der Armee. So gibt es hier einen eigenen Flughafen mit Direktflügen nach Inverness, Glasgow, Barra und Stornoway (💻 *www.highlandairways.co.uk*). Die Schließung der Militärstation 1998 hatte einen verheerenden Effekt auf die Wirtschaft der Insel. Im Zuge von Regenerierungsprogrammen versucht die Regierung, die desolate Wirtschaft Benbeculas anzukurbeln. Zum Beispiel werden die ehemaligen Militärgebäude Instand gesetzt und zu modernen Wohneinheiten umgebaut.

desolate Wirtschaft

Von Balivanich verläuft die B892 südlich an der Westküste entlang, bis sie am südlichen Ende der Insel auf die A865 trifft. **Poll-na-Crann** wird auch als „stinky bay" bezeichnet, wegen der Berge an Seetang, die hier von den harschen Atlantikstürmen angetrieben wird. Ab der Mitte des 18. Jh. wurde Seetang zur Herstellung von Glas verwendet und gab den Inselbewohnern durch den Export eine zusätzliche Einnahmequelle.

Seetang „stinkt"

Die A892 endet in **Liniclate**. Die dortige Grund- und Sekundarschule dient sowohl für Schüler der beiden Uists als auch für Benbecula. Eine Bibliothek, ein Schwimmbad, ein Theater und sogar ein winziges lokalgeschichtliches Museum gehören zum Schulkomplex.

Reisepraktische Informationen Isle of North Uist/ Berneray/Benbecula

Information
__TIC__, Lochmaddy, Isle of North Uist HS6 5AA ✆ 01876 500321.

Hotel/Gästehaus/B&B
****__Langass Lodge__ €€, Isle of North Uist, HS6 5HA, ✆ 01876 580285, 🖷 01876 580385, 💻 www.langasslodge.co.uk, 6 Zimmer, 🕐 März bis Oktober. Eine wunderschön gelegene Unterkunft, gute Angelmöglichkeiten, gemütlich, fantastische Küche.*
***__Lochmaddy Hotel__ €€, Lochmaddy, Isle of North Uist HS6 5AA, ✆ 01876 500331/2, 🖷 01876 500210, 💻 www.lochmaddyhotel.co.uk, 🕐 ganzjährig, 15 Zimmer. Das traditionelle Lochmaddy Hotel liegt unmittelbar am Fähranleger. Hier treffen sich „locals" und Urlauber. In der gemütlichen Bar gibt es gutes Essen und eine große Aus-*

wahl an Malt Whiskies, gutes Bar Food. Wunderschöne Ausblicke auf die Bucht.

Für Selbstversorger

*****Tigh na Boireach**, *Clachan Sands, Mr. Neil Nicholson, Old Schoolhouse, 34 Locheport, Isle of North Uist HS6 5EU, ☏/🖷 01876 560403, 💻 www.tignaboireach.co.uk, traditionelle reedgedeckte Cottages mit vollem Komfort. Zauberhaft und sehr ruhig gelegen. 320-750 £ pro Woche.*

Jugendherberge/Hostel

**Berneray Y.H.*, *Gatliff Hebridean Hostels Trust, Isle of Berneray, North Uist HS6 5BQ, ☏ 0870 1553255, 💻 www.isleofberneray.com, ⏲ ganzjährig, 20 Betten, wunderschön und außerordentlich idyllisch gelegen. Kein Telefon.*

****Taigh Mo Sheanair**, *Carnach, Claddach Baleshare, North Uist HS6 5ET, ☏ 01876 580246, 💻 www.hostel-scotland.co.uk, ⏲ April bis Oktober, 8 Betten, Familienzimmer, wunderschön am Strand gelegen.*

Archäologische Stätten

North Uist ist reich an prähistorischen Zeugnissen aus verschiedenen Epochen. 11 km S Lochmaddy liegt ***Barpa Langass*** *(von der A867 ab), eine große Begräbnisstätte, die auf 3000 v.Chr. datiert wird. Sie ist 5 m hoch und 25 m im Durchschnitt. Nicht weit davon entfernt, am Ufer des Loch Langass, befindet sich ein kleiner Steinkreis, der als* ***Pobull Fhinn*** *bekannt ist. 5 km NW Lochmaddy an der A 865 gibt es drei „Standing Stones" aus der Bronzezeit, die sogenannten „False Men". Angeblich handelt es sich dabei um die Gräber von drei Spionen, die hier lebendig begraben wurden.*

South Uist

Wie auf einigen anderen Hebrideninseln, so ist auch auf South Uist der Stein der Unabhängigkeit ins Rollen gebracht worden, d.h. die Insulaner verhandeln über den Erwerb „ihrer" Insel.

In historischer Hinsicht ist South Uist für die Verbindung mit Bonnie Prince Charlie und Flora MacDonald bekannt. Hier soll der Prinz auf seiner Flucht 1746 gelandet sein und sich in der „Prince's Cave" versteckt haben. Er wurde von einem Inselbewohner betreut, und zwar von dem Cousin jener Flora, die, als sie ihren Verwandten von Skye aus besuchte, auf ihrer Rückkehr den als Zofe verkleideten Prinzen mitnahm und ihn so vor den Engländern rettete.

South Uist (1.900 Einwohner) ist die landschaftlich attraktivste Insel der südlichen Äußeren Hebriden. Die 30 km lange Westküste ist ein einziger langer Strand, der von Dünen gesäumt wird. Östlich der A865, die die ganze Insel durchzieht, erhebt sich eine Bergkette, die immer wieder von Lochs durchbrochen wird. Im Norden der Insel führt eine Brücke über den Loch Bi zur modernen Statue „Our Lady of the Isles" am Fuße des **Rueval Hill**, auf dem sich eine Station der Royal Artillery befindet. Von den Einheimischen wird die Station wegen der vielen Antennen und der Radarstation in Form eines großen weißen „Golfballs" auch „Space City" genannt. Südlich davon liegt das 1677 Hektar umfassende **Loch Druidibeg Nature Reserve**, eine Brutstätte für Gänse und Schwäne. Weiterhin wachsen über 200 verschiedene Wildblumen hier. Es gibt einen ausgeschilderten Wander- *Space City*

Naturschutzgebiet

weg durch das Schutzgebiet. Ein Faltblatt mit Wegbeschreibung ist im Touristenbüro erhältlich.

Wenige km S **Bornish** lohnt das **Kildonan Museum**, ein kleines heimatgeschichtliches Museum mit Teestube einen Besuch. Im Verkaufsraum kann man Kunstgewerbliches und Strickwaren erstehen *(Kildonan, ✆ 01878 710343 / 700279, 🕛 Ostern bis Oktober Mo-Sa 10-17 Uhr und So 14-17 Uhr).*

In **Daliburgh**, einem kleinen Ort mit Post, Pub-Restaurant und Tankstelle, biegt die A865 östlich nach Lochboisdale ab.

Lochboisdale

Lochboisdale ist die größte Siedlung auf South Uist. Der Hafen wird von der Calvay Island bewacht, wo sich eine Burgruine aus dem 13. Jh. befindet. Es gibt eine Touristeninformation, ein Hotel, Fahrradverleih und ein Postamt hier. Von Lochboisdale fahren die Fähren nach Oban und nach Castlebay auf Barra.

15 km südlich von Lochboisdale, an der Südküste der Insel, ist **Ludag** erreicht. Vom Polachar Inn hat man herrliche Blicke auf den Sound of Barra. In **West Kilbride** bietet „Hebridean Croft Original" eine schöne Auswahl an dort hergestelltem Kunsthandwerk, eine Fotoausstellung und eine Teestube.

Ein Feierabendbierchen mit Blick auf den Eriskay

Eriskay

Erst 2001 wurde die **Autobrücke** zwischen South Uist und Eriskay eröffnet. Vorher konnte die Insel nur mit einer Fähre erreicht werden. Eine Fähre verkehrt nach wie vor von Eriskay hinüber nach Barra. Die winzige Insel hat 140 Einwohner und ist Namensgeberin für das gleichnamige **Pony**. In den 1970er Jahren bereits fast ausgestorben, konnte die Art durch einen einzigen Hengst gerettet werden. Zwischen Eriskay und South Uist liegen die Überreste der **SS Politician**. 1941 sank das Schiff mit seiner schweren Fracht, darunter 20.000 Kisten Whisky, die die Inselbewohner für einige Jahre versorgen sollten. Der Schiffbruch diente als Vorlage für Compton Mackenzie's Buch „Whisky Galore", das später verfilmt wurde. Teile des Schiffs kann man bei Ebbe sehen. Im einzigen Inselpub **„Am Politician"** in Balla hängen Zeitungsausschnitte über das Unglück *(✆ 01878 720246, 💻 www.ampolitician.co.uk, 🕛 tgl.).*

Rettung durch einen einzigen Hengst

Wandern
Eriskay lässt sich in gut 3 Stunden umrunden, Wanderbeschreibungen sind in der Touristeninformation erhältlich.

Zum Schmökern
Mackenzie, Compton: „Whisky Galore", Penguin, London 1947 (1957).

Reisepraktische Informationen South Uist

Information
***TIC**, Pier Road, Lochboisdale, South Uist HS8 5TH, ✆ 01878 700286, Ostern bis Mitte Oktober, Mo-Sa 9-17 Uhr sowie jeweils 1 Std. für die Abendfähre.*

Unterkunft
******Polochar Inn €€**, nr Ludag, South Uist HS8 5TT, ✆ 01878 700215, Fax 01878 700768, www.polocharinn.co.uk, 11 Zimmer, ganzjährig. Idyllisch gelegen mit Blick auf den Sound of Barra, auf Eriskey und Barra. Familienbetrieb. Mit Restaurant, Bar und Halle für Ceilidhs und andere Veranstaltungen. Am Ende der B888.*
******Lochboisdale Hotel €€**, Loch Baghasdail, South Uist HS8 5TH, ✆ 01878 700332, Fax 01878 700367, www.lochboisdale.com, ganzjährig, 18 Zimmer, am Fähranleger gelegenes, traditionelles Hotel mit Pub und Restaurant. Kinderfreundlich.*

Jugendherberge
*** **Howmore Y.H.**, Gatliff Hebridean Hostel Trust, South Uist HS8 5SH, ganzjährig, 17 Betten. Kein Telefon (www.gatliff.org.uk)*

Autovermietung
***Laing Motors**, Lochboisdale, South Uist HS8 5TH, ✆ 01878 700267/319, Fax 01878 700267 www.laingmotors.co.uk.*

Fahrradverleih/Reparatur
***Rothan Cycles**, 9 Howmore, South Uist HS8 5SH, ✆ 01870 620283.*

Golf
***Askernish Golf Course**, Daliburgh, South Uist HS8 5SS, ✆ 01878 700684.*

Barra und Vatersay

Barra

Garten der Hebriden

Der sogenannte „Garten der Hebriden" weist eine geradezu erstaunliche Blumenpracht in einer ansonsten baumlosen Gegend auf. Man kann das 1.000 Einwohner zählende Barra auf der 20 km langen Ringstraße A888 rasch umfahren oder mit Muße das 12 km lange und 8 km breite Eiland gemächlich durchwandern. Der Hauptort **Castlebay**, einst ein lebhafter Hafenort, liegt an der Südseite der Insel in einer weiten geschützten Bucht und wird vom **Sheabhal** (384 Meter) überblickt. Auf der Spitze des Hügels steht eine Marmorstatue der Heiligen Jungfrau mit dem Kind. Der Aufstieg zum Gipfel ist leicht, und von oben hat man einen schönen Blick. Castlebay wird von der katholischen Kirche „Our Lady, Star of the Sea" dominiert. Das Touristenamt befindet sich neben dem Fähranleger.

Kisimul Castle, der einstige Stammplatz der MacNeils, ist nicht eindeutig zu datieren, gilt jedoch als die einzige wichtige mittelalterliche Burg in den Äußeren Hebriden. Sie geht auf eine vorgeschichtliche Steinfestung, ein „Dun", zurück. Robert the Bruce übergab die Burg (und die Insel) 1314 dem MacNeil-Clan als Geschenk. Gegen Ende des 18. Jh. ausgebrannt und im 19. Jh. verkauft, wurde sie 1937 von Robert Lister MacNeil, dem 45. Chief der MacNeils, zurückerworben, restauriert und an dessen Sohn weitervererbt *(✆ 01871 810313, 💻 www.historic-scotland.gov.uk, 🕐 April bis September tgl. 9.30-17.30 Uhr, Oktober Mi-Sa 9.30-16.30 Uhr. Die 5-minütige Überfahrt per Boot ist wetterabhängig)*.

Wer sich für die Geschichte der Insel interessiert, sollte das **Barra Heritage Centre** besuchen. Hier werden auch Ceilidhs, kulturelle Veranstaltungen und Erzählstunden für Kinder abgehalten *(Castlebay, ✆ 01871 810413, 🕐 April bis September Mo-Fr 11-17 Uhr)*.

schöne Strände

An der Westküste liegen die schönsten Strände, z.B. in der **Halaman Bay**. Vom Barra Hotel, insbesondere vom Restaurant mit den großen Panoramafenstern hat man fantastische Blicke auf die Bucht. Im **Thatched Cottage Museum** in Craigston ist Heimatkundliches ausgestellt *(🕐 Ostern bis Oktober, Mo-Fr 11-17 Uhr)*. **Allasdale** ist ein weiterer herrlicher Strand. In der Nähe liegen die Ruinen von **Dun Cuier**, das vom 1. Jahrtausend v.Chr. bis zum 8. Jh. n.Chr. bewohnt war. Die Straße nach Eoligarry kommt am Inselflughafen „**Cockle Strand**" vorbei. Flugzeuge können hier nur bei Ebbe landen, d.h. der Flugplan ändert sich mit den Gezeiten! Die Muscheln werden zum „harling" verwendet, einer speziellen Art, um Häuser zu verputzen.

In **Cille Bhara** liegen Compton MacKenzie sowie einige MacLeans begraben. Im 12. Jh. befand sich hier ein wichtiges religiöses Zentrum der Äußeren Hebriden. Eine der beiden kleinen Kapellen, St. Mary's, wurde neu eingedeckt und beherbergt einige mittelalterliche Grabsteine und die Kopie eines Runensteines. Das Original befindet sich im Museum of Scotland in Edinburgh. Dieser interessante Stein wurde 1865 gefunden. Auf der einen Seite zeigt er ein keltisches Kreuz, auf der anderen Seite Runenschrift.

Vatersay

333 Menschen verloren ihr Leben

Von Castlebay kann man einen schönen Ausflug (auch per Bus) zur Insel Vatersay machen, die durch eine Brücke mit Barra verbunden ist. Heute leben auf Vatersay 70 Menschen, und es gibt zwei wunderschöne Muschelstrände hier. Am westlichen Strand befindet sich das **Annie Jane Monument**, das an das schreckliche Ereignis erinnert, als das Emigrantenschiff Annie Jane 1853 vor der Küste Vatersays sank und 333 Menschen dabei ums Leben kamen. An einem klaren Tag kann man von Vatersay die kleineren Inseln **Sandray, Pappay** und **Mingulay** sehen. Letztere war noch bis 1912 bewohnt und kann als Tagesausflug von Barra aus besucht werden. Zwischen Juni und September, wenn die Insel von unzähligen Puffins (Papageientaucher) bevölkert wird, ist das besonders schön.

Reisepraktische Informationen Isle of Barra

Information

***TIC**, Castlebay, Isle of Barra, ✆ 01871 810316.*

Unterkunft

******Castlebay Hotel €**, Castlebay, Isle of Barra HS9 5XD, ✆ 01871 810223, 🖷 01871 810455, 💻 www.castlebay-hotel.co.uk, ⏲ ganzjährig, 12 behagliche Zimmer, traditionelles Hotel im Familienbetrieb mit Blick auf Kisimul Castle, die Bucht und den Fähranleger.*

******Isle of Barra Hotel €**, Tangasdale Beach, Castlebay, Isle of Barra HS9 5XW, ✆ 01871 810383, 🖷 01871 810385, 💻 www.isleofbarra.com, ⏲ Ende März bis Anfang Oktober, freundliches modernes Hotel mit 30 Zimmern. Vom Restaurant mit Panoramafenstern hat man einen sagenhaften Blick auf den Atlantik, ca. 3 km von Castlebay.*

Fährverbindung

Von Oban nach Castlebay (im Sommer tgl., im Winter 3x pro Woche, die Überfahrt dauert 5 Std. 20 Min.) sowie von Eriskay nach Castlebay (bis zu 5x tgl. (Überfahrt 40 Min.), ✆ 08705 650000, 💻 www.calmac.co.uk.

Autoverleih

***Barra Car Hire**, Taigh a 'Dot, Castlebay, Isle of Barra HS9 5XD, ✆ 01871 810243.*

Fahrradverleih

***Barra Cycle Hire**, 29 St. Brendan's Road, Isle of Barra HS9 5XJ, ✆ 01871 810284.*

8. DER NORDEN

Allgemeiner Überblick

Nördlich des Great Glen, so denken viele Schottland-Reisende, gibt es kaum noch Neues mehr zu entdecken. In der Tat nimmt im Norden die Anzahl der Schlösser ab, es gibt keine großen Städte mehr und daher wenig an „Unterhaltung". Das Straßennetz wird weitmaschiger, meist handelt es sich bei den kurvenreichen Straßen um einspurige „Single Road Tracks".

großartige Bergwelt

Die Landschaft jedoch ist großartig, besonders beeindruckend sind die zerklüftete Westküste und im äußersten Norden die Strände mit einer grandiosen Berglandschaft im Rücken. Nördlich des Caledonian Canal wird Schottland immer ruhiger, karger, gleichsam jedoch auch unermesslich weit und wild. Sutherland hat bei 5.698 km² beispielsweise nur eine Einwohnerzahl von 13.000. Die Gegend ist damit die am wenigsten bevölkerte in ganz Europa.

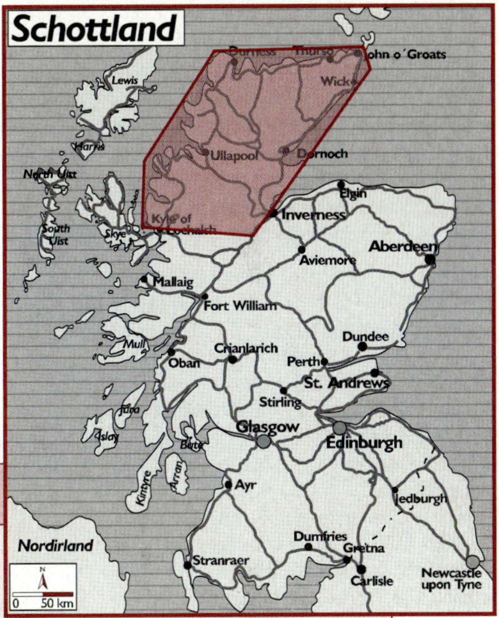

© igraphic

Zeiteinteilung und Streckenführung

Die in diesem Kapitel beschriebene Route führt durch die Grafschaften Ross und Cromarty im Süden und Sutherland und Caithness im Norden. An der Westküste von Kyle of Lochalsh geht es über Ullapool zum Cape of Wrath und dann entlang der Nordküste über Tongue nach Thurso. Für Informationen über die Orkney- und Shetland-Inseln lesen Sie bitte im Kapitel 11 nach. Schließlich führt die Strecke entlang der Ostküste über Dornoch nach Inverness. Die in diesem Kapitel beschriebene Tour umfasst ungefähr 660 km, und man sollte mindestens drei bis vier Tage dafür einplanen.

Einige Kilometerangaben

Kyle of Lochalsh – Ullapool: 200 km
Ullapool – Durness: 112 km
Ullapool – Inverness: 80 km
Durness – Tongue: 50 km
Tongue – Thurso: 71 km
John O'Groats – Thurso: 32 km
Lairg – Tongue: 69 km
Wick – Edinburgh: 395 km
Wick – Inverness: 174 km

Öffentliche Verkehrsmittel
***Busse**: Citylink-Busverbindung von Süden über Inverness nach Wick und Thurso sowie nach Ullapool. **Eisenbahn**: „North-Highland-Line" über Inverness nach Thurso und Wick mit Haltestellen entlang der Strecke.*

Die Nordwestküste: von Kyle of Lochalsh zum Cape of Wrath

spektakuläre Landschaft

Nördlich des Loch Carron bis hoch nach Ullapool liegt die Region **Western Ross**, eine der spektakulärsten Landschaften Europas mit dramatischen Bergmassiven, fjordähnlichen Lochs und abgeschiedenen Küstenorten. Die mächtigen Bergspitzen in **Torridon** stellen hervorragende Klettermöglichkeiten dar. Ebenso beeindruckend sind die **Inverewe Gardens** und die wunderschönen Strände mit rosafarbenem Sand in der **Gruinard Bay**. Die Nordwestküste wird vom Golfstrom beeinflusst. Zwischen Kyle of Lochalsh und Ullapool wachsen daher subtropische Pflanzen. Die meisten Gärten stehen unter der Verwaltung des NTS.

Redaktionstipps Norden

- Den **„Pass of the Cattle"**, die höchstgelegene Straße in Schottland, nach Applecross fahren (S. 378).
- Den Sonnenuntergang am **Red Point Beach** genießen (S. 382).
- In den **Inverewe Gardens** spazieren gehen (S. 383).
- Eine Bootstour auf dem Loch Glencoul zum **Eas Coul Aulin**, Großbritanniens höchstem Wasserfall, machen (S. 390).
- Hinter Ullapool die **West Sutherland Coastal Route** nehmen (S. 387f).
- Den **„Geopark" Knockan Crag** erkundschaften (S. 387)
- An der **Sandwood Bay** den Sonnenuntergang beobachten (S. 391).
- Sich vom Wind am **Cape Wrath** durchpusten lassen (S. 391).
- **Smoo** Cave bei Durness aufsuchen (S. 393).
- Von Scrabster oder John O'Groats einen Ausflug auf die **Orkney-Inseln** machen (S. 395f).
- **Dunrobin Castle** besichtigen (S. 400).
- An der Schafauktion in **Lairg** teilnehmen (S. 402).

Von Kyle of Lochalsh nimmt man zunächst die A87 und biegt dann Richtung Norden auf die A890 ab. Aus Plockton kommend, trifft man in Stromferry auf die A890. In **Stromferry** gibt es zwar keine Fähre, wie der Name besagt, jedoch die West Highland Dairy, wo man guten Käse kaufen kann (*www.westhighlanddairy.co.uk*).

Der Ort **Lochcarron** besteht aus einer Hauptstraße entlang des Seeufers, an der sich eine Bank, ein Supermarkt (eine gute Gelegenheit, sich hier mit Lebensmitteln einzudecken), eine Tankstelle, verschiedene Unterkunftsmöglichkeiten und eine Touristeninformation befinden.

Die Applecross-Halbinsel

Westlich von Lochcarron, am Loch Kishorn, biegt eine Nebenstraße von der A896 ab und führt nach Applecross. Es gibt viele Straßen in Schottland, die als die „schönste" beschrieben werden könnten, und diese Strecke gehört ganz sicherlich dazu. Der **Pass of the Cattle** ist die höchstgelegene Straße in Schottland und im Winter wegen

Schneefalls häufig geschlossen. Die Straße steigt auf 320 Meter an, und es ist kalt und einsam hier, aber die Ausblicke auf die Ardnamurchan-Halbinsel, den Loch Torridon und hinüber nach Eigg, Rum, die Cuillins of Skye, den Old Man of Storr und die Quirang sind atemberaubend. Applecross besteht aus einer Reihe weißgewaschener Fischercottages und hat Unterkünfte und einige Einkehrmöglichkeiten.

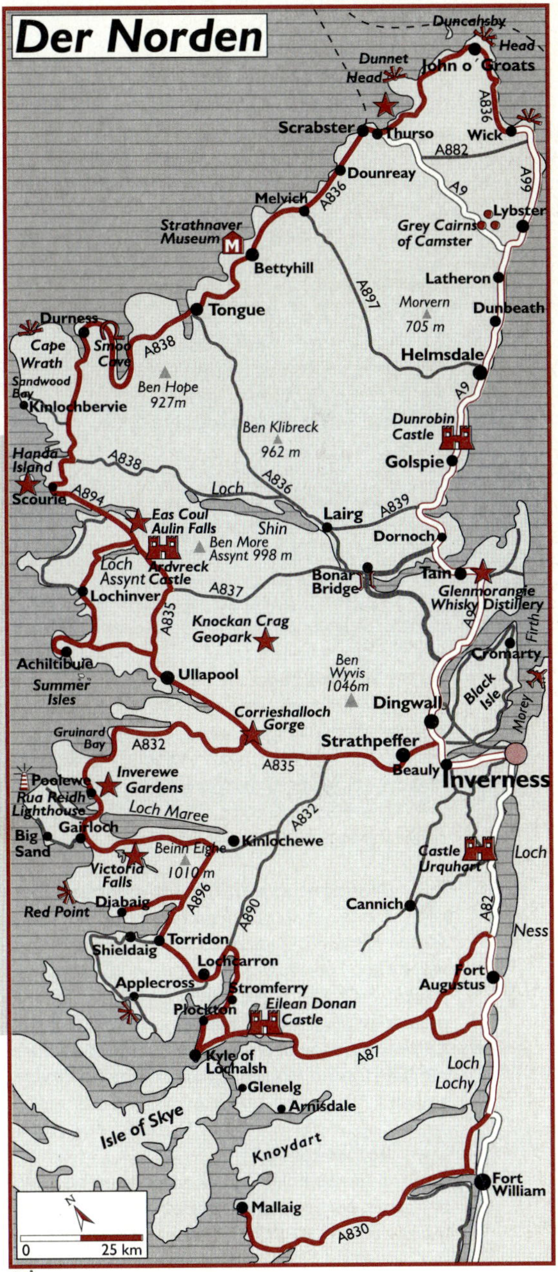

© igraphic

Reisepraktische Informationen Applecross-Halbinsel

Unterkunft

***Applecross Hotel** €-€€, Applecross IV54 8LT, Wester Ross, ✆ 01520 744262, traditionsreiches, gemütliches und freundliches Hotel mit gutem Essen.*

***Mrs Cross** €, Seawinds, Camustiel, Applecross IV54 8LT, ✆ 01520 744373, 🕐 ganzjährig, 2 Zimmer.*

Öffentliche Verkehrsmittel

***Postbus Route 092** bedient Applecross, Toscaig, Shieldaig und Torridon, Auskunft: 💻 www.royalmail.com*

Shieldaig ist ein hübscher kleiner Fischerort. Es gibt eine Post sowie Einkaufs- und Unterkunftsmöglichkeiten, so dass sich Shieldaig als Standquartier für Wanderungen in die Torridon

hübscher Ferienort

Mountains anbietet. Dem Ort vorgelagert ist eine vom NTS geschützte Insel mit altem Pinienbestand im **Loch Shieldaig**.

Shieldaig

Reisepraktische Informationen Shieldaig

Unterkunft

*******Tigh an Eilean Hotel €€-€€€**, Shieldaig, Strathcarron, Ross-shire IV54 8XN, ☎ 01520 755251, 🖷 01520 755321, ⏲ Mitte März bis Mitte Oktober. Sehr persönlich geführtes, kinderfreundliches Hotel mit privaten Angelmöglichkeiten im River Balgy und Loch Damh. Von den meisten der 11 Zimmer hat man Ausblicke auf die „Isle of Pines".*

Öffentliche Verkehrsmittel

*Es gibt mehrere Möglichkeiten: **Postbus** Route 092 bedient Applecross, Toscaig, Shieldaig und Torridon, Auskunft: 💻 www.royalmail.com. 2 x pro Woche gibt es weiterhin einen **Minibus** zwischen Lochcarron und Inverness (via Applecross und Shieldaig) sowie Mo-Sa 1 x tgl. mittags einen **Bus** von Shieldaig nach Strathcarron zur **Bahnverbindung** nach Inverness. Weitere Informationen bietet die Highland Council „Public Transport Map. The Highlands, Orkney, Shetland and Western Isles" (💻 www.highland.gov.uk/links/transport.htm, ✉ public.transport@highland.gov.uk) sowie 💻 www.hanszell.co.uk.*

Hinter Shieldaig steigt die Straße an, verläuft hoch oberhalb des Upper Loch Torridon und führt wenige Kilometer später zum winzigen Ort **Torridon**, der inmitten der gleichnamigen spektakulären Bergregion liegt. Wer die Einsamkeit liebt, dem bieten sich hier ideale Wandermöglichkeiten. Der größte Teil des Torridon-Massivs steht unter der Verwaltung des NTS, und kurz vor Torridon gibt es ein NTS Countryside Centre *(Torridon, Mains, ☎/🖷 01445 791368, ⏲ Karfreitag bis Ende September tgl. 10-18 Uhr).*

Wandern in den Torridon Mountains

geführte Wanderungen

Die Berge von Torridon bieten die eindrucksvollsten Panoramen in den schottischen Highlands und die zahlreichen Gipfel des Beinn Alligin (985 m), Liathach, ausgesprochen Lee-ahakh (1.054 m) und Beinn Eighe (ausgesprochen: Ben-eay) herausfordernde Wandermöglichkeiten. Um die Gipfel der Torridon Mountains in Angriff nehmen zu wollen, muss man über eine gute Kondition und Ausrüstung (Kompass und Karten) verfügen und sollte ein erfahrener Wanderer sein. Für unerfahrene Wanderer gibt es einen Ranger Service und im Sommer werden geführte Wanderungen angeboten. Auskunft beim Countryside Centre (siehe oben).

Abstecher

*In Torridon biegt eine kleine Straße ab und windet sich entlang des Nordufers des Lochs, bis sie nach 15 km zu dem reizenden Ort **Diabaig** (ausgesprochen: Jee-a-beg) führt. Der Abstecher lohnt sich wegen der atemberaubenden Blicke auf die*

*Applecross-Halbinsel und hinüber nach Raasay. Es gibt auch einen **fantastischen Küstenwanderweg** (11 km, ca. 4 ½ Std.) von Diabaig nach Red Point. Entweder muss man den gleichen Weg zurückgehen oder einen Abholdienst organisieren. Karte OS Explorer 433.*

Reisepraktische Informationen Torridon

Information
www.torridon-activities.com

Unterkunft
*******Loch Torridon Hotel €€€-€€€€**, Torridon, Achnasheen, Ross-shire IV22 2EV, 01445 791242, 01445712253, www.lochtorridonhotel.com, ganzjährig, 19 Zimmer. Ein im Familienbetrieb geführtes Country House Hotel mit Türmchen und Erkern in wunderbarer Lage am Loch Torridon. Mit dabei ist auch ein hervorragendes Restaurant.*

Jugendherberge
*******Torridon Y.H.**, Torridon IV22 2EZ, 0870 0041154, www.syha.org.uk, März bis Oktober, 50 Betten, Familienzimmer. Die Jugendherberge bietet einen ausgezeichneten Ausgangspunkt für Wanderungen in den Torridon Hills.*

Loch Maree und das Beinn Eighe National Nature Reserve

Loch Maree liegt auf der nördlichen Seite der Torridon Mountains und ist mit kleinen Inselchen durchsetzt. In **Kinlochewe** gibt es ein Postamt, einen Einkaufsladen, eine Reparaturwerkstatt und einige Unterkunftsmöglichkeiten, so dass sich der Ort als Standquartier für Wanderungen in der Gegend anbietet.

Reisepraktische Informationen Loch Maree

Unterkunftsempfehlung
*******The Old Mill Highland Lodge €€-€€€**, Talladal, Loch Maree, Ross-Shire IV22 2HL, 01445 760271, Mitte März bis Mitte Oktober, 6 Zimmer. Sehr nette Unterkunft und wunderbares Dinner. Zwischen Gairloch und Kinlochewe, nahe der Torridon Mountains, gelegen.*

uralter Pinienwald

Im Norden wird der Loch vom **Slioch** (1.066 Meter) begrenzt, im Süden von uraltem Pinienwald. Nördlich des Slioch liegt das abgeschiedene **Letterewe Estate**, eines der großen Rotwildgebiete Schottlands und im Besitz eines holländischen Multimillionärs. Die **Victoria Falls** (an der A832) wurden nach dem Besuch Queen Victorias 1877 so genannt. Während der größte Teil des Torridon-Massivs unter der Obhut des NTS steht, gehört der **Beinn Eighe** (höchster Gipfel 1.009 m) zum Scottish Natural Heritage. Das älteste Naturschutzgebiet in Großbritannien (gegründet 1951) schützt den Pinienbestand westlich von Kinlochewe und, mittlerweile zum „International Biosphere Reserve" erklärt, bietet das 30 km² große Gebiet die Heimat für eine Vielzahl an Spezies: Marder, Wildkatzen, Bussarde, Goldadler sowie seltene Wildblumen. 3 km hinter Kinlochewe an der A832 liegt das **Beinn Eighe Visitor Centre** *(SNH, Anancaun, Kinlochewe IV22*

2PD, ✆ 01445 760254, Ostern bis Oktober), wo man sich über Flora und Fauna der Region informieren kann. Es gibt auch kürzere Wanderungen, wenn man nicht gleich einen Gipfel erstürmen möchte, z.B. den *Woodland Trail* (ca. 1 Std.) und den *Mountain Trail* (ca. 3-4 Std.).

Gairloch ist ein kleiner Ferienort mit 320 Einwohnern, Unterkunftsmöglichkeiten, Restaurants, einem schönen Sandstrand, herrlichen Wandermöglichkeiten und dem **Gairloch Heritage Museum**. Gezeigt werden verschiedene Bereiche des

Im Nordwesten

Lebens in den Highlands von prähistorischer Zeit bis heute sowie Exponate der Lokalgeschichte des 19. Jh., z.B. einen Krämerladen und eine alte Schule *(Achtercairn, ✆ 01445 712287, www.gairlochheritagemuseum.org.uk, Mitte März bis Ende September Mo-Sa 10-17 Uhr, Oktober Mo-Fr 10-13.30 Uhr).*

Strände!

Der Strand in Gairloch ist schön, aber noch schöner und ruhiger ist der **Big Sand**, einige Kilometer nordwestlich in **Strath**. Weiter nördlich liegt **Melvaig**, von wo aus man zum **Rua Reidh-Leuchtturm** wandern und dort auch übernachten kann.

Abstecher

In Kerrysdale, 5 km S Gairloch, führt die B8056 westlich nach Red Point. Besonders schön ist es am Abend, um den Sonnenuntergang in ***Red Point Beach*** *zu genießen. Der Strand ist fantastisch, mit Dünen versehen und bietet herrliche Blicke auf die Trotternish-Halbinsel von Skye. An der Strecke nach Red Point liegt die Siedlung Badachro, wo man im netten Badachro Inn einkehren kann (Badachro Inn, Badachro, Gairloch, Ross-shire IV21 2AA, ✆ 01445 741255).*

Reisepraktische Informationen Gairloch

Information
TIC, *Achtercairn, Gairloch, Ross-shire IV22 2DN, ✆ 01445 712130, 💻 www.gairloch.com. ⏲ saisonal.*

Unterkunft
*****Myrtle Bank Hotel €€**, *Low Road, Gairloch IV21 2BS, ✆ 01445 712004, 🖷 01445 712214, 💻 www.myrtlebankhotel.co.uk, ⏲ ganzjährig, 12 Zimmer, freundliches Hotel mit Restaurant im Familienbetrieb, direkt am Wasser gelegen.*

*****The Old Inn €€**, *Gairloch IV21 2BD, ✆ 0800 542 5444, 💻 www.theoldinn.net, ⏲ ganzjährig, 14 Zimmer. Das Hotel befindet sich in der alten Kutschenstation aus dem 18. Jahrhundert. Gutes Pub-Food. The Old Inn organisiert Bootstouren nach Portree / Isle of Skye.*

******Rua Reidh Lighthouse B&B €**, *Melvaig, Gairloch IV21 2EA, ✆ 01445 771263, 🖷 01445 771263, ⏲ ganzjährig, Doppel- und Mehrbettzimmer. Wunderbar romantisch gelegen, 18 km von Gairloch.*

Jugendherberge/Hostel
******Gairloch Carn Dearg Y.H.**, *Carn Dearg, Gairloch IV21 2DJ, ✆ 0870 004 1110, 💻 www.syha.org.uk, ⏲ Juli bis September, wunderbar gelegen, 40 Zimmer.*

Badachro Bunkhouse, *Badachro, Gairloch, Ross-shire IV21 2AA, ✆ 01445 741291, ⏲ ganzjährig, 18 Betten. An der Straße nach Red Point gelegen.*

Öffentliche Verkehrsmittel
Von Inverness nach Gairloch mit Westernbus (✆ 01445 712 255) ganzjährig Mo-Sa. D&E Coaches fahren von Inverness nach Gairloch tgl. April bis September (✆ 01463 222 444). Rapson's Coaches fahren von Ullapool nach Gairloch (Nr. 71) Mo-Fr April bis September (✆ 01463 710 555). Highland Council (www.highland.gov.uk/links/transport.htm, ✉ public.transport@highland.gov.uk) gibt die sehr detaillierte „Public Transport Map. The Highlands, Orkney, Shetland and Western Isles" heraus, auf der sämtliche öffentlichen Verkehrsmitteln eingezeichnet sind.

Bootstouren
Das **Gairloch Marine Life Centre** *am Pier (✆ 01445 712636, 💻 www.porpoise-gairloch.co.uk) veranstaltet interessante 1-2-stündige Fahrten, bei denen man die reiche Unterwasserwelt kennenlernen kann.*

10 km NO Gairloch, bei **Poolewe**, lohnt ein Besuch in den **Inverewe Gardens**, einer 20 ha großen Parkanlage, die 1862 von Osgood Hanbury Mackenzie angelegt wurde. Dank des milden Klimas, bedingt durch den Golfstrom, wachsen hier Azaleen, Rhododendren und Pflanzen aus aller Herren Länder. Mit ihrer Pflanzenvielfalt und wunderschönen Lage über dem Loch Ewe und mit einem spektakulären Bergpanorama im Hintergrund stehen die Gärten hinsichtlich ihrer Popularität an erster Stelle aller schottischen Parks *(2 km N Poolewe an der A832, ✆ 01445 781200, 💻 www.nts.org.uk, ⏲ Garten: ganzjährig tgl. 9.30-16 Uhr, April bis Oktober 9.30-21 Uhr, Besucherzentrum und Laden: April bis Ende September tgl. 9.30-17 Uhr, Oktober tgl. 9.30-16 Uhr, Restaurant April bis Ende September tgl. 10-17 Uhr, Oktober 10-16 Uhr).*

mildes Klima bedingt durch den Golfstrom

Von der Gruinard Bay zum Loch Broom

Nördlich von Poolewe führt die A832 entlang des Ufers der Gruinard Bay mit dem rosafarbenen Sand. Gruinard Bay ist sehr schön, wird aber immer mit **Gruinard Island** in Verbindung gebracht, die in der Mitte der Bucht liegt. Die Insel wurde während des 2. Weltkrieges als Testgebiet für biologische Kriegsführung genutzt. Das Verteidigungsministerium hat die Insel 1990 entseuchen lassen, und mittlerweile wurde sie als „sicher" erklärt.

Hängebrücke

Die A832 Küstenstraße von Gairloch und Poolewe trifft in **Braemore Junction** auf die A835, 18 km südlich von Ullapool. Kurz vor der Abbiegung in die A 835 nach Norden führt ein kurzer Fußmarsch zu einer Aussichtsplattform, von wo aus man einen Blick auf die **Falls of Measach**, einem 46 m langem Wasserfall, und in die **Schlucht von Corrieshalloch**, werfen kann. Eine Hängebrücke führt über die schmale 1 ½ km lange und 60 Meter tief in den Felsen eingeschnittene Schlucht.

Ullapool

British Fisheries Society

Der Fischereihafen Ullapool ist der größte Ort in Western Ross. Er wurde 1788 von der „British Fisheries Society" schachbrettartig als Hafenstadt für die Heringsfischerei gegründet. Heute ist das 1.100 Einwohner zählende Ullapool aber nicht nur Fischereihafen, sondern auch der wichtigste Fährhafen zu den Western Isles und gewissermaßen ein „Umschlagplatz" für Urlauber auf dem Weg nach Lewis, südlich nach Inverness oder weiter nach Norden. An der Seeseite reihen sich einstöckige Fischerhäuser malerisch aneinander, von denen heute viele zu Lokalen und Geschäften umgewandelt sind. Ullapool hat eine gut ausgebaute touristische Infrastruktur sowie relativ gute Verkehrsverbindungen, so dass sich der Ort als Ausgangspunkt oder als Zwischenstation anbietet.

Ullapool

Im **Ullapool Museum & Visitor Centre**, untergebracht in der nach Plänen von Thomas Telford gestalteten Parliamentary Church von 1829, werden neben natur- und volkskundlichen Exponaten vor allem Dokumente zu den Massenauswanderungen als Folge der *clearances* gezeigt. Von Ullapool aus fuhr 1773 die „Hector". Dies war das erste Schiff, um Emigranten von den Highlands nach Nova Scotia in Kanada zu befördern. Mit Kopfhörern versehen, kann man sich auf eine selbstgeführte Audio-Tour durch die Ausstellung aufmachen *(7 & 8 West Argyle Street, ✆ 01854 612987, 🕐 April bis Oktober Mo-Sa 9-17 Uhr)*.

Der Maler **Oskar Kokoschka**, der von 1938 bis 1953 in London lebte, besuchte häufiger Ullapool, um in der Gegend vorwiegend Aquarelle zu zeichnen. Bei Interesse an zeitgenössischer Landschaftsmalerei sollte man dem **Rhue Studio** einen Besuch abstatten. Der 1954 geborene englische Landschaftsmaler **James Hawkins** machte Ullapool zu seiner Wahlheimat. Seine Werke zeigen eine intensive Auseinandersetzung mit der Natur *(Rhue, IV26 2TJ, ✆ 01854 612460, 💻 www.rhueart.co.uk, ganzjährig Mo-Sa 10-18 Uhr).*

Ullapools Attraktionen liegen weitgehend außerhalb des Ortes: die **Falls of Measach**, **Achiltibuie** und **Stac Pollaidh**. Es gibt einige gute Wander- und Spaziermöglichkeiten rund um Ullapool sowie Bootstouren zu den Summer Isles. *Attraktionen außerhalb*

Wandern

Die Umgebung von Ullapool bietet sowohl leichtere Wege, z.B. auf den Ullapool Hill (ca. 1-2 Std.), entlang der Küste zum Rhue Lighthouse (9 km), als auch sehr anspruchsvolle Wanderungen, die gute Kondition und Bergsteigererfahrung erfordern. Die beliebte Tour auf den Stac Pollaidh dauert ca. 3 ½ Std. (hin und zurück), Karte OS Explorer 439. Von Ullapool die A835 nehmen, dann die unbezifferte Straße nach Achiltibuie. Nach 8 km gelangt man zu einem Parkplatz direkt unterhalb des Stac Pollaidh.

Reisepraktische Informationen Ullapool

Information

***TIC**, Argyle Street, Ullapool, Ross-shire IV26 2UB, ✆ 01854 612135, 📠 01854 613031, 🕐 ganzjährig. 💻 www.ullapool.co.uk*

Unterkunft

********Ardvreck Guest House €€**, North Road, Morefield Brae, Ullapool, Ross-shire IV26 2TH, ✆ 01854 612028, 📠 01854 613000, 💻 www.smoothhound.co.uk/hotel/ardvreck.html, 🕐 Januar bis Dezember, 10 Zimmer. 4 km N Ullapool. Ein modernes, ruhiges und komfortables Gästehaus mit wunderbaren Ausblicken über den Loch Broom.*

******Caledonian Hotel €€**, Quay Street, Ullapool, Ross-shire IV26 2UG, ✆ 01854 612306, 📠 01854 612679, 🕐 März bis Oktober, 85 Zimmer. Großes, alteingesessenes Hotel mit Blick auf den Hafen.*

***Tanglewood House €€**, Anne Holloway, Ullapool IV26 2TB, ✆/📠 01854 612059, 💻 www.tanglewoodhouse.co.uk, Weihnachten und Neujahr geschlossen, 3 Zimmer, Kinder ab 8 Jahren. Über dem Loch Broom gelegen mit fantastischen Ausblicken von allen Zimmern, wunderbar gemütlich und von einem großen Grundstück umgeben.*

Einsam: das Ardvreck Guest House

Jugendherberge/Hostel

*******Ullapool Y.H.**, 22 Shore Street, Ullapool, Ross-shire IV26 2UJ, ✆ 0870 0041156, 💻 www.syha.org.uk, 🕐 März bis Ende Oktober, direkt an der Uferpromenade gelegen, 10 Zimmer, 53 Betten.*

***Ullapool Tourist Hostel**, West House, West Argyle Street, Ullapool, Ross-shire IV26 2TY, ✆ 01854 613126, 💻 www.hostel-scotland.co.uk, ⌚ ganzjährig, 5 Zimmer, 22 Betten. Familienbetrieb.*

Camping/Caravan

*******Ardmair Point Caravan & Camping Site**, Ullapool, Ross-shire IV26 2TN, ✆ 01854 612054, 📠 01854 612757, 💻 www.ardmair.com, ⌚ Mai bis September. Schöner Caravan- und Campingplatz sowie Chalets für Selbstversorger (4-6 Personen).*

Restaurant

***The Ferryboat Inn,** Shore Street, Ullapool IV26 2UJ, ✆ 01854 612366, 📠 01854 613266, 💻 www.ferryboat-inn.com. Das Haus stammt aus dem 18. Jahrhundert und beherbergt Gästezimmer, ein Restaurant und einen traditionellen, gemütlichen Pub. Familienbetrieb. Mittlere Preisklasse.*

Fähren

Verbindungen mit Calmac von Ullapool nach Stornoway (2 x tgl. Mo-Sa, Fahrtzeit 2 Std. 45 Min.). 💻 www.calmac.co.uk

Nördlich von Ullapool: Knockan Crag

Nördlich von Ullapool beginnt eine „andere“ Welt. Eine der ältesten Landschaften in Europa, wirkt die Gegend fast unwirklich – riesige Flächen Moorland, dazwischen aufragende Berge und Lochs. Eine enge und gewundene Straße schlängelt sich entlang einsamer Sandstrände die Küste hoch. Sobald man von der Hauptstraße abgebogen ist, meint man, die Welt für sich alleine zu haben.

Bergsteigerparadies

Die Region unmittelbar hinter Ullapool heißt **Assynt** und ist ein Bergsteigerparadies. Für schottische Verhältnisse nicht übermäßig schwierig, können sich dort jedoch fürchterliche Wetterbedingungen entwickeln, selbst im Hochsommer. Die

Romantische Buchten…

...und einsame Lochs

spektakulärsten Gipfel sind der Ben More Assynt (998 Meter), Quinag (803 Meter) und Canisp (839 Meter). Der größte Teil von Assynt liegt innerhalb des großen **Inverpolly National Nature Reserve** (*💻 www.inverpolly.com*).

Ungefähr 21 km N Ullapool an der A835 befindet sich ein unbemanntes SNH-Besucherzentrum in **Knockan Crag**. 2004 erhielt Knockan Crag den Status „European Geopark". Dies ist der erste Geopark in Schottland und er erstreckt sich über 2.000 qkm von Achiltibuie und Knockan im Süden bis nach Cape Wrath und Loch Eriboll im Norden. Die Landschaft vereint wunderbare Berg- und Küstenlandschaft, ist aber vor allem geologisch von höchstem Interesse. Ästhetische sowie wissenschaftliche Aspekte spielten eine Rolle bei der Wahl zum Geopark. In der Nähe des Besucherzentrums versucht die Ausstellung *Rock Art* die Atmosphäre dieser Landschaft einzufangen. Zu sehen sind die Steinskulpturen von 5 Künstlern. Am Besucherzentrum beginnen auch verschiedenen Spaziergänge (*ganzjährig, ✆ 01854 666234, 💻 www.northwest-highlands-geopark.org.uk, www.knockan-crag.co.uk*).

Streckenführung

Hinter Ullapool muss man sich entscheiden. Entweder bleibt man auf der direkten Strecke gen Norden (A835, A837, A894, A838) oder nimmt die West Sutherland Coastal Route, die sich entlang der Küstenlinie schlängelt. Letztgenannte Strecke ist landschaftlich einmalig, allerdings nicht für große Wohnmobile geeignet.

Die West Sutherland Coastal Road

16 km NW Ullapool biegt eine unbezeichnete Straße von der A835 ab und führt nach **Achiltibuie** (*💻 www.achiltibuie.com*). Hier gibt es verschiedene B&B-Unterkünfte, ein Hotel sowie Cottages für Selbstversorger. Haupt- und einzige Attraktion des winzigen Ortes ist der in den 1980er Jahre angelegte sogenannte **Garden of the Future**. Das Achiltibuie Hydroponicum ist ein riesiges, durch Sonnenenergie betriebenes Gewächshaus, in dem das ganze Jahr hindurch Erdbeeren, Weintrauben, Feigen, Zitrusfrüchte sowie eine Vielzahl an Blumen wachsen. Besichtigungen sind nur mit Führungen möglich. Hydroponics ist eine Methode, bei der Wasser statt Erde den Pflanzen die notwendigen Nährstoffe liefert. Im Lilypond-Café-Restaurant kann man die selbstgeernteten Produkte probieren (*✆ 01854 622202, 💻 www.thehydroponicum.com, 🕐 April bis September 10-18 Uhr, Führungen tgl. 10-17 Uhr, Oktober Mo-Fr 11.30-15.30 Uhr, Führungen jeweils um 12 Uhr und 14 Uhr, November bis März geschlossen*).

ganzjährig Erdbeeren

8 km weiter nördlich lockt in Altandhu eine andere Attraktion, das **Achiltibuie Smokehouse**, wo man leckeren geräucherten Fisch probieren und auch in Folie eingeschweißte Köstlichkeiten kaufen kann. Es gibt einen weltweiten Versandservice *(✆ 01854 622353, ⓘ Ostern bis Oktober)*.

Außer genussvollem Nichtstun bietet sich Achiltibuie für eine Bootstour zu den vorgelagerten **Summer Isles** an. Während der Fahrt können neben einer Vielfalt an Seevögeln auch Seehunde beobachtet werden. Auf Tamera Mhor, der einzig bewohnten Insel der Summer Isles, gibt es eine Post, die eigene Briefmarken herausgibt, ein kleines Café, ein Cottage für Selbstversorger und eine Segelschule.

Reisepraktische Informationen Summer Isles

Information
www.summerisles.com

Unterkunft
****__*Summer Isles Hotel*__ *€€€, Achiltibuie, Ross-shire IV26 2YG, ✆ 01854 622282, www.summerisleshotel.co.uk, Ostern bis Oktober, Wunderbar luxuriöse Unterkunft mit 3 Zimmern im Haupthaus und weiteren Zimmern und Suiten in den Nebengebäuden. Traumhafte Ausblicke auf die Summer Isles. 5-Gänge-Menü 49 £.*

Jugendherberge
** **Achininver Y.H.**, *Achiltibuie, Ullapool IV26 2YL, ✆ 0870 004 1101, www.syha.org.uk, wenige Minuten vom Strand entfernt, 20 Betten, Mai bis Oktober.*

Nördlich Achiltibuie geht es entlang der kleinen Küstenstraße nach **Lochinver**. Die schmale Straße führt unmittelbar am Meer entlang und sollte mit Vorsicht befahren werden. Die Landschaft ist jedoch fast überwältigend schön.

Fischmarkt

Lochinver ist schon seit jeher ein Fischereihafen gewesen, entwickelte sich vor allem aber im 19. Jh. zu einem wichtigen Hafenort. Bei Touristen beliebt ist der allabendlich stattfindende Fischmarkt. Es gibt eine Touristeninformation, ausreichend Unterkunftsmöglichkeiten, eine Bank, ein Postamt sowie eine Tankstelle. Das **Assynt Visitor Centre** bietet neben der Touristeninformation eine Ausstellung zur Geologie, Geschichte und Naturkunde der Region sowie einen Ranger Service für geführte Wanderungen im Sommer *(Main Street, ✆ 01571 844330 654, www.lochinver.bordernet.co.uk, www.assynt.co.uk, Mo-Sa 10-17 Uhr, im Sommer auch So)*.

Falls man ein Souvenir braucht: Nördlich des Ortes liegt die Töpferei Highland Stoneware, wo schöne handbemalte Keramik hergestellt wird *(✆ 01571 844376, www.highlandstoneware.com)*.

Wanderung zum Wasserfall

Wandern
Einige Kilometer südlich von Lochinver, hinter Inverkirkaig, geht es zu den Kirkaig Falls. Der wunderschöne Weg zum Wasserfall dauert ungefähr 1 ½ Stunden.

Reisepraktische Informationen Lochinver

Unterkunft

****The Albannach €€€, Baddidarroch, Lochinver, IV27 4LP, ✆ 01571 84407, 🖷 01571 844285, 💻 www.thealbannach.co.uk, ⏲ Mai bis Dezember, 5 Zimmer. Charaktervolles Gebäude aus dem 19. Jahrhundert mit wunderbarem Blick über die Bucht. 1 ½ km von Lochinver entfernt. Keine Haustiere, Kinder über 12 Jahre willkommen. (B&B und Dinner).

Selbstversorger

****Lochinver Holiday Lodges, Mrs. Stewart, 33 Strathan, Lochinver, Sutherland IV27 4LR, ✆ 01571 844318, 🖷 01571 844199, 💻 www.lochsidehomes.com, ⏲ März bis Oktober sowie Weihnachten, Cottages und Lodges für 2 bis 6 Personen. Keine Haustiere. 400-750 Pfund pro Woche. Luxuriös, traumhafte Lage.

Camping/Caravan

***Shore Caravan Site, 106 Achmelvich, Lochinver, Sutherland IV27 4JB, ✆ 01571 844393, 🖷 01571 844782, ⏲ April bis September, 60 Zeltplätze, wunderbar gelegen. Keine Hunde.

Von Lochinver hat man wiederum zwei Möglichkeiten: Entweder man biegt auf die größere A837 ab, die bei Unapool auf die A894 trifft, oder man bleibt auf der Küstenstraße (B869), die schließlich auch nach Unapool führt. Verzichtet man auf die Küstenstraße, nimmt man die A837, die am Nordufer des **Loch Assynt** entlang führt. Malerisch am See liegen die Ruinen von **Ardvreck Castle**, einer 1597 erbauten Burg.

Ardvreck Castle

Östlich davon erstreckt sich das **Inchnadamph National Nature Reserve**, das mit seinen alten Felsformationen und Kalksteinhöhlen insbesondere für Geologen interessant ist *(siehe 💻 www.knockan-crag.co.uk)*. Offensichtlich waren diese Höhlen am Ende der letzten Eiszeit bewohnt. Südlich des Dorfes Inchnadamph führt an der Fischfarm ein gut ausgeschilderter Fußweg zu den **Bone Caves**. In den Höhlen wurden die Knochen von Menschen und Tieren gefunden wurden. Man schätzt die Funde auf etwa 8.000 Jahre. *Höhlenfunde*

Nimmt man von Lochinver die Küstenstraße (B869), passiert man in **Achmelvich** und **Clashnessie** wunderschöne Sandstrände. Es gibt eine Jugendherberge *(*Achmelvich Y.H., Recharn, Lairg IV27 4JB, ✆ 0870 0041102, 36 Betten, ⏲ April bis Ende September)* und einen Campingplatz hier. Eine kleine Straße führt zum **Rhu Stoer Lighthouse**, einem herrlichen Aussichtspunkt an der Küste. Der

Eddrachillis Bay

Leuchtturm wurde 1870 erbaut und 1976 automatisiert. In der reizenden Eddrachillis Bay liegt der kleine Ort **Drumbeg**. Die Straße verläuft ostwärts von Drumbeg zu Füßen des Quinag, um dann auf die A894 zu treffen. In Kylesku führt eine schöne moderne Brücke (1984 erbaut) über den Loch Glencoul. Von hier aus kann man eine Tour zu Großbritanniens höchstem Wasserfall, dem 200 m hohen **Eas Coul Aulin**, unweit des oberen Endes des Loch Glencoul, machen.

Tipp

Bootstour zum Wasserfall

*Ein beeindruckendes Erlebnis ist eine Bootstour auf dem von hohen Bergen eingeschlossenen Loch Glencoul zum Eas Coul Aulin. Mit einigem Glück kann man während der Fahrt (2 x tgl. im Sommer, Dauer: ca. 2 Std.) Rotwild, Robben, manchmal auch Adler sehen. Die Boote fahren vom Anleger beim *** **Kylesku Hotel €€** (✆ 01971 502231, 🖷 01971 502313, 💻 www.kyleskuhotel.co.uk, 🕐 März bis Mitte Oktober), einer ehemaligen Kutschenstation (1680 erbaut) mit Restaurant, Bar und 8 Zimmern.*

Scourie und Handa Island

wichtiger Vogelbrutplatz

Scourie liegt 15 km N Kylesku und ist ein malerisches, 250 Seelen zählendes Dorf. Man kann eine Bootstour zu der vorgelagerten, unbewohnten **Handa Island** machen, einem Vogelreservat, das vom Scottish Wildlife Trust verwaltet wird. Die Insel ist einer der wichtigsten Vogelbrutplätze der Britischen Inseln. Hier brüten Papageientaucher, Basstölpel, die Sturmschwalbe und viele andere Vogelarten. Auf den Klippen aalen sich Seehunde. Die beste Zeit ist Ende April bis Anfang September.

Es gibt einen 6 km langen Fußweg rund um die Insel. Die meisten Besucher verbringen 2-3 Stunden auf Handa Island *(kleine Fähre von Tarbert, 3 km N Scourie, April bis Anfang September Mo-Sa ab 9.30 (wetterabhängig). Die letzte Fahrt nach Handa ca. 14 Uhr, die letzte Fahrt zurück ca. 16.30 Uhr. Hunde dürfen nicht mitgenommen werden).*

Bei Rhiconich lohnt es sich, einen Abstecher auf der Stichstraße B801 entlang Loch Inchard nach **Kinlochbervie** zu machen, einem kleinen Ort, wo die gepflasterte Straße endet. Es gibt einige Unterkunftsmöglichkeiten, zwei Camping- bzw. Caravanplätze, ein Lebensmittelgeschäft, eine Post, eine Bank und ein Restaurant. Erst in den 1950er Jahren erhielt der Ort fließend Wasser und Elektrizität.

Die Bevölkerung lebt vor allem von der Fischerei, denn Kinlochbervie ist der größte Fischhafen an der Westküste. Riesige Container-Lastwagen quälen sich entlang der einspurigen Straße, um gefrorenen Fisch in alle Teile Europas zu transportieren. Am Abend findet ein Fischmarkt statt, und es macht Spaß, zuzuschauen, wie der Fisch angelandet und verkauft wird.

Reisepraktische Informationen

Unterkunftsempfehlungen

Scourie

********Eddrachilles Hotel €€***, Badcall Bay, Scourie, Sutherland IV27 4TH, ✆ 01971 502080, 🖷 01971 502477, 💻 www.eddrachilles.com, 🕔 März bis Oktober. Im Familienbetrieb geführtes Hotel mit 11 Zimmern. Vom Haus (ca. 200 Jahre alt) hat man einen weiten Blick über die Badcall Bay. Das Eddrachilles Hotel ist ein idealer Ausgangspunkt für Wanderungen und Angeltouren.*

Kinlochbervie

*******Old School Restaurant and Rooms €-€€***, Inshegra, Kinlochbervie, Sutherland IV27 4RH, ✆ 01971 521383, 🖷 01971 521383, 💻 www.oldschoolhotel.co.uk. Das alte Schulhaus (1879-1970 in Betrieb) beherbergt heute ein wunderschön gelegenes, gemütliches Hotel mit 6 Zimmern, 🕔 ganzjährig.*

Nördlich des Ortes erstrecken sich lange Sandstrände, auf denen man kilometerweit spazieren gehen kann. **Oldshoremore** ist ein winziges Dorf mit einem atemberaubend schönen Strand. Am Ende der Straße liegt Blairmore, von wo aus ein Fußweg nach **Sandwood Bay** führt, für viele Besucher der beeindruckendste Strand an der gesamten Westküste. Es ist ein 6 km langer Weg, aber es lohnt sich, und vermutlich haben Sie den gesamten Strand für sich alleine. Noch schöner ist es natürlich, ein Zelt mitzunehmen und am Strand den Sonnenuntergang zu beobachten.

ein Strand für sich allein

Cape Wrath

Cape Wrath markiert den nordwestlichsten Punkt von Schottland und kann per Minibus besucht werden. Von hier aus hat man einen weiten Blick zu den Hebrideninseln Harris und Lewis im Westen und zu den Orkney-Inseln im Osten. Der Leuchtturm wurde 1828 von Robert Stevenson errichtet. Die steil neben dem Leuchtturm abfallenden Klippen aus Gneis, die **Clo Mor Cliffs**, sind die höchsten Klippen in ganz Großbritannien.

Fährverbindung

Von Keoldale, 5 km S Durness, können Sie mit einer Fähre über den Kyle of Durness übersetzen. Die Überfahrt dauert ca. 15 Minuten, und es dürfen Fahrräder mitgenommen werden. ✆ 01971 511376, Mai bis September, stündlich ab 9.30 bis 16.30 Uhr. Am Fähranleger gibt es einen Minibus, der Sie in ca. 30 Min. die 16 km bis zum Kap fährt (Cape Wrath Minibus Service, tgl. Mai bis September, 💻 www.capewrath.co.uk, ✆ 01971 511343 / 287). Der Trip dauert insgesamt rund 2 ½ Stunden.

Die Nordküste: von Durness nach John O'Groats

fruchtbare Wiesen

Von Westen nach Osten ändert sich das Landschaftsbild: Im westlichen **Sutherland** prägen die hohen Berge die Landschaft. Gen Osten nimmt das torfige Moorland zu, das in der Region **Caithness** von fruchtbaren Wiesen abgelöst wird. Der Wechsel der Landschaft von West nach Ost wird auch in der Besiedlungsstruktur deutlich. Während im Westen isolierte kleine Siedlungen vorherrschen, gibt es im sanfteren Osten größere Dörfer und Farmen.

Entlang der gesamten Strecke sieht man immer wieder verfallene graue Steinhäuser. Dies sind ehemalige Gehöfte, die im Zuge der *clearances* verlassen wurden. In der ehemaligen Grafschaft Sutherland, einst ein landwirtschaftlich intensiv genutztes Gebiet, wurden ca. 10.000 Bauern vertrieben und ihre Häuser niedergebrannt, um dadurch Platz für Schafe zu schaffen. Etliche Menschen starben oder flohen in die Emigration.

INFO

Die *clearances*

Nach der Schlacht von Culloden 1745/46 bemühten sich die Engländer, die Kultur der Highlander auszulöschen. Für sie waren die Jakobiten eine Horde Wilder. Tausende von Menschen wurden getötet oder in die Emigration getrieben. Schafzüchter aus den Lowlands oder auch Engländer übernahmen die verlassenen Gehöfte.

Die neuen Eigentümer brachten Schafe mit. Schafhaltung braucht weniger Arbeitskräfte, ist daher billiger als Rinderhaltung, erfordert jedoch mehr Platz. Dieser musste geschaffen werden, d.h., die lästigen Pächter mussten verschwinden – notfalls auch mit Gewalt.

Die Landarbeiter waren kaum in der Lage, sich den Räumungen in den Highlands und auf den Inseln zu widersetzen. Die Folge war Massenemigrationen nach Australien oder Amerika. Zum Teil zahlte der Staat auch Prämien an die Auswanderer.

Der Norden Schottlands war am schlimmsten betroffen: Hier wurden ganze Dörfer gewaltsam entvölkert, so dass sich die Highlands in eine einsame, menschenleere Region verwandelte. Vor der Schlacht bei Culloden hatte die Bevölkerung in den Highlands noch 3/5 der schottischen Gesamtbevölkerung ausgemacht. Um 1860 waren sie nahezu menschenleer.

Durness und Umgebung

Durness ist das am nordwestlichsten gelegene Dorf auf dem britischen Festland und – eingefasst von einer Bucht – eines der attraktivsten. Es ist die einzige größere Häuseransammlung zwischen Ullapool und Thurso und man kann sich hier durchaus einige Tage aufhalten. Das Touristenamt bietet geführte Wanderungen an sowie eine Ausstellung zu Lokalgeschichte, Flora, Fauna und Geologie. Das **Balnakeil Craft Village** bietet schönes Kunsthandwerk: Töpferwaren, Drucke, Emaille, Webarbeiten und Schmuck. In den 1960er Jahren wurden die ehemaligen Militärgebäude des Verteidigungsministeriums von alternativen Kunsthandwerkern erworben, die mit wechselnder Besatzung in einer Art dörflichen Gemeinschaft leben *(✆ 01971 511277, 💻 www.durness.org).*

Balnakeil ist auch bei Golfern beliebt. Der 9-Loch-Golfplatz ist der nördlichste auf dem britischen Festland, und das berühmte 9. Loch beinhaltet einen Schuss über den Atlantischen Ozean. Wunderschön ist auch der 8 km lange Rundweg von der Kirche in Balnakeil zur kleinen Landzunge **Faraid Head**. Der Strand hier ist großartig, und die Blicke hinüber zum Cape Wrath im Westen und Loch Eriboll im Osten sind atemberaubend.

Schuss über den Atlantik

Smoo Cave

Smoo Cave, 4 km W Durness *(💻 www.smoocave.org)*, ist eine riesige Höhle mit drei Kammern und einem Wasserfall. Untersuchungen haben ergeben, dass die Höhlen schon vor 6.000 Jahren besiedelt waren. Ein Weg führt hinunter zu der schmalen tief eingeschnittenen Bucht, an deren Ende sich der riesige, von einem Bogen überwölbte Eingang zur ersten Grotte (60 m lang, 40 m hoch) befindet. In der zweiten Kammer (21 x 9 m) befindet sich ein Wasserfall, den man von einer Plattform aus bestaunen kann. Zur dritten Kammer kann man nur mit einem Boot gelangen. Ein Besucherzentrum ist in Planung.

Reisepraktische Informationen Durness und Umgebung

Information

***TIC**, Durine, Durness, Sutherland IV27 4PN, ✆ 01971 511259*

Unterkunft

*******Port-na-Con Guest House** €-€€, Loch Eribol, IV27 4UN, ✆/🖷 01971 511367, 🕐 ganzjährig, 3 Zimmer. Warme und freundliche Atmosphäre, wunderschön am Wasser gelegen. 9 km von Durness entfernt.*

Jugendherberge

****Durness Y.H.**, Smoo, Lairg IV27 4QA, ✆ 0870 004 1113, 💻 www.syha.org.uk, 🕐 April bis Ende September, 40 Betten, unweit von Smoo Cave gelegen.*

Tongue

der tiefste Loch in Großbritannien

Die Strecke von Durness nach Tongue ist landschaftlich außerordentlich schön. Immer wieder bieten sich fantastische Blicke auf die Berge und das Meer. Die Straße schlängelt sich entlang der tief ins Land reichenden Meeresbucht **Loch Eriboll**, dem tiefsten Loch in Großbritannien. Eine Brücke führt über den wunderschönen **Kyle of Tongue**, aber noch schöner ist die einspurige Straße entlang der Südseite des Kyle mit tollen Ausblicken auf den **Ben Hope**.

Schöne Ausblicke

schöne Lage

Der kleine Ort **Tongue** liegt an der Kreuzung der A838 (Durness) und der A836 (Thurso und Lairg). Der Ort bietet außer seiner schönen Lage nicht viel. Im Westen sieht man **Ben Hope** (927 Meter), **Ben Loyal** (764 Meter) im Süden und im Norden das Meer. Im Ort selbst gibt es ein Lebensmittelgeschäft, eine Post, eine Bank und eine Autowerkstatt sowie zwei Hotels, eine Jugendherberge, mehrere B&B-Unterkünfte und die Ruine des **Castle Varrich** aus dem 16. Jh., zu der man vom Ortszentrum in einer Stunde spazieren kann. Von dort aus kann man einen schönen Blick über den Kyle of Tongue genießen.

Reisepraktische Informationen Tongue

Unterkunft

*****Tongue Hotel €€**, Tongue, Sutherland IV27 4XD, ✆ 01847 611206, 🖷 01847 611345, 💻 www.tonguehotel.co.uk, 🕐 April bis Mitte November, 19 Zimmer. Ehemalige Jagdstation des Duke of Sutherland mit wunderbarem Blick auf den Kyle of Tongue. Komfortabel eingerichtete Zimmer und gute Küche.*

*****Borgie Lodge Hotel €€**, Skerray, Tongue, Sutherland KW14 7TH, ✆ 01641 521332, 🖷 01641 521332, 💻 www.borgielodgehotel.co.uk, 🕐 Februar bis Oktober, 8 Zimmer, 12 km O Tongue. Traditionelle, gemütliche Highland Lodge. Das Hotel ist sowohl für Ruhesuchende als auch Aktivurlauber ideal. Borgie Lodge verfügt über Angelgenehmigungen für die umliegenden Lochs.*

****Ben Loyal Hotel €€**, Tongue, Sutherland IV27 4XE, ✆ 01847 611216, 🖷 01847 611212, 💻 www.benloyal.co.uk, 🕐 März bis Ende November. Solides Hotel im Familienbetrieb mit 11 Zimmern. Von den meisten Räumen und vom Speiseraum aus hat man einen herrlichen Blick auf den Kyle of Tongue und auf die Bergkulisse.*

Eine weitere, sehr nette Unterkunft auf halber Strecke zwischen Tongue und Thurso ist:

***Melvich Hotel €-€€**, Melvich, Sutherland KW14 7YJ, ✆ 01641 531206, 🖷 01641 531347, 💻 www.melvichhotel.co.uk, 🕐 ganzjährig, 14 Zimmer. Ehemalige Kutschenstation, nun ein freundliches und gemütliches Hotel (im Frühjahr 2008 renoviert) mit Restaurant, gut sortierter Bar (über 100 Malt Whiskies!) und guter Küche.*

Jugendherberge

Tongue Y.H., Tongue, Sutherland IV27 4XH, ✆ 01847 611789, 💻 www.syha.org.uk, 🕐 Mai bis Ende September, 36 Betten. Direkt am Kyle of Tongue gelegen.*

Südlich von Tongue verläuft die A836 durch Altnaharra nach Lairg (s.u.). Nach Osten führt sie durch den Ort **Bettyhill**. Es gibt einige Übernachtungsmöglichkeiten und in der Umgebung tolle Strände, z.B. in der **Torrisdale Bay**, die zum Invernaver Nature Reserve gehört.

Das kleine Museum in der ehemaligen St. Columba Kirche (1700 erbaut) in **Strathnaver** in der Nähe von Bettyhill ist ein liebevoll eingerichtetes Heimatmuseum, in dem man sich ausführlich über die *clearances* sowie über die zahlreichen prähistorischen Stätten im **Strathnaver Valley** informieren kann *(Clachan, Bettyhill KW14 7SS, ✆ 01641 521418, www.strathnavermuseum.org.uk, April bis Oktober Mo-Sa 10-13 Uhr, 14-17 Uhr).*

Östlich von Bettyhill wird die Landschaft flacher und geht in die Felder von Caithness über. Südlich von Melvich biegt die A897 nach Helmsdale ab und führt durch riesige Moorgebiete, die ökologisch von großer Bedeutung sind. In **Forsinard** (22 km S Melvich) gibt es ein RSPB-Besucherzentrum, das Führungen durch das Vogelschutzgebiet anbietet *(✆ 01641 571225, www.rspb.org.uk, Ostern bis Oktober täglich 9-18 Uhr).*

Schneller Brüter

Bleibt man jedoch auf der A836, wird man bald das ehemalige Kernkraftwerk von **Dounreay** (14 km W Thurso) passieren. Als erster „Schneller Brüter" der Welt Ende der 1950er Jahre errichtet, speiste dieser Reaktor Strom ins öffentliche Netz. 1977 wurde die Versuchsanlage stillgelegt und durch ein wesentlich größeres Kraftwerk ersetzt. Jegliche Proteste blieben weitgehend unbeachtet, da das Kraftwerk der Region viele Arbeitsplätze brachte. Durch die Erschöpfung der Heringsbestände und die Verbreitung von Beton (der Heringsfang und die Steinbrüche waren vordem die wichtigsten Erwerbszweige dieser Region) kam es zu einem drastischen Rückgang des Lebensstandards sowie der Einwohnerzahlen. Die wirtschaftliche Depression änderte sich Mitte der 1950er Jahre, als die Arbeiten in Dounreay begannen. 1994 wurden die Reaktoren des Schnellen Brüters geschlossen. Das Besucherzentrum informiert über Kernenergie und über die zukünftige Nutzung von Dounreay als Entsorgungsanlage *(✆ 01847 806086, www.ukaea.org.uk, Ostern bis Oktober täglich 10-16 Uhr, Eintritt frei).*

Fähren zu den Orkney-Inseln

3 km NW Thurso befindet sich der kleine Fähr- und Fischereihafen **Scrabster**. Während der Saison verkehrt von hier aus die Autofähre nach Stromness, Orkney (s. S. 514).

Surfen

Thurso hat 10.000 Einwohner und ist die nordöstlichste Stadt Schottlands. Um das Jahr 1000 von den Wikingern gegründet, stellte Thurso im Mittelalter einen der wichtigsten Handelshäfen zwischen Schottland und Skandinavien dar. Thurso ist ein sympathischer Ort mit einer langen Uferfront und einem schönen Strand. In der Nähe des Hafens befinden sich die Ruinen der Old St. Peter's Church aus dem 17. Jh., die an der Stelle einer Kirche aus dem 13. Jh. steht. Im Sommer ist Thurso recht betriebsam mit Urlaubern, die die Fähre nach Stromness nehmen wollen. Ebenso beliebt ist der Ort bei Surfern, denn die Surfmöglichkeiten in der **Dunnett Bay**, in **Brims Ness** und in **Strathy Bay** sind hier geradezu unschlagbar.

Hinweis

Im Rahmen eines neu erbauten Heritage Centre wird das ehemalige Heimatmuseum (Exponate zur Kulturgeschichte der Grafschaft Caithness) eine neue Heimat finden. Voraussichtliche Eröffnung ist im Herbst 2008. Information im www.caithnesshorizons.co.uk.

Reisepraktische Informationen Thurso

Information

TIC, *Riverside, Thurso, Caithness KW14 8BU, ✆ 01847 892371, 01847 893155.*

Unterkunft

*****__*Pentland Hotel €€*__*, Princes Street, Thurso, Caithness KW14 7AA, ✆ 01847 893202, 01847 892761, www.pentlandhotel.co.uk, ganzjährig. Etabliertes Hotel mit 41 Zimmern und Restaurant im Stadtzentrum.*

Hostel

__*Sandras Backpackers Hostel*__*, 24/26 Princes Street, Thurso, Caithness KW14 7BQ, ✆ 01847 894575, www.sandras-backpackers.co.uk, ganzjährig, 30 Betten. Im Ortszentrum, Fahrradverleih.*

Camping/Caravan

*****__*Thurso Caravan Park*__*, Scrabster Road, Thurso KW14 7JY ✆ 01955 805503, 01955 604524. An der A 882 mit Blick auf Thurso Bay gelegen.*

Öffentliche Verkehrsmittel

Täglich Zug- und Busverbindungen nach Inverness (3 Std. 30 Min.). Busverbindungen auch zum Fähranleger in Scrabster, nach Bettyhill, nach Wick via Halkirk oder Castletown und nach John O'Groats.

Auf der Fahrt nach John O'Groats passiert man das **Castle and Gardens of Mey**, die Caithness-Residenz der verstorbenen Königinmutter. Das Schloss wurde zwischen 1566 und 1572 errichtet und ist im Sommer für die Öffentlichkeit zugänglich. Berühmt ist die ehemalige Residenz vor allem auch für die Zucht von Aberdeen-Angus-Rindern und North-Country-Cheviot-Schafen (*www.castleofmey.org.uk, zwischen Mitte Mai und September, normalerweise Sa-Do 10.30-16 Uhr).*

Der nördlichste Punkt des schottischen Festlandes ist **Dunnet Head**. Der Leuchtturm wurde 1831 von Robert Stevenson, dem Großvater des berühmten Autors erbaut. Von der steilen Sandsteinklippe hat man einen wunderbaren Blick auf die Orkney-Inseln und die Berge in Sutherland. Am östlichen Ende der Dunnet Bay liegt ein 5 km langer Sandstrand, ein beliebter Platz für Surfer, die hier die gigantischen Wellen des **Pentland Firth** in Angriff nehmen.

relativ langweilig

Einige Kilometer weiter ist **John O'Groats** erreicht. Zwischen Land's End (in Cornwall) und John O'Groats liegen knapp 1.400 km. Der Name stammt von einem gewissen Jan de Groot, einem von drei Brüdern, die im Auftrag von König James IV. 1496 eine Fähre zwischen hier und den Orkney-Inseln betreiben sollten. John O'Groats ist eine relativ langweilige Siedlung. Im „Last House in Scotland" gibt es ein kleines lokalgeschichtliches Museum und einen Souvenir-

und Geschenkeladen *(✆ 01955 611250, 🖳 www.visitjohnogroats.com)*. Daneben kann der Ort mit einer Touristeninformation, einem Postamt und einem Schnellimbiss aufwarten. Imposant ist **Duncansby Head**, 3 km O John O'Groats. Ein Weg führt zu den spektakulären Duncansby Stacks, bizarre Felsformationen, die die Heimat für Tausende von Seevögeln bilden.

The last House in Scotland

Reisepraktische Informationen John O´Groats

Information
TIC, County Road, John O'Groats, Caithness KW1 4YR, ✆ 01955 611373

Jugendherberge
******John o'Groats Y.H.****, Canisbay KW1 4YH, ✆ 0870 0041129, 🖳 www.syha.org.uk, am nördlichsten Ende des britischen Festlandes gelegene Jugendherberge. ⌚ April bis Oktober, 36 Betten, auch Familienzimmer.*

Die Nordostküste: von John O'Groats nach Inverness

Von Thurso führt die A882 recht schnell nach Wick. Schöner ist jedoch die von John O'Groats südwärts entlang der Sinclair Bay verlaufende A836. Dabei passiert man, 5 km N Wick, die Burgruine des **Castle Sinclair Girnigoe** *(🖳 www.castlesinclairgirnigoe.org)*, die direkt am Meer liegt.

Wick (vik = nord. Bucht) wurde 1806 als Hafen gegründet und war im 19. Jh. das Zentrum der Heringsfischerei. 1818 gab es 822 Heringsboote und Sommer für Sommer kamen über 6.000 Fischer und Fischbearbeiter in die Stadt. Der richtige Heringsboom begann in den 1860er Jahren. Um die Wende zum 20. Jh. gab es 47 Lokale in der Stadt und, da der Fisch nach Deutschland, Polen, Russland und in die skandinavischen Ostseehäfen exportiert wurde, Matrosen aus aller Herren Länder. Die kleine Hafenstadt lebt auch heute noch vom Fischfang, aber auch von der Nordseeölförderung, von der Glasindustrie sowie vom Tourismus.

Planstadt

Im Grunde handelt es sich um zwei Städte. Auf der einen Seite das „eigentliche" Wick, auf der anderen Seite der 1807 eröffneten Brücke **Pultneytown**, eine Planstadt, die von Thomas Telford für die British Fisheries Society 1806 angelegt wurde. Das Ziel war, die einheimischen Kleinbauern („crofters") zum Aufgeben ihrer Landwirtschaft und stattdessen zum Fischfang zu bewegen. Das Touristenbüro hat ein Faltblatt zusammengestellt, mit dem man einen historischen Stadtrundgang durch Wick machen kann.

Im **Wick Heritage Centre** wird die Geschichte Wicks zur Zeit des Heringsbooms – ungefähr zwischen 1800 und 1950 – anschaulich erläutert. Fantastisch ist die Johnston Collection: Aufnahmen aus der Zeit 1863 und 1977 von der Fotografenfamilie Johnston *(19 Bank Row, ✆ 01955 605393, 💻 www.wickheritage.org, 🕐 Ostern bis Oktober Mo-Sa 10-17 Uhr).*

Reisepraktische Informationen Wick

Information

TIC, *Whitechapel Road, Wick, Caithness KW1 4EA, ✆ 01955 602596, 🕐 ganzjährig.*

Unterkunft

*******Portland Arms Hotel €€**, *Lybster, Caithness KW3 6BS, ✆ 01593 721721, 🖷 01593 721722, 🕐 ganzjährig. Gemütliches Hotel im Familienbetrieb, sehr kinderfreundlich und gute, bodenständige Küche. Lybster liegt 15 km S Wick.*

********Nethercliffe Hotel €**, *Louisburgh Street, Wick, Caithness KW1 4NS, ✆ 01955 602044, 🖷 01955 605691, 🕐 ganzjährig, 6 Zimmer. Im Stadtzentrum gelegenes, kleines Hotel im Familienbetrieb.*

Öffentliche Verkehrsmittel

Der **Flughafen**, *✆ 01955 602215, 💻 www.hial.co.uk, liegt einige Kilometer nördlich der Stadt. Tägliche Flugverbindungen von und nach Kirkwall (Orkney), Aberdeen und Edinburgh.*

Bahnhof *und* **Busbahnhof** *liegen beieinander hinter dem Krankenhaus. Zugverbindungen nach Inverness über Thurso, Helmsdale, Golspie, Lairg und Dingwall. Busse nach Inverness und Thurso. Lokalbusse nach Thurso über Halkirk oder Castletown und Busse nach Helmsdale und John O'Groats.*

Südlich von Wick gibt es eine große Anzahl an Zeugnissen aus prähistorischer Zeit. Bei **Ulbster** (wenige km S Wick) befindet sich das **Garrywhin Chambered Cairn**, ein Kammergrab mit einer Länge von 24 Metern und einer Breite von 14 Metern. Besonders eindrucksvoll sind die **Grey Cairns of Camster**, 3 km O Lybster (von der A 9 ab). Es handelt sich um zwei Gemeinschaftsgräber der frühen Bauerngemeinschaften, die um 3000-2000 v.Chr. entstanden sind. Mittlerweile restauriert, geben sie einen guten Eindruck von der megalithischen Begräbniskultur. Die beiden Beispiele bei Camster sind typisch für Caithness. Die Grabkammern sind klein und in den langen Hügeln versteckt. Die niedrigen Wände oder „Hörner" an den Enden der beiden Grabhügel umschließen Vorhöfe, in denen vermutlich die Beerdigungszeremonien stattfanden. Nicht weit davon sind in **Achavanish** „Stehende Steine" zu bestaunen. Die Kultstätte ist ovalförmig angelegt.

Begräbniskultur

Stehende Steine

In **Mid Clyth** befindet sich der **„Hill o'Many Stanes"**, eine bisher nur in Caithness und Sutherland gefundene Anlage. Sie besteht aus etwa 200 kleinen (weniger als 1 m), in 22 Reihen fächerförmig gesetzten Steinen. Die Anlage stammt von ca. 1800 v.Chr. Sinn und Zweck dieser Anordnung sind bislang nicht vollständig erforscht.

Neueren Datums ist das **Clan Glunn Heritage Centre**. Das Zentrum, das in der alten Gemeindekirche aus dem 18. Jh. eingerichtet wurde, beherbergt eine farbenprächtige Darbietung der Geschichte des Glunn-Clans von seinen Anfängen bis heute. Weiterhin werden Beweise erbracht, dass es ein Schotte war und nicht Kolumbus, der Amerika vor 500 Jahren entdeckte *(Latheron, unweit der Kreuzung A9 und A895, ⏲ Juni bis September Mo-Sa 11-13 Uhr, 14-16 Uhr, So (Juli und August) 14-17 Uhr).*

Geburtsort von Neil M. Gunn

Dunbeath ist ein freundlicher kleiner Ort sowie der Geburtsort des schottischen Schriftstellers **Neil M. Gunn** (1891-1973). Seine Werke behandeln die Geschichte der Hochlandbewohner, vor allem die Zeit der *clearances* und ihre Folgejahre. Das **Dunbeath Heritage Centre** zeigt natur- und lokalgeschichtliche Exponate sowie ausführliche Informationen zu Neil M. Gunn *(The Old School, Dunbeath KW6 6ED, ✆ 01593 731233, 💻 www.dunbeath-heritage.org.uk, ⏲ April bis Oktober tgl. 11-17 Uhr).*

Buchtipps

Neil M. Gunns „Butcher's Broom" (1934) beschreibt exemplarisch die Erfahrungen einer Hochlandgemeinde, die von ihrem Clan Chief im wahrsten Sinne des Wortes verraten und verkauft wird. Sein Buch „Silver Darling" (1941), 1947 verfilmt, spielt in der Gegend zur Zeit des Heringsbooms am Ende des 19. Jh.

Helmsdale ist ein weiterer ehemaliger Heringsort. Im modernen **Timespan Heritage Centre** kann man sich über die Lokalgeschichte informieren: die Pikten und Wikinger, die letzte Hexenverbrennung, die Räumungen der Highlands, den kurzfristigen Goldrausch im 19. Jh. und über den Heringsboom. Lebensgroße Gestalten, Klangeffekte und Tonbandaufnahmen sorgen für den nötigen Realismus. Vom Kräutergarten aus eröffnet sich ein schöner Blick auf Thomas Telfords zweibogige Brücke (1811) über den Fluss Helmsdale. Auch gibt es ein Café und einen Souvenirladen *(Dunrobin Street, ✆ 01431 821327, Ostern bis Ende Oktober Mo-Sa 10-17 Uhr, So 12-17 Uhr).*

Reisepraktische Informationen Helmsdale

Verkehrsverbindungen

Bahn- und Busverbindungen an der Strecke Inverness – Thurso.

Unterkunft

*******Navidale House Hotel €€***, Helmsdale, Sutherland KW8 6JS, ✆ 01431 821258, 📠 01431 821531, 💻 www.navidalehousehotel.co.uk, ⏲ Februar bis November, 15 Zimmer. In schöner Umgebung mit Blick über den Moray Firth gelegenes Hotel mit gutem Restaurant.*

The Factor's House €€, Berriedale, Caithness KW7 6HD, ✆ 01593 751280, 📠 01593 751251, *Weihnachten und Neujahr geschlossen, 3 Zimmer, wunderschön gelegenes Haus mit herrlichen Blicken auf die Nordsee, 12 km nördlich von Helmsdale.*

Bald ist **Golspie** erreicht – wo man eines der stattlichsten Schlösser Schottlands und das nördlichste der großen Häuser Schottlands besichtigen kann.

Reiseparktische Informationen Golspie

Unterkunft

***Golf Links Hotel €€**, Church Street, Golspie, Sutherland KW10 6TT, ☎ 01408 633408, 🖷 01408 634184, 💻 www.golflinkshotel.co.uk, 🕔 ganzjährig. Nettes Hotel im Familienbetrieb mit 9 komfortabel eingerichteten Zimmern direkt neben dem Golspie-Golfplatz gelegen. In der Hotelbar kann man rund 130 Malt-Whiskys probieren.*

Dunrobin Castle wurde 1275 direkt an der Nordseeküste erbaut und ist seit dieser Zeit Sitz der Dukes of Sutherland. Im 16. und 17. Jh. bereits erweitert, erhielt das Schloss durch Umbauten im Neo-Baronialstil, 1845-50, sein heutiges Aussehen. Die spitzen Kegeldächer und kleinen Türmchen bestimmen das Erscheinungsbild. Der geometrisch gegliederte Terrassengarten orientiert sich an Versailles und wurde ebenfalls um 1850 angelegt. Eine halbe Million Hektar Land gehören zu dem Besitz der Sutherlands, das ist allerdings nur ein Zehntel von dem, was die Familie im 19. Jh. besaß. Im Inneren des stattlichen 189 Räume zählenden Schlosses sind prachtvolles Mobiliar und erlesene Gemälde sowie zahlreiche Erinnerungsstücke zu bewundern. Das Museum in dem ehemaligen Sommerhaus enthält die reichhaltige Familiensammlung aus den Bereichen Ornithologie, Archäologie, lokale Geschichte und Geologie (*☎ 01408 633177, 🕔 April bis Mai und Anfang bis Mitte Oktober Mo-Sa 10.30-16.30 Uhr, So 12-16.30 Uhr, Juni bis September Mo-Sa 10.30-17.30 Uhr, So 12-17.30 Uhr, Juli und August So bereits ab 10. 30 Uhr, Garten ganzjährig*).

Dunrobin Castle

Golspie selber ist eine freundliche, kleine Stadt mit einer Bank, einem Supermarkt, verschiedenen Unterkunftsmöglichkeiten, einem schönen Strand und einem 18-Loch-Golfplatz. Das Stadtbild wird von der dominanten Statue des **1. Duke of Sutherland** auf einer kleinen Anhöhe geprägt. Ein steiler Fußweg führt hinauf. Die gewaltige Statue soll die Verdienste des Herzogs ehren. Der 1. Duke of Sutherland (George Granville, Marquess of Stafford (1758-1833), der in die Familie der Sutherlands eingeheiratet hatte) förderte den Fischfang und ließ Häfen sowie Straßen, Brücken und neue Siedlungen bauen. Die Kehrseite der Medaille stellt sich weniger glorreich dar: Tausende Pächter wurden an die Küste, wo es nur mageren Küstenboden gab, umgesiedelt, da er das Land für die großangelegte Schafzucht benötigte. König William IV. war beeindruckt und 1833 ernannte er den Marquess zum 1. Duke of Sutherland.

George Granville

Land für Schafzucht

Dornoch ist ein ruhiger, kleiner Ort mit 850 Einwohnern, eine gute Autostunde nördlich von Inverness. Die **Kathedrale** wurde 1224 vom Bischof von Caithness gegründet, im Laufe der Zeit jedoch zweimal verändert und restauriert. Aus

Anlass der 700-Jahr-Feier wurden die originalen Steinmetzarbeiten des 13. Jh. freigelegt. Gegenüber der Kathedrale befindet sich der Bishop's Palace, heute ein Hotel.

Der **Witch's Stone** zeigt die Stelle, an der 1722 die letzte „Hexe" in Schottland verbrannt wurde. Janet Horne wurde beschuldigt, sie habe ihre Tochter in ein Pony verwandelt. Auf diesem sei sie zu einem „Hexentreffen" geritten, um es dort vom Teufel beschlagen zu lassen. Die brutalen „Hexenjagden" begannen nach der Reformation und Tausende von Frauen wurden hingerichtet. Aberglaube war ein fester Bestandteil der gälischen Kultur in den Highlands, doch erst durch die Reformation, die den Glauben an übernatürliche Kräfte als gottlos ansah, begannen die Verfolgungen. *Hexenjagd*

Berühmt ist Dornoch für seinen 18-Loch-Golfplatz, der mit seinen Ausblicken auf kilometerlange Dünen und Sandstrände als einer der schönsten weltweit gilt.

Reisepraktische Informationen Dornoch

Information
TIC, *The Square, Dornoch, Sutherland IV25 3SD, ✆ 01862 810400, 💻 www.visitdornoch.com, ⏲ ganzjährig.*

Unterkunft
******Burghfield House Hotel €€,*** *Dornoch IV25 3HN, ✆ 01862 810212, 📠 01862 810404, 💻 www.burghfieldhouse.com, 29 Zimmer. Nettes Hotel im Familienbetrieb.*

******Dornoch Castle Hotel €€,*** *Castle Street, Dornoch IV25 3SD, ✆ 01862 810216, 📠 01862 810981, 💻 www.dornochcastlehotel.com, 24 Zimmer. Nicht zu übersehen liegt das zum Teil noch aus dem 16. Jahrhundert stammende Gebäude (ehemaliger Bischofssitz) direkt am Marktplatz. Gutes Restaurant.*

Camping/Caravan
*********Pitgrudy Caravan Park,*** *Poles Road, Dornoch IV25 3HY, ✆ 01862 810001, 📠 01862 821382, 💻 www.ukparks.co.uk, ⏲ Mai-September, 40 Plätze. Es können auch Caravans (2-5 Personen) gemietet werden.*

********Dornoch Caravan Park,*** *The Links, River Street, Dornoch, Sutherland IV25 3LX, ✆/📠 01862 810423, 💻 www.dornochcaravans.co.uk, ⏲ April bis Oktober, 120 Plätze.*

Öffentliche Verkehrsmittel
Busse von und nach Inverness und nach Thurso.

Golf
Royal Dornoch, *Golf Road, ✆ 01862 810219, 💻 www.royaldornoch.com. Der berühmte 18-Loch-Golfplatz feierte 2006 sein 100jähriges Bestehen.*

Hat man genügend Zeit, empfiehlt es sich, anstelle der A9, der direkten Verbindung nach Inverness, die ausgeschilderte *Scenic Route* (A949) entlang dem Dornoch Firth nach **Bonar Bridge** zu nehmen, dann die A836 und B9176, die später wieder auf die A9 trifft. Die Strecke führt durch wunderschöne, hügelige Heide- und Waldlandschaft. In der Nähe von Bonar Bridge lohnt sich ein Abstecher zu den **Falls of Shin**, einem Wasserfall im Achany Glen. Von Mai bis September kann man hier Lachse beobachten, wie sie flussaufwärts die Kaskaden zu überspringen versuchen. Im **Falls of Shin Visitor Centre** gibt es ein Restaurant, einen Laden mit Geschenkartikeln, Wollwaren, Büchern und Kunsthandwerk, einen Abenteuerspielplatz für Kinder sowie ausgeschilderte Waldspazierwege *(Falls of Shin Visitor Centre, Achany Glen, Lairg, ✆ 01549 402231, 💻 www.fallsofshin.co.uk, 🕐 Mitte März bis Ende September 9.30-17.30 Uhr, Oktober bis März 10-17 Uhr mit Restaurant und Souvenirladen).*

Reisepraktische Informationen Culrain

Jugendherberge

******Carbisdale Castle Y.H.**, *Culrain IV24 3DP, ✆ 0870 004 1109, 💻 www.syha.org.uk. Eine „hochherrschaftliche" Unterkunft findet man in diesem Jugendherbergsschloss mit Blick auf den Kyle of Sutherland. 🕐 März bis Ende Oktober. 189 Betten, Familienzimmer. Verleih von Mountain Bikes. Gehentfernung zum Bahnhof. 8 km Bonar Bridge.*

Ist man zufälligerweise gerade Ende August in dieser Gegend, sollte man sich einen Besuch bei der Schafauktion in **Lairg** (16 km N Bonar Bridge an der A836) nicht entgehen lassen. Seit 1894 werden hier Schafauktionen abgehalten, und mit 30.000 Schafen ist es heute der größte Schafmarkt in Schottland. In der Umgebung von Lairg gibt es schöne Spaziermöglichkeiten.

Schafmarkt

Welches ist das schönste Schaf?

Reisepraktische Informationen Lairg

Information

***TIC**, Ferrycroft Countryside, Lairg, Sutherland IV27 4AZ, ✆ 01549 402160*

Hostel

***Rogart Railway Carriages**, Kate Roach, Rogart, Sutherland IV28 3XA, ✆ 01408 641343, 💻 www.sleeperzzz.com, 🕐 März bis Mitte November, günstige Hostel-Unterkunft in 3 ausgebauten Eisenbahnwaggons. 20 Betten. 15 km O Lairg.*

Öffentliche Verkehrsmittel

Lairg ist ein Verkehrsknotenpunkt: Zug- und Busverbindungen nach Inverness und Thurso. Auch Busse nach Ullapool mit Verbindungen nach Lochinver und Durness.

Tain

Die Tain-Halbinsel liegt zwischen dem Cromarty Firth im Süden und dem Dornoch Firth im Norden. Die größte Stadt ist Tain, Geburtsort des St. Duthac (11. Jh.), später eine Pilgerstätte und danach ein lebhafter Handelsort. In der Ausstellung **Tain through Time** neben der aus dem 14./15. Jh. stammenden **Collegiate Church** kann man sich über die reiche Geschichte des Ortes informieren. „Tain through Time" umfasst drei Ausstellungsorte: die Kirche, das Museum und ein Besucherzentrum im alten Schulhaus *(✆ 01862 894089, ⏲ April bis Ende Oktober Mo-Sa 10-17 Uhr, Juli und August bis 18 Uhr).* *Tain-Halbinsel*

Eine weitere Attraktion des Ortes ist die **Glenmorangie Whisky Distillery**. Im Anschluss an die Führung durch die Produktionsräume wird ein kleiner Probeschluck des weltweit beliebten Whiskys gereicht *(Glenmorangie, Coy, Tain, ✆ 01862 892477, 💻 www.glenmorangie.com, ⏲ ganzjährig Mo-Fr 9-17 Uhr, Führungen ab 10.30 Uhr, Juni bis August auch Sa 10-16 Uhr und So 12-16 Uhr).*

Reisepraktische Informationen Tain

Information

***Tain through Time**, Tain, Ross-shire IV19 1DY, ✆ 0845 2255121, 💻 www.tain.org.uk, www.visithighlands.com. Besucherzentrum und Touristeninformation.*

Unterkunft

********Glenmorangie House €€€€**, Fearn, by Tain, Ross-Shire IV20 1XP, ✆ 01862 871671, 🖷 01862 871625, 💻 www.theglenmorangiehouse.com, ⏲ ganzjährig. Kleines, sehr exklusives 5-Sterne-Hotel mit 6 Zimmern und 3 Cottages in der Nähe der Glenmorangie Destillerie.*

*******Morangie House €€-€€€**, Morangie Road, Tain IV19 1PY, ✆ 01862 892281, 🖷 01862 892872, 💻 www.morangiehotel.com, ⏲ ganzjährig, 26 Zimmer. Lang etabliertes, gepflegtes und behagliches Hotel mit sehr gutem Restaurant.*

Öffentliche Verkehrsmittel

Tain liegt an der Eisenbahn- und Buslinie Inverness – Thurso. Daneben gibt es Busverbindungen nach Portmahomack, Balintore, Lairg via Bonar Bridge.

Dingwall und der Cromarty Firth

Kurz vor Dingwall steht in der Landschaft ein merkwürdiges Denkmal, das **Fyrish Monument** (von der B9176 Richtung Broath abfahren). Es handelt sich dabei um die Replik eines indischen Tores, das 1782 auf Veranlassung von **Sir Hector Munro** errichtet wurde, um an die Eroberung einer indischen Stadt zu erinnern. *indisches Tor*

Dingwall, jahrelang Wohnort des großen schottischen Schriftsteller Neil M. Gunn, ist eine funktionale Stadt mit Einkaufsmöglichkeiten und dem Dingwall Museum, einem Heimatmuseum, das militärische sowie lokalgeschichtliche Ausstellungsstücke zeigt *(Dingwall Museum Trust, Town House, High Street, Dingwall IV15 9RY, ✆ 01349 865366, 💻 www.dingwallmuseum.co.uk, ⏲ Mitte Mai bis Ende September: Mo-Sa 10-17 Uhr).*

Strathpeffer ist ein idyllisch gelegener Ort mit einigen hübschen Beispielen viktorianischer Bäderarchitektur. Nachdem das Dorf 1862 Anschluss an die Bahnlinie erhielt (mittlerweile eingestellt), entwickelte es sich während der viktorianischen Zeit zu einem beliebten Heilbad. Heute erinnert der **Water Sampling** *Heilbad*

Pavilion an die gesunde Vergangenheit des Ortes. Im Upper Pumb Room, neben dem Pavillon, werden gesunde Wässerchen angeboten. Hier befindet sich auch die Touristeninformation. Im Sommer geht es in Strathpeffer recht betriebsam zu, und es gibt schöne Spaziermöglichkeiten in den Hügeln der Umgebung. Im restaurierten Bahnhof mag das **Highland Museum of Childhood** besonders die jungen Reisenden erfreuen. Im angeschossenen Café kann man sich bei Kaffee und herrlichen Kuchen erfrischen *(The Old Station, Strathpeffer IV14 9DM, ☎ 01997 421031, 💻 www.highlandmuseumofchildhood.org.uk, 🕐 April bis Ende Oktober Mo-Sa 10-17 Uhr, So 14-17 Uhr, Juli und August Mo-Fr 10-19 Uhr, Sa 10-17 Uhr, So 14-17 Uhr).*

Reisepraktische Informationen Strathpeffer

Information

***TIC**, The Square, Strathpeffer, Ross-shire IV14 9DW, ☎ 01997 421415.*

Unterkunft

*******Coul House Hotel €€-€€€**, Contin, by Strathpeffer IV14 9EY, ☎ 01997 421487, 🖷 01997 421945, 💻 www.coulhousehotel.com, 🕐 April bis Dezember, wunderschön gelegenes Country House mit viel Komfort und 20 individuell gestalteten Zimmern. Sehr nettes Restaurant. Ponyreiten, Golf und Angeln gehören zum Angebot des Hotels.*

******Brunstane Lodge Hotel €€**, Golf Course Road, Strathpeffer IV14 9AT, ☎ 01997 421261, 💻 www.brunstanelodge.com, 🕐 März bis Dezember. Freundliches, charaktervolles Hotel mit 7 Zimmern in der Nähe des Golfplatzes.*

Hostel

***Black Rock Caravan Park, Campsite and Bunkhouse**, Evanton, Dingwall, Ross-shire IV16 9UN, ☎/🖷 01349 830917, 17 Betten. Günstig.*

Black Isle

Weder schwarz noch Insel

Bei der Black Isle handelt es sich weder um eine Insel, noch ist die Gegend schwarz. Wie die gesamte Moray-Küste, ist die Black Isle mit viel Sonnenschein und wenig Regen gesegnet. Landwirtschaft und Eichen- und Buchenwälder bestimmen das Bild. Das sanfte Klima, eine reiche Vegetation und schöne Architektur machen die Black Isle zu einem beliebten Ausflugsziel. Cromarty ist der Hauptort der Black Isle, und am **Chanonry Point** im Süden kann man Delfine beobachten. Die Kessock Bridge (1982 eröffnet) verbindet Inverness mit der Black Isle.

Delfine am Moray Firth

Die Gegend ist für ihre vielen Quellen bekannt – das Wasser der sagenumwitterten **Clootie Well** (zwischen Tore und dem Munlochy Nature Reserve) soll

Krankheiten heilen können. Mit Stoffstücken („cloots" bedeutet „pieces of cloths", also Stoffstücke) werden die kranken Körperteile gewaschen, dann hier aufgehängt, und so verschwindet angeblich die Krankheit. Dieses soll auch bei Stress und Ärger funktionieren.

In **Fortrose** an der Ostküste stand einst eine große Kathedrale. Die Ruinen aus rotem Sandstein geben ein gutes Zeugnis ihrer einstigen Pracht. In dem winzigen Dorf **Rosemarkie** beherbergt das **Groam Museum** eine ausgezeichnete Sammlung piktischer Steine aus der Gegend, die fantasievoll neben zeitgenössischer Kunst gruppiert sind. Eine ganzjährige Vortragsreihe beschäftigt sich mit der Zeit der Pikten *(✆ 01381 620961, ⌚ Ostern bis September Mo-Sa 10-17 Uhr, So 14-16.30 Uhr, Oktober bis April Sa und So 14-16 Uhr).*

An der nordöstlichen Spitze der Black Isle an der Mündung des Cromarty Firth liegt der wunderschöne Ort **Cromarty**, einer der schönsten an der Ostküste. Die gepflegten weißgekalkten Häuser stammen aus dem 18. Jh., als Cromarty ein lebhafter Hafenort war, von dem aus Handel mit Russland, dem Baltikum und mit Amerika geführt wurde.

Hier steht die Zeit still

Für einen guten Einblick in die faszinierende Geschichte des Ortes lohnt sich ein Besuch im **Cromarty Courthouse** aus dem 18. Jh., in dem das Museum des Ortes untergebracht ist *(Church Street, ✆ 01381 600418, 💻 www.cromarty-courthouse.org.uk, ⌚ April bis Ende Oktober täglich 10-17 Uhr).*

Neben dem Gerichtsgebäude befindet sich das reetgedeckte **Hugh Miller's Cottage**, das Geburtshaus des Geologen und Schriftstellers Hugh Miller (1802-1856). Seine Fossiliensammlung bildete den Grundstock für das Royal Scottish Museum in Edinburgh. Eine der Hauptattraktionen Cromartys sind die Delfine, die man vom Ufer aus oder bei einer Bootstour beobachten kann *(Church Street, ✆ 01381 600245, 💻 www.nts.org.uk, www.hughmiller.org, April bis September tgl. 12.30-16.30 Uhr, Juli und August tgl. 12-17 Uhr, Oktober So-Mi 12.30-16.30 Uhr).*

Reisepraktische Informationen Cromarty

Unterkunft

*********Braelangwell House €€-€€€***, *Laura und Ronnie Strange, Balbair IV7 8LQ, ✆ 01381 610353, 🖷 01381 610467, 💻 www.braelangwell.co.uk. Wunderschönes Landhaus aus georgianischer Zeit, von einem herrlichen Garten umgeben. 3 elegant und individuell eingerichtete Zimmer.*

********Beechfield House €***, *4 Urquhart Court, Cromarty IV11 8YD, ✆/🖷 01381 600308, ⌚ ganzjährig, außer Weihnachten, 3 Zimmer. Freundlich und gemütlich*

Öffentliche Verkehrsmittel

Eine kleine Autofähre überquert den Nigg alle halbe Stunde von April bis Oktober 9-18 Uhr. ***Highland Bus & Coaches***, *✆ 01463 233371, fährt von Inverness nach Fortrose und Cromarty. Daneben gibt es Busverbindungen von und nach Dingwall.*

Bootstour

Ecoventures, *Harbour Workshop, Victoria Place, Cromarty IV11 8YE, ✆ 01381 600323, 💻 www.ecoventures.co.uk, ca. 2 Std., 3 x tgl. Abfahrt vom Cromarty Harbour.*

9. DER OSTEN

Allgemeiner Überblick

Der Osten ist überwiegend von fruchtbaren Weiden, Feldern und bewaldeten Hügeln sowie langen Sandstränden und Klippenlandschaft geprägt. Nur im Westen beherrschen die hohen Gipfel der Grampian Mountains das Bild. Im sanften Tal des Flusses Spey sind die Whisky-Brennereien versteckt, und inmitten fruchtbaren Ackerlands stehen einige der schönsten Burgen Schottlands.

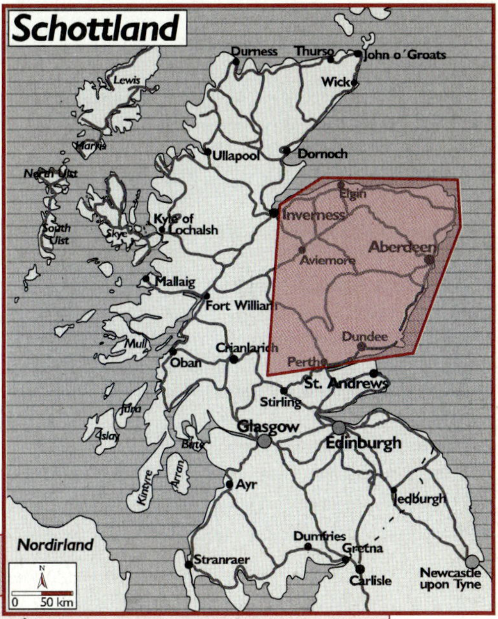

© igraphic

Das Touristenamt hat verschiedene Touren („Trails") für die Besichtigung des Ostens zusammengestellt, die die Besucher nach verschiedenen Themen durch die Gegend führen, z.B. den „Whisky Trail" und den „Castle Trail". Alle Routen sind ausgeschildert und auf den Karten der Touristenämter verzeichnet. Die einzelnen Touren lassen sich auch gut kombinieren.

Streckenvorschläge und Zeiteinteilung

In diesem Kapitel werden verschiedene Routen vorgestellt, die alle in Inverness (s. S. 305ff) ihren Ausgangspunkt nehmen.

1. *Die schnellste Strecke von Inverness nach Süden ist die A9 über Pitlochry und Perth nach Edinburgh. Die Schnellstraße führt durch die Grampian Mountains und durch die landschaftlich besonders reizvolle Gegend um Pitlochry, den Loch Tay und Loch Earn (s. S. 409ff)*

2. *Von Inverness entlang der Nordküste über Elgin, Fraserburgh und Peterhead nach Aberdeen (s. S. 426ff)*

3. *Von Elgin entlang des „Whisky-Trail" oder „Castle-Trail" (Donside) nach Aberdeen (s.S. 438ff)*

4. *Aberdeen ist ab S. 448 beschrieben*

5. *Von Aberdeen entlang der Ostküste über Montrose, Arbroath (bzw. Kirriemuir) nach Dundee (s. S. 456ff)*

6. *Von Aberdeen durch das Dee-Tal über Banchory, Braemar und Blairgowrie und Perth nach Edinburgh (s. S. 471ff)*

Redaktionstipps Osten

- Den **Sueno's Stone** in Forres bestaunen (S. 429).
- Der **Findhorn Foundation** einen Besuch abstatten (S. 429f).
- **Elgin Cathedral** – das „Licht des Nordens" – besichtigen (S. 430f).
- Die Gemäldesammlung im **Duff House** bestaunen (S. 434).
- Eine Wanderung in den **Cairngorm Mountains**, am **Loch Rannoch**, **Loch Tay** oder in den **Angus Glens** machen (S. 409ff, 416f, 461f).
- Im Don Valley eines der vielen **Märchenschlösser** besichtigen (S. 444ff).
- In **Speyside** den „besten" Whisky herausfinden (S. 438ff).
- **„Arbroath Smokies"**, eine geräucherte Fischdelikatesse, probieren (S. 463).
- An den **Highland Games** in Crieff (S. 425), in Strathdon (Lonach Highland Gathering) (S. 447) oder an den **Royal Highland Games** in Braemar teilnehmen (S. 474).
- **Dunnottar Castle** bestaunen (S. 456).
- Einen Ausflug zum **Linn of Dee** machen (S. 474).

Empfehlung

Haben Sie genügend Zeit (mindestens 5-6 Tage), empfiehlt sich eine Kombination der genannten Routen, weil man so relativ viel von der Landschaft sieht und für diese Gegend typische Sehenswürdigkeiten aufsuchen kann: Inverness – Elgin – verschiedene Stationen entlang des Castle- und des Whisky-Trails (evtl. Aberdeen) – durch das Dee-Tal nach Braemar – Blairgowrie – Kirriemuir – Dundee – Perth.

Entfernungsangaben

Inverness – Edinburgh: 254 km
Inverness – Aberdeen: 169 km
Inverness – Perth: 183 km
Aberdeen – Edinburgh: 201 km
Aberdeen – Glasgow: 233 km
Aberdeen – Perth: 140 km

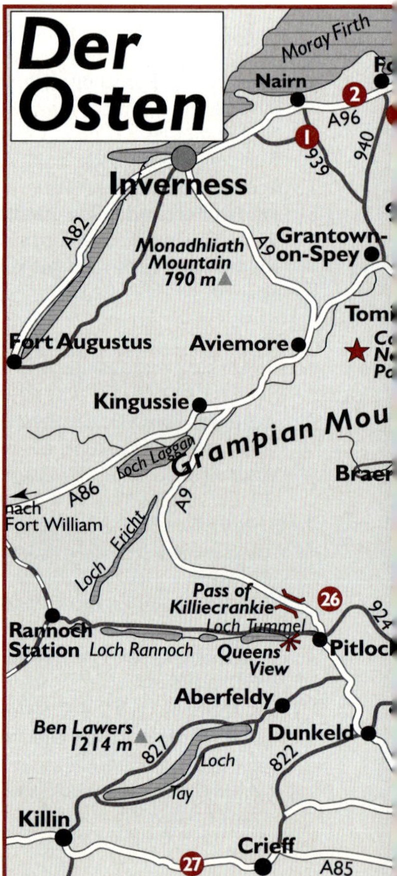

© igraphic

Entlang der A 9: Aviemore, Pitlochry, Perth

Strathspey und die Cairngorms

Strathspey ist eine beliebte Feriengegend in Schottland. Das breite Tal des Flusses Spey, dem zweitlängsten Fluss in Schottland, beginnt am Loch Laggan und mündet in den Moray Firth. Während der untere Flussverlauf für Lachsangeln und für seine zahlreichen Whisky-Destillen berühmt ist (s. S. 438ff), ist der obere Flussverlauf ein Mekka für Wanderer und Wintersportler. Die Gegend zwischen den Monadhliath Mountains im Norden und den majestätischen Cairngorms im Süden, dem zweithöchsten Berggebiet in Großbritannien, bietet ausgezeichnete

Schottlands ältestes Skigebiet

1 Cawdor Castle
2 Brodie Castle
3 Sueno's Stone
4 Pluscarden Abbey
5 Birnie Church
6 Spynie Palace
7 Duffus Castle
8 Huntly Castle
9 Leith Hall
10 Duff House
11 Dalgatie Castle
12 Fyvie Castle
13 Haddo House
14 Tolquhon Castle
15 Kildrummy Castle
16 Corgarff Castle
17 Craigievar Castle
18 Crathes Castle
19 Castle Fraser
20 Drum Castle
21 Dunnottar Castle
22 Edzell Castle & Gardens
23 House of Dun
24 Glamis Castle
25 Balmoral Castle
26 Blair Castle
27 Drummond Castle
28 Scone Palace

Möglichkeiten zum Wandern, um Wassersport zu betreiben und zum Skifahren. Der Hauptort der Region, Aviemore, ist von hoch aufragenden Berggipfeln, Lochs, Flüssen und Wäldern umgeben. Der überwiegende Teil des Upper Strathspey gehört zum Glen More Forest Park und zum Rothiemurchus Estate, das seit dem 16. Jh. der Grant-Familie gehört, aber beide Verwalter erlauben großzügigen Zugang zu ihrem Land.

großzügige Verwalter

Grampian Highlands

30 km S Inverness, 11 km N Aviemore, lädt in **Carrbridge** der **Landmark Forest Heritage Park** zu einem Besuch ein. Der Wald„themenpark" bietet Unterhaltung, Bildung und Einkaufsmöglichkeiten und wendet sich vor allem an Kinder. Es gibt ein Besucherzentrum mit Restaurant, eine Audiovisionsshow über das Leben in den Highlands, einen Waldlehrpfad, einen Eichhörnchenweg, eine Wasserrutschbahn und von dem 400 Meter hohen „Forest Tower" hat man einen wunderschönen Blick auf die Berge *(✆ 0800 7313446, 💻 www.landmark-centre.co.uk).*

Ski fahren

Das Skigebiet in den Cairngorms, 14 km SO Aviemore, ist Schottlands ältestes Skigebiet, und sehr beliebt. Es gibt auch eine Seilbahn dort. Die Saison dauert normalerweise von Januar bis in den April hinein. Zahlreiche Skischulen und Verleih von Ausrüstung stehen zur Verfügung (💻 www.ski.visitscotland.com). Wenn es genügend Schnee gibt, ist die Gegend um den Loch Morlich und im Rothiemurchus Estate für Langlauf geeignet. Die beiden anderen Skigebiete in der Gegend sind „The Lecht" (💻 www.lecht.co.uk), das besonders bei Snowboardfahrern beliebt ist, und das für Anfänger geeignete „Glenshee" (💻 www.ski-glenshee.co.uk).

Wandern

Die Cairngorms (seit 2003 als Nationalpark ausgewiesen) bieten mit ihren 49 Munros und vier Bergen über 1.200 Metern herausfordernde Wandermöglichkeiten (www.cairngorms.co.uk, www.walking.visitscotland.com/munros/cairngorms). Allerdings müssen Sie über einen hohen Grad an Erfahrung und über eine gute Kondition verfügen. Es gibt aber auch zahlreiche weniger anstrengende Wanderungen. Das **Rothiemurchus Estate Visitor Centre** *(Aviemore, Inverness-shire PH22 1QH, 01479 812345, www.rothiemurchus.net, 1 ½ km Aviemore an der B970) hält vielfältiges Kartenmaterial bereit. Es gibt einen netten Souvenirshop und ein Restaurant (9-17.30 Uhr). Ein weiteres Besucherzentrum ist das Loch an Eilein Visitor Centre (April bis Oktober tgl.) Im Rothiemurchus Estate werden auch andere Aktivitäten angeboten, z.B. geführte Wanderungen, Reiten, Fischen und Tontaubenschießen.*

49 Munros und 4 hohe Berge

Auch im bereits 1948 gegründeten **Glen More Forest Park** *(www.forestry.gov.uk, Besucherzentrum tgl. 9-17 Uhr) kann man wunderbar wandern, Rad fahren, Reiten sowie Wassersport betreiben. Loch Morlich, auf dem Wassersport betrieben wird, liegt inmitten des Forest Parks.*

Anglerparadies

Angeln

Der Fluss Spey ist ein Mekka für Angler auf Forellen und Lachs. Zahlreiche Hotels haben sich auf Angelferien spezialisiert. Siehe auch im Internet: www.fishing-scotland.net, www.fishing-scotland.co.uk.

Reiten

In verschiedenen Orten in den Cairngorms und in Strathspey kann man reiten, z.B.: Alvie Stables in Alvie (Nähe Kincraig), 07831 495397/ 01479 831409, www.alvie-estate.co.uk und Carrbridge Trekking Centre in Carrbridge, 01479 841602, www.carrbridge.com.

Aviemore

Aviemore liegt knapp 50 km S Inverness an der A9 und ist ein Zentrum für Aktivsport. Mit wenig Einfühlungsvermögen wurden hier in den 1960er Jahren mehrere Hotels, Restaurants, Einkaufszentren, eine große Touristeninformation und andere touristische Annehmlichkeiten in die Landschaft gestellt. Im Winter bildet

Museumsbahn

Aviemore das Zentrum des Wintersports. Im Sommer lockt die 10 km lange Fahrt mit der **Strathspey Railway** von Aviemore nach Boat of Garden. Die liebevoll restaurierte Dampflok und Waggons stammen aus den 1950er/60er Jahren. Im 19. Jh. entwickelte sich Aviemore zum Eisenbahnknotenpunkt und erlangte als Wintersportort touristische Bedeutung.

Reisepraktische Informationen Aviemore

Information

TIC, *Grampian Road, Aviemore, Inverness-shire PH22 1PP, 01479 810363, 01479 811063, www.visitaviemore.com, ganzjährig.*

Unterkunft

********The Boat Hotel €€€***, *Boat of Garten, Highland PH24 3BH, 01479 831258, 01479 831414, www.boathotel.co.uk, ganzjährig, außer 1.-15.1., 32 Zimmer, alteingesessenes Hotel unter neuer Leitung (Familienbetrieb). Es gibt ein nettes Restaurant, und in der gemütlichen Bar wird manchmal Livemusik geboten. Das hübsche kleine Dorf Boat of Garten ist 12 km von Aviemore entfernt.*

********Corrour House Hotel €€***, *Inverdruie, Aviemore PH22 1QH, 01479 810220, 01479 811500, www.corrourhousehotel.co.uk, Dezember bis Oktober, 8 Zimmer, freundliches Landhaus mit Blick auf die Rothiemurchus und Cairngorm Mountains. Ein sehr gutes Restaurant ist angeschlossen.*

*******Cairngorm Guest House €***, *Main Road, Aviemore PH22 1RP, 01479 810630, 01479 810630, www.cairngormguesthouse.com, ganzjährig, 9 Zimmer. Traditionelles Hotel im Ortszentrum.*

*******Ravenscraig Guest House €***, *Grampian Road, Aviemore PH22 1RP, 01479 810278, 01479 812742, ganzjährig, 12 Zimmer, ruhiges Gästehaus am Rande des Ortes.*

Jugendherberge/Hostel

********Aviemore Y.H.***, *25 Grampian Road, Aviemore PH22 1PF, 0870 004 1104, www.syha.org.uk, 106 Betten, ganzjährig, 114 Betten, Familienzimmer.*

********Cairngorm Lodge (Loch Morlich) Y.H.***, *Glenmore, Aviemore PH22 1QY, 0870 004 1137, www.syha.org.uk, 11 km von Aviemore, ganzjährig, 82 Betten, Familienzimmer.*

Aviemore Bunkhouse, *Dalfaber Road, Aviemore PH22 1PX, 01479 811181, 01479 810270, www.aviemore-bunkhouse.com, ganzjährig, 40 Betten.*

Öffentliche Verkehrsmittel

Regelmäßige Busverbindung zwischen Aviemore und Inverness (45 Min.), Kingussie (20 Min.), Pitlochry (1 Std. 15 Min.), Perth (2 Std.), Glasgow (3 Std. 30 Min.) und Edinburgh (3 Std. 30 Min.). Direkte Zugverbindungen von Glasgow, Edinburgh und Inverness. Weiterhin Busservice zwischen Aviemore und dem Cairngorm Ski Centre.

Dampflok

Strathspey Railway, *The Strathspey Railway, Aviemore Station, Dalfaber Road, 01479 810725. Die Dampflok verkehrt zwischen Aviemore und Boat of Garden.*

Autoverleih

MacDonald's Self Drive, *13 Muirton, 01479 811444.*

Alternative zu Aviemore

Kingussie (ausgesprochen King-yoosie), 18 km S Aviemore, ist ein freundlicher Ort mit 1.000 Einwohnern und bietet mit einigen netten Unterkünften eine gute Alternative zu Aviemore. Interessant ist das **Highland Folk Museum**, das sich mit der Geschichte der Highlands befasst. Die Touristeninformation ist in dem gleichen Haus untergebracht *(Duke Street, ✆ 01540 661307, 🖳 www.highlandfolk.com, ⌚ Mitte April bis August Mo-Sa 9.30-17 Uhr, September und Oktober Mo-Fr 9.30-16 Uhr).*

Als Ergänzung zum Highland Folk Museum kann man im 4 km entfernten Newtonmore in einem Freilichtmuseum ein rekonstruiertes Dorf von 1700 und einen Bauernhof von 1940 besichtigen. Im Sommer werden dort zahlreiche Aktivitäten und Workshops, wie Spinnen und Weben, angeboten *(Mitte April bis August tgl. 10.30-17.30 Uhr, September tgl. 11-16.30 Uhr, Oktober Mo-Fr 11-16.30 Uhr).* *Freilichtmuseum*

Reisepraktische Informationen Kingussie und Umgebung

Information

The Highland Folk Museum, *Duke Street, Kingussie, Inverness-shire PH21 1JG, ✆ 01540 661297.*

Unterkunft

*****The Osprey Hotel €-€€,** *Ruthven Road, Kingussie, Inverness-shire PH21 1EN, ✆/🖷 01540 661510, 🖳 www.ospreyhotel.co.uk, 8 Zimmer, ⌚ ganzjährig. Kleines, behagliches Hotel im Ortszentrum. Abwechslungsreiche Küche.*

******Glenquoich House €,** *Glen Road, Newtonmore, Inverness-shire PH20 1EB, ✆/🖷 01540 673461, freundliches, kleines Hotel mit 5 Zimmern, ⌚ ganzjährig.*

Hostel

Newtonmore Independent Hostel, *Craigellachie House, Main Street, Newtonmore, Inverness-shire PH20 1DA, ✆/🖷 01540 673360, 🖳 www.highlandhostel.co.uk, 3 Zimmer, 18 Betten, ⌚ ganzjährig.*

*****Strathspey Mountain Hostel,** *Main Street, Newtonmore, Inverness-shire PH20 1DR, ✆ 01540 673694, 🖳 www.hostelscotland.co.uk, 4 Zimmer, 18 Betten, ⌚ ganzjährig.*

Öffentliche Verkehrsmittel

Kingussie liegt an der Verbindung Inverness – Perth – Glasgow – Edinburgh. Alle Züge sowie die meisten Busse halten hier. Daneben gibt es einen Lokalbus zwischen Kingussie, Aviemore, Newtonmore und Dalwhinnie.

Von Kingussie geht es weiter, entlang mehrerer fast 1.000 Meter hoher Berge, nach **Blair Atholl** (11 km N Pitlochry), wo man das beeindruckende **Blair Castle** besichtigen kann. Das Schloss wurde im 13. Jh. errichtet. Aus der frühen Zeit stammen noch die beiden unteren Stockwerke von Cumming's Tower (um 1269). Im 18. Jh. zu einem Landhaus im georgianischen Stil verändert, erhielt das Schloss im 19. Jh. sein heutiges Aussehen. 1869 ließ der damalige Duke of Atholl die oberen Stockwerke des Gebäudes im damals beliebten Baronialstil des 16. Jh. zurückverwandeln und mit Zinnen, Erkern und Stufengiebeln versehen. 30 Räume mit kostbarer Ausstattung können besichtigt werden. Besonders eindrucksvoll ist die Gemäldetreppe, in der Familienportraits aus über drei Jahrhunderten hängen, darunter Werke von Allan Ramsay, Henry Raeburn sowie ein lebensgroßes Portrait des 1. Marquess of Atholl als Julius Caesar von Jakob de Wet (1640-1797). Was Blair Castle von allen anderen Schlössern unterscheidet, ist die

Der Herzog von Atholl hat eine eigene Armee

Tatsache, dass der Herzog von Atholl das Recht hat, eine eigene Armee zu unterhalten, die Atholl Highlanders. Sie ist die einzige Privatarmee in Europa. 1845 wurde dieses Recht von der schottlandbegeisterten Königin Victoria verliehen. Blair Castle ist von einem wunderbaren Garten und großem Park umgeben *(✆ 01796 481207, 💻 www.blair-castle.co.uk, 🕐 April bis Oktober 9.30-16.30 Uhr, November bis März Di und Sa 9.30-12.30 Uhr).*

Blair Castle

Alljährlich am letzten Wochenende im Mai marschiert während der **Atholl Highlanders Annual Parade** die 80 Mann starke Privatarmee vor dem Schloss auf und ehrt ihren militärischen Führer, den Duke of Atholl. Einen Tag danach finden traditionsgemäß die **Blair Atholl Highland Games** statt.

Reisepraktische Informationen Blair Atholl

Unterkunft

****The Firs €*, St. Andrews Crescent, Blair Atholl PH18 5TA, ✆ 01796 481256, 📠 01796 481661, 💻 www.firsblairatholl.co.uk, 🕐 ganzjährig, 4 Zimmer, freundliches, unkompliziertes Gästehaus in ruhiger Lage. Auch gibt es zwei Ferienhäuser für jeweils vier Personen.*

Fahrradverleih/Reparatur

***Atholl Mountain Bikes**, Old School Park, Blair Atholl PH18 5SP, ✆ 01796 473553, Tagesmiete 10-12 £, Wochenpreis 50-60 £.*

Bonnie Dundee

Wenige Kilometer vor Pitlochry kommt man zu einer weiteren geschichtsträchtigen Stelle, an der 1689 die Schotten um die Unabhängigkeit von England kämpften, den **Pass of Killiecrankie**. Die Jakobiten gewannen, doch ihr Anführer, Viscount Dundee, starb in letzter Minute durch eine Kugel. Im **NTS-Besucherzentrum** kann man sich über die historischen Ereignisse und über Flora und Fauna der Region informieren *(✆ 01796 473233, 🕐 April bis Oktober täglich 10-17.30 Uhr).*

Pitlochry

Pitlochry ist ein beliebter Luftkurort mit 2.500 Einwohnern und einer komplett ausgebauten touristischen Infrastruktur. Die besonders reizvolle Umgebung bewirkte, dass schon zu Königin Victorias Zeiten nahezu alle Einwohner des Ortes vom Tourismus lebten. Entlang der Main Street reihen sich Hotels, Restaurants, Pubs und Souvenirläden aneinander.

Hat man noch keine Destille von innen gesehen – in Pitlochry gibt es gleich zwei: Die größere ist **Bell's Blair Atholl Distillery** am südlichen Ende des Ortes *(✆ 01796 472234, 🕔 Ostern bis September Mo-Sa 9-17 Uhr, So 12-17 Uhr, Oktober bis Ostern Mo-Fr 9-17 Uhr).*

4 km östlich der Stadt, an der A924, liegt die „smallest distillery in Scotland", **The Edradour**, 1825 gegründet *(✆ 01796 472095, 🕔 März bis Oktober Mo-Sa 9.30-18 Uhr, So 11.30-17 Uhr, November und Dezember Mo-Sa 9.30-16 Uhr, So 11.30-16 Uhr, Januar und Februar Mo-Sa 10-16 Uhr, So 12-16 Uhr).*

Interessant ist ein Besuch der **Pitlochry Power Station**, ein Wasserkraftwerk. Neben dem ca. 20 Meter hohen Damm, der den Fluss Tummel zum Loch Faskally staut, wurde eine **Lachsleiter** eingerichtet. Über einige Bassins kämpfen sich die Lachse zwischen Mai und September flussaufwärts zu ihren Laichgründen. Pro Saison schwimmen ca. 5.400 Lachse den Fluss Tummel hoch, wie ein elektronisches Zählwerk feststellen kann. Man kann dieses Naturschauspiel an einem der Becken durch eine Glasscheibe beobachten. Das Besucherzentrum gibt weitere Informationen über das Leben der Lachse sowie über die Elektrizitätsgewinnung durch Wasserkraft *(✆ 01796 473152, 🕔 April bis Oktober Mo-Fr 10-17.30 Uhr, Juli und August auch Sa, So 10-17.30 Uhr).*

Lachse

Wandern

Pitlochry eignet sich hervorragend als Ausgangspunkt für Wanderungen und Ausflüge in die Umgebung. Informationen über Wanderrouten unterschiedlicher Schwierigkeitsgrade sowie reichhaltiges Kartenmaterial (OS Landranger Nr. 43 und 52, OS Explorer Nr. 21) gibt es im Informationszentrum. Besonders schön sind die Wanderungen durch das Rannoch Moor, zum Pass of Killicrankie, am Ufer des Loch Tay und natürlich auf den Gipfel des Ben Lawers (1.214 Meter).

Feste / Feiern

Alljährlich finden in Pitlochry ***Highland Games*** *statt. In einem rein vom Tourismus lebenden Ort sind die Spiele hier jedoch entsprechend kommerzialisiert.*

Reisepraktische Informationen Pitlochry

Information

***TIC**, 22 Atholl Street, Pitlochry, Perthshire PH16 5BX, ✆ 01769 472215/ 472751, 📠 01796 474046, 🕔 ganzjährig.*

Unterkunft

********Pine Trees Hotel & Garden Restaurant** *€€-€€€, Strathview Terrace, Pitlochry PH16 5QR, ✆ 01796 472121, 📠*

01796 472460, www.pinetreeshotel.co.uk, ganzjährig, 19 Zimmer, viktorianisches Country House, von großem Grundstück umgeben.
********Craigroyston House and Lodge €**, *2 Lower Oakfield, Pitlochry PH16 5HQ, 01796 472053, 01796 472053, www.craigroyston.co.uk, ganzjährig, 8 Zimmer, lang etabliertes gemütliches B&B im Ortszentrum, gutes Frühstück.*
********Torrdarach Hotel €**, *Golf Course Road, Pitlochry PH16 5AA, 01796 472136, von März bis Oktober, charaktervolles, rotes Haus aus edwardianischer Zeit mit 7 Zimmern, behaglich und freundlich. Sehr gute Küche.*

Jugendherberge/Hostel

*******Pitlochry Y. H.**, *Knockard Road, Pitlochry PH16 5HJ, 0870 0041145, www.syha.org.uk, Februar bis Ende Oktober, 66 Betten, Familienzimmer, im Ortszentrum gelegen.*
Pitlochry Backpackers Hotel, *134 Atholl Road, Pitlochry PH16 5AB, 01796 470044. Nettes Hostel direkt im Ortszentrum von Pitlochry. Auch Doppelzimmer. Ende März bis Oktober.*

Öffentliche Verkehrsmittel

Der Bahnhof und der Busbahnhof befinden sich in der Station Road. Busse stündlich von und nach Glasgow (2 Stunden 15 Minuten), Edinburgh (2 Stunden 45 Minuten) und Inverness (2 Stunden). Weiterhin Mo-Sa Busverbindungen nach Aberfeldy, Dunkeld und Perth. Pitlochry liegt zudem an der Bahnlinie Perth – Inverness, und es gibt mehrmals täglich Verbindungen in beide Richtungen.

Taxi

Elizabeth Yule Transport, *Station Road, 01796 472290.*

Fahrradverleih/Reparatur

Escape Route, *3 Atholl Road, 01796 473859, www.escape-route.biz, tgl. 9-17.30 Uhr.*

Unterhaltung

Pitlochry Festival Theatre, *Port-Na-Craig, Pitlochry PH16 5DR, 01796 484626, www.pitlochry.org.uk.*

Loch Tummel und Loch Rannoch

am schönsten im Herbst

Die B8019 zweigt von der B8079 ab und verläuft westlich entlang des wunderschönen Ufers des Loch Tummel und des Loch Rannoch. Am schönsten ist es hier im Herbst, wenn sich das Laub verfärbt. Am Ostufer des Loch Tummel liegt **Queen's View**. Von hier aus hat man einen wunderbaren Blick über den Loch Tummel zum 1081 Meter hohen Schiehallion und nach Glencoe in der Ferne. Der Aussichtspunkt wurde 1866 von Queen Victoria in den höchsten Tönen gelobt und deshalb nach ihr benannt. Das Besucherzentrum bietet eine Ausstellung sowie eine Filmvorführung mit Information über den Queen's View und ein kleines Café (*April bis Oktober tgl. 10-18 Uhr*).

Hinter dem Loch Tummel liegt das kleine Dorf **Kinloch Rannoch**, wo Wanderer sich mit Vorräten eindecken, bevor es in die Berge geht. Es gibt einige Übernachtungsmöglichkeiten im Dorf, z.B. das Dunalastair Hotel € (*01882 632323, www.dunalastair.co.uk, mittlere Preisklasse*) und das Bunrannoch House (

01882 632407). 24 km W Kinloch Rannoch endet die Straße bei Rannoch Station, wo man Anschluss an die Zugverbindung nördlich nach Fort William und südlich nach Glasgow hat. Hinter dem westlichen Ende des Loch Rannoch verläuft das dunkle Rannoch Moor bis hoch zum Glen Coe. Es gibt einen Busservice von Pitlochry zur Rannoch Station *(Broons Buses and Taxi, ✆ 01882 632331, 💻 www.minibusespitlochry.com)*.

Ein wohlverdientes Päuschen

Aberfeldy und der Loch Tay

Aberfeldy (an der A827) ist eine unspektakuläre, jedoch freundliche kleine Stadt am Tay und vor allem beim älteren Publikum beliebt. Die Touristeninformation ist in der alten Kirche im Ortszentrum untergebracht. Nicht versäumen sollte man, einen Blick auf die **General Wade's Bridge** über den Tay zu werfen, eine grazile, fünfbogige Brücke, die 1738 von William Adam entworfen wurde. Das Ziel von Wades großangelegtem Straßen- und Brückenbauprogramm war es, die Highlands für englische Truppen besser zugänglich und somit kontrollierbarer zu machen. Das **Black Watch Monument** erinnert an die Anfänge des berühmten Regimentes (1725 gegründet), dass hier in Aberfeldy zum ersten Mal gemustert wurde. Die **Water Mill** wurde 1825 gebaut. Heute beherbergt die ehemalige Mühle einen wohlsortierten Buchladen, eine zeitgenössische Kunstausstellung und ein Café *(Mill Street, ✆ 01887 822896, 💻 www.aberfeldywatermill.com, 🕔 ganzjährig Mo-Sa 10-17 Uhr, So 12-17 Uhr)*.

freundliche Kleinstadt

Eine andere Attraktion des Ortes ist **Dewar's World of Whisky**: In der „Welt des Whisky" kann man die Produktionsanlagen der Destille besichtigen und im Brand Centre lernen, wie Whiskymischungen entstehen *(Aberfeldy Distillery, ✆ 01887 822010, 💻 www.dewarwow.com, November bis März Mo-Sa 10-16 Uhr, April bis Oktober Mo-Sa 10-18Uhr, So 12-16 Uhr)*.

Gut 1 km westlich, bei Weem, liegt **Castle Menzie**, ein beeindruckendes Tower-Haus aus dem 16. Jh. auf Z-förmigem Grundriss. Castle Menzie stellt ein gutes Beispiel für den Übergang zwischen Festung und Herrenhaus dar. Das Anwesen ist der ehemalige Sitz des Menzie-Clans *(Weem, ✆ 01887 820982, 💻 www.menzies.org, 🕔 April bis Oktober Mo-Sa 10.30-17 Uhr, So 14-17 Uhr)*.

Ein besonderer Augenschmaus bietet sich, etwas westlich von Aberfeldy, am **Loch Tay**, an dessen Ostseite der **River Tay** entspringt. Wunderschön ist der 20 km lange Loch Tay zu beiden Seiten von teils kahlen, teils bewaldeten Bergen umgeben. Am nordöstlichen Ende liegt **Kenmore**, ein gepflegtes Dorf mit weiß gekalkten Cottages und einem schönen Golfplatz beim Taymouth Castle. Nicht weit vom

gepflegtes Dorf

Dorf entfernt liegt das **Living History Centre**, wo man eine Rekonstruktion eines „Crannog“ sehen kann. Ein Crannog ist ein Inselhaus aus der Bronzezeit, das für Verteidigungszwecke angelegt wurde *(Kenmare PH15 2HY, ✆ 01887 830583, 💻 www.crannog.co.uk, 🕔 April bis Oktober tgl. 10-17 Uhr).*

Abstecher

Von Kenmore lohnt sich eine Fahrt durch die Berge südlich nach Amulree. Die spektakuläre Straße ist im Winter oft geschlossen. Von dort geht es dann weiter nach Crieff.

Reisepraktische Informationen Aberfeldy

Information

***TIC**, The Square, Aberfeldy, Perthshire PH15 2DD, ✆ 01887 820276, 📠 01887 829495, 🕔 ganzjährig.*

Unterkunft

********Farleyer House Hotel €€€***, Weem, Aberfeldy PH15 2JE, ✆ 08700 112201 📠 01887 829430, 💻 www.farleyerhotel.co.uk, 🕔 ganzjährig, 6 Zimmer, liebevoll restauriertes Gebäude aus dem 16. Jahrhundert mit Blick über das Tay-Tal. Elegant, ungezwungen, ruhig, unauffälliger Service.*

*******Moness House Hotel €€***, Crieff Road, Aberfeldy PH15 2DY, ✆ 01887 820446, 📠 01887 820062, 🕔 ganzjährig, 11 Zimmer, schönes Landhaushotel aus dem 18. Jahrhundert.*

******The Crown €***, Bank Street, Aberfeldy PH15 2BB, ✆ 01887 820448, 📠 01887 829676, 🕔 ganzjährig, 8 Zimmer, an der Hauptstraße gelegenes, schlichtes Hotel, gutes Pub-Lunch und Supper bis 21 Uhr.*

Golf

***Aberfeldy Golf Club**, Taybridge Road, Aberfeldy PH15 2BH, ✆ 01887 820535. Der 18-Loch Golfplatz verläuft zu beiden Seiten des Tay.*

Einige Kilometer hinter Kenmore zweigt eine unbezifferte Straße von der A827 ab, die zu dem winzigen Dorf **Fortingall** führt. Fortingall kann sich zweier besonderer Attraktionen rühmen: einer 3.000 Jahre alten Eibe im Kirchhof, die angeblich die älteste in Europa ist; noch erstaunlicher ist die Annahme (so die Fortingaller), dass Pontius Pilatus hier geboren sei. Man nimmt an, dass der Römer auch hier beerdigt ist, denn ein Grabstein auf dem Friedhof zeigt die Anfangsbuchstaben PP.

Pontius Pilatus???

Fortingall liegt fast am Anfang des **Glen Lyon**, über dessen Schönheit sich schon Wordworth und Tennyson ausgelassen haben. Im Loch Lyon bestehen auch ausgezeichnete Angelmöglichkeiten.

Ben Lawers ist mit 1.214 Metern der höchste Berg der Region. 6 Munros gehören zu dem Bergmassiv, die in einer Wanderung verbunden werden können. Das **Mountain Visitor Centre and Shop** gibt Auskunft über die Tier- und Pflanzenwelt sowie über die geologischen Besonderheiten der Region *(🕔 Mai-September 10.30-17 Uhr).*

Streckenführung

*Entweder fahren Sie einmal rund um den Loch Tay über **Killin**, Lochearnhead und Crieff oder von Aberfeldy über die A826 und A822 nach Crieff. Andererseits können Sie aber auch auf die A9 zurückfahren und so Ihre Reise nach Süden fortsetzen.*

Reisepraktische Informationen Killin

Information

***TIC**, Killin, Perthshire FK2, ✆ 01567 820254.*

Unterkunft

********Dall Lodge Country House Hotel €-€€***, Killin FK2 8TN, ✆ 01567 820217, Fax 01567 820726, www.dalllodgehotel.co.uk, März bis Oktober, 8 Zimmer, lang etabliertes, schön gelegenes Hotel mit Blick auf den Lochay.*

*******Killin Hotel €***, Killin FK2 8TP, T ✆ 01567 820296, Fax 01567 820647, www.londonandedinburghinns.com, ganzjährig, 32 Zimmer, direkt am Fluss gelegenes Hotel im Familienbetrieb.*

Jugendherberge

*******Killin Y.H.***, Killin FK21 8TN, ✆ 0870 0041131, www.syha.org.uk, März bis Oktober, 40 Betten, guter Ausgangspunkt für Wanderungen.*

malerisch am Tay

Dunkeld ist ein malerisch am River Tay gelegener Ort mit 1.000 Einwohnern und hervorragenden Wandermöglichkeiten in der Umgebung. Der Dorfplatz wird von einer Reihe wohlrestaurierter, weiß gekalkter Häuser aus dem 17. Jh. gesäumt. In einem von diesen ist die Touristeninformation untergebracht.

Wohnhaus am Marktplatz von Dunkeld

Am Ufer des Tay liegt **Dunkeld Cathedral**. Die erste Kathedrale von Dunkeld, St. Columba geweiht, geht auf das 12. Jh. zurück. An dieser Stelle war bereits von keltischen Missionaren im Jahre 570 ein Kloster (aus Flechtwerk) errichtet worden, das Kenneth MacAlpine 848 in Stein umbaute. Aus dieser Zeit stammen die roten Mauersteine rechts und links des großen Fensters im Chor. Die heutige Kirche – eine Mischung aus normannischer und gotischer Architektur – geht hauptsächlich auf die fast 200jährige Bauphase von 1318 bis 1501 zurück. Der älteste Teil ist eine Blendarkade im Chor. Der Chor dient heute als Pfarrkirche. Während der Reformation wurde die Kathedrale stark beschädigt, das Hauptschiff blieb ohne Dach und wurde nicht wieder aufgebaut.

Von der Kirche aus hat man einen schönen Blick auf die imposante, den River Tay überspannende Brücke. Sie wurde 1809 unter Leitung von Thomas Telford konstruiert.

Reisepraktische Informationen Dunkeld

Information
Tourist Information, ☎ *01350 727688*, 💻 *www.visitdunkeld.com*

Unterkunftsempfehlung
**********Kinnaird Estate*** *€€€€, Dalguise bei Dunkeld PH8 0LB, ☎ 01796 482440, 📠 01796 482289, 💻 www.kinnairdestate.com. Eines der elegantesten und exklusivsten Country House Hotels in Schottland. Luxus pur…*

Perth

ehemalige Hauptstadt

Bis 1452 war Perth die Hauptstadt Schottlands und wurde, aufgrund ihrer Lage, auch **„Tor zum Hochland"** genannt. Heute kann sich die 42.000 Einwohner zählende Stadt eines modernen Einkaufszentrums, einer Reihe netter Einzelhandelsgeschäfte sowie abendlicher Unterhaltung im Kino und Theater rühmen. Perth ist ein angenehmer Ausgangspunkt, um die schöne Umgebung zu erforschen.

St. John's Kirk (High Street / South Street) geht auf eine frühe Kirche des 12. Jh. zurück, die im 15. Jh. erneuert und schließlich in den 1920er Jahren restauriert wurde. Die Kirche ist Namensgeberin für den ursprünglichen Namen der Stadt, St. John's Town.

Das **Fair Maid's House** in der Charlotte Street stammt aus dem Mittelalter. Mit dem Haus ist ein Roman von Sir Walter Scott verbunden, „Das schöne Mädchen von Perth", welcher auch als Inspiration für Georges Bizets Oper „La jolie fille de Perth" diente. Im **Museum & Art Gallery** sind eine naturgeschichtliche Sammlung, Lokalgeschichte, Kunstgewerbe sowie Gemälde schottischer Maler ausgestellt *(78 George Street, ☎ 01738 632488, 🕓 Mo-Sa 10-17 Uhr)*.

Militärgeschichte

Das **Regimental Museum of the Black Watch** ist im Balhousie Castle, einem Tower House aus dem 15. Jh., untergebracht. Es beherbergt Exponate zur Militärgeschichte des im 18. Jh. weltberühmten „Black Watch"-Regimentes *(Hay Street, ☎ 01738 621281, 💻 www.theblackwatch.co.uk, 🕓 Mai bis September Mo-Sa 10-16.30 Uhr, Oktober bis April Mo-Fr 10-15.30 Uhr)*.

Die **Fergusson Gallery** ist in einem denkmalgeschützten Haus untergebracht und zeigt Gemälde, Zeichnungen und Skulpturen des schottischen Künstlers John Duncan Fergusson (1874-1961) *(Marshall Place, ☎ 01738 441944, 🕓 Mo-Sa 10-17 Uhr)*.

Caithness Glass stellt seit 1979 in Perth Glaswaren her. Die Glasmanufaktur ist stolz auf die Verbindung von innovativem Design und hoher Handwerkskunst. Besucher können im **Caithness Glass Visitor Centre** bei der Glasherstellung zusehen. Vielleicht finden Sie auch ein schönes Souvenir im Verkaufsladen *(Inveralmond Industrial Estate, ☎ 01738 492320, 💻 www.caithnessglass.co.uk, 🕓 Facto-*

ry und Besucherzentrum: ganzjährig tgl. Mo-Sa 9-17 Uhr, Juni bis Mitte September Mo-Fr bis 18 Uhr, März bis November So 10-17 Uhr, Dezember bis Februar So 12-17 Uhr, Glasdemonstration: ganzjährig Mo-Fr 9-16.30 Uhr).

Branklyn Garden ist eine Oase an Ruhe und Farbenpracht. Der kleine, aber wunderschöne Garten bietet eine beeindruckende Sammlung von seltenen und ungewöhnlichen Pflanzen sowie einen prächtigen Steingarten *(116 Dundee Road, ✆ 01738 625535, 💻 www.branklyngarden.org.uk, 🕔 April bis Oktober tgl. 10-17 Uhr).*

Der **Woodland Park** liegt am Stadtrand. Vier Wanderwege führen durch den Park, der fünf Hügel einfasst: der Nature Walk, der Tower Walk, der Jubilee Walk und der Squirrel Walk, von denen keiner sonderlich anstrengend ist. Vom Gipfel des Kinnoull Hill hat man einen herrlichen Blick über Perth bis hinüber zu den Lomond Hills in der Grafschaft Fife. Gen Norden kann man bis Ben More und Lochnagar schauen.

schöne Spaziergänge

Huntingtower Castle war in seinen Anfängen im 15. Jh. ein einzelner, freistehender Turm. An diesen wurde, etwas später, ein zweiter gestellt. Im 17. Jh. kam ein Mitteltrakt hinzu. Im Inneren verdient die Balkendecke in der alten Halle besondere Beachtung. Sie stammt von ca. 1540 und zeigt auf weißem Untergrund schwarze geometrische und ineinander verschlungene Muster. Die Balken sind rot-gelb bemalt. Diese Balkendecke in Huntingtower Castle gilt als die früheste in Schottland *(✆ 01738 627231, 💻 www.historic-scotland.gov.uk, 🕔 ganzjährig April bis September tgl. 9.30-17.30 Uhr, Oktober bis März Sa-Mi 9.30-16.30 Uhr. 5 km W Perth an der A85).*

Scone Palace ist die ursprüngliche Heimat des „Stone of Destiny", Hauptstadt des Königreiches der Pikten, Zentrum der alten keltischen Kirche und über Jahrhunderte hinweg Krönungsort der schottischen Könige. Der jetzige Palast im neugotischen Stil wurde Anfang des 19. Jh. errichtet. Er ersetzte einen Vorgängerbau von 1580, der anstelle des im Zuge der Reformation zerstörten Gebäudes gebaut wurde. Eine Besichtigung von Scone Palace lohnt vor allem wegen der wertvollen Kunstsammlungen. Bezaubernd ist der mit feinen Einlegearbeiten verzierte Schreibtisch, der 1770 für Marie Antoinette angefertigt wurde. Die Porzellansammlung beinhaltet seltene Stücke aus den Manufakturen Meißen, Ludwigsburg, Sèvres und Chelsea.

wertvolle Kunstsammlungen

In der Long Gallery, neben den Ahnengemälden und einer Uhren- und einer Elfenbeinkollektion, ist die einzigartige Sammlung von Vernis-Martin-Objekten von besonderem Interesse. Es handelt sich um Kunstwerke, die der Pariser Lackmaler Martin im 18. Jh. aus Papiermaché hergestellt hat. Im schönen Garten (mit Labyrinth) und in dem riesigen Park kann man gut ein paar Stunden verbringen. Es gibt einen Picknickplatz, einen Abenteuerspielplatz für Kinder, einen Souvenirladen und ein Café, wo leckere Kuchen zum Kaffee besonders gut schmecken *(✆ 01738 552300, 💻 www.scone-palace.net, 🕔 April bis Oktober tgl. 9.30-17.30 Uhr, letzter Einlass 17 Uhr, Abend- und Winterbesichtigung nach Vereinbarung. 3 km N Perth an der A93).*

INFO

Informationen zum Stone of Scone oder Stone of Destiny

Im 9. Jh. wurde der schottische Königsstein, der Stone of Scone, von Kenneth MacAlpine, dem Begründer des schottischen Königsreiches, hierher gebracht. Scone wurde der Sitz der Regierung und damit das Zentrum des Landes.

Der Stein stand auf dem sogenannten Boot Hill, einem künstlich angelegten Hügel, der im wahrsten Sinne des Wortes aus Erde aus ganz Schottland bestand. Nur dann konnten die Clan Chiefs ihrem König den Treueid schwören, wenn sie dabei auf eigenem Grund und Boden standen. Vor der Reise nach Scone füllten sie deshalb ihren Stiefel (boot) mit heimatlicher Erde und standen somit bei der Krönung auf eigenem Boden. Nach vollzogener Krönung leerten die Clan Chiefs ihre Stiefel dann aus.

Der Stone of Scone wurde wie eine Reliquie verehrt und war für die Krönungszeremonie unerlässlich. Jahrhundertelang nahmen die schottischen Könige bei der Inthronisation ihren Platz auf dem Stein ein. 1296 raubte der englische König Edward I. den sagenumwobenen Stein und brachte ihn nach London, wo er im Krönungsstuhl von Westminster Abbey seinen Platz fand. In Scone mussten fortan die schottischen Herrscher auch ohne Stein gekrönt werden.
Elizabeth II. war vorerst die letzte Herrscherin, die (1952) auf diesem Stein die Herrscherwürde erhielt. Ein Jahr zuvor hatten schottische Nationalisten den Stein entführt und nach Schottland gebracht, natürlich holten sich ihn die Engländer zurück. 1996 wurde der Stone of Destiny, begleitet von einer gewaltigen Zeremonie, zurück nach Schottland gebracht. Zum Ärgernis von Perth und Scone Palace wurde er aber nicht dort, sondern im Edinburgher Castle platziert.

Reisepraktische Informationen Perth

Information

__Lower City Mills__, West Mill Street, Perth, Perthshire PH1 5QP, ✆ 01738 450600, www.perthshire.co.uk, ganzjährig.

Unterkunft

Perth bietet zahlreiche Unterkunftsmöglichkeiten sämtlicher Preisklassen.
*****__Parklands €€€__, 2 St. Leonard's Bank, Perth PH2 8ER, ✆ 01738 622451, Fax 01738 622046, ganzjährig, sehr nett gelegenes, georgianisches Stadthaus mit 14 Zimmern.*
*****__Sunbank House Hotel €€__, 50 Dundee Road, Perth PH2 7BA, ✆ 01738 624882, Fax 01738 442515, ganzjährig, liebevoll geführtes, gediegenes Hotel mit 9 Zimmern, ruhig gelegen und mit schönen Blicken auf den Tay.*

Restaurants

In Perth gibt es eine gute Auswahl an Einkehrmöglichkeiten. Fast eine Institution ist __Kerachar's__ (168 South Street, ✆ 01738 449777, www.kerachers-restaurant.co.uk). Der Familienbetrieb hat sich auf Fisch- und Wildgerichte spezialisiert, unterhalb des Restaurants befindet sich das hauseigene Fischgeschäft. Mittlere bis gehobene Preisklasse.

Öffentliche Verkehrsmittel

Perth ist leicht von fast allen Landesteilen aus zu erreichen: 1 ½ Stunden von Edin-

burgh oder Glasgow, 30 Minuten von Dundee. Der Bahnhof und der Busbahnhof liegen am westlichen Ende der Stadt (Leonard Street/Kings Place).

Taxi
***Ace Taxi**, 271 High Street, ✆ 01738 633033.*

Autovermietung
***Arnold Clark**, St. Leonard's Bank, ✆ 01738 442202, 💻 www.arnoldclark.co.uk*

Strathearn heißt das weite Tal des Flusses Earn, der sich westlich von Perth bis zum Loch Earn, an der Grenze zwischen den Regionen Perthshire und Stirling, erstreckt. Offiziell beginnen die Highlands im westlichen Teil von Strathearn. Die Highland Boundary Fault (s. S. 497) verläuft durch Comrie in der Nähe von Crieff.

Auchterarder ist ein kleiner, von fruchtbarem Farmland umgebener Ort mit einer erstaunlich langen Hauptstraße. Im Süden erheben sich die **Ohil Hills**, die herrliche Wandermöglichkeiten bieten. In der Touristeninformation gibt es eine kleine Ausstellung über die seit dem 16. Jh. hier ansässige Textilindustrie. Die meisten Besucher kommen jedoch nach Auchterarder, um entweder in dem weltberühmten Gleneagle Hotel abzusteigen oder auf dessen Golfplatz zu spielen. *Luxushotel*

Reisepraktische Informationen Auchterarder

Information
***Touristeninformation,** 90 High Street, Auchterarder, ✆ 01764 663450*

Unterkunft
********The Gleneagles Hotel €€€€**, Auchterarder PH3 1NF, ✆ 01764 662231, 📠 01764 662134, 💻 www.gleneagles.com, 🕔 ganzjährig, 269 Zimmer und Suiten, weltberühmtes Golfhotel und eines der besten und vornehmsten Hotels in GB, atemberaubende Umgebung, Luxus pur… 2005 fand hier das G8-Gipfeltreffen statt.*
*******Collearn House Hotel €€€**, High Street, Auchterarder PH3 1DF, ✆ 01764 663553, 📠 01764 662376, 💻 www.collearnhousehotel.co.uk, 🕔 ganzjährig, außer Weihnachten, 8 Zimmer, Viktorianisches Landhaus von 1870, von einem schönen Park umgeben. Ausgezeichnetes Restaurant.*

Crieff ist ein netter, seit viktorianischer Zeit stark am Tourismus orientierter Ort. An der Grenze zwischen den Lowlands und den Highlands gelegen, war Crieff, vor allem im 18. Jh., ein wichtiger Viehmarkt.

1 ½ km von Crieff, von der A85 ab, liegt die **Glenturret Distillery**, Schottlands älteste Brennerei. Sie wurde 1775 gegründet. In der „Famous Grouse Experience" erfährt man auf unterhaltsame Weise alles über Whisky und dessen Herstellung. Ein nettes Restaurant ist angeschlossen *(The Famous Grouse Experience, The Hosh, ✆ 01764 656565, 💻 www.famousgrouse.co.uk, 🕔 tgl. 9-18 Uhr).*

3 km S Crieff liegt **Drummond Castle**, eine aus dem 15. Jh. stammende Burg, die aber im Laufe der Jahrhunderte oft verändert und im 19. Jh. modernisiert und erweitert wurde. Im Turm, der noch aus der frühen Bauphase stammt, ist ein klei-

Drummond Castle Garden

nes Museum eingerichtet worden. Das Schloss selber ist der Öffentlichkeit nicht zugänglich. Der herrliche Terrassengarten wurde um 1630 angelegt. Ein besonderes Kleinod ist die aus dieser Zeit stammende Sonnenuhr. Der Garten von Drummond Castle gilt als einer der schönsten formalen Gärten in Europa Im 19. Jh. wurde er, der damaligen Vorliebe für italienische Gartenbaukunst entsprechend, verändert *(Muthill, ✆ 01764 681433, 💻 www.drummondcastlegardens.co.uk, 🕔 Garten: Ostern, dann Mai bis Oktober tgl. 13-18 Uhr).*

In der Innerpeffray Library

Für Freunde alter Bücher lohnt ein Besuch in der **Innerpeffray Library**, Schottlands erster öffentliche Bibliothek (gegründet 1680) mit einer riesigen Sammlung an seltenen und alten Büchern in 2 Zimmern. Gegründet wurde sie von David Drummond, dem Schwager des „Great Marquis of Montrose". Der Bibliothekar ist nur zu gern bereit, einzelne Bücher zu erklären *(✆ 01764 625819, 🕔 Februar bis November tgl., außer Do, 10-12.45 Uhr und 14-16.45 Uhr, So 14-16 Uhr, 8 km SO Crieff, von der B8062 ab).*

Reisepraktische Informationen Crieff und Umgebung

Information

***TIC**, High Street, Crieff, Perthshire PH7 3HU, ✆ 01764 652578, 🖷 01764 655422, ⏲ ganzjährig.*

Unterkunft

********Crieff Hydro Hotel €€-€€€***, Crieff PH7 3LQ, ✆ 01764 655555, 🖷 01764 653087, 💻 www.crieffhydro.com, ⏲ ganzjährig, 213 Zimmer, riesiges Anwesen, Fitnesseinrichtungen und großes Unterhaltungsangebot für Kinder. Auch Unterkünfte für Selbstversorger.*

*******Murraypark Hotel €€***, Connaught Terrace, Crieff PH7 3DJ, ✆ 01764 653731, 🖷 01764 655311, 💻 www.murraypark.com, ⏲ ganzjährig, 19 Zimmer, reizendes viktorianisches Gebäude mit hervorragendem Restaurant.*

*******Four Seasons Hotel €€***, St. Fillans (bei Crieff) PH6 2NF, ✆ 01764 685333, 🖷 01764 685444, 💻 www.thefourseasonshotel.co.uk, 12 Zimmer, ⏲ März bis Januar. Wunderschön gelegen mit Blicken über den Loch Earn. Hervorragendes Restaurant.*

Camping/Caravan

********Braidhaugh Caravan Park Ltd***, South Bridgend, Crieff PH7 4HP, ✆ 01764 652951, 🖷 01764 652692, 💻 www.braidhaugh.co.uk, schön am Fluss Earn gelegener, familienfreundlicher Park mit 109 Plätzen.*

Öffentliche Verkehrsmittel

***Stagecoach**-Busse (💻 www.stagecoachbus.com, Traveline ✆ 0870 6082608), bieten regelmäßige Verbindungen zu verschiedenen Orten in Perthshire.*

Feste / Feiern

Am vorletzten Sonntag im August, und zwar seit 1870 mit nur wenigen Ausnahmen, wird das Crieff Highland Gathering abgehalten, 💻 www.crieff-higland-games.co.uk.

Muthill, 6 km S Crieff an der A822, ist ein denkmalgeschütztes Dorf mit weitgehend erhaltener Bausubstanz aus dem 18. und 19. Jh. Die Dorfkirche ist ein typisches Beispiel für die schlichte normannische Bauweise. Der quadratische Turm stammt aus dem 12. Jh., Schiff und Altarraum aus dem 15. Jh. In einem kleinen Cottage befindet sich ein kleines heimatgeschichtliches Museum *(Station Road, ⏲ Juni bis September Sa und So 12.30-15 Uhr)*. *typisches Beispiel*

Entlang der Küste: von Nairn nach Aberdeen

Der Moray Firth

An der Küste des Moray Firth wechseln Klippen mit schönen Stränden ab, daneben gibt es eine Reihe an netten Kleinstädten sowie zahlreiche historische Stätten. Die belebte A96 verläuft parallel zur Küste, und die Region hat ein gut ausgebautes Busnetz. Der Moray Firth ist vor allem für seinen Reichtum an Delfinen (Flaschennasen) bekannt, und zwischen Juni und August kann man sie überall sehen. Die Delfine sind mittlerweile zu einer Touristenattraktion geworden und etliche Unternehmen bieten Beobachtungstouren an.

viele Delfine

Cawdor Castle (Detail)

Cawdor Castle ist seit über 600 Jahren im Familienbesitz. Der älteste Teil der heutigen Burg ist der zentrale Turm von 1372. 1454 wurde Cawdor befestigt, und trotz verschiedener späterer Anbauten ist der wehrhafte Charakter bis heute erhalten geblieben. Die Zugbrücke von Cawdor Castle ist die älteste in ganz Schottland. Im Inneren sind vor allem schöne Möbel, Gemälde und Wandteppiche zu bestaunen. Besonders beeindruckend ist der Tower Room, die alte Eingangshalle aus dem 15. Jh. Eine steile Wendeltreppe führt in das Gewölbe. Hier steht der Stamm eines Weißdorns, um den – so die Legende – der Bau herum gebaut wurde. Eine demochronologische

älteste Zugbrücke

Cawdor Castle

Untersuchung hat ergeben, dass der Baum auf ca. 1370 zurückdatiert werden kann. Im Traum – so sagt es die Legende – wurde dem damaligen Herrn befohlen, sich von einem Esel durch das Gelände, wo er seine Burg bauen wollte, führen zu lassen. Dort, wo der Esel sich ausruhen würde, solle die Burg gebaut werden, dann sei sie für immer geschützt. Der Esel legte sich offensichtlich unter den Weißdornbusch, und so musste das Haus drumherum gebaut werden. Schön ist es, in dem wunderschönen Park von Cawdor Castle zu lustwandeln, dessen Blumengarten 1720 angelegt wurde *(Nairn, ✆ 01667 404401, 💻 www.cawdorcastle.co.uk, 🕐 Mai bis Mitte Oktober tgl. 10-17.30 Uhr).*

Esel umterm Weißdorn

Reisepraktische Informationen

Unterkunft

Westlich von Cawdor liegt ***Kilravock Castle €€*** *(ausgesprochen Kilrock), ein schönes Anwesen aus dem 15. Jh. Das Schloss ist im Familienbesitz der Rose-Familie, die hier ein Gästehaus nach strengen christlichen Regeln führt (Kilravock Castle, Croy, Inverness IV2 7PJ, ✆ 01667 493258, 💻 www.kilravockcastle.com). Kilravock Castle kann aber auch von Nicht-Gästen besichtigt werden (Führungen Mi und Do 14.30 und 16 Uhr) und ebenso die herrlichen Gärten (Mo-Sa 10-16 Uhr).*

Einkehren

Im Dorf Cawdor, nicht weit vom Schloss, kann man sich nach der Besichtigung in der Cawdor Tavern (günstig-mittlere Preislage, ✆ 01667 404777) stärken.

Nairn ist ein netter Küstenort mit 12.000 Einwohnern, einem 5 km langen Sandstrand, guten Unterkunftsmöglichkeiten und einem fantastischen Meisterschaftsgolfplatz. Der Hafen wurde 1820 von Thomas Telford gebaut.

Golf

Ab dem 12. Jh. war Nairn ein bedeutendes Handelszentrum und vor allem im 19. Jh. ein wichtiger Fischereihafen. Die kleinen Fischerhäuser in Old Fishertown schmiegen sich rund um den Hafen. Das Stadtzentrum ist als New Fishertown bekannt. Heute ist Nairn ein beliebter Urlaubsort. Das **Fishertown Museum** in Old Fishertown erläutert anschaulich das Leben in der alten Fischerstadt Nairn *(Old Fishertown, 🕐 Juni bis August Mo-Sa 10-17 Uhr).*

Strand bei Nairn

Zwischen Nairn und Forres liegt, friedlich in die schöne Landschaft eingebettet, **Brodie Castle**. Das Grundstück, auf dem das Castle steht, ist seit 1160 ohne Unterbrechung im Besitz der Familie Brodie. Das Tower House selbst stammt aus dem 16. Jh. und wurde im 19. Jh. mit weiteren Anbauten versehen. Das Haus beherbergt eine beeindruckende Sammlung französischer Möbel, englisches, französisches und chinesisches Porzellan und wertvolle Gemäl-

piktischer Stein

de. Im Gelände von Brodie Castle, gleich nach dem Osttor, steht ein fast 2 Meter piktischer Stein, der sogenannte **Rodney Stone**. Auf dem mit Inschriften versehenen Monolithen sind u.a. Schlangen mit Delfinköpfen und ein Elefant zu erkennen *(Brodie Castle, ✆ 01309 641371, 💻 www.nts.org.uk, 🕐 Schloss: April bis September Mo-Sa 11-17.30 Uhr, So 13.30-17.30 Uhr, an Wochenenden im Oktober Sa 11-17.30 Uhr, So 13.30-17.30 Uhr, Grundstück: ganzjährig, täglich 9.30 Uhr bis Sonnenuntergang. Von der A96 ab, 6 km W Forres).*

Brodie Castle

Feste / Feiern

Mitte August finden seit 1867 Highland Games statt, 💻 www.nairnhighlandgames.co.uk

Reisepraktische Informationen Nairn

Information

***TIC**, 62 King Street, Nairn, Inverness-shire IV12 4DN, ✆ 01667 452753, 💻 www.visitnairn.com.*

Unterkunft

********Sunny Brae Hotel €€***, Ian und Sylvia Bochel, Marine Road. Nairn IV12 4EA, ✆ 01667 452309, 💻 www.sunnybraehotel.com. Sehr behagliches, kleineres Hotel im Familienbetrieb mit 9 Zimmern. Wunderbare Blicke auf den Moray Firth. Die Besitzer sprechen Deutsch.*

Öffentliche Verkehrsmittel

*Regelmäßige **Busse** von und nach Inverness. Auch liegt Nairn an der Eisenbahnstrecke Inverness – Aberdeen, und es gibt mehrmals täglich Verbindungen in beide Richtungen.*

Golf

In Nairn gibt es 2 berühmte Plätze: Nairn Golf Club (✆ 01667 453208, 💻 www.nairngolfclub.co.uk) wurde 1887 gegründet. Nairn Dunbar Golf Club (✆ 01667 453208, 💻 www.nairndunbar.com) 1899. Beides sind 18-Loch Plätze.

Fischerorte

Die Nordostküste von hier nach Fraserburgh bietet wunderschöne Panoramen: kleine, malerische Fischerorte und kilometerlange leere Sandstrände, wie z.B. in Cullen, Lossiemouth, Rosehearty und Sunnyside. Andere Highlights der Region sind die Abtei in Pluscarden, die Lebensgemeinschaft Findhorn sowie Duff House.

Forres (18 km W Elgin) hat rund 9.000 Einwohner und ist für seine herrlichen Blumen- und Grünanlagen berühmt. Das **Falconer Museum** in der Tolbooth Street zeigt lokalgeschichtliche Exponate, insbesondere zur Sozialgeschichte und Geologie der Region *(Talbooth Street, ✆ 01309 673701, 💻 www.moray.org/*

museums, ⓘ April bis Oktober Mo-Sa 10-17 Uhr, November bis März Mo-Do 11-12.30 und 13-15.30 Uhr).

Der **Nelson Tower** (Cluny Hill) wurde 1806 zur Erinnerung an Nelsons Sieg in Trafalgar errichtet. Von hier hat man einen schönen Ausblick über Forres, die Findhorn Bay und den Moray Firth. Am Ortsausgang Richtung Elgin (Findhorn Road) steht der beeindruckendste piktische Stein in ganz Schottland, **Sueno's Stone**, der auf das 9.-11. Jh. datiert wird. Der schlanke Monolith, durch einen Plexiglaskasten geschützt, ist über 6 Meter hoch, fantastisch gut erhalten und reichlich verziert. Dargestellt sind auf der einen Seite ein großes keltisches Kreuz, auf der anderen Seite über 100 Personen in einer Schlachtenszene: Reiter, Frauen, Krieger, ein Radkreuz sowie ein piktischer Broch. Möglicherweise handelt es sich um einen Gedenkstein eines Sieges der Pikten über die Wikinger. An dieser Stelle fand nämlich eine Schlacht gegen die Wikinger statt. Sueno's Stein wird auch in Shakespeares Macbeth erwähnt.

1 ½ km S Forres, ein wenig abseits der A940, befindet sich die **Dallas Dhu Distillery**. Hier wird kein Whisky mehr hergestellt, aber es handelt sich um ein schön erhaltenes viktorianisches Gebäude unter dem Schutz von Historic Scotland, das man ohne Führung besichtigen kann *(Mannachie Road, ✆ 01309 676548, 💻 www.historic-scotland.gov.uk, ⓘ April bis September tgl. 9.30-17.30, Oktober bis März Sa-Mi 9.30-16.30 Uhr).*

Reisepraktische Informationen Forres und Umgebung

Information

***TIC**, 116 High Street, Forres, Moray IV36, ✆ 01309 673783, ⓘ Ostern bis Oktober.*

Hotel

*******Ramnee Hotel and Restaurant** €€, Victoria Road, Forres IV36 0BN, ✆ 01309 672410, 🖷 01309 673392, ⓘ ganzjährig. Elegantes Hotel mit 20 Zimmern, gediegenes viktorianisches Gebäude, nahe beim Fluss Findhorn gelegen. Sehr gutes Restaurant.*

B&B

***Brough House** €€, Mark & Rosemary Lawson, Milton Brodie, Forres IV36 0UA, ✆/🖷 01343 850617, 💻 www.wolsey-lodges.co.uk, ⓘ Dezember und Januar geschlossen, 2 Zimmer, wunderschönes und gemütliches Familienhaus, herrliches Dinner. Kinder ab 8 Jahren willkommen.*

***Blervie** €€, Eddy & Fiona Meiklejohn, Forres IV36 0RH, ✆/🖷 01309 672358, ⓘ ganzjährig, 2 Zimmer, gemütliche Unterkunft in einem Gebäude von 1776.*

In **Kinloss** (5 km NO Forres) befinden sich ein Stützpunkt der Royal Air Force sowie die Ruine einer 1151 von David I. gegründeten Zisterzienserabtei, von der jedoch außer den Grundmauern und einem Torbogen nicht mehr viel erhalten ist. Das Gelände ist jederzeit zugänglich.

Einheit mit Gott und der Natur

Findhorn Bay wird von langen Sandstränden und einer schönen Dünenlandschaft gesäumt. Bekannt wurde der Ort durch die **Findhorn Foundation**, eine 1962 gegründete Gemeinschaft, deren Mitglieder in der Einheit mit dem Göttlichen und der Natur zu leben versuchen. Mittlerweile hat sich die Gemeinschaft als feste Institution etabliert, und rund 14.000 Besucher kommen jährlich aus der ganzen Welt, um das „Dorf" zu besichtigen und an Kursen verschiedener Art teilzunehmen. Findhorn Foundation bietet ein reichhaltiges Kursangebot, an dem man als „Gast" der Gemeinschaft teilnehmen kann. In der Umgebung haben sich mittlerweile verschiedene ökologisch orientierte Unternehmen, Heilpraktiker und eine Rudolf-Steiner-Schule etabliert *(Findhorn Foundation, The Park, Findhorn, Forres IV36 3TZ, ✆ 01309 690311, 💻 www.findhorn.org)*.

Zwischen **Lossiemouth** (zwei schöne Sandstrände und Golfplatz) und **Burghead** liegt das kleine Dorf **Duffus**. Die Ruine von **Duffus Castle** (von der B 9012 ab, 6 km NW Elgin) ist in der flachen Landschaft schon von weitem her sichtbar. Die groß angelegte „motte-and-bailey" (Burg der Normannen)-Anlage stammt aus dem 12. Jh. Anfang des 14. Jh. wurde sie durch einen Wohnturm aus Stein mit einer massiven Ringmauer ersetzt. Die Steinmasse des Turms übte jedoch einen solchen Druck auf den künstlich aufgeschütteten Erdhügel (der ja für eine Bebauung aus Holz vorgesehen war) aus, so dass ein Teil des Turmes abgerutscht ist.

Eliteschule

Unweit liegt **Gordonstoun**: Das Internat von Gordonstoun ist die elitärste Schule Schottlands. Sie wurde 1934 von dem deutschen Pädagogen **Kurt Hahn** gegründet, der auch die Eliteschule Salem in Baden gegründet hatte. Hahns pädagogische Vorstellung liegt in der Heranbildung eines auf Selbstdisziplin beruhenden humanistischen Verantwortungsbewusstseins als Individuum und als „homo socius". In Gordonstoun wurden Prinz Philip und seine beiden Söhne Prinz Charles und Prinz Andrew erzogen.

Spynie Palace stammt in seinen Anfängen aus dem 13. Jh. und war bis 1686 die Residenz der Bischöfe von Moray. Als Gesandte und Berater des schottischen Königs hatten sie nicht nur Einfluss auf die Kirchen-, sondern auch auf die Landespolitik. Nach 1686 verfiel der Palast, doch sind selbst die Ruinen noch beeindruckend. Vom Turm hat man herrliche Blicke über den Loch Spynie *(✆ 01343 546358, 💻 www.historic-scotland.gov.uk, 🕓 tgl. April bis September 9.30-17.30 Uhr, Oktober bis März 9.30-16.30 Uhr. Von der A941 ab, 3 km N Elgin)*.

Das Licht des Nordens

Elgin erhielt 1236 Stadtrecht und war im Mittelalter als Bistum eines der wichtigsten Zentren in Schottland. Die mittelalterliche Stadtanlage ist weitgehend erhalten. In der High Street sind einige Häuser des 17. und 18. Jh. erhalten, zum Beispiel das **Duff o'Bracco's House** von 1694. Elgin ist eine lebendige, ansprechende Stadt mit 20.000 Einwohnern. Es gibt einen Golfplatz und auch ausreichend Übernachtungsmöglichkeiten.

Elgin Cathedral ist eine der schönsten Kirchenruinen Schottlands. Als „Licht des Nordens", wie das Gotteshaus einst genannt wurde, zählte es mit seiner Gesamtlänge von 96 Metern zu den stattlichsten der schottischen Kathedralen. Das Gebiet rund um Elgin ist sehr fruchtbar, weshalb die Stadt jahrhundertelang immer wieder angegriffen wurde. Der Grundstein für die Kirche wurde 1224 gelegt, doch bereits 1270 wurde der Bau durch eine Feuersbrunst beschädigt. 1390 wurde sie von Alexander Stewart, Sohn Richard II. – bekannt als „Wolf von Badenoch" –, erneut in Brand gesetzt. Die Brandstiftung war ein Racheakt gegen die Exkommunikation, die aufgrund seines brutalen und unmoralischen Verhaltens gegen ihn eingeleitet worden war. Beim Wiederaufbau wurde u.a. ein zentraler Turm hinzugefügt. Die größten Zerstörungen brachte die Reformation mit sich, die Kathedrale verfiel danach zusehends. 1640 fiel das große Westfenster Cromwells Truppen zum Opfer. 1711 brach der Turm ein und sorgte für weitere Schäden. Die Ruinen lassen nur noch vage eine Vorstellung von der einstigen Pracht des Gotteshauses zu. Einen schönen Anblick bietet die Nordwestfront mit den feinen, leider nur noch als Stümpfe stehenden Zwillingstürmen. Beeindruckend ist vor allem auch das 8-eckige Kapitelhaus (15. Jh.) mit interessanter Fenster- und Deckengestaltung *(✆ 01343 547171, 💻 www.historic-scotland.gov.uk, 🕐 April bis September 9.30-17.30 Uhr, Oktober bis März Sa-Mi 9.30-16.30 Uhr).*

Elgin Cathedral

Licht des Nordens

Das kleine preisgekrönte **Elgin Museum** in der High Street, unweit der Kathedrale, zeigt Exponate zur Lokalgeschichte sowie eine interessante Fossiliensammlung *(✆ 01343 543675, 💻 www.elginmuseum.org.uk, 🕐 April bis Oktober Mo-Fr 10-17 Uhr, Sa 14-16 Uhr).*

Im **Moray Motor Museum** kann man eine große Ausstellung von Oldtimern und seltenen Motorrädern bewundern *(Bridge Street, Bishopmill, ✆ 01343 544933/541120, 🕐 April bis Oktober tgl. 11-17 Uhr).*

Reisepraktische Informationen Elgin und Umgebung

Information

***TIC**, 17 High Street, Elgin, Morayshire IV30 1EG, ✆ 01343 542666, 📠 01343 552982, 🕐 ganzjährig, 💻 www.elginscotland.org*

Unterkunft

*******The Mansion House Hotel & Country Club** €€€, The Haugh, Elgin IV30 1AW, ✆ 01343 548811, 📠 01343 547916, 💻 www.mansionhousehotel.co.uk, 23 Zimmer, Swimmingpool, Sauna, Snooker Room, romantisches Wohnen in dem mit Erkern und Türmchen verzierten imposanten Schlosshotel. Elegantes Restaurant.*

*******Mansfield House Hotel €€-€€€**, 2 Mayne Road, Elgin IV30 1NY, ✆ 01343 540883, 📠 01343 552491, 🕐 ganzjährig, 21 Zimmer. Zentral gelegenes Hotel mit gutem Restaurant, empfehlenswert vor allem die Fischspezialitäten.*

******The Lodge Guest House** *€, 20 Duff Avenue, Elgin IV30 1QS, ✆ 01343 549981, www.thelodge-elgin.com, ganzjährig, 8 Zimmer. Sehr freundliches Gästehaus in denkmalgeschützter Villa in ruhiger Lage.*

Öffentliche Verkehrsmittel

Elgin liegt an der Bahnlinie Inverness – Aberdeen, außerdem gibt es regelmäßige Busverbindungen von Inverness und Aberdeen sowie Dufftown.

Einkaufen

***Johnstons Cashmere Visitor Centre**, Newmill, Elgin IV30, ✆ 01343 554099, www.johnstonscashmere.com, April bis Dezember Mo-Sa 9-17.30 Uhr, So 11-17 Uhr. Seit über 200 Jahren stellen Johnstons of Elgin aus den Rohfasern wunderbare Kashmirprodukte her. Es gibt Führungen durch die Produktionsräume und im Besucherzentrum vertiefende Informationen über die Geschichte des Betriebes und die Herstellungsweisen. Natürlich kann man die schönen Stücke auch erwerben.*

Golf

***Elgin Golf Club**, ✆ 01343 542884, www.elgingolfclub.com*

normannische Kirche

5 km S Elgin liegt die kleine **Birnie Church**. Um 500 stand an dieser Stelle bereits eine keltische Kirche. Das heutige Gotteshaus stammt von ca. 1140. Ursprünglich befand sich hier der Bischofssitz von Moray, der später nach Elgin verlegt wurde. Der schlichte, eher unscheinbare Bau – bestehend aus Hauptschiff und Chor – soll angeblich die älteste, fortlaufend genutzte Kirche in Schottland sein. Auf jeden Fall ist sie eine der wenigen normannischen Kirchen, in denen noch Gottesdienste abgehalten werden. 1891 wurde die Kirche umfassend renoviert und modernisiert. Der ursprüngliche Charakter ist dennoch gut erhalten. Typisch für die normannische Kirchenarchitektur ist der breite Triumphbogen zwischen Schiff und Altarraum.

Pluscarden Abbey ist neben Ardchattan und Beauly die dritte der drei Niederlassungen des Valliscaulienserordens in Schottland. In etwa zeitgleich wie die Kathedrale in Elgin gegründet (1230), wurde auch Pluscarden Abbey als Racheakt des „Wolf von Badenoch" niedergebrannt (1390). 1454 wurde die Abtei von den Benediktinern übernommen, die bis zur Reformation hier blieben. Nach der Reformation wurde das Kloster aufgelöst und verfiel.

1948 übernahmen erneut Benediktinermönche die Abtei, stellten die Gebäude wieder her und heute ist es das einzige mittelalterliche Kloster, das noch von Mönchen bewohnt wird. Seit den Zeiten der Valliscaulienser ist die Abtei unvollendet gewesen. Zu sehen sind der Mittelturm, die Chormauern und die Querschiffe. In der Lady Chapel mit dem Hauptaltar ist noch ursprüngliches Mauerwerk aus dem 13. Jh. erhalten. Unter dem Verputz wurden Fresken aus dem 13. Jh. gefunden. Das nördliche Querschiff gehört ebenfalls mit zu den ältesten Teilen der Kirche. Die großen Glasfenster wurden 1960 eingesetzt.

Es gibt Führungen, und die Gottesdienste sind auch für die Öffentlichkeit zugänglich. Auch ist es möglich, für einige Zeit im Kloster zu leben *(✆ 01343 890257, www.pluscardenabbey.org, tgl. von 04.30-20.30 Uhr. 10 km SW Elgin).*

Streckenführung

Die A96, die direkte Strecke von Inverness nach Aberdeen, biegt in Fochabers nach Süden ab und führt via Keith, Huntly und Inverurie nach Aberdeen. Alternativ geht es weiter entlang der Küste, wie im Folgenden beschrieben.

Buckie ist ein lebendiger, kleiner Hafenort. Das maritime Museum, **The Buckie Drifter** erzählt die Geschichte der Heringsfischerei in der Region *(Freuchny Road, ✆ 01542 834646, ⏲ April bis Oktober Mo-Sa 10-17 Uhr, So 12-17 Uhr).*

Reisepraktische Informationen Buckie

Information

***TIC Cluny Square**, Buckie, Grampian Ab56 ✆ 01542 834853*

Unterkunft

*****The Marine Hotel** €, Marine Place, Buckie AB56 1UT, ✆ 01542 832249, 🖷 01542 834949, ⏲ ganzjährig außer Weihnachten und Neujahr, 10 Zimmer, modernes Hotel an der See mit verschiedenen Freizeiteinrichtungen, wie Sauna und Fitnessraum*

Die Strecke zwischen Buckie und Fraserburgh wird von malerischen Fischerdörfern gesäumt. Sie bestehen meist nur aus wenigen Häuserzeilen mit einfachen weißen oder grauen Häuschen und vielen bunten Fischerbooten am Hafen. Diese Dörfer haben sehr von der Nordseefischerei profitiert und sind deshalb meist bessergestellt als die im Landesinneren nur von der Landwirtschaft lebenden Orte. An der Küstenstrecke gibt es eine Reihe von Burgruinen, die Zeugnis von der historischen Notwendigkeit einer Küstenbefestigung ablegen. *profitable Nordseefischerei*

Portsoy und **Cullen** sind besonders niedliche Küstenorte. Cullen hat rund 1.400 Einwohner, eine Kirche aus dem 14. Jh. und einen Golfplatz. Östlich des Hafens liegt der herrlich einsame Strand Sunnyside. Ein anderer schöner Strand ist in Sandend zwischen Portsoy und Cullen. Das hübsche Portsoy hat einen Hafen aus dem 17. Jh. und restaurierte Kaufmannshäuser, die sich entlang der engen Straßen ziehen. Anfang Juli findet in Portsoy das „Scottish Traditional Boat Festival" *(💻 www.stbf.bizland.com)* statt. *Sunnyside*

Reisepraktische Informationen Cullen

Unterkunftsempfehlungen

*Das *****The Seafield Arms Hotel** €€, (19 Seafield Street, Cullen AB56 4SG, ✆ 01542 840791, 💻 www.theseafieldarms.co.uk), das in einer ehemaliger Kutschenstation eingerichtete wurde, hat 22 individuell gestaltete Zimmer.*

*Das kleinere ****Bayview Hotel** €€ (Seafield Street, Cullen AB56 2SU, ✆ 01542 841031) bietet herrliche Blicke über die Bucht.*

Der hübsche Hafenort **Banff** hat eine weitgehend erhaltene Bausubstanz aus dem 18. Jh. Der Ort wird lediglich durch eine Brücke von seinem Nachbarort, **Macduff**, getrennt. Das **Aquarium** veranschaulicht die Welt unter Wasser. Die größte Attraktion in der Umgebung hingegen ist Duff House *(11 High Shore, ✆ 01261 833369, ⌚ tgl. 10-17 Uhr)*.

William Adam

Die **Duff House Country Gallery** liegt etwas südlich von Banff und wurde 1725-40 von William Adam für William Duff, den 1. Earl of Fife, erbaut. Das prunkvolle Schloss, ein zweigeschossiger Haupttrakt mit vier Ecktürmen und einer aufwendigen Hauptfront mit Mittelrisalit, wird als ein Meisterwerk William Adams bezeichnet. Ursprünglich war geplant, an den Haupttrakt halbkreisförmige Kolonnaden wie bei Hopetoun House (siehe S. 218) anzuschließen.

Nach dreizehn Jahren Bauzeit, die bereits Unsummen verschlungen hatten, wurde der ursprüngliche Plan fallengelassen. Die Familie gab das Haus 1906 auf. Danach diente es zeitweilig als Hotel und Sanatorium und im 2. Weltkrieg als deutsches Kriegsgefangenenlager. Nach langwierigen und kostspieligen Restaurationsarbeiten wurde Duff House als Dependance der National Gallery of Scotland eröffnet. Die kostbare Gemäldesammlung umfasst schottische Künstler wie Ramsay und Raeburn sowie Werke von El Greco. Das Haus ist von einem wundervollen Park umgeben. Ein herrlicher Weg führt entlang des Flusses Deveron zur **Bridge of Alvah** (6 km hin und zurück) *(✆ 01261 818181, 💻 www.duffhouse.org.uk und www.historic-scotland.gov.uk, ⌚ tgl. 11-17 Uhr)*.

Reisepraktische Informationen Delgatie Castle

Unterkunftsempfehlung

Delgatie Castle *(von der A947 ab, 3 km O Turiff, ✆ 01888 563479, 💻 www.delgatiecastle.com, Café ⌚ April bis Oktober tgl. 10-17 Uhr) ist ein mächtiger Wehrturm, der seine Ursprünge im 11. Jh. haben soll. Im Laufe der Jahrhunderte folgten vielfache Veränderungen und Erweiterungen. Delgatie Castle ist seit über 700 Jahren im Besitz der Familie Hay. Es gibt verschiedene *****-Unterkünfte für Selbstversorger und zwar in Cottages auf dem Gelände sowie in Suiten im Haupthaus.*

Zwischen Banff / Macduff und Fraserburgh liegen die drei niedlichen Orte **Pennan**, **Gardenstown** und **Crovie**, deren Häuser sich eng an die Klippen schmiegen.

aus Castle wird Leuchtturm

Fraserburgh (27 km N Peterhead) ist ein bodenständiger Fischereihafen mit 13.000 Einwohnern und einem langen Sandstrand. Am nördlichen Ende der Stadt liegt **Kinnaird Head Castle and Lighthouse**, wo das **Lighthouse Museum** untergebracht ist. Die bizarre Struktur ist darauf zurückzuführen, dass es sich um ein Castle des 16. Jh. handelt. 1787 wurde es von der Northern Lighthouse Company in einen Leuchtturm verwandelt. Die faszinierende Ausstellung dokumentiert die Arbeit im Leuchtturm sowie eine Darstellung der Stevenson-Familie, die etliche schottische Leuchttürme baute *(✆ 01346 511022)*.

Peterhead (45 km N Aberdeen) ist mit 18.500 Einwohnern nach Aberdeen die zweitgrößte Stadt des Nordostens und ein großer Fischereihafen. Das **Peterhead Maritime Heritage Centre** in der South Road erzählt die Geschichte vom Walfang und von der Fischindustrie *(South Road, ✆ 01779 473000, 🕐 Juni bis August Mo-Sa 10.30-17 Uhr, So 11.30-17 Uhr).*

Am Nordende der Stadt, an der Golf Road, lockt das **Ugie Fish House**, Schottlands ältestes Fischhaus. Seit 1585 wird hier Lachs geräuchert. Bei einer Besichtigung lernt man die alten Räuchermethoden kennen und kann natürlich auch geräucherten Fisch kaufen. Es gibt auch einen weltweiten Versandservice *(Golf Road, ✆ 01779 476209, 💻 www.ugie-salmon.co.uk, 🕐 ganzjährig Mo-Fr 9-17 Uhr, Sa 9-12 Uhr).*

schön für Kinder

In **Mintlaw**, 13 km W Peterhead, liegt der **Aden Country Park**, der einen netten Ausflug für Kinder bietet. Es gibt organisierte Aktivitäten, man kann zusehen, wie es auf einem Bauernhof zugeht und die Tiere auch streicheln oder sich im Museum über die Geschichte der Farmwirtschaft im Nordosten Schottlands und über die traditionellen Wirtschaftsweisen informieren *(✆ 01771 622906, 🕐 Park ganzjährig, Restaurant, Shop und Museum April bis Oktober). Zum Aden Country Park gehört auch ein Caravan- und Campingplatz (🕐 April bis Oktober, ✆ 01771 623460).*

lateinisches Manuskript

15 km W Peterhead, an der A950, liegt das kleine Dorf **Old Deer**. Hier befand sich einst ein keltisches Kloster, von dem jedoch heute nichts mehr erhalten ist, außer einer der kostbarsten literarischen Reliquien der keltischen Kirche, das berühmte **Book of Deer** *(💻 www.bookofdeer.co.uk).* Das lateinische Manuskript stammt aus dem 9. Jh. und beinhaltet Teile des Neuen Testaments. Die Randbemerkungen sind die frühesten bekannten schriftlichen Zeugnisse im schottischen Gälisch. Sie wurden im 11. oder 12. Jh. hinzugefügt. Das Book of Deer wird heute in der Universitätsbibliothek in Cambridge verwahrt.

Unweit des Dorfes befinden sich die wenigen Überreste von **Deer Abbey**, 1219 für Zisterziensermönche gegründet. Im späten 16. Jh. wurde die Abtei verlassen und als Steinbruch benutzt. Von der großen Abteikirche aus rotem Sandstein ist kaum mehr etwas erhalten.

Südlich von Peterhead liegt am nördlichen Ende einer weiten Bucht der kleine Ort **Cruden Bay**. Hier gibt es einen schönen Sandstrand und einen fantastischen Golfplatz, der als einer der besten in Großbritannien und zu den 50 besten weltweit gilt *(✆ 01779 812285, 💻 www.crudenbaygolfclub.co.uk).* Auf der Klippe, 15 Minuten zu Fuß von Cruden Bay, stehen die Überreste von **Slains Castle**, das 1597 gebaut wurde. Angeblich veranlasste die schaurige Ruine Bram Stoker dazu, „Dracula“ zu schreiben.

Südlich von Cruden Bay erstreckt sich am Ythan Estuary das **Forvie National Nature Reserve**, ein riesiges Dünengebiet und die Heimat für eine Vielfalt an Seevögeln.

Streckenführung

Haben Sie noch ein wenig Zeit, lohnt sich von Newbury aus ein Abstecher ins Landesinnere in Richtung Ellon. Drei Schlösser sowie ein schöner Garten können hier besichtigt werden.

Sir Alexander Seton

Pitmedden Garden wurde 1675 von Sir Alexander Seton (vgl. Fyvie Castle) entworfen. Der prachtvolle Barockgarten zeigt vier formale Schemata. Drei sind nach dem Vorbild des Parks von Holyrood Palace in Edinburgh angelegt, das vierte zeigt das heraldische Emblem von Sir Seton. In einem der beiden kleinen Pavillons (1675) erläutert eine Ausstellung die Entwicklung der Gartenbaukunst. Am letzten Sonntag im September kann man anlässlich des Erntefestes rund 50 verschiedene Apfelsorten probieren. Auf dem Gelände befindet sich außerdem das **Museum of Farming Life**, das ein lebhaftes Bild von den Zeiten schildert, als mit Pferd und Wagen gearbeitet wurde. In der netten Teestube gibt es köstliche Scones *(Ellon, an der A920, ✆ 01651 842352, 💻 www.nts.org.uk, ⌚ Mai bis September täglich 10-17.30 Uhr, Grundstück ganzjährig)*.

1 ½ km nördlich von Pitmedden zweigt eine kleine Straße von der B999 zum Tolquhon Castle ab. **Tolquhon Castle** ist ein Tower House aus dem 14. Jh., das am Ende des 16. Jh. zu einem wehrhaften Bau erweitert wurde. Rechts neben dem schön ornamentierten Torhaus erläutert eine Inschrift in der Mauer die Umgestaltung der Burg durch William Forbes (15.4.1584-20.10.1589). Die Burg wurde kaum zerstört. Erst als sie ab Mitte des 19. Jh. leer stand, verfiel sie *(✆ 01651 851286, ⌚ April bis September Mo-So 9.30-17.30 Uhr, Oktober Sa-Mi 9.30-16.30 Uhr, November bis März Sa, So 9.30-16.30 Uhr, 11 km O Oldmedrum)*.

Adam-Revival

6 km N Pitmedden liegt das elegante **Haddo House**. Das aus der 1. Hälfte des 18. Jh. stammende Gebäude wurde in den 1880er Jahren umfassend renoviert und mit einer neuen Innenausstattung versehen. Dies war die Zeit des sogenannten „Adam-Revival", und so verwendete man bei der eleganten Neugestaltung von Haddo House vorwiegend zarte Pastelltöne und viel Stuck, so wie es ein Robert Adam getan hätte. Auch wenn die Innenausstattung gut 150 Jahre jünger als der gesamte Bau ist, bilden nun Innen- und Außengestaltung eine harmonische architektonische Einheit. Die Hauskapelle (1880) ist mit einem Fenster von Edward Burne-Jones versehen. Nach dem 2. Weltkrieg wurde die „Haddo House Choral Society" *(💻 www.haddohouse.org.uk)* gegründet und die 1890 erbaute Community Hall zu einem Konzert- und Theatersaal umgebaut. Seitdem finden hier alljährlich Opern- und Konzertveranstaltungen statt *(✆ 01651 851440, 💻 www.nts.org.uk, ⌚ Ostern 11-16.30 Uhr, Mai bis Juni und September Sa, So 11-16.30 Uhr, Juli und August tgl. 11-16.30 Uhr)*.

11 km W Haddo House (von der A947 zwischen Oldmeldrum und Turriff ab) liegt ein anderes Juwel:

Fyvie Castle ist ein Musterbeispiel des schottischen Baronialstils. Ursprünglich stand auch hier eine hölzerne Burg, die im 14. Jh. durch eine Steinburg ersetzt wurde. Im späten 16. Jh. wurde sie erweitert und erhielt ihr heutiges baroniales

Aussehen mit unterschiedlichen Dachhöhen und hervortretenden runden Ecktürmchen, die mit konischen Dächern versehen sind. Als im 18. Jh. erneut der Besitzer wechselte, wurde der Gordon Tower hinzugefügt und ein Landschaftspark angelegt. Im Inneren ist besonders die drei Meter breite und vier Stockwerke hohe steinerne Wendeltreppe von Sir Alexander Seton eindrucksvoll. Seton hat auch die Fassade des Schlosses gestaltet. Aus dem 18. Jh. stammen hauptsächlich Möbel und Gemälde. Interessant ist das Portrait von William Gordon, das er sich während seiner „Grand Tour" durch Italien von Pompeo Batoni (1708-1787) anfertigen ließ. Es zeigt ihn im schottischen Kilt vor den Ruinen des Kolosseums. Bemerkenswert ist das Gemälde insbesondere aufgrund seiner Entstehungszeit, 1766, nur 20 Jahre nach Culloden und dem Verbot jeglicher schottischer Traditionen. Weiterhin beherbergt Fyvie House eine der größten Raeburn-Sammlungen weltweit.

im Kilt vor dem Kolosseum

Fyvie Castle wurde von fünf verschiedenen Familien bewohnt und hat fünf nach diesen Familien benannte Türme. Der Name „Fyvie" stammt jedoch nicht vom englischen Five = fünf ab, sondern ist aus dem Gälischen „Hügel der Hirsche" abgeleitet *(✆ 01651 891266, 💻 www.fyviecastle.com, www.nts.org.uk, 🕐 Ostern bis Juni und September Sa-Mi 12-17 Uhr, Juli und August 11-17 Uhr).*

Der Malt Whisky-Trail und der Castle-Trail: Speyside und das Don-Valley

Speyside und der Whisky-Trail

pro Destille eine gute Stunde

Der Nordosten Schottlands ist die Heimat des Whiskys. Vor allem in der Gegend des Flusses Spey gibt es etliche Destillen, einschließlich der berühmten Marken wie Glenlivet und Glenfiddich. Der Spey ist der zweitlängste Fluss in Schottland. Er beginnt in den Bergen über Loch Laggan und führt zur Spey Bay an der Küste von Moray. Entlang des „Whisky-Trail" können Sie eine Destille nach der anderen besichtigen. Die mit dem Emblem des typischen pagodenförmigen Darreturms (zur Trocknung der Gerste) ausgeschilderte Route ist ungefähr 100 km lang, und pro Destille sollte man eine gute Stunde einplanen. Da es allerdings insgesamt über 100 Destillerien in Schottland gibt, braucht man keinen Anspruch auf Vollständigkeit legen. Im Grunde ähneln sich die Destillen auch. Grundsätzlich sind die Whiskysorten aus Speyside im Vergleich zum torfigen Islay-Whisky wesentlich milder und sanfter.

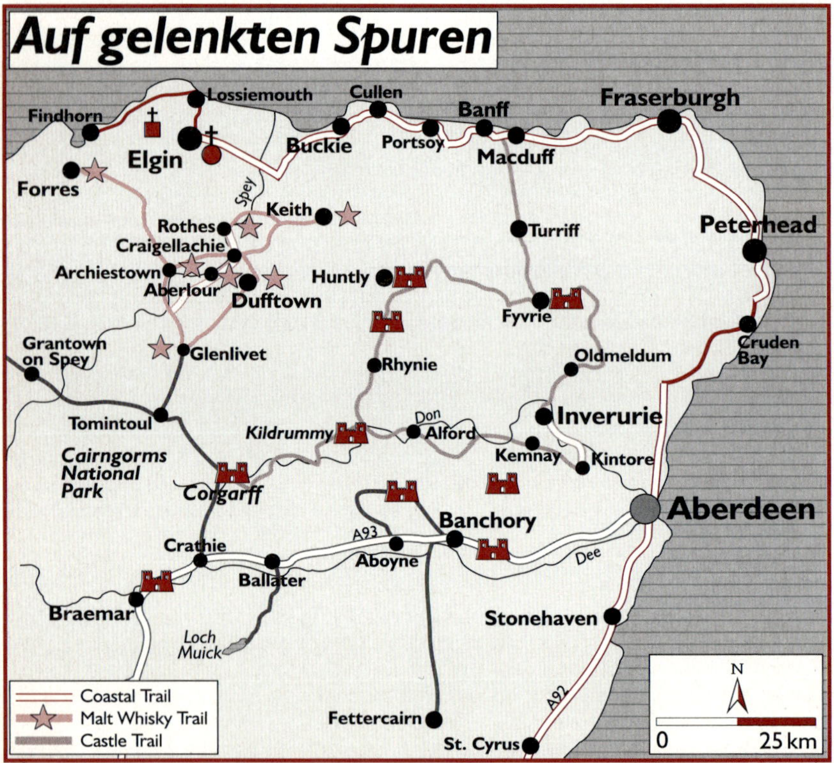

INFO

Informationen zum Whisky und zur Whiskyherstellung

▸ Geschichte

Der Begriff Whisky stammt aus dem Gälischen „uisge beatha“ und bedeutet so viel wie „Wasser des Lebens“. Im 16. Jh. wurde Whisky immer populärer, und 1725 eine erste Malzsteuer eingeführt. Das Resultat war, dass gerade in den abgeschiedenen Highlands Schwarzbrennereien aufblühten. Anfang des 19. Jh. existierten allein um Glenlivet mehr als 200 Schwarzbrennereien. 1823 kam es zu einer Gesetzesänderung. Kosten und Steuern wurden gesenkt, so dass es für die Destillen eher möglich war, Lizenzen zu erhalten.

Destillationskolben

Um 1870 nahm die Whisky-Produktion industrielle Züge an. Im Norden schloss man sich zur „North of Scotland Malt Distillers Association“ zusammen, im Süden zur „Distillers Company Limited“ (DLC). Das Geschäft boomte. Während Gin das Getränk der armen Leute war, wurde Whisky salonfähig. 1909 legte eine Kommission fest, was „Scotch Whisky“ sei und auch, dass kein anderes Land den guten Stoff herstellen durfte, ohne gegen internationales Recht zu verstoßen. Das Geschäft blühte fortan noch besser. Während des 2. Weltkrieges kam es zu einigen Schwierigkeiten, die jedoch bereits 1953 überwunden waren, als das Überseegeschäft im großen Stil einsetzte. Bald erzielte Schottland ein Viertel seiner gesamten Exporteinnahmen durch den Verkauf von Whisky. Heute gibt es über 2.000 verschiedene Sorten Scotch, davon 116 Malts, die von Kennern bevorzugt werden.

▸ Herstellung

Man unterscheidet **zwei Arten** von Whisky: 1. Malt Whisky (aus gemalzter Gerste hergestellt) und 2. Blended Whisky (eine Mischung aus Malz- und Kornwhisky, to blend = mischen).

Blended Whisky gibt es erst seit ca. 1850. Mit neuen Herstellungsmethoden war es gelungen, Kornwhisky mit kleinen Mengen des teuren Malt Whiskys zu versetzen. Der billige Kornwhisky verlor dadurch an Schärfe und erhielt das „gewisse“ Aroma. Der industriell hergestellte Blended Whisky wurde rasch zu einem weltweiten Exportartikel. Malt Whisky herzustellen ist hingegen ein langer Prozess. Für einen gelungenen Malt sind drei Aspekte ausschlaggebend: 1) die Gerste 2) das möglichst klare, kalte und weiche Wasser und 3) der Torf, der ihm das unvergleichbare Aroma gibt.

Der **Herstellungsvorgang** des Malt Whisky ist sehr zeitaufwendig und kompliziert:

- Das **Malzen**: Die Gerste wird in einen großen Bottich gegeben, wo sie sich mit Wasser vollsaugt. Hier beginnt der Keimungsvorgang. Das Wasser bewirkt im Samenkorn die Produktion von Enzymen, die die Stärke des Gerstenkorns in Zucker (Maltose) umwandelt. Nach einigen Tagen wird die Gerste auf einen Zementboden gestreut. Dort keimt sie weiter und wird dann im Malzofen (kiln) auf großen Metallsieben über einem Feuer aus Torf getrocknet. Dieser Torfrauch verleiht dem Whisky seinen charakteristischen Geschmack. Der Rauchabzug, das pagodenähnliche Dach des Kiln, prägt das äußere Erscheinungsbild der Brennerei.
- Das **Maischen**: Nach dem Trocknen wird das Produkt zu Malzschrot gemahlen, dann in einem Maischbottich gewässert.
- Die **Gärung**: Zu dieser so gewonnenen zuckerhaltigen Lösung gibt man Hefe und lässt sie gären, anschließend werden in gewaltigen Destillationskolben Wasseranteile herausgetrennt.
- Die **Destillation**: Für die Destillation sind zwei Durchgänge notwendig. Der zweite ist entscheidend für die Qualität und den Geschmack, denn es gilt, Unreinheiten herauszufiltern und zugleich das Aroma zu wahren.

Ein guter Malt ist mindestens 10 Jahre alt

- Die **Reifung**: Der frischgebrannte Spiritus wird in Eichenfässer abgefüllt und in Lagerhäuser gebracht, wo er – laut Gesetz – mindestens drei Jahre reifen muss. Die guten Malts sind hingegen 10 oder 12 Jahre alt. Während der Reifung verliert der Whisky seine Schärfe und erhält den typisch weichen, reifen Geschmack des vollen reinen Malzwhiskys. Jetzt nimmt der Whisky auch erst seine Farbe an.
- Das **Abfüllen**: Nach der Reifung wird der Whisky durch Zugabe von Quellwasser auf 40 - 43 % Alkoholgehalt abgemildert, danach sorgfältig gefiltert und maschinell in Glasflaschen abgefüllt, versiegelt, etikettiert und zum Versand verpackt. Nachdem der Whisky in Flaschen abgefüllt wurde, ist der Reifungsprozess beendet. Durch zusätzliche Lagerzeit kann er nicht mehr an Güte gewinnen.

Den echten Malt Whisky trinkt man pur (neat) oder mit etwas Wasser aus einem extra Glas.

Hinweis

Eine Auflistung der interessantesten Destillen entlang des Whisky-Trails finden Sie auf S. 64.

Der Whisky Trail beginnt in **Keith**, einer kleinen Marktstadt mit 4.900 Einwohnern und Heimat der **Strathisla Destillery**. Die Destille wurde 1786 gegründet und ist somit die älteste in den Highlands. Wunderschön am Fluss Isla gelegen, wird hier ein feiner Malt produziert, der auch als Mischung für Chivas Regal verwendet wird. Die **St. Thomas Church** wurde 1831-32 im romanischen Stil errichtet *(✆ 01542 783044, 💻 www.chivas.com, 🕐 April bis November Mo-Sa 9.30-16 Uhr, So 12-16 Uhr)*. Die dominante Kuppel kam im Zuge einer Restaurierung Anfang des 20. Jh. hinzu. Die malerisch gelegene **Auld Bridge** stammt von 1609.

Thomas Telford

In **Craigellachie**, 6 km N Dufftown, führt die Craigellachie Bridge über den Spey. Die anmutige Brücke besteht aus einem einzelnen eisernen Bogen mit zwei steinernen Türmchen an den Enden. Sie wurde 1814 von Thomas Telford erbaut. Bis 1973 führte die Hauptverkehrsstraße über die Brücke. Craigellachie ist der Sitz der **Speyside Cooperage**, einer Küferei im Familienbetrieb mit Besucherzentrum. Pro Jahr werden rund 100.000 Eichenfässer repariert, die zur Reifung des Whiskys verwendet werden. Das durchschnittliche „Lebensalter" eines Fasses beträgt 50 Jahre *(✆ 01340 871108, 💻 www.speysidecooperage.co.uk, 🕐 ganzjährig Mo-Fr 9.30-16 Uhr)*.

Craigellachie Bridge

Reisepraktische Informationen Craigellachie

Unterkunft

********Craigellachie Hotel €€€**, *Craigellachie AB38 9SR, ✆ 01340 881204, 📠 01340 881253, 💻 www.craigellachie.com. Freundliches Hotel mit 25 eleganten Zimmern, gutem Restaurant und einer Bar, in der man 700 verschiedene Whisky-Sorten probieren kann.*

Von Craigellachie lohnt ein Abstecher zum idyllisch gelegenen **Ballindalloch Castle**. Genannt „Die Perle des Nordens" gilt das Schloss als eines der schönsten im Nordosten und ist seit 1546 von der Macpherson-Grant-Familie bewohnt. Eine schöne Sammlung spanischer Gemälde aus dem 17. Jh. kann man hier bestaunen und in den ausgedehnten Parkanlagen spazieren gehen. Das Castle zeigt den Übergang vom befestigten Tower House zu einem komfortableren Herrenhaus *(✆ 01807 500206, 🕐 Ostern bis September tgl. außer Sa 10.30-17 Uhr, 12 km SW Craigellachie an der A95 nach Grantown-on-Spey)*.

Ballindalloch ist die Heimat der **Glenfarclas Distillery**. 1836 gegründet, konnte Glenfarclas bislang ihre Unabhängigkeit bewahren. Nach einer Besichtigung der Produktionsanlage wird der übliche Probeschluck gereicht *(✆ 01807 500245, 💻 www.glenfarclas.co.uk, 🕐 April bis September 10-17 Uhr, Juli bis September auch Sa 10-16 Uhr, Oktober bis März Mo-Fr 10-16 Uhr)*.

Dufftown wurde 1817 von James Duff, dem 4. Earl of Fife, gegründet. Heute gilt das Städtchen als Zentrum der Whisky-Produktion mit nicht weniger als sieben Destillen in der Umgebung. Eine davon ist die berühmte Glenfiddich Distillery am Ortsausgang. Im alten Uhrturm am Dorfplatz sind die Touristeninformation und ein Heimatmuseum *(The Tower, The Square, ✆ 01309 673701)* untergebracht. Daneben gibt es das **Dufftown Whisky Museum**, wo es zahlreiche Memorablia rund um den Whisky zu sehen gibt *(Besichtigungszeiten und Whisky-Probe siehe 💻 www.dufftown.co.uk)*.

Die Ruine von **Balvenie Castle** liegt im Norden von Dufftown hinter Glenfiddich. Die von einem Graben umgebene Ringmauerburg stammt aus dem 13. Jh. und wurde im 15. und 16. Jh. zum Tower House umgebaut *(✆ 01340 820121, 💻 www.historic-scotland.gov.uk, 🕐 April bis Ende Oktober 9.30-16.30 Uhr)*.

Glenfiddich wurde 1887 gegründet und wird immer noch von der Gründerfamilie Grant geführt. Die professionellen Führungen sowie eine audiovisuelle Vorführung bieten einen Einblick in die Welt der Whiskyherstellung. Der hier hergestellte Whisky gilt als der beliebteste Single Malt weltweit. Glenfiddich ist die einzige Destille, die keinen Eintritt kostet *(✆ 01340 820373, 💻 www.glenfiddich.com, 🕐 Januar bis Mitte Dezember Mo-Fr 9.30-16.30 Uhr sowie Ostern bis Mitte Oktober Sa 9.30-16.30 Uhr, So 12-16.30 Uhr)*.

Leichenräuber

1 km S Dufftown lohnt die **Mortlach Parish Church** einen Blick. Die im 12. Jh. errichtete normannische Kirche geht auf ein frühchristliches Gotteshaus aus dem 7. Jh. zurück. Schön sind die Lanzettfenster im Chor. Sie stammen aus dem 13. Jh. Im Friedhof steht ein kleines Wachhäuschen, wo einstmals Wachen gegen die sogenannten „Body Snatchers", Leichenräuber, stationiert waren. Entlang der B9009

Unendliche Weite

führt die Route nach **Glenlivet**, wo man die 1824 gegründete Glenlivet Distillery besuchen kann. Sie ist sehr einsam, aber wunderschön gelegen. Hier wird einer der weltweit beliebtesten Single Malt Whiskys produziert *(✆ 01542 783220, 💻 www.theglenlivet.com, 🕐 April bis November Mo-Sa 9.30-16 Uhr, So 12-16 Uhr).*

15 km S kommt man nach **Tomintoul**, dem höchsten Punkt der Highlands und südlichsten Punkt des Whisky-Trails. Auch dieser Ort ist, wie Dufftown, kein gewachsenes Städtchen, sondern wurde 1779 angelegt. Im **Tomintoul Museum and Visitor Centre** am Marktplatz *(The Square, ✆ 01309 673701, 🕐 Ende Juli bis Ende Oktober Mo-Sa 9.30-16 Uhr)* kann man sich über die Lokalgeschichte sowie über Flora und Fauna der Region informieren. 15 km N Tomintoul liegt das **Glenlivet Crown Estate** *(Ranger Office, Tomintoul, ✆ 01807 580283)* mit einem ausgedehnten Netz an Wander- und Fahrradwegen. Tomintoul liegt in nächster Nähe zu dem beliebten Skigebiet **„The Lecht"**, und hier ist auch das Ende des **Speyside Way** (s. u.). *Skigebiet*

Wandern

Speyside steht nicht NUR für Whisky. Der beliebte ***Speyside Way*** *umfasst 135 km. Er beginnt in Tugnet an der Mündung des Spey, verläuft in zwei Routen entlang des Flusses und führt dann durch hohes Moorland nach Tomintoul. Unterkunftsmöglichkeiten bestehen in den kleinen Ortschaften entlang der Strecke. OS Landranger Nr. 28 und 36 decken den gesamten Weg ab. Siehe auch www.speysideway.org und www.walkingfestival.net.*

Ski fahren

„The Lecht" ist ein Skigebiet für alle Jahreszeiten, denn es gibt auch Abfahrten aus Kunstschnee. Die Pisten sind für Anfänger und Familien angelegt, insbesondere im „Snowboard Fun Park". 💻 www.lecht.co.uk.

Reisepraktische Informationen Tomintoul

Information

***TIC**, The Square, Tomintoul, Banffshire AB37 9ET, ✆ 01807 580285*

Übernachtungstipp für Wanderer

Kurz vor dem Corgarff Castle (s.u.) führt eine Straße ca. 2 km zu ***Jenny's Bothy Crofthouse*** *(Corgarff, by Strathdon, Aberdeenshire AB36 8YP, ✆ 01975 651449, 🕐 ganzjährig), einer schlichten, aber herrlich gelegenen Herberge mit 10 Betten.*

Jugendherberge

********Tomintoul Y.H.**, Main Street, Tomintoul, Ballindalloch AB37 9EX, ✆ 0870 0041152, 💻 www.syha.org.uk, 🕐 April bis Ende September, 20 Betten.*

Öffentliche Verkehrsmittel

***Busse** nach Tomintoul von Keith über Dufftown und nach Elgin via Aberlour. Auskunft: Roberts of Rothiemay, ✆ 01466 711213. 💻 www.moray.gov.uk*

Von Tomintoul führt die A939 nach Ballater, wo sie auf die A93 trifft. Die Straße ist sehr schön und führt durch die großartige Landschaft der **Cairngorm Mountains**. Weiterhin liegt auf der Strecke das einsam gelegene **Corgarff Castle**, ein

Tower House des 16. Jh. Das Schloss wurde 1745 mit einer sternförmigen Befestigungsmauer umgeben und diente der Stationierung von Truppen, die die Straße von Perth nach Fort George kontrollieren sollten. Im 19. Jh. waren hier die „Redcoats" stationiert, um den Whiskyschmuggel zu verhindern *(✆ 01975 651460, 💻 www.historic-scotland.gov.uk, ⓘ April bis September tgl. 9.30-18.30 Uhr, Oktober bis März Sa und So 9.30-16.30 Uhr).*

Das Don Valley und der Castle-Trail

Ein Traum für Kunsthistoriker und Archäologen

Das **Don Valley** ist nicht so bekannt wie das südlich gelegene Royal Deeside. Die relativ wenig besuchte Ecke im Nordosten ist jedoch ein Traum für Archäologen und Kunsthistoriker, denn sie ist geradezu übersät mit mittelalterlichen Schlössern, piktischen Steinkreisen und Forts aus der Eisenzeit. Ein Viertel sämtlicher Steinkreise in Großbritannien liegt im Don Valley. Die lokalen Touristenämter halten Broschüren über den „Stone Circle-Trail" und den gut ausgeschilderten „Castle-Trail", mit Hintergrundinformationen und wie man sie finden kann, bereit.

Von den über 70 Schlössern und Burgen gehören die Ruinen von Huntly, Kildrummy und Tolquhon sowie die vollständig eingerichteten Schlösser Castle Fraser, Craigievar Castle und Fyvie Castle und die Herrenhäuser Leith Hall und Haddo House (s. S. 426ff) zum Castle-Trail. Blauweiße Schilder und das Signet eines Turmes führen zu den Burgen.

INFO

Der Scottish Baronial Stil

Im Nordosten Schottlands hat sich im späten 16. und 17. Jh. ein ganz eigener Baustil des Tower-House entwickelt, der sogenannte **Scottish Baronial**. Es entstand eine Reihe von Burgen, die nicht mehr nur zur Verteidigung, d.h. nicht nur nach rein funktionalen Zwecken, gebaut wurden. Bauelemente, die eigentlich defensiven Charakter haben, wurden nun rein ornamental eingesetzt. Typisch sind die vielen verspielten Türmchen und Erker.

Huntly, 15 km O Dufftown, ist ein angenehmer Ort. Nahe am Whisky- und Castle-Trail sowie an der Zuglinie Aberdeen – Inverness gelegen, bietet der Ort eine gute Basis für Besichtigungen in der Umgebung. Am idyllischen Fluss Deveron bieten sich ideale Bedingungen zum Fliegenfischen.

Der überwiegende Teil der heute zu sehenden Ruinen des **Huntly Castle** stammt aus dem 16. und 17. Jh., wobei die Grundmauern und Gewölbe von einem Vorgängerbau stammen. Die erste Burg an dieser Stelle war eine normannische „motte-and-bailey"-Anlage, die dann allmählich durch Steingebäude ersetzt wurde. Diese jedoch wurden im Laufe der Jahrhunderte mehrfach zerstört und beim Wiederaufbau immer wieder mit neuen An- oder Umbauten versehen. Im 17. Jh. verfiel die Burg und wurde nicht wieder aufgebaut. Von den erhaltenen Teilen ist besonders das Eingangsportal zu beachten. In das darüberliegende Wappenfeld sind kunstvolle Embleme eingemeißelt *(✆ 01466 793191, 💻 www.historic-scotland.gov.uk, 🕐 April bis September tgl. 9.30-17.30 Uhr, Oktober bis März Sa-Mi 9.30-16.30 Uhr).*

Leith Hall, Garden and Estate ist eine Vier-Flügel-Anlage, die einen Innenhof umschließt. Der Wohnturm stammt aus der Mitte des 17. Jh., die Seitenflügel wurden im 18. und 19. Jh. angesetzt. Leith Hall wurde 1945 dem NTS übergeben. Bemerkenswert ist die fast unveränderte und komplett erhaltene Inneneinrichtung *(11 km S Huntly an der B9002, ✆ 01464 831216, 💻 www.nts.org.uk, 🕐 Ostern, dann Mai, Juni, September Sa und So 12-17 Uhr, Juli und August tgl. 12-17 Uhr, Garten und Park: ganzjährig tgl. 9.30 Uhr bis Sonnenuntergang).*

komplett erhaltene Inneneinrichtung

9 km SW Inverurie, von der B993 ab, liegt **Castle Fraser, Garden and Estate**. Das Castle entstand zwischen 1575 und 1636, in etwa zeitgleich mit Craigievar und Crathes Castle. Alle drei Burgen weisen die gleichen architektonischen Details, beispielsweise Erkertürmchen, Kegeldächer und Konsolenfriese, auf. Castle Fraser ist jedoch nicht nur wesentlich größer als die beiden vorher genannten, sondern, im Gegensatz zum verspielten Charakter von Craigievar, wesentlich wehrhafter. Der ursprüngliche Wohnturm aus dem 15. Jh. wurde im 16. Jh. erheblich erweitert und erhielt einen fünfstöckigen Haupttrakt, der im Nordwesten von einem quadratischen Turm, im Südosten von einem siebenstöckigen Rundturm mit flachem Dach und umlaufender Brüstung flankiert wird. Die beiden niedrigen Flügel sind Zutaten des 17. Jh.

Castle Fraser

Castle Fraser wurde von 1454 bis 1921 von der Familie Fraser bewohnt. Leider hat man das Innere im 19. Jh. recht unschön verbaut. 1976 übernahm der NTS die Burg und bemühte sich erfolgreich, den ursprünglichen Zustand wiederherzustellen.

Bei einer Besichtigung im Inneren sollte man auf die sogenannte Laird's Lug achten, eine geschickt in der Mauer versteckte Spionagekammer. Dem Lauscher, der selbst nicht gesehen werden kann, ist es möglich, Gespräche aus der Halle zu hören, selbst wenn geflüstert wird *(✆ 01330 833463, 💻 www.nts.org.uk, 🕐 Ostern bis Juni tgl. außer Mo und Fr 12-17 Uhr, Juli und August tgl. 11-17 Uhr, Shop auch November bis Mitte Dezember Sa und So 12-16 Uhr).*

Ganz in der Nähe von Castle Fraser befindet sich der **Easter Aquhorties Stone Circle**. Der aus 11 Steinen bestehende Kreis wird auf 2000 v.Chr. datiert und misst knapp 20 m im Durchmesser.

Wandern

*Vom Gipfel des 528 Meter hohen **Bennachie**, den man in zwei Stunden erreichen kann, hat man fantastische Ausblicke auf die Umgebung. Verschiedene Wege führen nach oben, aber der gängigste beginnt am **Bennachie Centre** (Di-So, Sommer 10.30-17 Uhr, Winter 9.30-16 Uhr). Nicht weit entfernt steht der 3 Meter hohe **Maiden Stone**, ein Grabstein aus piktischer Zeit, der mit einem Tier verziert ist, das wie ein Elefant aussieht. Auch einen Spiegel und einen zweiseitigen Kamm kann man erkennen.*

Die B9002 führt nach **Oyne**, wo Sie im **Archaeolink Prehistory Park** auf eine Reise in die Vergangenheit geführt werden. Das Besucherzentrum versucht auf unterhaltsame Weise Geschichte lebendig zu machen und eine Einführung zu den vielen archäologischen Funden dieser Region zu geben *(01464 851500, www.archaeolink.co.uk, tgl. März bis Oktober 10-17 Uhr).*

Märchenschloss

Craigievar Castle, zwischen 1610 und 1626 erbaut, ist ein romantisches Märchenschloss und zugleich Protobeispiel des schottischen Baronialstils. Mit seiner kleinen Grundfläche, den sieben Stockwerken und kleinen Fenstern zeigt Craigievar Castle noch weitgehend eine Orientierung an den Bauprinzipien der alten, vorrangig defensiven Bauweise der Tower Houses, auch wenn diese gar nicht mehr zeitgemäß war. Das Obergeschoss hingegen wirkt geradezu überladen: ein umlaufender mehrfach gestufter Konsolenfries, runde Erkertürmchen mit Kegeldächern, Staffelgiebel und verschiedenartig gestaltete Dächer. Im Inneren ist besonders das Gewölbe in der Halle eindrucksvoll, das mit reichen Stuckornamenten verziert ist. Besonders bemerkenswert an Craigievar ist das verwinkelte Treppensystem.

verwinkeltes Treppensystem

Wie im Castle Fraser gibt es auch hier eine Geheimtreppe, die zu einem kleinen Raum über der Halle führt, wo ein unbeachteter Lauscher Gespräche mithören konnte. Das Schloss diente Walt Disney als Modell für seine Märchenschlösser *(von der A980 ab, 11 km S Alford, 013398 83635, Ostern bis Ende September Fr-Di 12-17.30 Uhr, Besichtigungen nur mit Führung möglich).*

Alford (ausgesprochen Ah-ford, 38 km W Aberdeen) ist der Hauptfremdenverkehrsort im Don Valley. Lohnend ist das **Grampian Transport Museum**, wo es eine umfassende Ausstellung zur Geschichte des öffentlichen Transportwesens gibt. Alte Busse und ein Straßenbahnwaggon demonstrieren, wie man früher gereist ist *(01975 562292, www.gtm.org.uk, April bis Oktober 10-17 Uhr).*

Neben dem Museum befindet sich der „Bahnhof" für die kleine **Alford Valley Railway**, eine Schmalspureisenbahn, die 1 ½ km in den Haughton Country Park und zurück fährt *(Main Street, 07879 293934, Abfahrten: April, Mai und September Sa und So 13.30-16.30 Uhr, Juni Mo-Fr 10.30-14.30 Uhr, Sa und So 13.30-16.30 Uhr, Juli und August tgl. 13.30-16.30 Uhr).* Am „Bahnhof" ist auch die Touristeninformation untergebracht.

9 km W Alford ist schon das nächste Castle erreicht: **Kildrummy Castle** ist eine mächtige Verteidigungsanlage aus dem frühen 13. Jh. Im Laufe der Jahrhunder-

te wechselte sie ständig ihren Besitzer, bis sie 1715 schließlich geschleift und danach nicht mehr aufgebaut wurde. Die Ruinen sind dennoch imposant, insbesondere die Ringmauer mit den vier Rundtürmen sowie der mächtige Torbau mit Doppeltürmen (um 1300). Der Hauptturm ist größer als die anderen und mit einem Brunnen ausgestattet. In Belagerungszeiten diente er als letzte Zufluchtsstätte. Die Anlage ist von einem breiten Burggraben umgeben. Im Kildrummy Castle Garden ist eine Vielzahl verschiedener Bäume und Pflanzen zu bewundern (*✆ 01975 571331, 💻 www.historic-scotland.gov.uk, 🕛 tgl. April bis September 9.30-17.30 Uhr, Oktober Sa-Mi 9.30-16.30 Uhr*).

Kildrummy Castle

mächtige Verteidigungsanlage

Feste / Feiern

Der kleine Ort Strathdon, 15 SW Kildrummy, ist für sein fantastisches **Lonach Highland Gathering**, *normalerweise am 3. Samstag im August, berühmt, eine sehr originelle und wenig kommerzielle Veranstaltung. „The Men of Lonach" marschieren dabei in voller Monteur um das Veranstaltungsgelände Falls Sie gerade in der Gegend sind, lassen Sie sich das Spektakel nicht entgehen.*

Reisepraktische Informationen

Unterkunft

******Kildrummy Castle Hotel €€€,** *nr Alford, Aberdeenshire AB33 8RA, ✆ 019775 71288, 🖷 019755 71345, 💻 www.kildrummycastlehotel.co.uk. Wunderschön mit Blick auf die Schlossruinen gelegenes Hotel mit 15 Zimmern, stilvoll und elegant.*

Aberdeen

Allgemeiner Überblick

Aberdeen liegt zwischen dem Don im Norden und dem Dee im Süden an der Nordsee. Die Stadt hat 202.370 Einwohner und ist somit die drittgrößte Stadt Schottlands. Da fast alle Gebäude aus Granit errichtet sind, die in der Sommersonne silbern funkeln, wurde ihr der Beiname **The Silver City by the Sea** gegeben. Bei Regenwetter wirkt die Stadt allerdings eher kalt und grau. Aberdeen hat den höchsten täglichen Durchschnitt an Sonnenstunden in Schottland. Die Bewohner Aberdeens gelten als stolz, unbeirrbar und fleißig.

stolze Bürger

Geschichtlicher Überblick

1179 erhielt Aberdeen Stadtrecht und wurde **Royal Burgh**. Ende des 14. Jh. fast völlig zerstört, wurde die Stadt beim Wiederaufbau in Old Aberdeen und New Aberdeen unterteilt. Erst 1890 legte man die beiden Ortsteile wieder zusammen. Anfang des 19. Jh. erfolgte ein enormer wirtschaftlicher Aufschwung, insbesondere durch die Fischerei und durch den Export von Granit, der in der Umgebung abgebaut wurde. In jener Zeit entstand, als sichtbares Zeichen für den Wohlstand der Stadt, die von neoklassizistischen Gebäuden gesäumte Hauptstraße, die **Union Street**.

Eleganz in der Union Street

Als in den frühen 70er Jahren des 20. Jh. die Ölfelder in der Nordsee entdeckt wurden, kamen die Bewohner Aberdeens zu Wohlstand. Viele Nebenindustrien siedelten sich an, und Investitionen in Millionenhöhe wurden in die Infrastruktur gesteckt. Der Hafen und der Flughafen wurden ausgebaut, die Bevölkerungszahl nahm zu, die Arbeitslosigkeit verringerte sich, das Durchschnittsgehalt stieg und neue, teure Geschäfte und Restaurants wurden eröffnet.

Aber der Höhenflug dauerte nicht lange an. Als Mitte der 1980er Jahre die Ölpreise sanken, war auch Aberdeen empfindlich getroffen. Man erkannte, wie unklug es war, sich nur auf das Öl zu verlassen. Mittlerweile hat sich die Stadt jedoch konsolidiert und präsentiert sich lebendig und geschäftstüchtig. Neben Zulieferungsbetrieben für die Petro-Industrie gibt es Schiff- und Maschinenbau sowie chemische und lebensmittelverarbeitende Industrie. Außerdem ist Aberdeen ein Zentrum des Viehhandels – die berühmte Rasse der Aberdeen Angus-Rinder stammt von hier – und natürlich Hafenstadt. Der alte, historische Charakter des Universitätsviertels ist in Old Aberdeen zu spüren. Aberdeen ist von einer Aura gesunden Selbstbewusstseins und soliden Wohlstands geprägt, ein Eindruck, den viele andere Städte in Großbritannien nicht vermitteln. Dass die Bewohner stolz auf ihre Stadt sind, erkennt man an den vielen Parks, Grünanlagen mit schönen Blumenarrangements und an dem gepflegten Stadtbild. *Blumenstadt*

Sehenswürdigkeiten

Aberdeens Sehenswürdigkeiten können gut in 1-2 Tagen besichtigt werden.

Von der **Union Street**, der 1 ½ km langen Hauptstraße aus, können die Hauptsehenswürdigkeiten der Stadt leicht zu Fuß besichtigt werden. In der Hauptge-

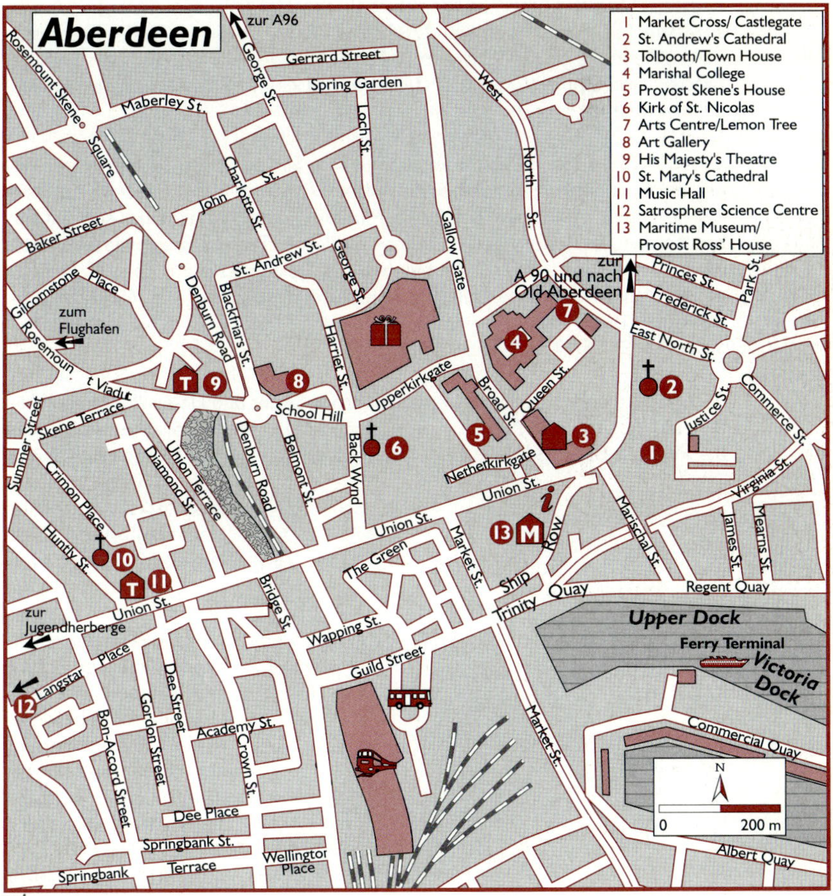

schäftsstraße wurde durch die einheitliche Verwendung von hellgrauem, glattem Granit eine architektonische Einheit geschaffen, in die sich auch die neueren Gebäude harmonisch einfügen. Wir finden hier eine Mischung aus viktorianisch-neugotischem Baustil und moderner Glas- und Betonarchitektur.

Castlegate umfasst Castle Street im Süden, Justice Street im Norden und wird vom **Market Cross (1)** dominiert. Es wurde 1686 erbaut und zeigt an der sechseckigen Basis Medaillons mit den Wappen und Köpfen schottischer Könige. Bekrönt wird das Kreuz von dem schottischen Einhorn.

zur Abwechslung Sandstein

Die **St. Andrew's Cathedral (2)** ist aus Sandstein errichtet und bietet dadurch eine nette Abwechslung zu dem in der Stadt vorherrschenden Granit. Das Innere ist spartanisch weiß gehalten. Bemerkenswert ist die goldene Decke, deren Bossen 48 Staaten Amerikas (der erste Bischof der Episcopal Church in Amerika, Samuel Seabury, erhielt hier 1784 seine Weihe) sowie 48 Familien repräsentieren, die im 18. Jh. der Kirche treu blieben. Wunderschön ist auch das Seabury-Fenster in der Suther Chapel *(✆ 01224 640119, ⌚ Mai bis Mitte September Mo-Sa 11-16 Uhr)*.

Das **Old Town House (3)**, Ecke Union / King Street, wurde 1886 errichtet, wobei der Turm des früheren Tolbooth (Anfang 17. Jh.) mit in das Gebäude eingebaut wurde. Heute ist hier das **Tolbooth Museum** untergebracht, das sich mit Verbrechen und Bestrafung befasst. Mittels moderner Technologie sowie lebensecht wirkenden Figuren wird das Ambiente eines Gefängnisses aus dem 17. Jh. nachempfunden. In dem engen Eingang zum Museum steht das alte Marktkreuz aus Sandstein *(Union Street, King Street, ✆ 01224 523666, ⌚ April bis September Di-Sa 10-16 Uhr, So 12.30-15.30 Uhr)*.

Nicht weit davon entfernt liegt zwischen Broad Street und Flourmill Lane und hinter dem modernen St. Nicolas House versteckt, das älteste Privathaus Aberdeens, das **Provost Skene's House (5)**. Das 1545 errichtete Haus wurde im 17. Jh. von Provost Skene zu einem Stadtpalast umgebaut. Heute beherbergt es ein Museum. Gezeigt werden Einrichtungsstile aus verschiedenen Epochen sowie lokalgeschichtliche Exponate. Einige Räume haben schöne Deckenstukkaturen, insbesondere die Deckenbemalung der kleinen Kapelle aus dem frühen 17. Jh. ist beachtenswert *(Guestrow, ✆ 01224 641086, ⌚ ganzjährig Mo-Sa 10-17 Uhr, So 13-16 Uhr)*.

Marishal College

Das imposante **Marishal College (4)** (ausgesprochen Marshall) ist eines der interessantesten und schönsten Gebäude Aberdeens und das zweitgrößte Granitgebäude in der Welt. Das College wurde 1593 auf einem alten Klostergelände gegründet, 1844 erneuert, und die vorspringenden Türme, Stützpfeiler und Säulchen im neogotischen Stil kamen 1906 hinzu. 1860 wurde es mit dem etwas älteren King's College als Universität zusammengeschlossen. Während das Marishal College die Naturwissenschaften beherbergt, hat das King's College seit jeher die Geisteswissenschaften unter sich.

Kirk of St. Nicolas (6)

Union Street, ☎ 01224 643494, 🕔 Mai-September Mo-Fr 12-16 Uhr, Sa 13-15 Uhr, Oktober bis April 10-13 Uhr, Klingel am Kirchenbüro

Die Kirk of St. Nicolas wurde 1150 gegründet und war einst eine der größten mittelalterlichen Kirchen in Schottland. Möglicherweise bestand bereits vorher an dieser Stelle eine Kirche. Aus dem 12. Jh. ist ein Querschiff, der sogenannte Collison's Aisle, erhalten. In den folgenden Jahrhunderten wurde die Kirche erweitert und Mitte des 16. Jh. war sie die größte Gemeindekirche Schottlands. Die Reformationswirren überstand St. Nicolas relativ unbeschadet, allerdings, und das ist sehr ungewöhnlich, als zwei getrennte Kirchen. Die New Kirk wurde 1835-37 durch die East Kirk ersetzt (nach einer Feuersbrunst 1875-77 wieder aufgebaut). Die Auld Kirk war bereits im 18. Jh. durch die West Kirk ersetzt worden. West St. Nicolas geht auf Pläne des bekanntes Architekten und gebürtigem Aberdeener **James Gibbs** (1682-1754) zurück, der auch die Kirche St. Martin in the Field in London baute. West St. Nicolas wurde nach dem Tod des Architekten vollendet, 1752-1755. 1990 machte es der plötzliche Wohlstand der Stadt möglich, im Collison's Aisle eine Kapelle zu bauen, als Danksagung an die Erfolge der Ölindustrie und im Gedenken an all jene, die dabei ihr Leben ließen. Die moderne Kapelle ist sehr eindrucksvoll und ganz in Holz gestaltet.

New Kirk und Auld Kirk

Die **Art Gallery (8)** am Schoolhill bietet eine reiche Sammlung an Textilien, Kunstgewerbe, Sozialgeschichtliches sowie eine stattliche Gemäldesammlung, vor allem mit britischen Werken des 20. Jh. Im Erdgeschoss werden Wechselausstellungen gezeigt *(Schoolhill, 🕔 Mo-Sa 10-17 Uhr, So 14-17 Uhr).*

Westlich der Art Gallery liegen die **Union Terrace Gardens**, die eine angenehme Pause von dem Verkehr der Union Street bieten. Am Ende der Union Terrace befinden sich die Central Library, das **Majesty's Theatre (9)** und die St. Mark's Church. Dieses Dreiergespann wird auch „Education, Damnation und Salvation" genannt. Die große Statue zeigt William Wallace, der im 13. Jh. gegen die Engländer kämpfte.

Am Ende der Union Street führt die Bon Accord Terrace südlich zur Justice Mill Lane. **Satrosphere Science Centre (12)** ist ein modernes Technologiemuseum für große und kleine Kinder. Im „Do-it-Yourself-Verfahren" können physikalische Prozesse nachvollzogen und verschiedene Maschinen zum Laufen gebracht werden *(19 Justice Mill Lane, ☎ 01224 640340, 💻 www.satrosphere.net, 🕔 während der Schulzeit tgl. 10-17 Uhr).*

Wer sich für Militärgeschichte interessiert, sollte das **Gordon Highlander Museum** aufsuchen. Gezeigt werden Erinnerungsstücke an das berühmte Regiment von den napoleonischen Kriegen bis heute. Die Ausstellung zeigt u.a. 12 der insgesamt 19 von Winston Churchill verteilten Verdienstkreuze *(St. Luke's, Viewfield Road, ✆ 01224 311200, 💻 www.gordonhighlanders.com, 🕐 Di-Sa 10.30-16.30 Uhr, So 13.30-16.30 Uhr, Bus Nr. 14 oder 15 von der Union Street).*

lange Seefahrertradition

Von Castlegate führt die kopfsteingepflasterte Shiprow hinunter zum **Hafen** und passiert das **Maritime Museum (13)**, ein modernes Gebäude, das das 1593 erbaute **Provost Ross' House** mit einbezieht. Das Maritimmuseum befasst sich mit der langen Seefahrertradition der Stadt von den Anfängen bis heute. Am Eingang kann man eine täglich erneuerte Liste sehen, die sämtliche im Hafen liegenden Schiffe anzeigt, und im oberen Geschoss gibt es eine Tafel, auf der alle in Aberdeen gebauten Schiffe verzeichnet sind. Die Ausstellung erläutert die Arbeit eines Leuchtturmwärters (wobei man die Geräusche von Meer und Seevögeln hören kann), es gibt ein großes Modell einer Ölplattform und Erklärungen über die Förderung von Öl und Gas. **Provost Ross' House** ist mit den Arkaden im Erdgeschoss und dem vorspringenden Turm typisch für die städtische Architektur des späten Mittelalters *(Shiprow, ✆ 01224 337700, Mo-Sa 10-17 Uhr, So 12-15 Uhr).*

Am Fuße der Shiprow Lane liegt die Market Street, ein belebter Platz, an dem seit dem 13. Jh. **Fischmarkt** *(zwischen Albert Basin und Commerical Quay, Mo-Fr ab 04 Uhr)* abgehalten wird. In dem größten Fischereihafen Schottlands werden täglich Hunderte von Tonnen Fisch umgeschlagen. In der nordöstlichen Ecke des Hafens liegt das alte Fischerdorf **„Footdee"** (ausgesprochen fittie), ein netter Ort zum Auskundschaften und leicht von der Market Street aus zu erreichen.

riesige Kakteensammlung

Am südlichen Ende der Market Street führt die North Esplanade zum **Duthie Park,** dem Stolz der „Blumenstadt" Aberdeen. Auf dem Rosenhügel sind mehr als 10.0000 Rosenbüsche angepflanzt, und die „Winter Gardens" beherbergen die größte Kakteensammlung Europas *(Polmuir Road, ✆ 01224 585310, 10 Min. mit dem Bus vom Stadtzentrum).*

Old Aberdeen

2 ½ km N des jetzigen Stadtzentrums (20 Min. mit Bus Nr. 20 vom Marishal College) und westlich der stadtauswärts führenden King Street erstreckt sich das schöne, kopfsteingepflasterte Old Aberdeen am Ufer des Don. Bis ins späte 19. Jh. eine eigene Gemeinde, hat sich das Viertel bis heute dörflichen Charakter bewahrt, wird aber vor allem durch die Universität und studentisches Leben geprägt.

schöne Kassettendecke

Die **St. Machar's Cathedral** steht an der Stelle einer keltischen Kirche (6. Jh.). Die jetzige Kathedrale wurde 1157 gegründet, wobei die heute erhaltenen Teile aus dem 14. und 15. Jh. stammen. Bemerkenswert ist im Inneren die eichene Kassettendecke des Hauptschiffes von 1520, die sogenannte „Heraldische Decke". 48 Schilde zeigen in drei Reihen die Standeszeichen aller geistlichen Führer und weltlichen Herrscher des 16. Jh. *(✆ 01224 485988, 💻 www.stmachar.com, 🕐 Sommer 9017 Uhr, Winter tgl. 10-16 Uhr).*

Das **King's College**, 1495 gegründet und benannt nach James IV., ist Aberdeens ältestes College. Von dem ursprünglichen Bau ist nur noch die spätgotische Kapelle (1500-06) original erhalten. Die mächtige Steinkrone über dem gedrungenen quadratischen Turm erinnert an die Steinkrone von St. Giles in Edinburgh (s. S. 199). Im Inneren ist das schöne Chorgestühl zu beachten. Das **Old Town House**, ein wunderbar restauriertes Haus von 1789, beherbergt eine Ausstellung über die Geschichte des Universitätsviertels und der Kathedrale *(University of Aberdeen, High Street, ✆ 01224 273650, 💻 www.abdn.ac.uk/oldtownhouse, 🕐 Mo-Sa 9-17 Uhr)*.

Nördlich der Kathedrale liegt am Ufer des Don der **Seaton Park**, eine weitere öffentliche Grünanlage der Stadt. Nördlich des Parks spannt sich die **Brig o'Balgownie** über den Don. Sie wurde um 1320 fertiggestellt und ist auch als Auld Brig o'Don bekannt.

alte Steinbrücke

Eine weitere schöne Brücke, wenn auch längst nicht so alt, liegt am anderen Ende der Stadt in Richtung Stonehaven, die **Brig o'Dee**. Die siebenbogige Brücke mit Inschriften und Wappen wurde 1520-27 errichtet. Als die Brücke 1842 verbreitert wurde, fügte man die ursprüngliche Westfassade wieder an die breitere Brücke an, um so das ursprüngliche mittelalterliche Aussehen zu bewahren.

Der Strand

Zwischen den Mündungen der Flüsse Don und Dee liegt ein 3 km goldener Sandstrand. Obwohl der Nordosten den meisten Sonnenschein in Schottland verzeichnen kann, erwarten Sie nicht, dass Sie hier sonnenbaden können, denn meist weht ein recht starker Wind. Am südlichen Ende der Esplanade lockt ***Aberdeen Fun Beach****, ein riesiger Freizeitkomplex mit Kegelbahn, Kino, einarmigen Banditen, Bars, Cafés, Nachtclubs sowie Schottlands größtem permanenten Jahrmarkt.*

Reisepraktische Informationen Aberdeen

Information

Aberdeen and Grampian Tourist Board*, Exchange House, 26/28 Exchange Street, Aberdeen AB11 6PH, ✆ 01224 288828, 💻 www.agtb.org.*

Hotels

****** ***Macdonald Ardoe House Hotel €€-€€€****, Blairs, South Deeside Road, Aberdeen AB1 5YP, ✆ 0870 194 2104, 🖷 01224 861283, 💻 www.macdonaldhotels.co.uk, 🕐 ganzjährig, 115 Zimmer, viktorianisches Landschloss, gelegen in einem großen Park mit Blick auf den Dee. Hervorragendes Restaurant. 5 km westlich von Aberdeen.*

***** ***Brentwood Hotel €€-€€€****, 101 Crown Street, Aberdeen AB1 2HH, ✆ 01224 595440, 🖷 01224 571593, 💻 www.brentwood-hotel.co.uk, 🕐 ganzjährig, außer Weihnachten und Neujahr, 65 Zimmer, zentral gelegenes, modernes Hotel mit Restaurant und beliebter Bar.*

****** ***Craiglynn Hotel €€****, 36 Fonthill Road, Aberdeen AB1 2UJ, ✆ 01224 584050, 🖷 01224 584050, 🕐 ganzjährig, 9 Zimmer. Freundliches Hotel im Familienbetrieb, viktorianisches Gebäude, nett eingerichtet und mit empfehlenswerter Küche.*

B&Bs

Die meisten B&Bs finden sich an der Bon Accord Street und Crown Street und entlang der Great Western Road.

Unterkunft in Studentenwohnheimen

The Robert Gordon University, Peggy MacInnes, Business and Vacation Accommodation Service, Schoolhill, Aberdeen AB10 1FR, ✆ 01224 263666 oder 262130, 🖷 01224 262144, 💻 www.rgu.ac.uk. Gästezimmer für Selbstversorger ganzjährig mietbar.

University of Aberdeen, Kings College, Aberdeen AB24 3FX, ✆ 01224 273444, 💻 www.abdn.ac.uk/hospitality. Unterkunft für Selbstversorger, ganzjährig mietbar.

Jugendherberge

**** **Aberdeen Y.H.**, 8 Queens Road, Aberdeen AB1 6YT, ✆ 0870 004 1100, 💻 www.syha.org.uk, 1 ½ km westlich des Stadtzentrums, Bus 14 oder 15 vom Busbahnhof. ⓘ ganzjährig, 116 Betten, Familienzimmer.

Camping/Caravan

Hazlehead Caravan Park & Campsite, Groats Road, ✆ 01224 321268, 6 km westlich des Stadtzentrums an der A944. Bus 14 oder 15. ⓘ März bis Oktober.

Restaurants

Macdonald Ardoe House Hotel, siehe oben.

The Courtyard Restaurant on the Lane, Alford Lane, Aberdeen AB1 1YD, ✆ 01224 213795, 🖷 01224 212961, 💻 www.courtyardrestaurant.org. Im Stadtzentrum gelegenes Restaurant (Do-Sa) und Café. Schottische Küche mit Mittelmeer-Einschlag. Mittlere bis gehobene Preisklasse.

Faraday's Restaurant, 2/4 Kirk Brae, Cults (ca. 7 km nördlich des Stadtzentrums), ✆ 01224 869666, Di, Mi, Fr, Sa 12-14 Uhr und 18.30-21.30 Uhr. Ausgezeichnete moderne schottische Küche. Gehobene Preisklasse.

The Lemon Tree, 5 West North Street, ✆ 01224 642230, Do-So 12-14.30 Uhr, Bar bis 16 Uhr, Café-Bar im Arts Centre (Theater, Literatur, Tanz, Musik etc), leckere Kleinigkeiten, auch gut für Vegetarier. Günstig.

Silver Darling Restaurant, Pocra Quay, North Pier, Footdee, ✆ 01224 576229, Lunch Mo-Fr 12-14 Uhr, Dinner Mo-Sa 19-21.30 Uhr), schottische und französische Küche, Fisch und Schalentiere. Gehobene Preisklasse.

Ashvale, 46 Great Western Road, ✆ 01224 596981, täglich 11.45-23 Uhr. Das Fish & Chips Restaurant Ashvale, eine Institution in Aberdeen, hat schon mehrfach den begehrten Preis für die „besten Fish & Chips" gewonnen. Günstig. Mehrere Zweigstellen in der Umgebung.

Carmine's Pizza, 32 Union Terrace, ✆ 01224 624145, Mo-Sa 12-17.30 Uhr, super Pizza und gute dreigängige Lunch-Menüs. Günstig.

Pubs/Nightlife

Wie in den meisten Häfenstädten, gibt es auch in Aberdeen eine stattliche Anzahl an Bars und Pubs. Viele befinden sich in der Justice Mill Lane. Hier eine Auswahl:

Café Society, 9 Queen's Road, ✆ 01224 208494, gegenüber der Jugendherberge, netter Biergarten, Essen wird bis 22 Uhr serviert.

Frankenstein, 504 Union Street, ✆ 01224 626720, 💻 www.frankenstein-pub.co.uk, an dieser Stelle gibt es schon seit 1818 ein Pub, derzeit befindet sich hier diese Themenbar.

Mc Cameron's Inn, Little Belmont Street, ältester Pub in Aberdeen, wo auch gutes Lunch gereicht wird.

The Prince of Wales, 7 Nicholas Lane (von der Union Street ab), bekannter, lang etablierter Pub mit großer Auswahl an Ales, gutes Lunch, wird manchmal recht voll.

Oh'Henry's, 20 Adelphi Close, von der Union Street ab, Beliebter Gay Club, Mo-Do 17-2 Uhr, Fr und Sa 5-3 Uhr.

Ministry of Sin, 16 Dee Street, von der Union Street ab, etablierter Nachtclub in einer ehemaligen Kirche.

Bahn und Bus

Gute **Bahn- und Busanbindungen** in alle Landesteile. Die Fahrzeit London – Aberdeen beträgt 7 Stunden mit der Bahn.

Flüge

Der **Flughafen** liegt 11 km vom Stadtzentrum entfernt, ✆ 0870 040 0006, www.baa.co.uk/aberdeen. Busverbindungen zur Hauptverkehrszeit (1.30 £) oder Taxifahrt zum Bahnhof Dyce. Von dort aus Schnellzug ins Stadtzentrum von Aberdeen oder nach Inverness. Ein Taxi vom Flughafen in die Stadt kostet ca. 10 £.

Fähren

Northlink Orkney and Shetland Ferries Ltd, Ferry Terminal, Stromness, Orkney KW16 3BH, ✆ 0845 600 0449, www.northlinkferries.co.uk, betreiben Fähren zwischen Aberdeen und Lerwick, Shetland (täglich, 12-14 Stunden) und zwischen Aberdeen und Kirkwall, Orkney (3-4 x/Woche). Northlink bietet auch Kreuzfahrten von unterschiedlicher Länge zu den Orkney- und Shetland-Inseln an.

Krankenhaus

Aberdeen Royal Infirmary, ✆ 01224 681818, Foresthill, 24-Stunden-Service.

Autoverleih

Arnold Clark, Girdleness Road, ✆ 01224 249159, oder Lang Stracht, ✆ 01224 663723, auch One-Way-Mieten. www.arnoldclark.com

Fahrradverleih/Reparatur

Alpine Bikes (ABDN) Ltd., 66-70 Holburn Street, Aberdeen AB10 6BX, ✆ 01224 211455, Fax 01224 211388, Gebühr pro Tag 12 £ (halber Tag 8 £), pro Woche 50 £.

Stadtrundfahrt

Abfahrt ab Marchal Street, am Ostende der Union Street, im Sommer täglich 14 Uhr.

Veranstaltungen/Unterhaltung

Im kostenlosen Veranstaltungskalender des Touristenamtes findet man sämtliche Informationen über „what`s on".

Kino

Die beiden größten Kinos sind das **Virgin**, ✆ 01224 572228, Beach Esplanade, 9 Leinwände, und das **Odeon**, ✆ 01224 916422, Justice Mill Lane.

Theater

His Majesty's (9), Rosemount Viaduct, ✆ 01224 641122. Oper, Ballett, Musical, klassisches und zeitgenössisches Theater
Music Hall (11), Union Street, ✆ 01224 632080, klassische Konzerte.
Capitol Theatre, 431 Union Street, ✆ 01224 583141, Theater und Konzerte von kleineren Rock- und Pop-Bands
The Lemon Tree (7), 5 West North Street, ✆ 01224 642230, vielfältiges Programm, Live-Musik, Komödie, zeitgenössisches Theater.
Aberdeen Arts Centre, 33 Kings Street, ✆ 01224 635208, verschiedene Veranstaltungen und Ausstellungen.

Entlang der Küste: von Aberdeen nach Dundee

Stonehaven

Der bodenständige Fischerort **Stonehaven** (22 km S Aberdeen) hat 9.000 Einwohner und ist im Sommer ein beliebtes Urlaubsziel. Eine Attraktion ist das beheizte Freibad. Es wurde 1934 erbaut und steht unter Denkmalschutz *(Stonehaven Lido, 💻 www.stonehavenopenairpool.co.uk, Juni bis September tgl. 11-19.30 Uhr).*

Am Hafen liegt der um 1600 erbaute Tolbooth, ehemaliges Gefängnis und Gerichtshaus und das älteste Gebäude des Ortes. Heute ist hier ein Fischrestaurant untergebracht.

spektakuläre Lage

Die größte Attraktion ist jedoch das etwas südlich des Ortes gelegene **Dunnottar Castle**, eine der romantischsten und beeindruckendsten Burgruinen in ganz Schottland. Franco Zeffirelli nutzte Dunnottar Castle als Filmkulisse für seinen Hamlet-Film mit Mel Gibson und Glenn Close in den Hauptrollen. In äußerst spektakulärer Lage über dem Meer ist die Burg durch einen tiefen Spalt von den Klippen getrennt. Der Turm und die Kapelle aus dem 14. Jh. sind die ältesten Teile der Burg, doch deutet die Vorsilbe „Dun" darauf hin, dass bereits in piktischer Zeit Befestigungsanlagen an dieser Stelle gestanden haben. Der mächtige Torbau stammt von 1575 und machte Dunnottar fast uneinnehmbar, so dass beispielsweise hier während der Cromwellschen Schlachten die schottischen Regalien untergebracht wurden *(Dunecht Estates Office, Dunecht, Westhill AB32 7AW, ✆ 01330 860223, 🕐 Ostern bis Oktober Mo-Sa 9-18 Uhr, So 14-17 Uhr, Oktober bis Ostern Fr-Mo 9 Uhr bis Sonnenuntergang).*

Feste / Feiern
Mitte Juli findet 3 Tage lang ein Folk-Festival statt, 💻 www.stonehavenfolkfestival.co.uk

Reisepraktische Informationen Stonehaven

Information
***TIC**, 66 Allardice Street, Stonehaven, Aberdeenshire AB39 2AA, ✆ 01569 762806, 🕐 Ostern bis Oktober.*

Unterkunft
******Heugh Hotel €€**, Westfield Road, Stonehaven AB3 2EE, ✆ 01569 762379, 🖷 01569 766637, 💻 www.heughhotel.com, 🕐 ganzjährig, außer Weihnachten und Neujahr, 6 Zimmer. Das lang etablierte Hotel ist ein stattliches Herrenhaus im Baronialstil, bietet freundliche Unterkunft im Familienbetrieb und sehr gutes Essen. Gehentfernung zur Ortsmitte.*

Einkehren
***The Talbooth Seafood Restaurant**, Old Pier, Stonehaven AB39 2JU, ✆ 01569 762287, Di-Sa 12-14 Uhr und 18-21.30 Uhr. Im ältesten Gebäude der Stadt mit schönem Blick auf den Hafen. Neben köstlichen Fischgerichten auch Fleisch und eine vegetarische Auswahl.*

Öffentliche Verkehrsmittel
Stonehaven liegt an der Eisenbahnlinie Aberdeen – Dundee, und es gibt regelmäßige Verbindungen in beide Richtungen. Außerdem regelmäßige Busverbindungen von und nach Aberdeen.

Streckenführung

Von Stonehaven kann man direkt über die A957 nach Deeside gelangen (Crathes). Fährt man jedoch weiter nach Süden, muss man sich entscheiden: entweder für die A90 über Brechin und Forfar oder für die Küstenstraße A92 über Montrose und Arbroath. Im Folgenden werden die Sehenswürdigkeiten entlang beider Strecken beschrieben.

Arbuthnott liegt 8 km landeinwärts, zwischen der A92 und der A90, und ist der Geburtsort des Schriftstellers **Lewis Grassic Gibbon** (1901-35). Zwischen 1928 und seinem Tod, 1934, schrieb er 17 Bücher. Sein bekanntestes Werk ist **Sunset Song**, das erste in einer Trilogie. Der Klassiker der schottischen Literatur wurde verfilmt, vertont und dramatisiert. Das **Grassic Gibbon Centre** am östlichen Ende des Ortes beschäftigt sich mit dem Leben und Schaffen des Autors *(✆ 01561 361668, ⏲ tgl. März bis Oktober 10-16.30 Uhr)*. Grassic Gibbon ist auf dem Friedhof in Arbuthnott beerdigt, und zwar unter seinem richtigem Namen: James Leslie Mitchell. Die Kirche ist eine der wenigen in Schottland, die die Reformationswirren unbeschadet überstanden haben, und hat eine schöne Kanzel aus dem 13. Jh.

In **Fettercairn** gibt es, falls Sie noch keine Destille von innen gesehen haben, die **Fettercairn Distillery**. Sie wurde 1824 gegründet. Es gibt eine informative Audiovisionsshow und den üblichen Probeschluck *(✆ 01561 340205, ⏲ Ostern bis September Mo-Sa 10-16.30 Uhr)*.

Etwas weiter südlich lohnt ein Besuch in dem reizenden Park von **Edzell Castle**. „The Pleasance" lautet der Name des Renaissance-Gartens, und in der Tat stellt der Garten ein besonderes Schmuckstück der Gartenarchitektur dar. Der 1604 von Sir David Lindsay angelegte Garten ist von einer mit Reliefs verzierten Backsteinmauer umgeben. Besonders hübsch ist es im Sommer, wenn die quadratischen Öffnungen mit Blumen in den Wappenfarben der Lindsays gefüllt werden. Um einen kleinen Hügel im Zentrum des Gartens sind Beete und Hecken in geometrischen Mustern angeordnet. Das Schloss selber stammt aus dem frühen 16. Jh. und hat spätere Anbauten *(✆ 01356 648631, 💻 www.historic-scotland.gov.uk, ⏲ April bis September tgl. 9.30-17.30, Oktober bis März Sa-Mi 9.30-16.30 Uhr. 9 km N Brechin an der B966)*.

Renaissance-Garten

Nördlich von Edzell verläuft die Straße 20 km bis zum Anfang des schönen **Glen Esk**, dem östlichsten der Angus Glens, und, wie auch die anderen Täler, ruhig und leer. 11 km N Edzell liegt das **Glen Esk Folk Museum**, das in einer Jagdhütte, bekannt als „The Retreat", untergebracht ist. Das Museum gibt einen interessanten Einblick in die Lokalgeschichte und in das Leben der Talbewohner in damaliger Zeit. Die gemütliche Teestube, in der es leckere, hausgemachte Kuchen gibt,

leckerer Kuchen

lädt zum Verweilen ein *(☎ 01356 670254 / 648070, ⌚ April und Mai Sa und So, im Sommer tgl. 12-18 Uhr).*

Brechin, 13 km W Montrose, liegt am Ufer des Flusses South Esk. Die Hauptattraktion ist die **Kathedrale** aus dem 14. Jh. Sie erhielt ihr heutiges Gesicht im Zuge zweier durchgreifender Restaurierungen im 19. Jh. Die von David I. 1150 an der Stelle einer früheren keltischen Kirche gegründete Kathedrale wurde während der Reformation teilweise zerstört. 1807 wurden die beiden Querschiffe abgerissen. Nur noch der Turm (1360), das frühgotische Westportal und Teile des Hauptschiffes (13. Jh.) stammen aus der alten Kathedrale. Die Orgel stammt von 1878 und hat eine sehr gute Akustik *(☎ 01356 629360, 💻 www.brechincathedral.org.uk, ⌚ tgl. 9-17 Uhr).*

gute Akustik

Nebenbei steht der berühmte **Brechin Round Tower**, ein 26 Meter hoher, schlanker Rundturm, der auf etwa 1000 datiert wird. Das Kegeldach stammt allerdings aus dem 15. Jh. Ein breiter Rundbogen mit Zierleisten an Innen- und Außenkante schließt den schmalen Eingang ab. Der Eingang befindet sich 2 Meter über dem Boden und ist nur mit einer Leiter zu erreichen. Die Erhöhung des Eingangs macht die Funktion des Turmes als Zufluchtsort in Belagerungszeiten deutlich. Rechts und links neben dem Eingang befinden sich zwei Skulpturen, in der Mitte darüber der Gekreuzigte. Einen weiteren Rundturm dieser Art – die in Irland noch weit verbreitet sind – findet man in Schottland nur noch in dem Ort Abernethy (s. S. 479).

Zuflucht bei Angriffen

Das **Brechin Town House Museum** zeigt Lokalgeschichtliches *(☎ 01356 625536, ⌚ Mo, Di, Do-Sa 10-17 Uhr, Mi 10-13 Uhr).* Am St. Ninian's Square ist auch der „Bahnhof" für die **Caledonian Railway**, eine kleine Dampfeisenbahn, die die 6 km lange Strecke zwischen Brechin und Bridge of Dun *(1 ½ km vom House of Dun)* zurücklegt *(☎ 01561 377760 oder 01356 622992, nur So vom letzten So im Mai bis zum ersten So im September sowie an manchen Sa).*

Dampfeisenbahn

Das **House of Dun** wurde ab 1730 von William Adam errichtet und ist ein wunderschönes Beispiel schottischer Landhausarchitektur. Das schlichte, zweistöckige Gebäude hat eine klare Fassadengliederung. Das über beide Stockwerke reichende, bogenförmige zentrale Portal wird beidseitig von ionischen Pilastern flankiert, der Eingang selbst liegt im Gebäude zurück. Im Inneren sind wunderschöne allegorische Stuckarbeiten von Joseph Enzer zu sehen sowie wertvolle Möbel, Porzellan und Gemälde *(☎ 01674 810264, ⌚ Ostern bis Juni und September Mi-So 12.30-17.30 Uhr, Juli und August tgl. 11.30-17.30 Uhr, 5 km O Brechin an der A935).*

schöne Landhausarchitektur

Einkaufstipp

Die Angus Handloom Weavers, im Hof des House of Dun, sind Schottlands letzte Leinenweber. Man kann Leinen am Meter kaufen oder die fertigen Produkte oder einfach nur den Webern bei der Arbeit zusehen. Sie verwenden Materialien aus der ganzen Welt und fertigen auch Auftragsarbeiten an, z.B. alte Muster für das Victoria & Albert Museum in London. Die Produkte sind nicht ganz billig, dafür aber handgewebt.

Forfar, 21 km N Dundee von der A90 ab, war einst die Hauptstadt der Pikten, und obwohl der Ort heute nicht an erster Stelle der Touristenziele steht, gibt es in der Umgebung eine der meistbesuchten Attraktion des Landes: **Glamis Castle** (s.u.). Die Stadt ist daneben auch für ihre **Forfar Bridies** bekannt, Pasteten in Hufeisenform, die mit Hackfleisch und Zwiebeln gefüllt werden. Probieren Sie die Bridies bei dem alt eingesessenen McLaren's, sie sind köstlich *(22 Market Street und 8 The Cross)*.

köstlich!

Meffan Gallery & Museum in der West High Street illuminiert die Geschichte der Stadt, zeigt aber auch Wechselausstellungen zeitgenössischer Malerei *(✆ 01307 464123, ⌚ ganzjährig, Mo-Sa 10-17 Uhr, täglich im August)*.

In **Aberlemno**, 8 km NO Forfar an der B9134, können einige gut erhaltene piktische Steine aus dem 7./8. Jh. bewundert werden. Zwei Steine stehen an der Brechin-Forfar Straße und zeigen Symbole wie Schlange, Kamm und Spiegel. Der schönste Stein, der Kirkyard Stone aus dem 8.Jh., steht auf dem Friedhof. Er zeigt auf der einen Seite ebenfalls ein keltisches Kreuz mit verschlungenen Tierdarstellungen und Ornamenten. Auf der anderen Seite sind Schlachtenszenen dargestellt. *(Hinweis: Im Winter werden die Steine zugedeckt)*

Besuchermagnet

12 km SW Forfar an der A928 erwartet den Besucher das Märchenschloss **Glamis Castle**. Glamis Castle, wie manch anderes Schloss auch, rühmt sich, der historische Schauplatz der Ermordung König Duncans durch Macbeth gewesen zu sein. Die Besucherattraktivität beruht weiterhin auf der Verbindung mit der königlichen Familie. Königinmutter Elizabeth verbrachte hier ihre Kindheit, und Prinzessin Margaret wurde in Glamis Castle geboren. Das heutige romantische Erscheinungsbild mit kleinen Türmchen, Erkern und Zinnen im Baronialstil geht auf Umbauten im späten 17. Jh. zurück. Die ältesten Gebäudeteile stammen allerdings schon aus dem 11. Jh. Im Inneren beeindruckt eine reichhaltige Kunstsammlung. Unter anderem können die Räume der Königinmutter besichtigt werden sowie die Schlosskapelle mit den bemalten Wandvertäfelungen von Jakob de Wet (1640-1697) *(✆ 01307 840393, 💻 www.glamis-castle.co.uk, ⌚ tgl. März bis Oktober 10-18 Uhr, November und Dezember 11-17 Uhr)*.

Glamis Castle

Im Örtchen **Glamis** sollte man einen Besuch im **Angus Folk Museum** nicht versäumen. Sechs Cottages demonstrieren das bäuerliche Leben des 18. und 19. Jh. in dieser Region *(✆ 01307 840288, 💻 www.nts.org.uk, ⌚ Ostern, dann April bis Juni und September Sa und So 12-17 Uhr, Juli und August Mo-Sa 11-17 Uhr, So 12-17 Uhr)*.

Kirriemuir und die Angus Glens

Peter Pan

Der kleine, angenehme Ort **Kirriemuir** ist als Geburtsort von **JM Barrie** (1860-1937) berühmt geworden, dem Erfinder von **Peter Pan**, dem kleinen Jungen, der niemals groß werden wollte. Barries Erzählung „Peter Pan and the Lost Boys", 1904, ist wohl von der Erinnerung an seinen älteren Bruder beeinflusst, der jung gestorben ist. JM Barrie war eines von 10 Kindern. **Barries Geburtshaus** ist ein kleines Cottage, das vom NTS zeitgemäß eingerichtet wurde. Im Nebenhaus Nr. 11 gibt es ergänzend eine Ausstellung über Barries Leben und Werk *(9 Brechin Road, ✆ 01575 572646, 💻 www.nts.org.uk, 🕐 Ostern bis Juni und September Sa-Mi 12-17 Uhr, So 13-17 Uhr, Juli und August Mo-Sa 11-17 Uhr, So 13-17 Uhr).*

Das **Kirriemuir Gateway to the Glens Museum** ist in einem Stadthaus untergebracht und beschäftigt sich mit der Geschichte, dem kulturellen Erbe, der Kultur und der landschaftlichen Schönheit Kirriemuirs und der westlichen Angus Glens *(32 High Street, ✆ 01575 575479, 💻 www.anguscouncil.gov.uk, 🕐 ganzjährig Mo-Mi, Fr und Sa 10-17 Uhr, Do 13-17 Uhr).*

Auf dem Kirrie Hill befindet sich eine **Camera Obscura**. Sie bietet ein großartiges Panorama von Strathmore und von den Glens im Norden *(💻 www.nts.org.uk, 🕐 April bis September tgl 12-16 Uhr)*. Im Aviation Museum kann man eine beträchtliche Sammlung an Memorabilia an die Royal Air Force sehen. Das kleine Museum wird von Kriegsveteranen geführt *(Bellies Brae, ✆ 01575 573233, 🕐 April bis September Mo-Do 10-17 Uhr, Fr-So 11-17 Uhr).*

Feste / Feiern

Am ersten Wochenende im September findet in Kirriemuir ein Folk-Festival statt. Der Veranstalter ist „The Traditional Music and Song Association", TMSA, ✆ 01575 540261, 💻 www.tsma.org.uk.

Reisepraktische Informationen Kirriemuir und die Angus Glens

Information

TIC*, Cumberland Close, Kirriemuir, Angus DD8, ✆ 01575 574097, 💻 www.angusglens.co.uk*

Unterkunft und Restaurants

*******Airlie Arms Hotel €€****, St. Malcolm's Wynd, Kirriemuir DD8 4HB, ✆ 01575 572847, 🖷 01575 573055, 💻 www.airliearms-hotel.co.uk, 🕐 ganzjährig, 10 Zimmer. Im Ortszentrum gelegenes, alt eingesessenes, freundliches Hotel im Familienbetrieb mit Restaurant und Bar. Restaurant: Mo-Fr 7.30-9.30 Uhr, 17-21 Uhr, Fr-So 7.30-9.30 Uhr, 12-15 Uhr, 17-21 Uhr.*

*******Glen Clova Hotel €€****, Kirriemuir DD8 4QS, ✆ 01575 550350, 💻 www.clova.com, 7 Zimmer. Lang etabliertes Hotel. Wunderschön gelegen und idealer Ausgangspunkt für Wanderungen im traumhaften Glen Clova.*

********Lochside Lodge Restaurant****, Bridgend of Lintrathan, Kirriemuir, Angus DD8 5JJ, ✆ 01575 560340, 🖷 01575 560251, 💻 www.lochsidelodge.com, Lunch Di-So 12-13.30 Uhr, Dinner Di-Sa 18.30-20.30 Uhr. Im August auch Mo abends zum Dinner. Die feine Küche wurde bereits mehrfach ausgezeichnet. Ein kleines Hotel ist angeschlossen. 10 Min. von Kirriemuir.*

***Glenisla Hotel**, Zelda und Brian Franklin, Kirkton of Glenisla, by Alyth, Perthshire PH11 8PH, ☎ 01575 582223, 🖷 01575 582203, 💻 www.glenisla-hotel.com. Gemütlicher Inn aus dem 17. Jahrhundert mit 6 Zimmern. 9 km N bei Kirkton of Glenisla an der B951.*

Öffentliche Verkehrsmittel

*Regelmäßige **Busverbindungen** mit Strathtay Scottish (☎ 01382 228345, 01241 870646) nach und von Dundee. Daneben gibt es Busse nach Forfar, nach Glamis und Postbusse zum Glen Prosen, Glen Clova und Glen Isla.*

Die Angus Glens

Kirriemuir ist der ideale Ausgangspunkt, wenn Sie drei der wundervollen Angus Glens erforschen möchten: Glen Isla, Glen Prosen und das beliebte Glen Clova. Die anderen beiden Glens, Glen Lethnot und Esk, sind von Brechin aus zu erreichen.

herrliche Wanderungen

Glen Isla verläuft parallel zum Glen Shee und ist das westlichste der Angus Glens. In der Nähe ist das herrlich gelegene *Lochside Lodge Restaurant* und 9 km N bei Kirkton of Glenisla an der B951 das *Glenisla Hotel*, ein gemütlicher Inn aus dem 17. Jh. Von Auchavan (Postbus von Blairgowrie) verlaufen mehrere Wanderwege in den Caenlochan Forest. In Meigle (10 km W Forfar an der A 94), am Anfang des Glens, kann man im **Meigle Museum** 26 zum Teil sehr gut erhaltene Steine des 8.-10. Jh. begutachten, eine der wichtigsten Sammlungen frühmittelalterlicher Steine überhaupt. Die unterschiedlichen Ornamente sind äußerst lebhaft dargestellt und geben einen ausgezeichneten Überblick über die hochentwickelte keltische Kultur *(Meigle, ☎ 01828 640612, 💻 www.historic-scotland.gov.uk, 🕔 April bis September tgl.).*

Im Museum in Meigle

Glen Prosen: In Dykehead, 8 km N Kirriemuir, teilt sich die Straße: Nordwestlich geht es zum Glen Prosen. Die kleine Straße führt in das Glen hinein, aber schöner ist es natürlich zu Fuß. Herrlich ist der 6 km lange Minister's Path, der Glen Prosen mit Glen Clova verbindet. Dieser alte Weg wurde, wie der Name schon sagt, von Geistlichen benutzt, die die Gemeinden beider Täler zu versorgen hatten.

Glen Clova: Das wunderschöne Glen Clova führt nördlich zum Glen Doll, von wo man der alten „drove road" nach Ballater oder Braemar folgen kann. Dieser *alte Schmugglerpfade*

alte Weg wurde früher von Schmugglern, Rebellen oder Regierungstruppen benutzt. Allerdings sollten nur geübte und erfahrene Wanderer diese Strecke in Angriff nehmen. Eine gute Ausrüstung ist unerlässlich.

Die B955 von Dykehead teilt sich kurz vor der Brücke über den South Esk. Traditionell nehmen die westliche Seite jene, die das Glen hinauffahren, und die Ostseite jene, die wieder zurückkommen. Die Straßen treffen sich nach 9 km in der kleinen Siedlung Clova, das mehr oder weniger aus dem bei Wanderern beliebten Clova Hotel besteht. Der Postbus von Kirriemuir fährt ins Glen Clova.

Angus Glens

Montrose

Montrose (60 km S Aberdeen) ist eine freundliche und ansehnliche Hafenstadt. Früher wurde von hier aus reger Handel mit vielen europäischen Ländern betrieben. In der High Street (übrigens die breiteste in Schottland) können Sie die Kaufmannshäuser des 18. und 19. Jh. sehen. Am Südende der High Street steht eine Statue von Sir Robert Peel, britischer Premierminister und Begründer der Polizei. Die Old Kirk nahebei hat einen schönen Turm. Am Panmure Place befindet sich das **Montrose Museum and Art Gallery**, das in einem schönen neoklassizistischen Gebäude untergebracht ist und Lokalgeschichtliches, insbesondere zur Schifffahrt, zeigt *(Panmure Place, ✆ 01674 673232, ⏲ ganzjährig Mo-Sa 10-17 Uhr)*.

Vor dem Museum steht eine lebensgroße Skulptur eines Jungen. Sie wurde von dem örtlichen Bildhauer William Lamb (1893-1951) geschaffen. Seine Werke kann man im **William Lamb Sculpture Studio** in der Market Street bewundern. Das Studio wurde der Stadt von dem Künstler hinterlassen *(Market Street, ✆ 01674 673232, Juli bis Mitte September Di-So 14-17 Uhr)*.

Gezeitenbecken

Montrose liegt an der Mündung eines großen Gezeitenbeckens, das von 25 km Straße umzogen wird. Dieses Bassin ist die Heimat für Enten, Gänse und Schwäne und ein wichtiges Vogelschutzgebiet. Das **Montrose Basin Nature Reserve and Wildlife Centre** hat ausgezeichnete Beobachtungsmöglichkeiten mit Ferngläsern und starken Teleskopen sowie Video-Kameras. Es gibt auch Führungen durch das Gelände *(Rossie Braes, ✆ 01674 676336, 🖳 www.swt.org.uk, ⏲ Be-*

sucherzentrum: Mitte März bis Mitte November tgl. 10.30-17 Uhr, Mitte November bis Mitte März Fr-So 10.30-16 Uhr, Schutzgebiet: Sommer 8-20 Uhr, im Winter während Tageslichts).

Nördlich der Stadt liegt das **Aerodrome Museum**. Der Flughafen wurde 1913 eröffnet und wurde in beiden Weltkriegen zur Pilotenausbildung genutzt wurde. Das Museum erinnert an die vielen, die ihr Leben in den Kriegen ließen mussten *(✆ 01674 678222, 💻 www.aeroflight.co.uk, 🕐 ganzjährig So 12-17 Uhr. An der A92 Richtung Norden).*

Strände

Im Norden führt ein fantastischer Strand bis nach St. Cyrus, und 6 km weiter südlich liegt die Lunan Bay, deren einsamer Strand einst bei Schmugglern beliebt war. Wie an vielen Stränden der Nordostküste gibt es Unterwasserströmungen.

Reisepraktische Informationen Montrose

Information

***TIC**, Bridge Street, Montrose, Angus, DD10 8AB, ✆ 01674 672000, 🕐 April bis September.*

Unterkunft

*******Best Western Links Hotel €€**, Mid Links, Montrose DD10 8EW, ✆ 01674 671000, 📠 01674 672698, 💻 www.bw-linkshotel.co.uk, 🕐 ganzjährig, 25 Zimmer. Das Hotel liegt direkt am berühmten Golfplatz sowie in Gehentfernung zum Strand.*

*******The Limes Guesthouse €**, 15 King Street, Montrose DD10 8NL, ✆ 01674 677236, 💻 www.thelimesmontrose.co.uk. Lang etabliertes, sehr freundliches Gästehaus mit 12 Zimmern, Kinder und Haustiere willkommen.*

Einkaufstipps

*Jeden Samstag kommen Menschen von nah und fern nach Montrose, um in den **Taylor's Auction Rooms** (Panmure Row, Montrose, Angus DD10 8HH, ✆ 01674 672775, 💻 www.scotlandstreasures.co.uk) Schmuck und Kunstgegenstände zu ersteigern. Falls Sie gerade in der Gegend sind – vielleicht können Sie ein schönes Stück als Erinnerung an Ihre Reise erwerben?*

Golf

***Royal Montrose Golf Club**, Dorward Road, Montrose, Angus DD10 8SW, ✆ 01674 672376.*

Arbroath

Arbroath ist ein Küstenort, der vom Tourismus und der Fischerei lebt. Delikat sind die **„Arbroath Smokies"**, goldgelb geräucherte Haddock-Filets (Schellfisch). Butter, Pfeffer und Zitronensaft machen aus dem Fisch eine Delikatesse. Das Besondere ist, dass der Fisch über Eichenholz geräuchert wird.

Lieben Sie Fisch?

Die Hauptattraktion des Ortes ist die **Arbroath Abbey** an der Abbey Street. Die Ruinen der einstigen Cluniazenser-Abtei bieten einen schönen Anblick. Die Kirche wurde 1178 gegründet, 1285 zur Abtei erhoben und dem heiligen Thomas Beckett gewidmet, der 1170 auf Geheiß von Henry II. in Canterbury ermordet

Unabhängigkeitserklärung

worden war. 1320 unterzeichnete hier der Adel die schottische Unabhängigkeitserklärung, in der Robert the Bruce zum König erklärt wurde. Eine Kopie dieses Briefes, der an den Papst gesandt wurde, befindet sich im Abteimuseum. Einst eine stattliche Kirche auf kreuzförmigen Grundriss mit zwei Westtürmen und einem zentralen Mittelturm, wurde sie später niedergebrannt und von der Stadt als Steinbruch benutzt.

Die Ruine aus rotem Sandstein enthält heute noch Teile des Westportals, des südlichen Seitenschiffs, der Ostfront und die Sakristei mit einem Originalgewölbe. Von den Klostergebäuden ist nur noch das Abthaus erhalten. Die Fresken und Bodenkacheln stammen noch aus dem 13. Jh. *(✆ 01241 878756, 💻 www.historic-scotland.gov.uk, 🕓 April bis September tgl. 9.30-17.30 Uhr, Oktober bis März tgl. 9.30-16.30 Uhr).*

Neben dem Hafen liegt das **Signal Tower Museum**, das in dem ehemaligen Haus des Leuchtturmwärters untergebracht ist. Die interessante Ausstellung dokumentiert die Geschichte des Leuchtturmes *(Ladyloan, ✆ 01241 875598, 🕓 ganzjährig, Mo-Sa 10-17 Uhr, im Juli und August auch So 14-17 Uhr).*

Reisepraktische Informationen Arbroath

Information

***TIC**, Market Place, Angus & Dundee DD11 1MR, ✆ 01241 872609.*

Einkehren

***The Old Brewhouse**, ✆/🖷 01241 879945, Pub und Restaurant mit reichhaltiger Speisekarte, u.a. Haggis und „Smokies", aber auch vegetarische Gerichte, direkt am Hafen. Mo-Sa 11 Uhr bis Mitternacht, So 12.30 Uhr bis Mitternacht.*

***But'n'Ben**, Auchmithie DD11 5SQ, ✆ 01241 877223, tgl. außer Di zum Lunch, High Tea und Dinner. Am Hafen in Auchmithie gelegen, ausgezeichnete Fischgerichte. Mittlere Preisklasse. Von Arbroath kann man zu Fuß entlang der Klippen nach Auchmithie wandern (4 ½ km).*

***Fountry Inn**, sehr gemütlich, ungezwungen, einheimisches Publikum, jeden Mi und Fr Live-Musik.*

Dundee

Dundee ist mit 150.000 Einwohnern Schottlands viertgrößte Stadt und war die Hochburg der Stahlindustrie und des Schiffsbaus. Leider sind in der Innenstadt in den 1960er/1970er Jahren alle alten Häuser durch moderne Bauten ersetzt worden. Dundee verteilt sich zwischen zwei Hügeln, dem Balgay und dem Law, die den Fluss Tay überblicken.

Die Stadt lohnt mit ihrem regen kulturellen Leben, guten Einkaufsmöglichkeiten, Restaurants und Bars durchaus einen Zwischenstopp. Am besten ist es, das Auto stehenzulassen und die Stadt zu Fuß zu erobern. Die Innenstadt ist relativ übersichtlich und die meisten Sehenswürdigkeiten sind leicht zu erreichen. Busse in den Vorort Broughty Ferry fahren in der High Street ab.

Geschichte

Der Name „Dundee" stammt von dem gälischen Word „Dun", was mit Fort übersetzt werden kann. Seit prähistorischer Zeit gibt es hier eine Siedlung. Im 12. Jh. war Dundee ein bedeutender Handelsort. 1309 wurde Robert the Bruce hier zum König proklamiert.

die drei „J"

Dundee wurde insbesondere für die drei „J" – Jute, Jam und Journalism – berühmt. Diese drei Industriezweige haben den wirtschaftlichen Erfolg der Stadt begründet, insbesondere die Jute-Mühlen ab dem frühen 19. Jh. Zusammen mit Edinburgh wurde Dundee ein Zentrum der Investment Trusts, die weltweit Geld in Unternehmen investieren. Der Jute-Fabrikant Robert Fleming benutzte den Scottish Investment Trust für Investitionen in amerikanische Farmen, Minen und Eisenbahnen.

Die Herstellung von „Jam" (= Marmelade) begann mit einem Unfall, als nämlich ein Schiff voller Südfrüchte im Hafen von Dundee festsaß. Ein einheimischer Gemüsehändler kaufte das Obst auf, und seine Frau machte Marmelade daraus. Das dritte J, Journalism, wird immer noch betrieben. DC Thomson, Verleger verschiedener Magazine und Zeitungen (u.a. die Tageszeitungen Dundee Courier und Evening Telegraph), ist der größte Unternehmer in der Stadt.

Die als technisches Meisterwerk gefeierte Eisenbahnbrücke über den Tay, 1878 erbaut, brach 1879, nur 7 Monate später, durch einen starken Sturm zusammen. Keiner konnte den Zug alarmieren, so dass er in die Tiefen des Flusses stürzte. Die Crew und 75 Passagiere kamen ums Leben. 1887 wurde die Brücke ausgebessert und steht noch immer. Sie ist über 3 km lang und die längste Eisenbahnbrücke in Europa.

Die Discovery

Obwohl **Theodor Fontane** während seiner Schottland-Reise 1858 Dundee nicht besuchte, widmete er der Stadt sein Gedicht „Die Brücke am Tay". *„Tand/Tand/ist das Gebild von Menschenhand"* so lautet die letzte Zeile des Gedichtes.

Sehenswürdigkeiten

In Dundee liegen zwei berühmte Schiffe vor Anker, die „Discovery" und die HM Fregatte „Unicorn".

Das königliche Forschungsschiff **„Discovery"** wurde im Jahr 1901 in Dundee gebaut. Mit ihr machte sich Captain Scott in die Antarktis auf. Im Discovery Point erfährt man In-

Die Fregatte Unicorn

teressantes über die wissenschaftliche Arbeit des berühmten Kapitän Scott und seiner Besatzung sowie über die Rettung der Discovery aus dem Packeis. Das Schiff wurde sorgfältig restauriert und sieht jetzt wieder wie im Jahre 1929 aus. Die Discovery war das erste Schiff, das für rein wissenschaftliche Zwecke gebaut wurde *(Discovery Quay, ✆ 01382 201245, 💻 www.rrsdiscovery.com, 🕐 April bis Oktober tgl. 10-18 Uhr (So ab 11), November bis März 10-17 Uhr (So ab 11).*

Weiter westlich, auf der anderen Seite der Straßenbrücke, liegt das andere berühmte Schiff, die **HM Frigate Unicorn**. 1824 als Kriegsschiff gebaut, wurde es jedoch lediglich als Munitionslager und Trainingsschiff genutzt. Die Fregatte Unicorn ist das älteste in Großbritannien hergestellte, noch schwimmende Schiff und insofern einzigartig, dass es den Übergang zwischen einem traditionellen Segelschiff aus Holz und einem „modernen" Dampfschiff zeigt. Die Fregatte hat 46 Kanonen, und bei einem Besuch an Bord erhält man einen guten Eindruck von dem Leben der Marinesoldaten im 19. Jh. *(Victoria Dock, Dundee DD1 3JA, ✆ 01382 200900, 💻 www.frigateunicorn.org, 🕐 Mitte März bis Oktober tgl. 10-17 Uhr, November bis Mitte März Sa, So 10-16 Uhr sowie Mi-Fr 12-16 Uhr).*

Übergang von Holz zu Dampf

Der **City Square** ist von Geschäften und Lokalen umgeben. Hier liegen auch die Caird Hall, wo Konzerte stattfinden, sowie die City Chambers. Das einzig erhaltene Stadttor, Wishart Arch in der Cowgate, stammt aus dem 16. Jh. Westlich des City Square liegt der **Old Steeple** (Nethergate), das älteste Gebäude der Stadt und mit 48,8 m (232 Stufen) der höchste mittelalterliche Turm in ganz Schottland. Der eigentliche Name lautet St. Mary's Parish Church. Old Steeple ist ein wunderbares Beispiel gotischer Bauweise des späten 15. Jh. in Schottland. Er wurde als Uhrturm, als Wachturm sowie als Gefängnis genutzt.

Unweit befinden sich die **City Churches**. Hierbei handelt es sich um drei Kirchen unter einem Dach. Die erste Kir-

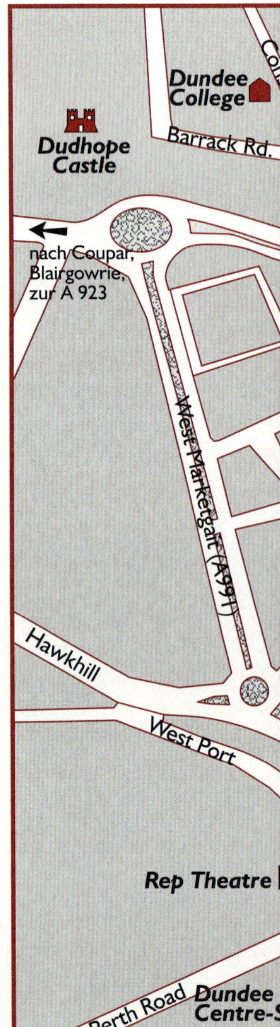

© graphic

che an dieser Stelle wurde gegen Ende des 12. Jh. gegründet. Später entstanden hier vier Kirchen – St. Mary, St. Paul, St. Clement und St. John. Nach einer verheerenden Feuersbrunst in der Mitte des 19. Jh., die den Bau fast völlig zerstörte, wurden nur noch drei Kirchen wieder neu aufgebaut.

modernes Kunstzentrum

In der Nethergate befindet sich auch DCA, **Dundee Contemporary Arts**, ein modernes Kunstzentrum mit Wechselausstellungen, Kino, einem netten Café und verschiedenen kulturellen Veranstaltungen *(152 Nethergate, ☽ 01382 909900,*

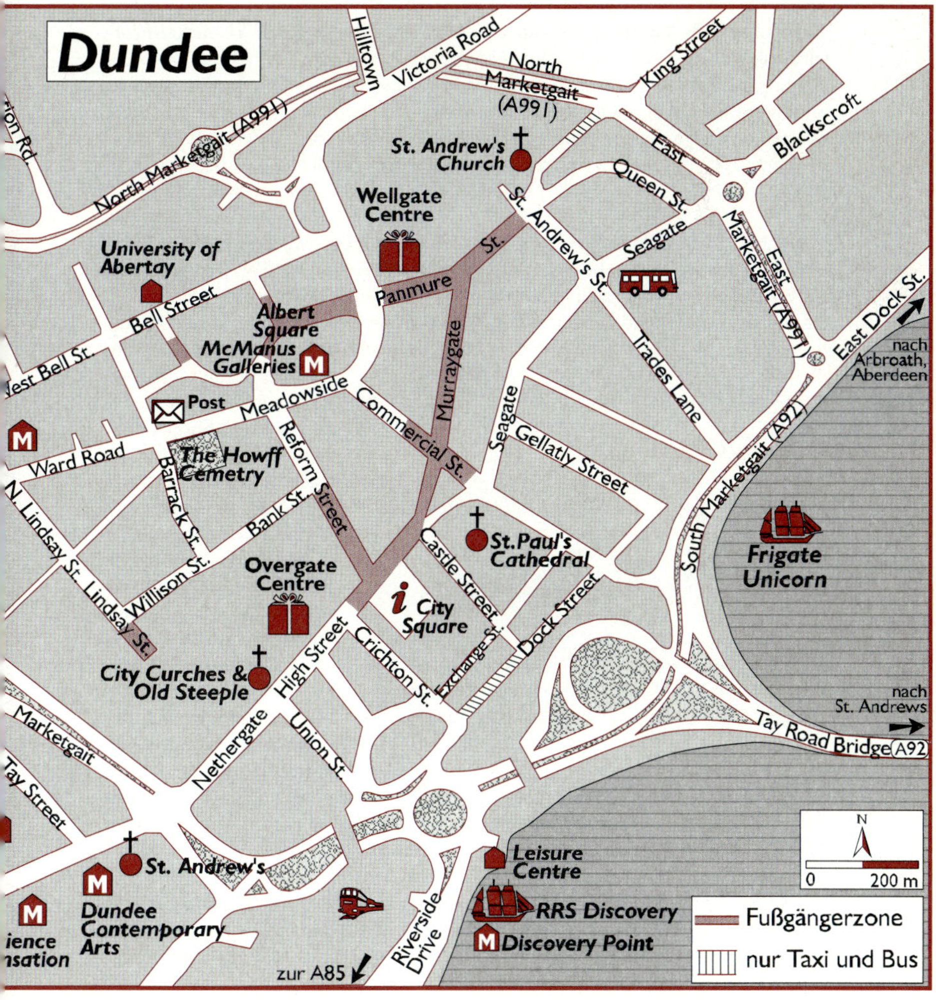

www.dca.org.uk, Gebäude: tgl. 10.30-Mitternacht, Galerien: Di-Sa 10.30-17.30 Uhr, Do bis 20.30 Uhr, So 12-17.30 Uhr).

Die verkehrsberuhigte Reform Street führt zum Albert Square und zu den **McManus Galleries**. Das Museum und die Kunstgalerie beherbergen europäische Gemälde sowie Exponate zur Archäologie und Lokalgeschichte. Nach sehr kostspieliger Renovierung und Erweiterung wird die Galerie im Laufe des Jahres 2008 neu eröffnet werden *(Albert Square, 01382 432350, www.mcmanus.co.uk).*

schöne Grabsteine

Gegenüber dem Albert Square liegt der mittelalterliche Friedhof **The Howff**, ursprünglich der Garten eines Franziskanerklosters aus dem 13. Jh. Nach der Zerstörung des Klosters wurde der Garten 1548 der Stadt als Friedhof übergeben, und heute kann man hier schöne Grabsteine aus dem 16. bis 19. Jh. entdecken, von denen einige die Symbole der Handwerkergilden tragen. „The Howff" war der Versammlungsplatz der Gilden, daher auch der Name: howff bedeutet Treffpunkt.

In wenigen Minuten gelangen Sie von hier, entlang Meadowside und Ward Road und die Guthrie Street hoch, zu den **Verdant Works** im West Henderson's Wynd. Bei einer Besichtigung der alten Jute-Mühle erhält man einen Einblick in die harten Arbeits- und Lebensbedingungen der hier beschäftigten Frauen und erfährt einiges über die Geschichte der Jute. Ausgehend vom Handel in Indien bis zum Endprodukt wird die Juteherstellung in allen Aspekten beschrieben West *(Henderson's Wynd, 01382 225282, www.verdant-works.com, April bis Oktober tgl. 10-18 Uhr (So ab 11 Uhr), November bis März Mi-Sa 10-17 Uhr, So ab 11 Uhr).*

Vom Law Hill hat man einen weiten Blick

Law Hill ist ein 173 Meter hoher Vulkanhügel. Von hier oben hat man fantastische Ausblicke über die Stadt, über den Tay hinüber nach Fife und auf die beiden Brücken. Falls Sie kein eigenes Auto haben, nehmen Sie am besten einen Bus vom Albert Square.

Im Westen der Stadt, am Riverside Drive, bietet der **Botanische Garten** der Universität mit seinen großen Gewächshäusern und einem ausgezeichnetem Besucherzentrum schöne Entspannung *(01382 647190, März bis Oktober tgl. 10-16.30 Uhr, November bis Februar 10-15.30 Uhr).*

Beliebt ist auch das **Camperdown Wildlife Centre**, das an der A923 nach Coupar Angus liegt. Hier leben rund 50 verschiedene Tiere aus Schottland und aus der ganzen Welt. Kinder dürfen bei der Tierfütterung helfen, und es gibt auch einen Streichelzoo *(Coupar Angus Road, ✆ 01382 431811, ⏲ März bis September tgl. 10-16.30 Uhr, Oktober bis Februar 10-15.30 Uhr).*

Für Architekturfreunde
Maggie's Cancer Caring Centre
(Ninewells Hospital, Ninewells Avenue) wurde von Frank Gehry, dem Architekten des Guggenheim Museums in Bilbao erbaut. Das interessante Gebäude kann am Wochenende besichtigt werden, allerdings nur von außen.

Der attraktive Vorort **Broughty Ferry** liegt 6 km O Dundee, ist aber mittlerweile mit Dundee zusammengewachsen. „The Ferry" war einst eine Siedlung mit Fischerhäuschen entlang der Uferfront und den großen Villen der reichen Jutekönige. Broughty Ferry kann mit einem langen Sandstrand und einigen traditionellen Pubs aufwarten. Das aus dem 15. Jh. stammende Broughty Castle beherbergt ein Museum zur Lokalgeschichte *(Broughty Castle Museum, Castle Approach, Broughty Ferry, ✆ 01382 436916, 💻 www.dundeecity.gov.uk/broughtcastle, ⏲ April bis September Mo-Sa 10-16 Uhr, So 12.30-16 Uhr, Oktober bis März Di-Sa 10-16 Uhr, So 12.30-16 Uhr).*

Villen der Jutekönige

Broughty Castle

N Broughty Ferry liegt **Claypotts Castle**. Das Tower House aus dem späten 16. Jh. ist ein interessantes Beispiel der bereits etwas komfortableren Tower House-Architektur und weist eine ungewöhnliche Bauweise auf. Zwei große Rundtürme, in deren einspringenden Winkeln sich jeweils ein kleinerer Rundturm befindet, flankieren den rechteckigen Mittelbau und werden durch asymmetrisch angelegte, rechteckige Turm„zimmer" abgeschlossen *(✆ 01786 431324, 💻 www.historic-scotland.gov.uk, ⏲ jederzeit, aber nur von außen. N Broughty Ferry, an der Kreuzung A92 und B978).*

Reisepraktische Informationen Dundee

Information

TIC, 21 Castle Street, Dundee DD1 3AA, ✆ 01382 527527, 💻 www.angusanddundee.co.uk, 🕔 ganzjährig.

Hotels

*******The Queens's Hotel €€**, 160 Nethergate, Dundee DD1 4DU, ✆ 01382 322515, 📠 01382 202668, 💻 www.queenshotel-dundee.com, 🕔 ganzjährig, 53 Zimmer, alteingesessenes Stadthotel.*

*******Shaftesbury Hotel €€**, 1 Hynford Street, Dundee DD1 4DE, ✆ 01382 669216, 📠 01382 641598, 💻 www.shaftesbury-hotel.co.uk, 🕔 ganzjährig, 12 Zimmer. Viktorianisches Haus in ruhiger Lage, nahe der Universität. Bar und Restaurant.*

*******Beach House Hotel €€**, 22 Esplanade, Broughty Ferry, Dundee DD5 2EN, ✆ 01382 776614, 📠 01382 480241, 🕔 ganzjährig, 8 Zimmer, kleines, freundliches Hotel mit Blick auf den Tay.*

*****The Fisherman's Tavern Hotel €**, 10-16 Fort Street, Broughty Ferry DD5 2AD, ✆ 01382 775941, 📠 01382 477466, 💻 www.fishermans-tavern-hotel.co.uk, 🕔 ganzjährig, 13 Zimmer. Gemütliches, kleines Hotel direkt am Wasser. Gutes Pub-Essen und „real Ale".*

Unterkunft in Studentenwohnheimen

University of Dundee, ✆ 01382 647171, 💻 www.dundee.ac.uk, Unterkunft zwischen Juni und August möglich.

Flughafen

3 km vom Stadtzentrum entfernt. Ein Taxi ins Stadtzentrum kostet etwa 5 £. ✆ 01382 662200, 💻 www.dundeecity.gov.uk.

Autovermietung

Arnold Clark, East Dock Street, ✆ 01382 225382. Ab 18 £ pro Tag, 90 £ pro Woche.

Sport

Olympia Leisure Centre, ✆ 01382 432301, 🕔 tgl., Fun-Schwimmbad, Spa, Restaurant, Fitnesseinrichtungen.

Unterhaltung

Dundee Rep Theatre, Tay Quay, ✆ 01382 223530 (Box Office), 💻 www.dundeereptheatre.co.uk.

Von Aberdeen durch das Dee-Tal über Banchory, Braemar und Blairgowrie nach Perth

Der Dee entspringt in den Cairngorms und fließt durch die Hügel nach Aberdeen, wo er in die Nordsee mündet. Das Tal ist als Deeside bekannt oder, wegen der Verbindung mit der englischen Königsfamilie, die seit 1848 in Balmoral Urlaub macht, als „Royal Deeside". Deeside bietet vielerlei Sportmöglichkeiten, wie Wandern, Fahrrad- und Kanufahren und Skilaufen, und ist daher eine beliebte Feriengegend. *Royal Deeside*

Drum Castle Garden and Estate entstand Ende des 13., Anfang des 14. Jh. und ist nicht nur einer der ältesten, sondern auch einer der am besten erhaltenen Wohntürme in Schottland. Die Mauern haben eine Stärke von 4 Metern und verjüngen sich nach oben auf 3 Meter. Der Haupteingang im 1. Stock ist über eine Außentreppe zu erreichen. Über eine Wendeltreppe gelangt man in die obere Halle, die, von einem hohen Steingewölbe überdacht, früher als Wohnraum diente. 1619 wurde an den Turm, der selbst nur wenig verändert wurde, ein Wohnhaus angebaut. Dieses ist im Inneren weitgehend unverändert erhalten.

Versäumen Sie nicht, den wunderschönen „Garden of Historic Roses" anzuschauen mit Rosen aus aller Welt, eine wahre Augenfreude. Auch der Royal Forest und der Park of Drum mit altem Eichenbestand und vielen Waldbewohnern, wie Spechten und rote Eichhörnchen, lohnen einen Erkundigungsstreifzug *(✆ 01330 811204, 💻 www.nts.org.uk oder www.drum-castle.org.uk, 🕔 Karfreitag bis Ende Juni und September tgl. außer Di und Fr 12.30-17 Uhr, Juli bis August tgl. 11-18 Uhr, Garten: Karfreitag bis Ende September tgl. 11-18 Uhr. 12 km O Banchory, an der A93).*

Crathes Castle, Garden and Estate ist ein aus dem 16. Jh. stammendes Tower House und im reinsten schottischen Baronialstil errichtet. Architektonische Elemente, die einst der besseren Verteidigung dienten, also rein funktionaler Art waren, wurden in dieser Zeit nur noch als dekoratives Stilelement verwendet. Das obere Stockwerk ist mit seinen scheinbar willkürlich angeordneten Fenstern und den vorspringenden Erkern und Türmchen besonders lebhaft gestaltet. An den Türmchen und der zentralen Brustwehr über der Uhr sind Wasserspeier in Form von kleinen Kanonen angebracht. Auch der Turm ist reich an architektonischem Detail. Der schlichte Seitenflügel ist eine Ergänzung des 18. Jh. 1966 brannte er ab, wurde jedoch genauso wieder aufgebaut. Der große Garten wurde 1702 angelegt und im 20. Jh. erweitert. Mittlerweile handelt es sich um acht verschiedene Gärten. *Baronialstil*

Crathes Castle ist vor allem wegen seiner drei bedeutenden bemalten Holzdecken berühmt, die um 1600 entstanden. Die Decke im Raum der „Nine Nobles" zeigt Hektor, Alexander, Julius Caesar als antike Helden, Jesaia, David und Judas Makkabäus aus dem Alten Testament sowie Artus, Karl den Großen und Godfrey de Bouillon als Helden der Zeit der Troubadoure. Die Darstellung der „Nine Nobles" war ein in der Renaissance in ganz Europa häufig verwendetes Motiv. Die *bemalte Holzdecke* zweite Decke befindet sich im Zimmer der Grünen Dame, dem „Green Lady's Room", einem angeblich verhexten Raum, und die dritte im „Raum der Musen", dem ehemaligen Musikzimmer. Die Musen – singend und spielend – sind zusammen mit den fünf großen Tugenden dargestellt *(✆ 01330 844525, 💻 www.nts.org.uk, 🕐 Castle und Besucherzentrum April bis September tgl. 10.30-17.30 Uhr, Oktober tgl. 10.30-16.30 Uhr, November bis März Do-So (Führungen) 10.30-15.45 Uhr. 5 km O Banchory, an der Kreuzung A93 / A957).*

Banchory und das 21 km weiter westlich liegende **Aboyne** sind freundliche Kleinstädte. Abgesehen von den Schlössern in der Umgebung gibt es keine herausragenden Sehenswürdigkeiten. Über besondere Sehenswürdigkeiten verfügt der

Angeln

Ort nicht. In Banchory ist das Angeln auf Lachs besonders beliebt. An der Bridge of Feugh kann man die Lachse springen sehen.

Reisepraktische Informationen Banchory

Information

__TIC__, Bridge Street, Banchory, Aberdeenshire AB31 5SX, ✆ 01330 822000

Unterkunft

*******Tor-Na-Coille Hotel** €€, Inchmarlo Road, Banchory AB31 4AB, ✆ 01330 822242, 🖷 01330 824012, 💻 www.tornacoille.com, 🕐 Januar bis Dezember außer Weihnachten, 23 Zimmer, schönes Haus im Familienbesitz mit gutem Restaurant.*

***Potarch Hotel** €€, Potarch, Banchory, Aberdeenshire AB31 4BD, ✆ 01339 884339. Ein etwas altertümlichens, aber sehr gemütliches Hotel. Abends kann man sich in der Bar durch eine stattliche Auswahl an Malt Whiskies probieren.*

Übernachtungstipp

***Dinnet House**, Marcus & Sabrina Humphrey, Aboyne AB34 5LN, ✆ 01339 885332, 🖷 01339 885319. Wunderschönes viktorianisches Schlösschen mit fantastischen Blicken über den Dee. Drei behagliche Zimmer und ausgezeichnete Küche. Mittlere Preisklasse.*

Camping/Caravan

*******Haughton Caravan Park**, Montgarrie Road, Alford AB33 8NA, ✆ 01975 562107. 175 Plätze, 🕐 April bis Oktober.*

Einkaufstipp

George Strachan, Rare Wine, Station Square, Aboyne, ✆ 01339 886121/2, bietet eine beeindruckende Auswahl an Malt Whiskies sowie freundliche und geduldige Beratung.

Ballater ist ein freundlicher Luftkurort mit rund 1.200 Einwohnern und stolz auf die königliche Verbindung. Die **Royal Lochnager Distillery** wurde 1845 gegründet. Nach der Besichtigung wird der übliche Probeschluck gereicht *(Crathie, ✆ 013397 42700, 🕐 November bis März Mo-Fr 10-16 Uhr, April und Oktober Mo-Fr 10-17 Uhr, Mai bis September Mo-Sa 10-17 Uhr, So 12-17 Uhr).*

Balmoral Castle: 1855 bezogen Königin Victoria und Prinzgemahl Albert das aus weißem Granit gebaute, mit Türmchen und Zinnen verzierte Schloss. Seitdem dient es als königliche Hochlandresidenz, jedoch nicht zu repräsentativen Zwecken, sondern als privates Heim der königlichen Familie. Hierhin zog sich Queen Victoria zurück, wanderte und malte Aquarelle. Nachdem ihr Mann 1861 verstarb, kehrte die Königin noch jedes Jahr bis zu ihrem Tod wieder.

Queen Elizabeth

Königin Elizabeth verbringt hier samt Familie alljährlich den Spätsommer. Wenn die Windsors dort nicht verweilen, können die ausgedehnten Parkanlagen durchstreift werden. Außerdem gibt es eine kleine Ausstellung im Ballsaal. Weilt die Queen in Balmoral, besucht sie allsonntäglich die Messe in der kleinen, schlichten Kirche von Crathie, unweit des Schlosses. Queen Victoria legte 1893 den Grundstein. Es ist die fünfte Kirche an dieser Stelle, der früheste Vorgängerbau stammte aus dem 5. Jh. (*www.balmoralcastle.com, April bis Ende Juli tgl. 10-17 Uhr. Zu besichtigen sind die Gärten, der Ballraum sowie eine audiovisuelle Ausstellung. Auf dem Grundstück können auch *****-Cottages für Selbstversorger (5-12 Pers.) gemietet werden*).

Wandern

Eine 12 km lange Stichstraße führt durch das Glen Muik zum Loch Muik, den man auf guten Uferwegen umrunden kann. (Landkarte OS Explorer Nr. 388)

Reisepraktische Informationen Ballater

Information

***TIC**, Old Royal Station, Station Square, Ballater, Aberdeenshire AB25 5RB, 013397 55306.*

Unterkunft

********Balgonie Country House €€**, Ballater AB35 5NQ, 01339 755482, 01339 755497, www.balgonie-hotel.co.uk, 9 Zimmer. Vom Country-House hat man einen schönen Blick auf den Golfplatz.*

********Darroch Learg Hotel €€**, Braemar Road, Ballater AB35 5UX, 013397 55443, 013397 55252, www.darrochlearg.co.uk, 19 Zimmer, traditionelles Country-Hotel, wunderschön gelegen und mit schönem Blick über das Dee-Tal. Ausgezeichnetes Restaurant.*

*******Auld Kirk Hotel €€**, Braemar Road, Ballater AB35 5RQ, 01339 755762, 01339 755707, www.auldkirkhotel.com, ganzjährig, 6 Zimmer. Das Hotel wurde in einer alten Kirche eingerichtet.*

Restaurant

***The Green Inn**, Victoria Road, 013397 755701, 01339 756357, www.green-inn.com, tgl. 19-21 Uhr, bestes Restaurant am Platz, klassische schottische Küche. Gehobene Preisklasse (2 Gänge 29.50 £).*

Naturfreunde

Braemar, 11 km W Balmoral, ist ein kleiner, beliebter Ferienort. Die herrliche Umgebung des Ortes zieht vor allem Wanderer, Jäger und Naturfreunde und im Winter Skifahrer an. Im Gebäude des Touristenamtes, gegenüber des großen Fife Arms Hotels, informiert das **Highland Heritage Centre** über die Region (*The Mews, Invercauld Road, Braemar AB35 5YC, 013397 41944*).

Für archäologisch Interessierte lohnen die 1925 ausgegrabenen Reste des **Royal Castle of Kindrochit** an der Ballnellan Road einen Blick. Errichtet zwischen 1057 und 1093, wurde es 1628 zerstört.

Hinweis

Die Besichtigung von ***Braemar Castle*** *ist derzeit nicht möglich. Aktuelle Infos unter www.braemarscotland.co.uk.*

Feste/Feiern

Am 1. Samstag im September findet in Braemar das berühmte Royal Highland Gathering statt, und natürlich nimmt auch die königliche Familie als Zuschauer daran teil. In Braemar soll es schon seit dem 11. Jahrhundert Highland Games geben. In der Umgebung von Braemar sollen die Highland Games ihren Ursprung haben.

Ausflug

Eine 9 km lange Stichstraße führt von Braemar in westlicher Richtung zum ***Linn of Dee****. Bilderbuchmäßig fließt der Fluss durch die enge Schlucht. Vom Linn bestehen zahlreiche Wandermöglichkeiten, z.B. der berühmte Lairig Ghru, der durch die Cairngorms nach Aviemore verläuft. Zwischen dem Linn of Dee und der kleinen Siedlung Inverey, 1 ½ km östlich, gibt es eine bescheidene Jugendherberge (Inverey Y.H., Aberdeenshire AB35 5YB, ✆ 0870 0041126, 💻 www.syha.org.uk, 14 Betten, Mai bis Oktober). Von Braemar fährt ein Postbus zum Linn of Dee, der an der Jugendherberge hält.*

Reisepraktische Informationen Braemar

Information

💻 www.braemarscotland.co.uk

Unterkunft

******Braemar Lodge Hotel €€****, Glenshee Road, Braemar AB35 5YQ, ✆/📠 013397 41627, 💻 www.braemarlodge.co.uk, 🕐 ganzjährig, 7 Zimmer. Gemütliches Hotel in einer ehemaligen viktorianischen Jagdlodge mit viel Charakter und guter Küche.*

Fife Arms Hotel €€*, Mar Road, Braemar AB35 5YL, ✆ 013397 41644, 📠 013397 41545, 🕐 ganzjährig, 84 Zimmer. Großes, lang etabliertes Hotel im Ortszentrum.*

*******Cranford Guest House €****, 15 Glenshee Road, Braemar AB35 5YQ, ✆ 013397 41675, 💻 www.cranfordbraemar.com, 🕐 ganzjährig außer Weihnachten, 6 Zimmer, freundliches und günstiges Gästehaus.*

Jugendherberge

*******Braemar Y.H.****, Corrie Feragie, 21 Glenshee Road, Braemar AB35 5YQ, ✆ 0870 0041105, 💻 www.syh.org.uk, 🕐 Dezember bis Oktober, 49 Zimmer.*

Skigebiet

Von Braemar führt die A93 in südlicher Richtung nach Perth. Auf halber Strecke passiert man das **Glenshee Ski Centre**. **Glenshee** liegt auf dem Cairnwell Pass an der Grenze zwischen Aberdeenshire und Perthshire. Lustig sind die Skulpturen „Wonderful View" gegenüber dem Centre.

Reisepraktische Informationen Spittal of Glenshee

Unterkunft

****Dalmunzie House €€€*, Spittal of Glenshee PH10 7QG, ☎ 01250 885224, 🖷 01250 885225, 🕐 Januar bis November. In einem riesigen Anwesen gelegenes Landhaushotel mit 17 Zimmern im Familienbetrieb. Sehr gemütliche und ungezwungene Eleganz, unaufdringlicher Service und großzügig gestaltete Schlafzimmer. Außerdem gibt es sieben Cottages für Selbstversorger.*

***Spittal of Glenshee €-€€**, Spittal of Glenshee PH10 7QF, ☎ 01250 885215, 🖷 01250 885223, 💻 www.spittalofglenshee.co.uk. Angeblich der älteste Inn in ganz Großbritannien. Schon im Jahre 961 soll sich an dieser strategisch wichtigen Stelle, in der Mitte von 4 Tälern zwischen den Central und den Eastern Highlands, ein Gasthof befunden haben. 48 Zimmer (plus Bunkhouses für 18 Personen), Restaurant, Bar, Solarium, Spielzimmer, riesiger Souvenirladen. Das Spittal of Glenshee ist besonders bei Reisegruppen beliebt.*

Von **Blairgowrie** ist rasch Perth (s. S. 420) erreicht.

Reisepraktische Informationen Blairgowrie

Information

***TIC**, 26 Wellmeadow, Blairgowrie, Perthshire PH10 6AS, ☎ 01250 872960, 🖷 01250 873701, 🕐 ganzjährig.*

Unterkunft

******Kinloch House Hotel €€€**, bei Blairgowrie PH10 6SG, ☎ 01250 884237, 🖷 01250 884333, 💻 www.kinlochhouse.com, 🕐 ganzjährig außer Weihnachten, 18 Zimmer, Gebäude von 1840, schönes schottisches Landhaus mit eleganter Inneneinrichtung und offenen Kaminen. Vom riesigen Park aus hat man einen herrlichen Blick über Loch Marlee und auf die Sidlaw Hills. Nichtraucher. Relais & Chateaux.*

Fahrradverleih/Reparatur

***Scottish Cycling Holidays**, 87 Perth Street, ☎ 01250 876100, 🖷 01250 873383, ✉ info@scotcycle.co.uk. Fahrräder pro Woche 49 £, 2 Wochen 70 £, 300 £ p.P. pro Woche mit Gepäckbeförderung.*

Golf

Blairgowrie ist der Austragungsort für die Scottish Mixed Foursomes Golf Week, einwöchige Wettkämpfe mit einem buntem Rahmenprogramm. Für Einheimische und Gäste gleichermaßen vergnüglich. ☎ 01250 875800, 💻 www.theblairgowriegolfclub.co.uk oder www.perthshire.co.uk/golfweek.

10. IM HERZEN SCHOTTLANDS

Allgemeiner Überblick

© graphic

Das **„Herz von Schottland“** mit den Regionen Tayside, Fife und Central bleibt in der Besucherskala weit hinter dem Westen und Norden Schottlands zurück.

Als Golfliebhaber kennt man natürlich St. Andrews an der Ostküste von Fife, aber die vielen anderen Sehenswürdigkeiten, geschichtsträchtigen Plätze und die malerische Landschaft sind weitaus weniger bekannt als die Highlands.

Vor allem die fast 200 km lange Küste von Fife ist mit ihren kleinen Fischerorten sehr reizvoll. Die **Halbinsel Fife** war stets eine relativ reiche und selbstständige Region. Weniger als andere Gebiete wurde sie von kriegerischen Verwüstungen betroffen. Im Mittelalter betrieben ihre Bewohner Handel mit den Friesen, Normannen und Flamen. Der holländische Einfluss ist vielfach in der Architektur der kleinen Fischerorte erkennbar, typisch sind die mit Treppengiebeln verzierten Häuser und die roten Ziegelpfannen ihrer Dächer.

Streckenführung und Zeiteinteilung

Die in diesem Kapitel beschriebene Route führt von Perth durch die Halbinsel Fife nach St. Andrews. Entlang der Küste geht es nach Dunfermline und weiter nach Stirling in der Region Central. Alternativ können Sie von Dundee über die Tay-Brücke fahren und sind so schneller in St. Andrews. Insgesamt umfasst die Stecke rund 300 km, und um diese Region kennenzulernen, sollte man zwei bis drei Tage einplanen.

Golf

Wer sich für Golf interessiert, ist im Kingdom of Fife genau richtig. Neben den traditionellen Golfplätzen in St. Andrews, gibt es allein in Fife über 40 andere Plätze, die denen von Ayrshire oder East Lothian in nichts nachstehen. Mit dem „First in Fife Golfpass“ kann man unkompliziert die meisten dieser Plätze kennenlernen (www.fifegolf.com).

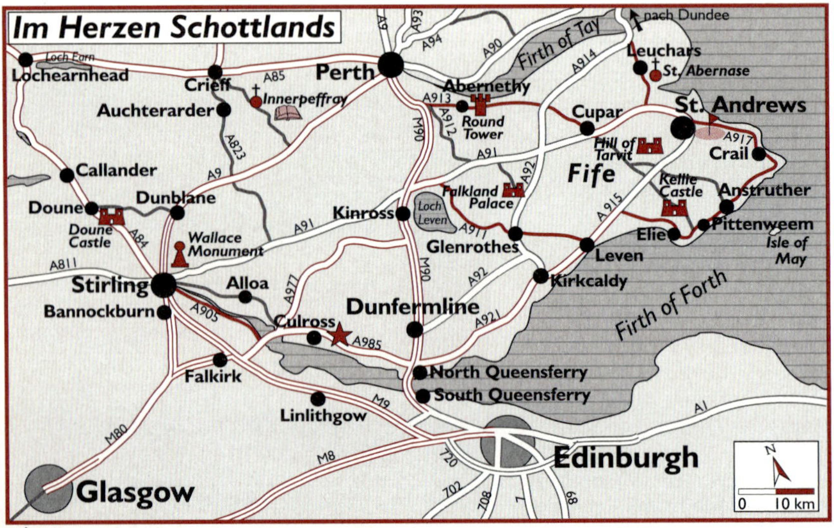

© igraphic

Redaktionstipps Herz Schottlands

- Die Pfarrkirche in **Leuchars** besichtigen (S. 480).
- An den **Highland Games** in Ceres oder in Burntisland teilnehmen (S. 480, 491).
- Stadtbesichtigung von **St. Andrews** und **Stirling** (S. 481ff, 497ff).
- Durch die kleinen **Fischerorte** an der Südküste von Fife schlendern (S. 487ff).
- Das Scottish Fisheries Museum in **Anstruther** besuchen (S. 488).
- Den denkmalgeschützten Ort **Culross** anschauen (S. 495f).
- **Doune Castle** besichtigen (S. 503).

Wandern

Der „Fife Coastal Path" (www.fifecoastalpath.co.uk), umfasst zahlreiche Wege (auch viele Rundwege) verschiedener Länge und Schwierigkeitsgrade, wobei die meisten flach und auch für Urlauber mit Kindern geeignet sind.

Fahrrad fahren

Fife ist ideal zum Radeln. Die „Kingdom of Fife Cycle Ways" umfassen ein 500 km großes, gut ausgebautes Radfahrnetz auf ruhigen Landstraßen, entlang alter Eisenbahnlinien oder auf Waldwegen (www.fife-cycleways.co.uk).

Von Perth nach St. Andrews

Abernethy

Der kleine Ort Abernethy kann mit einer Besonderheit aufwarten: Der **Round Tower** *(nur von außen zu besichtigen)* ist neben dem in Brechin (s. S. 458) der zweite der beiden noch existierenden Rundtürme Schottlands, deren Bauweise auf irischen Einfluss zurückzuführen ist. Während der untere Teil aus dem 9. Jh. stammt, werden die oberen Gebäudeteile auf das 11. oder 12. Jh. datiert. Der schlanke Turm verjüngt sich nach oben und hat eine Höhe von ca. 16 Metern.

irischer Einfluss

In südlicher Richtung ist rasch **Falkland** (16 km N Kirkcaldy) erreicht. Der berühmte Palast und eine der beliebtesten Residenzen der Stuart-Könige stehen inmitten des Ortes und weisen eine überraschende Vielfalt an Stilen auf.

Falkland Palace and Gardens: Das stattliche Jagdschloss der Stuarts erhielt zwischen 1501 und 1541 sein heutiges Aussehen. Bereits um 1160 stand hier eine Burg, die 1425 in königlichen Besitz überging. In Falkland Palace starb 1542 James V., wenige Tage nach der Geburt seiner Tochter Mary Stuart. 1654 wurde Falkland Palace durch Cromwells Truppen zerstört und als Ruine hinterlassen. Im ausgehenden 19. Jh. ließ der neue Besitzer, der 3. Marquess of Bute, den Südflügel restaurieren. Die Königliche Kapelle im Inneren des Palastes ist der besterhaltene Raum im ganzen Schloss. Die Deckenbemalung aus dem 17. Jh. zeigt die Embleme Schottlands, Englands und Frankreichs – Distel, Rose und Lilie.

Distel, Rose und Lilie

In dem kleinen Park verdient der Tennisplatz Beachtung. Er wurde 1539 gebaut und ist somit der älteste in Großbritannien *(☎ 01337 857397, 💻 www.nts.org.uk, 🕐 März bis Oktober Mo-Sa 10-17 Uhr, So 13-17 Uhr).*

Wandern
*Falkland ist ein guter Ausgangspunkt für Wanderungen in den **Lomond Hills**. Eine schöne Tour führt vom Craigmead Parkplatz in rund 2 Stunden auf den Gipfel des West Lomond (416 Meter). Von oben hat man an einem klaren Tag herrliche Ausblicke auf die Umgebung.*

Cupar ist ein kleiner, angenehmer Ort mit vielen netten Geschäften. Die Pfarrkirche wurde 1785 an der Stelle einer Vorgängerkirche erbaut, von der noch der Turm und Teile des Hauptschiffes erhalten sind (15. Jh.).

3 km S des Ortes liegt **Hill of Tarvit Mansion House and Garden**. Das Herrenhaus aus edwardianischer Zeit wurde 1906 von Robert Lorimer umgestaltet, um der feinen Sammlung an flämischen Tapisserien, Porzellan, holländischen Gemälde und Möbeln aus dem 18. Jh. einen angemessenen Rahmen zu geben. Der Garten ist im französischen Stil gestaltet *(Cupar, ☎ 01334 653127, 💻 www.nts.org.uk, 🕐 Haus: Karfreitag bis Ende Mai, September bis Anfang Oktober Do-Mo 13-17 Uhr, Juni bis August tgl. 13-17 Uhr). Das niedliche Cottage (für 4 Personen) am Fuße des **„Scotstarvit Tower“** (1579) kann beim NTS gemietet werden).*

Reiseprakische Informationen Cupar

Unterkunft

********Fernie Castle Hotel €€€-€€€€***, *Letham bei Cupar KY7 7RU, ✆ 01337 810381, 🖷 01337 810422, 💻 www.ferniecastle.demon.co.uk, 🕔 ganzjährig, 20 Zimmer. Romantische und äußerst komfortable Unterkunft in einem alten Schloss.*
*********Craigsanquhar House €€€-€€€€***, *bei Cupar KY15 4PZ, ✆ 01334 653426, 🖷 01334 653457, 💻 www.craigsanquhar.com, 🕔 ganzjährig, 7 elegant eingerichtete Zimmer, wunderschönes Haus, von einem großen Park umgeben*
Cunnoquhie €€, *Letham, Cupar KY15 7RU, ✆ 01337 810237, 2 Zimmer, wunderschönes kleines, behagliches und gemütliches Country House.*

Restaurant (und Unterkunft)

Peat Inn Restaurant and Rooms, *Cupar, Fife KY15 5LH, ✆ 01334 840206, 🖷 01334 840350, 💻 www.thepeatinn.co.uk, wunderbares Restaurant, eines der besten im ganzen Land. Moderne Küche. 11 km außerhalb St. Andrews. Gehobene Preisklasse bis teuer. Das Peat Inn verfügt über 8 Gästezimmer.*

Öffentliche Verkehrsmittel

Cupar liegt an der Zuglinie Edinburgh – Dundee. Außerdem Busverbindungen nach St. Andrews, Dundee und Kirkcaldy.

3 km W Cupar an der A91 lässt sich im **Scottish Deer Centre** aus nächster Nähe Rotwild beobachten. Der Park ist mit seinem „Streichelzoo“ und einem Abenteuerspielplatz besonders für Kinder geeignet. Drei europäische Wölfe leben ebenfalls im Deer Centre *(✆ 01337 810391, 🕔 Ostern bis Oktober tgl. 10-17 Uhr, November bis Ostern tgl. 10-16.30 Uhr)*.

Highland Games

Ceres (5 km SO Cupar) wurde vielfach als attraktivstes Dorf Schottland bezeichnet. Das ansprechende Dorf mit seinen kleinen Cottages veranstaltet jedes Jahr am letzten Samstag im Juni Highland Games, und zwar angeblich bereits seit der Schlacht bei Bannockburn 1314, als die Männer von Ceres ihren Sieg feierten *(💻 www.ceresgames.co.uk)*.

Das **Fife Folk Museum** ist in dem Gebäude der ehemaligen Dorfwaage (17. Jh.) und in zwei Seitengebäuden untergebracht und zeigt eine reichhaltige Sammlung an volkskundlichen Exponaten *(✆ 01334 828180, 🕔 April bis Ende September 11.30-16.30 Uhr)*. Die kleine Kirche, unweit des Museums, stammt von 1806.

normannische Kirche

Bevor man nach St. Andrews kommt, lohnt sich kleiner Umweg nach **Leuchars** (von der A91 ab). Leuchars ist vor allem wegen seiner RAF-Station bekannt, weshalb man hier aber nicht hinfährt. Berühmt ist die Pfarrkirche des Ortes – ein wunderbares Beispiel normannischer Kirchenarchitektur und, neben der Kirche in Dalmeny (s. S. 216), die besterhaltene normannische Kirche in ganz Schottland.

Der Baubeginn war im frühen 13. Jh. 1244 wurde die Kirche geweiht. Aus dieser Zeit stammen die Apsis und der Chor. Zwei Blendarkaden mit Doppelsäulen verlaufen außen um die Apsis. Den Abschluss bildet ein Fries mit Grotesken. Der Chor weist eine ähnliche Struktur auf, wobei die untere Ar-

Die Pfarrkirche von Leuchars

kadenreihe anstelle von Blendarkaden Kreuzbögen hat. Das Hauptschiff sowie der Turm der kleinen Apsis stammen aus dem 17. Jh., passen sich jedoch gut in den normannischen Stil ein.

Tayport ist ein unspektakulärer Ort. Früher fuhr von hier aus die Fähre nach Dundee. Durch die Straßenbrücke ist der Ort ins Abseits geraten. 7 km von der Eisenbahnbrücke (von der A914 ab) liegen auf einem Hügel die Überreste von **Balmerino Abbey**. Sie wurde im Jahre 1229 gegründet. Von hier hat man einen schönen Blick auf den Fluss. Abgesehen von einigen Pfeilern und Teilen des Kreuzganges ist allerdings nichts mehr von der Zisterzienserabtei erhalten.

St. Andrews

Schottlands Schutzpatron

St. Andrews nimmt in der schottischen Geschichte einen besonderen Platz ein. Einer der Apostel Christi, dessen Gebeine laut einer Legende an diesen Ort gebracht wurden, verlieh der Stadt ihren Namen. St. Andrews ist Schottlands Schutzpatron und die Stadt St. Andrews das kirchliche Zentrum des Landes. Obwohl St. Andrews nach Edinburgh die am meisten besuchte Stadt in Schottland ist, geht es hier eher ruhig und gediegen zu.

Für das 8. Jh. ist die Gründung einer frühchristlichen keltischen Niederlassung an diesem Ort belegbar. Als Bischofssitz erhielt St. Andrews im 10. Jh. das Primat in Schottland, 1140 wurde ihr das Stadtrecht verliehen. 1160 begann der Baubeginn der Kathedrale durch Augustinermönche, und 1200 entstand die Burg als Sitz des Bischofs. Im 15. Jh. war St. Andrews ein Zentrum des geistigen und religiösen Lebens. Die **Universität** wurde 1412 gegründet, und auch heute noch hat die Stadt ein reges akademisches Leben. 1472 wurde das Bistum zum Erzbistum erhoben. Das 16. Jh. brachte die Wirren der Reformation.

Das Straßensystem von St. Andrews hat sich seit dem Mittelalter wenig verändert. Es bestand damals hauptsächlich aus drei Straßen: North Street, Market Street und South Street, die auf die Kathedrale zulaufen. Das historische Zentrum, die romantische Kirchenruine sowie die schöne Landschaft und zwei herrliche Sandstrände locken jährlich viele Touristen hierher. In aller Welt bekannt ist St. Andrews als **Mekka des Golfsports**.

Die Kathedrale

01334 472563, www.historic-scotland.gov.uk, April bis September tgl. 9.30-17.30 Uhr, Oktober bis März tgl. 9.30-16.30 Uhr, St. Rule's Tower and Museum tgl. zwischen 12.30 und 13.30 Uhr geschlossen)

größtes Gotteshaus

Stolz den Hafen überblickend, steht sie am Ostende der Stadt. Vor ihrer Zerstörung während der Reformation war die Kathedrale mit 102 Metern Länge und 49 Metern Breite das größte Gotteshaus in Schottland. Der Bau wurde 1160 begonnen, aber erst 1318 fertiggestellt. Auch heute noch geben die Ruinen – ein Teil der Westfront sowie ein Stück der Ostfront – eine Vorstellung von der einst fantastischen Größe. Im Südosten der Kathedrale stehen die Ruinen der kleinen Kirche **St. Rule**, die zwischen 1127 und 1144 erbaut wurde. Das Hauptschiff ist zerstört, geblieben sind der Chor und der 33 Meter hohe, schlanke Turm, der sogenannte **St. Rule's Tower**. Der normannische Turm kann über eine enge, steile Wendeltreppe bestiegen werden.

Die Ruine von **St. Mary of the Rock** über dem Hafen ist alles, was von der frühen keltischen Siedlung übriggeblieben ist. Nach dem Bau von St. Rule und der Ka-

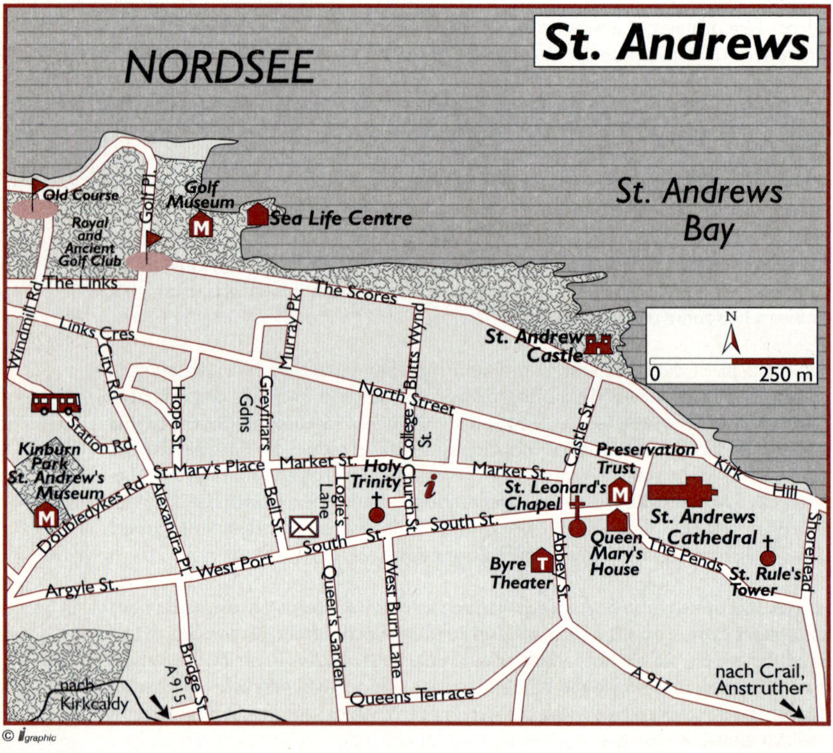

© igraphic

thedrale wurde St. Mary of the Rock nicht mehr benötigt und verfiel. Im Museum der Kathedrale gibt es eine schöne Sammlung frühchristlicher Bildhauerkunst aus der Kirche St. Mary on the Rock.

Einst die größte Kirche Schottlands: die Kathedrale von St. Andrews

„The Castle"

✆ 01334 477196, 🖳 www.historic-scotland.gov.uk, gleiche Öffnungszeiten wie die Kathedrale. Besucherzentrum mit Ausstellung über die Geschichte der Residenz und einem netten Geschenke- und Souvenirladen

Beim „Castle" handelt es sich um die Ruinen der einst befestigten Bischofsresidenz, „The Castle" genannt, die etwas abseits auf einem kleinen Felsvorsprung über dem Meer liegen. Die erhaltenen Teile stammen aus dem 14. bis 16. Jh. Die kleine Burganlage spielte während der Reformation eine wichtige Rolle. 1546 wurde hier der Reformator Georg Wishart auf Veranlassung des Kardinal Beaton umgebracht. Wisharts Männer erschlugen daraufhin Beaton und beschlagnahmten die Burg. Fast ein Jahr lang gelang es den Protestanten, sich in den Burgmauern vor den Angriffen der königstreuen katholischen Truppen zu verschanzen. Bei der Besichtigung sieht man im „Sea Tower" das sogenannte „Bottle Dungeon": In dem tief in den Felsen gehauenen, flaschenförmigen Verlies, in dem zunächst Beaton Protestanten gefangen gehalten hatte, fand man nach der Eroberung der Burg Beatons Leiche in einer Salzwasserlösung. Zu besichtigen sind außerdem die beiden unterirdischen Stollen unterhalb des Torturmes: Den einen gruben die Belagerer, den anderen die Verteidiger, um dem Gegner zuvorzukommen.

Bottle Dungeon

Universität

Dass St. Andrews seit 500 Jahren Universitätsstadt ist, spiegelt sich in der Atmosphäre der Stadt wider. 1413 gegründet, besteht die drittälteste Universität Großbritanniens aus drei Colleges: St. Salvator College, St. Leonard College und St. Mary College. Die Kirche St. Salvator (das einzige erhaltene frühe Universitätsgebäude) an der Ecke North Street und College Street wird als Universitätskapelle genutzt. Das hübsche **Queen Mary's House** (South Street) stammt aus dem 16. Jh. und beherbergt heute die Bibliothek der St. Leonard's School. Die aus dem 16. Jh. stammende **St. Leonard's Chapel** ist die Universitätskapelle des St. Leo-

ehrwürdige Universitätsstadt

nard's College. Im 18. und 19. Jh. verfallen, wurde sie 1948-52 restauriert. Im Inneren befinden sich einige schöne Grabmale aus dem 16. und 17. Jh.

Andere Sehenswürdigkeiten

St. Andrews ist voller historischer Gebäude. Das **West Port** am westlichen Ende der South Street stammt von 1580 und war der Haupteingang zur alten Stadt. Es ist eines der wenigen erhaltenen Stadttore in Schottland. Die **Holy Trinity Church** (College Street/South Street) wurde 1412 errichtet, jedoch durch verschiedene Umbauten im 18. Jh. stark verändert. Bei der Restaurierung, 1916-19, konnte viel von der alten Substanz freigelegt werden. Im **Museum of St. Andrews Preservation Trust** gibt es eine stattliche Sammlung an lokalgeschichtlichen Exponaten, u.a. Ladeneinrichtungen aus dem 19. Jh. In dem wunderschönen Garten lässt es sich herrlich entspannen *(12 North Street, ☎ 01334 477629, ⓘ Ostern und Ende Mai bis September).*

Lokalgeschichtliches

Das **St. Andrews Museum**, in einem stattlichen Privathaus im Kinburn Park, gibt einen guten Überblick über die Geschichte der Stadt von den Anfängen bis heute. Ein Schwerpunkt liegt auf dem Mittelalter, als St. Andrews eines der großen religiösen Zentren Europas war *(Doubledykes Road, ☎ 01334 412690, April bis September 10-17 Uhr, Oktober bis März Mo-Fr 10.30-16 Uhr, Sa und So 12.30-17 Uhr).*

Neben den historischen Gebäuden und Museen gibt es aber noch andere Attraktionen in St. Andrews. Die beiden Strände, East und West Sands, und das **Aquarium** sind für Kinder sicherlich interessanter als Universität und Golf. Im Aquarium gibt es Meeresgetier aus aller Welt, ein Hai- und ein Seehundbecken und es werden Videofilme über das Leben unter Wasser gezeigt *(The Scores, ☎ 01334 474786, ⓘ tgl. ganzjährig Mo-Fr 10-18 Uhr, Sa, So 10-17 Uhr).*

3 km außerhalb der Stadt an der B939 liegt der **Craigtoun Country Park** mit einem italienischen Garten, einem holländischen Dorf, einem künstlichen See, auf dem man Boot fahren kann, einer Mini-Eisenbahn, einem Restaurant, Minigolf, einem Trampolin und einem Picknicklatz *(☎ 01334 473666, ⓘ Park: ganzjährig, Besucherattraktionen und Restaurant: April bis September tgl. 10.30-18.30 Uhr).*

Der herrliche **Botanische Garten** bietet erholsame Stunden. Er liegt nur 10 Minuten südlich von der South Street entfernt *(Canongate, ☎ 01334 476452, 💻 www.st-andrews-botanic.org, ⓘ ganzjährig, Mai bis September tgl. 10-19 Uhr, Gewächshäuser 10-16 Uhr, Oktober bis April 10-16 Uhr).*

St. Andrews – die Heimat des Golfsports

...und natürlich Golf

Am Ende der North Street befinden sich die Golfplätze. Anfänger können beim Ticket Office des New Course Schläger und Bälle ausleihen und auf einem kleinem Übungsareal das „Putten" (= Einlochen) üben. In der Nähe des Royal and Ancient Golf Club befindet sich das **British Golf Museum**. Die großen Profis des Golfsports, die Geschichte des Sports, die Mode und die technischen Entwicklungen werden hier vorgestellt *(Bruce Embankment, ✆ 01334 460046, ⏲ März bis Oktober Mo-Sa 9.30-17.30 Uhr, So 10-17 Uhr, November bis Mitte März tgl. 10-16 Uhr).*

INFO

Informationen zum Golfsport

Es ist nicht bekannt, wo Golf zum ersten Mal gespielt wurde und wie lange es diesen Sport bereits gibt. Im Mittelalter entwickelten sich in Schottland, wie auch anderenorts, viele Ball- und Stockspiele. Es war das Golfspiel, das sich von der Ostküste Schottlands aus in die ganze Welt verbreitete. James II. verbot das Spiel im Jahre 1457, da er befürchtete, dass die Männer Golf spielten anstatt das Bogenschießen zu üben und nicht in der Lage sein würden, sein Königreich zu verteidigen.

Sein Verbot war offensichtlich nicht sehr erfolgreich. Für St. Andrews ist eine Beteiligung mindestens seit dem 16. Jh. zu belegen. Die „Society of St. Andrews Golfer“, eine Vereinigung von 22 Aristokraten, wurde 1754 gegründet, um jährliche Wettbewerbe zu organisieren. 1834 wurde der Club von König William IV. mit dem Titel „Royal & Ancient Golf Club“ versehen. Nur durch die Einladung eines Fürsprechers, die ein Sekundant unterstützen muss, sowie die Billigung eines Teils der Klubmitglieder kann man Mitglied werden. Die Mitgliederzahl ist auf 1.800 begrenzt. Allein 1.050 kommen aus Großbritannien bzw. Irland. Der Club legt weltweit die Regeln fest, abgesehen vom Golf in Amerika, der von der „United States Golf Association“ (gegründet 1894) festgelegt wird. Schottland veranstaltete die ersten professionellen Golfmeisterschaften, die „Open Championships“, erstmalig 1860 auf dem Prestwick Links an der Westküste.

Nur für Mitglieder: das Clubhaus des R&A

Seit 1857 führt dieser Golfplatz Amateurmeisterschaften durch, woraus sich dann die professionellen Meisterschaften entwickelten. 1999 gewann Paul Lawrie (nach Willie Auchterlonie, 1893) als erster Schotte die Open. Seit 1919 ist der R&A mit der Organisation der „Open“ und der Amateurmeisterschaften betraut. Alle sechs Jahre werden in St. Andrews die „Open“ ausgetragen und jährlich im Herbst ein Länderturnier, der „Dunhill-Cup“.

Reisepraktische Informationen St. Andrews

Information

TIC, 70 Market Street, St. Andrews, Fife KY16 9NU, ✆ 01334 472021, 💻 www.standrews.co.uk, 🕐 ganzjährig.

Unterkunft

*******Old Course Hotel Golf Resort & Spa** €€€€, St. Andrews KY16 9SP, ✆ 01334 474371, 📠 01334 477668, 💻 www.oldcoursehotel.co.uk. Das erste Haus am Platz hat 109 elegante Zimmer und 35 Suiten. Luxus pur.

*******Rufflets Country House & Garden Restaurant** €€€€, Strathkinnes Low Road, St. Andrews KY16 9TX, ✆ 01334 472594, 📠 01334 478703, 💻 www.rufflets.co.uk, 🕐 Mitte Januar bis Dezember, 22 Zimmer. Wunderschönes, im Familienbetrieb geführtes Landhaushotel inmitten eines herrlichen Gartens. Das Restaurant bietet schottische Spezialitätenküche. Es gibt auch einige ****Cottages für Selbstversorger.

**** **St. Andrews Golf Hotel** €€€, 40 The Scores, St. Andrews KY16 9AS, ✆ 01334 472611, 📠 01334 472188, 💻 www.standrews-golf.co.uk, 🕐 ganzjährig, 21 Zimmer. Beim „Old Course" gelegen, viktorianisches Hotel im Familienbesitz, sehr gutes Restaurant.

*****Hazelbank Hotel** €€, 28 The Scores, St. Andrews KY16 9AS, ✆/📠 01334 472466, 💻 www.hazelbank.com, 🕐 ganzjährig, 10 Zimmer. An der See und 5 Min. zur Universität gelegenes Haus, dass seit über 100 Jahren als Hotel geführt wird. Familienbetrieb.

Kinkell, Sandy und Frippy Fyfe €€, St. Andrews KY16 8PN, ✆ 01334 472003, 📠 01334 475248, 💻 www.kinkell.com, 🕐 ganzjährig, 3 Zimmer. 3 km außerhalb von St. Andrews, wenige Gehminuten zum Strand. Freundliches, wunderschönes Haus, gutes Essen. Auch Cottage im Garten mit 2 weiteren Zimmern.

Universitätsunterkünfte

Zwischen Juni und September kann man gut und günstig in den Studentenunterkünften wohnen, Auskunft: **Holidays University of St. Andrews**, 79 North Street, St. Andrews KY16 9AJ, ✆ 01334 462000, 💻 www.escapetotranquility.com/holidays. Günstig.

Camping/Caravan

*******Craigtoun Meadows Holiday Park**, Mount Melville, St. Andrews KY16 8PQ, ✆ 01334 475959, 📠 01334 476424, 💻 www.craigtounmeadows.co.uk, 🕐 März bis Oktober. Hervorragend ausgestatteter Ferienpark für Caravans, Motorhomes und Zelte. Haustiere nicht erlaubt.

******Cairnsmill Caravan Park**, Largo Road, St. Andrews KY16 8NN, ✆/📠 01334 473604, 💻 www.ukparks.co.uk/cairnsmill. 🕐 März bis Oktober. 2 km vom Stadtzentrum.

Restaurants

Es gibt rund 40 Restaurants in St. Andrews. Besonders beliebt sind:

The Grange Inn, Grange Road, ✆ 01334 472670, 📠 01334 462604. Lunch mittlere Preisklasse. Dinner gehobene Preisklasse. Auch Unterkunft.

Brambles, 5 College Street, ✆ 01334 475380, nette Kleinigkeiten. Mittlere Preisklasse.

The Seafood Restaurant, Bruce Embankment, ✆ 01334 479475, 💻 www.theseafoodrestaurant.com. Hervorragende Fischrestaurant und dank der Panoramafenster hat man einen wunderbaren Blick auf die Bucht. Tgl. 12.30-14 Uhr (So 12-15 Uhr) und 18-22 Uhr.

Öffentliche Verkehrsmittel

Keine **Zugverbindung**. Der nächste Bahnhof liegt 8 km entfernt in Leuchars. Von dort verkehren Züge nach Glasgow, Edinburgh und Aberdeen. Man kann von St. Andrews nach Leuchars und zur Weiterfahrt *auch gleich ein Kombi-Ticket Bahn/Bus, das sogenannte „Railbus"-Ticket kaufen (natürlich auch bei Anreise möglich). Es gibt regelmäßige Busverbindungen zum Bahnhof, Fahrzeit 15 Minuten. Ein Taxi (✆ 01334 554444) zum Bahnhof kostet ca. 10 £. Der Busbahnhof befindet sich in der City Road am westlichen Stadtende. Von dort auch regelmäßige Busverbindungen nach Dundee, Cupar, Stirling und Edinburgh (über Kirkcaldy).*

Golf

*St. Andrews ist **die** Stadt des Golfes. Die Stadt verfügt über mehrere Golfplätze und ein Übungszentrum. Die Golf Academy bietet Kurse für Anfänger und Fortgeschrittene unterschiedlicher Länge, mit oder ohne Unterkunft. 💻 www.scotlandforgolf.co.uk: Hier findet man sämtliche Informationen rund ums „Golfen" in St. Andrews.*

Veranstaltungen / Unterhaltung

***Byre Theatre of St. Andrews**, Abbey Street, St. Andrews KY16 9LA, ✆ 01334 475000, 💻 www.byretheatre.com. Zeitgenössische und klassische Aufführungen, Musicals und Konzerte. Nette Café-Bar.*

Entlang der Küste: von St. Andrews nach North Queensferry

An der Küste südlich von St. Andrews (A917) liegt ein malerischer Ort neben dem nächsten: Crail, Anstruther, Pittenweem, St. Monance und Elie. Feiner Sandstrand wechselt mit Klippen ab, und kleine alte Häuser säumen die Uferstraßen. *malerische Fischerorte*

Crail (5 km NO Anstruther) ist die älteste Ortschaft an der Küste von Fife und mit ihren kleinen, wohlrestaurierten Häuschen mit Ziegeldächern und Treppengiebeln besonders typisch für diese Region. Einst der größte Fischmarkt Europas, kamen jahrhundertelang die Schiffe aus den Niederlanden und aus Skandinavien hier an. Heute sieht man eher Touristen als Fischer, aber nach wie vor kann man am Hafen frischen Hummer und Schellfisch kaufen. Berühmt ist der Golfplatz in Crail, denn er wurde 1786 gegründet und ist somit der siebtälteste der Welt.

Die reichen Kaufleute bauten ihre schönen Häuser rund um den Marktplatz. Am Ende der Marketgate liegt die **Collegiate Church of St. Mary**, deren Ursprünge auf das 12. Jh. zurückgehen. An der anderen Seite der Marketgate liegt der **Tolbooth** (frühes 16. Jh.), der heute als Rathaus dient. Die Glocke im Tolbooth stammt von 1520 und wurde in Holland gefertigt. Im **Crail Museum and Heritage Centre**, ebenfalls in der Marketgate, ist Lokalgeschichtliches ausgestellt *(✆ 01333 450869, 🕐 April und Mai Sa und So, Juni bis September Mo-Sa 10-13 Uhr, 14-17 Uhr, So 14-17 Uhr)*. Die Touristeninformation befindet sich ebenfalls hier.

Die Hauptattraktion Crails ist der wunderschöne Hafen, der von weißgekalkten Cottages gesäumt wird. Das **Zollhaus** am Ende der Shoregate stammt aus dem 19. Jh.

Reisepraktische Informationen Crail

Information

Crail Museum & Heritage Centre, *62-64 Marketgate, Crail, Fife KY10 3TL, ✆ 01333 450869 (🕓 nur saisonal, Mai bis September).*

Unterkunft

*******Golf Hotel €-€€***, 4 High Street, Crail KY10 3TD, ✆ 01333 450206, 🖷 01333 450795, 💻 www.thegolfhotelcrail.com, 🕓 ganzjährig, 5 Zimmer, einer der ältesten lizensierten Gasthöfe in Schottland. Das jetzige Gebäude datiert aus dem frühen 18. Jahrhundert, doch soll an gleicher Stelle seit dem frühen 13. Jahrhundert ein Lokal bestanden haben.*

*******Marine Hotel €-€€***, 54 Nethergate South, Crail KY10 3TZ, ✆ 01333 450207, 🖷 01333 450272, 🕓 ganzjährig, komfortables Hotel mit 8 Zimmern, einige mit Meerblick*

Camping/Caravan

*********Sauchope Links Caravan Park***, Crail KY10 3XJ, ✆ 01333 450460, 🖷 01333 450246, 💻 www.caravan-leisure-park.co.uk, 🕓 März bis Oktober.*

Golf

Crail Golfing Society, *Balcomie Club House, Crail KY10 3XN, ✆ 01333 450 686. Der Golfclub wurde 1786 gegründet und ist somit der 7. älteste der Welt.*

Anstruther war im 19. Jh. der wichtigste Hafen an dieser Küste mit einer Flotte von 1.000 Booten. Heute ist es mit 3.200 Einwohnern der größte Ort an der Küste. Im ausgezeichneten **Scottish Fisheries Museum** werden jegliche Aspekte der Fischerei und das harte Leben der schottischen Fischer anhand zahlreicher Exponate dargestellt. Wie auch die Nachbarorte, pflegte Anstruther Handelsbeziehungen mit den Niederlanden und mit Skandinavien, bevor sich der Ort zum Heringshafen entwickelte. Das 1969 eingerichtete Museum lohnt einen Besuch, auch wenn man sich nicht übermäßig für Fischerei interessiert, denn es bietet viel Lokalgeschichtliches. Neben dem Museum befindet sich die Touristeninformation *(Fisheries Museum, St. Ayles, Harbourhead, ✆ 01333 310628, 💻 www.scottish-fisheries-museum-org, 🕓 April bis September Mo-Sa 10-17.30 Uhr, So 11-17 Uhr, Oktober bis März Mo-Sa 10-16.30 Uhr, So 12-16.30 Uhr).*

Anstruther

Ausflug zur Isle of May

Von Anstruther aus werden zwischen April und September Bootstouren zur Isle of May veranstaltet. Die kleine baumlose Insel liegt 7 km von der Küste entfernt, hat imposante Klippen und wird von zahlreichen Seevögeln und Seehunden bevölkert. Auf der Insel wurde im Jahre 875 der christliche Missionar St. Adrian ermordet. In seinem Gedenken kamen später Benediktinermönche hierher, und die Ruine ih-

rer Kapelle aus dem 12. Jh. kann man noch sehen. Auf der Isle of May wurde 1636 Schottlands erster Leuchtturm gebaut. Der derzeitige Turm stammt von 1816. Seit 1956 ist die Insel Naturschutzgebiet. Die beste Zeit, um Seevögel zu beobachten, ist zwischen April und Juli und die beste Zeit zur Delfin- und Walbeobachtung im Juli und August.

Reisepraktische Informationen Anstruther

Information

TIC, *Scottish Fisheries Museum, Harbourhead, Anstruther, Fife KY10 3AB, ✆ 01333 311073, ⌚ nur in der Saison.*

Unterkunft

********The Spindrift** *€-€€, Pittenweem Road, Anstruther KY10 3DT, ✆ 01333 310573, 💻 www.thespindrift.co.uk, ⌚ ganzjährig, 8 Zimmer, gemütliches Gästehaus im ehemaligen Kapitänshaus.*

*******Smugglers Inn** *€, High Street, Anstruther, Fife KY10 3DQ, ✆ 01333 310506, 📠 01333 312706, ⌚ ganzjährig, 9 Zimmer. Der Gasthof stammt aus dem 17. Jahrhundert und steht unter Denkmalschutz. Familiengeführter Betrieb und gute Küche, insbesondere Fisch. Gemütliche Bar.*

Einkehren

The Cellar, *24 East Green, ✆ 01333 310378, hinter dem Fisheries Museum gelegenes Restaurant mit hervorragenden Fischspezialitäten. Gehobene Preisklasse. Ein 3-Gänge-Menü kostet rund 30 £.*

Öffentliche Verkehrsmittel

Busverbindungen zwischen Dundee und Leven über St. Andrews, Crail, Anstruther, Pittenweem, St. Monans und Elie. Täglich Busverbindungen nach Kellie Castle, Troy Wood und St. Andrews.

Bootstouren zur Isle of May

✆ 01333 310103, 💻 www.isleofmayferry.com. April bis September, eine Abfahrt pro Tag, abhängig von den Gezeiten. Die Bootsfahrt dauert 1 Stunde.

5 km N Anstruther, von der B9131 ab, wartet eine andere „Attraktion" – **Scotland's Secret Bunker**. Der „secret bunker" war als offizieller Regierungsbunker für Schottland im Falle eines Nuklearangriffes gedacht. 1994 wurde er für die Öffentlichkeit zugänglich gemacht. Der Zugang erfolgt durch ein harmlos aussehendes Farmhaus. Über eine Rampe geht es in den Bunker, der mit 3 Meter dicken Betonwänden eingefasst ist. Der Bunker war für 300 Menschen geplant und ist mit Luftfiltern, Generatoren und eigener Wasserversorgung ausgestattet. Abgesehen von dem Souvenirladen und dem Café wurde der Bunker genauso belassen, wie er in den 1950er Jahren eingerichtet worden war *(Crown Buildings, Troywood, ✆ 01333 310301, 💻 www.secretbunker.co.uk, ⌚ April bis Oktober tgl. 10-17 Uhr).*

„Platz der Höhle"

Pittenweem hat einen besonders malerischen Hafen, der auch heute noch, als einziger entlang dieser Küste, als Fischereihafen genutzt wird. Am östlichen Ende des Hafens liegt **„The Gyles"**, eine Gruppe von liebevoll restaurierten Häusern aus dem 16. und 17. Jh. mit schöner holländischer Giebelarchitektur. Das älteste Haus in Pittenweem liegt im **Cove Wynd**, einer kleinen Gasse, die sich steil zur High Street hochzieht. Im 7. Jh. lebte hier St. Fillan in einer Höhle, die tief in den Felsen gebaut war. Während des gesamten Mittelalters kamen Pilger, um die

Höhle zu besichtigen. Auch heute noch kann man einen Blick in die schlichte Behausung werfen. Sie ist auch Namensgeberin des Ortes, denn in Piktisch bedeutet Pittenweem „Platz der Höhle".

5 km N Pittenweem an der B9171 lädt **Kellie Castle** zur Besichtigung ein. Die Ursprünge der Burg gehen auf das 14. Jh. zurück. Spätere Veränderungen und Zubauten folgten. Ab den 1880er Jahren wurde das friedlich gelegene Anwesen umfassend von der Lorimer Familie restauriert. Im Inneren sind wunderbare Stuckarbeiten zu sehen. Der riesige Landschaftspark wurde von Robert Lorimer gestaltet. Die Werke seines Enkels, des Bildhauers Huw Lorimer, sind in einer restaurierten Scheune ausgestellt *(✆ 01333 720271, ⏲ Schloss: Ostern, Mai bis September tgl. 13-17 Uhr, Garten: ganzjährig tgl. 9.30-17.30 Uhr).*

St. Monans war einst ein lebhafter Hafenort. Im Süden von St. Monans liegt, romantisch direkt über dem Meer, die Kirche St. Monan, die 1362 an der Stelle einer Vorgängerkirche aus dem 12. Jh. erbaut wurde. Die kleine Kirche liegt so dicht am Meer, dass die Gischt während der heftigen Winterstürme bis über die Friedhofsmauern zischt.

beliebte Ferienorte

Elie und das sehr viel ältere **Earlsferry**, westlich von Elie, sind beliebte Ferienorte mit wunderschönen Sandstränden. Auch Segler und Windsurfer kommen gerne hierher. In Elie gibt es außerdem gleich zwei Golfplätze, einen mit 9 Loch und einen mit 18 Loch. Wie auch die Nachbarorte, ist die Architektur der Orte holländisch beeinflusst. Der **Lady's Tower** in Elie, einige Schritte vom Hafen entfernt, wurde im 18. Jh. als Badehaus für Lady Janet Anstruther, der Ortsschönheit, eingerichtet.

Badehaus

Kirkcaldy

*(gesprochen: Kircaudei, **Information: TIC**, 19 Whytescauseway, Kirkcaldy, Fife KY1, ✆ 01592 267775, 💻 www.aboutkirkcaldy.com, ⏲ ganzjährig. Mo-Sa 10-17 Uhr*

Einkaufen

Kirkcaldy zieht sich 7 km am Wasser entlang und ist daher als „Long Town of Fife" bekannt. Der Ort entwickelte sich im 19. Jh. zur Industriestadt insbesondere für die Herstellung von Linoleum. Heute ist Kirkcaldy eine wichtige Einkaufsstadt mit rund 47.000 Einwohnern. Es gibt die üblichen Kaufhäusern, daneben aber auch einiges Interessantes zu entdecken. Schön ist es, die kleinen Straßen und Gassen gegenüber dem Hafen zu erkundschaften, z.B. die steile Kirk Wynd und den Sailor's Walk, die hervorragend durch den NTS restauriert wurden. In den **War Memorial Gardens**, unweit des Bahnhofes, befindet sich das **Museum and Art Gallery**. Im Museum gibt es eine archäologische und eine naturkundliche Ausstellung sowie Exponate über die Sozial- und Industriegeschichte des Ortes. In der Gemäldegalerie ist eine kleine, aber feine Sammlung schottischer Gemälde des 18. und 19. Jh. ausgestellt *(✆ 01592 412860, ⏲ ganzjährig Mo-Sa 10.30-17 Uhr, So 14-17 Uhr).*

Auffällig ist die Häufung vieler bekannter Schotten, die in Kirkcaldy geboren wurden oder gelebt haben, so z.B. der Nationalökonom **Adam Smith** (1723). Eine Erinnerungsplakette zeigt sein Geburtshaus in der High Street Nr. 220. Hier schrieb er zwischen 1767 und 1776 das Werk, das die moderne Volkswirtschaft begründete: „Wohlstand der Nationen". Das **Adam Smith Centre**, gegenüber den Memorial Gardens, wird für Theater- und Musikveranstaltungen genutzt. Auch gibt es hier ein Kino und ein Restaurant *(Brycedale Avenue, ✆ 01592 412929, 🖳 www.adamsmiththeatre.com)*.

Der Vorort **Dysart**, östlich von Kirkcaldy, war einst ein lebhafter Hafenort und pflegte regen Handel mit den Niederlanden. Der kleine Hafen ist noch erhalten. Wunderschön ist **Pan Ha'**, ein Areal kleiner Gässchen, Innenhöfe und alter Häuschen aus dem 17. Jh., das liebevoll restauriert wurde. Das **McDougall Stuart Museum** ist im Geburtshaus (ein Gebäude von 1575) von John McDouall Stuart untergebracht. Stuart war der erste Mann, der Australien von Nord nach Süd durchquerte (1866). Im Museum kann man sich über seine abenteuerliche Reise informieren *(1 Rectory Lane, ✆ 01592 412860, 🕓 tgl. Juni bis August 14-17 Uhr)*. An der Küste liegt die Burgruine **Ravenscraig Castle**. Sie wurde 1460 erbaut, doch bereits 1651 zerstört *(✆ 01592 412690, 🕓 ganzjährig)*.

McDougall Stuart

Feste / Feiern

Alljährlich im April wird 3 Tage lang die Esplanade während des Links Market geschlossen. Der Links Market ist einer der größten Straßen- und Jahrmärkte in Großbritannien.

Fährt man von Kirkcaldy weiter entlang der Küste, gelangt man zu den Ferienorten Kinghorn, Burntisland und Aberdour. **Kinghorn** ist ein lebhafter Sommerort mit Sandstrand, Golfplatz und vielen B&Bs. In **Burntisland**, einst für Schiffbau berühmt, finden alljährlich Mitte Juli Highland Games statt *(🖳 www.burntislandhighlandgames.co.uk)*. Die St. Columba-Kirche ist die erste Kirche, die nach der Reformation in Schottland gebaut wurde, 1594. Ein beliebter Ferienort ist auch **Aberdour**, nur 7 km von den Forth-Brücken entfernt, mit einem silbernem Sandstrand und einem Golfplatz. Auch kann der Ort mit dem **Aberdour Castle and Gardens** aufwarten. Aberdour Castle wurde 1325 gebaut. Aus dieser Zeit ist noch der Turm erhalten, die anderen Gebäudeteile stammen aus dem 16. und 17. Jh. Herrlich ist der das Castle umgebende Park. Schön ist auch die St. Fillan's Church, teils normannisch, teils aus dem 16. Jh. *(✆ 01383 860519, 🖳 www.historic-scotland.gov.uk, 🕓 April bis September Mo-So 9.30-17.30 Uhr, Oktober bis März Sa-Mi 9.30-16.30 Uhr)*.

Highland Games

Auf der A921 geht es weiter entlang der Küste nach **North Queensferry**. Am Fuße der Forth-Eisenbahnbrücke gelegen, diente North Queensferry als Anleger für die Fähre, die bereits im 13. Jh. eingerichtet wurde, um Pilger nach Dunfermline zu bringen. Bis die Straßenbrücke 1964 errichtet wurde, blieb der Ort ein wichtiger Fährhafen. Heute gibt es hier einen Yachthafen. Berühmt ist North Queensferry für sein Aquarium, die **Deep-Sea World**. Das riesige Aquarium ist sicherlich nicht nur für Kinder interessant. Besonders die Unterwassersafari, bei der man durch einen 112 Meter langen Tunnel geht, ist beeindruckend *(✆ 01383 411880, 🖳 www.deepseaworld.com, 🕓 ganzjährig Mo-Fr 10-17 Uhr, Sa und So 10-18 Uhr)*. Im **Queensferry Lodge Hotel** *(✆ 0870 609160)* kann die Forth Bridge Exhibition besichtigt werden, eine Ausstellung über die Geschichte der Brücke.

Von Kirkcaldy über Dunfermline nach Sterling

Das kleine Städtchen **Kinross** liegt am Westufer des Loch Leven und hat gleich zwei Sehenswürdigkeiten aufzuweisen.

Kinross House zeigt klassische Symmetrie

Kinross House wurde im ausgehenden 17. Jh. im Stil palladianischer Villen errichtet. Kennzeichen der Villen des italienischen Baumeisters Andrea Palladio (1508-1580), der hier als Vorbild diente, sind eine symmetrische Anlage und eine äußerst sparsame Verwendung von Fassadendekor. So wird auch Kinross House (ein langgestreckter, zweigeschossiger Bau mit risalidartig vorspringenden Seitenflügeln) lediglich am zentralen Eingang architektonisch betont. Interessant ist der Zusammenklang zwischen der Architektur des Hauses und dem im italienischen Stil angelegten Garten. Der Garten war bereits lange vor Baubeginn des Hauses angelegt worden, wodurch eine größtmögliche Harmonie zwischen Gebäude und Landschaft hergestellt werden sollte. Das Gebäude ist für die Öffentlichkeit nicht zugänglich, jedoch darf man durch die prachtvollen Gartenanlagen wandern *(① April bis September tgl. 10-19 Uhr)*.

palladianische Villa

Das Gartentor

Historisch bedeutsamer als das Herrenhaus ist das auf einer Insel im **Loch Leven** liegende **Loch Leven Castle**, ein massiver quadratischer Turm aus dem späten 14. Jh., der von einer Mauer umgeben ist. In der Burg war Maria Stuart ein Jahr lang (1567/68) eingesperrt und musste hier am 23. Juli 1567 ihre Abdankung unterschreiben. Mit Hilfe eines ihrer Bediensteten gelang Maria im Mai 1568 schließlich die Flucht. Wenig später musste sie dennoch nach England fliehen *(✆ 07778 040483 oder 077 6765 1566, 💻 www.historic-scotland.gov.uk, ① April bis Ende Oktober tgl. 9.30-17.30 Uhr. Kurze Bootsfahrt von Kinross)*.

Maria Stuart

Buchtipp

Die romantische Flucht Mary Stuarts diente Sir Walter Scott als literarische Vorlage für seinen Roman „The Abbot", 1820. Bereits ein Jahr später, 1821, erschien die deutsche Ausgabe unter dem Titel „Der Abt. Ein romantisches Gemählde".

Reisepraktische Informationen Kinross

Information

***TIC**, Kinross, Fife KY13 0NQ, ✆ 01577 863680, 💻 www.perthsire.co.uk, 🕐 ganzjährig*

Unterkunft

********Green Hotel €€€***, 2 The Muirs, Kinross KY13 7AS, ✆ 01577 863467, 🖷 01577 863180, 💻 www.green-hotel.com, 🕐 ganzjährig. Traditionelles, komfortabel Hotel im Familienbetrieb mit 46 Zimmern, Fitness-Raum, Swimming Pool und Sauna.*

Von Kinross verläuft die Route wieder südlich und führt nach **Dunfermline**.

Dunfermline ist eine eher unscheinbare Kleinstadt, die jedoch eine große Vergangenheit aufweisen kann. Zwischen dem 11. Jh. bis zur *Union of the Crowns*, 1603, war Dunfermline die Hauptstadt Schottlands. Seit Anfang des 12. Jh. stellte der Ort die letzte Ruhestätte der schottischen Könige dar. Sieben Herrscher wurden in der Abteikirche begraben, darunter auch Robert the Bruce.

Roberts Grab ist als einziges von allen Königsgräbern erhalten. Die meisten anderen Gräber wurden während der Reformation zerstört. Das Grab von Robert the Bruce wurde aus purem Zufall entdeckt. Als man 1818 seinen Sarg öffnete, fand man die Rippen zersägt. Dieses wurde als Zeichen gewertet, dass jene Legende wahr sei, die besagt, dass das Herz des großen Königs herausgenommen und in das Heilige Land gebracht worden war. Beigesetzt wurde das Herz dann in Melrose Abbey (s. S. 165).

zersägte Rippen

Dunfermline Abbey wurde um 1071 gegründet, wodurch der normannische Baustil in Schottland eingeführt wurde. Das jetzige Schiff stammt von 1128, als die Abtei die kleinere Kirche ersetzte. Verwüstungen unter dem englischen König Edward II. (1303) und während der Reformation haben die Kirche stark in Mitleidenschaft gezogen, der Chor wurde allerdings 1817-22 im neugotischen Stil wieder aufgebaut. Über dem Chor erhebt sich ein quadratischer Turm, dessen Balustrade die Worte „King Robert the Bruce" trägt. Das Innere der Kirche ist beeindruckend und zweifellos einer der schönsten normannischen Sakralräume Schottlands. Imponierend sind die kräftigen Pfeiler, die teils mit schlichten Spiralen oder mit Zickzackmustern verziert sind. In den Seitenschiffen sind noch die originalen Steingewölbe vorhanden *(✆ 01383 739026, 💻 www.historic-scotland.co.uk, 🕐 März bis Oktober Mo-Sa 10-16.30 Uhr, So 14-16.30 Uhr).*

Von den Klostergebäuden südlich der Kirche sind fast alle zerstört, und auch von dem alten Königspalast, der anlässlich der Heirat zwischen Margaret und Malcolm

Dunfermline Cathedral

1067 gebaut wurde, ist nichts mehr erhalten. Jahrhundertelang war der Palast die beliebteste Residenz aller schottischen Könige. David II., James I. und Charles I. wurden hier geboren.

Bis in das späte 19. Jh. war Dunfermline ein wichtiger Ort der Leinenherstellung und besaß darüber hinaus auch ertragreiche Kohleminen. Diese Wirtschaftszweige sind längst Vergangenheit.

vom Tellerwäscher zum Millionär

Dunfermline ist der Geburtsort von **Andrew Carnegie** (1835-1919). Die Familie Carnegie wanderte 1848 nach Amerika aus. Andrew entwickelte sich vom Tellerwäscher zum Millionär und machte mit seinen Stahlhütten ein unermessliches Vermögen. Als frühkapitalistischer Philanthrop („the man of steel with the heart of gold") ließ er sein Geld gemeinnützigen Stiftungen zukommen, finanzierte unzählige Universitäten, stiftete die Carnegie Hall in New York, 2.811 Bibliotheken und beschenkte vor allem seine Heimatstadt. In seinem Geburtshaus in der Moodie Street ist in Gedenken an Carnegie das **Andrew Carnegie Birthplace Museum** eingerichtet worden (*✆ 01383 724302, 💻 www.carnegiebirthplace.com, 🕐 Mo-Sa 11-17 Uhr, So 14-17 Uhr*).

Der schöne **Pittencrieff Park**, auch als „the Glen" bekannt, liegt westlich der Abtei und ist ein Geschenk Carnegies an die Bewohner Dunfermlines. Das **Pittencrieff House Museum** zeigt Lokalgeschichtliches, Kostüme und eine Kunstausstellung. Im Gewächshaus wachsen tropische Pflanzen und Blumen, und im Pavillon kann man sich im Restaurant stärken (*✆ 01383 313838 oder 722935, 🕐 tgl. April bis September 11-17 Uhr, Oktober bis März 11-16 Uhr*).

Das mit seinem rosafarbenen Anstrich nicht zu übersehende **Abbot House** stammt von ca. 1450 und wurde 1963 restauriert. Auf zwei Ebenen kann man die über 1.000jährige Lokalgeschichte kennenlernen. Auch gibt es ein nettes Café hier (*Maygate, ✆ 01383 733266, 💻 www.abbothouse.co.uk, 🕐 tgl. März bis Oktober 10-17 Uhr, November bis Februar 10-16 Uhr*).

Das **Dunfermline Museum** ist in einer viktorianischen Villa untergebracht und zeigt Exponate zur Lokalgeschichte, insbesondere zur Weberei und Leinenherstellung (*Viewfield Terrace, ✆ 01383721814, ganzjährig Mo-Fr 11-12.30 und 13-17 Uhr*).

Reisepraktische Informationen Dunfermline

Information

TIC, *High Street, Dunfermline, Fife KY12, ✆ 01383 720999*

Unterkunft

******__Garvock House Hotel__ *€€€, St. John's Drive, Dunfermline KY12 7TU, ✆ 01383 621067, 🖷 01383 621168, 💻 www.garvock.co.uk, 🕐 ganzjährig, 12 Zimmer. Elegantes und behagliches kleines Hotel, ruhig gelegen.*

Öffentliche Verkehrsmittel

Stündlich Züge von und nach Edinburgh (30 Min.). Der **Bahnhof** *ist 15 Min. vom Stadtzentrum entfernt. Regelmäßiger Busservice von und nach Edinburgh, Glasgow, Sterling, Perth und Dundee. Der* **Busbahnhof** *befindet sich im Kingsgate Centre, nördlich des Stadtzentrums.*

9 km W Dunfermline liegt **The Royal Burgh of Culross** (ausgesprochen: Curess). Dank der Bemühungen des NTS kann man hier ein Dorf sehen, das einen guten Eindruck vom Leben und Wohnen im 16. und 17. Jh. vermittelt. Schöne Häuser stehen auch in anderen Orten, doch ist hier das Besondere, dass es sich um ein ganzes Dorf handelt. Seit den 1930er Jahren bemüht sich der NTS um den Erhalt der kleinen weißen Häuser, den sogenannten „little houses". Der Hauseingang liegt bei einigen Häusern im 1. Stock und ist über eine Treppe zu erreichen. Über der Tür markiert das Hochzeitsdatum den wichtigsten Tag im Leben der Bewohner. Auch das Zunftzeichen sowie die Initialen der Bewohner sind oft zu sehen. Culross war einst einer der größten Häfen in Schottland und erfreute sich eines lebhaften Handels mit Kohle und Salz, insbesondere mit den Niederlanden.

ein komplettes Dorf

Die „Little Houses" von Culross

Ein guter Ausgangspunkt, um die Stadt zu besichtigen, ist das **National Trust Visitor Centre** im **Town House** (1626) neben dem Palast. Im oberen Stockwerk gibt es eine schöne georgianische Inneneinrichtung zu bewundern (*✆ 01383 880359, 💻 www.nts.org.uk, www.culross.org, 🕐 Palace, Study, Town House und Tea Room: Karfreitag bis Ende September Do-Mo 12-17 Uhr, Garten ganzjährig tgl. 10-18 Uhr*).

Culross Palace weist im Grunde die gleiche Architektur wie die „little houses" auf, ist aber sehr viel aufwendiger gestaltet. Er wurde zwischen 1597 und 1611 erbaut. Die Innenräume sind mit schönem Mobiliar aus dem 17. und 18. Jh. ausgestattet, mit Holz getäfelt und zum Teil von unten nach oben bemalt. Zum Palast gehört ein herrlicher Kräuter-, Gemüse- und Obstgarten.

Culross Palace

Eine steile, kopfsteingepflasterte Gasse, der sog. „Back Causeway", führt hinter dem Town House zu einem winzigen Marktplatz, wo ein anderes interessantes Gebäude aus dem 16. Jh. steht, das „**Study**". Noch ein Stückchen weiter hoch, kommt man zur **Culross Abbey**, die Ruinen einer Zisterzienserabtei aus dem 13. Jh. Der Chor und der Turm sind erhalten, von dem Kirchenschiff ist allerdings nichts mehr übrig. Von der Abtei hat man wunderschöne Ausblicke über die Landschaft und über den Forth.

von geistlicher und weltlicher Macht umgeben

Die soziale Rangfolge des Ortes wird durch die Gesamtanlage widergespiegelt: Unten stehen das Rathaus und der Palast, bis auf halbe Höhe hinauf ziehen sich die „little houses" und umrahmen dort den Marktplatz, oben auf dem Hügel schließlich liegt die Kirche mit Abtei. Die Häuser der kleinen Leute waren somit zweifach umgeben, gleichermaßen von geistlicher wie von weltlicher Macht.

Auf dem Weg nach Stirling passiert man die unspektakuläre Brauereistadt **Alloa**. Der wunderschön restaurierte **Alloa Tower** ist allerdings einen Besuch wert. Das große Tower House stammt aus dem 14. Jh. Im Inneren sind besonders die prächtige Eichenholzdecke und die breite Treppe (frühes 18. Jh.) im italienischen Stil beachtenswert. Alloa Tower steht in einem Park, nicht weit vom Stadtzentrum entfernt *(✆ 01259 211701, 🕐 April bis Ende Oktober tgl. 13-17 Uhr)*.

Alloa Tower

Dollar ist eine hübsche Kleinstadt an der A91. Das **Castle Campbell**, romantisch am Dollar Glen gelegen, stammt aus dem 15. Jh. 1654 wurde die Burg durch Cromwells Truppen zerstört, der Turm blieb jedoch erhalten *(✆ 01259 742408, 💻 www.historic-scotland.co.uk, 🕐 April bis September tgl. 9.30-17.30 Uhr, Oktober bis März Sa-Mi 9.30-16.30 Uhr)*. Vom Ort gibt es einen schönen (ausgeschilderten) Weg durch das enge Tal, in dem angeblich Feen und andere Waldbewohner leben, hinauf zum Schloss. Von dort hat man einen fantastischen Ausblick auf das Dollar Glen.

Stirling und Umgebung

Allgemeiner Überblick

Stirling hat rund 87.000 Einwohner und bildet das geographische Herz Schottlands. Dank seiner zentralen Lage war Stirling einer der Orte, die bereits im 13. Jh. zu einer **„Royal Burgh"** aufstiegen. Die historisch bedeutende Region Stirling, ebenso wie Perthshire, markiert die Grenzlinie (die sogenannte Highland Boundary Fault) zwischen den stark besiedelten Lowlands und den abgeschiedenen Highlands. Als Hauptverbindungslinie zwischen den Highlands und Lowlands waren diese beiden Gebiete stets im Zentrum kriegerischer Auseinandersetzungen. Strategisch wichtig als „Tor zum Hochland", wurde Stirling Schauplatz vieler tragischer Kämpfe. Nicht umsonst bedeutet der Name Stirling „Ort der Kämpfe". Im **Battle of the Stirling Bridge** besiegten die Schotten die Engländer unter William Wallace, 1297, und 1314 in der **Schlacht bei Bannockburn** unter Robert the Bruce. Bis zur Union of the Crowns, 1603, und dem Umzug von James VI. nach England, war Stirling Castle die bevorzugte Residenz der Stuart-Könige.

Tor zum Hochland

Leicht von Edinburgh und Glasgow aus erreichbar, kann man sich Stirling gut in Form eines Tagesausflugs anschauen, aber es ist auch schön, einen Abend hier zu verbringen, denn vor allem in den Sommermonaten geht es recht lebhaft zu. In der malerischen Altstadt, auf dem Gefälle zwischen Stirling Castle und dem River Forth gelegen, sind einige Gebäude des 16. und 17. Jh. erhalten: der Tolbooth, das Rathaus mit Gefängnis, das Guild House, der Marktplatz mit Stadtkreuz und die Old Bridge über den Forth.

Zu Beginn des 19. Jh. entwickelten sich im Ort einige kleine Industriebetriebe, die vor allem dem landwirtschaftlich geprägten Umland dienten. Seit 1967 besitzt Stirling auch eine eigene Universität. Der moderne Universitätskomplex liegt etwas außerhalb der Stadt.

Sehenswertes

Stirling Castle

✆ 01786 450000, 💻 www.historic-scotland.gov.uk, 🕔 Mitte März bis September tgl. 9.30-17.15 Uhr (letzter Einlass), Oktober bis Mitte März tgl. 9.30-16.15 Uhr (letzter Einlass), Tapestry Studio im Sommer 11-17 Uhr, im Winter bis 16 Uhr

Stirling Castle war einst die mächtigste und wichtigste Residenz der Stuarts. Sie liegt strategisch günstig – vergleichbar mit Edinburgh – auf einem 75 Meter hohen Basaltfelsen. Seit dem 12. Jh. residierten im Stirling Castle die schottischen Könige, doch erhielt das Schloss erst unter James IV. und James V. im 16. Jh. sein heutiges Aussehen. Stirling Castle gilt als das beste und schönste Beispiel der schottischen Frührenaissance, die vielfach von französischer Architektur beeinflusst wurde. Das „North Gate" (1381) ist der älteste noch erhaltene Teil der

Stirling Castle

Burganlage. Der Palast, die Parlamentsgebäude, die Kapelle und die „King's Old Buildings" gruppieren sich um den oberen Hof. Der Palast wurde 1496-1540 für James IV. und V. erbaut. Er ist um einen Innenhof herum angelegt, was typisch für die Renaissancearchitektur ist. Aufwendiger Fassadenschmuck gliedert und ziert die Front. Die prachtvolle Great Hall, die Parlamentshalle, wurde 1475-1503 für James III. und James IV. gebaut. Im 18. Jh. als Kaserne benutzt, nahm die wertvolle Inneneinrichtung großen Schaden, und nur die bombastischen Kamine blieben unversehrt. Zum Glück konnten die meisten holzgeschnitzten Medaillons der alten Kassettendecke, die 35 sogenannten „Stirling Heads", gerettet werden. Die Schlosskapelle ist ein schöner Renaissancebau von 1594, der eigens für die Taufe des Thronerben Henry, den Sohn James VI., gebaut wurde. In den „King's Old Buildings" befindet sich das Militärmuseum der Argyll und Sutherland Highlanders.

„Stirling Heads"

Hinweis

*Das **Stirling Castle Palace Project** ist ein groß angelegtes Konservierungsprogramm. Nach Abschluss der minutiösen Restaurierungsarbeiten werden die Räumlichkeiten des Palastes wieder wie im Mittelalter aussehen, mit Wandbehängen, Möbeln und Deckengestaltung. Während der Arbeiten werden Teile des Palastes zeitweilig geschlossen.*

Die Altstadt zieht sich vom Schloss hinunter bis zum Forth. Die meisten Sehenswürdigkeiten liegen entlang ihrer mittelalterlichen kopfsteingepflasterten Straßen.

5 Minuten vom Schloss liegt **Argyll's Lodging**, 1632 als Stadthaus gebaut und 1674 erweitert. Das Renaissancegebäude ist mit reichem ornamentalen Dekor verziert. Im 18. Jh. wurde das Haus als Militärkrankenhaus und in den 1960er Jahren als Jugendherberge genutzt. Mittlerweile wurde Argyll's Lodging jedoch umfassend restauriert. Nun erstrahlt es im alten Glanz, und die Räume sind im Stil des 17. Jh. möbliert *(✆ 01786 431319, 💻 www.historic-scotland.gov.uk, 🕐 ganzjährig Mo-Sa 9.30-18 Uhr, Oktober bis März 9.30-17 Uhr)*.

umfassend restauriert

Die **Castle Wynd** weiter hinunter, kommt man in der Broad Street (neben den Ruinen eines unvollendeten Stadthauses, das zwischen 1570 und 1572 erbaut wurde) zur Kirche **Holy Rude** (= Holy Cross). Sie gilt als eine der schönsten mittelalterlichen Gemeindekirchen in Schottland. Die Bauzeit erstreckte sich vom frühen 15. bis zum frühen 16. Jh. Die ältesten Teile der Kirche sind das Kirchenschiff und der Turm (Mitte 15. Jh.) *(✆ 01786 475275, 💻 www.holyrude.org, ⏲ Ostern bis Oktober tgl. 11-16 Uhr).*

Hinter der Kirche liegt das **Cowane's Hospital**, zwischen 1637 und 1649 von dem reichen Kaufmann John Cowane als Armenhaus errichtet. Mitte des 19. Jh. wurde das Gebäude zum Gildehaus mit Galerie und großen Fenstern umgebaut. Heute ist hier eine Tartanausstellung und eine Ausstellung über John Cowane zu sehen *(St. Mary's Wynd, ✆ 01786 472247, ⏲ April bis September Mo-Sa 9-17 Uhr, So 13-17 Uhr).*

Die Broad Street war das Zentrum der mittelalterlichen Stadt. Das **Mercat Cross** wird von einem Einhorn bekrönt, das allgemein als „Puggy" bekannt ist. *„Puggy"* Der **Tolbooth** stammt von 1705 und wurde im 19. Jh. als Gericht und Gefängnis genutzt. Heute befindet sich hier ein Kunst- und Kulturzentrum, eine Café-Bar und ein Restaurant. Am Ende der Broad Street liegt das **Darnley House**, wo angeblich der zweite Ehemann von Mary, Queen of Scots, gelebt haben soll. Heute kann man sich hier im Darnley Coffee House stärken.

In der St. John Street liegt das vortrefflich restaurierte **Old Town Jail**. Schauspieler geben eine realitätsnahe Vorstellung, wie vor 150 Jahren das Leben hinter Gittern ausgesehen haben mag. Ein Glaslift führt die Besucher auf das Dach, wo man eine schöne Aussicht über die Stadt und das Forth Valley genießen kann *(✆ 01786 450050, 💻 www.oldtownjail.com, ⏲ April bis September tgl. 9.30-18 Uhr, Oktober und März tgl. bis 17 Uhr, November bis Februar tgl. 10.30-16.30 Uhr).*

In der Mitte des 16. Jh. wurden die mächtigen **Stadtwälle** errichtet, um Sterling vor den permanenten Angriffen Henry VIII. zu schützen. Die Stadtmauer ist gut erhalten. Folgt man dem **Black Walk** (der Ausgangspunkt ist in der Nähe des Touristenamtes), passiert man den **Gowan Hill**, die Stelle des „Beheading Stone", der im 15. Jh. für zahlreiche Köpfungen genutzt wurde. *„Beheading Stone" für Köpfungen*

In der einfach als „Smith" bekannten **Smith Art Gallery and Museum** gibt es eine interessante Ausstellung über die Geschichte der Stadt, Natur- und Sozialgeschichtliches sowie eine kleine Gemäldesammlung mit Werken ab 1670 bis heute, u.a. auch die Werke des schottischen Künstlers Thomas Stuart Smith (1815-1869), der die Galerie der Stadt vermacht hatte *(Dumbarton Road, ✆ 01786 471917, 💻 www.smithartgallery.demon.co.uk, ⏲ ganzjährig Di-Sa 10.30-17 Uhr, So 14-17 Uhr).*

Am Nordende Sterlings, ungefähr 20 Minuten vom Stadtzentrum, führt die **Old Bridge** (erbaut im 15. oder frühen 16. Jh.) über den Forth. Sie war nicht nur eine der wichtigsten Brücken in Schottland, sondern für Jahrhunderte auch die einzige Brücke über den Forth, bis 1831 die Stirling New Bridge gebaut wurde. Die Old Bridge ersetzte die berühmte hölzerne Brücke, Schauplatz der Schlacht von 1297, als William Wallace hier die Engländer besiegte.

schottischer Freiheitskampf

3 km NO der Stadt, in der Nähe der Universität und Bridge of Allan, erhebt sich das **National Wallace Monument**. Das beeindruckende viktorianische Denkmal im neugotischen Stil ist ein über 70 Meter hoher Turm, der zwischen 1861 und 1869 zum Gedenken an William Wallace errichtet wurde. Wallace, der Held des erfolgreichen, aber historisch nicht korrekten Films „Braveheart", wurde für seinen Sieg an der Stirling Bridge 1297 von Robert the Bruce zum Ritter erhoben, musste jedoch später eine bittere Niederlage in Falkirk erfahren. In Europa Unterstützung für den schottischen Freiheitskampf suchend, wurde er während seiner Abwesenheit von den schottischen Adligen betrogen und bei seiner Rückkehr des Verrates angeklagt.

Wenn einem die 246 Stufen zur Aussichtsplattform auf dem Denkmal nichts ausmachen, wird man von oben mit einer wunderschönen Aussicht belohnt. Im Besucherzentrum informiert eine multimediale Ausstellung über die historischen Ereignisse und die Kontroversen, die bei der Eröffnung des Denkmals entstanden *(Abbey Craig, Hillfoots Road, Causewayhead, 01786 472140, www.nationalwallacemonument.com, Januar, Februar, November und Dezember 10.30-16 Uhr, März bis Mai 10-17 Uhr, Juni 10-18 Uhr, Juli und August 9.30-18 Uhr, September 9.30-17 Uhr, Oktober 10-17 Uhr. Vom Parkplatz fährt ein Shuttle-Bus zum Monument).*

Knapp 1 ½ km N des Wallace Monument liegen die Ruinen der **Cambuskenneth Abbey**, die 1147 David I. für den Augustinerorden gründete und die einst eine der reichsten Abteien des Landes war. James III. (1451-88) und seine Frau, Queen Margaret of Denmark, sind hier beerdigt. Erhalten ist lediglich der Glockenturm aus dem 14. Jh. *(www.historic-scotland.gov.uk, im Sommer, aber nur von außen zu besichtigen).*

Schauplatz schottischer Geschichte

3 km S Stirling liegt **Bannockburn** – ein wichtiger Schauplatz der schottischen Geschichte. An dieser Stelle erkämpfte Robert the Bruce 1314 die schottische Unabhängigkeit von den Engländern unter Führung von Edward II. Der Sieg führte zur Unabhängigkeitserklärung in Arbroath, 1320. Das Schlachtfeld kann begangen werden und das Besucherzentrum informiert über die historischen Zusammenhänge. Dass Bannockburn auch heute noch im Nationalbewusstsein der Schotten eine Rolle spielt, wird an den jährlich am 3. Wochenende im September stattfindenden Aufführungen deutlich, bei denen die historische Schlacht nachgespielt wird *(Glasgow Road, 01786 812664, www.nts.org.uk, März bis Ende Oktober tgl. 10-17 Uhr. Jährlich am 3. Wochenende im September finden Aufführungen statt, bei denen die historische Schlacht nachgespielt wird).*

Hinweis

2004 wurde auf dem Schlachtfeld eine eiserne Speerspitze gefunden, die tatsächlich noch von dem Battle of Bannockburn stammen könnte.

Reiseprakttische Informationen Stirling

Information
Argyll, the Isles, Loch Lomond, Stirling and the Trossachs Tourist Board, 41 Dumbarton Road, Stirling FK8 2QQ ✆ 08707 200620, 🖳 www.visitscottishheartlands.com, 🕔 ganzjährig.

Unterkunft
****Stirling Highland Hotel €€**, Spittal Street, Stirling FK1 8DU, ✆ 01786 272727, 🖷 01786 272829, 🖳 www.paramount-hotels.co.uk, 🕔 ganzjährig, 96 Zimmer. In der ehemaligen, denkmalgeschützten und restaurierten High School (1854) befindet sich heute ein komfortables Hotel mit diversem Fitness-Angebot.
****Castlecroft €-€€**, Ballengeigh Road, Stirling FK8 1TN, ✆ 01786 474933, 🖷 01786 466716, 🖳 www.castlecroft-uk.com, 🕔 ganzjährig außer Weihnachten und Neujahr. Sehr komfortables, freundliches Gästehaus mit großem Garten und 6 Zimmern, kinderfreundlich. 20 Min. ins Stadtzentrum.
****Forth Guest House €**, 23 Forth Place, Riverside, Stirling FK8 1UD, ✆ 01786 471020, 🖷 01786 447220, 🖳 www.forthguesthouse.freeserve.co.uk, 🕔 ganzjährig außer Weihnachten und Neujahr, 4 Zimmer. Sehr nettes, lang etabliertes Haus in Bahnhofsnähe und Stadtzentrum.

Jugendherberge
****Stirling Y.H.**, St. John Street, Stirling FK8 1EA, ✆ 0870 0041149, 🖳 www.syha.org.uk, 🕔 ganzjährig, 126 Betten, Familienzimmer, Innenstadt.

Restaurant
Hermann's, Mar Place House, ✆ 01786 450632, Mo-So 12-14.30 Uhr, 18-21.30 Uhr, traditionelle, bodenständige schottische Küche, obwohl der Gründer des Restaurants aus Österreich stammt. Mittlere Preisklasse.

Pubs
Stirling hat viele nette Pubs. Der beliebteste Pub ist das im Familienbetrieb geführte, lang etablierte **Portcullis** in Castle Wynd mit gleichnamigem ***Hotel (🖳 www.theportcullishotel.com, 4 Zimmer, mittlere Preisklasse). Der **Settle Inn** in 91 St. Mary's Wynd ist ebenfalls sehr nett und stammt bereits aus dem 17. Jahrhundert.

Öffentliche Verkehrsmittel
Stirling ist einfach von Edinburgh, Glasgow, Perth und allen anderen Städten mit Bus oder Bahn erreichbar. Der **Bahnhof** befindet sich in der Station Road (nahe dem Stadtzentrum) und der **Busbahnhof** ist in der Goosecroft Road, hinter dem Thistle Shopping Centre.

Autovermietung
Arnold Clark, Kerse Road, ✆ 01786 478686, 🖳 www.arnoldclark.co.uk.

Stadtbesichtigung
Die meisten Sehenswürdigkeiten können zu Fuß erreicht werden, abgesehen von Bannockburn und dem Wallace Monument. Zwischen Mitte April und Mitte Oktober gibt es einen „hop on-hop off"-Bus, der an 12 Stationen, u.a. am Castle und am Wallace Monument, hält. Die Busse fahren alle 45 Min. zwischen 10 und 17 Uhr. Ein Tagesticket kostet 7 Pfund. Man kann überall ein- und aussteigen. Die Gesamt-Fahrzeit beträgt 1 Std. 20 Min.

Veranstaltungen / Unterhaltung
The Tolbooth, Jail Wynd, ✆ 01786 274000, 🖳 www.stirling.gov.uk/tolbooth, 🕔 Mo-So 9 Uhr bis spät. Kunst- und Kulturzentrum, Café-Bar und Restaurant im alten Gefängnis in der Altstadt: Folklore, Weltmusik, Theater…
Das **MacRobert Art Centre Theatre**, University of Stirling, Stirling FK9 4LA, ✆

01786 466666, www.macrobert.org, bietet ein reiches Programm an Film, Theater, Konzert- und Tanzaufführungen und organisiert Ausstellungen. Bar tgl. ab 10 Uhr. Es gibt Frühstück, später Lunch und Dinner.

Die Umgebung von Stirling

In **Bridge of Allan** ist die 1875/76 errichtete Holy Trinity Church mit einer Innenausstattung von Charles Rennie Mackintosh und schönen Glasfenstern zu besichtigen (*01786 834155 / 832093, Juni bis August 10-16 Uhr*).

Dunblane, 6 km N Stirling, ist eine nette Kleinstadt. Seit ihrer Gründung im 7. Jh. durch St. Blane war die Stadt ein kirchliches Zentrum. St. Blane lebte in dem nahegelegenen „Dun" (= Fort), daher der Name. In den westlichen gelegenen Ochil Hills gibt es herrliche Wandermöglichkeiten.

Turm ursprünglich freistehend

Die schöne **Dunblane Cathedral** wurde im 12. Jh. gegründet, wovon jedoch nur noch der untere Teil des normannischen Turms erhalten ist. Der obere Teil stammt aus dem 15. Jh. Ursprünglich war der Turm freistehend. Hauptschiff und Chor entstanden im 13. Jh. Während der Reformation bereits beschädigt, verfiel der Bau, als im 16. Jh. das Dach einstürzte. Im ausgehenden 19. und zu Beginn des 20. Jh. wurde die Kirche restauriert (*01786 823388, www.historic-scotland.gov.uk, April bis September Mo-Sa 9.30-17.30 Uhr, So 14-17.30 Uhr, Oktober bis März Mo-Sa 9.30-16.30 Uhr, So 14-16.30*).

Das winzige Cathedral Museum im 1624 erbauten **Dean's House** beherbergt Exponate zur Lokalgeschichte (*Mai bis Anfang Oktober Mo-Sa 10.30-16.30 Uhr*).

Nicht weit von der Kathedrale liegt die **Leighton Library**, die älteste private Bibliothek in Schottland, die aber mittlerweile der Öffentlichkeit zugänglich gemacht wurde. Sie wurde zwischen 1684 und 1688 eingerichtet, wobei als Grundstock die 1.500 Bücher des Robert Leighton, Bischof von Dunblane, dienten. Heute umfasst die sich über 2 Stockwerke ziehende Bibliothek rund 4.500 kostbare Bücher in 89 Sprachen (*01786 822296, Mai bis Ende September Mo, Di, Do, Fr 11-13 Uhr oder nach Anmeldung*).

1996 kam der ansonsten fast unbekannte Ort in die Weltpresse, als Thomas Hamilton in eine Grundschule ging und 15 Kinder und die Lehrerin erschoss.

Reisepraktische Informationen Dunblane

Unterkunftsempfehlung

***Old Kippenross** €€, Dunblane FK15 0LQ, 01786 824048, 01786 824482, www.wolseylodges.co.uk, ganzjährig. Wunderschönes, historisches Haus, das von einem riesigen Park umgeben ist, mit 3 Gästezimmern. Sehr persönliche Betreuung, Kinder ab 12 Jahren willkommen.*

Doune (11 km NW Stirling) ist ein ruhiger Ort mit dem gut erhaltenen **Doune Castle** aus dem 14. Jh., das den Fluss Teith überblickt. Das Schloss ist sehenswert, denn die Architektur des ausgehenden 14. Jh. ist noch fast perfekt erhalten. Die Anlage besteht aus einer dreiseitigen Schutzmauer, einem viereckigen befestigten Turm im Nordosten und einem Westturm. Zwischen den beiden Türmen erstreckt sich der Haupttrakt. Durch den fast 30 Meter hohen Torhausturm gelangt man unter einer langen Passage in den Hof und von dort ins Innere der Burg, das durch seine karge Inneneinrichtung besonders beeindruckend wirkt. Monty Python's Film „Holy Crail" wurde in Doune Castle gedreht *(✆ 01786 841742, ⏲ April bis September tgl. 9.30-18.30 Uhr, Oktober tgl. 9.30-16.30 Uhr, November bis März Sa-Mi 9.30-16.30 Uhr).*

fast perfekt erhalten

S Doune, an der A84 nach Stirling, liegt der **Blair Drummond Safari Park and Adventure Park**, der einzige Wildlife Park in Schottland. Hier können Sie Löwen, Tiger, Elefanten, Affen, Rhinos, Giraffen und Zebras aus nächster Nähe sehen. Falls man kein eigenes Auto hat, kann man den Safari-Bus benutzen. Für Kinder gibt es ein spezielles Aktivitäten- und Unterhaltungsprogramm, wie zum Beispiel die Seelöwen-Show, einen Abenteuerspielplatz und die Schimpanseninsel *(✆ 01786 841456, 💻 www.safari-park.co.uk, ⏲ Mitte März bis Ende Oktober tgl. 10-17.30 Uhr).*

Löwen in Schottland?

Reisepraktische Informationen Doune

Unterkunftsempfehlung

***Mackeanston House** €€, Colin und Fiona Graham, Doune FK16 6AX, ✆ 01786 850213, 🖷 01786 850414, 💻 www.mackeanstonhouse.co.uk, ⏲ ganzjährig, außer Weihnachten. Wunderschön gelegenes Farmhaus aus dem 17. Jh. mit 2 Gästezimmern. Ungezwungene Atmosphäre. Colin ist Fremdenführer und seine Frau eine fantastische Köchin.*

11. DIE NÖRDLICHE INSELWELT

Die Orkney-Inseln

Allgemeiner Überblick

Die Orkney-Inseln bestehen aus insgesamt 70 Inseln, von denen 17 bewohnt sind. Die größte Insel ist **Mainland** mit der Hauptstadt Kirkwall und der schönen Hafenstadt Stromness. Auf Mainland findet man die meisten archäologischen Schätze: Maes Howe, den Broch of Gurness, das neolithische Dorf in Skara Brae, Unstan Cairn und die Stones of Stenness. Die Südspitze der Orkneys ist nur 15 km von Nordschottland entfernt. Obwohl sich die Inselgruppe auf demselben Breitengrad wie Sibirien befindet, friert es hier aufgrund der Auswirkungen des Golfstroms fast nie. Im Sommer werden aber auch selten mehr als 16 °C erreicht, und es ist meistens windig. Die Orkney-Inseln sind hügelig, grün und fruchtbar. Das Fehlen von Bäumen lässt das Landschaftsbild karg erscheinen.

© igraphic

Etwa 20.000 Menschen leben auf den Orkney-Inseln. Die traditionelle Erwerbsquelle ist seit jeher die Viehzucht, daneben Fischfang und Fischzucht sowie Nordseeöl-Förderung. Allerdings können sich die Inseln mittlerweile nicht mehr ausschließlich auf diese Zweige verlasen, sondern müssen ein breiteres Spektrum an Arbeitsmöglichkeiten anbieten. Dazu gehören der Tourismus, Kunsthandwerk in jeglicher Form, Arbeiten für die Medien sowie Computertechnik.

senkrechte Felsenküsten

Die senkrechten Felsenküsten, besonders an der Atlantikküste, sind ideale Nist- und Brutplätze für Tausende von Seevögeln. Auf den Archipelen leben 300 verschiedene Vogelarten: Papageientaucher, Tölpel, Seeschwalben, Sturmvögel, um nur einige zu nennen. Im Sommer sind die Steilküsten dicht an dicht mit Vögeln bevölkert. Die RSPB ist besonders stolz, dass der weißschwänzige Seeadler wieder auf Orkney eingeführt werden konnte. Immerhin brüten 30 Paare dort. Im Meer tummeln sich die Seehunde, und wenn man Glück hat, kann man sogar Delfine sehen.

Geschichtlicher Überblick

Vor ca. 6.000 Jahren kamen die ersten Siedler nach Orkney. Die Zeugnisse früher menschlicher Besiedlung, wie Steinkreise, Häuser und Gräber, sind in einem

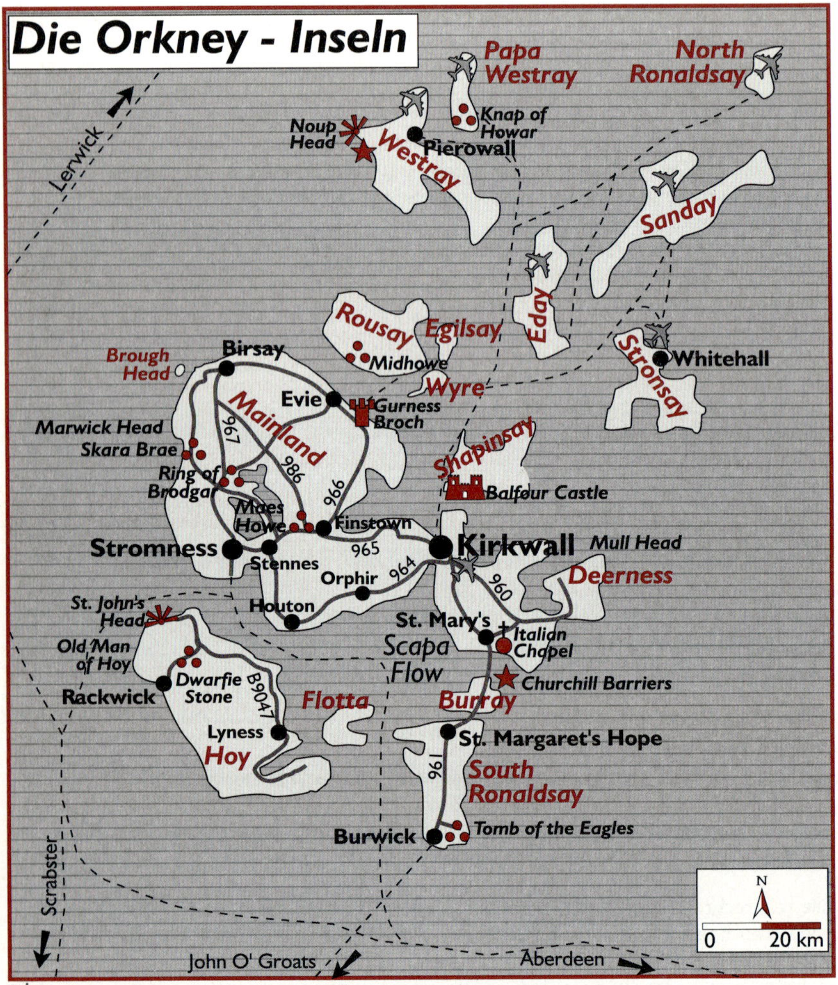

besseren Zustand als im übrigen Schottland und erstaunlich zahlreich vorhanden. Die wichtigsten Ausgrabungsorte (u.a. Skara Brae, Maes Howe, Ring of Brogar) sind unter der **Bezeichnung Heart of Neolithic Orkney** als **Welterbe** ausgewiesen. Von den Pikten sind einige Brochs erhalten. Vom 8. bis 15. Jh. standen die Orkney-Inseln unter norwegischer Herrschaft. Die meisten Ortsnamen auf den Inseln gehen auf skandinavischen Einfluss zurück, ebenso viele Wörter im Dialekt der Inselbewohner.

Welterbe

Eine wichtige literarische Quelle über das Leben auf den Orkney-Inseln zur Zeit der Wikinger ist die anonym verfasste **Orkneyinga Saga**, die um 1200, ungefähr zur gleichen Zeit wie das Nibelungenlied, entstanden ist. Das altnordische Versepos schildert in einem etwa 300 Jahre umfassenden Zeitraum (ca. 874-1171) die abenteuerlichen Geschichten und kriegerischen Auseinandersetzungen der norwegischen Earls. Gestalten wie Thorfinn, der Schädelspalter, und Einer Schiefmaul finden hier Erwähnung.

Bis 1468 gehörten die Orkney- und die Shetland-Inseln zu Norwegen. König Christian I. von Dänemark verheiratete seine einzige Tochter Margaret mit James III. von Schottland. Weil der „König leerer Beutel" die vereinbarte Mitgift von 60.000 Gulden nicht aufbringen konnte, verpfändete er die Inseln an seinen schottischen Schwiegersohn. Der von den Skandinaviern geplante Rücktausch kam nie zustande. Noch heute halten manche Historiker die Frage nach dem Status der Inseln für ungeklärt. Trotz der Nähe zum Festland fühlen sich die Orkney-Bewohner nicht besonders zu Schottland hingezogen.

Redaktionstipps Orkney-Inseln

- Die **Ruhe und Abgeschiedenheit** genießen.
- Besichtigung der Städte **Kirkwall** und **Stromness** sowie die **Standing Stones of Stenness**, den **Ring of Brogar**, **Maes Howe**, **Skara Brae** und das **Isbister-Kammergrab** auf South Ronaldsay (S. 512ff).
- Eine Fahrt über **South Ronaldsay** machen und im Creel Restaurant einkehren (S. 525).
- Die Insel **Westray** besuchen, eine Küstenwanderung machen und im Bis Geos Hostel übernachten (S. 525)
- Eine Wanderung nach **Brough Head** (West Mainland) oder zum **Old Man of Hoy** (Hoy) machen (S. 510, 517).

Mainland

Auf Mainland befinden sich die Hauptstadt Kirkwall mit 7.000 und der Fährhafen Stromness mit 2.500 Einwohnern. Typisch für beide Städte, deren historische Stadtzentren unter Denkmalschutz stehen, sind die mit Steinplatten gedeckten, giebelständig zur Straße stehenden Häuser.

Denkmalschutz

Kirkwall

Kirkwall ist die größte Stadt der Orkney-Inseln und aufgrund der zentralen Lage Verwaltungszentrum und Handelsknotenpunkt. Der Name Kirkwall leitet sich vom altnordischen „Kirkjuvagr" ab, was „Kirche in der Bucht" bedeutet. Erstmalig urkundlich erwähnt wird Kirkwall in der Orkneyinga Saga, als Earl Rognvald für König Olaf von Norwegen in Kirkwall eine Kirche baute. Aus dieser Zeit ist ein Torbogen im St. Olaf's Wynd nahe der Bridge Street erhalten.

Im Stadtzentrum sind noch vielfach die Strukturen des 16. und 17. Jh. erkennbar. Die lange und winkelige Hauptstraße weitet sich auf halber Strecke zum Marktplatz. Viele Häuser, zwischen denen enge Gässchen hindurchführen, besitzen die typisch nordische, zur Straße gewandte schmale Giebelfront. Mit seiner weitgehend erhaltenen Stadtstruktur stellt Kirkwall ein gutes Beispiel einer altnordischen Stadt dar. Die Stadtstruktur ist übersichtlich, und alles kann zu Fuß erreicht werden.

gelb und rot

St. Magnus Cathedral: Die 75 Meter lange Kirche wurde zwischen 1913 und 1930 umfassend restauriert und erhielt dabei ihr jetziges Aussehen. An der Außenfassade wechseln gelber und roter Sandstein und graue Steinplatten einander ab. Besonders schön ist dies an den drei Säulenportalen der Westseite, dem frühesten Teil der Kirche, gestaltet. Die Kathedrale wurde 1137 von Earl Rognvald

Magnus Cathedral in Kirkwall

für Onkel Magnus

für seinen Onkel Magnus gegründet. Magnus, später heilig gesprochen, war von seinem Vetter erschlagen worden, und Earl Rognvald ließ die Gebeine seines Onkels vom Brough of Birsay hierher bringen. Auch er selbst fand in der Kathedrale seine letzte Ruhestätte. Weiterhin gibt es in der Kirche ein Denkmal für John Rae, einem Arktisforscher des 19. Jh., sowie ein Denkmal zu Ehren der 833 Besatzungsmitglieder der HMS Royal Oak, die 1939 in Scapa Flow ums Leben kamen. Die Bauzeit der Kathedrale erstreckte sich vom 12. bis zum 15. Jh. Zu den ältesten Teilen gehören die Querschiffe. Im 14. Jh. wurde der zentrale Turm hinzugefügt, die moderne Turmspitze ist eine Zutat des 20. Jh. Das Westfenster des Hauptschiffes wurde 1987 anlässlich der 850-Jahr-Feier der Kathedrale eingesetzt.

Eingangsportal

Im Inneren besticht vor allem die Verbindung des wuchtigen normannischen Stils mit späteren frühgotischen Elementen. Interessant ist die Sammlung alter Grabsteine, von denen der älteste um das Jahr 1300 entstanden ist. Das Mort Bröd (Totenbord) ist ein gut erhaltenes Brett, das im westlichen Seitenschiff der Kathedrale hängt. Früher hing diese Art von

Brettern als Zeichen des Respekts außen an den Häusern verstorbener wohlhabender Bürger (🕔 *April bis September Mo-Sa 9-18 Uhr, So 14-18 Uhr, Oktober bis März Mo-Sa 9-13 Uhr und 14-17 Uhr. Der Gottesdienst findet So um 11.15 Uhr statt).*

Ein Mort Bröd ehrte die verstorbenen Bürger der Stadt

Im Stadtzentrum von Kirkwall gibt es zwei große Ruinen. Es handelt sich um den **Earl Patrick's Palace and Bishop's Palace**. Der Bischofspalast ist weitgehend eine Rekonstruktion aus dem 16. Jh. Von dem ursprünglichen Gebäude aus dem 12. Jh. sind lediglich Teile des langgestreckten Erdgeschosses erhalten. Im 16. Jh. entstand auch Moosie Toor, der heute noch stehende Rundturm am Nordende des Palastes.

Earl's Palace, gegenüber, wurde auf Veranlassung des berüchtigten und gefürchteten Earl Patrick Stewart errichtet (1600-07). Im späten 16., frühen 17. Jh. tyrannisierten die Stewarts die Inselbewohner mit äußerster Brutalität. Die erhaltenen Gebäudeteile stellen ein besonders schönes Beispiel der Übergangsarchitektur von der befestigten Burg des Mittelalters zum Schloss der Renaissance dar: Die runden Eck-Erkertürmchen und die verzierten Erkerfenster sind charakteristisch für diesen Stil. Die große Bankethalle im 1. Stock und die riesigen Küchen- und Lagerräume zeugen von dem Reichtum, den der „Schwarze Patrick" hier verbreitet hat. Die Bäume zwischen beiden Palästen sind einige der wenigen und die höchsten auf ganz Orkney (☎ *01856 871918,* 💻 *www.historic-scotland.gov.uk,* 🕔 *April bis September tgl. 9.30-18.30 Uhr).*

gefürchteter Earl

Earl Patrick's Palace zeugt von einstigem Reichtum

Das Museum für die Geschichte der Orkneys ist im **Tankerness House**, einem 1574 erbauten Kaufmannshaus, untergebracht. Das Heimatmuseum zeigt neben Exponaten zur Lokalgeschichte zahlreiche wertvolle Funde, die bei Ausgrabungen auf den Inseln gemacht wurden. Wenn Sie über genügend Zeit verfügen und beabsichtigen, sich länger auf den Orkney-Inseln aufzuhalten, empfiehlt sich unbedingt ein Besuch im hervorragend aufbereiteten Museum, um sich mit den archäologischen Schätzen der Insel vertraut zu machen *(gegenüber der Kathedrale in der Broad Street, ✆ 01856 873191, ⓘ April bis September Mo-Sa 10.30-17 Uhr, Mai bis September auch So 14-17 Uhr, Oktober bis März Mo-Sa 10.30-12.30 Uhr, 13.30-17 Uhr).*

Radiofans sollten dem **Orkney Wireless Museum** einen Besuch abstatten, wo es ein Sammelsurium verschiedenartigster Radios (u.a. aus Kriegszeiten) zu bestaunen gibt *(Kilt Corner, Junction Road, ✆ 01856 871400, 💻 www.owm.org.uk, ⓘ April bis September Mo-Sa 10-16.30 Uhr, So 14-16 Uhr).*

Die **Highland Park Whisky Distillery** ist die nördlichste aller Whisky-Brennereien in Schottland. Sie wurde 1798 gegründet. In der Highland Park Distillery findet, im Gegensatz zu anderen Brennereien, noch der komplette Aufbereitungsvorgang der Gerste statt. Zum Abschluss der Tour gibt es den üblichen Probeschluck *(✆ 01856 874619, ganzjährig ⓘ November bis März Mo-Fr Tour 14 Uhr, April, September, Oktober Mo-Fr 10-17 Uhr, Touren alle 30 Min., Mai-August tgl. 10-17 Uhr, Touren alle 30 Min).*

West Mainland

Mekka für Archäologen

Alles, was westlich von Kirkwall liegt, wird West Mainland genannt – ein Gebiet mit Hügeln und Moorland, das von den spektakulären Klippen an der Atlantikküste eingefasst wird. Hier findet der Besucher die größte Konzentration prähistorischer Monumente in ganz Großbritannien.

Cuween Hill (1 km S Finstown, an der A965) beherbergt ein steinzeitliches Kammergrab, welches – vergleichbar mit Maes Howe – aus einem sehr niedrigen Gang mit einer Hauptkammer und vier Seitenkammern besteht. Im Inneren ist es dunkel und ein wenig unheimlich. Das Grab wurde 1901 geöffnet. Man fand die Überreste von acht Menschen sowie Knochen von Ochsen, Vögeln und vierundzwanzig Hunden. In **Wideford Hill** liegt ein weiteres steinzeitliches Kammergrab. Beide werden auf ca. 3000 v.Chr. datiert.

14 km NW Kirkwall liegt das kleine Dorf **Evie**. Ein Fußweg führt zum **Broch of Gurness**. Gurness Broch wurde zwischen 200-100 v.Chr. gebaut (evtl. an der Stelle einer früheren Siedlung) und im 9. Jh. von den Wikingern zerstört. Der Broch hat einen Durchmesser von 20 Metern und zwischen den beiden Doppelmauern sind einzelne Kammern durch Steinwände abgeteilt. Über Treppen gelangte man in die oberen Stockwerke. In der Mitte des Brochs ist der Brunnen erhalten. Die umliegenden piktischen Hütten weisen darauf hin, dass der Broch einst Zentrum einer dörflichen Siedlung war *(✆ 01856 751414, 💻 www.historic-scotland.co.uk, ⓘ April bis September tgl. 9.30-17.30 Uhr, Oktober Sa-Mi 9.30-16.30 Uhr).*

Siedlung der Pikten

Bei Ebbe kann man die der Küste von Birsay vorgelagerte Insel **Brough of Birsay** an der Nordspitze des Mainland zu Fuß erreichen. Am schönsten ist dies am Ende des Tages bei Sonnenuntergang. Erkundigen Sie sich aber vorher nach den Tidezeiten im Touristenbüro. Ein schöner Spaziergang führt zum 1925 erbauten Leuchtturm, der seit 2001 mit Sonnenenergie betrieben wird. Auf der Insel finden sich zahlreiche Spuren einer nordischen Siedlung mit Kirche und auch Kloster. Hier war der Sitz des Earl Thorfinn (1005-1065), der den Norden und die westlichen Inseln regierte.

Am Südende der Birsay Bay liegen die beeindruckenden, über 90 Meter hohen Klippen von **Marwick Head**. Das **Kitchener Memorial** wurde nach dem 1. Weltkrieg errichtet und erinnert an Lord Kitchener und an die Besatzung der HMS Hampshire, die 1916 von einer deutschen Mine versenkt wurde.

Zwischen Boarhouse Loch und Hundland Loch liegt das **Kirbuster Farm Museum**, das in dem letzten Black House auf den Orkney-Inseln eingerichtet wurde. Es wurde noch bis 1960 bewohnt. Im Inneren kann man sich eine Vorstellung davon machen, wie ländliches Leben in früheren Zeiten auf der Insel ausgesehen haben muss *(Birsay, ✆ 01856 771268, ⌚ März bis Oktober Mo-Sa 10.30-13 Uhr, 14-17 Uhr, So 14-19 Uhr)*.

Skara Brae und Skaill House

Skara Brae

Mit Hilfe der Radiokarbondatierung konnte die Besiedlung dieses Dorfes auf die Mitte des 3. Jahrtausends v.Chr. nachgewiesen werden. Skara Brae wurde Opfer eines Sandsturms. Erst im Jahre 1850 wurde das Dorf – erneut durch einen Sandsturm – wieder aufgedeckt. Bei späteren Ausgrabungen fand man ein vollständiges Dorf unter den Sandhügeln vor. Aus den Hinterlassenschaften gelang es, die Lebensweisen der Steinzeitmenschen zu untersuchen. Da die Insel früher wie auch heute baumlos war, gab es kein Holz. „Möbel" wurden daher aus Stein angefertigt, und im Inneren der acht Häuser fand man steinerne Bettstellen, Vorratsbehälter und Nischen, die wohl als Schränke dienten.

Die Mauern der Häuser sind bis zu 2 ½ Meter hoch und über einen Meter dick. Man nimmt an, dass die flachen Steinplatten, die ohne Mörtel aufeinandergeschichtet wurden, von außen wohl mit Lehm verputzt waren. Rechteckig im Grundriss, bestehen die Häuser aus einem einzigen 17 bis 40 Quadratmeter großen Raum. Für die Dächer wurde ein Gerüst aus Walknochen angefertigt, welches mit Tierfellen und mit Grassoden bedeckt war. In der Mitte befand sich eine Öffnung als Rauchabzug. Vermutlich wohnten in diesem Dorf nicht mehr als 30 Leute gleichzeitig. Hinweise, dass das Dorf Handel mit anderen Gemeinschaften geführt hat, gibt es keine, woraus man schließt, dass das Dorf sich selbst versorgen konnte. *Selbstversorger* Die Menschen besaßen Rinder, Schafe und Pferde und gingen zur Jagd. Anzeichen für Fischerei gibt es keine. Kleidung wurde aus Häuten angefertigt, und es gab einfache Stein- und Knochenwerkzeuge. Die meisten Fundstücke – Schmuck, Tonscherben und Werkzeuge – sind im Royal Museum in Edinburgh ausgestellt.

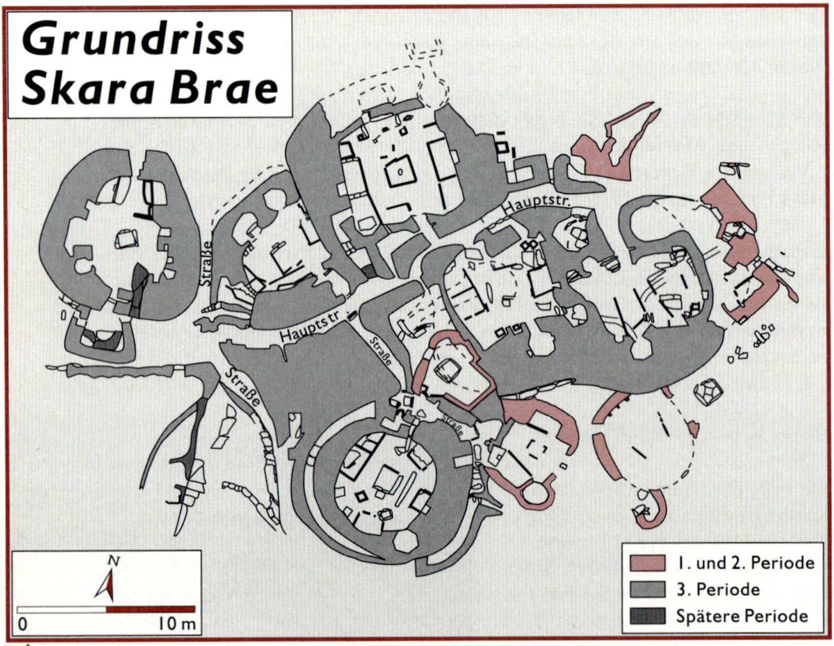

© igraphic

Es lohnt sich, vor der Besichtigung das Besucherzentrum aufzusuchen, wo ein Video und eine Ausstellung über die Ausgrabungsstätte informiert und etliche originale Fundstücke ausgestellt sind. Neben dem Besucherzentrum verdeutlicht die Replik eines typischen neolithischen Hauses die damalige Lebensweise (*✆ 01856 841815, 💻 www.historic-scotland.gov.uk, 🕐 April bis September tgl. 9.30-17.30 Uhr, Oktober bis März tgl. 9.30-16.30 Uhr. 11 km N Stromness*).

Im nahe gelegenen **Skaill House**, einem Haus aus dem 17. Jh., gibt es schöne Kunstgegenstände zu sehen.

„Schädelspalter"-Bier

Nicht weit von Skara Brae, in **Sandwick**, befindet sich Orkneys einzige Brauerei, die 1988 gegründete Orkney Brewery. Hier wird das Raven Ale (3,8 % Alkohol) gebraut sowie verschiedene Flaschenbiere, u.a. Skull-Splitter (8,5 % Alkohol!), das nach dem Wikinger Thorfinn Skull-Splitter benannt ist.

NO Stromness liegt **Unstan Cairn**. Auf den Orkney-Inseln gibt es zwei Bauformen von Kammergräbern. Die erste Bauweise (z.B. Maes Howe) hat eine zentrale Kammer, von der kleinere Kammern in verschiedene Richtungen abgehen. In diesen wurden die Toten bestattet. Die andere Bauweise (z.B. Midhowe) hat eine einzige lange Kammer, wobei große Steinplatten für die Unterteilung in Grabnischen sorgen. Bei der Grabkammer Unstan handelt sich um eine Mischform. Sie besitzt eine zentrale Kammer (8,4 m lang), die durch verschiedene Steinplatten in 5 Nischen unterteilt ist, von der aber auch – wie in Maes Howe – kleinere Zellen abgehen. Bei Ausgrabungen Ende des 19. Jh. wurden zwei sitzende Skelette sowie eine enorme Sammlung steinzeitlicher Töpferwaren gefunden. Diese Sammlung, nach dem Namen des Grabes „Unstan-Ware" genannt, ist die größte Sammlung, die je in Schottland gefunden wurde. Durch das moderne Dach kann Tageslicht in das Grab dringen, so dass es nicht ganz so unheimlich ist.

Unstan-Ware

Der Straße folgend, kommt man zu dem kleinen Dorf **Stenness** in der Nähe einer der interessantesten archäologischen Sehenswürdigkeiten auf den Orkney-Inseln: die **Standing Stones of Stenness**. Von dem ursprünglich aus zwölf Monolithen gebildeten Steinkreis (vermutlich 3100 v.Chr.) stehen heute nur noch vier. Der größte von diesen ist über 5 Meter hoch. Die Steine sind unregelmäßig verteilt. Ein Pfad führt von hier zum nördlich gelegenen **Barnhouse Settlement**, ein 1984 freigelegtes neolithisches Dorf am Südufer des Harray Lochs. Im Vergleich mit Skara Brae weitaus weniger imposant, wurden hier jedoch 15 kleine Behausungen freigelegt.

1 ½ km von hier liegt der **Ring of Brogar**, ein weiterer völlig runder Steinkreis mit einem Durchmesser von fast 104 Metern. Er wurde zwischen 2500 und 2000 v.Chr. errichtet und ist somit jünger als der Steinkreis von Stenness. Von den ursprünglich 60 Steinen stehen noch 27 aufrecht. Sie sind zwischen zwei und viereinhalb Meter hoch und oben schräg abgespitzt. Um den Kreis herum verläuft ein über drei Meter tiefer und zehn Meter breiter Graben. (Auch Stenness hat einen solchen Graben. Diese Form wird „henge monument" genannt.). In der Nähe des Kreises stehen ein merkwürdig isolierter einzelner Menhir, der 1,75 m hohe Comat Stone, sowie weitere kleine Steine. In der Umgebung kann man viele kleine Grabhügel sehen, woraus man schließt, dass der Steinkreis dem Totenkult diente. Andere Theorien sprechen von einer rituellen astronomischen Funktion.

Comat Stone

Nicht weit von den Stones of Stenness liegt **Maes Howe**. Maes Howe ist ein konischer, fast acht Meter hoher Hügel, der mit Gras bewachsen ist. In seinem Inneren verbirgt sich eines der ältesten Kammergräber der Megalithkultur, das als das schönste in ganz Westeuropa gilt. Maes Howe gehört zu den frühen großen Leistungen der Steinarchitektur in Europa.

Durch einen niedrigen, elf Meter langen Gang gelangt man in eine große zentrale Kammer (ca. vier Meter hoch), von der kleinere Zellen abzweigen. Die mittlere Kammer beweist die technische Geschicklichkeit ihrer Erbauer: Die Schichtung der Steine ohne Mörtel ist so kunstvoll, dass keine Messerklinge mehr durch die Ritzen passt. Es handelt sich um eine Konstruktion mit Strebepfeilern und Kragsteingewölbe. Nach oben hin verjüngen sich die Mauern und werden von einem (neueren) Kuppeldach abgeschlossen. Ebenso faszinierend ist die Platzierung der tonnenschweren, bis zu 5 ½ Meter langen Seiten- und Deckenplatten der Eingangsstollen und die gewaltigen Monolithe, die als Türrahmen dienen.

Schichtung der Steine ohne Mörtel

Als man im Jahre 1861 den Hügel untersuchte, waren die Kammern leer, allerdings beweisen Inschriften die Anwesenheit der Wikinger im 12. Jh. Die Runen an den Wänden sprechen von einem großen Schatz („Glücklich, wer den großen Schatz findet"), dass Kreuzritter um 1150 hier eingebrochen seien und dass zwei Mann ihren Verstand verloren haben. Weiterhin wird vom Leben und Träumen der Menschen berichtet („Ingiborg ist die schönste Frau"). Es gibt einfache Namensinschriften und Bilder (Drache, Schlange und Walross), aber einige der Inschriften sind in Versform verfasst.

früher als die Pyramiden

Die in Stein geritzten Runeninschriften von Maes Howe gelten als die beste und reichste Sammlung dieser Art in der ganzen Welt. Radiokarbonanalysen haben neue Erkenntnisse über die Datierung der Kammergräber erbracht. Die ältesten vom Typ Maes Howe müssen schon zwischen 3500 und 3700 v.Chr. entstanden sein, demnach fast 1.000 Jahre früher als die ersten Pyramiden. Die Erforschung der orkadianischen Kammergräber beweise – so die Wissenschaftler – die Existenz einer eigenständigen Megalithkultur im äußersten Norden Europas (*✆ 01856 761606, 💻 www.historic-scotland.gov.uk, 🕔 April bis September tgl. 9.30-17 Uhr, Oktober bis März tgl. 9.30-16 Uhr. 9 km W Kirkwall, Eintrittskarten (mit time slots, Buchung im Voraus erforderlich) im Besucherzentrum).*

Ein beeindruckendes Naturschauspiel findet bei Sonnenuntergang zur Wintersonnenwende statt. Für 20 Minuten scheint dann nämlich die Sonne direkt in den Gang, wobei sie die hintere Wand einer der Zellen beleuchtet. Dieses Phänomen findet auch im Kammergrab Newgrange in Irland statt.

Am Südufer von West Mainland, mit Blick auf Scapa Flow, liegt die Streusiedlung **Orphir**, wo es das **Orkneyinga Saga Centre** zu besichtigen gibt. Die kleine Ausstellung und das Video geben eine gute Einführung zur Orkneyinga Saga (s. S. 506f), die um 1200, möglicherweise von einem Isländer, geschrieben wurde. Sie erzählt die Geschichte der Wikinger auf den Orkney-Inseln. Die Anlage beinhaltet die Reste einer Festhalle der Wikinger sowie die Ruinen von Schottlands einziger mittelalterlicher Rundkirche (spätes 11. oder frühes 12. Jh.) *(Orphir, ✆ 01856 873535, 🕔 ganzjährig 9-17 Uhr).*

Von Orphir aus ist es nicht weit bis nach **Houton**, von wo aus die Fähren nach Hoy fahren.

Naturhafen

Stromness wurde im 17. Jh. gegründet und war durch seinen Naturhafen ein wichtiger Knotenpunkt der großen Handels-, Entdecker- und Walfängerschiffe. Die vor allem mit den Indianern in Nordkanada Handel treibende **„Hudson Bay Company"**, 1670 gegründet, wählte Stromness zu ihrer Basis. Hier wurden Seeleute angeheuert und im Login's Well Frischwasser aufgetankt. Viele berühmte Schiffe lagen einst im Hafen von Stromness, so die „Bounty" und Captain Cooks „Discovery". Im 19. Jh. hatte der Herings-Boom auch Stromness erreicht, und über 400 Fischerboote benutzten den Hafen. Der Heringsfang dauerte jedoch lediglich 20 Jahre an, denn dann waren die Gewässer leergefischt.

Herings-Boom

Aber auch heute noch ist Stromness ein Fischereihafen sowie der Haupthafen für die Orkney-Inseln. Stromness ist mit seinen engen, kopfsteingepflasterten Straßen und den alten grauen Häusern wesentlich attraktiver als Kirkwall. Hauptsächlich besteht der Ort aus einer engen, gewundenen Hauptstraße, von der verschiedene kleine Gassen abgehen. Die Häuser an der Seeseite haben alle ihren eigenen Bootsanleger. Die lange Hauptstraße hat mehrere Namen: Victoria Street, Graham Palace, Dundas Street, Alfred Street und South End.

Das Touristenbüro befindet sich im neuen Fährterminal. Von hier aus werden (kostenlose) Rundgänge durch die Stadt angeboten. Das **Stromness Museum** zeigt Exponate zur Lokalgeschichte, u.a. Erinnerungsstücke an Scapa Flow und an die Zeit der Hudson Bay Company *(Alfred Street, ✆ 01856 850025, ⏲ Mai bis September Mo-Sa 10-17 Uhr, Oktober bis April tgl. 10.30-12.30 Uhr und 13.30-17 Uhr).*

Gegenüber dem Museum befindet sich das Haus, wo **George Mackay Brown** (1921-1996), der berühmte Schriftsteller der Orkney-Inseln, zwei Jahrzehnte lang gelebt hat. Das ausgezeichnete **Pier Art Centre** zeigt eine ständige Ausstellung von Werken der Künstler der St. Ives School, u.a. Barbara Hepworth, Ben Nicholson und Naum Gabo sowie Wechselausstellungen. Ende 2007 wurde das umfassend renovierte Museum wieder eröffnet *(✆ 01856 850209, 💻 www.pierartscentre.com , ⏲ Mo-Sa 10.30-17 Uhr).*

moderne Kunst

East Mainland

East Mainland ist hauptsächlich von der Landwirtschaft geprägt, und es gibt einige nette Fischerorte und fantastische Küstenwanderungen. Wunderschön ist die **Deerness-Halbinsel**, deren Sandstrände zum Spazierengehen und Picknicken einladen. An der Südküste von East Mainland liegt das alte Fischerdorf **St. Mary's**, einst ein lebhafter Ort, aber seit dem Bau der Brücke etwas ins Abseits geraten. Im Graemeshall House befindet sich das **Norwood Museum**. Hier kann man die große Privatsammlung, die der einheimische Bildhauer Norris Wood in 55 Jahren zusammen getragen hat, bestaunen: Antiquitäten, Porzellan, Uhren und Möbel *(Graemeshall House, Holm, ✆ 01856 781217, ⏲ Mai bis September Di-Do und So 14-17 Uhr, allerdings etwas unregelmäßig).*

künstlich aufgeschüttete Deiche

Die künstlich aufgeschütteten Deiche, die **Churchills Barriers**, verbinden die Inseln Lamb Holm, Glimps Holm, Burray und South Ronaldsay mit dem Mainland. Nach dem Überfall auf die Royal Oak ließ Churchill diese vier Dämme anlegen. Scapa Flow sollte damit von Osten her geschützt werden. Tausende von tonnenschweren Zementblöcken wurden von den hier internierten italienischen Kriegsgefangenen gegossen. 1.300 Italiener, die in Nordafrika in Gefangenschaft gekommen waren, wurden zu diesem Zweck nach Orkney gebracht. An das italienische Gefangenenlager erinnert die **Italienische Kapelle** *(⏲ ganzjährig während Tageslichts, Eintritt frei)* auf Lamb

Die Italienische Kapelle

Holm, die die Gefangenen aus Wellblech bauten. Sie wurde nach Ende des Krieges von den Bewohnern der Orkney-Inseln instandgesetzt. Die Italienische Kapelle kann besichtigt werden

Rechts und links der Dämme sieht man Schiffswracks aus dem Wasser ragen. Um Scapa Flow zusätzlich zu schützen, wurden sie hier versenkt.

Eine gute Idee für einen Regentag ist das **Fossil and Vintage Centre**. Hier ist eine bizarre Sammlung an alten Möbeln sowie über 350 Millionen Jahre alten Fossilien von Fischen untergebracht. Im Archiv kann man in alten Büchern und Fotografien stöbern *(Viewforth, Burray, ✆ 01856 731255, ⌚ tgl. 10-18 Uhr).*

Kammergrab

Mine Howe in der Nähe von Tangerness ist ein unterirdisches Kammergrab aus der Eisenzeit, das von Privatpersonen als Besucherattraktion betrieben wird. Das Grab wurde 1999 wieder entdeckt, nachdem es bereits 1946 einmal geöffnet, jedoch sofort wieder geschlossen wurde. Es handelt sich um eine 2-geschossige Anlage. Vom Eingangsloch führen 29 Stufen zu einer Plattform. Von dort gehen zwei Galerien ab, wo sich Eingänge zu zwei Schächten befinden. Weitere Stufen führen in die untere Kammer *(✆ 01856 861209, 861234). 💻 www.orkneyjar.com/history oder www.minehowe.com. 3 km S Kirkwall Airport. Telefonisch nach Öffnungszeiten erkundigen).*

South Ronaldsay

stürmischer Pentland Firth

South Ronaldsay ist die südlichste und eine der landschaftlich reizvollsten Inseln des Archipels. Sie liegt nur 9 km vom schottischen Festland entfernt. Der stürmische Pentland Firth ist eines der gefährlichsten Gewässer der Britischen Inseln. Eine kleine Passagierfähre verbindet Burwick an der Südspitze South Ronaldsay mit John O'Groats.

In dem kleinen Städtchen **St. Margaret's Hope** (hope abgeleitet vom norwegischen hjop für bay = Bucht) an der Nordküste befindet sich eine Anzahl von Häusern aus dem 17. und 18. Jh. Das **Smiddy Museum** beherbergt eine stattliche Sammlung an Gegenständen des Dorfschmiedes sowie eine Ausstellung über das jährlich stattfindende **Boys' Ploughing Match**. Das beliebte Dorfereignis wird seit dem frühen 19. Jh. oder bereits schon früher, durchgeführt. An einem Sonntag im August verkleiden sich die Jungs (mittlerweile auch Mädchen) als Pferde und halten auf dem Dorfplatz eine Parade ab. Anschließend geht es zu den **Sand of Wright**, einige Kilometer weiter westlich, wo ein Wettbewerb im Pflügen stattfindet *(Smiddy Museum, St. Margaret's Hope, ✆ 01856 831567, ⌚ Mai bis Oktober, unregelmäßig).*

Totenvogel

An der Südspitze von South Ronaldsay liegt das **Isbister Kammergrab**, auch **Tomb of the Eagles** genannt, welches auf ca. 3000 v.Chr. datiert wird). Den Beinamen *Tomb of the Eagles* erhielt das Isbister Kammergrab wegen der hier gefundenen Seeadlerknochen. Möglicherweise war der Adler der Totenvogel dieser Menschen. Der Hobby-Archäologe und Bauer Ronald Simpson, der das Grab

1958 entdeckte, betreut die Ausgrabungsstätte und betreibt das kleine Besucherzentrum und die interessanten und lehrreichen Führungen zum Kammergrab. Auf dem Weg über das Feld kommt man an einer Siedlung aus der Bronzezeit vorbei, wo es die Reste eines Gebäudes, einer sogenannten *Sweat Lodge*, zu sehen gibt. Um schließlich das Grab zu besichtigen, muss man sich auf einen kleinen Wagen legen und sich dann an einem Seil hineinziehen. Von den Geräuschen der Nordsee begleitet, während man im Grab verschwindet, ist dies ein besonderes Erlebnis. Die dort gefundenen Gegenstände sind im Besucherzentrum ausgestellt *(🕓 März 10-12 Uhr, April bis Oktober 9.30-18 Uhr, November bis Februar nach Anmeldung, ☎ 01856 8313391. ½-2 Std. sollte man für die Besichtigung einplanen).*

In dem Grab, bestehend aus einer Eingangspassage und einer unterteilten Hauptkammer, von der drei kleinere Kammern abgehen, wurde eine stattliche Anzahl an Knochen gefunden. Die Untersuchung der Knochen führte zu weiterem Wissen über die Art und Weise, wie die Menschen dort gelebt und ihre Toten bestattet haben. Es war möglich, eine durchschnittliche Lebenserwartung von 19 Jahren und 11 Monaten zu errechnen. Frauen starben früher, und viele Menschen hatten offensichtlich Knochenveränderungen. Alle Knochen waren in den verschiedenen Abteilungen des Grabes geordnet. Da das Grab über 1.500 Jahre lang benutzt wurde, vermutet man, dass das Entscheidende an dieser Begräbnisform nicht die Bestattung des einzelnen, sondern das Eingehen in eine Ahnenreihe war. 340 Menschen wurden hier begraben. Neben zahlreichen Tier- und Vogelknochen fand man außerdem verschiedene Objekte, z.B. Geräte aus Stein und Steinäxte.

kurze Lebenserwartung

Hoy

Das südlich von Mainland gelegene Hoy ist die zweitgrößte Orkney-Insel und auch die gebirgigste. Der höchste Punkt der Orkney-Inseln ist der **Ward Hill** im Norden von Hoy. Im Norden befindet sich auch das North Hoy-Vogelschutzgebiet. An der Nord- und Westküste gibt es spektakuläre Klippen. Lohnend ist die Fahrt quer über die Insel von Lyness nach Rackwick an der Westküste. Auf halbem Weg (südlich von Ward Hill) liegt im Moor, gut fünfhundert Meter links der Straße, der **Dwarfie Stone**. Der rechteckige Sandsteinblock wurde aus dem Felsen geschlagen und das so entstandene Loch zu einem Gang mit zwei seitlichen Zellen erweitert. Man nimmt an, dass dieses Grab im Dwarfie Stone das älteste Grab der Orkney-Inseln ist. Auf jeden Fall ist es das einzige dieses Typs in ganz Großbritannien. Laut Sir Walter Scott ist der Dwarfie Stone das Haus eines Trolls.

Haus eines Trolls?

Im Norden der Insel ragt **St. John's Head** aus dem Wasser, mit 352 Metern die höchste senkrechte Klippe in Großbritannien. Reist man per Fähre von Scrabster zu den Orkney-Inseln, fährt man an den beeindruckenden Sandsteinklippen von Hoy entlang. Bei Sturm werden die Wellen, die gegen die Klippen von Hoy donnern, bis zu 15 Meter hoch.

Sandsteinklippen

Wandern

Von Moanes, dem Anleger der Fähre aus Stromness, kann man in 3 Stunden (pro Strecke) die 9 km über Rackwick zu den Klippen gegenüber des Old Man of

Hoy wandern. Die 137 Meter hohe Felsnadel ist das Wahrzeichen der Insel. Bei gutem Wetter leuchtet die Säule im sonnigen Abendlicht rotgolden. OS Explorer 462.

Marinestation In Lyness an der Südostküste befand sich während beider Weltkriege eine große Marinestation der britischen Flotte. Gegenüber dem Fähranleger ist das **Scapa Flow Visitor Centre**, ein interessantes Museum mit alten Fotografien und Erinnerungsstücken an beide Weltkriege sowie Waffen, Gemälde, Medaillen und sozialgeschichtliche Exponate. Ein Besuch lohnt sich, wenn man sich über die Geschichte der Insel informieren möchte *(Lyness, ✆ 01856 791300, ⌚ Mo-Fr 9-16.30 Uhr, im Sommer auch Sa und So)*.

Der **Martello Tower** in **Hackness** wurde zwischen 1813 und 1815 gebaut, um Schutz gegen französische und amerikanische Angreifer zu bieten. Ab 1803 entstanden in England über 100 solcher Militärstützpunkte, in Schottland hingegen lediglich drei *(**Hackness Battery,** ✆ 01856 811397, 💻 www.historic-scotland.gov.uk, ⌚ April bis September tgl. 9.30-17.30 Uhr, Oktober Mi-Sa 9.30-16.30 Uhr)*.

INFO

Informationen zu Scapa Flow

Der Name Scapa Flow kommt aus dem Nordischen und bedeutet „bay for the long valley isthmus“. Die riesige Bucht – gelegen im Süden von Kirkwall – diente in beiden Weltkriegen als britischer Flottenstützpunkt. Der von Inseln umgebene Naturhafen stellte einen idealen Lagerplatz dar. Darüber hinaus war sowohl Zugang zur Nordsee als auch zum Atlantik gegeben. Auf der Ostseite wurden Netze gespannt und Schiffe versenkt, um sich vor U-Booten zu schützen. Nach der Niederlage des Deutschen Reiches war die deutsche Hochseeflotte unter dem Kommando von Admiral von Reuter in diese Bucht beordert worden, wo sie von britischen Schiffen bewacht wurde. 4.700 Mann auf 74 Schiffen harrten hier von November 1918 bis Juni 1919 aus.

Als durch den Versailler Vertrag die deutsche Flotte England als Kriegsbeute zugesprochen wurde, gab Admiral von Reuter am 21. Juni 1919 den Befehl, die Flotte zu versenken: Lieber in Kriegsgefangenschaft gehen, als die Flotte dem „Feind“ zu übergeben. Das Sinken der Schiffe dauerte nicht mehr als ein paar Stunden. In den 1920er Jahren wurden die meisten Schiffe vom Grund von Scapa Flow gehoben.

Im Nordwesten der Insel Mainland, bei Birsay, forderte während des 2. Weltkrieges ein weitaus tragischeres Ereignis Hunderte von Menschenleben. Am 13.10.1939 wurde das britische Kriegsschiff Royal Oak von einem deutschen U-Boot torpediert und versenkt. Unbemerkt gelang es dem U-Boot – unter Kommando von Leutnant Günther Prien –, durch alle Sperren und die 50 britischen Kriegsschiffe, die hier vor Anker lagen, nach Scapa Flow hineinzukommen. Aus einiger Entfernung wurden sechs Torpedos abgefeuert, danach konnte das deutsche U-Boot entkommen. Die Royal Oak sank in nur 15 Minuten. 833 Männer der 1.200 Mann starken Besatzung verloren ihr Leben.

Die Royal Oak, die in 27 Metern Wassertiefe liegt, ist als offizielles Kriegsgrab mit einer grünen Boje markiert. Alljährlich wird mit einer Gedenkfeier der Toten gedacht.

Rousay, Egilsay und Wyre

Die drei Inseln liegen nicht weit von der nordöstlichen Küste des Mainland entfernt.

Rousay

Rousay ist eine hügelige Insel und misst etwa 8 km im Durchmesser. Haupterwerbsquelle der Insel ist die Landwirtschaft, daneben gibt es aber auch Fischzucht. Auf Rousay, auch **„Ägypten des Nordens"** genannt, befinden sich über 150 prähistorische Stätten. Die meisten Sehenswürdigkeiten liegen in der Nähe des Fähranlegers im Südosten der Insel, wo auch die meisten der 220 Bewohner leben. Im Warteraum des Fährterminals wurde ein kleines Heritage Centre eingerichtet *(✆ 01856 821374, ⌚ ganzjährig)*.

zweigeschossiges Grab

Nicht weit vom Anleger entfernt liegt **Tavershoe Tuick**, ein ungewöhnliches zweigeschossiges Grab. Ohne direkte Verbindung, sind hier zwei Grabkammern übereinander angeordnet. Die Eingänge zu den beiden Kammern, wobei die untere unter der Erde liegt, befinden sich in genau entgegengesetzter Richtung.

Im **Knowe of Yarso**, etwas weiter westlich, wurden die Überreste von rund 30 Menschen gefunden. Dieser Grabtyp wird auch **„stalled cairn"** genannt.

das größte Grab der Insel

Die wichtigste archäologische Stätte ist **Midhowe** im Westen der Insel, 1 ½ km von Westness entfernt. Midhowe ist das größte Grab der Insel. Die 25 m lange und 2 m breite, gangartige Grabkammer ist durch Steinplatten unterteilt. Auf jeder Seite gibt es zwölf Nischen, also vierundzwanzig insgesamt. 1932/33 wurden bei Ausgrabungen fünfundzwanzig Skelette sowie Knochen von Ochsen, Schafen, Schweinen, Rotwild und Vögeln gefunden. Nicht weit davon entfernt sieht man die Überreste des **Midhowe Broch**. An einigen Stellen ist er bis zu 3 m hoch. Mit Mauerstärken von bis zu vier Metern hat der Broch einen Umfang von 20 m. Von den ehemaligen Gebäuden sind noch einige Grundmauern erhalten. Midhowe Broch ist einer der am besten erhaltenen Brochs auf den Orkney-Inseln. Er wurde zwischen 200 vor und 200 nach Chr. bewohnt.

Archäologischer Spaziergang

*Der knapp 2 km lange **Westness Walk** beginnt an der Westness Farm, rund 6 km westlich des Fähranlegers, und endet am Midhowe Cairn. Entlang des Weges passiert man Zeugnisse aus der Steinzeit, der piktischen Eisenzeit, aus der Zeit der Wikinger, dem Mittelalter und schließlich aus dem 19. Jh., als auch auf Rousay Landvertreibungen stattfanden.*

Spazieren gehen / Rad fahren / Angeln

Zwei schöne Spazierwege, ein langer, ein kurzer, führen rund um das Vogelschutzgebiet. Neben dem Trumland House (nicht zu besichtigen) führt ein Fußweg zu dem höchsten Punkt der Insel, dem knapp 300 Meter hohen Blotchnie Fiold. Die 20 km lange Straße rund um die Insel bietet eine fantastische Fahrradstrecke. Die drei Lochs bieten vorzügliche Angelmöglichkeiten auf Forellen.

Egilsay und Wyre

Diese beiden kleinen Inseln liegen östlich von Rousay. Egilsay hat 26, Wyre 24 Einwohner. Der größte Teil von Egilsay wurde vom RSPB gekauft. Auf Egilsay wurde im Jahre 1115 St. Magnus ermordet. Die Insel wird von der St. Magnus Church (12. Jh.) dominiert, die an der Stelle eines Vorgängerbaus errichtet wurde. Die Kirche ist das einzig erhaltene Beispiel einer Wikingerkirche mit rundem Turm auf den Orkney-Inseln.

Edwin Muir

Mit 3,5 x 1,5 km Wyre ist winzig, spielte jedoch in der Wikinger-Sage als Heimat von Kolbein Hruga eine große Rolle. Die Überreste seiner Befestigung, **Cubbie Roo's Castle** (12. Jh.), und die Ruine der nahegelegenen **St. Mary's Chapel** sind noch zu sehen. Auf der Bu Farm (Kolbein's Haus) verbrachte der Dichter Edwin Muir (1887-1959) seine Kindheit. Am westlichsten Punkt der Insel, **The Taing**, kann man schön den Sonnenuntergang beobachten. Das **Wyre Heritage Centre** dokumentiert die Geschichte der Insel mit Fotografien *(✆ 01856 821211, ⏲ April bis September)*.

Shapinsay

Weniger als 30 Minuten mit der Fähre von Kirkwall liegt die 10 km lange, fruchtbare und flache Insel Shapinsay. Neben der Haupterwerbsquelle Landwirtschaft (Schaf- und Rinderzucht), wird auf Shapinsay aber auch viel Kunsthandwerk, wie Spinnen und Stricken, betrieben. Im Kunsthandwerksladen neben dem Pier Restaurant kann man hübsche Sachen erwerben. Die Hauptattraktion ist **Balfour Castle**, eine viktorianische Erweiterung zu einem viel älteren Haus, das „Cliffdale" genannt wurde. Das Haus sowie der Rest der Insel wurden von der Balfour-Familie, die ihr Vermögen in Indien gemacht hatte, gekauft. Nach Besitzerwechsel befindet sich heute hier ein kleines Hotel mit sehr gutem Restaurantbetrieb.

Dorf für Bedienstete

Im Dorf, das von der Balfour-Familie angelegt worden war, um Unterkünfte für Bedienstete zu schaffen, gibt es einen Pub, zwei kleine Läden, ein Postamt sowie ein Heritage Centre in der alten Dorfschmiede. Hier kann man sich über die Lokalgeschichte informieren und sich in der Teestube erfrischen.

Seehunde

6 km vom Fähranleger entfernt, in der nordöstlichen Ecke der Insel, liegt der gut erhaltene **Burroughston Broch** aus der Steinzeit. Von hier aus lassen sich gut die Seehunde beim Sonnenbaden auf den nahegelegenen Felsen beobachten. Westlich liegt Quholme, das Geburtshaus des Vaters von Washington Irving, dem Autor von Rip Van Winkle.

Eday

Die lange und dünn besiedelte Insel (131 Einwohner) ist weniger fruchtbar als die anderen Inseln, doch liefern die mit Heidekraut überzogenen Hügel Torf für die anderen torflosen Orkney-Inseln. Der Sandstein von Eday wurde abgebaut und u.a. zum Bau der St. Magnus-Kathedrale in Kirkwall verwendet. Auf Eday gibt es zahlreiche Kammergräber, die sich vor allem im Norden der Insel konzentrieren. Man kann sie im Zuge des 7 km langen Eday Heritage Walk aufsuchen, der am Community Shop beginnt und zu den Klippen am Red Head führt. Der Weg dauert ungefähr 4 Stunden. Abgesehen von dem Laden, kann Eday auch mit einer Post, einem Hostel, mehreren B&Bs und Unterkünften für Selbstversorger aufwarten.

Der 4,5 Meter hohe **Stone of Setter** ist der größte „Stehende Stein" auf den Orkney-Inseln. Unweit liegen der Steinkreis **Fold of Setter** und die Kammergräber Braeside und Huntersquoy. Das **Vinquoy Chambered Cairn** weiter nördlich ist eines der schönsten Gräber auf dem Archipel und im Stil ähnlich dem von Maes Howe. Es hat 5 Kammern. Vom **Vinquoy Hill** hat man herrliche Ausblicke auf die Inseln Westray und Sanday. Von hier geht es zu den roten Sandsteinklippen von **Red Head**, der Heimat Tausender von Seevögeln. Südöstlich liegt **Carrick House**, das 1633 errichtet wurde. Im Inneren sind Antiquitäten, Kuriositäten und Memorabilia aus der Kolonialzeit (z.B. ausgestopfte Tierköpfe aus Afrika) zu sehen. Auch gibt es einen schönen Garten. Bekannt ist das Haus durch die Geschichte „The Pirate" von Sir Walter Scott. Der Pirat John Gow wurde beim Versuch das Haus anzugreifen, gefangen genommen und nach London gebracht, wo er gehängt wurde *(✆ 01857 622260, ⏲ Mitte Juni bis Mitte September, Führungen So um 14 Uhr).*

rote Sandsteinklippen

Tagesausflug nach Eday von Kirkwall

Im Sommer werden von Kirkwall Tagesausflüge nach Eday angeboten. Nach einer Besichtigungstour per Bus, hat man noch ausreichend Zeit, die Insel auf eigene Faust zu erkunden. Jeweils Mo, Mi, Fr, Abfahrt Kirkwall 10.10 Uhr. Auskunft: A. Stewart, ✆ 01857 622206.

Sanday

Sanday ist die größte der nördlichen Inseln, 18 km lang und, abgesehen von den Klippen in Spurness, vollkommen flach. Der Name der Insel Sanday ist zutreffend, denn das Hauptkennzeichen der Insel sind die Buchten mit weißem Sand. Daneben gibt es zahlreiche archäologische Stätten aus mehreren Epochen auf der fruchtbaren und leicht zu kultivierenden Insel Sanday. Die eindrucksvollste ist das Kammergrab von **Quoyness**, das auf der Gezeiteninsel Sty Wick im Süden Sandays liegt. Das Grab wird auf etwa 3000 v.Chr. datiert und ist vier Meter hoch.

Sandbuchten

Die meisten Gräber der Insel sind noch nicht ausgegraben worden. Mit über 500 Gräbern ist Sanday potentiell eine der wichtigsten prähistorischen Stätten in Großbritannien. In **Scar (Burness)** wurde 1991 ein spektakulärer Wikingerfund gemacht, und zwar das Beerdigungsschiff einer reichen Familie. Darin befanden sich drei menschliche Skelette sowie wertvolle Grabbeigaben. In Pool hingegen hat eine großangelegte Grabung in den 1980er Jahren Funde aus der Steinzeit, der piktischen Zeit und von den Wikingern hervorgebracht.

Wikingerfunde

Stronsay

Die friedliche flache Insel Stronsay hat einige schöne, einsame Sandstrände und Klippen, die die Heimat für Seehunde und Seevögel bilden. Die Insel wird landwirtschaftlich genutzt, und besondere Sehenswürdigkeiten gibt es hier eigentlich keine. Im Norden der Insel wachsen in den Feuchtgebieten bei Northwaa seltene Pflanzen, unter anderem Orchideen. Schön ist es, entlang der Küste zu wandern, insbesondere im Südosten der Insel. Der **Vat of Kirbister** ist eine imposante Öffnung in den Klippen mit einem Felsbogen darüber. Südlich von hier, am Burgh Head, sieht man nistende Papageientaucher sowie die Überreste eines Brochs. Am Lamb Head gibt es eine große Seehundkolonie, viele Seevögel sowie archäologische Fundstätten.

Hauptdorf von Stronsay

Whitehall, im Nordosten, ist das Hauptdorf von Stronsay. Hier legt auch die Fähre an. Es ist kaum vorstellbar, dass sich hier einst einer der größten Heringshäfen Europas befand. Während des Heringsbooms im frühen 20. Jh. fuhren täglich über 300 Boote von Whitehall auf Heringsfang, und 4.000 Menschen waren in Sachen „Hering" beschäftigt. Wie wichtig Whitehall war, zeigt sich daran, dass das Stronsay Hotel die längste Theke in Schottland besaß. In den 1930er Jahren ging es mit dem Heringsfang bergab. Im alten Fish Mart nahe dem Anleger gibt es ein **Heritage Centre** mit Fotografien und Erinnerungsgegenständen an diese Zeit. Ein kleines Café und ein Hostel sind angeschlossen.

Westray

Die Insel Westray bietet eine abwechslungsreiche Landschaft mit Farmland, hügeligen Moorgebieten, Sandstränden und Klippen. Sie ist die wirtschaftlich reichste Insel (Rindfleisch, Fisch, Meeresfrüchte) und hat 700 Einwohner. Es gibt zahlreiche Unterkünfte sowie ein Schwimmbad, Golf und Fahrradverleih *(✆ 01857 677374)*. Der Hauptort heißt **Pierowall** und liegt im Norden der Insel. Der Fähranleger ist allerdings im Süden, in Rapness. Pierowall hat einige Läden, ein Postamt, das Pierowall Hotel (hier gibt es auch die beliebten Fish & Chips zum Mitnehmen oder dort essen) und das **Westray Heritage Centre** mit lokalgeschichtlichen und naturgeschichtlichen Exponaten und einer stattlichen Sammlung an Fotografien *(✆ 01857 677414, 💻 www.westray-heritage.co.uk, 🕐 Anfang Mai bis Ende September So und Mo 11.30-17 Uhr, Di-Fr 14-17 Uhr, im Juli und August auch Sa 14-17 Uhr)*.

Außerdem gibt es die Überreste zweier Kirchen, Holy Cross Church aus dem 12. Jh. und St. Mary's Church aus dem 13. Jh. Die beeindruckenden Ruinen von Notland Castle aus dem 16. Jh. sind ein schönes Beispiel für ein befestigtes Tower House auf z-förmigem Grundriss. Die Burg wurde 1650 zerstört.

Küstenwanderung

Westray bietet zwei fantastische Küstenwanderungen, so z.B. zu den Klippen am **Noup Head** im Nordwesten der Insel, wo es ein großes Schutzgebiet mit einer der größten Seevogelkolonien Großbritanniens gibt. Nahezu alle in Nordeuropa vorkommenden Arten können hier beobachtet werden. Die Klippen an der Westküste sind 7 km lang. Von Noup Head geht es zur Gentleman's Cave. Die Höhle wurde 1746 von vier Jacobiten als Versteck genutzt. Am südlichen Ende des Weges liegt der Fitty Hill, mit 170 Metern der höchste Punkt der Insel, und der Weg endet in Inga Ness.

Papa Westray

Papa Westray ist die abgelegenste aller Orkney-Inseln, und die Flugreise von Westray hierhin ist die kürzeste der Welt. Sie dauert nur zwei Minuten. Papa Westray wurde von den Wikingern nach den damals auf ihr lebenden Mönchen benannt (Papey = Priesterinsel). Die äußerst fruchtbare Insel ist 7 km lang und 2 km breit. Rund 70 Menschen leben hier. Landwirtschaft (insbesondere Rinderzucht) ist wichtig, daneben aber auch die Hummer- und Krebsfarm. Im Norden der Insel, in **North Hill**, befindet sich das größte Schwalbenbrutgebiet in ganz Europa. Daneben brüten aber auch Raubmöwen, Sturmvögel, Austernfischer und viele andere Vögel hier. *(Die RSPB veranstaltet im Sommer Führungen (jeweils Di, Do und Sa, Auskunft ✆ 01857 644240).*

guter Erhaltungszustand

Papa Westray ist seit rund 5.000 Jahren bewohnt. Die Siedlung **Knap of Howar** zählt zu den ältesten noch erhaltenen Siedlungen in Europa. Knap of Howar wurde, wie Skara Brae, durch einen Sandsturm begraben und durch einen Sturm wieder freigelegt. Der Erhaltungszustand ist außerordentlich gut. Die Mauern weisen eine Höhe von bis zu 1,6 Metern auf. Steinerne Bänke, Unterteilungen und Wandregale sind erkennbar. Bei den Ausgrabungen wurden verschiedene Tierknochen, Muscheln und aus Walknochen gefertigte Werkzeuge gefunden. Die Bewohner gehörten offensichtlich zu der gleichen Kultur wie die Erbauer von Unstan Cairn, denn bei den gefundenen Tonscherben handelt es sich um „Unstan-Ware".

Vom Knap of Howar landeinwärts liegt die **Holland Farm**, wo man auf dem traditionellen Farmgelände umhergehen und ein kleines landwirtschaftliches Museum anschauen kann. Einst gehörte das Haus der Traill-Familie, rund 300 Jahre lang Besitzer der Insel.

Wer noch nicht genug Gräber gesehen hat, sollte eine Fahrt auf die kleine Insel **Holm of Papay** an der Ostküste machen *(Bootsfahrten zwischen Mai und September, Auskunft beim Co-op, ✆ 01857 644321)*. Hier befinden sich drei neolithische Grabkammern, einschließlich eines der größten Kammergräber der Orkney-Inseln, das den gleichen Typus aufweist wie Maes Howe (siehe S. 513f). Man betritt das Grab über eine lange Leiter.

Knapp einen Kilometer nördlich des Flughafens befindet sich die **St. Boniface Kirk**, die im 8. Jh. gegründet wurde. Rund um das Gotteshaus liegt der Inselfriedhof und in unmittelbarer Umgebung gibt es zahlreiche Zeugnisse aus mehreren Epochen, vom 6. Jh. v.Chr. bis zum 12. Jh. n.Chr.

North Ronaldsay

Abgeschieden und sturmumtost, ist North Ronaldsay die nördlichste der Orkney-Inseln. Es gibt 60 Einwohner, und die Inselschule zählt 5 Schüler. Es ist erstaunlich, dass in dieser unwirtlichen Umgebung überhaupt Menschen leben. Die hier lebenden Schafe zumindest aber sind hartgesotten und ernähren sich ausschließlich von Seetang. Die kleine flache Insel hat keine besonderen Sehenswürdigkeiten, außer für Ornithologen, die hier zwischen Ende März und Anfang Juni sowie Mitte August bis Anfang November Zugvögel beobachten. Die Vogelbeobachtungsstation befindet sich im Südwesten der Insel am Fähranleger. Hier besteht auch Unterkunft in Zweibettzimmern sowie in Schlafsälen *(Bird Observatory, ✆ 01857 633200, 💻 www.nrbo.f2s.com)*.

Zugvögel

Reisepraktische Informationen Orkney-Inseln

Information

Orkney Tourist Board, *6 Broad Street, Kirkwall KW15 1NX, ✆ 01856 872856, 📠 01856 875056, sowie* **Stromness Visitor Information Centre**, *Ferry Terminal Building, Pier Head, Stromness KW16, ✆ 01856 850716, 850777, 851462.*

Interessante Webseiten

www.visitorkney.com
www.visitrousay.co.uk
www.sanday.co.uk
www.stransay.co.uk
www.westraypapawestray.com
www.westray-orkney.co.uk
www.papawestray.co.uk
www.orkneyjar.com

Inselzeitung

The Orcadian *erscheint jeden Donnerstag (auch online: 💻 www.orcadian.co.uk) und informiert über aktuelle Veranstaltungen.*

Unterkunft

Es gibt zahlreiche Unterkünfte auf den Orkney-Inseln: Hotels, B&Bs, Gästehäuser, Cottages für Selbstversorger, und Hostels.

******Balfour Castle €€€**, *Shapinsay, Orkney KW17 2DY, ✆ 01856 711282, 📠 01856 711283, 💻 www.balfourcastle.co.uk. 6 Zimmer. Unterkunft im historischen Balfour Castle ist ein echtes Erlebnis. Von Kirkwall 25 Min. Bootsfahrt. Zwischen Mai und September kann das Anwesen am Sonntag auch von Nicht-Hotelgästen besichtigt werden.*

********The Ayre Hotel €€**, *Kirkwall, KW15 1QX, ✆ 01856 873001, 📠 01856 876289, 💻 www.ayrehotel.co.uk, 33 Zimmer. Das lang etablierte Ayre Hotel (mit Bar und Restaurant) liegt direkt am Hafen.*

*******Kirkwall Hotel €€**, *Harbour Street Kirkwall KW15 1LF, ✆ 01856 872232, 📠 01856 872812, 💻 www.kirkwallhotel.com, 🕐 ganzjährig. 37 Zimmer. Traditionelles Hotel im Familienbetrieb mit Blick auf den Hafen, Restaurant und Bar.*

*******Stromness Hotel €-€€**, *The Pierhead, Stromness KW16 3AA, ✆ 01856 850298, 📠 01856 850610, 💻 www.stromnesshotel.com, 42 Zimmer, großes, etwas altmodisches Hotel (mit Bar und Restaurant) im Stadtzentrum.*

******Ferry Inn €**, *John's Street, Stromness KW16 3AD, ✆ 01856 850280, 📠 01856 851332, 💻 www.ferryinn.com, 12 Zimmer. Schlichtes Hotel direkt am Hafen mit Restaurant und nettem Pub.*

******St. Ola Hotel €**, *Harbour Street Kirkwall KW15 1LE, ✆/📠 01856 875090, 4 Zimmer, freundliches, kleines Hotel im Familienbetrieb.*

Restaurant (und Übernachtung)

********Creel Restaurant and Rooms**, Front Road, St. Margaret's Hope, Orkney KW17 2SL, ✆ 01856 831311, 💻 www.thecreel.co.uk, 3 Zimmer. Das mehrfach preisgekrönte Restaurant zählt zu den besten in ganz Schottland. Phantasievolle und moderne Küche, fantastische Fischgerichte. Mittlere Preisklasse.*

Jugendherbergen/Hostels

*******Kirkwall Y.H.**, Old Scapa Road, Kirkwall KW15 1BB, ✆ 0870 0041133, 💻 www.syha.org.uk, 90 Betten, Familienzimmer, April bis Ende Oktober. 15 Min. vom Stadtzentrum.*

*******Stromness Y.H.**, Hellihole Road, Stromness KW16 3DE, ✆ 0870 0041150, 💻 www.syha.org.uk, 38 Betten.*

Kleinere Jugendherbergen, ebenfalls unter der Obhut der SYHA, sind **Eday Y.H.**, *London Bay, Eday, Orkney KW17 2AB, ✆ 01857 622206, 24 Betten,* **Hoy Y.H.**, *Hoy KW16 3NJ, ✆ 01856 873535, 26 Betten,* **Papa Westray Y.H.**, *Beltane House, Papa Westray KW17 2BU, ✆ 01857 644267, 16 Betten und* **Rackwick Y.H.**, *Hoy, Orkney KW16 3NJ, ✆ 01856 873535 ext. 2404, 8 Betten.*

*Ganz besonders schön ist ****** **Bis Geos Hostel und Cottages**, *Westray, ✆ 01857 677420, 💻 www.bis-geos.co.uk, 🕐 ganzjährig. Das gemütliche Hostel bietet sehr komfortable Unterkunft für 12 Personen. Nebenan gibt es zwei **** Ferienwohnungen für 4-5 Personen. Fantastische Lage und tolle Atmosphäre. Der Besitzer ist ein deutscher Arzt, der sein Leben zwischen Arbeit in weit entfernten Ländern, wie Afrika oder Australien, und Schottland aufteilt.*

An- und Weiterreise

Per Flugzeug

Es gibt Direktflüge (Logainair, ✆ 0870 8509850) von Aberdeen, Edinburgh, Glasgow, Inverness und den Shetland-Inseln. Von Kirkwall bestehen weiterhin Flugverbindungen auf die kleineren Inseln Stronsay, Sanday, North Ronaldsay, Westray, Papa Westray und Eday.

Per Fähre

Northlink Orkney *and* **Shetland Ferries Ltd**, *✆ 01856 885500, 📠 01856 879588, 💻 www.northlinkferries.co.uk, betreiben die Fähren zwischen Aberdeen und Kirkwall sowie zwischen Scrabster und Stromness.*

John O'Groats Ferries, *✆ 01955 611353, 💻 www.jogferry.co.uk, betreibt die Passagier- (und Fahrrad-) Fähre von John O'Groats nach Burwick, South Ronaldsay, Mai bis September, 4 x pro Tag. Von Burwick bestehen Busverbindungen nach Kirkwall. Weiterhin gibt es einen Busservice, den* **Orkney Bus**, *von Inverness und Kirkwall über John O'Groats. Der Orkney Bus wird ebenfalls von John O'Groats Ferries betrieben.*

Pentland Ferries, *✆ 01856 831226, 💻 www.pentlandferries.co.uk. Autofähre von* **Gill's Bay** *in Caithness nach St. Margaret's Hope in Orkney. Die Überfahrt dauert eine Stunde, 4 x täglich, April bis Ende Oktober. Vorausbuchung notwendig.*

Orkney Ferries, *✆ 01856 872044, 💻 www.orkneyferries.co.uk, fährt 13 Inseln an und bieten auch Mini-Cruises und organisierte Tagestouren. Es gibt Auto- und Passagierfähren nach Rousay, Egilsay und Wyre von Tingwall, nach Shapinsay, Eday, Stronay, Sanday, Westray, Papa Westray und North Ronaldsay von Kirkwall aus. Nach Graemsay geht es von Stromness und nach Hoy und Flotta von Houton. Nach Hoy kann man auch von Stromness fahren. Fahrpläne, Preise und weitere Informationen von Orkney Ferries direkt oder der Tourist Information.*

Per Bus
Orkney Coaches, ✆ 01856 870555, 💻 www.rapsons.co.uk.

Mietwagen
Orkney Car Hire, Kirkwall, ✆ 01856 872866, 💻 www.orkneycarhire.co.uk. **Tullock**, Castle Street, Kirkwall, ✆ 01856 876262 / 873212, und am Flughafen, 💻 www.orkneycarrental.co.uk.

Fahrradverleih
Cycle Hire, Ferry Road, Stromness, ✆ 01856 850750.

Kunsthandwerk
Traditionelles Kunsthandwerk auf den Orkney-Inseln sind Strickwaren, Schmuck, Leder- und Töpferwaren sowie die typischen Orkney-Stühle, für die aufgrund des Mangels an Holz Treibholz und für die Rückenlehnen Stroh verwendet wurden. Die lang etablierte Juwelierin **Ola Gorie** (11 Broad Street, Kirkwall, 💻 www.olagorieshop.com) bietet eine reichhaltige Kollektion an Gold- und Silberschmuck sowie feine Geschenke und Souvenirs an. **Judith Glue** (25 Broad Street, Kirkwall, 💻 www.judithglue.com) ist Designerin und Herstellerin wunderschöner und einfallsreicher Strickwaren. Daneben gibt es hier Kunsthandwerk, Delikatessen und Schmuck. Auch South Ronaldsay ist ein guter Platz, um hübsche Souvenirs zu finden. Es gibt einige Kunsthandwerksbetriebe auf der Insel, so z.B. die **Hoxa Tapestry Gallery** (Leila J. Thomson, Neviholm, Hoxa, South Ronaldsay KW17 2TW, ✆/📠 01856 831395, 💻 www.hoxatapestrygallery.co.uk, 🕓 April bis September Mo-Fr 10-17.30 Uhr, Sa und So 14-18 Uhr. 5 km W Hoxa). Die Künstlerin Leila Thompson stellt wundervolle, riesige Wandbehänge her.

Feste/Feiern
Alljährlich wiederkehrende Feste sind das **„Folk Festival"** im Mai (💻 www.orkneyfolkfestival.com), das seit 1977 stattfindende **„St. Magnus Festival"** im Juni mit viel Musik, Tanz und Theater (💻 www.stmagnusfestival.com) und das **„Orkney International Science Festival"** (💻 www.oisf.org) im September.

Tipps
Für eine problemlose Besichtigung der Insel ist ein Auto oder zumindest ein Fahrrad Voraussetzung, da die einzelnen Sehenswürdigkeiten mit öffentlichen Verkehrsmitteln nur schwer oder gar nicht zu erreichen sind. Wer die relativ teure Autofähre sparen will, kann auf Mainland sowohl ein Auto als auch ein Fahrrad mieten.
Für Reisende, die nur einen Tag auf den Orkney-Inseln verbringen und trotzdem einen möglichst guten Überblick über die Sehenswürdigkeiten erlangen möchten, ist eine organisierte Tour keine schlechte Idee. Es gibt zahlreiche Anbieter. John O'Groats Ferries (✆ 0800 7317872, 💻 www.jogferry.co.uk) bieten z.B. Tagestouren von John O'Groats aus. Maxi Tour Abfahrt um 9 Uhr, Mai bis September, Highlight Day Tour Abfahrt um 10.30 Uhr, Juni bis September. Von Inverness Busbahnhof gibt es die Orkney Day Tour, Abfahrt 7.30 Uhr, Juni bis September.
Ein Sammelticket für die von HS betreuten Stätten auf Orkney (Kirkwall Bishop's Palace and Earl's Palace, Broch of Gurness, Maes Howe und Skara Brae) kostet im Sommer 12 £ (ermäßigt 9 £, Kinder 3.50 £, Familien 24 £), und wenn Sie mehrere dieser Sehenswürdigkeiten aufsuchen möchten, ist die Sammelkarte sehr viel günstiger als Einzeltickets.

Angeln
Angeln ist auf den Orkney-Inseln sehr beliebt. Die Angelsaison auf Forelle beginnt Mitte März. Auskunft von der Orkney Trout Fishing Association OTFA, 💻 www.orkneytroutfishing.co.uk.

Die Shetland-Inseln

Allgemeiner Überblick

Balsam für die Seele

Es gibt wohl kaum einen geeigneteren Ort, wenn man mal alles hinter sich und die Seele „baumeln" lassen möchte. Nicht nur Ornithologen, Archäologen oder andere Spezialisten kommen hierher, sondern auch Großstadt- und anderweitig stressgeplagte Menschen. Hier gehen die Uhren tatsächlich „anders", und manche Besucher sind zunächst irritiert, wenn nicht alles sofort klappt, wie sie es gewöhnt sind, und die knapp bemessene Urlaubszeit durch „unnötiges" Gerede dahinzurennen scheint. Mit strammer Planung kommt man auf den Shetland Inseln nicht weiter. Wenn man sich aber erst einmal darauf eingelassen hat, wirken der Platz und die unglaubliche Ruhe wie ein Balsam für die Belastungen des modernen Lebens.

Die Gruppe der Shetland-Inseln umfasst mehr als 100 Inseln, von denen 17 bewohnt sind. Insgesamt leben 22.000 Menschen hier, wobei das durchschnittliche Alter bei 38 Jahren liegt. **Mainland** ist die größte von diesen und mit ca. 13.000 Einwohnern auch die am dichtesten besiedelte. Lerwick, die Hauptstadt, hat ca. 7.500 Einwohner. Die Shetland-Inseln gehören nur formal zu Schottland. Dass Kultur und Sprache vor allem durch den skandinavischen Einfluss geprägt sind, ist einleuchtend, wenn man bedenkt, dass die Shetland-Inseln genauso weit von Schottland wie von Norwegen entfernt sind. Im Gespräch werden Sie immer wieder hören, dass sich die Shetlander nicht als Schotten und erst recht nicht als Engländer fühlen.

Redaktionstipps Shetland-Inseln

- Sich ein paar Tage dem süßen **Nichtstun** hingeben und die Landschaft auf sich wirken lassen.
- In Northmavinne **wandern** (S. 538).
- Falls Sie im Januar Zeit haben: am **Up Helly-Aa** teilnehmen (S. 531).
- Den **Jarlshof** besichtigen (S. 536).
- Einen Ausflug zur Insel Mousa machen, um den **Mousa Broch** zu erklimmen und Sturmschwalben zu beobachten (S. 534).

Die Shetland-Inseln zählen zu den niederschlagsärmsten Gebieten Großbritanniens und Westeuropas. Die besten Reisemonate sind Juni bis August, wenn die Temperaturen am höchsten und die Regenfälle am geringsten sind. Im Hochsommer geht die Sonne nur für kurze Zeit unter, hier ist es 19 Stunden hell.

Paradies für Ornithologen

Shetland hat eine einmalige **Vogelwelt** und ist dafür international bekannt. In den rauen Felsen kann man Tausende nistender Seevögel sehen. Aber nicht nur Seevögel, sondern auch seltene Vogelarten leben hier. Das Vogelobservatorium auf Fair Isle kann mehr Arten verzeichnen als irgendeine andere Station in Großbritannien. Über 340 Arten werden gezählt. 21 der 24 Seevögel, die in Großbritannien zuhause sind, brüten auf den Shetland-Inseln. Allerdings hatte die RSPB für das Jahr 2006 traurige Nachrichten mitzuteilen. Noch nie hätten die Vögel so erschreckend wenig gebrütet wie im Jahr 2006. Eine Erklärung dafür sei der durch Klimaerwärmung hervorgerufene Rückgang ihrer Nahrung (Sandeeb). *Weitere Informationen dazu im 💻 www.rspb.org.uk).*

Die Shetland - Inseln

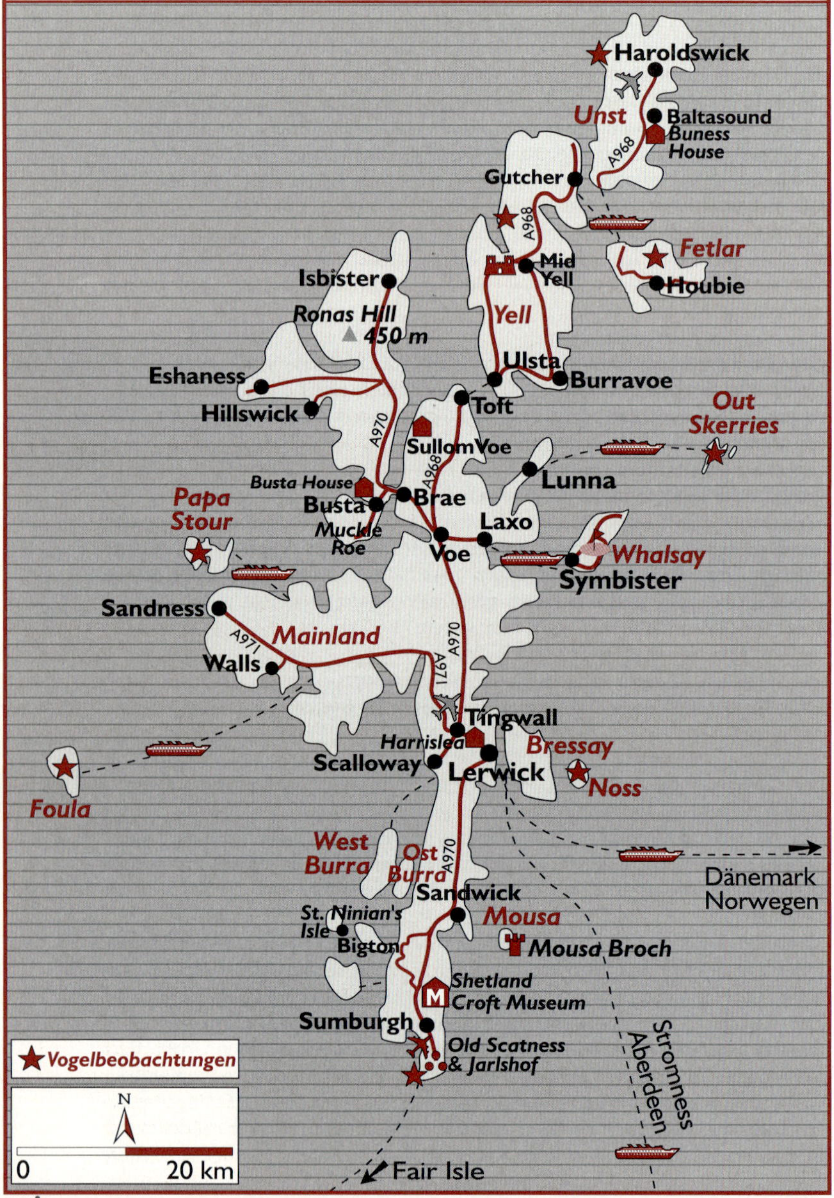

© igraphic

Die baumlose Landschaft besteht überwiegend aus karger Heide und Torfmooren, die mit zahlreichen kleinen Lochs durchsetzt sind. An der Küste wechseln lange Sandstrände mit wilden Klippen und Felsen ab. Überall sieht man die schwarzen und braunen winzigen Shetland-Schafe, aus deren Wolle die berühmten Strickwaren gefertigt werden. Die feinste Wolle kommt von den Schafen der Insel Unst. Auf den Shetland-Inseln leben etwa 330.000 Schafe. Shetland-Wolle ist ein Begriff, aber im Unterschied zum Harris-Tweed nicht durch ein Echtheitszeichen geschützt. So stammen viele Pullover, Jacken und Schals, Marke Shetland, nicht von den Shetland-Inseln, sondern aus Fabriken auf dem Festland.

feine Wolle

Geschichtlicher Überblick

Die Geschichte des Archipels ist vergleichbar mit der der Orkney-Inseln, denn auch sie wurden in erheblichem Maße durch die Wikinger geprägt. Erst im Jahre 1469, nach etwa fünf Jahrhunderten norwegisch-dänischer Herrschaft, wurden die Shetland-Inseln an die schottische Krone gebunden. Sie waren Teil der Mitgift, die durch die Heirat der Prinzessin Margaret, Tochter des Königs Christian I. von Dänemark und Norwegen, mit dem zukünftigen König Schottlands, James III., in schottischen Besitz kam. Ortsnamen, wie z.B. Haroldswick, Uyeasound, Papa Stour, Saxa Vord und Tingwall, zeugen von der nordischen Vergangenheit.

Inseln als Mitgift

Im 16. und 17. Jh. hatten die Shetland-Inseln schwer unter den Stewart-Herzögen zu leiden, die die Inselbewohner ausbeuteten. Im 19. Jh. bluteten auch die *clearances* die Inseln aus, doch brachte der Heringsboom im frühen 20. Jh. wieder etwas Wohlstand. Im 2. Weltkrieg wurde von Scalloway aus der norwegische Widerstand organisiert. Bis 1969, als das erste **Öl in der Nordsee** entdeckt wurde, waren die Shetland-Inseln ein kaum beachteter Teil der Welt. Die Haupterwerbsquellen waren die Fischerei und der Ackerbau. Plötzlich Schlagzeilen in aller Welt: Öl in der Nordsee. Das Ölvorkommen vor den Shetland-Inseln wurde auf 4.500 Millionen Tonnen geschätzt. Der größte Ölterminal in Europa wurde an der Nordwestküste des Mainland in Sullom Voe gebaut. Um das Landschaftsbild der Shetlands weitgehend zu schützen, wurden die Öltanks unter die Erde gelegt oder grün angestrichen.

Öl in der Nordsee

Ein Eingriff wie dieser in die Landschaft stellt eine große Gefahr für die reichen Vogel- und Fischbestände dar, und die Ölgesellschaften haben den Shetlandern Millionenbeträge als Entschädigung für Schäden aller Art bezahlt. Ursprünglich nur für Öl aus der Nordsee, wird der Hafen nun auch für Öl aus dem Atlantik, westlich der Shetland-Inseln, genutzt.

Der Ölboom hat die Insel verändert. Der Bau des Hafens, neuer Straßen und die Versorgung der Bohrinseln brachten neue Arbeitsplätze. Der erste Ölrausch ist heute fast Geschichte. **Sumburgh Airport**, damals einer der meistfrequentierten Flughäfen Schottlands, ist mittlerweile viel zu groß. Trotzdem ist der hohe Lebensstandard recht auffällig. In fast jedem Dorf gibt es ein Freizeitzentrum mit Schwimmbad, überall sieht man Telefonzellen sowie öffentliche Toiletten aus Gemeindegeldern. Seit Jahren liegt die Arbeitslosigkeit unter 5 %, 2006 waren es le-

Ausbau der touristischen Infrastruktur

diglich 1,6 %. Andere Erwerbsquellen, neben Öl und Fischfang und -verarbeitung, sind Viehzucht, Tourismus und Kunsthandwerk. Die Inselverwaltung ist sehr darum bemüht, Besucher anzuziehen und kümmert sich intensiv um die touristische Infrastruktur. Rund 85.000 Besucher können die Inseln pro Jahr verzeichnen.

INFO

Informationen zu den Shetland-Ponys

Der Bressay Stone, ein piktischer Stein aus dem 10. Jh. (heute im National Museum in Edinburgh), zeigt die Skulptur eines Pferdes mit einem Reiter. Man sieht darin einen Nachweis dafür, dass diese Ponys bereits lange vor den Wikingern im 8. und 9. Jh. auf den Hügeln und Mooren der Shetland-Inseln lebten. 1890 wurde die „Shetland Pony Stud Book Society" gegründet, mit dem Ziel, „die unverfälschte Reinheit der Shetland-Ponys zu erhalten und die Züchtung dieser Ponys zu fördern".

Ponys wurden im 19. Jh. in den Kohlebergwerken benötigt, und insbesondere das schwere schwarze Shetland-Pony war für diese Arbeit geeignet. Shetland-Ponys gibt es in allen Farben: schwarz, kastanienbraun, grau, rötlich, graubraun, blau-rötlichgrau, gescheckt oder scheckig – allerdings nicht fleckig. Das Shetland-Pony ist die kleinste der einheimischen britischen Rassen mit einer maximalen Höhe von etwas mehr als 70 cm. Es ist anspruchslos, widerstandsfähig und im Verhältnis zu seiner Größe relativ stark.

Buchtipps

Anne Cleeves: Raven Black, London 2006. Die Kriminalgeschichte spielt auf den Shetland-Inseln und gibt ein einfühlsames, aber schockierendes Portrait einer engen Gemeinschaft.

David Howarth: The Shetland Bus, A Classic Story of Wartime Mission across the North Sea, Lerwick 1998. Packende Beschreibung des norwegischen Widerstandes während des 2. Weltkriegs.

Peter Guy: Walking the Coast of Shetland, Shetland Times. Mehrere Bände, mehrfach neu aufgelegt. Die Wanderführer sind die absoluten „Klassiker", denn sie bieten neben ausgezeichneten Routenbeschreibungen auch unzählige Hintergrundinformationen über Land und Leute.

Aktiv auf Shetland

Die Shetland Inseln bieten sich zum Wandern, Mountainbikefahren, Tauchen, Angeln und Golfspielen an.

Mainland

Lerwick

Lerwick hat ca. 7.500 Einwohner und ist die Haupt- und Verwaltungsstadt der Inselgruppe. Wie Stromness auf den Orkney-Inseln, wird auch Lerwick von einem Naturhafen begünstigt, und auch hier gibt es malerische kleine Straßen und Gassen. Ab dem 16. Jh. erweiterten und benutzten holländische Fischer den Hafen von Bressay Sound. Im Laufe der Zeit entwickelte sich der Ort zu einem wichtigen Handels- und Fischereihafen. Im späten 19. Jh. hatte sich Lerwick zu einem der führenden Heringshäfen in Europa entwickelt. Der Bau des Ölterminals Sullom Voe brachte immense Veränderungen. Lerwick wurde zum Durchgangsort für die Arbeiter auf den Bohrinseln in der Nordsee, und die Hafengegend wurde erweitert. Viel Geld floss in die Stadt und damit verbunden auch mehr Wohlstand. Parallel zur Esplanade verläuft die Commercial Street, die „Hauptstraße" Lerwicks. Beachten Sie am südlichen Ende die alten Häuser und „lodberries". Lodberries sind Häuser und Lagerräume, die einen eigenen Pier haben, so dass Handel direkt mit den besuchenden Schiffen getrieben werden konnte. Noch weiter südlich, entlang der Klippen, gelangt man zur schönen Bain's Bay.

Lodberries

Das älteste Gebäude in Lerwick ist das **Fort Charlotte**, das auf einem Felsen über dem Hafen thront. Es wurde 1665 auf Veranlassung Cromwells errichtet, um das Hafengebiet gegen einen Angriff der Holländer zu schützen. Nachdem 1668 der Friede mit Holland wiederhergestellt war, verließen die englischen Truppen das Fort. 1673 wurde die fünfseitige Bastion jedoch von holländischen Seglern niedergebrannt. 1781 wieder aufgebaut, erhielt die Festung den Namen Fort Charlotte, nach Königin Charlotte, der Frau von Georg III. Es wurde als Gefängnis und später von der Navy benutzt. Abgesehen von den Ausblicken auf den Hafen gibt es hier allerdings nicht viel zu sehen.

Schutz vor den Holländern

Eines der schönsten Gebäude in der Stadt ist das Rathaus aus viktorianischer Zeit. Die verzierten Glasfenster in der Haupthalle zeigen Episoden aus der Vergangenheit der Shetland-Inseln. Das im Frühjahr 2007 eröffnete **New Shetland Museum and Archiv** liegt direkt am Wasser und zwar in dem letzten verbliebenen Teil des alten Hafens. Übersichtlich präsentierte Exponate aus der Vorgeschichte bis heute zur Neuzeit geben eine gute Einführung in die Geschichte der Inseln *(Hay's Dock, ☏ 01595 695057, 💻 www.shetland-museum.org.uk)*.

Die **Up Helly-Aa-Ausstellung** gibt einen Vorgeschmack auf das berühmte Fest der Wikinger, das jedes Jahr am letzten Dienstag im Januar durchgeführt wird. Die meisten Dörfer haben ihr eigenes Festival, doch das in Lerwick ist das größte. Eine Fackelprozession mit Hunderten von Menschen zieht, als Wikinger verkleidet („guizers"), durch die Straßen, wobei sie die Replik eines Wikingerschiffes hinter sich her ziehen. Am Ende der Prozession wird das Schiff angezündet, wobei die Fackeln in das Schiff geworfen werden. Das Fest ist von Essen, Trinken und Tanz begleitet und dauert in der Regel bis in die frühen Morgenstunden. Der nächste Tag ist öffentlicher Feiertag *(Galley Shed, von der St. Sunniva Street ab, 🕐 Mitte Mai bis Mitte September Di und Sa 14-16 Uhr sowie Di und Fr 19-21 Uhr)*.

Wikingerfest

An der A970 am westlichen Stadtrand liegt der **Clickhimin Broch** *(① ständig)*, ein ca. 5 Meter hoher piktischer Rundturm, der zwischen 700 v.Chr. und etwa 500 oder 600 n.Chr. bewohnt war. Sein Durchmesser beträgt über 20 Meter, die Mauerstärke bis zu sechs Meter. Der Turm ist von Überresten anderer prähistorischer Bauten umgeben. Der Broch wurde in viktorianischer Zeit „rekonstruiert".

uriger Kustodus

Knapp 1 ½ km nördlich des Fähranlegers ist im **Böd of Gremista** (18. Jh.) das **Arthur Anderson Museum** eingerichtet worden. Der Mitbegründer der **Peninsular and Oriental Steam Navigation Company (P&O)**, Arthur Anderson, wurde hier geboren. Bei einer Tour durch das Haus erzählt der urige Kustodus allerhand Geschichten. Vor dem Haus sieht man Gestelle zum Trocknen von Fisch. Getrockneter Fisch war in der Vergangenheit das wichtigste Handelsprodukt *(✆ 01595 694386 oder 695057, 💻 www.shetland-museum.org.uk, ① Anfang Mai bis Mitte September Mi-So 10-13 Uhr und 14-17 Uhr)*.

Rund um Lerwick: Bressay und Noss

Östlich von Lerwick liegt auf der anderen Seite des Bressay Sound die Insel **Bressay** (ausgesprochen: bressah). Es gibt häufige Fährverbindungen von Lerwick. Die Insel ist 10 km lang und 5 km breit und bietet sich zum Radfahren oder Wandern an. Vom Gipfel des Ward Hill hat man einen herrlichen Blick auf die Inselwelt, und bei klarer Sicht kann man sogar bis nach Foula und zu den Out Skerries blicken. Eine herrliche Küstenwanderung führt entlang der Klippen von Noss Sound südlich zum Bard Head, wo große Seevogelkolonien leben.

Vogelreservat

Ornithologen setzen mit einem kleinen Boot von Bressay nach **Noss**, eine winzige unbewohnte Insel an der Ostküste Bressays, über Die Insel ist ein Vogelschutzgebiet mit über 100.000 brütenden Seevögeln. Eine Wanderung rund um die Insel dauert rund vier Stunden, ist aber wunderschön. Das Reservat wird vom Scottish Natural Heritage verwaltet, das ein kleines Informationszentrum in Gungstie betreibt *(✆ 0800 1077818, Mai bis Ende August, außer Mo und Do)*.

Central Mainland

Als Central Mainland wird das enge Landstück nördlich von Lerwick bezeichnet. Nur wenige Kilometer liegen zwischen der West- und der Ostküste.

Scalloway (11 km W Lerwick) ist ein hübscher, kleiner Ort mit Burgruine, Museum, Supermarkt, Bank, Hotel, zwei Restaurants und einem Fischereihafen. Dort befinden sich Lagerhallen und Kühlräume am Hafen. Einst die Hauptstadt der Shetland-Inseln, dominiert die Ruine von **Earl Patrick's Castle** (um 1600) nach wie vor die 1160 Einwohner zählende Stadt. Nach der Ermordung des tyrannischen Patricks verfiel die Burg bis auf den 4-geschossigen Hauptblock und einen Flügel. Im Inneren wurde eine kleine Ausstellung über die Geschichte des Castle eingerichtet *(✆ 01856 841815, ① während der Öffnungszeiten der Shetland Woollen Company Mo-Sa 9.30-17 Uhr, am So Schlüssel vom Royal Hotel)*. Einige Schrit-

Shetland-Pullover

te von der Ruine entfernt kann man in der Shetland Woollen Company mit komplizierten Mustern gestrickte Shetland-Pullover, Schals oder Mützen kaufen.

Shetland Bus

Auch im **Scalloway Museum** werden Strickwaren, die von Frauen aus dem Dorf nach alten Mustern hergestellt wurden, zum Verkauf angeboten. Das kleine, aber liebevoll eingerichtete Museum lohnt einen Besuch, vor allem wegen der interessanten Ausstellung über den norwegischen Widerstand im 2. Weltkrieg, der von hier aus organisiert wurde. „Shetland Bus" war der Name der norwegischen Fischerboote, die in der Nacht aus dem von Deutschland besetzten Norwegen segelten, um Flüchtlinge in Sicherheit zu bringen. Zurück kehrten sie mit Munition und Widerstandskämpfern *(✆ 01595 880783 oder 880666, 💻 www.shetland-museum.org.uk oder www.shetland-heritage.co.uk/shetlandbus, Mai bis September Mo-Sa 10-12 Uhr, 14-16.30 Uhr).*

Buchtipp
David Howarth, The Shetland Bus, A Classic Story of Wartime Mission across the North Sea, Lerwick 1998.

Burra ist in West- und Ost-Burra unterteilt und via Tronda mittels einiger Brücken mit Mainland verbunden. Von Hamnavoe, einem kleinen, netten Fischerort auf West Burra, gibt es einen schönen Küstenwanderweg zum Leuchtturm Fugla Ness und entlang der Sands of Meal. Der wunderschöne Strand bietet sich hervorragend für ein Picknick an.

Nördlich von Scalloway verläuft die B9074 durch das fruchtbare **Tingwall Valley** und entlang des Loch of Tingwall. Der Loch bietet ausgezeichnete Angelmöglichkeiten auf braune Forelle, und in Asta kann man auf dem 9-Loch-Golfplatz **Golf** spielen. Die Tingwall Kirk (spätes 18. Jh.) steht an der Stelle einer sehr viel früheren Kirche, St. Magnus. Von **Tingwall Airport** werden die meisten kleineren Inseln angeflogen.

Die A971 verläuft nordwestlich nach **Weisdale**. Am Kopf des Weisdale Voe zweigt die B9075 nördlich zur **Weisdale Mill** ab. In der alten Mühle, die während des Krieges als Hauptquartier für den „Shetland Bus" (s.o.) diente, ist heute die **Bonhoga Gallery**, die nördlichste Galerie in Großbritannien, untergebracht. Lokale, nationale und internationale Kunstwerke und Kunsthandwerkliches sind ausgestellt, und in einem netten Café kann man sich bei Tee und Scones stärken. Das Shetland Working Textile Museum befindet sich ebenfalls hier *(✆ 01595 830400, 🕐 Di-Sa 10.30-16.30 Uhr, So 12-16.30 Uhr, Mo geschlossen, Café: Di-Sa 11-16 Uhr, So 12-16 Uhr).*

Die Westside

abwechslungsreiche Landschaft

Der westliche Teil von Mainland erstreckt sich von Weisdale bis nach Sandness und wird als „Westside" bezeichnet. Die abwechslungsreiche Landschaft mit steilen Klippen, grünem Hügelland, Moorgebieten, Lochs und Fjorden bietet hervorragende Möglichkeiten zum Wandern (insbesondere rund um Culswick und den

Dale of Walls), zur Vogelbeobachtung und zum Forellenfischen. Das hübsche Dorf **Walls** (ausgesprochen: waas) schmiegt sich rund um eine geschützte Bucht und ist ein beliebter Platz für Yachten. Während der Landwirtschaftsshow im August kommen viele Besucher hierher, denn natürlich gibt es abends Musik und Tanz. Vom Walls Pier fährt die Fähre nach Foula.

Von Walls führt die A971 durch mooriges Land, bevor sie die fruchtbaren Wiesen rund um **Sandness** (ausgesprochen: saa-ness) erreicht. Es gibt auch einen herrlichen Küstenwanderweg von Wallsnach Sandness.

Papa Stour

Eine Fähre fährt von West Burrafirth (nahe Sandness) nach Papa Stour. Die Insel liegt nur 2 km von der Küste entfernt und hat 30 Einwohner. Papa Stour besteht aus Vulkangestein und hat eine bizarre Küstenlinie mit Felsnadeln, Bögen und Höhlen, wie beispielsweise Kirstan's Hole. Auch auf Papa Stour leben große Seevogelkolonien.

Vulkangestein

South Mainland

Von Lerwick erstreckt sich eine lange, enge Landzunge nach Süden. Die A970 verläuft 38 km entlang der Ostküste, bis sie in **Sumburgh Head**, nahe dem Hauptflughafen der Shetland-Inseln, endet. Auf South Mainland befinden sich die beiden wichtigsten archäologischen Stätten und entlang der Strecke kann man zahlreiche Shetlandponys sehen.

Von **Sandwick** aus, einer Streusiedlung 22 km S Lerwick, hat man einen guten Blick hinüber zur **Isle of Mousa** und auf den **Mousa Broch**, dem besterhaltenen Broch Schottlands. Mit unten 15, oben 12 Metern im Durchmesser, einer Höhe von 13,5 Metern und einer Mauerstärke von zwei bis vier Metern, gehört der Mousa Broch allerdings eher zu den kleineren Rundturmburgen. Über die Treppen und Gänge innerhalb der Doppelmauern kann man auf den abschließenden oberen Gang gelangen. Mousa Broch wird auch in der **Orkneyinga Saga** (s. S. 506f) erwähnt.

Der Mousa Broch

Mousa ist unbewohnt. Auf der Insel gibt es viele Seevögel, insbesondere Sturmschwalben (alamooties), die man besonders gut in der Nacht hören und beobachten kann. Sie brüten innerhalb der Mauern des Brochs. Am weißen Sandstrand von West Voe tummeln sich Seehunde. Wenn man genügend Zeit hat, lohnt sich eine Küstenwanderung rund um die Insel. Für die Tour sollte man zwei Stunden einplanen.

INFO

Informationen zu den Brochs

Vom 1. bis 3. Jh. n.Chr. wurde eine größere Anzahl von Brochs (Wehrturm, Festung) im nördlichen Schottland und auf den Hebriden, meist in Küstennähe, gebaut. Es gibt nur zwei nahezu vollständig erhaltene Brochs: einen auf der Shetland-Insel Mousa, den anderen in Carloway auf der Hebriden-Insel Lewis. Die übrigen fielen Kriegen zum Opfer. Etwa 500 Brochs in mehr oder minder gutem Zustand sind bekannt, davon ein Fünftel allein auf den Orkney-Inseln. Brochs kennzeichnen den Siedlungsraum der Pikten und sind, wenngleich äußerlich verwandt mit sardischen Bauformen, eine auf Schottland beschränkte Architektur.

Trotz regionaler Unterschiede lässt sich ein gewisses Grundkonzept erkennen:

Es handelt sich um runde, aus Bruchstein ohne Mörtel gebaute Türme, die an der Basis einen Durchmesser von 11-15 Metern haben. Durch die enorm starken Wände (3,70-4,60 Meter) konnten die Türme erstaunlich hoch gebaut werden. Die Außenwand ist doppelwandig konstruiert. Zwischen den konzentrischen Mauern befand sich ein Hohlraum mit Kammern und Wendeltreppen, über die man zur Spitze der Brochs, teilweise bis zu 15 Meter hoch, gelangen konnte. Es gab keine Fenster oder Schießscharten, als Zugang diente lediglich ein Mauerdurchbruch, welcher oft nicht ebenerdig, sondern nur über eine Leiter erreichbar war.

Der Zugang war von innen verschlossen und wohl auch zusätzlich bewacht. Ein Sims, das in 2-3 m Höhe waagerecht entlang der inneren Mauer verläuft, diente als Auflage für einen hölzernen Laufgang.

Brochs dienten den Pikten als Fluchttürme. Ergebnisse archäologischer Untersuchungen weisen darauf hin, dass Brochs nur als kurzfristiger Unterschlupf benutzt wurden. Der Platz innerhalb eines Brochs war nicht groß genug, um Mensch und Vieh darin Unterschlupf zu gewähren. Nur in wenigen Brochs wurde ein Brunnen gefunden. Da die Vorräte nur für eine gewisse Zeit reichten, musste man bei längeren Belagerungen auf große Bergfestungen ausweichen. Ab dem 3. Jh. nach unserer Zeitrechnung wurden kaum mehr Brochs gebaut.

Südlich von Boddam, South Voe, lohnt ein Besuch im **Shetland Crofthouse Museum**. Das reetgedeckte, restaurierte Bauernhaus stammt von etwa 1850 und vermittelt jetzt einen guten Eindruck, wie es im 19. Jh. hier ausgesehen haben mag. Typisch ist, dass das Wohnhaus, die Scheune und der Kuhstall miteinander verbunden sind. Die Wassermühle nebenan wurde restauriert und ist noch funktionsfähig *(Boddam, South Voe, ✆ 01595 695057 oder 01950 460557, ⌚ April bis Ende September tgl. 10-13 Uhr und 14-17 Uhr)*.

Mensch und Tier unter einem Dach

St. Ninian's Isle

In der Nähe von Bighton führt ein „tombolo", eine Landbrücke, hinüber zur St. Ninian's Isle, ein beliebter Ort zum Picknicken und entlang der Küste zu wandern.

1958 wurde in den Ruinen einer Kirche aus dem 12. Jh. ein großer Schatz aus piktischer Zeit gefunden. Die 28 Fundstücke aus Silber (Schalen, Löffel und Broschen) werden auf die Zeit um 800 n.Chr. datiert und sind heute im Royal Museum in Edinburgh ausgestellt. Im Shetland Museum in Lerwick kann man Repliken sehen.

Baden 5 km O Bighton lädt der Strand von Levenwick zum Baden ein.

Der Küstenabschnitt südlich von Bighton ist mit seinen Sandstränden, die mit Klippen abwechseln, wunderschön. Das **Loch of Spiggie RSPB Reserve** ist ein Naturschutzgebiet für Wildblumen und für die Tausende von Zugvögeln, die hier im Herbst herkommen. Die Scousburgh Sands bieten herrliche Bademöglichkeiten. Südlich des Lochs liegt das Dorf **Quendale**, das eine weite sandige Bucht überblickt. Die wunderbar restaurierte und noch funktionierende **Quendale Mill** ist die letzte Wassermühle auf den Shetland-Inseln *(✆ 01950 460969, 💻 www.quendalemill.shetland.co.uk, Besucherzentrum 🕐 Mitte April bis Mitte Oktober tgl. 10-17 Uhr)*.

Tankerunglück Nicht weit von hier, zwischen Garth's Ness und Fitful Head, lief 1993 ein Öltanker auf Felsen auf. Eine Katastrophe unermesslichen Ausmaßes wurde gerade noch verhindert durch die extrem starken Stürme, die das Öl in alle Richtungen vertrieben.

An der südlichen Spitze von Mainland liegt das Dorf **Sumburgh** mit dem Hauptflughafen der Shetland-Inseln und, etwas südlich davon, die wichtigste archäologische Fundstätte des Archipels bzw. Europas: der **Jarlshof**. Der Jarlshof, 1905 durch einen Sturm freigelegt, wurde über eine Periode von 3.000 Jahren bis in das frühe Mittelalter hinein besiedelt. Sechs verschiedene Epochen der Besiedlung konnten festgestellt werden. Aus der Bronzezeit stammen einige Hütten und aus der Eisenzeit zwei Erdhäuser und ein Broch (1. Jh.). Die Rundhäuser gehen auf das

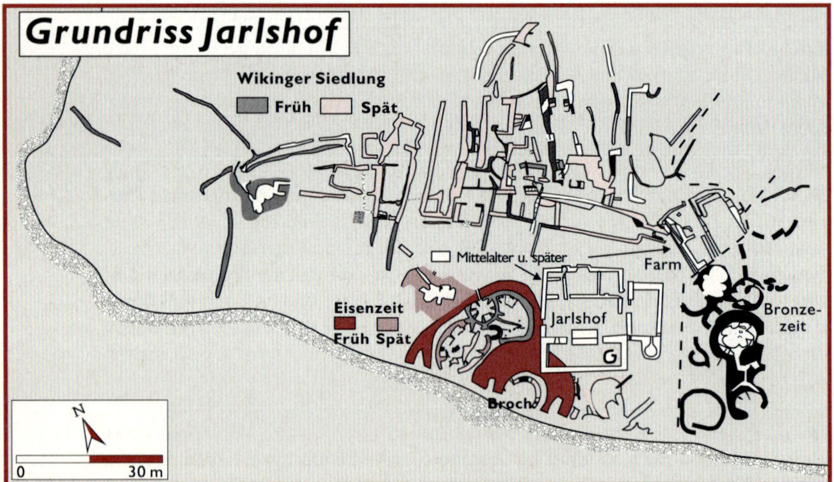

3. bis 8. Jh. zurück. Zwischen dem 9. und 14. Jh. lebten die Wikinger hier, wovon jedoch nur die Reste einiger „long houses“ erhalten sind. Aus dem Mittelalter sind die Reste eines Bauernhofes und Teile des Hauses von Earl Robert und Patrick Stewart erhalten. Im Museum erläutert ein übersichtlicher Plan die komplizierte Anlage *(✆ 01950 460112, 💻 www.historic-scotland.gov.uk, 🕐 April bis Ende September Mo-So 9.30-17.30 Uhr, Oktober Sa-Mi 9.30-16.30 Uhr).*

Nebelhorn

Südlich des Jarlshof endet das Mainland abrupt am **Sumburgh Head**. Hier befindet sich ein weiteres RSPB-Naturschutzgebiet, wo man im Sommer nistende Seevögel beobachten kann. Der heute denkmalgeschützte Leuchtturm, bis 1991 bemannt, wurde 1821 von Robert Stevenson gebaut. Stevenson hatte 1814, zusammen mit Sir Walter Scott, die Shetland-Inseln erstmals besucht. Interessant ist das alte Nebelhorn, eine Dampfdruckanlage. Das Cottage des Leuchtturmwärters wird heute als Ferienwohnung vermietet.

Etwas nördlich von Jarlshof liegt die Ausgrabungsstätte **Old Scatness**, wo ein Dorf aus der späten Eisenzeit entdeckt wurde (und immer noch wird). 2.000 Jahre war es unter Sand und Erde begraben. Hinweistafeln an den Grabungsorten, Führungen durch die Anlage sowie Demonstrationen steinzeitlicher Techniken (sogenannte *living history demonstrations*) verdeutlichen die Lebensweisen in einem Steinzeitdorf *(Shetland Amenity Trust, ✆ 01595 694688, 💻 www.shetland-heritage.co.uk/amenitytrust).* *Dorf aus der Eisenzeit*

North Mainland

Die von Lerwick nördlich verlaufende Hauptstraße teilt sich in **Voe**, einem freundlichen Dorf in einer Bucht am Kopf des Olna Firth. Eine Straße führt zum Fähranleger Toft für die Passagier- und Autofähren nach Yell, wobei sie die Abzweigung zum Sullom Voe Oil Terminal passiert. Die andere Straße führt nordwestlich nach Brae. *Sulllom Voe*

Brae wurde für die Arbeiter des Ölterminals gebaut und ist ein funktionaler Ort mit einer Bank, Läden und einem Freizeitzentrum. Es gibt ausreichend Unterkunftsmöglichkeiten hier, weshalb sich Brae als Standquartier anbietet, wenn man die wilde und spektakuläre Küstenregion von North Mainland auskundschaften möchte.

Die Insel südwestlich von Brae heißt **Muckle Roe** und ist durch eine Brücke mit dem Mainland verbunden. Es gibt hervorragende Wandermöglichkeiten hier, z.B. auf den 170 Meter hohen South Ward. *Wandern*

Durch den engen Isthmus **Mavis Grind**, der so schmal ist, dass man angeblich einen Stein vom Atlantik in die Nordsee werfen kann, kommt man nach **Northmavine**, der nordwestlichen Halbinsel von North Mainland. Bis in die 50er Jahre hinein, erzählen die Einheimischen, trugen die Fischer ihre Boote von einer Seite zur anderen.

Northmavine ist eine der schönsten und wildesten Wandergegenden auf Shetland, und wenn man genügend Zeit hat, sollte man das Auto stehen lassen und zu Fuß die Gegend auskundschaften. Eine gute Ausrüstung und Vorbereitung sind in dieser abgelegenen Gegend allerdings zwingend erforderlich.

Fertighaus

Das Dorf **Hillswick** wird von dem ehemaligen **St. Magnus Hotel** dominiert. Das eigentlich für diese Gegend viel zu große Hotel, ein in Norwegen hergestelltes „Fertighaus", wurde 1896 auf der Messe in Glasgow gezeigt, von der „North of Scotland, Orkney and Shetland Steam Navigation Company" erworben und in Hillswick 1902 wieder aufgebaut. Unterhalb des Hotels steht am Ufer **„The Booth"**, eines der ältesten Gebäude der Shetland-Insel. 1698 wurde das Böd erstmals erwähnt und zwar als Handelsposten zwischen der nordeuropäischen Hanse und Shetland. Seit dieser Zeit wurde das Haus in verschiedenen Formen genutzt. Heute ist hier Shetlands einziges *wildlife sanctuary* (ein Ort, wo verletzte Tiere gepflegt werden) untergebracht.

St. Magnus Hotel

Zwischen Hillswick und Eshaness führt eine Nebenstraße zum Tangwick Haa, einem Herrenhaus aus dem späten 17. Jh. Das kleine **Tangwick Haa Museum** zeigt jährlich wechselnde Ausstellungen, z.B. über die Geschichte des Fisch- und Walfangs *(Eshaness, ✆ 01806 503389, ⌚ Mai bis September, Mo-Fr 13-17 Uhr und Sa und So von 11-17 Uhr).*

Vorsicht!

Hamnavoe war die Heimat von **John Williamson** (1740-1804), der ein Serum entwickelte, um Pocken zu kurieren. Von den 3.000 von ihm geimpften Menschen ist keiner gestorben. Das großartig gelegene „Johnny Notions Böd“ in Hamnavoe wurde nach ihm benannt.

Der Rest von North Mainland wird vom **Ronas Hill** (450 Meter), Shetlands höchstem Berg, dominiert. 15 verschiedene arktische Wildpflanzen gedeihen hier. Nördlich und westlich von Ronas Hill eröffnet sich eine fantastische Landschaft mit Klippen und Wasserfällen.

Whalsay

Die Hanseaten kommen

Von Laxo besteht ein regelmäßiger Fährdienst (Auto- und Passagierfähre) nach Symbister auf Whalsay. Die Überfahrt dauert 30 Minuten und kann, selbst an einem klaren Sommertag, stürmisch sein. Whalsay ist 7 km lang und 3 km breit und eine der „reichsten“ Shetland-Inseln. Die Fischindustrie der Insel ernährt die Bevölkerung von rund 1.000 Menschen. Die Fischfangflotte liegt in **Symbister**, der größten Siedlung der Insel. Ein interessantes Gebäude neben dem Hafen ist das **Pier House** (🕔 *ganzjährig, aber unregelmäßig*), ein restauriertes Böd (Handelsposten, Lagerhaus), das von hanseatischen Kaufleuten genutzt wurde. Die Hanse war eine Handelsgemeinschaft von deutschen Kaufleuten, die vom Mittelalter bis zum Anfang des 18. Jh. mit Shetland Handel betrieb. Die Händler brachten Stoffe, Eisengeräte, Salz, Spirit, Samen aber auch Luxusartikel auf die Inseln und nahmen Salzfisch wieder mit. Im Inneren des Böd gibt es eine Ausstellung über die Geschichte der Hanse und deren Handelsbeziehungen mit den Shetland-Inseln (die früheste Quelle stammt von 1557). Nachdem sich nach 1707 die Handelsgesetze änderten, nahm der rege Austausch ein Ende.

stürmische Überfahrt

Pier House

Im **Symbister House** – ein denkmalgeschütztes Gebäude von 1823 und ein schönes Beispiel georgianischer Bauweise – ist seit den 1960er Jahren die Schule der Insel untergebracht.

In den Gewässern rund um Whalsay kann man Delfine und andere Tümmler sowie Wale sehen, daher auch der Name. Whalsay bedeutet „Insel der Wale“. **Hugh MacDiarmid** (eigentlich Christopher Grieve), einer der großen schottischen Dichter, lebte zwischen 1933 und 1942 auf Whalsay, wo er seine schönsten Werke schrieb. In seinem ehemaligen Cottage in Sodom ist heute ein Camping Böd.

Auf Whalsay befindet sich auch der nördlichste Golfplatz in Großbritannien.

Out Skerries

Die Out Skerries sind eine kleine Inselgruppe, rund 8 km östlich von Whalsay und 15 km östlich von Mainland. Sie bestehen aus drei Inseln: Die größeren Inseln **Housay** und **Bruray**, die durch eine Straßenbrücke miteinander verbunden sind, und die unbewohnte Insel **Grunay**. Rund 70 Menschen leben auf den Out Skerries. Sie bilden eine enge Gemeinschaft und sind sehr bemüht, die Insel am „Leben zu erhalten". Es gibt 1 ½ Straßenkilometer, 2 Geschäfte, eine Gemeindehalle, verschiedene Unterkünfte sowie Großbritanniens kleinste Gesamtschule mit 6 Schülern. Das Land ist fruchtbar und wird auch landwirtschaftlich genutzt, doch leben die meisten Inselbewohner vom Fischfang. Auf den Out Skerries gibt es fantastische Klippen, die die Heimat unzähliger Vögel darstellen.

Schule mit 6 Schülern

Die North Isles: Yell, Fetlar und Unst

Yell

Yell ist mit 212 qkm die zweitgrößte Insel des Archipels und hat rund 1.000 Einwohner. Neben Landwirtschaft und Fischerei sind die Yeller im Steinbruch, in der Erdbeerzucht und im Kunsthandwerk tätig. Von Toft auf North Mainland fährt die Fähre in 15 Minuten nach Ulsta im Süden von Yell und von Gutchar (North Yell) nach Unst (5 Minuten) und nach Fetlar (25 Minuten). Von dem aus Shetland stammenden Schriftsteller **Eric Linklater** wurde Yell als „langweilig und dunkel" bezeichnet. Damit hat er nicht ganz Unrecht, denn Yell ist die am wenigsten fruchtbare Insel Shetlands und besteht überwiegend aus torfigem Moorland. Die Küstenlinie hingegen ist grüner und bietet das nötige Habitat für unzählige Otter. Yell wird auch die **„Otter-Hauptstadt"** von Großbritannien genannt. Es gibt fantastische Küstenwanderwege, insbesondere rund um „The Herra", eine Halbinsel an der Westküste. Schöne Sandstrände befinden sich auch in West Sandwick (besonders schön, um den Sonnenuntergang zu genießen) und in Gossabrough.

torfiges Moorland

In **Burravoe**, 7 km O Ulsta, liegt das **Old Haa Museum and Exhibition Centre** das in einem der ältesten Häuser in Yell (1672) untergebracht ist. Es beherbergt eine interessante Ausstellung über die einheimische Flora und Fauna und zur Geschichte der Insel, insbesondere über die „Bohus" (s.u.). Auch eine nette Teestube gibt es hier *(✆ 01957 722339, 🕐 Mai bis September Di-Do und Sa 10-16 Uhr, So 14-17 Uhr)*.

Mit Blick auf die Bucht steht die **White Wife** in Otterswick. Es ist das Kopfstück des deutschen Ausbildungsschiffes „Bohus", das hier am 26.4.1924 sank. Vier

Menschen kamen dabei ums Leben. Sie sind auf dem Friedhof in Mid Yell begraben.

Das größte Dorf der Insel heißt **Mid Yell** und ist rund um einen schönen Naturhafen gebaut. Hier gibt es einige Geschäfte, einen Pub und ein Freizeitzentrum mit Schwimmbad. 2 km NW liegen die Ruinen von **Windhouse**, einem Gebäude von 1707, in dem es angeblich spuken soll. Unter den Fußdielen und Wänden wurden mehrere Skelette gefunden. Im Torhaus von Windhouse ist heute ein Camping Böd.

Nördlich davon liegt das RSPB-Naturschutzgebiet Lumbister. Ein schöner Fußweg führt durch das Daal of Lumbster, ein enges Tal, in dem viele schöne Wildblumen gedeihen. **Gutcher** ist der Anleger für die Fähre nach Unst. Im **Wind Dog Café** kann man sich nett die Wartezeit vertreiben.

Naturschutzgebiet

Fetlar

Fetlar ist die kleinste der nördlichen Inseln und sehr fruchtbar. Rund 90 Menschen leben hier. Die Insel wird auch als „Garten von Shetland" bezeichnet. Der Name Fetlar stammt aus dem Norwegischen und bedeutet „fette Insel". Auf der ganzen Insel kann man Vögel beobachten, am besten jedoch im Vogelschutzgebiet rund um den 158 Meter hohen Vord Hill im Norden der Insel *(zwischen Mai und Mitte August geschlossen, um die Vögel nicht zu stören)*. Besonders wichtig ist Fetlar für Odinshühnchen (lat. phalaropus lobatus). 90 % des Gesamtbestandes dieser seltenen Brutvögel in Großbritannien nisten auf Fetlar.

Fetlar = „fette Insel"

Abgesehen von Vogelbeobachtung bietet sich die Insel für schöne Wanderungen an. An der Südküste liegt der Hauptort Houbie. Im **Fetlar Interpretative Centre** kann man sich über die Geschichte und die reiche Flora und Fauna der Insel informieren *(✆ 01957 733206/207, ⏲ Mai bis September Di-So 12-17 Uhr)*.

Die Insel ist seit 5000 Jahren besiedelt und kann mit zahlreichen archäologischen Zeugnissen aufwarten. Der große Steinwall ist als **Finnigert Dyke** (oder auch Finns Dyke) bekannt und stammt vermutlich aus der Bronzezeit. Er verläuft von Nord nach Süd und teilt die Insel in zwei Hälften. Obwohl weitgehend zerstört, kann man einige Abschnitte noch gut erkennen. Unweit liegt ein Steinring, **Haltadans**, der einst aus 38 dicht an dicht stehenden Steinen bestand.

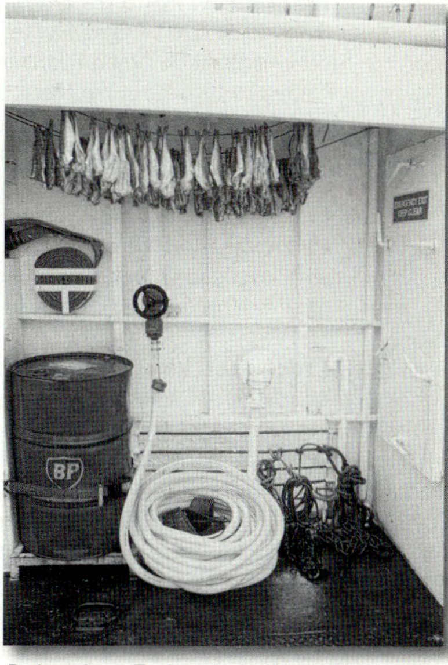

Fisch wird zum Trocknen in den Wind gehängt

Unst

Unst (18 km lang und knapp 8 km breit) ist die nördlichste bewohnte Insel in Großbritannien. Rund 1.000 Menschen leben hier. Landschaftlich sehr viel abwechslungsreicher als die Nachbarinseln, gibt es Klippen, geschützte Buchten mit Sandstränden und mit Heidekraut überzogene Hügel. Unst bietet den Lebensraum für über 400 verschiedene Pflanzen sowie eine reiche Tierwelt. Überall sieht man die kleinen Shetland Ponys und in den umgebenden Gewässern leben Seehunde, Tümmler, Otter und sogar Killerwale.

reiche Flora und Fauna

Aber nicht nur Botaniker, Ornithologen, Archäologen und Aktivurlauber (Angeln, Segeln, Wandern) kommen hierher, sondern vor allem auch Urlauber, die sich nach Ruhe und unverdorbener Natur sehnen. Die Insel ist genau der richtige Ort, wenn man von allem genug hat, was das moderne Leben mit sich bringt. Um sich richtig erholen zu wollen, muss man aber mehr als nur einen Tag hier verweilen. **„Simmer dim"** wird das etwas merkwürdige Zwielicht genannt, das an manchen leicht diesigen Sommertagen herrscht. An solchen Tagen kommen, den örtlichen Legenden nach, die Elfen und undefinierbare Geräusche sind dann zu hören...

Baltasound ist die größte Siedlung der Insel. Hier befinden sich der Flugplatz, ein Hotel, ein Pub, ein Postamt und das übliche Freizeitzentrum mit beheiztem Schwimmbad sowie Großbritanniens nördlichste Brauerei, die nach Anmeldung besichtigt werden kann *(Valhalla Brewery, Baltasound, ✆ 01957 711658).*

Das **Keen of Hamar**-Naturschutzgebiet im Osten der Insel, nördlich von Baltasound, ist ein felsiges Gebiet, das an eine Steinwüste erinnert. Hier wachsen seltene arktisch-alpine Pflanzen.

Im **Unst Boat Haven** gibt es eine beeindruckende Fotoausstellung zur Inselgeschichte und eine Ausstellung zur Geschichte der für die Insel typischen Holzboote. Die Unster-Fischer haben diese altertümlichen Boote noch bis Anfang des 20. Jh. genutzt. Ein bisschen weiter nördlich wurde in einem alten Cottage das **Unst Heritage Centre** eingerichtet, mit einer Ausstellung zur Lokalgeschichte und zum Inselleben *(Boat Haven und Unst Heritage Centre, ✆ 01957 711528, ⏲ Anfang Mai bis Ende September, tgl. 11-17 Uhr).*

nördlichste Kirche in Großbritannien

Gleich nebenan liegt die Methodist Chapel, ein moderner Kirchenbau und die nördlichste Kirche in Großbritannien. Der Architekt war Frank Robertson.

Im Westen des **Burra Firth** liegt das **Hermaness-Naturschutzgebiet**. Eine spektakuläre Küstenlinie und wildes Moorland bieten die Heimat für über 100.000 nistende Seevögel. Die beste Zeit, um die Vögel zu beobachten ist zwischen Mitte Mai und Mitte Juli. Im ausgezeichneten Besucherzentrum, das im ehemaligen Haus des Leuchtturmwärters eingerichtet wurde, erhält man eine Broschüre mit einer ausgeschilderten Route durch das Naturreservat (3-4 Std.) *(Auskunft SNH, ✆ 01595 693345, ⏲ nur im Sommer).*

Von Hermaness hat man fantastische Blicke über den offenen Atlantischen Ozean. Auf dem vorgelagerten **Muckla Flugga** steht der nördlichste Leuchtturm in Großbritannien. Es wurde 1857-58 von David Stevenson, dem Neffen von Robert Louis Stevenson, erbaut. Die Landkarte in der Erstausgabe von „Treasure Island" sieht Unst erstaunlich ähnlich. Hinter dem Leuchtturm liegt **Out Stack**. Mit nichts als Wasser zwischen hier und dem Nordpol, bietet dieser Ort das richtige Ambiente, darüber nachzudenken, wie es am Ende der Welt sein mag.

am Ende der Welt

Tipp
Auf Unst gestrandet? *Suchen Sie die Bushaltestelle auf! Die Bushaltestelle in der Little Hamer Road hat schon fast Kult-Status erreicht! Siehe auch: www.unstbusshelter.shetland.co.uk.*

Foula

23 km westlich vom Mainland Shetland gelegen, ist Foula nach der Fair Isle die abgelegenste bewohnte Insel des Archipels. Der Name Foula stammt von dem norwegischen „fugley" und bedeutet „Vogelinsel". 26 Menschen leben hier, die in der Anzahl von den Tausenden von Seevögeln weit übertroffen werden.

Vogelinsel

Kurios ist, dass auf Foula teilweise noch der Julianische Kalender benutzt wird, der 1752 in Großbritannien durch den Gregorianischen Kalender ersetzt wurde und 11 Tage weniger hat. Abgeschiedene Gebiete, wie beispielsweise die Insel Foula, behielten den alten Kalender und fügten im Schaltjahr 1800 einen zusätzlichen Tag hinzu. Das Schaltjahr 1900 wurde allerdings ignoriert. Laut Gregorianischem Kalender, feiert Foula daher Weihnachten am 6. Januar und Sylvester findet am 13. Januar statt.

Literaturtipp
Wer sich näher mit dieser abgeschiedenen Insel beschäftigen möchte, dem sei Ian B. Stoughton Holbourn: The Isle of Foula. A Series of Articles on Britain's Loneliest Inhabited Isle, 2001 (Neuauflage der Ausgabe von 1937) empfohlen.

Fair Isle

Fair Isle liegt 36 km südwestlich von Sumburgh und 40 km nordöstlich von North Ronaldsay (Orkney). Die Insel ist 5 km lang, 3 km breit und hat 71 Einwohner. Sie ist die abgelegenste aller britischen Inseln und gehört seit 1954 dem National Trust, der hier eine Herberge und ein Vogelbeobachtungszentrum eingerichtet hat. Der vorherige Besitzer der Insel war der Vogelkundler George Waterston, der auf Fair Isle bereits 1948 ein Reservat einrichten ließ.

Ohne die Unterstützung des NTS hätten die Einwohner – Fischer, Bauern und Strickerinnen – das Schicksal der Bewohner von St. Kilda (s. S. 368) teilen und ihre Insel verlassen müssen. Das **George Waterston Memorial Centre and Museum** beherbergt eine Ausstellung und Fotografien zur Geschichte der Insel.

Fischer, Bauern und Strickerinnen

die „schöne Insel"

Fair Isle, die „schöne Insel" und vom Europarat als „Place of outstanding natural beauty and cultural heritage" klassifiziert, ist ein Vogelparadies, insbesondere für Zugvögel. Die Beobachtungsstation zählt über 340 Vogelarten. Neben der unglaublich reichen Vogelwelt ist Fair Isle auch für seinen Reichtum an Wildblumen bekannt. Es gibt über 240 verschiedene Pflanzen hier. Die Küstenformationen, besonders im Norden und Westen, sind ebenfalls beeindruckend.

Bekannt ist die Insel weiterhin für ihre mit komplizierten und uralten Mustern versehenen Strickwaren, die von der Kooperative Fair Isle Crafts hergestellt werden.

Die Bevölkerung der Fair Isle ist als Gemeinschaft sehr erfolgreich und auf kommunale Projekte wird besonders viel Wert gelegt. Besonders stolz sind sie auf die Einführung alternativer Energiequellen. So können 85 % der erforderlichen Energie im Winter durch **Windkraft** erzeugt werden, im Sommer immerhin 50 %.

Reisepraktische Informationen Shetland-Inseln

Hinweis

Die sonnigsten Monate auf den Shetland-Inseln sind der Mai und der Juni. Im Juni gibt es manchmal bis zu 19 Stunden Sonnenschein. Es wird oft gar nicht richtig dunkel. Das Zwielicht wird auch „simmer dim" genannt.

Information

***Shetland Islands Tourism**, Information Centre, Lerwick, Market Cross, Shetland ZE1 0LU, ✆ 08701 999440, 🖷 01595 695807, 💻 www.visitshetland.com, 🕐 ganzjährig.*

Internet

In der Touristeninformation gibt es Internet-Terminals, ebenso im Wind Dog Café in Gutcher auf Yell.

Unterkunft

Es gibt zahlreiche Unterkunftsmöglichkeiten auf den Shetland-Inseln: Hotels, B&Bs, Gästehäuser, Camping, Herbergen und Hostels.

*****Busta House Hotel €€-€€€**, *Busta, Brae, North Mainland ZE2 9QN, ✆ 01806 522506, 🖷 01806 522588, 💻 www.bustahouse.com, 🕐 ganzjährig, 12 Zimmer, wunderschönes, traditionsreiches, elegantes Landhaushotel mit ausgezeichnetem Restaurant.*

******Buness House €€**, *David and Jennifer Edmondston, Baltasound, Unst ZE2 9DS, ✆ 01957 711315, 🖷 01957 711815, 💻 www.users.zetnet.co.uk/buness-house, 🕐 ganzjährig, 4 Zimmer. Das Haus stammt aus dem 16. Jahrhundert und steht unter Denkmalschutz. Die Inneneinrichtung mit einem Sammelsurium an kolonialen Mitbringseln aus Asien trägt zum Charakter des Hauses bei. Buness House bietet eine außergewöhnliche, stilvolle und behagliche Unterkunft und es gibt ein hervorragendes Dinner.*

******Herrislea House Hotel €€**, *Veensgarth, Tingwall ZE2 9SB, ✆ 01595 840208, 🖷 01595 840630, 💻 www.herrislea-house.shetland.co.uk, sehr nettes, im Familienbetrieb geführtes Hotel mit 13 Zimmern und ausgezeichnetem Restaurant mit Produkten von der eigenen Farm, insbesondere Lamm und Rind. In der Starboard Café-Bar nebenan kann man sich durch eine stattliche Sammlung an Malt Whiskies probieren und auch Kleinigkeiten essen.*

****Sumburgh Hotel €€**, *Sumburgh, Virkie ZE3 9JN, ✆ 01950 460201, 🖷 01950 460394, 💻 www.sumburgh-hotel.zetnet.*

co.uk, 32 Zimmer, unweit des Flughafens und der Ausgrabungsstätte Jarlshof gelegenes Hotel.

Jugendherberge / Hostel

*******Lerwick Y.H.**, Islesburgh House, King Harald Street, Lerwick ZE1 0EQ, ☎ 01595 692114, 💻 www.islesburgh.org.uk. Modern, viel Holz, 64 Betten, 🕐 April bis September.

*****Gardiesfauld Y.H.**, Musselburgh, Uyeasound, Unst ZE2 9DW, ☎ 01957 755279, 💻 www.gardiesfauld.shetland.co.uk, 35 Betten, 🕐 April bis September. Auch Camping möglich.

****Fair Isle Bird Observatory Lodge**, Fair Isle ZE2 9JU, ☎/📠 01595 760 258, 💻 www.fairislebirdobs.co.uk, 14 Zimmer, Vollpension 30 £ pro Nacht. (Weiterhin gibt es auf der Fair Isle ein Gästehaus und ein Cottage für Selbstversorger)

Unterkünfte für Selbstversorger

Lightkeepers Cottage, Shetland Amenity Trust, Garthspool, Lerwick ZE1 0NY, ☎ 01595 694688, 📠 01595 693956, 💻 www.lighthouse-holidays.com oder www.shetland-heritage.co.uk/amenitytrust. In drei ehemaligen Unterkünften der Leuchtturmwärter (Sumburgh, Bressay und Eshaness) sind originelle Ferienwohnungen eingerichtet worden.

Shetland Camping Böds

Auf den Shetland-Inseln besteht die Möglichkeit, in schlichten, sogenannten Camping Böds zu übernachten. Früher dienten die Böds den Fischern während der Fischsaison als Unterkunft. Die 6 Böds liegen alle atemberaubend schön. Mitzubringen ist alles, außer einem Zelt. Shetland Amenity Trust, ☎ 01595 694688, 💻 www.camping-bods.com. Hunde nicht erlaubt.

Einkehren

In den genannten Unterkünften sowie in allen anderen Hotels der Insel kann man gut essen. Fantastisch ist das **Da Haaf Restaurant** in Scalloway, ☎ 01595 880747, 💻 www.nafc.ac.uk/dahaaf.htm. Es gehört zum North Atlantic Fisheries College, und – natürlich – isst man hier Fisch. 🕐 Mo-Fr 8-20 Uhr, Lunch 12.30-14 Uhr, Dinner 17-20 Uhr. In Lerwick gibt es eine Reihe an Take Aways.

Wind Dog Café, Gutcher, Yell, 01957 744321, Mo-Fr 9-17 Uhr, Sa und So 10-17 Uhr, im Sommer auch abends. Hier gibt es auch Internet-Anschluss und eine kleine Leihbibliothek

Pubs

In Lerwick wird es im **Douglas Arms** in der Commercial Road (☎ 01595 693787) abends voll. Nett ist es auch im **Lounge**, Mountholy Street (☎ 01595 692231).

An- und Weiterreise

Per Flugzeug

Per Flugzeug nach Sumburgh (38 km S Lerwick, ☎ 01950 460345. Der Flughafenbus braucht 40 Min. nach Lerwick. Es gibt aber auch Mietwagen am Flughafen) von Aberdeen (3 x tgl.), Edinburgh und Glasgow. Im Sommer auch 2 x/Woche von London Stanstead und von den Färöer-Inseln. Der Flughafen in Tingwall (11 km N Lerwick) wird für die interinsularen Flüge benutzt (Loganair, ☎ 01595 840246). Von hier geht es nach Foula, zur Fair Isle, Papa Stour und Out Skerries.

Per Fähre

Northlink Orkney and Shetland Ferries Ltd, ☎ 01856 851144, 📠 01856 851155, 💻 www.northlinkferries.co.uk, betreiben die Fähren zwischen Aberdeen und Lerwick tgl. (3 x/Woche mit Halt in Kirkwall) Außerdem wöchentliche Fährverbindungen mit den Färöer-Inseln, Island, Norwegen und Dänemark, 💻 www.smyril.co.uk.

Falls Sie vorhaben, von Mainland aus die anderen Inseln aufzusuchen, studieren Sie die Abfahrtszeiten der Fähren vorher, um unnötige Warterei zu vermeiden. Von 16 verschiedenen Abfahrtsorten werden 9 Inseln ange-

fahren. Auskunft: 💻 www.shetland.gov.uk/ ferries oder von Shetland Islands Tourism, ✆ 08701 999440. Es gibt Autofähren nach Bressay, Whalsay, Yell, Unst, Fetlar, Skerries und Papa Stour und Passagierfähren nach Foula und zur Fair Isle.

Fähre zur Isle of Mousa

Seit 1971 veranstaltet die Jamieson-Familie die Fahrten hinüber nach Mousa (April, Mai, September tgl. 14 Uhr, Juni bis August Di und Sa 14 Uhr, an den übrigen Tagen 12.30 und 14 Uhr. Rückkehr 17 Uhr (bzw. 15 Uhr) Abendfahrten Ende Mai bis Mitte Juli Mi und Sa 23 Uhr, Rückkehr um 00.30 Uhr). Die Überfahrt dauert 15 Minuten. Hunde sind auf der Insel nicht erlaubt. Vorausbuchung erforderlich bei Tom & Cynthia Jamieson, ✆/🖷 01950 431367, 💻 www. mousaboattrips.co.uk.

Inselbus

Es gibt eine Bus- (und Fähr-)verbindung von Lerwick nach Yell, Unst und Fetlar, jeweils Mo-Sa um 8 Uhr, im Sommer auch durchgehend nach Fetlar Di und Do 16 Uhr.

Autoverleih

Sich ein Auto auf Shetland zu mieten ist vermutlich günstiger, als das eigene mitzubringen. Hier einige Anbieter von Mietwagen: ***John Leask & Son,*** *The Esplanade, Lerwick ZE1 0LL, ✆ 01595 693162, 🖷 01595 693171, 💻 www.leaskstravel.co.uk.* ***Star Rent-A-Car,*** *22 Commercial Road, Lerwick ZE1 0LX, ✆ 01595 692075, 🖷 01595 693964, 💻 www.starrentacar.co.uk.* ***Island Campers,*** *Allan Stronach, Lerwick ZE1 0TW, ✆ 01595 693718, 💻 www. islandcampers.co.uk. Mieten Sie Unterkunft und fahrbaren Untersatz gleich in Einem.*

Einkaufen / Souvenirs

Eine Besonderheit auf Shetland sind die gestrickten Shetland-Pullover, mit ihren schönen und komplizierten Mustern. In der Shetland Woollen Company (Scalloway, Castle Street, ✆ 01595 880243, Mo-Sa 9.30-17 Uhr) und in anderen Geschäften der Inseln kann man Wollwaren bewundern und erstehen. Andere Kunsthandwerker, die mit Holz, Wolle, Textilien, Leder oder Edelmetallen arbeiten, haben sich als „Shetland Arts and Crafts" zusammen geschlossen. 💻 www. shetlandartsandcrafts.co.uk

Feste / Feiern

Das ***Shetland Folk Festival,*** *✆ 01595 694757, findet an vier Tagen normalerweise Anfang Mai statt, mit viel Musik, Tanz, Essen und Trinken. Ende August gibt es das einwöchige* ***Wanderfestival*** *statt, und im Oktober findet das* ***Shetland Accordion and Fiddle Festival.*** *statt (💻 www. shetlandaccordionandfiddle. com). Es ist lang etabliert und weit über die Inselgrenzen hinaus bekannt. Auskunft: Shetland Arts Trust, 💻 www. shetland-music.com. Das berühmteste Fest ist das* ***Up-Helly-Aa,*** *ein nordisches Sonnwendfest, welches jeweils am letzten Dienstag im Januar in Lerwick veranstaltet wird. 💻 www.up-helly-aa.org.uk. Up-Helly-Aa ist die 24. Nacht nach Weihnachten und das „Ende der heiligen Tage". Zwar wird es erst seit dem Ende des 19. Jh. gefeiert, jedoch liegt sein Ursprung in der Tradition des heidnischen Sonnwendkults, mit dem die Rückkehr der Sonne gefeiert wurde. Ein Wikingerfürst und ein etwa 10 Meter langes Wikingerschiff führen eine lange Fackelprozession an. Durch die Straßen Lerwicks geht es in bunter Verkleidung zu einem Platz außerhalb der Stadt. Das Schiff wird dort auf einem großen Scheiterhaufen verbrannt. Für die Shetland-Inseln ist dieser Feiertag von großer Bedeutung, und es wird ausgiebig gefeiert. Man tanzt, die „Shetland-Fiddlers" fiedeln, und der Whisky fließt in Strömen.*

Golf

Tingwall Golf Club, *✆ 01595 880231. 9-Loch-Golfplatz in Fluglatznähe.* ***Whalsay Golf Club,*** *Skaw, Brough, ✆ 01806 566705, 💻 www.whalsaygolfclub. com. Nördlichster Golfplatz in Großbritannien mit 18 Loch.*

12. ANHANG

Glossar

Arkade: fortlaufende, auf Pfeilern oder Säulen ruhende Bogenreihe
Baronialstil: im späten 16. und 17. Jahrhundert im Nordosten Schottlands unter dem Einfluss der Renaissance entstandener Burgenbaustil. Die ursprünglich defensiven architektonischen Details der Tower Houses, wie beispielsweise Schießscharten oder Erkertürmchen, wurden unter ästhetischen Gesichtspunkten nun als Fassadenschmuck aufgefasst.
Broch: glockenähnlich geschwungener, in Trockenbauweise errichteter Rundturm aus der Eisenzeit, der vermutlich als Zufluchtsort diente.
Dovecot: Taubenschlag
Georgianische Architektur: bezeichnet die durch den Klassizismus geprägte Baukunst zur Zeit der Hannoveraner. Kennzeichnend sind ein symmetrischer Grundriss und eine gleichmäßige Fassadeneinteilung, Eleganz und Harmonie der Proportionen.
Gothic Revival: Wiederaufleben des gotischen Stils im 18. Jahrhundert, der im 19. Jahrhundert in der Neugotik seinen Höhepunkt findet.
Machair: Grasland an der Küste
Motte-and-Bailey: Die sogenannte „Motte-and-Bailey"-Burg war der normannische Burgenbautyp. Auf der „motte", einem künstlichen Erdhügel, stand ein meist hölzerner Turm, der von eine Palisade umgeben war. Im „bailey", dem Innenhof, der von einem Wall umgeben war, befanden sich weitere Gebäude. Ab dem 13. Jahrhundert wurde im Burgenbau anstelle von Holz fast nur noch Stein verwendet.
Neo-Baronialstil: Wiederaufleben des Baronialstils im späten 19. Jahrhundert
Normannischer Stil: In England versteht man unter Normannischer Architektur die von Wilhelm dem Eroberer (1066-87) aus der Normandie nach England gebrachte Bauweise, d.h. jener Stil, der auf dem Festland Romanik heißt. Typische Kennzeichen des normannischen Stils sind die schlichten, ruhigen und massiven Formen, Rundbögen, dicke Wände und solide Säulen.
Square: städtebauliche Form, die sich in England im 18. Jahrhundert besonderer Beliebtheit erfreute. Eine zentrale Grünfläche wird von vier Seiten von Häusern umschlossen.
Terrace: eine besonders englische Form von Reihenhäusern. Es sind meist ein- oder zweistöckige, relativ schmale Häuser, die Wand an Wand gesetzt werden. Im 18. Jahrhundert stellten Terraces eine elegante Wohnform dar, später wurden sie jedoch auch typisch für kleinbürgerliche Hausbauten.
Tower House: Schottische Burgen des niederen Adels (14.-17. Jahrhundert), die zunächst rein defensiv, später auch nach den individuellen Wünschen der einzelnen Besitzer gebaut wurden.
Viktorianische Architektur: (so genannt nach Königin Victoria, 1837-1901) ist durch üppigen Reichtum und Überschwenglichkeit und Regellosigkeit gekennzeichnet.

Literaturverzeichnis

Geschichte und Kunst/Kultur (Sachbücher)

Billcliffe, Roger: The Glasgow Boys. The Glasgow School of Painting. 1875-1895, London 2002 (1985). Gute und interessante Darstellung der auf dem Kontinent weitgehend unbekannten Malerei der „Glasgow Boys."

Branden, Michael: The Making of the Highlands, London 1980. Branden berichtet anschaulich über die Geschichte der Highlands und der Highlander.

Brown, George Mackay: Vinland, London 1992. In „Vinland" beschreibt Brown die Zeit von der Ankunft der Wikinger auf den Inseln.

Collison, Francis: The Bagpipe. The History of a Musical Instrument, London 1975. Francis Collison gibt einen guten Überblick über die Geschichte des Dudelsacks.

Cran, Angela und James Robertson (Hrsg.): A Dictionary of Scottish Quotations, Mainstream, 448 Seiten

Donaldson, G., Morpeth, R.S.: A Dictionary of Scottish History, Edinburgh 1992. Gründliche Darstellung der schottischen Geschichte.

Elliott, Kenneth and **Rimmer, Frederick**: A History of Scottish Music, London 1973. Darstellung der Geschichte der schottischen Musik, allerdings ohne Berücksichtigung traditioneller Folkmusik.

Fenton, A.: The Island Blackhouse: A Guide to the Blackhouse at No.42 Arnol, Edinburgh 1978.

Gray, David: A Wheen O'Blethers. The Changing Face of Scottish Literature, Glasgow 2000. 95 S., pro Seite wird ein Autor von Burns bis heute vorgestellt, illustriert.

Hardie, William: Scottish Painting 1837-1939, London 1976. Gibt eine gute Einführung in die Entwicklung der schottischen Malerei in dieser Zeit.

Harvie, Christopher and **Peter Jones**: The Road to Home Rule. Images of Scotland's Cause, Edinburgh 2000. Außerordentlich interessante Darstellung dieses hochbrisanten Themas.

Howarth, David: Images of Rule. Art and Politics in the English Renaissance 1485 - 1649, London 1997. Interessante und lesbare Darstellung des Themas.

Hunter, James: The Making of the Crofting Communities, Edinburgh 2000 (1976). Erläutert die Besonderheiten der schottischen Crofters und gibt einen guten Einblick in das Landleben.

Jarvie, G.: Highlands Games – The Making of the Myth, Edinburgh 1991. Informative Darstellung der Highland Games.

Keay, John & Julia (Hrsg.): Collin's Encyclopaedia of Scotland, London 2000 (1994). Mit über 4.000 verschiedenen Eintragungen sowie rund 500 Illustrationen werden sämtliche Aspekte Schottlands und der Schotten erläutert.

Lynch, M.: Scotland – A New History, London 1992. Gründliche und fundierte Darstellung der schottischen Geschichte.

MacDonald, D.: Lewis: A History of the Island, Glasgow 2004 (1978), informativ dargestellte Geschichte der Hebrideninsel

MacInnes, Ranald: Building a Nation: The Story of Scotland's Architecture, 1999. Guter Überblick über die Architektur in Schottland.

MacLean, Fitzroy Sir: Scotland, A Concise History, London 2000 (1993). Verständlich geschrieben und reich illustriert, gibt das Buch einen guten Überblick in die schottische Geschichte.

MacLean, Fitzroy Sir: Bonnie Prince Charlie, London (3) 1998, klar und verständlich geschrieben.

Mackie, J.D.: A History of Scotland, Harmondsworth 1978. Bis zu seinem Tode 1978 war Mackie Professor für Geschichte in Glasgow und königlicher Historiograph in Schottland. „A History of Scotland" ist ein auch für den Laien verständliches Buch über die Geschichte Schottlands.
Magnussen, Magnus: Scotland. The Story of a Nation, London 2000. 700 Seiten starker, illustrierter Wälzer.
Murphy, Brian: The World Book of Whisky, Glasgow 1978. Umfassende Darstellung des schottischen Whiskys.
Sager, Peter: Schottland Kunstreiseführer, Köln (1980) 2000. Mittlerweile ein „Klassiker" unter den Schottland-Büchern.
Seaborne, Malcolm: Celtic Crosses of Britain and Ireland, Shire Publications 1999. Interessante Einführung in das Thema.
Smout, T.-C.: A History of the Scottish People – 1560-1830, Vol. 1, London 1990.
ders.: A Century of the Scottish People – 1830-1950, Vol. 2, London 1986. Fundierte Beschreibung der Geschichte des schottischen Volkes.
Stevenson, Robert Louis: Edinburgh Picturesque Notes, London 1889. Interessante Beschreibung Edinburghs im ausgehenden 19. Jahrhundert.
Stratford, Neil: The Lewis Chessmen: The Enigma of the Hoard. British Museum Press, London 1999.
Tait, Alain A.: The Landscape Garden in Scotland 1735-1835, Edinburgh 1980. Gute Darstellung des schottischen Landschaftsgartens.
Taylor, Brian: The Scottish Parliament, Edinburgh 1999. Interessante Darstellung über die Geschichte des schottischen Parlaments.
The Outer Hebrides Handbook, Stornoway 1989. Einheimische Verfasser geben in diesem Handbuch eine gute Einführung in die Geschichte, Kultur, Flora und Fauna, die Wirtschaft und Religion der Inseln.
Zweig, Stefan: Maria Stuart, Frankfurt 2000 (1956). Historisch fundierte und fesselnd geschriebene Biographie Mary Stuarts, Queen of Scots.

Schottische Literatur

Boyle, Jimmy: A Sense of Freedom, Glasgow 1977 (1979 verfilmt). Beeindruckende Autobiographie eines Mannes aus den „Slums" Glasgows.
Brown, George Mackay: Beside the Ocean of Time, London 1994. Der Sohn eines Crofters erlebt in seinen Tagträumen die Geschichte der Orkney-Inseln.
Brown, George Mackay: A Calender of Love and other Stories, London 2000 (1967). Brown ist vor allem durch Kurzgeschichten bekannt geworden. Seine humorvollen Erzählungen, schlicht und schön geschrieben, schildern die Vergangenheit und Gegenwart, die Menschen und die Natur der Orkney-Inseln, ohne sie dabei romantisch zu verklären.
Gunn, Neil M.: Butcher's Broom, 2006 (1934). Gunn beschreibt in seinem Roman exemplarisch die Erfahrungen einer Hochlandgemeinde, die von ihrem Clan-Chief im wahrsten Sinne des Wortes verraten und verkauft wird.
Gunn, Neil M.: Silver Darling, 1999 (1941). Der Roman spielt in der Gegend zur Zeit des Heringsbooms am Ende des 19. Jahrhunderts.
Jarvie, Gordon (Hrsg.): Scottish Folk and Fairy Tales, London o.J., Penguin Popular Classics. Jarvies Auswahl stellt eine unterhaltsame Reiselektüre dar.
Johaentges, Karl und **Jackie Blackwood**: Bilder aus Schottland, Hannover, 1995. Der zeitlose Bildband (in Englisch unter dem Titel „Pictures from Scotland" erhältlich) gibt stimmungsvolle Impressionen und fundierte Hintergrundbetrachtungen.

Kelman, James: How late it was, how late, London 1998. Kelman, 1946 in Glasgow geboren, gewann mit diesem das alltägliche Leben in Glasgow schildernden Roman 1994 den Booker Prize.
Linklater, Eric: The goose girl and other stories, Edinburgh 1991. Linklaters (1899-1974) Geschichten sind verwoben mit schottischer Geschichte und Kultur, mittelalterlichen Mythen, Wikingersagen und Märchen. Er gilt als einer der besten Erzähler des Landes.
MacKenzie, Compton: Whisky Galore, Penguin, London (2) 1957. Roman über den Schiffbruch mit der „wertvollen" Fracht.
MacLellan, Angus: Stories from South Uist, Edinburgh 1997.
Robson, John: One Man in his Time, A Biography of David James, Laird of Torosay Castle, Traveller, Wartime Escaper and MP.
Shakespeare, William: Die Tragödie des Macbeth, Frankfurt 1992. Ideale Reiselektüre, nicht nur für verregnete Urlaubstage.
Smith, Iain Crichton: Consider the Lilies, Edinburgh 1968. „Consider the Lilies" ist der erste Roman von Smith, der 1928 auf Lewis geboren wurde, und vielleicht sein bekanntester. Der Roman beschreibt die Zeit der „clearances" der Highlands aus der Sicht einer alten Frau.
Witchell, N.: The Loch Ness Story, London 1989. Witchell trägt sämtliche Aspekte der Geschichte des Monsters zusammen.

Schottische Literatur in deutscher Übersetzung

Agricola, C. (Hrsg.); Schottische Sagen von Elfen und Zauberern, Wiesbaden 1988. Christiane Agricola stellt in diesem Band schottische Sagen vor und gibt im Anhang ausführliche Kommentare.
Boswell, James (1740-1795): Dr. Samuel Johnson. Leben und Meinungen, hrsg. von Fritz Güttinger: Zürich 2002 (1981).
Burns, Robert (1759-1796): Ausgewählte Gedichte. Englisch - Deutsch, Heidelberg 1982.
Cleeves, Ann: Die Nacht der Raben, 2007. Die Kriminalgeschichte spielt auf den Shetland-Inseln und gibt ein einfühlsames, aber schockierendes Portrait einer engen Gemeinschaft.
Johnson, S.: Reisen nach den westlichen Inseln bei Schottland, Frankfurt 1982.
Sayers, Dorothy: Fünf falsche Fährten, 2003. Der Krimi spielt in Kirkcudbright und Umgebung.
Scott, Sir Walter (1771-1832): Der Bogenschütze des Königs, Würzburg 1977.
ders.: Ivanhoe, München 1976.
ders.: Quentin Durwand, München 1980.
Stevenson, Robert Louis: Die Schatzinsel, 2007 (1967).
ders.: Dr. Jekyll and Mr. Hyde, 2001 (1972).
ders.: Der Selbstmörderklub, 1985.
ders.: Erzählungen, 2000 (1975).
ders.: Die Abenteuer des David Balfour, 2006 (1978).
ders.: Romane, München 1978.
ders.: Werke in 12 Bänden, Zürich 1979.

Reiseliteratur

Boswell, James: A Journal to a Tour to the Hebrides with Samuel Johnson, London 1786 (neu aufgelegt London 1965). Boswell beschreibt die Reise, die er zusammen mit dem englischen Aufklärer Samuel Johnson nach Schottland unternahm. Mittlerweile zum Klassiker geworden, vermittelt das Buch einen anschaulichen Eindruck vom Schottland des 18. Jahrhunderts.

Fontane, Theodor: Jenseit des Tweed. Bilder und Briefe aus Schottland (1860), Frankfurt 1989. Fontanes Reisebeschreibung ist eine unterhaltsame und interessante Lektüre für eine Schottlandreise.

Humphreys, Rob, Donald Reid und **Paul Tarrant**: Scotland. The Rough Guide, London (7. Auflage) 2006. Vielleicht nicht ganz so übersichtlich, ist dieser Klassiker unter den Reiseführern jedoch detailliert, präzise und up-to-date.

Malzahn, Manfred: Kauderwelsch, Scots, die Sprache der Schotten, Bielefeld 2002. Für alle, die ein bisschen mehr verstehen wollen.

Morton, H.V.: Schottlandreise, München 1989. Der Reiseschriftsteller Morton begann in den 20er Jahren des 20. Jahrhunderts, Reisebücher über Großbritannien zu schreiben. In phantasievoller und unterhaltsamer Weise beschreibt Morton die Eindrücke seiner Schottland-Reise.

Ohff, H.: Gebrauchsanweisung für Schottland, 2002. Unterhaltsam geschrieben, greift Ohff einzelne Aspekte des schottischen Lebens heraus und vermittelt so einen anschaulichen Eindruck des nördlichen Teils Großbritanniens.

Raykowski, Harald (Hrsg.): A Scottish Panorama / Schottland-Lesebuch, München 2000: Geschichten über Schottland und die Schotten, eine schöne Urlaubseinstimmung. Texte in Englisch bzw. Schottisch und Deutsch.

Sotscheck, Ralf: Whisky, Seetang und karierte Röcke. Schottische Geheimnisse, Wien 1999. Aus der Reihe Picus Lesereisen. Der Autor gibt kenntnisreich amüsante Einblicke in die schottische Seele.

Voß, Karl: Schottland, Reiseführer für Literaturfreunde, Frankfurt/M. 1986. Der Reiseführer für Literaturfreunde leitet in unterhaltsamer Weise durch das literaturträchtige Schottland und macht den Leser mit dem Werdegang und dem Schaffen der Schriftsteller, die in Schottland gelebt und gewirkt haben, sowie mit dem Beitrag, den sie zur europäischen Kultur geleistet haben, vertraut.

Wagner, Margit: Schottland, München 1985. Margit Wagners Reiseerzählungen sind kalendarisch aufgebaut. Jeder Monat entspricht einer Region in Schottland. So erhält der Leser einen guten Einblick in Land und Leute.

Williams, David: The Glasgow Walking Guide. Guided Walks through Old and New Glasgow, Edinburgh (2) 1999. Präzise, informativ und übersichtlich werden 13 Spaziergänge durch Glasgow beschrieben.

Wordsworth, D.: A Tour in Scotland in 1803, Edinburgh 1981. Dorothy Wordsworth berichtet anschaulich von ihrer Reise durch Schottland.

Publikationen des Scottish Tourist Board (jährlich neu überarbeitet):

- Scotland: Bed and Breakfast
- Scotland: Hotels and Guesthouses
- Scotland: Self-Catering Accommodation
- Scotland: Camping and Caravan Parks
- Scotland: Home of Golf
- Scotland: Fishing
- Scottish Island Hopping: A Guide for the Independent Traveller.
- Enjoy Scotland Pack. Landkarte und Handbuch mit Erläuterungen der einzelnen Sehenswürdigkeiten.

Stichwortverzeichnis

A

Abbotsford House 167
Aberdeen 448ff
Aberdour 491
Aberfeldy 417f
Aberfoyle 267
Aberlemno 459
Abernethy 32, 479
Aboyne 472
Achiltibuie 387f
Achmelvich 389
Adam, James 182
Adam, John 182, 201, 206, 218
Adam, Robert 34, 147, 181, 186, 206, 208, 209, 211, 236, 243
Adam, William 147, 180, 181, 186, 218, 247, 417, 434, 458
Aikmann, William 30
Ailsa Craig 146
Alford 446f
Allan, David 31
Alloway 149f
Alloa 496
Anderson, Arthur 532
Anderson, Robert R. 159
Angus Glens 460ff
Anstruther 488f
Antonius Wall 17, 32
Antonius Pius, Kaiser 32, 216
Appin 283f
Applecross 378f
Arbroath 463f
Ardchattan 310, 432
Ardchattan Priory Garden 283
Ardgour 293
Ardnamurchan 293f
Arduaine Garden 280
Ardwell Garden 144
Ardvreck Castle 389
Argyll Forest Park 272
Arisaig 295
Arkwright, Richard 178
Armour, Jean 151, 152
Arnisdale 300
Assynt 386ff
Auchindrain 274
Auchterarder 423
Auld Alliance 18, 23
Äußere Hebriden 243ff
Aviemore 411f
Ayr 148f
Ayrshire 146ff

B

Baird, John 28
Ballater 472f
Balloch 266f
Balmerino Abbey 481
Balmoral Castle 472f
Balvenie Castle 442
Banavie 289
Banchory 472
Banff 434
Banks, Iain 36
Banks, Sir Joseph 332
Bannockburn, Schlacht bei 23, 497, 500
Barcaldine Castle 283
Baronialstil 33, 444
Barrie, James Matthew 35, 460
Bass Rock 184
Beardsley, Audrey 242
Beauly 310f
Beckett, Thomas 463
Bell, Alexander Graham 28
Ben Lawers 418
Ben Lomond 266
Ben Nevis 292
Ben Vorlich 266
Beinn Eighe 381
Bettyhill 395
Biggar 177f
Birnie Church 432

Black Isle 404f
Black, Sir James 28
Blair Atholl 413f
Blairgowrie 475
Blantyre 250
Boat of Garden 411, 412
Bonar Bridge 401
Bonnie Prince Charlie, s. *Stuart, Prinz Charles Edward*
Book of Deer 435
Borders 160ff
Bothwell, James Hepburn, 4. Earl of 25, 163, 165, 184
Bothwell Castle 250
Bowhill 171
Bowmore 317, 318
Braemar 473f
Brechin 458
Bressay 532
Bridge of Allan 502
Broadford 338
Broch 32
Broch of Gurness 510
Brodick 154f
Brodie Castle 427f
Brough of Birsay 510
Broughty Ferry 469
Brown, George Mackay 35, 515
Bruce, Sir William 34, 147, 203, 218
Bryce, David 325
Buckie 433
Bullough, Sir George 351
Burne-Jones, Sir Edward 200, 242, 436
Burns, Robert 34, 57, 61, 127, 129, 132f, 146, 148, 149ff
Burntisland 491

C

Caerlaverock Castle 134f
Cairngorms 409ff
Caledonian Canal, s. *Kaledonischer Kanal*
Callander 267, 269
Callanish Standing Stones 360f
Campbell, Thomas 332
Campbeltown 276f
Camping / Caravan 89f
Cannich 305, 311
Cape of Wrath 391
Cardoness Castle 140
Carloway Broch 360
Carlyle, Thomas 130
Carnegie, Andrew 494
Carradale 278
Carrbridge 410f
Carsluith Castle 140
Castle Douglas 137
Castle Fraser 445
Castle Kennedy Gardens 144
Castle of Mey 396
Castle Stalker 283f
Castle Sween 275
Castle Urquhart 304
Castlebay 373f
Cawdor Castle 426f
Ceres 480
Charles I. 19, 26, 206, 494
Charles II. 19, 26, 186
Cheviot Hills 37, 127, 163
Christian I. von Dänemark 507, 529
Church of Scotland 25, 50, 310
Churchill, Sir Winston 452, 515
Churchill Barriers 515
Clans 264f
Clava Cairns 307
Claypotts Castle 469
Clearances 27, 36, 231, 293, 313, 324, 334, 366, 392
Clyde 28, 43, 153, 178, 229, 230, 246f, 249
Cockspurnspath 129, 145
Columba, Heiliger 17, 23, 32, 275, 280, 313, 330
Corgarff Castle 443f
Corran Ferry 97, 261, 288, 293
Corrieshalloch 384
Covenanter 26, 177, 184, 206
Craig, James 190, 192, 211
Craigellachie 441
Craighouse 322
Craigievar Castle 446
Craignure 324f
Crail 487f
Cramond 216

Crarae Gardens 274
Crathes Castle 471f
Crawhall, Joseph 31
Creetown 140
Crianlarich 269f
Crieff 423ff.
Cromarty 405
Cromwell, Oliver 26, 160, 185, 431, 456, 479, 496
Crossraguel Abbey 148
Crovie 434
Cuillins 337, 344f.
Cullen 433
Culrain 402
Culross 495f
Culloden 27, 55, 262, 295, 306ff, 392
Culzean Castle 146ff
Cumberland, William Augustus, Duke of 26, 306, 308
Cupar 479f
Curling 54
Cuween Hill 510

D

Dalbeattie 137
Dalmeny 23, 216f
Dalriada 271, 279
Darnley, Lord Henry Stewart 25, 203, 499
Davaar Insel 277
David I. 23, 161, 164, 180, 190, 196, 203, 429, 458, 500
David II. 24, 203, 494
Davie, Alan 31
Dawyck Botanical Gardens 176
Deeside 471
Defoe, Daniel 125, 197, 201, 230
Delgatie Castle 434
Devolution, s. *Dezentralisierung*
Dewar, Donald 29
Dezentralisierung 29
Dickens, Charles 229
Dingwall 403
Diplomatische Vertretungen 90f.
Dirleton 185
Dollar 496
Don Valley 438ff.
Dornoch 400f.
Doune 503
Dounreay 395
Drum Castle 471
Drumlanrig Castle 133
Drummond Castle 423f.
Drumnadrochit 304f.
Dryburgh 169
Duff House 434
Dufftown 442
Duffus Castle 430
Duff, James, 4. Earl of Fife 434
Duff, William, 1. Earl of Fife 442
Dumbarton 249
Dumfries 131ff.
Dunadd Fort 279f.
Dunbar 183
Dunbeath 399
Dunblane 502
Duncan I. 331
Duncansby Head 397
Dundee 464ff.
Dundrennan Abbey 139
Dunfermline 493ff.
Dunkeld 419f.
Dunlop, John Boyd 28
Dunnet Head 396
Dunnottar Castle 456
Dunrobin Castle 400
Duns 182
Dunstaffnage Castle 282
Dunvegan 342f.
Durness 392f.

E

Ecclefechan 130
Eday 520f
Edinburgh 189ff
- Arthur's Seat 204
- Balmoral Hotel 208
- Brodie's Close 199
- Calton Hill 208, 211f
- Castle 193ff
- Charlotte Square 192, 211
- City Chambers 201

- Cowgate 205
- Craigmillar Castle 215
- Dean Gallery 213
- Dungeon 209
- Dynamic Earth 205
- Edinburgh Festival 190
- Forth Bridge 217
- Geschichte 189ff
- Gladstone's Land 198
- George Heriot's Hospital 206f
- Georgian House 211
- Grassmarket 205f
- Greyfriars Kirkyard 206
- Heriot's Hospital 206
- Holyrood Palace 190, 203f
- Huntly House Museum 202
- John Knox House 201
- Lady Stair's Close 198
- Mercat Cross 201
- Museum of Childhood 201
- Museum of Scotland 207
- National Gallery of Scotland 34, 209f
- National Library of Scotland 206
- New Town 190, 192, 208ff
- Old College 208
- Outlook Tower & Camera Obscura 197
- Parliament House 201
- People's Story Museum 202
- Princes Street 208f
- Register House 208
- Royal Mile 190, 191, 197ff
- Royal Museum 207
- Royal Observatory 215
- Royal Yacht Britannia 214
- Scott Monument 209
- Scotch Whisky Heritage Centre 198
- Scottish National Gallery of Modern Art 212f
- Scottish National Portrait Gallery 211
- Scottish National Zoological Park 213
- St. Cuthbert's Church and Churchyard 210
- St. Giles 199f
- St. John's Episcopal Church 210
- Stockbridge 212f
- Talbot Rice Gallery 208
- Traverse Theatre 211, 227
- Water of Leith 212
- Waverley Market 209
- Writer's Museum 198f

Edward I. 23, 197, 422
Edward II. 493, 500
Edward III. 23
Edzell Castle 457
Earlsferry 490
Eas Coul Aulin 390
East Linton 187
Egilsay 520
Eilean Donan Castle 300
Eisenhower, Präsident 147
Elgin 430ff.
Elie 490
Elizabeth I. 25, 26, 190
Elizabeth II. 422, 473
Energieversorgung 46
Eriskay 372f.
Essen und Trinken 61ff.
Ettrick 170, 172
Eyemouth 182

F

Fähren 95ff.
Fair Isle 543f.
Falkland 479
Falls of Shin 401f.
Fauna 39ff.
Fergusson, John Duncan 420
Ferniehirst Castle 165
Ferien / Feiertage 89f.
Feste / Feiern 56ff.
Fetlar 541
Fettercairn 457
Fife 477ff.
Findhorn Bay 429f.
Findhorn Foundation 429f.
Fischerei 45
Fleming, Sir Alexander 28
Flodden, Schlacht bei 24, 57, 162, 171, 190

Floors Castle 180
Flora 42
Fontane, Theodor 122, 125, 166, 206, 268, 465
Forfar 459
Forres 428f.
Forstwirtschaft 45f.
Fort Augustus 298f.
Fort George 307
Fort William 288ff.
Fortingall 418
Foula 543
Fraserburgh 434
Free Church 50, 319, 339, 354
Fremdenverkehrsämter 100f.
Fyvie Castle 536f.

G

Gainsborough, Thomas 133, 180
Gairloch 297f.
Galashiels 173
Galloway 130ff., 140
Galloway Forest Park 116, 129, 140f.
Gardenstown 434
Gatehouse of Fleet 140
Geographie und Geologie 37f.
George II. 306, 307
George III. 233
George IV. 196, 205, 208, 265
Geschichte 17ff.
Gesellschaft 48ff.
Gesundheit 101
Gibbon, Lewis Grassic 36, 457
Gibbs, James 451
Gifford 187
Girvan 146
Glamis Castle 459
Glasgow 229ff
- Cathedral 238
- Centre for Contemporary Arts 240
- City Chambers 233
- Art Gallery and Museum Kelvingrove 244
- Barraws 237
- Bellahouston Park 247
- Botanischer Garten 246
- Burrell Collection 247
- Clyde Walkway 246
- Gallery of Modern Art 233f
- George Square 233
- Geschichte 229ff
- Glasgow Green 237
- Glasgow School of Art 240f
- Graham Kerr Museum 245
- Hampden Park 248
- House for an Art Lover 247f
- Hunterian Museum 244f
- Hunterian Art Gallery 244f
- Hutcheson Hall 236
- Italian Centre 236
- Lighthouse-Scotland's Centre for Architecture, Design and the City 239
- Mackintosh House 244f
- McLellan Galleries 240
- Museum of Education 248
- Museum of Transport 244
- Merchant City 232, 236ff
- Nekropolis 238
- People's Palace 237f
- Pollock House 247
- Provand's Lordship 239
- P.S. Waverley 246
- Queen's Cross Church 246
- Sauchiehall Street 232, 240f
- Scotland Street School, s. *Museum of Education*
- Scottish Exhibition and Conference Centre 246
- Scottish National Football Museum 248
- Science Centre 247
- Sharmanka Kinetic Gallery 239
- St. Enoch Centre 239
- St. Mungo's Religions- und Kunstmuseum 238f
- Tall Ship 246f
- Templeton's Carpet Factory 237
- Tobacco Lords 230, 236
- Tolbooth Steeple 237
- Trade's House 236
- Tron Theatre 237

- Trongate 237
- Universität 244f
- Virginia Buildings 236
- West End 244ff
- Willow Tea Room 232, 240
- Zoologisches Museum 245

Glasgow Boys 31, 138
Glenbarr Abbey 276
Glen Affric 311
Glen Clova 461f.
Glen Coe 285ff.
Glen Esk 457
Glen Garry 298
Glen Isla 461
Glen Lyon 418
Glen More 299, 327, 410
Glen Moriston 299
Glen Muik 473
Glen Nevis 292
Glen Prosen 461
Glen Shiel 299
Glen Strathfarrar 311
Glen Urquhart 305
Glencoe 286f.
Glenelg 299f.
Glenfinnan 295
Glenkiln Reservoir 134
Glenlivet 443
Glenluce Abbey 143
Glorious Revolution 26
Golf 102
Golspie 399f.
Gordonstoun 430
Gosford House 186
Grampian Highlands 37, 409ff.
Great Cumbrae 153
Gretna Green 130
Gruinard Bay 378, 384
Gunn, Neil M. 36, 399, 403
Guthrie, James 31, 210

H

Haddington 186
Haddo House 436
Hadrians Wall 32
Haggis 61
Hahn, Kurt 430
Handa Island 390
Hargreaves, James 178
Hawick 163
Hawkins, James 385
Helensburgh 249
Helmsdale 399
Henry II. 463
Henry VII. 24
Henry VIII. 24, 25, 180, 499
Henry, George 31
Heriot, George 206
Hermitage Castle 162f
Highlands 262ff.
Highland Games 56
Hill of Tarvit 479
Hogarth, William 30, 180
Hogg, James 172
Hollywood 133
Holmwood House 248
Holy Island 155f.
Home Rule 29
Hopetoun House 218
Horlick, Sir James 279
Hornel, Edward Atkinson 138
House of Dun 458
Hoy 517f.
Hume, David 191
Hunter, William 245
Huntingtower Castle 421
Huntly 444
Huxley, Aldous 36

I

Inchcolm Abbey 218
Industrie 42f.
Industrielle Revolution 28, 43, 178, 191, 230
Innere Hebriden 314ff.
Innerleithen 173f.
Innerpeffray 424
Inveraray 271ff.
Inverewe Gardens 383
Invergarry 298
Inverie 296
Invermoriston 302

Inverness 305ff.
Inverurie 445
Irvine 152
Isle of Arran 154ff.
Isle of Barra 373f.
Isle of Benbecula 370f.
Isle of Berneray 369f.
Isle of Bute 157ff.
Isle of Canna 352f.
Isle of Coll 333
Isle of Colonsay 335f.
Isle of Eigg 350f.
Isle of Eriskay 372f.
Isle of Gigha 279
Isle of Harris 364ff.
Isle of Iona 330ff.
Isle of Islay 314ff.
Isle of Jura 322ff.
Isle of Lewis 357ff.
Isle of Lismore 284
Isle of May 488f.
Isle of Muck 352
Isle of Mull 324ff.
Isle of North Uist 368ff.
Isle of Oronsay 336f.
Isle of Raasay 339
Isle of Rum 351f.
Isle of Scalpay 366
Isle of Skye 337ff.
Isle of South Uist 371ff.
Isle of Staffa 332f.
Isle of Tiree 334f.
Isle of Ulva 327f.
Isle of Vatersay 374f.

J

James I. 190, 196, 494
James II. 190, 203, 306
James III. 180, 200, 500, 507
James IV. 196, 313, 396
James V. 24, 203, 218, 479, 497
James VI./I. 24, 25, 26, 51, 183, 190, 203, 497
James VII./II. 26, 285
Jameson, Georg 30
Jarlshof 536f.
Jedburgh 163f.
Jenkins, Robert 36
John O'Groats 396f.
Jones, Inigo 34, 147
Johnson, Dr. Samuel 125

K

Kagyu Samye Ling Tibetan Monastry 162
Kailzie Gardens 175f.
Kaledonischer Kanal 37, 291
Keith 441
Kelman, James 37
Kelso 179ff.
Kenmore 417f.
Kentra Bay 294
Kessock Bridge 404
Kesson, Jackie 36
Kilchoan 294
Kildrummy Castle 446f.
Killin 419
Kilmarnock 152
Kilmartin-Valley 271, 280
Kilts 55
Kinghorn 491
Kingussie 412f.
Kinlochbervie 390f.
Kinlochewe 381
Kinlochleven 287
Kinloch Hourn 296
Kinloch Rannoch 416
Kinloss 429
Kinross 492f.
Kintyre 276ff.
Kippford 136
Kirkcaldy 490f.
Kirkcudbright 138f.
Kirkmadrine Stones 145
Kirkwall 507ff.
Kirkoswald 148
Kirriemuir 460f.
Klima 38f.
Knapdale 275f.
Knoydart 296
Knox, John 24f., 201, 202
Kokoschka, Oskar 384

Kyle of Lochalsh 301
Kyleakin 338
Kylerhea 338

L

Lairg 402
Lake Menteith 267
Lamb, William 462
Lamlash 155
Lammermuir Hills 182, 186
Landschaft 37ff.
Langholm 162f.
Largs 152f.
Lauder 170
Lauriston Castle 216
Lavery, Sir John 31
Leith 214f.
Leith Hall 445
Lerwick 531f.
Lennoxlove House 186f.
Leuchars 480f.
Leverburgh 366f.
Lindsay, Sir David 457
Linklater, Eric 35, 540
Linlithgow 218f.
Linn of Dee 474
Linton, Hercules 187
Lister, Joseph 28
Livingston 43
Livingston, David 209, 250
Lochcarron 173, 378
Lochearnhead 269
Lochboisdale 372
Lochgilphead 275
Lochranza 156f.
Loch Achray 267
Loch Alsh 300
Loch Arkaig 297f.
Loch Assynt 389
Loch Awe 273f
Loch Broom 384
Loch Carron 301
Loch Coruisk 345
Loch Cuin 326
Loch Druidibeg 371
Loch Drunkie 267
Loch Duich 299
Loch Earn 423
Loch Eriboll 387, 393, 394
Loch Etive 273f.
Loch Faskally 415
Loch Finlaggan 319f.
Loch Fyne 271, 274, 276
Loch Garry 298
Loch Hourn 296
Loch Katrine 268f.
Loch Leven 286, 287, 492
Loch Lomond 265ff.
Loch Long 272
Loch Maree 381
Loch Mhor 302
Loch Muik 473
Loch Ness 303ff.
Loch Quoich 296
Loch Rannoch 416f.
Loch Ryan 144
Loch Scridain 327
Loch Shieldaig 380
Loch Tay 417f.
Loch Tummel 416f
Lochinver 388f.
Lochmaddy 368f.
Lockerbie 131
Logan Botanic Garden 145
Lorimer, Huw 490
Lorimer, Sir Robert 197, 200, 325, 479, 490
Lossiemouth 430
Lothian 127
Luss 266
Lybster 398

M

MacAlpine, Kenneth 18, 22, 280, 331, 419, 422
MacDiarmid, Hugh 35, 162, 539
MacDonald, Flora 341, 371
MacGregor, Robert, genannt Rob Roy 269
MacMillan, Kirkpatrick 28
MacPherson, James 332
Machars 142

Machrihanish 278
Mackintosh, Charles Rennie 34, 239, 240, 241, 242ff., 245, 247f., 249, 502
Maes Howe 513
Malcolm II. 22
Malcolm III. 23, 189, 193, 210
Mallaig 295f.
Manderston House 182
Margaret, Königin 23, 32, 189, 193, 217, 500, 529
Marie Antoinette 421
Marie de Guise, Marie von Lothringen 19, 25
Mauchline 152
Mary Stuart, Queen of Scots 19, 25, 165, 196, 203215, 218, 267, 479, 492, 493
McCartney, Paul 276, 278
McCulloch, Horatio 31, 210
McDougall Stuart, John 491
McTaggart, William 31, 210
Meigle 461
Mellerstain House 181
Melrose 165ff.
Melrose Seven, s. *Rugby*
Mendelssohn-Bartholdy, Felix 332
Midhowe 519
Miller, Hugh 405
Miralle, Enric 29, 50, 205
Mitchell, James Leslie, s. *Lewis Grassic Gibbon*
Mitchison, Naomi 36
Moffat 172
Montrose 462f.
Moore, Sir Henry 134
Moore, Sir John 233
Morar Peninsula 295
Moray Firth 426ff.
Morris, William 200, 242
Morvern 293
Motte and Bailey 33, 430, 444, 547
Mousa Broch 32, 534
Muir, Edwin 35, 520
Muir, John 183
Mull of Galloway 145
Mull of Kinytre 276, 278
Mungo, Heiliger 229, 238
Munro, Sir Hector 403
Munro, Sir Hugh T. 38
Munros 38, 335, 344, 411, 418
Murrayfield Rugby Ground 53
Musik 59f.
Muthill 425

N

Nairn 427f.
Nasmyth, Alexander 31
National Covenant 19, 206
Neidpath Castle 175
New Abbey 136
New Galloway 140f.
New Lanark 178f.
Newcastle 95, 160
Newhaven 215
Newtongrange 216
Newton Stewart 141f.
North Berwick 183ff.
North Queensferry 491
North Ronaldsay 524
Noss 532
Ninian, Heiliger 23, 143, 159

O

Oban 280ff.
Ochil Hills 502
Old Deer 435
Onich 288
Orchardton Tower 137
Orkney-Inseln 505ff.
Orwell, George 324
Out Skerries 540ff.
Owen, Robert 179
Oyne 446

P

Palladio, Andrea 34, 147, 492
Papa Stour 534
Papa Westray 523
Paolozzi, Eduardo 31, 213

Paps of Jura 323
Pass of Killiecrankie 414
Paxton House 182
Park, Mungo 170, 171
Peel, Sir Robert 462
Peebles 174f.
Penicuik 176
Pennan 434
Pentland Firth 396, 516
Pentland Hills 127, 204, 215
Perth 420ff.
Peterhead 435
Pitlochry 415f.
Playfair, William 34, 180, 209, 244
Plockton 301f.
Pitmedden Garden 436
Pittenweem 489f.
Pluscarden Abbey 432
Politik 48ff.
Portobello 215
Portree 339
Portsoy 433
Port Charlotte 319
Port Ellen 315f.
Port Patrick 144f.
Port William 143
Prestwick 152

Q

Queen Elizabeth Forest Park 116, 267

R

Raeburn, Sir Henry 30, 180, 191, 342, 413, 437
Ramsay, Allan 30, 31, 133, 191, 206, 413, 434
Rankin, Ian 37, 191
Ravenscraig Castle 491
Reid, William 244
Religion 50f.
Reynolds, Sir Joshua 133, 180
Richard II. 431
Ring of Brogar 513
Robert I., the Bruce 23, 156, 166, 374, 464, 465, 493, 497, 500
Robert II. 24, 152
Robertson, Frank 542
Rockcliffe 136
Rosslyn Chapel 176f.
Roth, Tim 269
Rousay 519
Roxburghe, 1. Herzog von 180
Royal Scotsman 94
Rugby 53, 165
Ruthwell Cross 134

S

Saltcoast 152
Sandwick 152
Sanquhar 134
Scalloway 532f.
Scapa Flow 508, 515, 518
Scone Palace 421f.
Scott, Sir George Gilbert 245
Scott, Sir Walter 28, 31, 55, 127, 150, 166, 167, 168f., 170, 179, 181, 196, 198, 209, 225, 233, 268, 420, 493, 521
Scott's View 167
Schottisches Parlament 29f., 48f., 204f.
Scourie 390
Scrabster 395
Selkirk 170f.
Seton, Sir Alexander 436, 437
Shakespeare, William 429
Shapinsay 520
Shetland-Inseln 527ff.
Shetland-Ponies 530
Shieldaig 379f.
Shinty 53
Simpson, Sir James Young 28
Sinclair, William, 3. Earl of Orkney 76
Skara Brae 511f.
Skipness 278
Slains Castle 435
Smailholm 181
Smith, Adam (1723-1790) 191, 490f.
Smith, Iain Crichton 36

Smoo Cave 393
Snooker 54
Solway-Küste 135ff.
South Esk 458, 462
South Queensferry 217f.
South Ronaldsay 516f.
Southern Upland Way 116, 117, 129, 140, 142, 145, 160, 172, 182
Spark, Muriel 36
Spean Bridge 297f.
Spencer, Alan 36
Spey 409f., 438, 441
Spittal of Glenshee 474f.
Sport 52ff.
Sprache 50f.
Spynie Palace 430
St. Abb's Head 182
St. Andrews 481ff.
St. Cuthbert's Way 116, 167
St. Kilda 368
St. Margaret's Hope 516
St. Monance 487
Stenness 513
Stevenson, David 543
Stevenson, Robert Louis 34, 199, 206, 328, 391, 396, 537
Stirling 497ff.
Stonehaven 456f.
Stone of Destiny 197, 280, 421, 422
Stornoway 357f.
Stranraer 143f.
Strathdon 447
Strathearn 423
Stratherrick Valley 302
Strathmore 460
Strathnaver 395
Strathspey 409ff.
Strathpeffer 403f.
Stromness 514f.
Stronsay 522
Stuart, Prinz Charles Edward, genannt *Bonnie Prince Charlie* 26, 27, 150, 174, 204, 288, 295, 306, 308, 341, 371
Sueno's Stone 429
Sullom Voe 529, 531, 537
Summer Isles 388
Sutherland 392ff.
Sutherland, Scott 297
Sweetheart Abbey 136
Symbister 539

T

Tain 402f.
Tantallon Castle 184
Tarbert, Knapdale 276
Tartan 55
Tay 417f.,
Taynuilt 273
Tayport 481
Telford, Thomas 139, 291, 297, 384, 397, 399, 427, 441
Temperatur, s. *Klima*
Thirlestane Castle 170
Thomson, Alexander 248
Thomson, John 31
Thornhill 133
Threave Castle 137
Threave Gardens 137
Thurso 395f.
Tobermory 326
Tolquhon Castle 436
Tomintoul 443
Tongue 394
Torridon 380f.
Tourismus 46
Traquair House 173f.
Tresnish Isles 332f.
Trossachs 268ff.
Turnberry 146
Turner, William 332, 345
Tweed (Fluss) 37, 125, 127, 163, 167, 175, 179
Twees (Stoff) 357, 365, 367
Tweedsmuir Hills 127

U

Ullapool 384ff.
Ulbster 398
Umweltschutz 46
Union of the Crowns 26, 264, 493, 497

Unst 542
Unstan Cairn 512f.
Unterkunft 111ff.
Up Helly Aa 57, 531, 546

V

Victoria, Queen 28, 52, 55, 233, 238, 265, 281, 414, 416, 473, 547
Victoria Falls 381

W

Wade, General George 19, 264, 298, 417
Wallace, Sir William 18, 149, 451, 497, 499f.
Wanlockhead 133f.
Waterston, George 543
Watt, James 28, 43, 291
Watt, Sir Robert Robson 28
Welsh, Irvine 36
West Sutherland Coastal Road 387ff.
Welterbe 179, 191, 211, 368, 506
Western Isles, s. *Äußere Hebriden*
Western Ross 378, 384
Westray 522f.
Wet, Jakob de 204, 413, 459
Whisky 63f., 198, 314, 317, 321, 438, 439ff.
Whistler, James McNeill 245
Wick 397f.
Wigtown 142
William I., the Lion 23
William III., of Orange 26, 285
William IV. 485
Williamson, John 538
Whalsay 539f.
Whiting Bay 156
Whithorn 143
Wilkie, David 31, 210
Wirtschaft 42ff.
Wordsworth, William 332
Wren, Christopher 34, 147
Wyre 520

Y

Yarrow Water 172
Yell 540f.
Young, William 186, 233

Z

Zeffirelli, *Franco* 456

Abbildungsverzeichnis

- *Aellig, Guido: vordere Umschlagklappe Nr. 3 und 5, Buchrückseite: Bild rechts unten, Farbteil S. 68 unten, S. 73, S. 79 oben, S. 121*
- *Allam, Matti: Farbteil S. 79 unten, S. 228, 232*
- *Dumfries and Galloway Tourist Board: King and Queen, S. 134*
- *East Lothian Tourist Board: Bass Rock, S. 184, Gosford House, S. 186*
- *Glasgow School of Art, Glasgow School of Art, S. 240*
- *Glencoe and North Lorn Museum: Prinz Charles Edward Stuart, S. 27*
- *Heart, Ian: hintere Umschlagklappe: Landschaft, Farbteil S. 72 unten, S. 153,*
- *Huber Bildagentur: Buchrückseite, Mädchen mit Pony*
- *IFA Bilderteam: vordere Umschlagklappe Nr. 4 und 6*
- *James Gardiner Associates, Carringston: Apprentice Pillar, S. 176*
- *Jofré, Iván: S. 258*
- *Kruse-Etzbach, Dirk: S. 372, 538*
- *Orkney Tourist Board: Skara Brae, S. 511*
- *Pixelio: www.pixelio.de: S. 376, 476*
- *Scottish Tourist Board: Abbotsford House, S. 168*
- *West Highland Museum: The Secret Portrait, S. 288*